Heimat und Welt⊕

Weltatlas + Geschichte
Bayern

An diesem Werk haben beratend mitgewirkt:

• Mark Dickmann, Aschaffenburg
• Angelika Hauck, Aschaffenburg
• Rainer Lacler, Regensburg
• Christoph Weigert, Beratzhausen
• Bernhard Zürl, Nürnberg

westermann GRUPPE

© 2012 Bildungshaus Schulbuchverlage
Westermann Schroedel Diesterweg Schöningh Winklers GmbH,
Braunschweig
www.westermann.de

1. Auflage 2012
Druck A⁷ / Jahr 2021
Alle Drucke der Serie A ab Druck A⁵ / 2019 sind inhaltlich unverändert.

Leitung: Thomas Michael
Redaktion: Irene Reitmeier, Björn Richter, Reinhold Schlimm
Multimedia-Redaktion: Dr. Erik Braune
Kartographische Technik: Michael Albrecht
Titelgestaltung: Thomas Schröder
Illustration: Johann Brandstetter, Jo Hermann,
  Dennis Nußbaum, Ingrid Schobel
Druck und Bindung: Westermann Druck GmbH, Braunschweig

ISBN 978-3-14-**100261**-4

M1 Im Atlas suchen und finden ➪ Seite 5

? „Wie finde ich Orte, Flüsse oder Gebirge im Atlas?" „Wie suche ich eine Karte oder ein Thema?"

! Hier lernst du, im Atlas mit dem Inhaltsverzeichnis, Namens- und Sachwortregister zu arbeiten.

Anwendung bei allen Karten möglich

M8 Ein Höhenprofil zeichnen und beschreiben ➪ Seite 32

? „Wie kann ich die Höhenschichten einer Karte in eine Profilzeichnung übertragen?"

! Hier lernst du, wie man Geländequerschnitte durch eine Karte legt und ein Profil zeichnet.

Topographisches Lernen: Anwendung bei allen physischen Karten möglich. Weitere Profile: 75, 101, 122, 156

M2 Vom Bild zur thematischen Karte ➪ Seite 6

? „Wie wird die Wirklichkeit in Karten abgebildet?"

! Hier siehst du den Weg vom Luftbild zu einer thematischen Karte und lernst den Aufbau und die Gestaltung solcher Karten kennen.

Anwendung auf Seite 49, 52/53, 78, 158/159, 160, 164/165

M9 Eine Kartenskizze zeichnen und beschriften ➪ Seite 33

? „Wie kann ich die wichtigsten Inhalte einer Atlaskarte in einer eigenen Karte zusammenfassen?"

! Hier lernst du, wie man eine Kartenskizze plant, zeichnet und beschriftet.

Topographisches Lernen: Anwendung bei allen physischen Karten möglich

M3 Vom Bild zur physischen Karte ➪ Seite 7

? „Wie wird die Erdoberfläche mit ihren Bergen, Tälern und Gewässern in Karten abgebildet?"

! Hier lernst du, wie Berge auf der Karte wiedergegeben werden und wie du physische Karten liest.

Anwendung auf Seite 32, 56/57, 75, 80, 101, 122, 156

M10 Signaturen in Karten ➪ Seite 64/65

? „Was bedeuten die verschiedenen Kartenzeichen (Signaturen)?"

! Hier lernst du die Aussage von Signaturen aus den Landwirtschafts- und Wirtschaftskarten des Atlas kennen.

Anwendung bei allen thematischen und auch physischen Karten möglich

M4 Den Maßstab verstehen ➪ Seite 8/9

? „Was sagt der Maßstab über Verkleinerungen aus?"

! Hier misst du Strecken in Karten und berechnest die wahren Entfernungen. Und du betrachtest die Größenverhältnisse von unterschiedlichen Karten.

Anwendung bei allen Karten möglich

M11 Gradnetz und Orientierung ➪ Seite 170/171

? „Wie erreiche ich mich auf dem Globus, auf Karten und im Gelände zu orientieren?"

! Dazu dienen Gradnetz, Himmelsrichtungen und Positionsbestimmungen, mit denen du hier arbeitest.

Anwendung bei allen Karten möglich; siehe auch hinterer äußerer Buchdeckel

M5 Mit dem Maßstab arbeiten ➪ Seite 8/9

? „Was kann ich mit dem Maßstab noch errechnen?"

! Hier lernst du Flächen zu berechnen, gewinnst Größenvorstellungen, plants Routen und vergleichst Luftlinien- mit Straßen-Entfernungen.

Anwendung bei den meisten Karten möglich

M12 Vom Globus zur Karte ➪ Seite 171

? „Wie bilden flache Karten den runden Globus ab?"

! Hier erkennst du, dass es nicht möglich ist, die gekrümmte Erdoberfläche ohne Verzerrungen in einer ebenen Karte abzubilden.

Anwendung bei Karten in unterschiedlichen oder auffälligen Netzentwürfen (Projektionen)

M6 Eine Karte lesen und auswerten ➪ Seite 10/11

? „Was kann mir eine thematische Karte sagen?" „Welche Informationen bietet sie mir?"

! Hier lernst du, die Inhalte der Legende und Karte zu lesen und die richtigen Fragen dazu zu stellen.

Anwendung bei allen thematischen Karten möglich

M13 Informationen zu einem Raum sammeln ➪ Seite 188

? „Wie kann ich für ein Land oder einen Ort Informationen aus verschiedenen Karten sammeln?"

! Hier lernst du, durch unterschiedliche Kartentypen einen Raum umfassend und systematisch zu untersuchen.

Recherche mit mehreren Atlaskarten zu einem Raum

M7 Den Wandel von Räumen beschreiben ➪ Seite 28/29

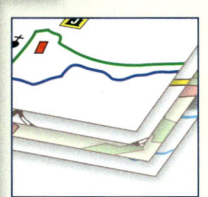

? „Wie kann ich aus Karten die früheren und heutigen Zustände eines Raumes lesen und vergleichen?"

! Hier lernst du, räumliche Veränderungen mit Hilfe von Karten zu erkennen und zu interpretieren.

Anwendung auf Seite 26/27, 43, 47, 55, 78/79, 81, 99, 121, 164

M14 Diagramme lesen und auswerten ➪ Seite 189

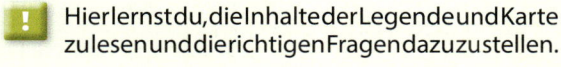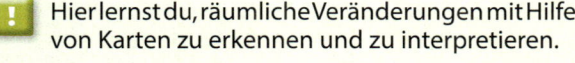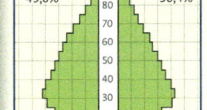

? „Wie lese ich die verschiedenen Diagrammtypen?"

! Hier lernst du Diagramme und speziell Klimadiagramme und Bevölkerungspyramiden zu lesen, auszuwerten und selbst zu zeichnen.

Anwendung auf allen Seiten mit Diagrammen in Karten oder ihren Legenden.

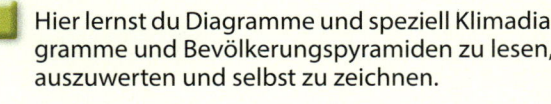
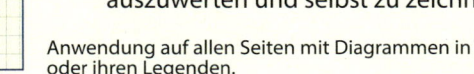

Ozeanien

Amerika

▢ Fallbeispiel

Erde

Geschichte   192 bis 223

Karten- und Atlasarbeit

1 Das Inhaltsverzeichnis – Karten suchen und finden

Eine Hilfe zum Finden von Karten zu einem bestimmten Land oder einer Region ist das Inhaltsverzeichnis. Es ist auf den Seiten 2 bis 4 zu finden. Das Inhaltsverzeichnis gibt einen Überblick aller Karten im Atlas. Die Karten sind nach Regionen von der Nähe bis in die Ferne und dann nach Themen gegliedert.
Die Karteneinstufung kennzeichnet durch ein Symbol (⬤) grundlegende Überblickskarten.

Beispiel:

Im Unterricht wird eine Karte benötigt, die die Landwirtschaft Deutschlands zeigt.

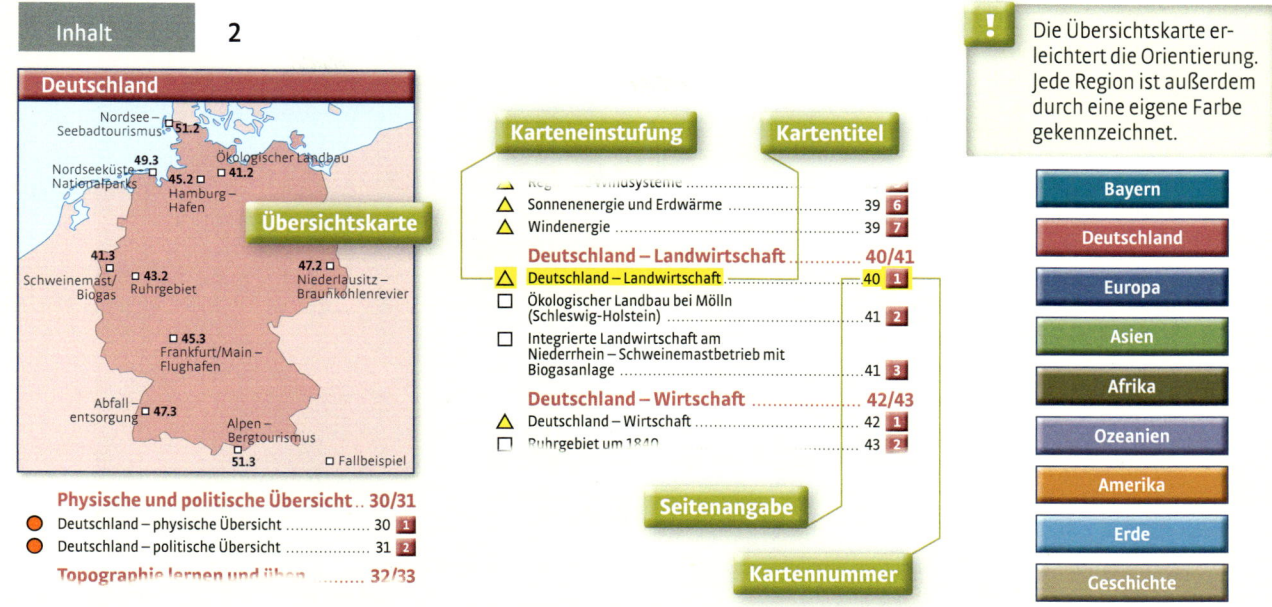

Die Übersichtskarte erleichtert die Orientierung. Jede Region ist außerdem durch eine eigene Farbe gekennzeichnet.

Bayern
Deutschland
Europa
Asien
Afrika
Ozeanien
Amerika
Erde
Geschichte

2 Das Register – Namen suchen und finden

Eine Hilfe zum Finden von Namen ist das Register. Es ist auf den Seiten 226 bis 239 zu finden.
Im Register sind nicht nur Orte und Städte, sondern auch Flüsse, Gebirge und Landschaften alphabetisch aufgeführt.
Nach dem jeweiligen Namen sind die Seitenzahl, die Kartennummer und das Gradfeld des Gitternetzes der Karte angegeben, in dem dieser Ort zu finden ist.

Beispiel:

Wo liegt Melbourne?

Register **233**

M

Meißen 34, J 4
Meißner 34, E 4
Meitingen 16, C 2
Mekele 133, G 3
Mekka 119, 3 B 3
Meknès 132, C 1
Mekong 100, 1 G 5
Mekran 100, 1 D/E 4
Melanesien vorderer Buchinnen-
    deckel, Q 5 – S 6
Melbourne 138, 1 D 4
Melekeok 243, Q/R 5
Melibocus 35, D 6
Melilla 88, C 5

Registereinträge richtig lesen:
„Melbourne befindet sich auf Seite 138, Karte 1 im Gradfeld D4."

Kartenrahmen mit Suchangaben **Gradnetz** **Gradfeld**

3 Das Sachwortregister – Begriffe suchen und finden

Eine Hilfe zum Finden von Karten zu einem bestimmten Thema ist das Sachwortregister. Es ist auf den Seiten 240 und 241 zu finden.
Die genannten Fachbegriffe und Schlagwörter sind alphabetisch geordnet. Zu jedem Begriff ist eine Karte mit der jeweiligen Seitenzahl und daran anschließend der Kartennummer angegeben.

Beispiel:

Im Unterricht wird das Thema Vulkanismus behandelt.

Sachwortregister **241**

V

Viehwirtschaft 40/41; 64.5; 129.5;
    164.1; 181.4
Völkerbund 214.3
Völkerwanderung 200.1
Vormensch 194/195.1
Vulkanismus 36.1; 86.2; 87.4; 172/173

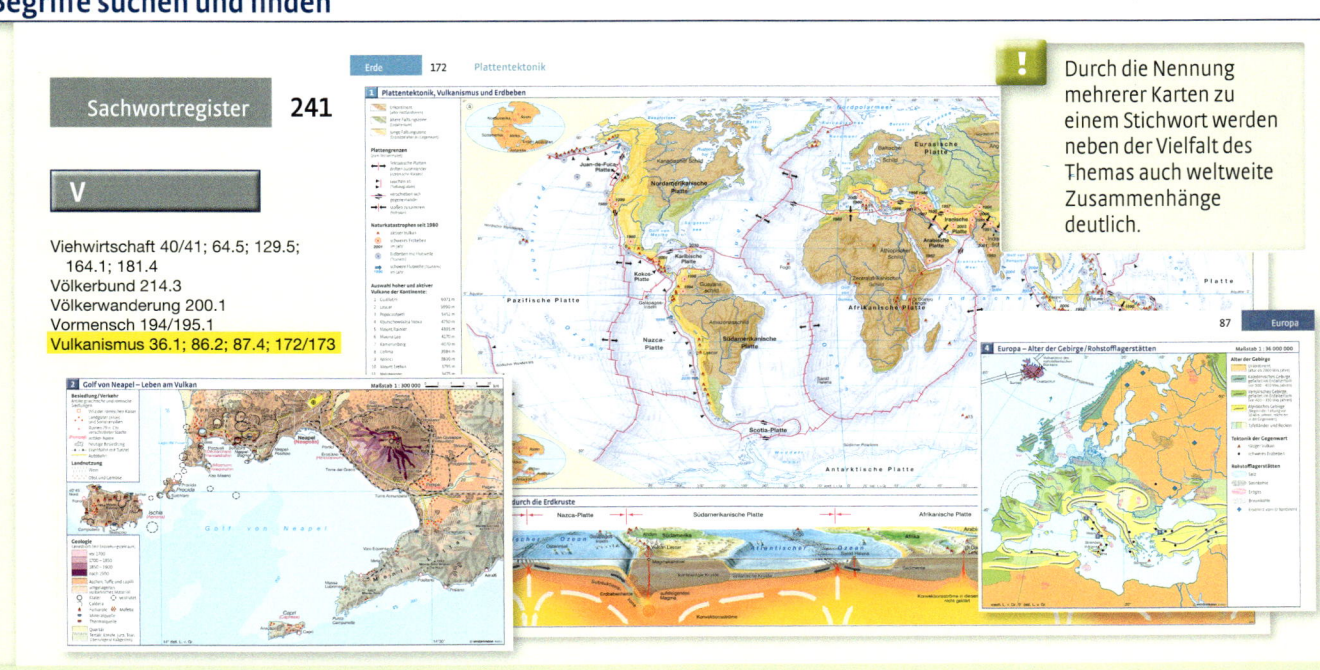

Durch die Nennung mehrerer Karten zu einem Stichwort werden neben der Vielfalt des Themas auch weltweite Zusammenhänge deutlich.

1 Die Fraueninsel (Chiemsee) im Schrägluftbild

Schrägluftbild

Ein Bild zeigt die Wirklichkeit.

Die Fraueninsel im Schrägluftbild, aufgenommen aus 400 m Höhe. Blickrichtung von Süden nach Norden.

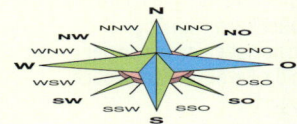

2 Die Fraueninsel im Senkrechtluftbild Maßstab 1 : 7 500

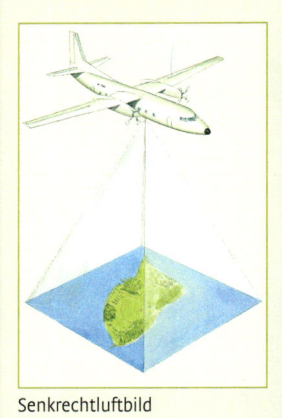
Senkrechtluftbild

Die Fraueninsel, aufgenommen aus 900 m Höhe, Blick senkrecht nach unten. Dieses Foto ist genordet.

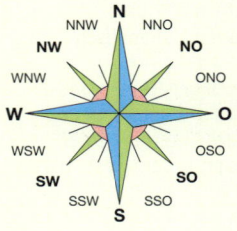

Die Karte zeigt die Wirklichkeit vereinfacht und als Grundriss

Die Fraueninsel als Karte. Eine Karte ist immer genordet. Alles wird verkleinert wiedergegeben. Der **Maßstab** nennt das Verkleinerungsverhältnis. Mit einer **Legende** wird die Karte erklärt. Sie enthält die **Kartenzeichen**.

3 Frauaeninsel (Chiemsee) Kartentitel Maßstab 1 : 7 500

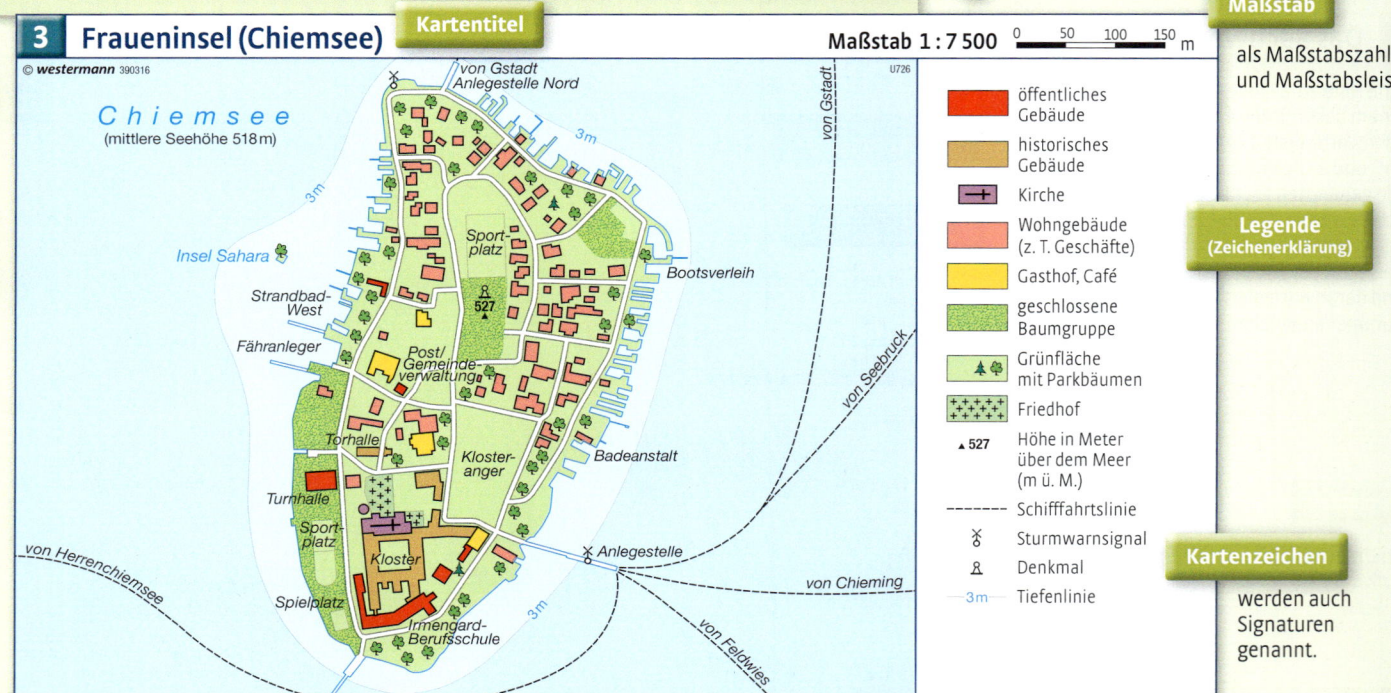

Maßstab
als Maßstabszahl und Maßstabsleiste.

Legende (Zeichenerklärung)

öffentliches Gebäude
historisches Gebäude
Kirche
Wohngebäude (z. T. Geschäfte)
Gasthof, Café
geschlossene Baumgruppe
Grünfläche mit Parkbäumen
Friedhof
▲ 527 Höhe in Meter über dem Meer (m ü. M.)
Schifffahrtslinie
Sturmwarnsignal
Denkmal
3m Tiefenlinie

Kartenzeichen
werden auch Signaturen genannt.

Kartenherstellung

1 Berge auf der Karte

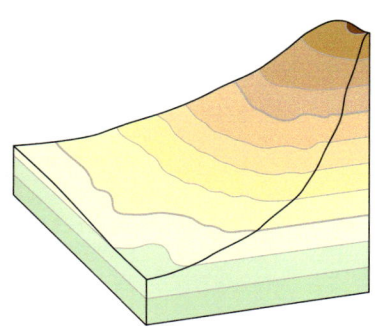

Der Berg als Blockbild mit Höhenlinien und Höhenschichten.

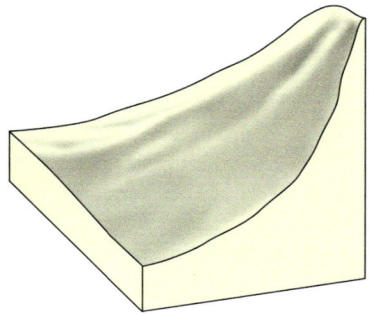

Der Berg als Blockbild in einer Schattendarstellung (Schummerung).

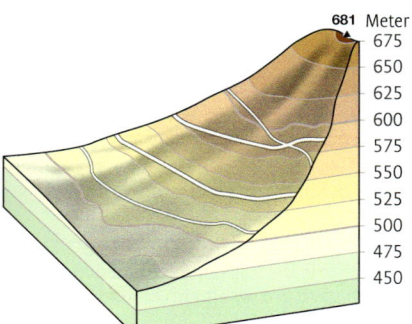

Blockbild mit Höhenlinien, Höhenschichten, Höhenangaben, Schummerung und Straßen.

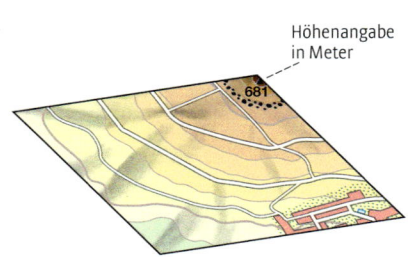

Blockbild als Karte verebnet mit Straßen und Bebauung.

2 Der Rauhe Kulm (Oberpfalz) im Schrägluftbild

Der Basaltvulkan Rauher Kulm im Schrägluftbild. Es ist deutlich zu sehen, wie steil der Berg über das Umland emporragt. Noch höher sind die Berge des Fichtelgebirges am Horizont.

3 Der Rauhe Kulm im Senkrechtluftbild Maßstab 1 : 25 000

Mockersdorf

Neustadt am Kulm

Rauher Kulm

Blickwinkel Schrägluftbild

Im Senkrechtluftbild wirkt die Landschaft flach. Dafür sind andere Dinge zu sehen. Man erkennt zum Beispiel den Verlauf der Straßen und die Basaltblockhalde auf dem Rauhen Kulm.

Die physische Karte zeigt den gleichen Ausschnitt wie das Senkrechtluftbild. Die Karte wirkt durch Höhenlinien, Höhenschichten und Schummerung plastisch. Viele Einzelheiten sind weggelassen worden. Dafür sind Namen von Orten, Bächen und Bergkuppen in die Karte eingetragen.

4 Rauher Kulm – physisch Maßstab 1 : 25 000

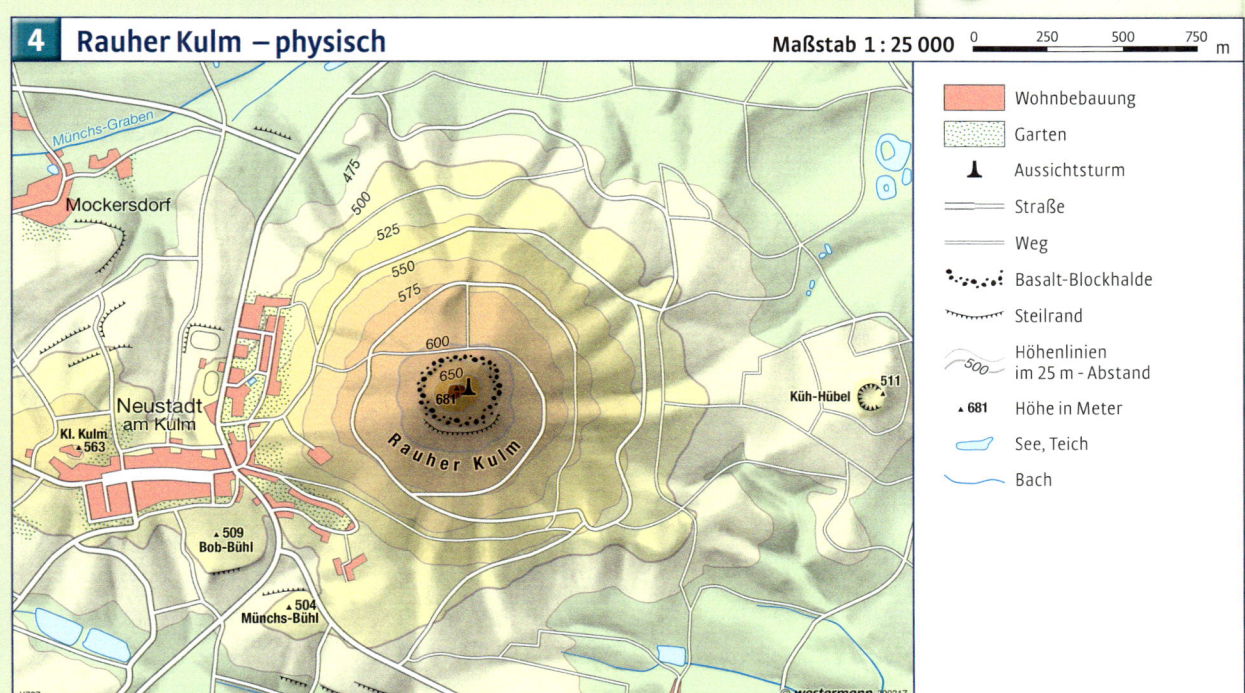

▨	Wohnbebauung
	Garten
⊥	Aussichtsturm
	Straße
	Weg
·····	Basalt-Blockhalde
⌣⌣⌣	Steilrand
⌇500	Höhenlinien im 25 m - Abstand
▲ 681	Höhe in Meter
	See, Teich
	Bach

M4 Den Maßstab verstehen

Karten und Luftbilder im Atlas geben die Wirklichkeit unterschiedlich stark verkleinert wieder. Der Maßstab (1 : Maßstabzahl) benennt das Verkleinerungsverhältnis einer Kartenstrecke zur entsprechenden Strecke in der Wirklichkeit.

1 : 10 000   0   100   200   300 m

Das bedeutet:

1 cm auf dem Luftbild = 100 m in der Natur

100 m

0 1 2 3 cm

Eine Strecke in der Wirklichkeit wird auf der Karte viele Tausend mal kleiner dargestellt – wie viel kleiner genau, sagt einem die Maßstabzahl.
Im Luftbild **2** sind die Strecken 25 000-mal kürzer als in der Wirklichkeit.

1 : 25 000   0   250   500   750 m

Das bedeutet:

1 cm auf der Karte = 250 m in der Natur

250 m

0 1 2 3 cm

1 Augsburg – Luftbild der Altstadt   Maßstab 1 : 10 000

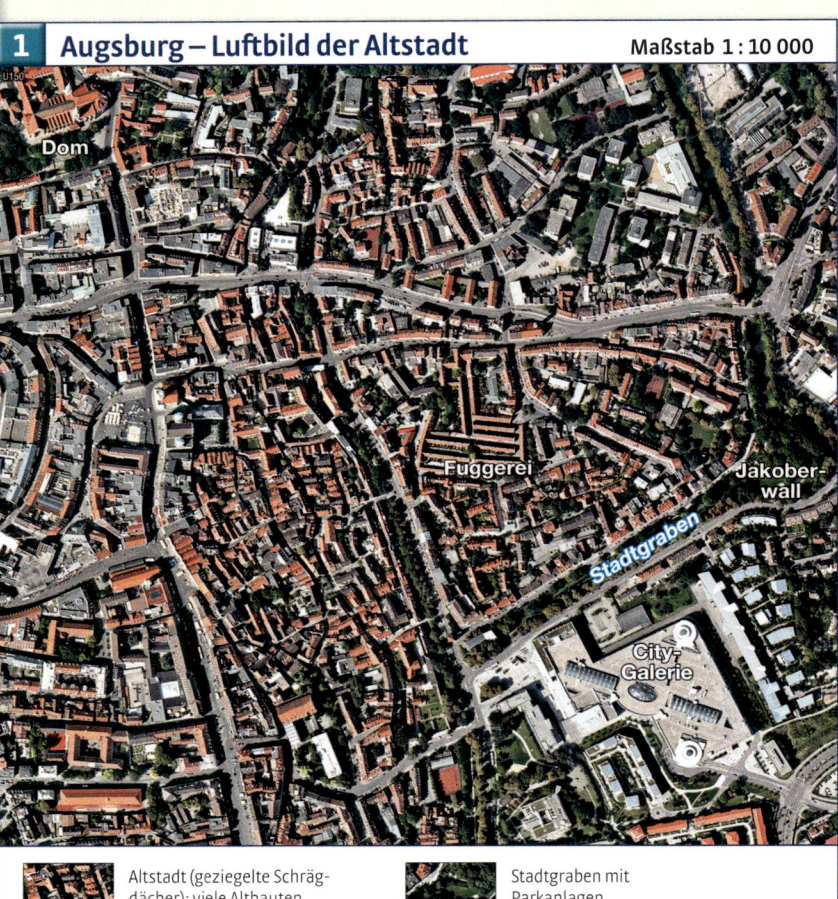

Dom · Fuggerei · Jakober-wall · Stadtgraben · City-Galerie

Altstadt (geziegelte Schräg-dächer): viele Altbauten

moderne städtische Bebauung (Flachdächer)

Stadtgraben mit Parkanlagen

Einkaufszentrum

2 Augsburg – Luftbild der Innenstadt   Maßstab 1 : 25 000

Lech · Dom · Altstadt · Haupt-bahnhof

Altstadt (geziegelte Schräg-dächer): viele Altbauten

moderne städtische Bebauung (Flachdächer)

Gewerbe/Industrie

Stadtgraben mit Parkanlagen

Einkaufszentrum

Fluss

Bahn-anlagen

M5 Mit dem Maßstab Flächen berechnen

Mit dem Karten- oder Bildmaßstab lassen sich nicht nur Entfernungen berechnen, sondern auch **Flächen**.

Für den Bau der City-Galerie war ein großes innenstadtnahes Grundstück nötig. Die rechteckige Fläche vor dem Stadtgraben der Altstadt ist im Luftbild 2,5 cm mal 2,0 cm groß.

Multipliziert mit der Maßstabzahl 10 000 ergibt sich eine Grundstücks-größe von 25 000 cm (= 250 m) mal 20 000 cm (= 200 m).
Für den Neubau standen also **250 m · 200 m = 50 000 m²** zur Verfügung, das sind 5 ha (Hektar). Das Gebäude selbst nimmt etwa 3 ha ein.

Mit dem Maßstab Größen einschätzen

Beim Kartenlesen ist es hilfreich, sich darüber klar zu werden, wie groß runde **Vergleichsstrecken** dargestellt werden (z.B. 1 Kilometer oder 10 km, 100 km, 1 000 km).
Im Maßstab 1 : 25 000 ist ein Kilometer 4 cm lang, denn 250 m in der Natur entsprechen 1 cm auf der Karte und **1 000 m : 250 m = 4**

Mit dieser Vergleichsstrecke sieht man schnell: Die Augsburger Altstadt ist deutlich größer als ein Quadratkilometer.

Bild **1** stellt einen Kilometer noch in 10 cm Länge dar. Die Altstadt wird dadurch mit mehr Details abgebildet.

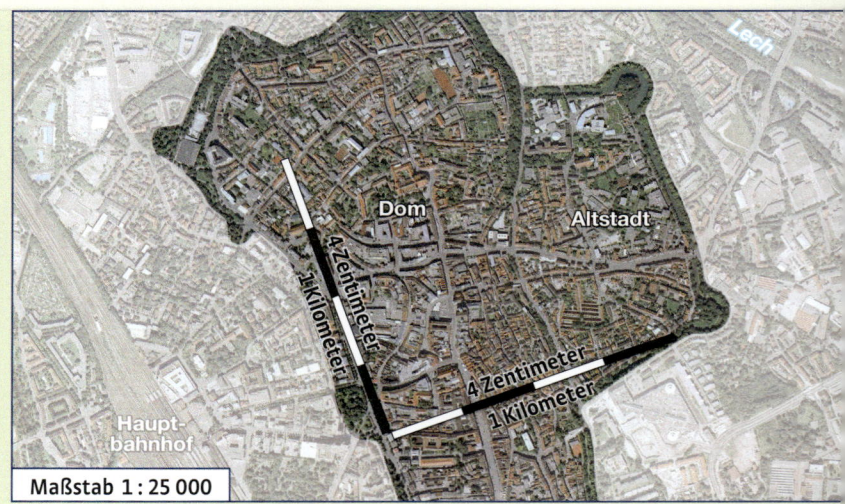

Fuggerei · Jakober-wall · 200 m · 250 m · Stadtgraben · City-Galerie

Maßstab 1 : 10 000

Lech · Dom · Altstadt · 4 Zentimeter 1 Kilometer · 4 Zentimeter 1 Kilometer · Haupt-bahnhof

Maßstab 1 : 25 000

Ein großer Maßstab (zum Beispiel 1 : 10 000) zeigt mehr Einzelheiten als ein kleiner Maßstab (zum Beispiel 1 : 200 000). Karten im kleinen Maßstab müssen vereinfacht werden, da sich sonst zu viele Signaturen überlagern würden.

1 : 50 000
0 500 1000 1500 m

Das bedeutet:
1 cm auf der Karte = 500 m in der Natur

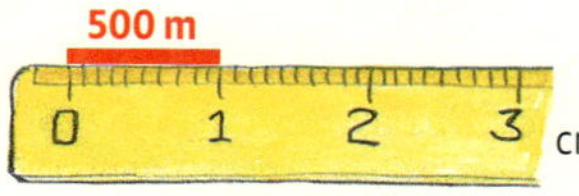

500 m
0 1 2 3 cm

Viele Atlaskarten haben einen kleinen Maßstab, denn es soll ein großer Raum abgebildet werden.

1 : 200 000
0 2 4 6 km

Das bedeutet:
1 cm auf der Karte = 2 km in der Natur

2 km
0 1 2 3 cm

! Bei großer Maßstabzahl ist der Maßstab der Karte klein.

---

3 Augsburg – Freizeitkarte
Maßstab 1 : 50 000

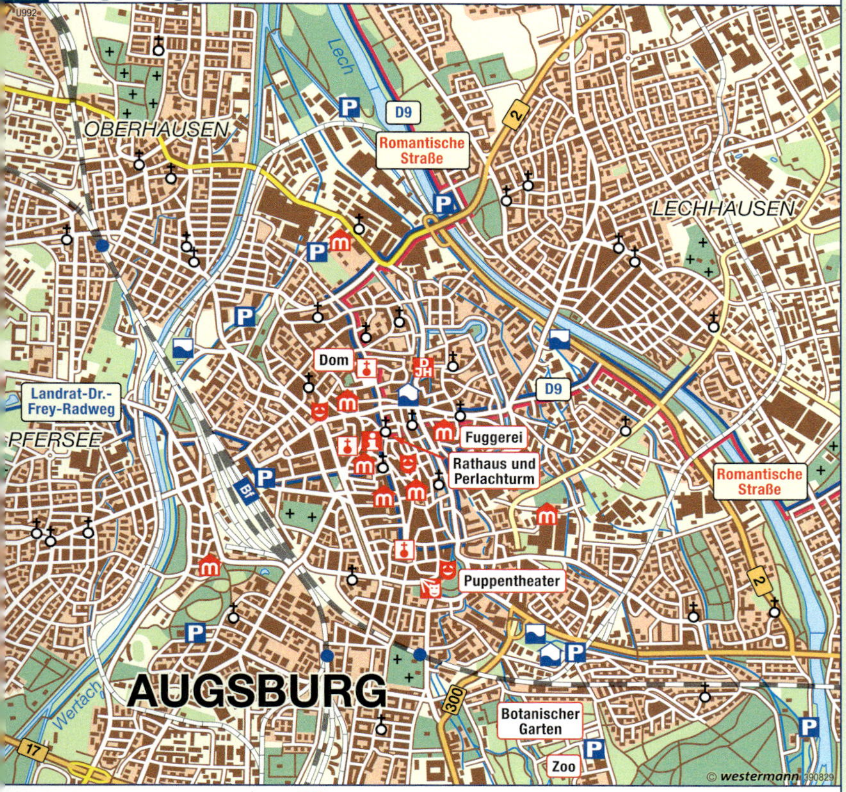

Legende:
- Gebäude, Siedlungsfläche
- Wald/Garten
- Radweg
- Wanderweg
- D9 Wegemarkierung
- Tourist-Information
- Museum
- besondere Kirche
- Theater
- Freilichtbühne
- Jugendherberge
- Bf Bahnstrecke mit Bahnhof
- 2 Bundesstraße mit Nummer
- Landesstraße
- Kreisstraße
- sonstige Straße, Fahrweg
- Weg

4 Augsburg – Straßenkarte
Maßstab 1 : 200 000

Straßen und Wege
- Augsburg 73 8 Autobahn mit Nummer und Anschlussstelle mit Nummer
- Raststätte, Tankstelle, Parkplatz mit/ohne WC
- 17 Bundesstraße, Straßennummern
- wichtige Hauptstraße
- Hauptstraße, Brücke

Entfernungen
- auf der Autobahn
- auf dem übrigen Straßennetz

Mit dem Maßstab Routen planen

Freizeitkarten eignen sich zum Beispiel für die Planung von Ausflügen. Dabei ist der Maßstab wichtig. Kurvige **Routenverläufe** zerlegt man am besten in kurze gerade Messabschnitte. Zum Schluss lässt sich die Summe der gemessenen Teilstrecken in Kilometer umrechnen.

Die Route vom Rathaus zum Zoo lässt sich in zehn geraden Teilabschnitten (in mm) ausreichend genau messen. Die Summe der Teilstrecken ist 64 mm.

Umrechnung in km:
64 mm • 50 000 = 3 200 000 mm = 320 000 cm = 3 200 m = 3,2 km

Mit dem Maßstab Entfernungen vergleichen

Auf der Straßenkarte sind die **Kilometer-Entfernungen** zwischen Kreuzungen eingetragen, die mit roten „Stecknadeln" markiert sind. Wie weit es mit dem Auto von Affing bis Gablingen ist, lässt sich an den roten Zahlen neben den Straßen ablesen. Sie sind in Kilometern angegeben. Wie weit ist diese Autofahrt in km? Um wie viel die Entfernung in der Luftlinie

kürzer ist, lässt sich in der Karte messen. Die direkte Strecke von Affing bis Gablingen beträgt in der Karte 5,9 cm. Bei einem Kartenmaßstab von 1 : 200 000 entspricht 1 cm einer wirklichen Strecke von 2 km. Die Luftlinienentfernung beträgt daher:
2 km • 5,9 = 11,8 km

Maßstab 1 : 50 000

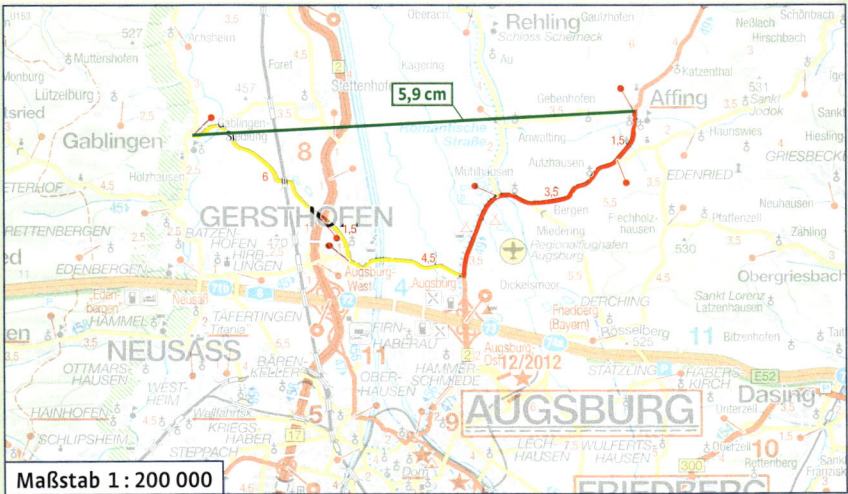

Maßstab 1 : 200 000

Einen ersten Zugang zur Karte gewinnen (Lesevorbereitung)

Der Atlas enthält Karten zu verschiedenen Themen und Räumen der Erde.
Um eine thematische Karte erfolgreich zu lesen und auszuwerten, helfen folgende Schritte weiter:

1 Nenne das Kartenthema

Der **Kartentitel** bezeichnet den abgebildeten Raum und das wichtigste Thema der Karte.

> Fränkische Schweiz – Freizeit und Erholung

Raumangabe   **Kartenthema**

2 Erfasse Aufbau und Inhalte der Legende

Lies gleich zu Beginn die Legende durch. Die dortigen Zeichenerklärungen zeigen, was alles in der Karte steckt.
Zwischenüberschriften gliedern die Kartenlegenden und grenzen verschiedene Karteninhalte voneinander ab.

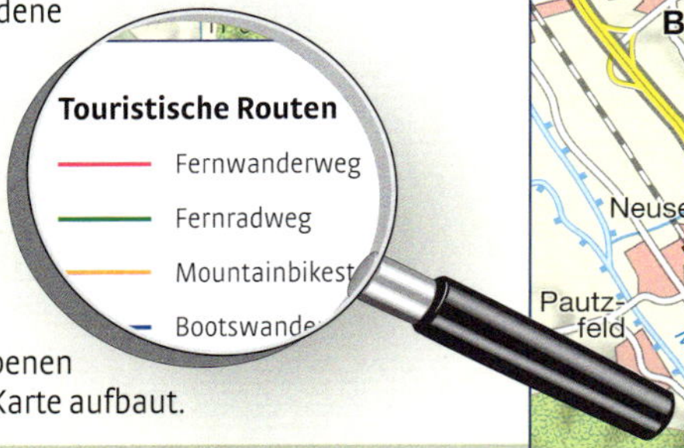

Touristische Routen

—— Fernwanderweg
—— Fernradweg
—— Mountainbikest
—— Bootswande

So wird deutlich, aus welchen Kartenebenen sich die thematische Karte aufbaut.

3 Ermittle die tatsächliche Größe des Kartenausschnitts

Die Größe des Ausschnitts der Erdoberfläche, den die Karte zeigt, lässt sich mit der **Maßstabsangabe** fast exakt bestimmen (siehe Seite 8).

> Maßstab 1 : 125 000   0   1   2   3

Verkleinerungs-verhältnis   **Maßstabsleiste**

4 Ordne den Kartenausschnitt räumlich ein

Auf den meisten Karten liegt ein **Gitternetz** mit ausgewählten Längen- und Breitenangaben. Mit seinen geographischen Koordinaten hilft es beim Auffinden des Kartenausschnitts auf einer Übersichtskarte oder auf dem Globus.

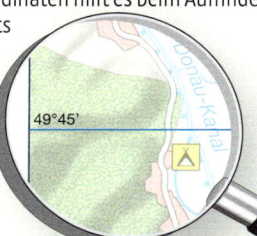

In manchen Kartenlegenden steht auch eine **Pilotkarte**, die die Lage des Kartenausschnitts in einem Bundesland, Staat oder auf einem Kontinent zeigt.

1 Fränkische Schweiz – Freizeit und Erholung

© westermann 390906

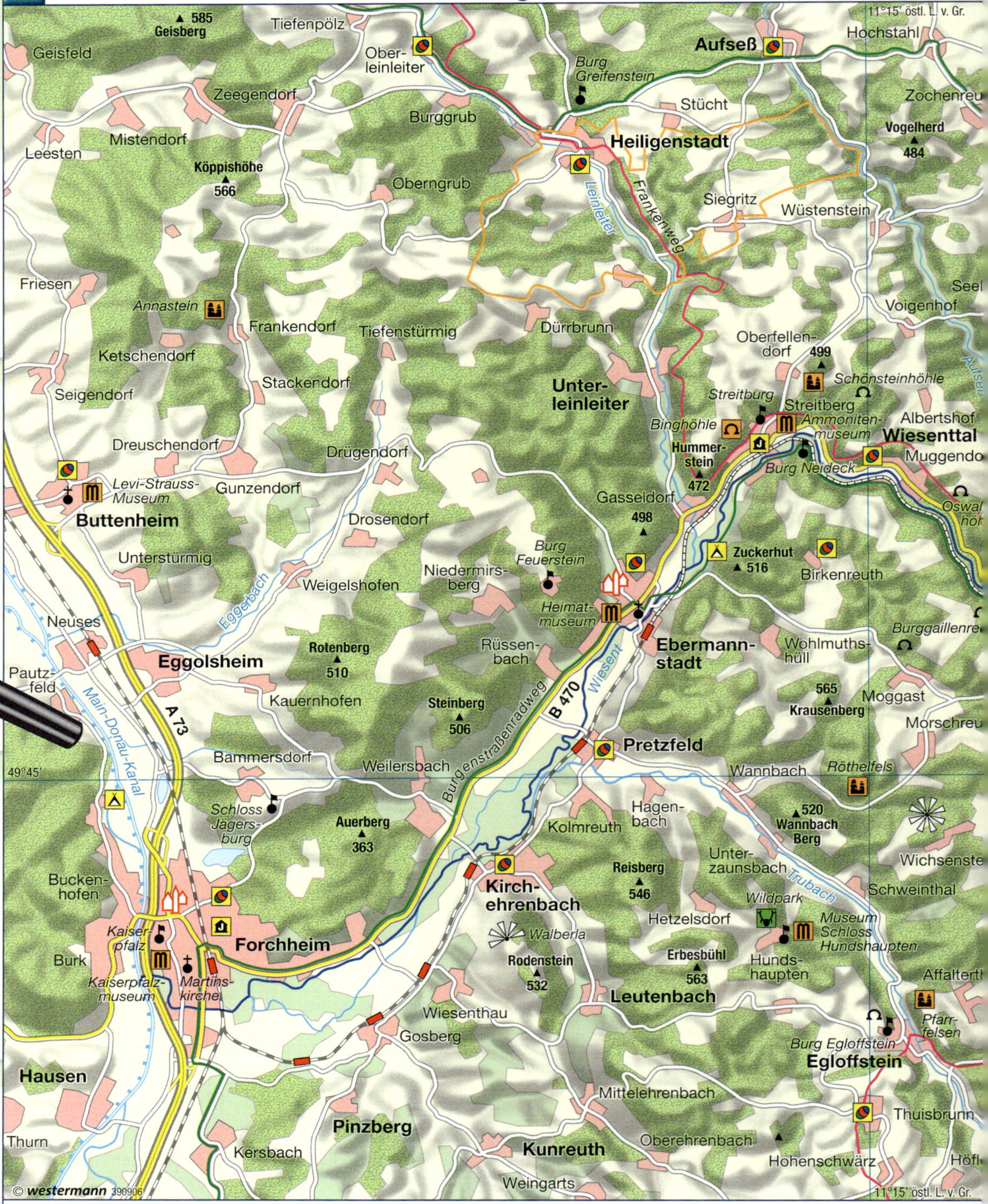

Lage in Bayern (Pilotkarte)

Bodenbedeckung / Landnutzung

■ Wald
■ Wiese, Weide
□ Ackerland
▲ Ort

Verkehr

═══ Autobahn
─── Bundesstraße
─── Straße
▬■▬ Eisenbahn mit Bahnhof

Thematische Karten bauen sich aus mehreren Kartenebenen auf

Kartenebenen: Kartenebene mit Gewässern und Schummerung

Kartenebene mit den Flächen unterschiedlicher Bodenbedeckung und Landnutzung

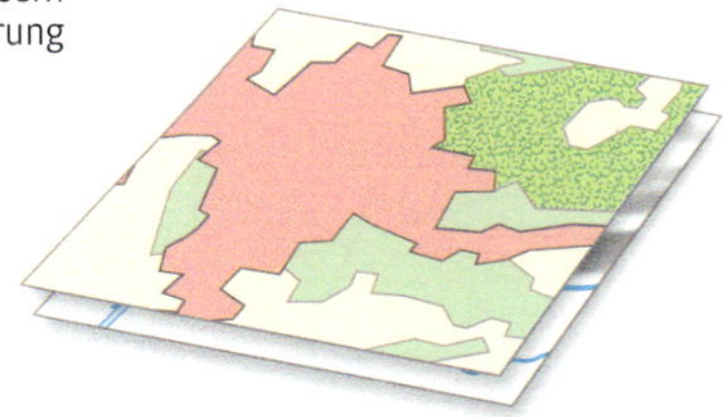

Kartenebene mit dem Verkehrsnetz

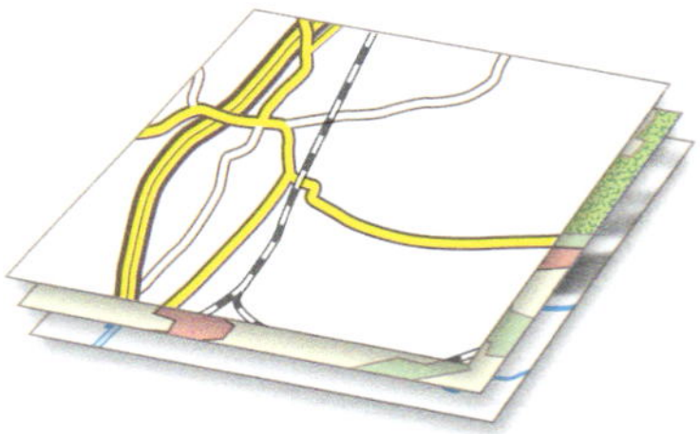

Maßstab 1 : 125 000

Sehenswürdigkeiten / Tourismus

⛪	sehenswertes Ortsbild
♪	Burg, Schloss, Ruine
✝	Kirche
Ⓜ	Museum
🧗	Felsen (z.T. Kletterfelsen)
Ⓜ Ω	Schauhöhle, Höhle

🌼	Aussichtspunkt
🔆	Osterbrunnen (Auswahl)
🌲	Tierpark
🏠	Jugendherberge
⛺	Campingplatz
⋯⋯	Museumseisenbahn

Touristische Routen

——	Fernwanderweg
——	Fernradweg
——	Mountainbikestrecke
——	Bootswanderstrecke

Kartenebene zum Thema der Karte
(z.B. Freizeit und Erholung)

Kartenebene mit der Beschriftung

Alle Kartenebenen
zusammen

Mit Aufgaben eine Karte erschließen (Kartenauswertung)

Nachdem du dir einen ersten Überblick über die Karte verschafft hast, kannst du dich jetzt auf deine Aufgabenstellung konzentrieren.

5 Beschreibe die Karte

Orientiere dich dabei an den Kartenebenen. Jede Ebene umfasst verschiedenartige Kartenzeichen, die auch **Signaturen** genannt werden. Die Signaturen in der Karte entsprechen konkreten Bestandteilen der Landschaft.

Triff Aussagen über das Landschaftsbild und die Nutzung der Landschaft, indem du auf die Lage und Verteilung der Signaturen achtest:

„Nach altem Brauch geschmückte Brunnen sind in vielen Orten eine Attraktion."

Osterbrunnen in Heiligenstadt

„Die gewundene Wiesent eignet sich für (lange) Bootsfahrten."

Kajakfahrt auf der Wiesent

„Die meisten Orte in der Fränkischen Schweiz sind recht klein."

Blick auf Größweinstein

Punkte, Linien und Flächen

Es gibt punkthaft gesetzte Kartenzeichen (Punktsignaturen), andere sind linienhaft (Liniensignaturen) oder flächenhaft (Flächensignaturen).

1 Bayern – politische Übersicht

Maßstab 1 : 1 500 000

0 15 30 45 60 75 km

T h ü r i n g e n

S a c h s e n

H e s s e n

Fulda

Rhön-Grabfeld
NES
Bad Neustadt

Coburg
CO

Kronach
KC

Hof
HO

Eger (Ohře)

Bad Kissingen
KG

Main

Kulmbach
KU

Lichtenfels
LIF

Wunsiedel im Fichtelgebirge
WUN

Regierungsbezirk

Haßberge
Haßfurt
HAS

Schweinfurt
SW

Karlstadt

Aschaffenburg
AB

Main-Spessart
MSP

Unterfranken

Würzburg
WÜ

Bamberg
BA

Bayreuth
BT

Oberfranken

Wunsiedel

Tirschenreuth
TIR

Braun (Berounka)

Neustadt a. d. Waldnaab
NEW

Tschechische Republik

MIL
Miltenberg

Kitzingen
KT

Forchheim
FO

Erlangen-Höchstadt
ERH

Erlangen
ER

Weiden
WEN

Radbuza

Neustadt a. d. Aisch

Neustadt an der Aisch-Bad Windsheim
NEA

Fürth
FÜ

N

Lauf

Nürnberger Land

Amberg-Sulzbach
AS

Angel (Úhlava)

Jagst

Regierungsbezirk

Nürnberg
LAU

Amberg
AM

Regierungsbezirk

Kocher

Ansbach
AN

Schwabach
SC

Roth
RH

Neumarkt in der Oberpfalz
NM

Schwandorf
SAD

Cham
CHA

Mittelfranken

Weißenburg
Weißenburg-Gunzenhausen
WUG

Main-Donau-Kanal

Oberpfalz

Regensburg
R

Donau

Straubing-Bogen
SR

REG

Regen

Baden-Württemberg

Neckar

Eichstätt
EI

Ingolstadt
IN

Kelheim
KEH

Straubing

Deggendorf
DEG

Freyung-Grafenau
FRG

Freyung

Donau-Ries
DON

Donauwörth

Neuburg
Neuburg-Schrobenhausen
ND

Pfaffenhofen a. d. Ilm
PAF

Regierungsbezirk

Dingolfing-Landau
DGF

Dingolfing

PA

Passau

Dillingen a. d. Donau
DLG

Aichach-Friedberg

Landshut
LA

Niederbayern

Donau

Günzburg
GZ

Aichach
AIC

DAH
Dachau

Freising
FS

Erding
ED

Mühldorf a. Inn
MÜ

Pfarrkirchen

Rottal-Inn
PAN

Neu-Ulm
NU

A
Augsburg

Fürstenfeldbruck
FFB

Landeshauptstadt München
M

Ebersberg
EBE

Altötting
AÖ

Inn

Regierungsbezirk

Schwaben

Mindelheim
MN

Unterallgäu
MM
Memmingen

Landsberg a. Lech
LL

Ammersee

Starnberg
STA

Weilheim
WM

Bad Tölz

Miesbach
MB

Rosenheim
RO

Traunstein
TS

Salzach

Chiemsee

Bad Reichenhall

Kaufbeuren
KF

Ostallgäu
OAL

Weilheim-Schongau

Oberbayern

Starnberger See

Kempten
KE

Marktoberdorf

Bad Tölz-Wolfratshausen
TÖL

Berchtesgadener Land
BGL

Oberallgäu
OA

Sonthofen

Garmisch-Partenkirchen
GAP

Isar

Bodensee

Lindau
LI

Schweiz

Ö s t e r r e i c h

Inn

Salzach

10° östl. L. v. Gr. 11° 12° 13°

© westermann 39083

Verwaltungsgliederung

Staatsgrenze
Landesgrenze
Regierungsbezirksgrenze
Landkreisgrenze

⬤ Landeshauptstadt
• Sitz einer Bezirksregierung
○ Kreisstadt
□ kreisfreie Stadt, z. T. mit einer Landkreisverwaltung

Donau-Ries Namen von Kreisen, die nicht nach dem Verwaltungssitz benannt sind

BGL KFZ-Kennzeichen

Das kleine bayerische Staatswappen zeigt einen Schild, der in den Farben silber und blau gerautet ist. Diese Farben wurden schon seit dem 13. Jahrhundert von dem früheren bayerischen Herrscherhaus der Wittelsbacher geführt.
Auf dem Schild ruht die Volkskrone, ein Symbol für die Volkssouveränität Bayerns.

Die Wappen der sieben Bezirke:

Oberbayern Niederbayern Oberpfalz Oberfranken Mittelfranken Unterfranken Schwaben

Maßstab 1 : 1 500 000

0 15 30 45 60 75 km

Landhöhen (in Meter)

2995 Berghöhe
1500
1000
750
500
350
200

Rednitzbecken Landschaftsname

Frankenwald Gebirgsname

Gewässer

~~~ Fluss
— Kanal
~~~ See

Orte Einwohner

▢ über 1000 000
◉ 500 000 – 1000 000
● 100 000 – 500 000
○ unter 100 000

▢ geschlossene Besiedlung

Verkehr

— Eisenbahn
— Autobahn
— Fernstraße
~~~ schiffbarer Fluss über 1350 t Tragfähigkeit
≈≈≈ schiffbarer Kanal über 1350 t Tragfähigkeit

Grenzen

━━ Staatsgrenze
━━ Landesgrenze

München Landeshauptstadt

© westermann 350707

Landhöhen (in Meter)

Berghöhe
2962

2 000
1 500
1 000
750
500
350
200

Gewässer

Fluss
schiffbarer Fluss
Kanal
See
Stausee, Staumauer

Orte

Einwohner

über   500 000
100 000 — 500 000
20 000 — 100 000
5 000 — 20 000
unter   5 000
Ortsteil
geschlossene Besiedlung

Kirche, Kloster
Schloss, Burg
Höhle, Grotte

Verkehr

Eisenbahn-Fernverkehr
Eisenbahntunnel
sonstige Eisenbahnverbindung
Autobahn
Autobahn im Bau
Autobahntunnel
Bundesstraße/Fernstraße
Flughafen

Verwaltung

Staatsgrenze
Landesgrenze
München   Landeshauptstadt

Seite 14/15

Seite 16/17

Landhöhen (in Meter)

Berghöhe
2962

2000
1500
1000
750
500
350
200

Gewässer

~~~ Fluss
~~~ schiffbarer Fluss
~~~ Kanal
See
Stausee, Staumauer

Orte

Einwohner

über 1 000 000
500 000 – 1 000 000
100 000 – 500 000
20 000 – 100 000
5 000 – 20 000
unter 5 000
Ortsteil
geschlossene Besiedlung

Kirche, Kloster
Schloss, Burg
Höhle, Grotte

Verkehr

Eisenbahn-Fernverkehr
Eisenbahntunnel
sonstige Eisenbahnverbindung
Autobahn
Autobahn im Bau
Autobahntunnel
Bundesstraße/Fernstraße
Flughafen

Verwaltung

Staatsgrenze
Landesgrenze
München Landeshauptstadt

Seite 14/15

Seite 16/17

1 Temperaturen im Jahr — Maßstab 1 : 3 000 000

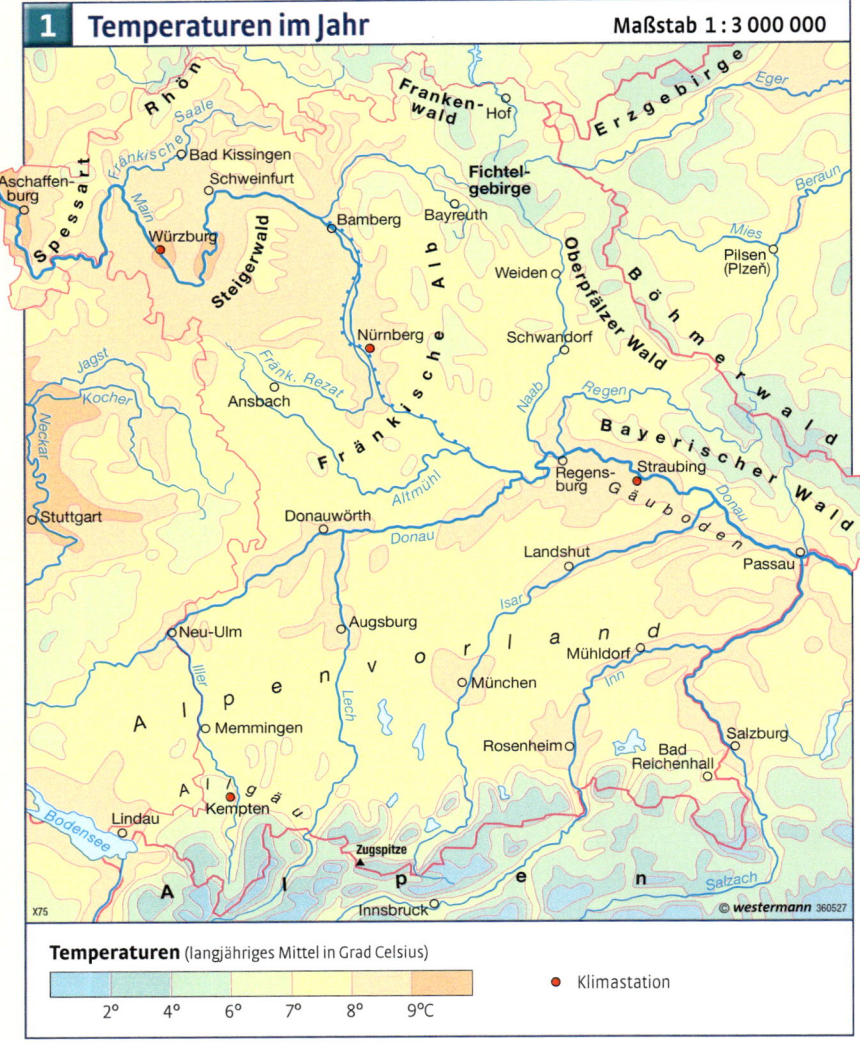

Temperaturen (langjähriges Mittel in Grad Celsius)

2° 4° 6° 7° 8° 9°C

● Klimastation

2 Niederschläge im Jahr — Maßstab 1 : 3 000 000

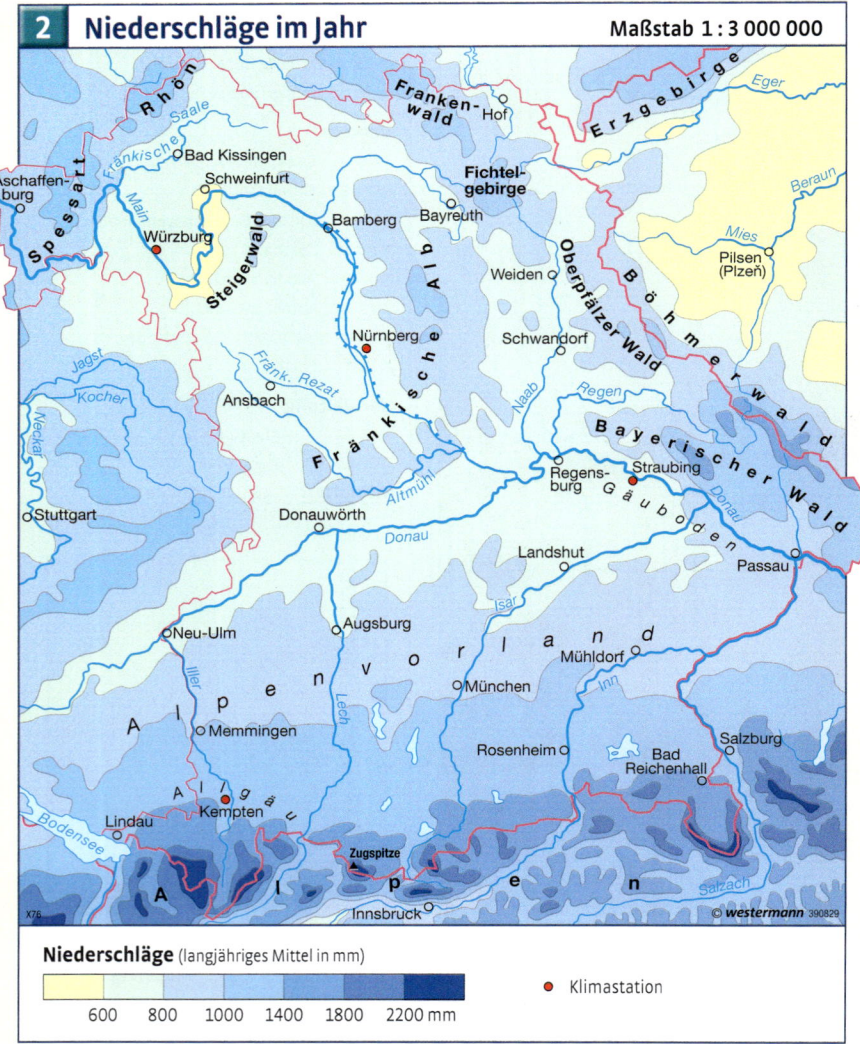

Niederschläge (langjähriges Mittel in mm)

600 800 1000 1400 1800 2200 mm

● Klimastation

3 Klimadiagramme

Würzburg
174 m ü. M.
T: 9,2 °C
N: 646 mm

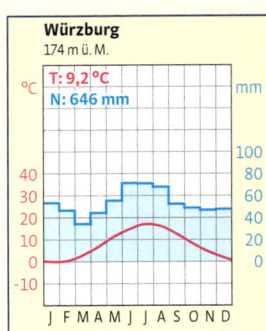

Weinbau an den Hängen des Maintals

Obstanbau bei Nürnberg

Nürnberg
310 m ü. M.
T: 8,4 °C
N: 623 mm

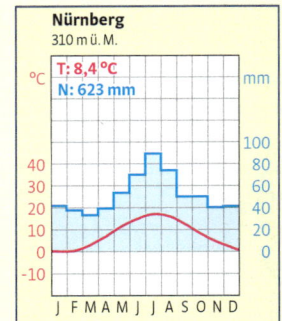

	Temperaturen im Monatsmittel
	Niederschläge im Monat insgesamt
T: 8,4 °C	Jahresdurchschnitt Temperatur
N: 646 mm	Jahressumme Niederschlag
174 m ü. M.	Ortshöhe (Angabe in Meter über dem Meeresspiegel)

Zuckerrübenernte im Gäuboden

Straubing
350 m ü. M.
T: 8,3 °C
N: 783 mm

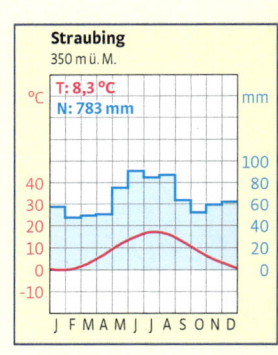

Kempten
705 m ü. M.
T: 6,7 °C
N: 1287 mm

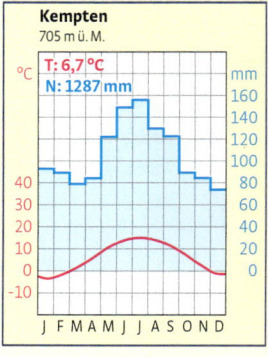

Viehhaltung im Allgäu

4   Bayern – Landwirtschaft   Maßstab 1 : 1 500 000

0   15   30   45   60   75 km

Legende:

Ackerbau (vorwiegend Getreide)
- auf sehr guten und guten Böden, z. T. Löss
- auf mittleren und armen Böden

Hauptanbauarten
- Zuckerrüben
- Spargel
- Gemüse
- Obst
- Wein
- Hopfen

sonstige Nutzung
- Wiese, Weide, Alm
- Wald
- Fels und Geröll

Nahrungs- und Genussmittelindustrie
- Milchverarbeitung
- Zuckerindustrie
- Obst- und Gemüseverarbeitung
- Großbrauerei

Viehhaltung
- Rinder
- Schweine
- Geflügel

Verkehr
- Autobahn
- wichtige Straße
- wichtige Eisenbahn
- Fluss, Kanal
- geschlossene Besiedlung

© westermann 350707

1 M7 Großwallstadt – Strukturwandel

Maßstab 1 : 20 000

0 200 400 600 m

1971

U741a

Aschaffenburg

Sportgelände

Kläranlage

Schule

Schule

Kinder-
garten

B a y e r i s c h e r

U n t e r m a i n

Großwallstadt

Rathaus

Auto-
fähre

Volkshalle

Klein-
wallstadt

Mittenberg

© westermann 390812

2011

A 3 Würzburg/Frankfurt

Großwallstadt-
see

Reiterhof

Pferdeklinik

Mode-
markt

Lebens-
mittel-
markt

Sport-
gelände

Sporthalle

Baum-
schule

Möbel-
haus

Fabrik-
verkauf

Lebensmittel-
markt

Schule

Gründer-
zentrum

Heimat-
museum

Kinder-
garten

Aussiedler-
höfe

Küchenbau
und
Verkauf

Großwallstadt

Rathaus

Main

Volkshalle

B 469

Klein-
wallstadt

Schwimm-
bad

Mittenberg

© westermann 390812

Bebauung
- Ortskern mit Geschäften, Banken und Ärzten
- öffentliches Gebäude
- Wohngebiet

Grünflächen
- Friedhof
- Wiesen, Sportplatz
- Garten

Gewerbe
- Industrie- und Gewerbegebiet
- Einzelhandel, Dienstleistung
- Kiesabbau
- Textilien, Bekleidung
- Optik
- Chemie, Kunststoffe
- Holz, Möbel

Wald und Flur
- Wald
- landwirtschaftlich genutzte Fläche
- Steilböschung

Verkehr
- Straße
- mehrspurige Bundesstraße
- Weg
- P Parkplatz

2 Medienstadt München

Maßstab 1 : 150 000

0 1 2 3 4 5 km

Medienpark (über 2000 Beschäftigte)

Druckerzeugnisse
- Verlag/Druckerei

Radio
- öffentlich-rechtlicher Sender
- privater Sender

Fernsehen
- öffentlich-rechtlicher Sender
- privater Sender
- privater Pay-TV-Sender
- überregional
- regional

Film- und Fernsehproduktion
- Studio
- Produktionsfirma
- Werbeagentur
- Ausbildungsstätten für Medienberufe

Flächennutzung
- Bebauung
- Grünanlage
- Wald

Verkehr
- Autobahn
- Straße
- Eisenbahn
- Stadtgrenze

Karlsfeld

Gröbenried

Feld-
moching

Hasenbergl

Ismaning

AGROB Medien- und Gewerbepark

Speichersee

Home Shopping Europe

Sport1

Antenne Bayern

Ludwigs-
feld

Harthof

Neuherberg

Allach

Untermenzing

Moosach

Bayerisches Fernsehen

sky

Bayerisches Fernsehen

Pro Sieben Sat.1

Bayerische Akademie für Fernsehen

Kirchheim

Lochhausen

Obermenzing

Gern

Milbertshofen

Fernsehturm

Medien campus Unterföhring

Aschheim

Aubing

Nymphenburg

Neuhausen

Fachhochschule Fotodesign

Oberföhring

Feldkirchen

Bayerischer Rundfunk

ARRI

Universität

Burda

Pasing

Laim

Münchner Merkur

Deutsche Journalistenschule

Haidhausen

Bogenhausen

Riem

Süddeutscher Verlag

Random House

Messe

Gräfelfing

Westend

Au

Eurosport

Berg am Laim

Haar

Großhadern

Sendling

Giesing

Hochschule für Fernsehen und Film

Ramersdorf

Trudering

Neuperlach

Gauting

Planegg

Fürstenried

Thalkirchen

Perlach

Putzbrunn

Krailling

Neuried

Solln

Harlaching

Waldperlach

Neubiberg

Grasbrunn

Gauting

RTL 2

Bavaria Filmstadt

Unter-
haching

Ottobrunn

Pullach

Grünwald

Wurm

Isar

U744

© westermann 390

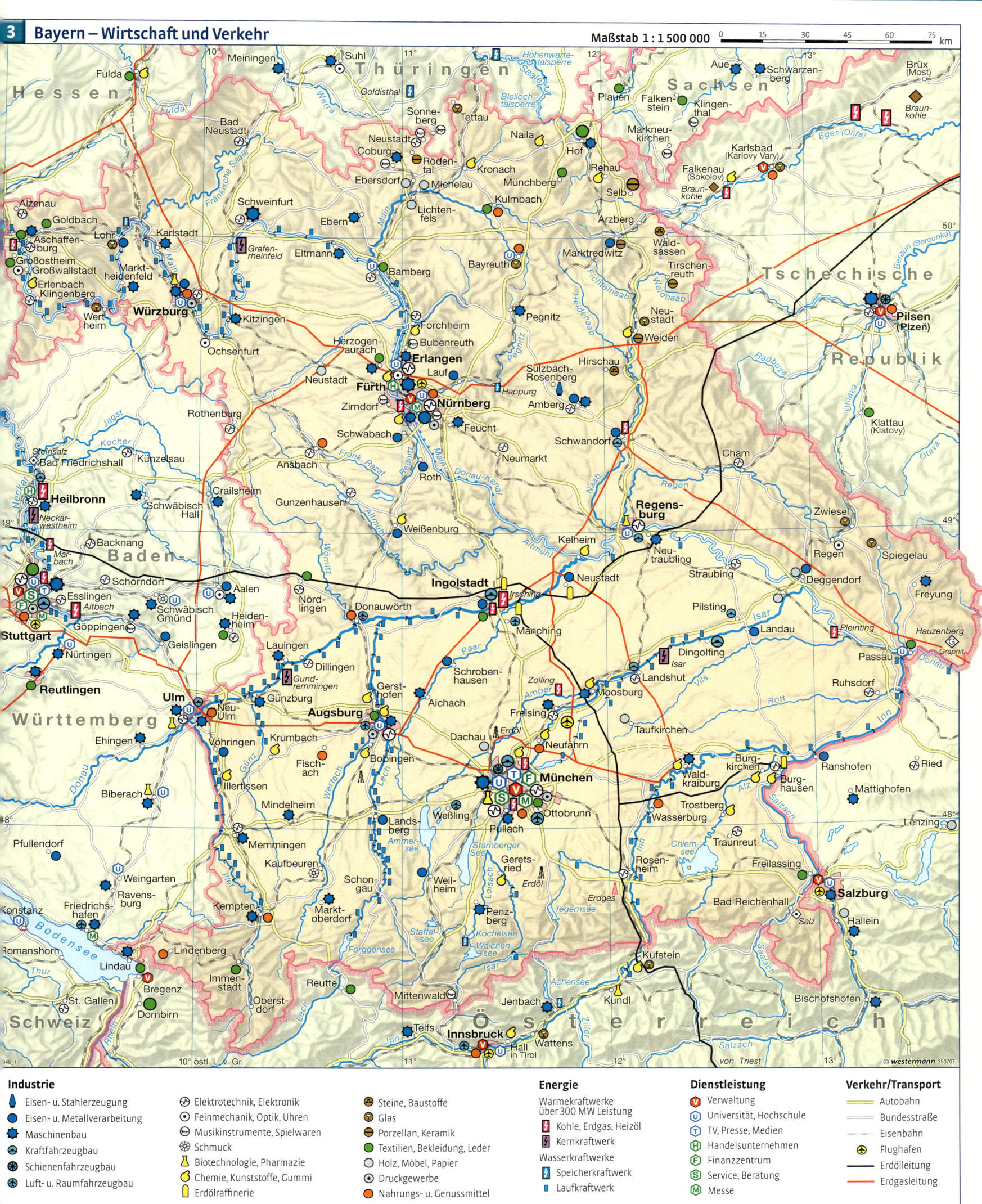

3 Bayern – Wirtschaft und Verkehr

Maßstab 1 : 1 500 000

0 15 30 45 60 75 km

Industrie

- Eisen- u. Stahlerzeugung
- Eisen- u. Metallverarbeitung
- Maschinenbau
- Kraftfahrzeugbau
- Schienenfahrzeugbau
- Luft- u. Raumfahrzeugbau
- Elektrotechnik, Elektronik
- Feinmechanik, Optik, Uhren
- Musikinstrumente, Spielwaren
- Schmuck
- Biotechnologie, Pharmazie
- Chemie, Kunststoffe, Gummi
- Erdölraffinerie
- Steine, Baustoffe
- Glas
- Porzellan, Keramik
- Textilien, Bekleidung, Leder
- Holz, Möbel, Papier
- Druckgewerbe
- Nahrungs- u. Genussmittel

Energie

Wärmekraftwerke über 300 MW Leistung
- Kohle, Erdgas, Heizöl
- Kernkraftwerk

Wasserkraftwerke
- Speicherkraftwerk
- Laufkraftwerk

Dienstleistung

- V Verwaltung
- U Universität, Hochschule
- T TV, Presse, Medien
- H Handelsunternehmen
- F Finanzzentrum
- S Service, Beratung
- M Messe

Verkehr/Transport

- Autobahn
- Bundesstraße
- Eisenbahn
- Flughafen
- Erdölleitung
- Erdgasleitung

© westermann 350707

1 Eichethof – ökologische Betriebszweige

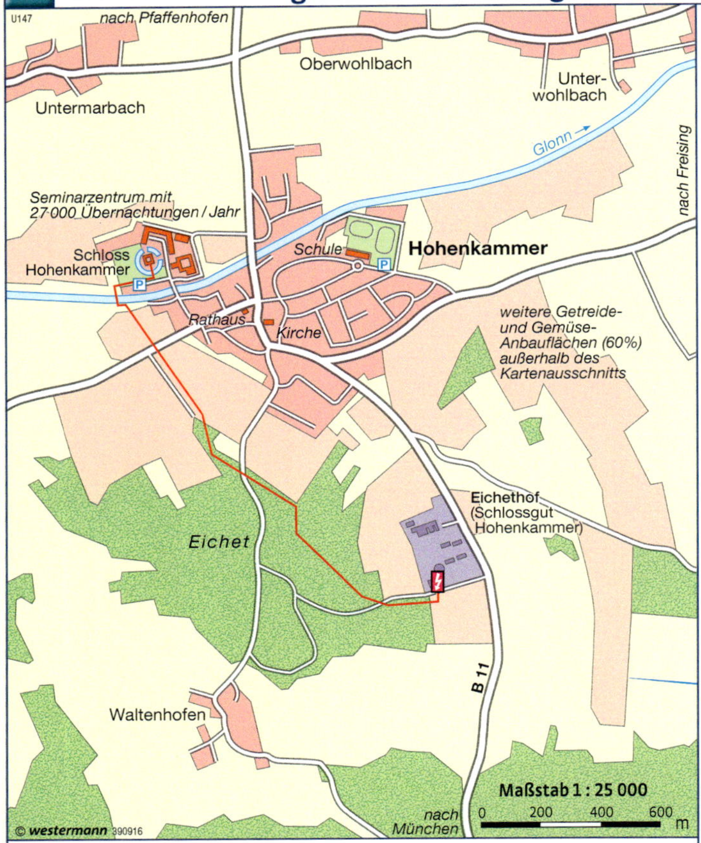

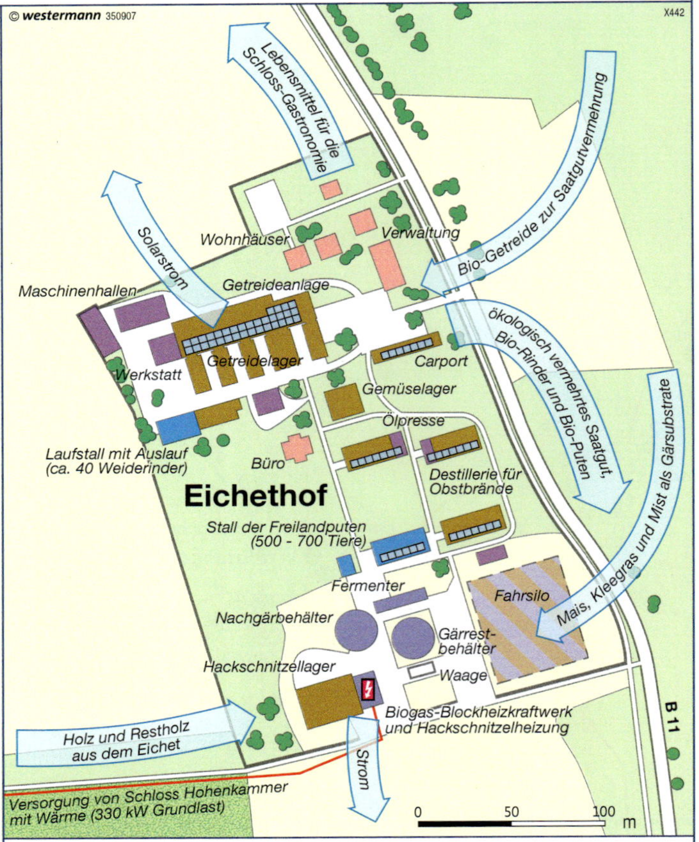

U147 nach Pfaffenhofen

Oberwohlbach

Unterwohlbach

Untermarbach

Glonn

nach Freising

Seminarzentrum mit 27 000 Übernachtungen / Jahr

Schloss Hohenkammer

Schule

Hohenkammer

Rathaus

Kirche

weitere Getreide- und Gemüse-Anbauflächen (60%) außerhalb des Kartenausschnitts

Eichet

Eichethof (Schlossgut Hohenkammer)

B 11

Waltenhofen

Maßstab 1 : 25 000

0   200   400   600 m

nach München

© westermann 390916

Flächennutzung

■	Siedlungsfläche
■	öffentliches Gebäude
■	Wald
■	Ackerflächen

Schlossgut Hohenkammer

■	Hoffläche des Eichethofs
■	Ackerfläche des Eichethofs (ökologisch bewirtschaftet)
—	Nahwärmeleitung

© westermann 350907

X442

Lebensmittel für die Schloss-Gastronomie

Bio-Getreide zur Saatgutvermehrung

ökologisch vermehrtes Saatgut, Bio-Rinder und Bio-Puten

Mais, Kleegras und Mist als Gärsubstrate

B 11

Wohnhäuser

Verwaltung

Maschinenhallen

Getreideanlage

Solarstrom

Werkstatt

Getreidelager

Carport

Gemüselager

Ölpresse

Büro

Destillerie für Obstbrände

Laufstall mit Auslauf (ca. 40 Weiderinder)

Eichethof

Stall der Freilandputen (500 - 700 Tiere)

Fahrsilo

Fermenter

Nachgärbehälter

Gärrestbehälter

Hackschnitzellager

Waage

Holz und Restholz aus dem Eichet

Biogas-Blockheizkraftwerk und Hackschnitzelheizung

Strom

Versorgung von Schloss Hohenkammer mit Wärme (330 kW Grundlast)

0   50   100 m

Gebäudefunktionen auf dem Eichethof

■	Wohn-, Bürogebäude	■	Biogasanlage mit Strom- und Wärmezentrale Funktionsschema siehe Seite 41 [3]
■	Landwirtschaftstechnik		
■	Saatgutaufbereitung, Lager	—	Nahwärmeleitung
■	Stall (Angus-Rinder, Puten)	▦	Photovoltaik-Dachanlage

2 Erdinger Moos – Ausbau des Münchener Flughafens

Maßstab 1 : 75 000

0   500   1000   1500 m

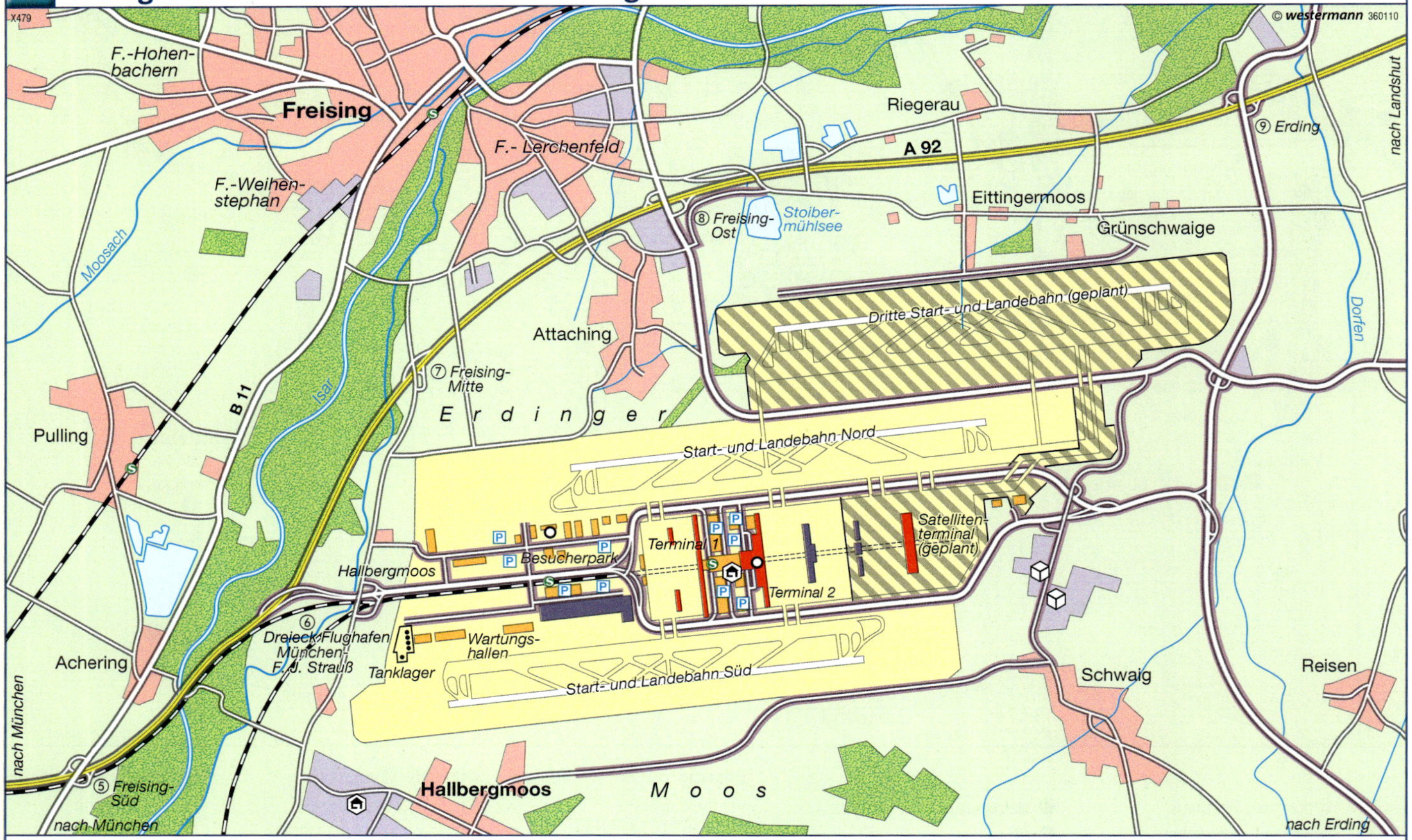

X479

© westermann 360110

F.-Hohenbachern

Freising

Riegerau

⑨ Erding

nach Landshut

F.- Lerchenfeld

A 92

F.-Weihenstephan

Moosach

Isar

⑧ Freising-Ost

Stoibermühlsee

Eittingermoos

Grünschwaige

Dorfen

Attaching

Dritte Start- und Landebahn (geplant)

⑦ Freising-Mitte

Erdinger

Start- und Landebahn Nord

Pulling

B 11

Satellitenterminal (geplant)

Besucherpark

Terminal 1

Terminal 2

Hallbergmoos

Dreieck Flughafen München / F.J. Strauß

Wartungshallen

Tanklager

Start- und Landebahn Süd

Schwaig

Reisen

Achering

nach München

⑤ Freising-Süd

nach München

Hallbergmoos

Moos

nach Erding

Flächennutzung

■	Wald (FFH-Artenschutzgebiet)
■	feuchte Wiesen und Ackerland
■	Siedlung, Gewerbe

Flughafenanlage (Eröffnung 1992)

■	Flughafengelände	■	Fluggastabfertigung
▨	Ausbauplanung für 2020	■	Frachtabfertigung
P	Parkhaus, Parkplatz	■	Flughafenverwaltung und Service-Einrichtungen

Verkehrsanbindung

S	S-Bahn
A	Autobahn
—	neue Straße seit 1990 (z.T. noch im Bau)

Flughafendienstleistungen

⬡	Luftfrachtspedition
⬡	sonstige Dienstleistungen
⬡	Großhotel

3 Der Großraum

Bodennutzung

	Ackerland
x x	Hopfenanbau
	Dauergrünland (Wiese, Weide, Alm)
	Moor, Sumpf
	Wald
	Fels, Geröll

Industrie

⬤	Metallverarbeitung
✿	Maschinenbau
⬤	Kraftfahrzeugbau
✳	Schienenfahrzeugbau
✈	Luft- und Raumfahrttechnik
⚡	Elektrotechnik
⬤	Elektronik
⬤	Biotechnologie
⬤	Chemie, Kunststoffe
⬤	Textilien, Bekleidung
⬤	Holz, Möbel
⊖	Zellulose, Papier
⊙	Druckgewerbe
⬤	Nahrungs- und Genussmittel
⊙	Milchverarbeitung
⊖	Tabakverarbeitung
⬤	Brauerei
⬤	Baukeramik

Bergbau / Stromerzeugung

⯁	Erdöl
⚡	Wasserkraftwerk (>100 MW)
⚡	Wärmekraftwerk (>100 MW, Kohle, Erdgas, Heizöl)
~	Staustufe, Schleuse, Kraftwerk (< 100 MW)

Dienstleistung

V	Verwaltung
U	Universität, Hochschule
T	TV, Presse, Medien
F	Finanzzentrum
S	Service, Beratung
M	Messezentrum

Ort / Tourismusort

Einwohner

	mehr als 10 000
■	weniger als 10 000

Übernachtungen / Jahr

⌂	100 000 – 250 000
⌂	mehr als 250 000

Bedeutendes Bauwerk

♟	Burg, Schloss
♁	Kirche, Kloster
⌨	Funkturm

Verkehr / Transport

—	Autobahn
—	Bundesstraße
—	Hauptstrecke
—	Nebenstrecke
—Ⓢ	S-Bahn mit Endstation
—	Bergbahn
✈	internationaler Flughafen

Verwaltung

	Staatsgrenze
	Regierungsbezirksgrenze

München im Voralpenland – Wirtschaft

Maßstab 1 : 500 000

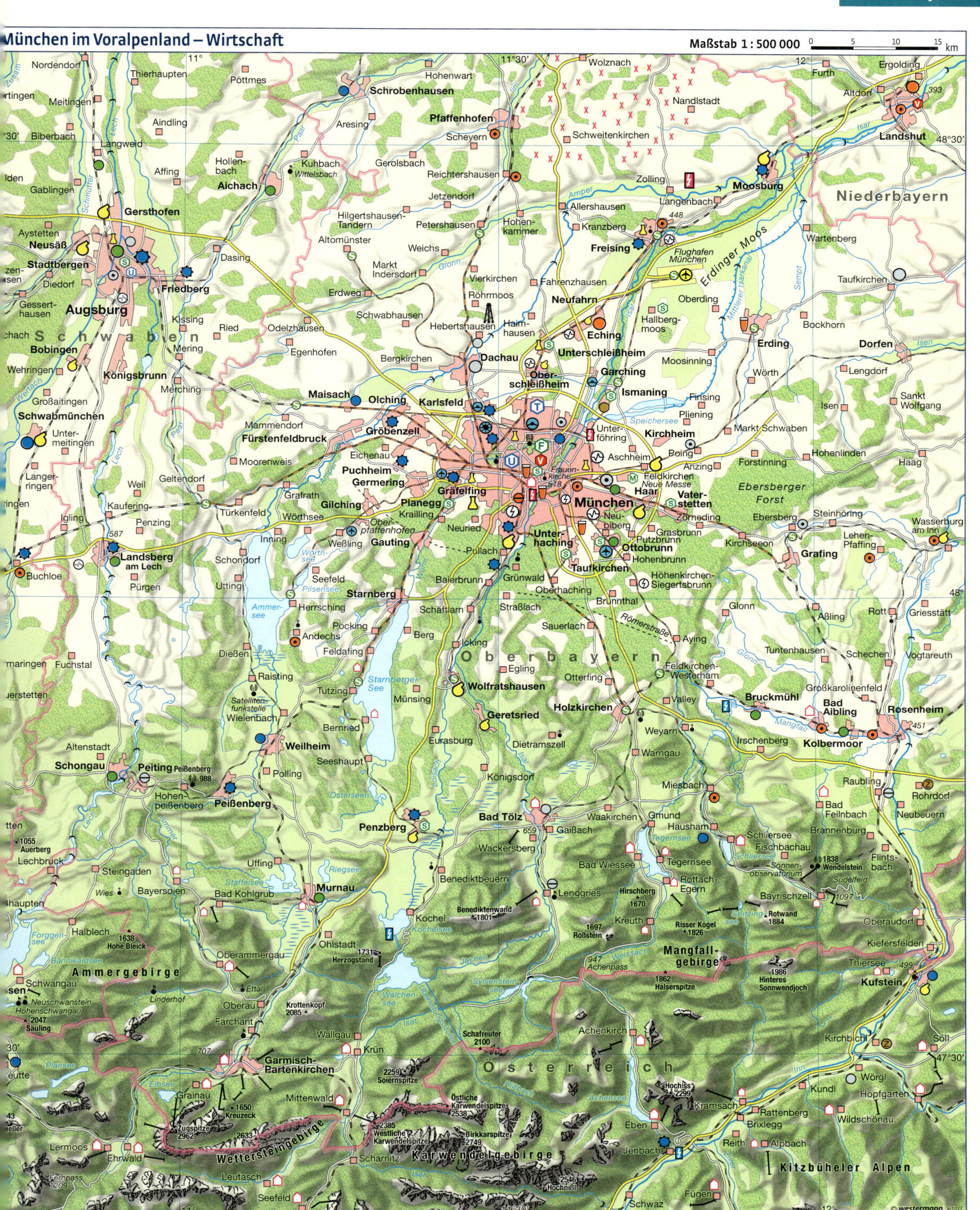

1 Fränkisches Seenland – Wasserwirtschaft und Tourismus

Maßstab 1 : 100 000

Wasserbaumaßnahmen
- ⟵ Wehr
- Staudamm
- 415 Speichersee (Mindestwasserstand)
- 1999 Aufstau abgeschlossen

Natur- und Umweltschutz
- ▲ Naturschutzgebiet
- Feuchtwiesen (Brutgebiet seltener Vögel)
- Flachwasserzone (ökologisch besonders wertvoll)
- Kläranlage, Ringsammler

Naherholung
- ◯ Freizeitanlage mit:
- Bade- und Wassersportmöglichkeit
- Surf-/Segelschule
- Beachvolleyball
- Fahrradverleih
- Gaststätte
- Campingplatz
- Siedlung
- Straße
- Eisenbahn
- Schiffsrundfahrt

Grünland, Ackerland
Wald
Europäische Hauptwasserscheide
466 ▲ Höhe über dem Meer

2 München – Anziehungspunkte in der Innenstadt

Maßstab 1 : 15 000

Flächennutzung
- Ministerium, Landesbehörde
- kulturelle Einrichtung
- Wissenschaft und Forschung
- sonstige öffentliche Einrichtung
- Wohn- und Gewerbefläche (Geschäfte, Büros)
- Friedhof
- Grünfläche (Park, Freizeitfläche)
- Freifläche

Verkehr
- S-Bahn (unterirdisch)
- S-Bahn-Tunnel in Planung
- U-Bahn
- Ⓢ S-Bahn-Station
- Ⓤ U-Bahn-Station
- Fußgängerzone

Aktivitäten der München-Gäste (Befragungsergebnis)

Aktivität	%
Flanieren/Bummeln	99%
Sehenswürdigkeiten	93%
Restaurantbesuche	90%
Shopping	88%
Kaffeehaus/Café	70%
Nachtleben	57%
Museen	53%
Natur	48%
Lokale	46% (bayerische)
Touren	26% (Ausflugsangebote)

© westermann

3 Bayern – Tourismus und Naturschutz

Maßstab 1 : 1 500 000

0 15 30 45 60 75 km

Erholung und Naturschutz

- geschlossene Besiedlung
- landwirtschaftliche Nutzung
- Wald
- Naturpark
- Nationalpark

Tourismusorte

- Heilbad
- Luftkurort, Erholungsort
- Anzahl der touristischen Übernachtungen pro Jahr
- 100 000 – 1 000 000
- über 1 000 000

Sehenswürdigkeiten

- Burg, Schloss
- Kirche, Kloster
- sehenswertes Stadtbild
- Museum
- Denkmal
- sehenswerte Parkanlage
- Stadion
- Freizeitpark, Erlebnispark
- Tierpark, Zoo
- Höhle
- **Nürnberg** Großstadt mit über 1 000 000 Übernachtungen pro Jahr

Verkehr/Transport

- Autobahn
- wichtige Straße
- wichtige Eisenbahn
- Staatsgrenze
- Landesgrenze

1 Römische Nordprovinzen und Südgermanien um 100 n. Chr.

Maßstab 1 : 3 000 000

0 20 40 60 80 100 km

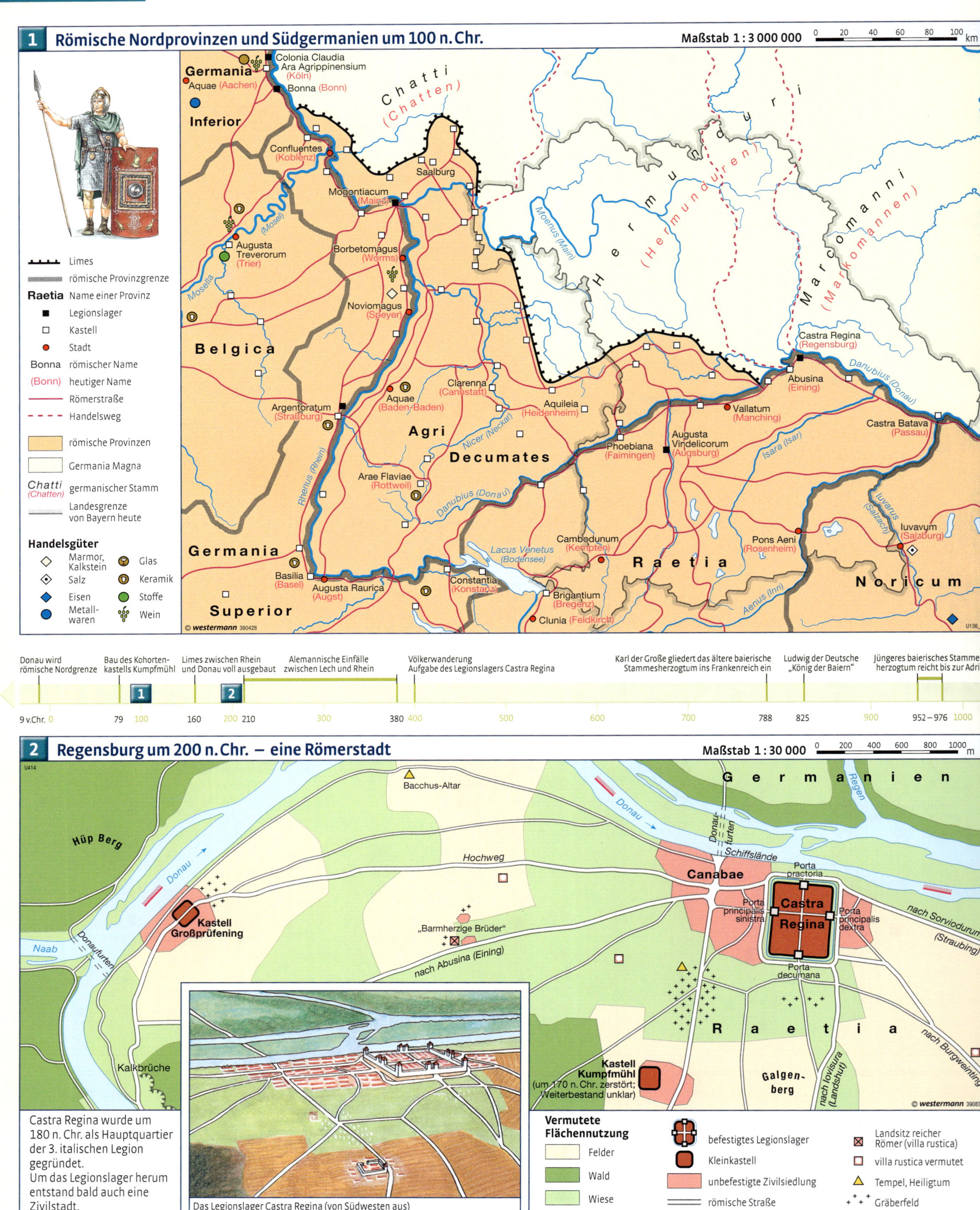

Zeichenerklärung / Legende (Karte 1):

- Limes
- römische Provinzgrenze
- **Raetia** Name einer Provinz
- ■ Legionslager
- □ Kastell
- ● Stadt
- **Bonna** römischer Name
- (Bonn) heutiger Name
- Römerstraße
- Handelsweg
- römische Provinzen
- Germania Magna
- *Chatti* germanischer Stamm
- *(Chatten)*
- Landesgrenze von Bayern heute

Handelsgüter
- ◇ Marmor, Kalkstein
- ◈ Salz
- ◆ Eisen
- ● Metallwaren
- Glas
- Keramik
- Stoffe
- Wein

Orte und Gebiete auf der Karte:

Germania Inferior, Germania Superior, Belgica, Agri Decumates, Raetia, Noricum

Colonia Claudia Ara Agrippinensium (Köln), Aquae (Aachen), Bonna (Bonn), Confluentes (Koblenz), Saalburg, Mogontiacum (Mainz), Borbetomagus (Worms), Augusta Treverorum (Trier), Noviomagus (Speyer), Clarenna (Cannstatt), Aquae (Baden-Baden), Aquileia (Heidenheim), Argentoratum (Straßburg), Arae Flaviae (Rottweil), Castra Regina (Regensburg), Abusina (Eining), Vallatum (Manching), Castra Batava (Passau), Phoebiana (Faimingen), Augusta Vindelicorum (Augsburg), Cambodunum (Kempten), Pons Aeni (Rosenheim), Iuvavum (Salzburg), Basilia (Basel), Augusta Raurica (Augst), Constantia (Konstanz), Brigantium (Bregenz), Clunia (Feldkirch)

Flüsse: Mosella (Mosel), Rhenus (Rhein), Moenus (Main), Nicer (Neckar), Danubius (Donau), Isara (Isar), Aenus (Inn), Iuvarus (Salzach), Lacus Venetus (Bodensee)

Stämme: Chatti (Chatten), Hermunduri (Hermunduren), Marcomanni (Markomannen)

© westermann 380428

U136_2

Zeitleiste:

| Donau wird römische Nordgrenze | Bau des Kohortenkastells Kumpfmühl | Limes zwischen Rhein und Donau voll ausgebaut | Alemannische Einfälle zwischen Lech und Rhein | Völkerwanderung Aufgabe des Legionslagers Castra Regina | Karl der Große gliedert das ältere baierische Stammesherzogtum ins Frankenreich ein | Ludwig der Deutsche „König der Baiern" | Jüngeres baierisches Stammesherzogtum reicht bis zur Adria |

1 **2**

9 v.Chr. 0 — 79 — 100 — 160 — 200 210 — 300 — 380 400 — 500 — 600 — 700 — 788 — 825 — 900 — 952–976 1000

2 Regensburg um 200 n. Chr. — eine Römerstadt

Maßstab 1 : 30 000

0 200 400 600 800 1000 m

U414

Beschriftungen auf der Karte:

Germanien, Raetia, Donau, Regen, Naab, Bacchus-Altar, Hüp Berg, Hochweg, Donaufurten, Schiffslände, Canabae, Porta praetoria, Castra Regina, Porta principalis sinistra, Porta principalis dextra, Porta decumana, „Barmherzige Brüder", Kastell Großprüfening, Kalkbrüche, Galgenberg

nach Abusina (Eining), nach Sorviodurum (Straubing), nach Burgweinting, nach Iovisura (Landshut)

Kastell Kumpfmühl (um 170 n. Chr. zerstört; Weiterbestand unklar)

Das Legionslager Castra Regina (von Südwesten aus)

Castra Regina wurde um 180 n. Chr. als Hauptquartier der 3. italischen Legion gegründet. Um das Legionslager herum entstand bald auch eine Zivilstadt.

Vermutete Flächennutzung
- Felder
- Wald
- Wiese
- befestigtes Legionslager
- Kleinkastell
- unbefestigte Zivilsiedlung
- römische Straße
- Landsitz reicher Römer (villa rustica)
- villa rustica vermutet
- Tempel, Heiligtum
- Gräberfeld

© westermann 390831

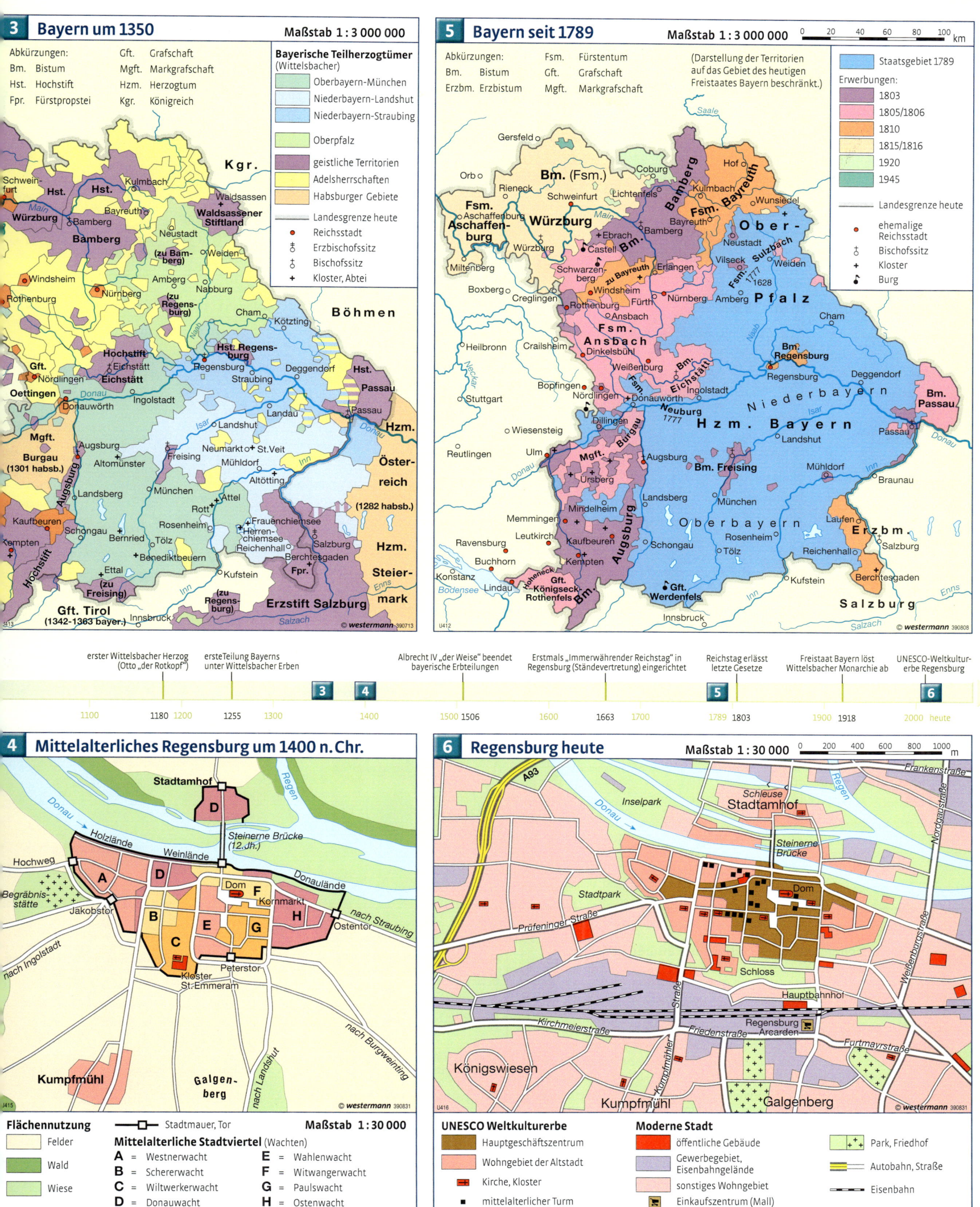

Nürnberg war eine bedeutende deutsche Reichsstadt

Im 19. Jahrhundert siedelten sich wichtige Industrien an

Eröffnung der ersten deutschen Eisenbahnstrecke 1835

1 Nürnberg und Fürth um 1890

Maßstab 1 : 100 000   0   1   2   3 km

Flächennutzung
- Siedlung
- Industrie, Gewerbe
- Landwirtschaft
- Wald
- Militärgelände

Bauwerke
- Stadtmauer mit Tor
- Burg
- Aussichtsturm
- Kirche

Gewässer
- Fluss
- Weiher

Verkehr
- schiffbarer Kanal
- Überlandstraße
- Nebenstraße
- unbefestigter Weg
- Ludwigsbahn, erste Eisenbahnstrecke in Deutschland
- 1877 Eisenbahn mit Eröffnungsjahr
- Bahnhof
- Lokomotiv-, Waggon- und Brückenbau

Karten vergleichen und den Wandel von Räumen untersuchen

Beim Vergleich von Karten eines Raumes zu unterschiedlichen Zeiten erkennt man räumliche Veränderungen von Landschaften, Siedlungen oder Verkehrswegen. Die Veränderungen können durch natürliche Einflüsse oder durch Auswirkungen des menschlichen Lebens und Wirtschaftens erklärt werden (z.B. Bergbau, Krieg, Bevölkerungsentwicklung).

Um Gemeinsamkeiten und Unterschiede bewerten zu können, ist eine zeitliche Einordnung der Karten hilfreich: Die Zeitspanne zwischen den Karten lässt sich z.B. in Generationen (von ca. 30 Jahren Dauer) bemessen.

Beim Kartenvergleich kann man entweder einzelne Kartenebenen einander gegenüberstellen (**Ebenen-Methode, 1**) oder sich in einem kleinen Ausschnitt auf alle Ebenen gleichzeitig konzentrieren (**Fenster-Methode, 2**).

1 Ebenen-Methode: Vergleiche Kartenebenen miteinander.

Für den Vergleich hinsichtlich einer Aufgabenstellung werden einzelne Kartenebenen ausgewählt. Beispiele siehe Tabelle:

Kartenebenen (Vergleichskriterien)	Merkmale von Kartenebenen und ihre Beschreibung
Gewässernetz	→ Anzahl und Größe der Gewässer → Verlauf von Flüssen und Bächen
Flächennutzung	→ Art der Vegetation und Landnutzung → Verteilung und Dichte von Vegetation/Bebauung → Anordnung, Form und Größe der Orte
Verkehrsnetz	→ Verlauf von Verkehrswegen → Form und Dichte des Verkehrsnetzes → Art und Qualität der Verkehrswege (Kanal, Straße, Autobahn, Eisenbahnstrecke, Flughafen)
Bodenschätze / Bergbau	→ Vorkommen und Verteilung von Bergbau → Zustand von Bergbau- und Rekultivierungsgebieten
Industrie / Dienstleistungen	→ bei Wirtschaftskarten: Art, Anzahl und Verteilung der Signaturen für Industrie oder Dienstleistungen

ICE 3 neben der Adler-Lokomotive der Ludwigsbahn

Heute zieht die Region Hightech-Industrien an

Die Nürnberger Burg – Höhepunkt der „Historischen Meile"

2 Der Ballungsraum Nürnberg / Fürth heute

Maßstab 1 : 100 000

0   1   2   3 km

Flächennutzung, Bauwerke und Gewässer siehe Karte **1**.

Verkehr

- Kanal (über 2000 t Tragfähigkeit)
- Schleuse, geeignet für Großmotorschiffe von 110 m Länge
- A3 Autobahn mit Nummer
- Bundesstraße
- Hauptstraße
- Nebenstraße
- Eisenbahn mit Bahnhof (Fern- und Regionalverkehr)
- S S-Bahn mit Station
- 1 U-Bahn-Linie
- Flughafen

Tourismus

- „Historische Meile" in der Nürnberger Altstadt
- DB-Museum zur Eisenbahngeschichte

Lage in Bayern

© westermann 380423

---

2 Fenster-Methode: Vergleiche Kartenfenster miteinander.

Wenn man dieselben räumlichen Ausschnitte der Karten miteinander vergleicht, kann man über alle Kartenebenen hinweg schnell und übersichtlich die Unterschiede und Gemeinsamkeiten wahrnehmen.

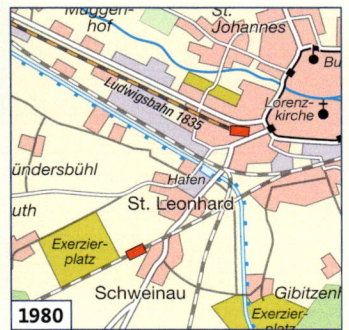
1980

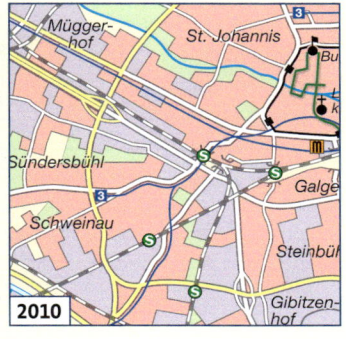
2010

Verteilungsmuster und Häufungen erfassen

Beim Vergleich von Karten fällt es besonders auf, wenn Punkt-, Linien- und Flächensignaturen unterschiedlich dicht verteilt sind. Durch das genaue Beschreiben der Signaturen mit Blick auf ihre Verteilung wird deutlich, was sich wo verändert hat.

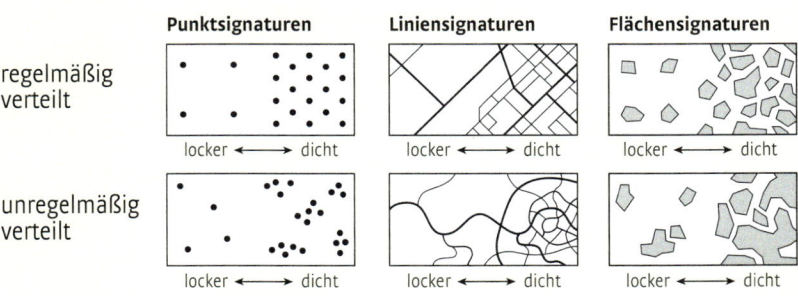

	Punktsignaturen	Liniensignaturen	Flächensignaturen
regelmäßig verteilt	locker ←→ dicht	locker ←→ dicht	locker ←→ dicht
unregelmäßig verteilt	locker ←→ dicht	locker ←→ dicht	locker ←→ dicht

1 Deutschland – physische Übersicht

Maßstab 1 : 3 500 000

Deutschland – Geographische Rekorde

Die größten Inseln
(Fläche in km²)

Rügen	926
Usedom	373
Fehmarn	185
Sylt	99
Föhr	83

Die längsten Flüsse
Länge in Deutschland in km
(Gesamtlänge in km)

Rhein	865 (1233)
Elbe	727 (1091)
Donau	647 (2845)
Main	527 (527)
Weser	440 (440)

Die wasserreichsten Flüsse
(mittlerer Abfluss in m³/s)

Rhein	2330
Donau	1490
Elbe	861
Inn	738
Oder	574

Die größten Seen

	Fläche in km²	Volumen in km³	Größte Tiefe in m
Bodensee	536	48,5	254
Müritz	109	0,7	30
Chiemsee	80	2,0	73
Schweriner See	62	0,7	52
Starnberger See	56	3,0	128

Höchste Berge der Mittelgebirge
(Höhe in m)

Schwarzwald
Feldberg 1493

Bayerischer Wald
Großer Arber 1456

Erzgebirge
Fichtelberg 1215

Harz
Brocken 1142

Fichtelgebirge
Schneeberg 1051

Höchste Berge im Hochgebirge
(Höhe in m)

Zugspitze	2962
Hochwanner	2744
Watzmann	2713

Größte Städte
(in Mio. Einwohner)

Berlin	3,44
Hamburg	1,78
München	1,37
Köln	1,00
Frankfurt	0,68
Stuttgart	0,60
Düsseldorf	0,59

Landhöhen und Meerestiefen
(in Meter)

Berghöhe (in Meter)
2962 Zugspitze
Gletscher
Gebiet unter dem Meeresspiegel

1500
1000
500
200
100
0
-40

25

Tiefenangabe (in Meter)

Gewässer

~~~ Fluss
~~~ schiffbarer Fluss (über 1350 t Tragfähigkeit)
··· Kanal (bedingt schiffbar)
─┤ schiffbarer Kanal (über 1350 t Tragfähigkeit)
○ See
╲ Stausee, Staumauer

Orte

Einwohner
■ über 1 000 000
⬤ 500 000 – 1 000 000
● 100 000 – 500 000
○ unter 100 000

Verwaltung

━━ Staatsgrenze
Berlin Hauptstadt eines Staates

2 Deutschland – politische Übersicht

J59

Maßstab 1 : 3 500 000

0 50 100 150 km

Die Bundesländer (Stand: 2010)

Baden-Württemberg
35 750 km²
10 744 900 Einwohner

Bayern
70 550 km²
12 510 300 Einwohner

Berlin
890 km²
3 442 700 Einwohner

Brandenburg
29 480 km²
2 511 500 Einwohner

Bremen
400 km²
661 700 Einwohner

Hamburg
750 km²
1 774 200 Einwohner

Hessen
21 110 km²
6 062 000 Einwohner

Mecklenburg-Vorpommern
23 190 km²
1 651 200 Einwohner

Niedersachsen
47 630 km²
7 928 800 Einwohner

Nordrhein-Westfalen
34 090 km²
17 872 800 Einwohner

Rheinland-Pfalz
19 850 km²
4 012 700 Einwohner

Saarland
2 570 km²
1 022 600 Einwohner

Sachsen
18 420 km²
4 168 700 Einwohner

Sachsen-Anhalt
20 450 km²
2 356 200 Einwohner

Schleswig-Holstein
15 800 km²
2 832 000 Einwohner

Thüringen
16 170 km²
2 249 900 Einwohner

Grenzen
Staatsgrenze
Landesgrenze
Regierungs-bezirksgrenze

Verwaltungssitze
■ Hauptstadt eines Staates
● Landeshauptstadt
○ Verwaltungssitz eines Regierungsbezirkes

Ober-pfalz Name eines nicht nach dem Hauptort benannten Regierungsbezirkes

Bundeswappen
Bundesrepublik Deutschland
357 100 km²
82 002 400 Einwohner

© westermann 371016

U317b

Ein Höhenprofil zeichnen

Physische Karten geben mit ihren farbigen Höhenschichten Auskunft über die Höhenverhältnisse. Auch ein Profil gibt die Höhenverhältnisse wieder, aber nur entlang der in der Karte eingezeichneten Strecke von A nach B, also der **Profillinie**.

1. Schritt:
Karte auswählen, Profillinie festlegen

- Physische Karten verschiedener Maßstäbe prüfen: Die Strecke AB sollte möglichst lang sein, aber noch aufs Papier passen.
- A und B mit Kreuzen markieren und durch eine gerade Linie verbinden (mit Bleistift!).

2. Schritt:
Höhenlinien aus der Karte entnehmen

- Papierstreifen an die Profillinie anlegen.
- Alle Schnittpunkte mit Höhenlinien an der Papierkante markieren. (Höhenlinien bilden die Begrenzung der farbigen Höhenschichten.) Höhenwerte aufschreiben.

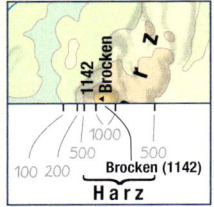

3. Schritt:
Achsen zeichnen und Maßstab festlegen

- Waagerechte Entfernungsachse auf Millimeterpapier einzeichnen; die Maßstabsleiste der Karte zeigt die passende Einteilung dieser Achse.
- Die Höhenachse kann nach einem anderen Maßstab eingeteilt werden.

4. Schritt:
Punkte der Profillinie eintragen

- Den markierten Papierstreifen unter die waagerechte Entfernungsachse legen.
- Alle Angaben vom Papierstreifen senkrecht nach oben in das Achsenkreuz übertragen. Die richtige Höhe der Punkte zeigt die senkrechte Höhenachse an.

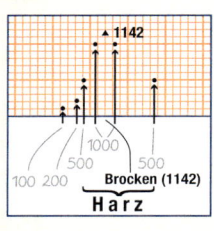

5. Schritt:
Punkte durch eine Profillinie verbinden

- Alle Punkte durch eine Linie verbinden.
- Die Höhenschichten unter der Profillinie in den Farben der physischen Karte ausmalen.

Ein Höhenprofil beschreiben

Damit man das **Relief** der Erdoberfläche gut erkennen kann, müssen die Landhöhen gegenüber der Strecke AB übertrieben werden (Überhöhung). Wenn das Profil **stark überhöht** ist, zum Beispiel um das Hundertfache, sehen Berge aus wie Nadeln.

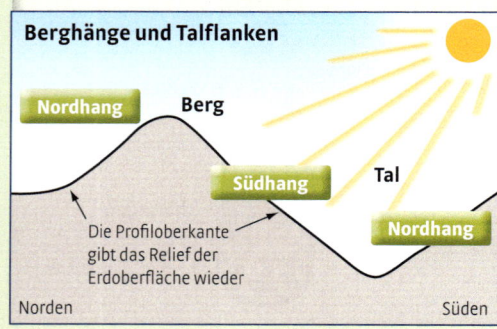

Berghänge und Talflanken

Nordhang · Berg · Südhang · Tal · Nordhang

Die Profiloberkante gibt das Relief der Erdoberfläche wieder

Norden · Süden

---

1 | **Anlage eines Nord-Süd-Höhenprofils durch Deutschland**

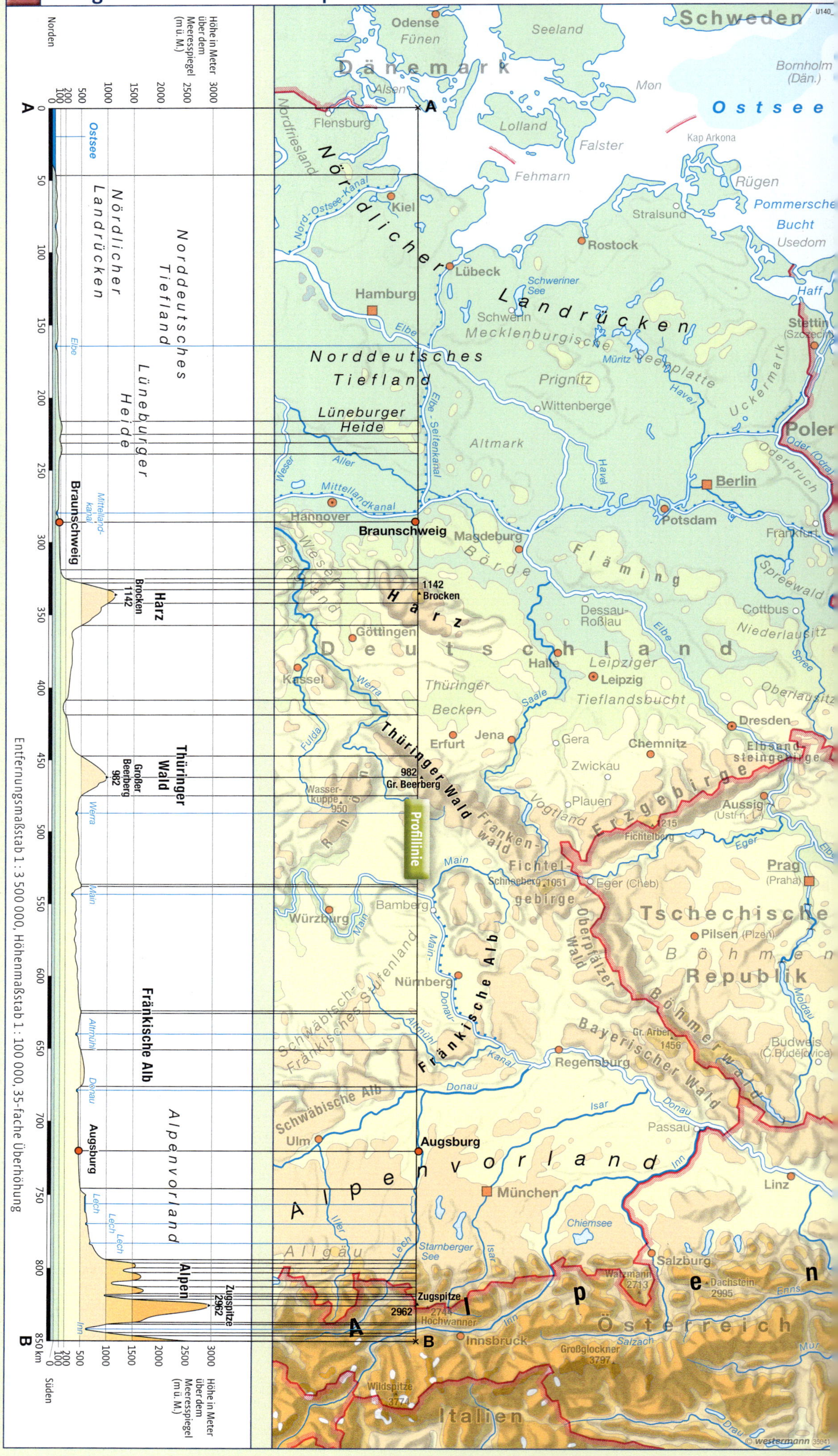

1 Physische Karte als Vorlage für die Kartenskizze

Dieser Ausschnitt der Karte 82/83 ist die Vorlage für eine kleine Kartenskizze von Deutschland.

Um eine Kartenskizze zu zeichnen, eignen sich besonders physische Karten. Sie zeigen die Topographie der Flüsse, Städte und Gebirge.

2 Zeichnen der Kartenskizze auf Transparentpapier

Die wichtigen topographischen Inhalte werden auf Transparentpapier übertragen – in Form von Punkten, Linien und Flächen.

Eine Kartenskizze anfertigen

1. Schritt: Vorbereitung
- Thema der Kartenskizze wählen und als Kartentitel festlegen.
- Im Atlas die geeignete Karte auswählen.
- Transparentpapier auf die Karte legen und mit Büroklammern an der Seite befestigen.

2. Schritt: Umrisse und Grenzen zeichnen
- Den für die Kartenskizze interessanten Ausschnitt zuerst durch ein Rechteck oder eine grobe Umrisslinie einrahmen.
- Grenzen in vereinfachter Form auf das Transparentpapier übertragen. Man braucht nicht jede Biegung exakt wiederzugeben. Es geht bei der Skizze um eine vereinfachte Darstellung.

3. Schritt: Karte mit Inhalten füllen
- Die gewünschten Inhalte mit verschiedenen Farben in die Kartenskizze einzeichnen. Auch hier gilt: Es muss nicht alles exakt übertragen werden.
- Gebirge am besten als breite braune Striche wiedergeben.
- Die eingezeichneten Städte, Gebirge und Flüsse einheitlich nummerieren oder mit Buchstaben kennzeichnen.

4. Schritt: Kartenlegende anlegen
- In der Legende die verwendeten Buchstaben und Zahlen benennen.
- Zur Beschriftung einzelner Inhalte kann man andere Karten hinzuziehen.

3 Anfertigung der Legende zur Kartenskizze

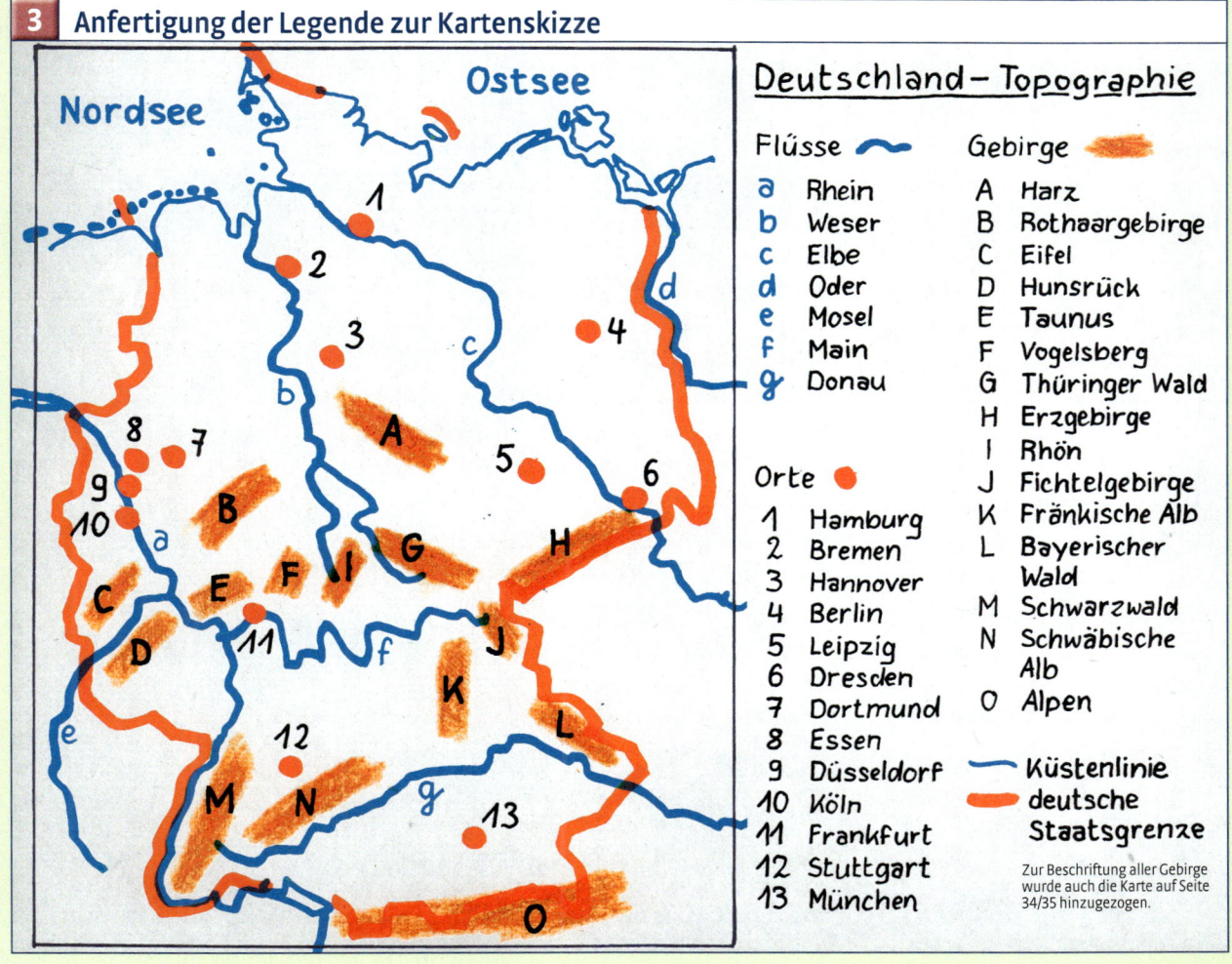

Deutschland – Topographie

Flüsse
- a Rhein
- b Weser
- c Elbe
- d Oder
- e Mosel
- f Main
- g Donau

Orte
- 1 Hamburg
- 2 Bremen
- 3 Hannover
- 4 Berlin
- 5 Leipzig
- 6 Dresden
- 7 Dortmund
- 8 Essen
- 9 Düsseldorf
- 10 Köln
- 11 Frankfurt
- 12 Stuttgart
- 13 München

Gebirge
- A Harz
- B Rothaargebirge
- C Eifel
- D Hunsrück
- E Taunus
- F Vogelsberg
- G Thüringer Wald
- H Erzgebirge
- I Rhön
- J Fichtelgebirge
- K Fränkische Alb
- L Bayerischer Wald
- M Schwarzwald
- N Schwäbische Alb
- O Alpen

Küstenlinie
deutsche Staatsgrenze

Zur Beschriftung aller Gebirge wurde auch die Karte auf Seite 34/35 hinzugezogen.

Seite 74/75
Seite 82/83
Seite 76/77
Seite 88/89

Verwaltung

Staatsgrenze
Landesgrenze
Berlin Hauptstadt eines Staates
Mainz Landeshauptstadt

Verkehr

Fernverkehrsstrecke
sonstige Eisenbahnverbindung
Fährverbindung
Autobahn
Fernstraße
Tunnel
Pass
Flughafen

Orte

Einwohner
über   1 000 000
500 000 – 1 000 000
100 000 – 500 000
20 000 – 100 000
unter   20 000
Kirche, Kloster
Schloss, Burg

Gewässer

Fluss
schiffbarer Fluss (über 1350 t Tragfähigkeit)
Kanal, bedingt schiffbar
schiffbarer Kanal (über 1350 t Tragfähigkeit)
See
Stausee, Staumauer
Sumpf, Moor

Landhöhen und Meerestiefen (in Meter)

Berghöhe
2962
Gletscher
Gebiet unter dem Meeresspiegel
Watt
Tiefenangabe
Höhenangabe

1 Deutschland – Landschaften

Maßstab 1 : 3 500 000

© westermann 37121

Grenze zwischen
Großlandschaften

Küsten
Gezeitenküste, Watt
Küstendünen
Moränenküste
Förden- und
Buchtenküste
Boddenküste
Ausgleichsküste
Kliff (Steilküste)

Norddeutsches Tiefland
Marsch
hügeliges
Jungmoränenland
Sander
Talsandebenen
Urstromtal
flachwelliges
Altmoränenland (Geest)
sanftes Hügelland
(Kalk- und Sandstein)

Mittelgebirge
Becken und Senken
Berg- und Hügelland
Höhenzüge des
Mittelgebirgslandes
Impact-Krater
Maar

Alpenvorland
hügeliges
Jungmoränenland
sanftes Hügelland
(Mergel, Schotter)
flache Schotterplatten

Alpen
Alpentäler
Hochgebirgsketten

**Landformen mehrerer
Großlandschaften**
Endmoränen
der letzten Eiszeit
Lössbörden und -decken
junge vulkanische
Gebiete
Schichtstufenkante
Schauhöhle

Großlandschaften
① Norddeutsches Tiefland
② Mittelgebirge
③ Alpenvorland
④ Alpen

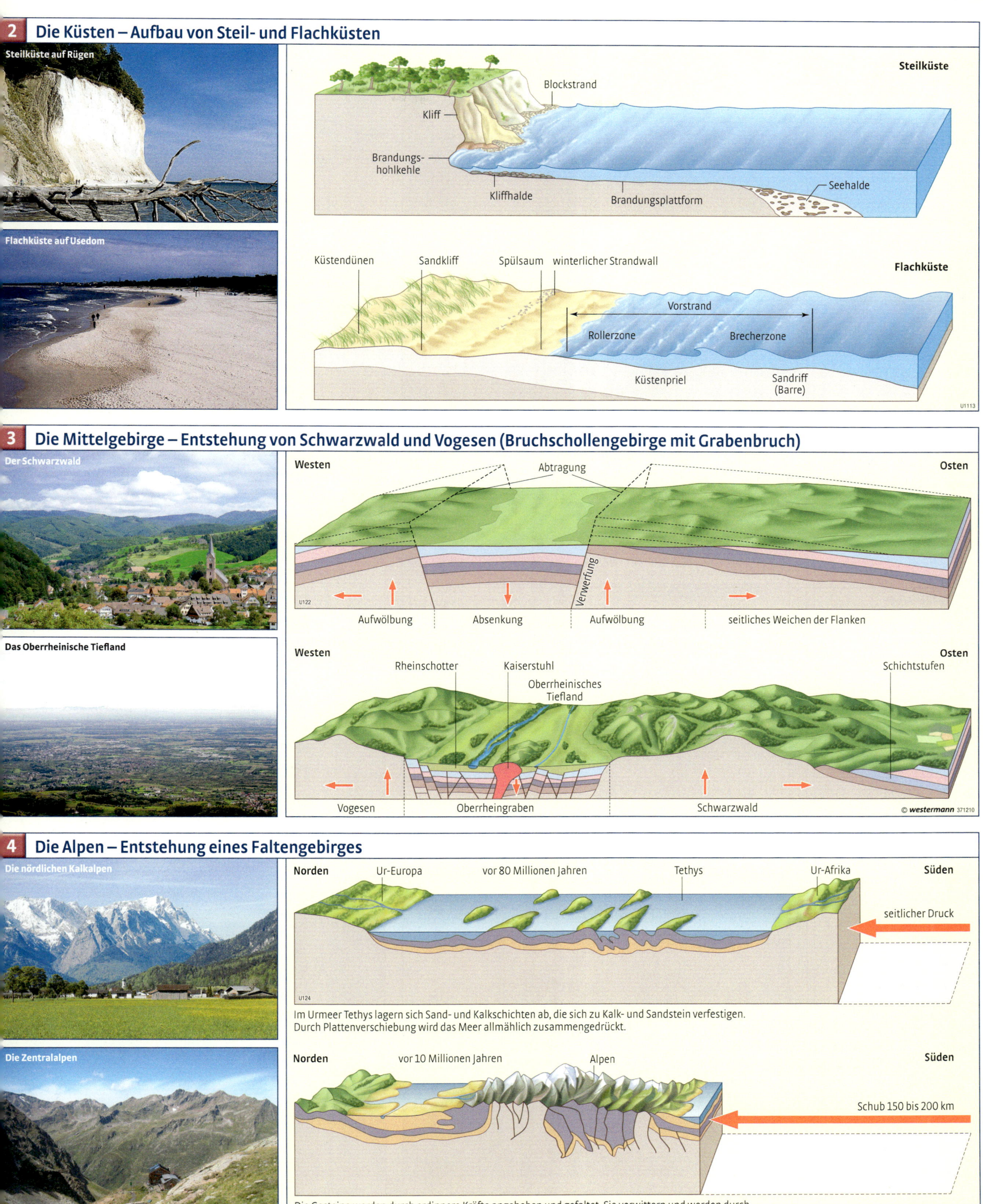

2 Die Küsten – Aufbau von Steil- und Flachküsten

Steilküste auf Rügen

Flachküste auf Usedom

Steilküste

Blockstrand
Kliff
Brandungs-
hohlkehle
Kliffhalde
Brandungsplattform
Seehalde

Flachküste

Küstendünen
Sandkliff
Spülsaum
winterlicher Strandwall
Vorstrand
Rollerzone
Brecherzone
Küstenpriel
Sandriff
(Barre)

U1113

3 Die Mittelgebirge – Entstehung von Schwarzwald und Vogesen (Bruchschollengebirge mit Grabenbruch)

Der Schwarzwald

Das Oberrheinische Tiefland

Westen
Abtragung
Osten
Verwerfung
U122
Aufwölbung
Absenkung
Aufwölbung
seitliches Weichen der Flanken

Westen
Rheinschotter
Kaiserstuhl
Oberrheinisches
Tiefland
Osten
Schichtstufen
Vogesen
Oberrheingraben
Schwarzwald

© westermann 371210

4 Die Alpen – Entstehung eines Faltengebirges

Die nördlichen Kalkalpen

Die Zentralalpen

Norden
Ur-Europa
vor 80 Millionen Jahren
Tethys
Ur-Afrika
Süden
seitlicher Druck
U124

Im Urmeer Tethys lagern sich Sand- und Kalkschichten ab, die sich zu Kalk- und Sandstein verfestigen.
Durch Plattenverschiebung wird das Meer allmählich zusammengedrückt.

Norden
vor 10 Millionen Jahren
Alpen
Süden
Schub 150 bis 200 km

Die Gesteine werden durch erdinnere Kräfte angehoben und gefaltet. Sie verwittern und werden durch
Wind und Wetter abgetragen (Erosion). Tiefer liegende Gesteinsschichten gelangen an die Oberfläche.

© westermann 401109

Klimadiagramme

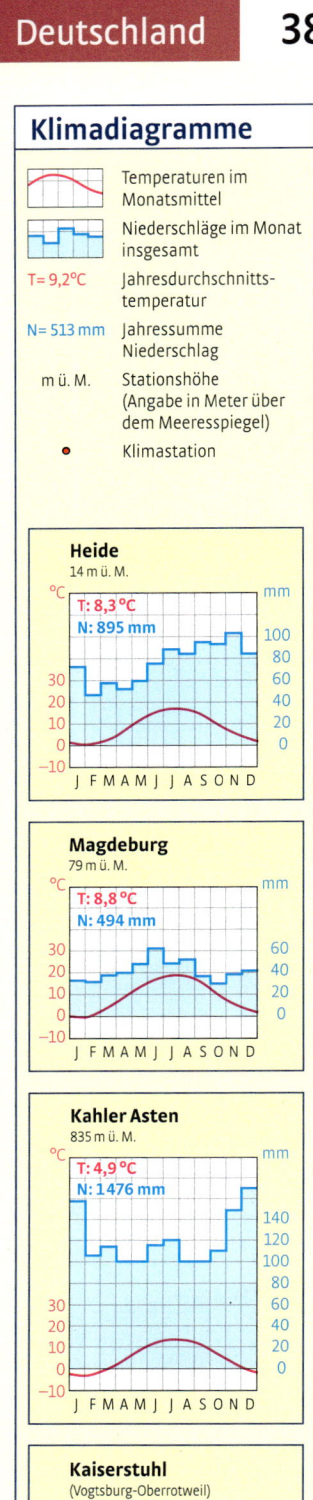

Temperaturen im Monatsmittel
Niederschläge im Monat insgesamt
T= 9,2°C Jahresdurchschnittstemperatur
N= 513 mm Jahressumme Niederschlag
m ü. M. Stationshöhe (Angabe in Meter über dem Meeresspiegel)
Klimastation

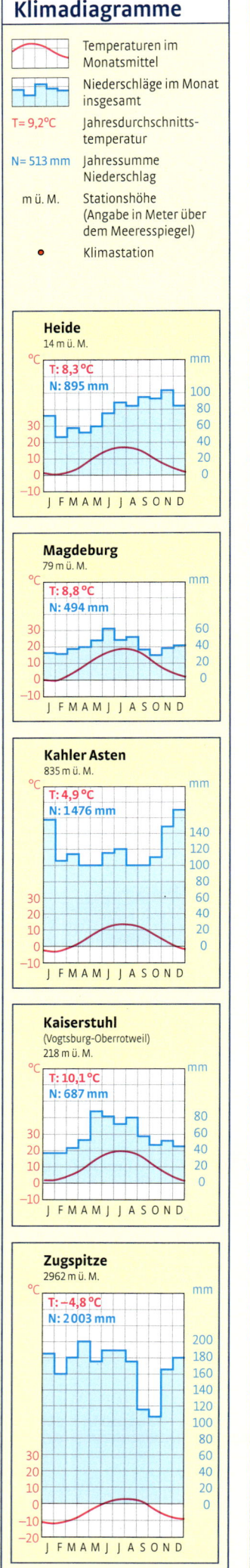

Heide
14 m ü. M.
T: 8,3 °C
N: 895 mm

Magdeburg
79 m ü. M.
T: 8,8 °C
N: 494 mm

Kahler Asten
835 m ü. M.
T: 4,9 °C
N: 1476 mm

Kaiserstuhl
(Vogtsburg-Oberrotweil)
218 m ü. M.
T: 10,1 °C
N: 687 mm

Zugspitze
2962 m ü. M.
T: −4,8 °C
N: 2003 mm

1 Temperaturen im Januar — Maßstab 1 : 7 000 000

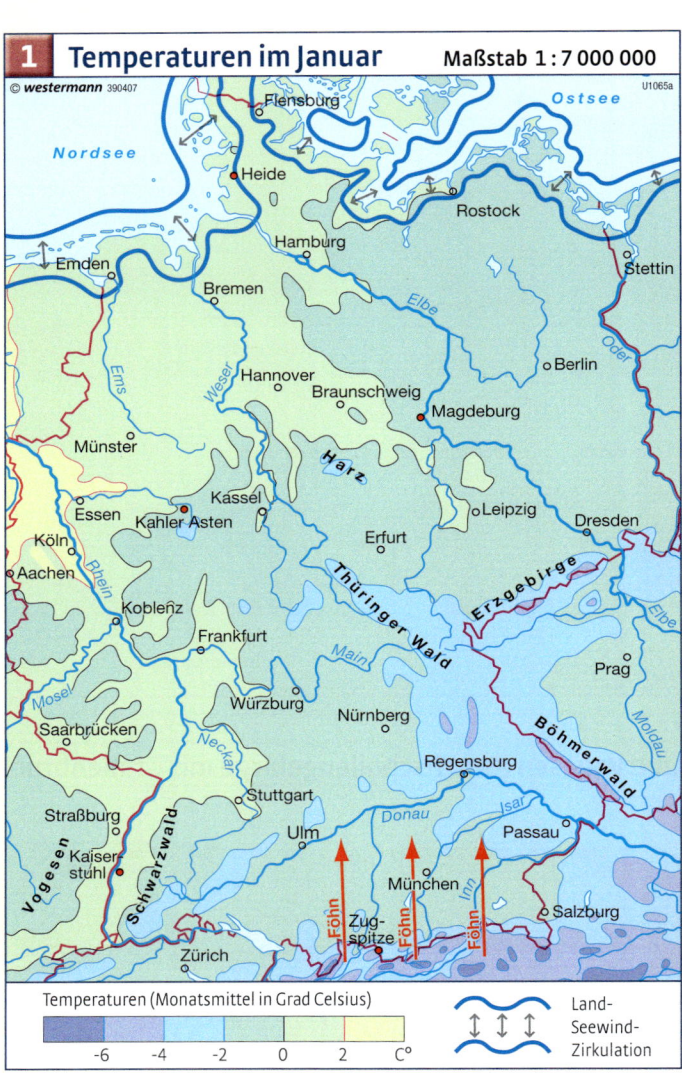

Temperaturen (Monatsmittel in Grad Celsius)
-6 -4 -2 0 2 C°
Land-Seewind-Zirkulation

2 Temperaturen im Juli — Maßstab 1 : 7 000 000

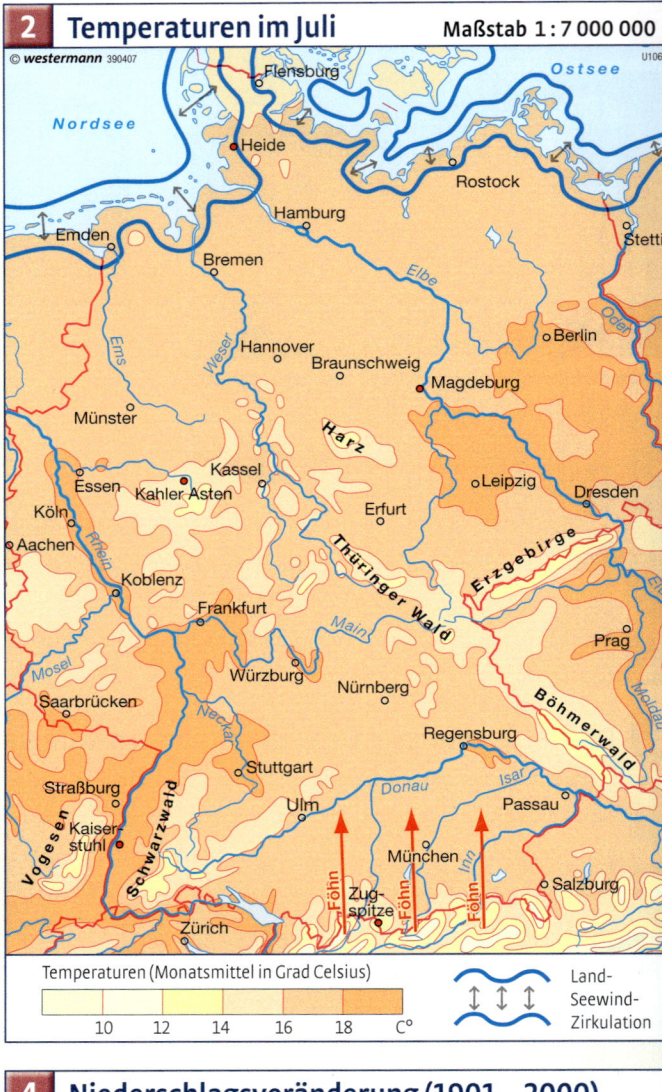

Temperaturen (Monatsmittel in Grad Celsius)
10 12 14 16 18 C°
Land-Seewind-Zirkulation

3 Niederschläge im Jahr — Maßstab 1 : 7 000 000

Niederschlag (langjähriges Mittel in mm)
500 600 800 1000 1400 1800 2200 mm

4 Niederschlagsveränderung (1901 – 2000)

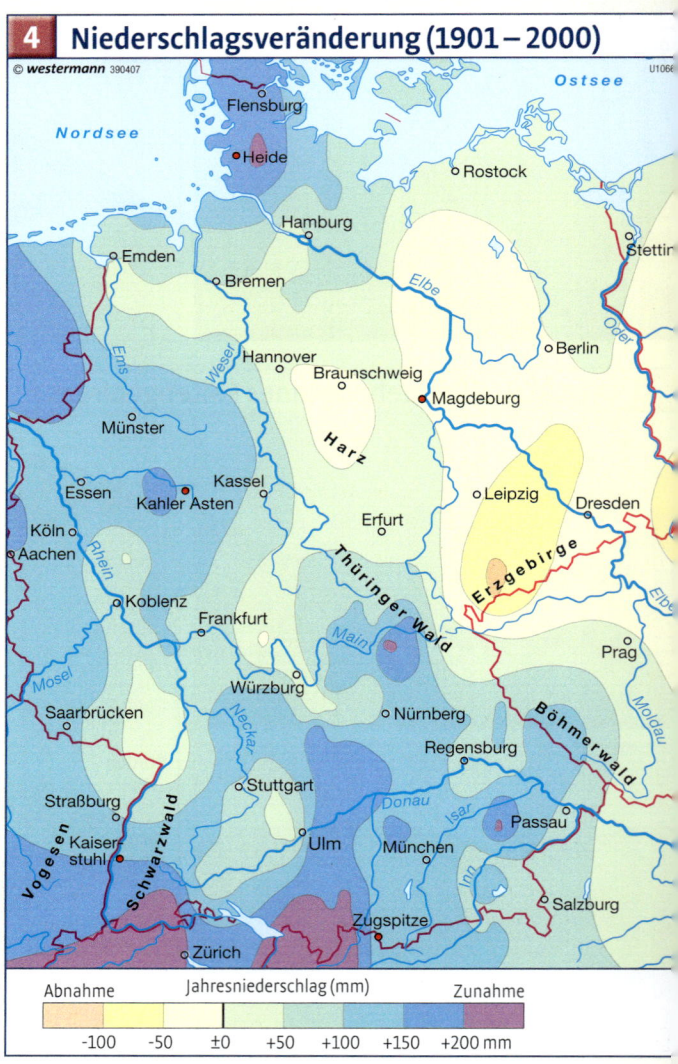

Abnahme | Jahresniederschlag (mm) | Zunahme
-100 -50 ±0 +50 +100 +150 +200 mm

5 Regionale Windsysteme

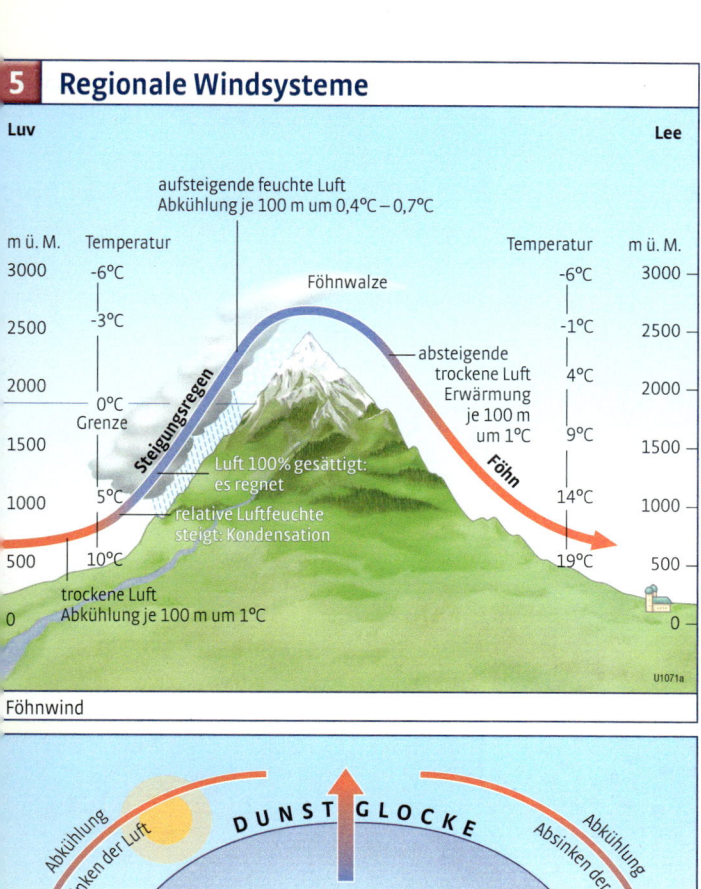

Luv — Lee

aufsteigende feuchte Luft
Abkühlung je 100 m um 0,4°C – 0,7°C

Föhnwalze

m ü. M.	Temperatur		Temperatur	m ü. M.
3000	-6°C		-6°C	3000
2500	-3°C		-1°C	2500
2000	0°C		4°C	2000
1500			9°C	1500
1000	5°C		14°C	1000
500	10°C		19°C	500
0				0

0°C Grenze

Steigungsregen

Luft 100% gesättigt: es regnet
relative Luftfeuchte steigt. Kondensation

Föhn

absteigende trockene Luft Erwärmung je 100 m um 1°C

trockene Luft Abkühlung je 100 m um 1°C

U1071a

Föhnwind

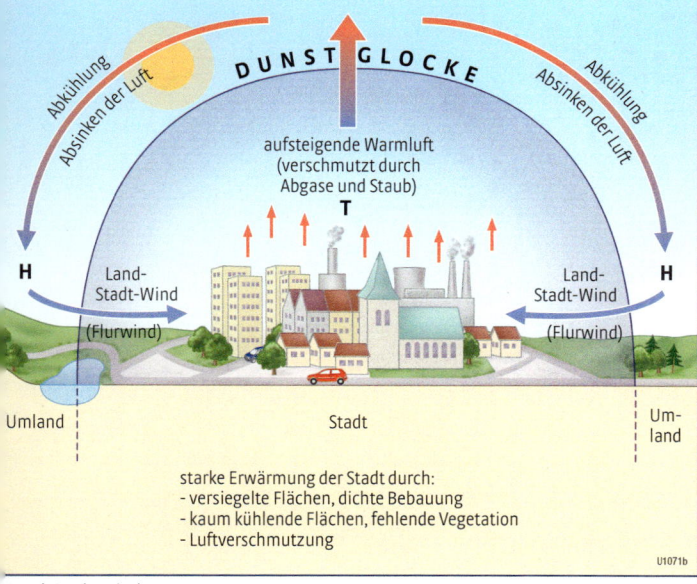

DUNSTGLOCKE

Abkühlung — Absinken der Luft

aufsteigende Warmluft (verschmutzt durch Abgase und Staub)
T

H — Land-Stadt-Wind (Flurwind)

H — Land-Stadt-Wind (Flurwind)

Umland — Stadt — Umland

starke Erwärmung der Stadt durch:
- versiegelte Flächen, dichte Bebauung
- kaum kühlende Flächen, fehlende Vegetation
- Luftverschmutzung

U1071b

Land-Stadt-Wind

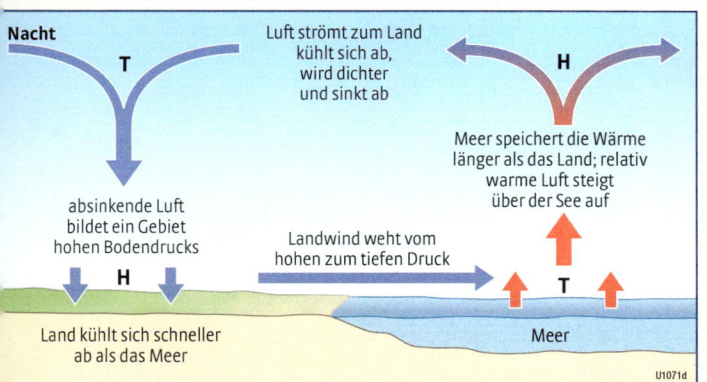

Nacht

T — Luft strömt zum Land kühlt sich ab, wird dichter und sinkt ab — H

Meer speichert die Wärme länger als das Land; relativ warme Luft steigt über der See auf

absinkende Luft bildet ein Gebiet hohen Bodendrucks
H

Landwind weht vom hohen zum tiefen Druck
T

Land kühlt sich schneller ab als das Meer

Meer

U1071d

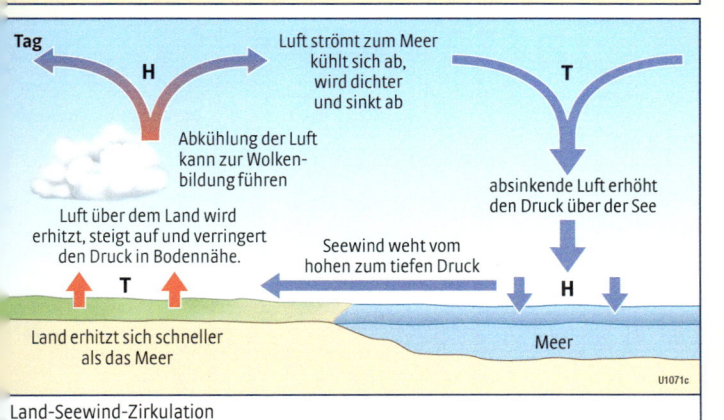

Tag

H — Luft strömt zum Meer kühlt sich ab, wird dichter und sinkt ab — T

Abkühlung der Luft kann zur Wolkenbildung führen

Luft über dem Land wird erhitzt, steigt auf und verringert den Druck in Bodennähe.

absinkende Luft erhöht den Druck über der See

Seewind weht vom hohen zum tiefen Druck
H

Land erhitzt sich schneller als das Meer

Meer

U1071c

Land-Seewind-Zirkulation

6 Sonnenenergie und Erdwärme

Maßstab 1 : 7 000 000

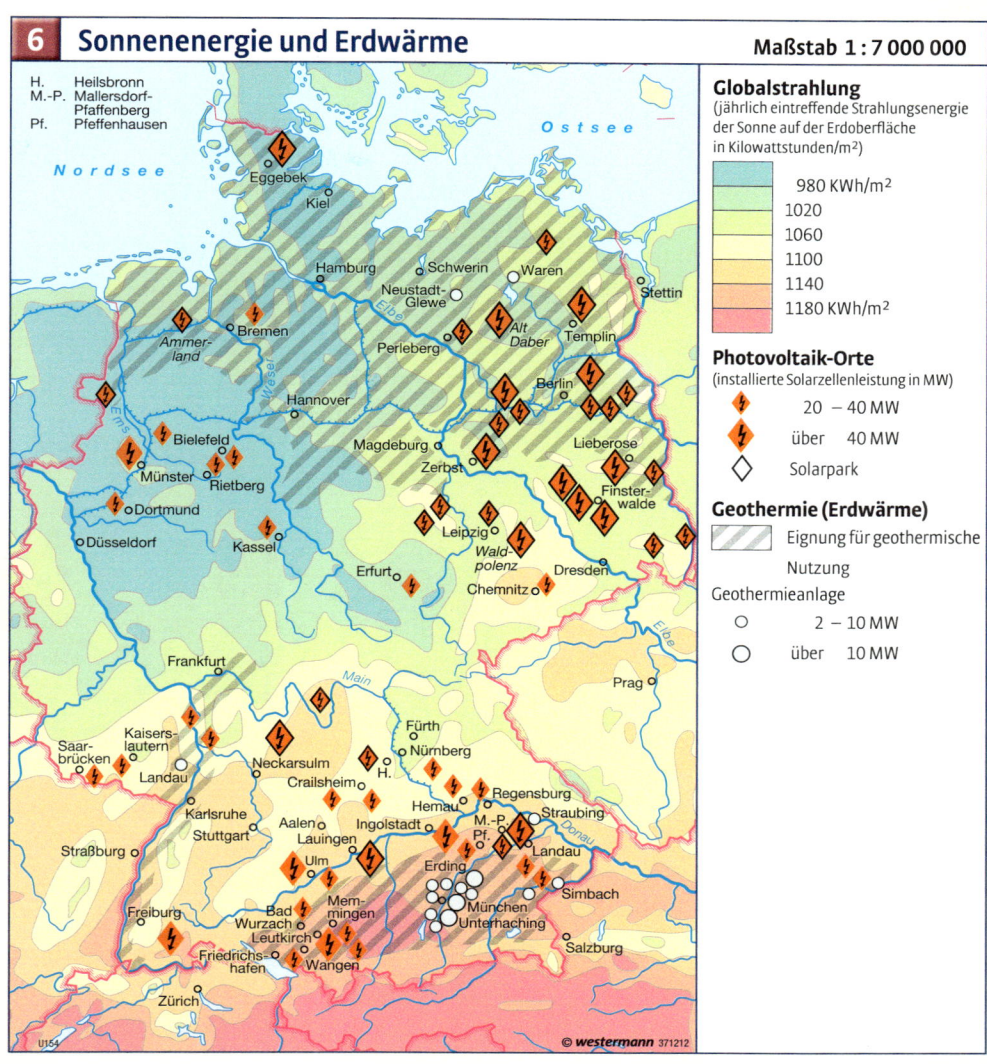

H.   Heilsbronn
M.-P. Mallersdorf-Pfaffenberg
Pf. Pfeffenhausen

Globalstrahlung
(jährlich eintreffende Strahlungsenergie der Sonne auf der Erdoberfläche in Kilowattstunden/m²)

	980 KWh/m²
	1020
	1060
	1100
	1140
	1180 KWh/m²

Photovoltaik-Orte
(installierte Solarzellenleistung in MW)
- 20 – 40 MW
- über 40 MW
- Solarpark

Geothermie (Erdwärme)
- Eignung für geothermische Nutzung
- Geothermieanlage
- 2 – 10 MW
- über 10 MW

© westermann 371212

7 Windenergie

Maßstab 1 : 7 000 000

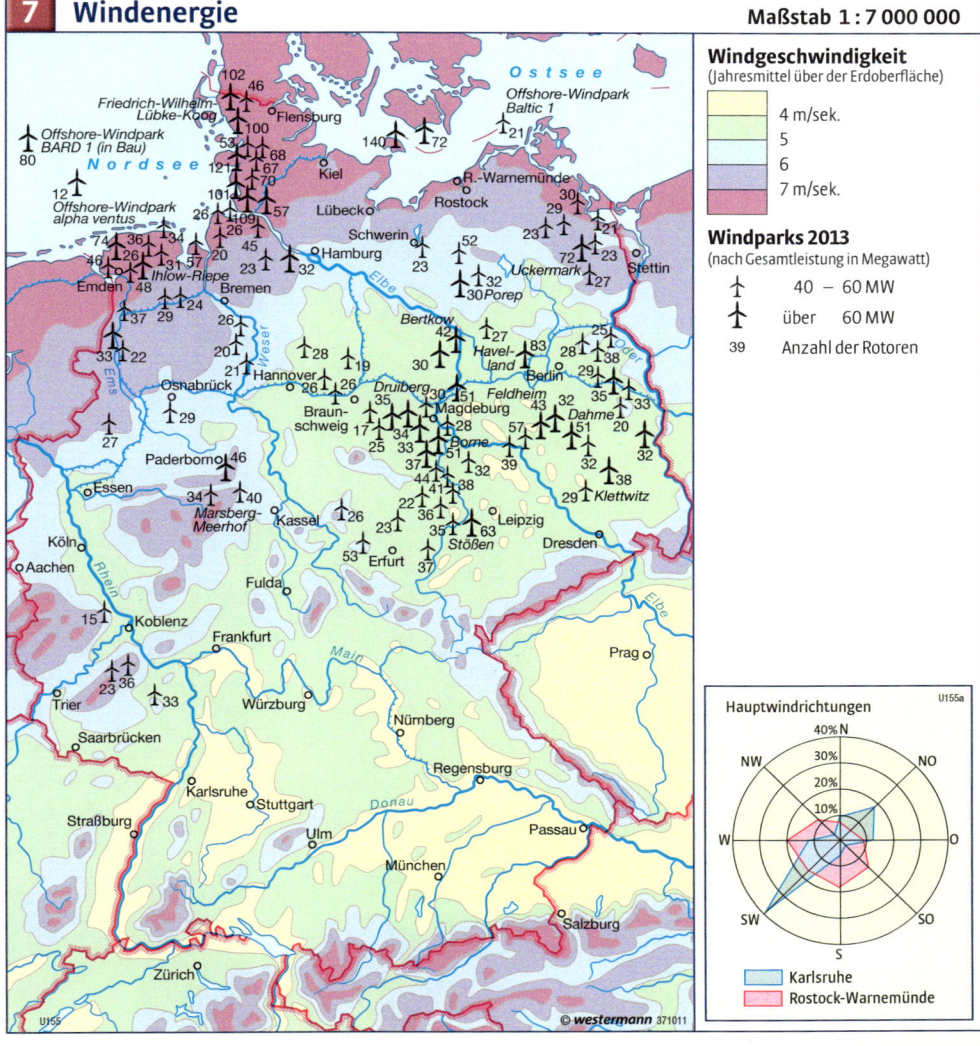

Windgeschwindigkeit
(Jahresmittel über der Erdoberfläche)
- 4 m/sek.
- 5
- 6
- 7 m/sek.

Windparks 2013
(nach Gesamtleistung in Megawatt)
- 40 – 60 MW
- über 60 MW
- 39 Anzahl der Rotoren

Hauptwindrichtungen
U155a

- Karlsruhe
- Rostock-Warnemünde

© westermann 371011

1 Deutschland – Landwirtschaft

Maßstab 1 : 3 500 000

0 30 60 90 km

U144_1

Ackerbau

- auf sehr guten und guten Böden, z.T. Löss
- auf mittleren und armen Böden

Hauptanbaufrüchte

Getreide

- Weizen
- Roggen
- Gerste
- Mais

Hackfrüchte

- Zuckerrüben
- Kartoffeln

Sonderkulturen

- Obst, Gemüse
- Wein
- **Franken** Weinanbaugebiet
- x Hopfen
- Tabak

Viehwirtschaft

- Dauergrünland
- Rinderhaltung
- Schweinehaltung
- Geflügelhaltung
- ■ Einfuhrhafen für Futtermittel

Forstwirtschaft

- Wald
- landwirtschaftlich nicht genutztes Gebiet (z.B. geschlossene Besiedlung, Dünen, Felsen, Gletscher, Heide, Moor)

Grenzen

- Staatsgrenze
- Landesgrenze

Entwicklung des Ökolandbaus in Deutschland

Ökoanbaufläche in Tausend ha — Ökobetriebe in Tausend

1000 / 20
900 / 18
800 / 16
700 / 14
600 / 12
500 / 10
400 / 9–8
300 / 6
200 / 4
100 / 2

1999 2000 2001 2002 2003 2004 2005 2006 2007 2008

- Ökoanbaufläche (2008: 5,4% der gesamten landwirtschaftlichen Nutzfläche)
- Ökobetriebe (2008: 5,3% aller landwirtschaftlichen Betriebe)

Map labels

Schweden, Seeland, Ostsee, Bornholm (Dänemark), Dänemark, Nordsee, Kieler Bucht, Lolland, Falster, Fehmarn, Rügen, Pommersche Bucht, Lübecker Bucht, Nordfriesische Inseln, Flensburg, Heide, Dithmarschen, Kiel, Wagrien, Rostock, Stettin, Mecklenburg, Uckermark, Polen, Ostfriesische Inseln, Ostfriesland, Bremerhaven, Brake, Ammerland, Hamburg, Schwerin, Niederlande, Emsland, Süddoldenburg, Bremen, Lüneburger Heide, Altmark, Oderbruch, Berlin, Potsdam, Osnabrück, Hannover, Braunschweig, Magdeburger Börde, Magdeburg, Fläming, Spreewald, Münster, Bielefeld, Teutoburger Wald, Weser-bergland, Hildesheimer Börde, Harz, Cottbus, Münsterland, Soester Börde, Warburger Börde, Goldene Aue, Halle, Leipzig, Leipziger Bucht, Dresden, Sachsen, Essen, Dortmund, Sauerland, Bergisches Land, Düsseldorf, Ruhr, Kassel, Eichsfeld, Querfurter Börde, Chemnitz, Jülicher Börde, Köln, Rothaargebirge, Hessisches Bergland, Thüringer Becken, Erfurt, Jena, Aachen, Zülpicher Börde, Bonn, Siegen, Thüringer Wald, Vogtland, Erzgebirge, Prag, Tschechische Republik, Westerwald, Ahr, Maifeld, Eifel, Koblenz, Lahn, Wetterau, Vogels-berg, Grabfeld, Fichtelgebirge, Pilsen, Belgien, Mittelrhein, Mosel, Rheingau, Taunus, Frankfurt, Spessart, Steigerwald, Frankenwald, Oberpfälzer Wald, Luxemburg, Trier, Hunsrück, Nahe, Rheinhessen, Mainz, Bergstraße, Würzburg, Franken, Nürnberg, Böhmerwald, Mosel, Saar-Ruwer, Odenwald, Bauland, Regensburg, Bayerischer Wald, Saarbrücken, Pfälzer Wald, Rheinpfalz, Mannheim, Kraichgau, Hohenloher Ebene, Fränkische Alb, Donau, Donaumoos, Hallertau, Passau, Linz, Karlsruhe, Zabergäu, Württemberg, Stuttgart, Ries, Donauried, Altmühl, Isar, Erdinger Moos, Moldau, Straßburg, Ortenau, Strohgau, Oberes Gäu, Neckar, Schwäbische Alb, Augsburg, München, Chiemsee, Inn, Freiburg, Schwarzwald, Hegau, Bodensee, Allgäu, Alpenvorland, Lech, Salzach, Salzburg, Ehen, Frankreich, Vogesen, Weinstraße, Sundgau, Konstanz, Alpen, Innsbruck, Österreich, Schweizer Jura, Basel, Zürich, Liechtenstein, Schweiz, Bern, Doubs, Aare

© westermann 391118

2 Ökologischer Landbau bei Mölln (Schleswig-Holstein)

Maßstab 1 : 12 500

0 100 200 300 m

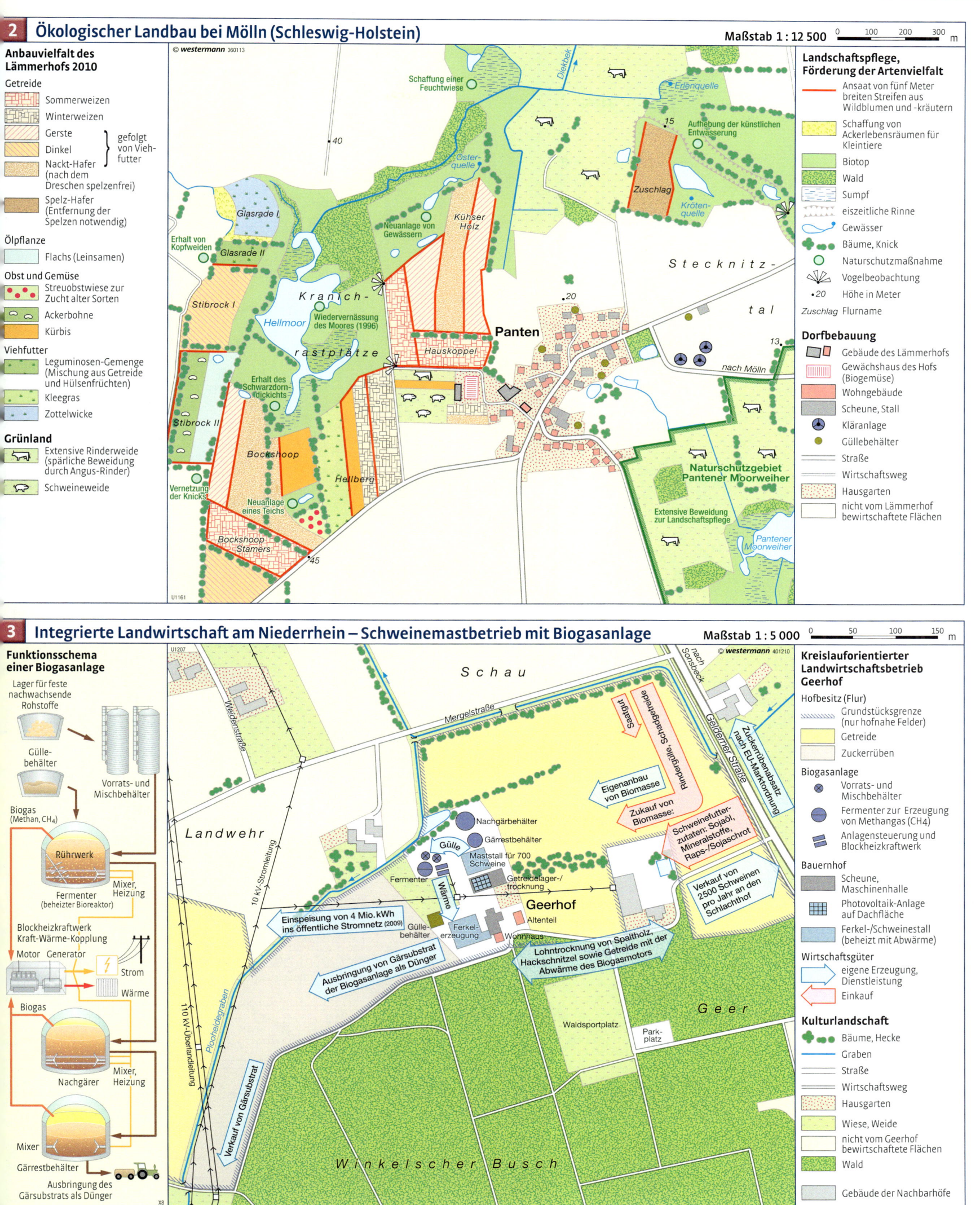

Anbauvielfalt des Lämmerhofs 2010

Getreide
- Sommerweizen
- Winterweizen
- Gerste ⎫
- Dinkel ⎬ gefolgt von Viehfutter
- Nackt-Hafer (nach dem Dreschen spelzenfrei)
- Spelz-Hafer (Entfernung der Spelzen notwendig)

Ölpflanze
- Flachs (Leinsamen)

Obst und Gemüse
- Streuobstwiese zur Zucht alter Sorten
- Ackerbohne
- Kürbis

Viehfutter
- Leguminosen-Gemenge (Mischung aus Getreide und Hülsenfrüchten)
- Kleegras
- Zottelwicke

Grünland
- Extensive Rinderweide (spärliche Beweidung durch Angus-Rinder)
- Schweineweide

Landschaftspflege, Förderung der Artenvielfalt
- Ansaat von fünf Meter breiten Streifen aus Wildblumen und -kräutern
- Schaffung von Ackerlebensräumen für Kleintiere
- Biotop
- Wald
- Sumpf
- eiszeitliche Rinne
- Gewässer
- Bäume, Knick
- Naturschutzmaßnahme
- Vogelbeobachtung
- •20 Höhe in Meter
- *Zuschlag* Flurname

Dorfbebauung
- Gebäude des Lämmerhofs
- Gewächshaus des Hofs (Biogemüse)
- Wohngebäude
- Scheune, Stall
- Kläranlage
- Güllebehälter
- Straße
- Wirtschaftsweg
- Hausgarten
- nicht vom Lämmerhof bewirtschaftete Flächen

Labels on map: Diekbek, Erlenquelle, Schaffung einer Feuchtwiese, •40, Österquelle, 15, Aufhebung der künstlichen Entwässerung, Zuschlag, Krötenquelle, Glasrade I, Erhalt von Kopfweiden, Glasrade II, Neuanlage von Gewässern, Kühser Holz, Stecknitztal, Stibrock I, Kranich-rastplätze, Hellmoor, Wiedervernässung des Moores (1996), •20, Panten, 13, nach Mölln, Hauskoppel, Erhalt des Schwarzdorndickichts, Stibrock II, Bockshoop, Hellberg, Vernetzung der Knicks, Neuanlage eines Teichs, Naturschutzgebiet Pantener Moorweiher, Extensive Beweidung zur Landschaftspflege, Bockshoop Stamers, •45, Pantener Moorweiher

3 Integrierte Landwirtschaft am Niederrhein – Schweinemastbetrieb mit Biogasanlage

Maßstab 1 : 5 000

0 50 100 150 m

Funktionsschema einer Biogasanlage

- Lager für feste nachwachsende Rohstoffe
- Güllebehälter
- Vorrats- und Mischbehälter
- Biogas (Methan, CH₄)
- Rührwerk
- Fermenter (beheizter Bioreaktor)
- Mixer, Heizung
- Blockheizkraftwerk Kraft-Wärme-Kopplung
- Motor / Generator
- Strom
- Wärme
- Biogas
- Nachgärer
- Mixer, Heizung
- Mixer
- Gärrestbehälter
- Ausbringung des Gärsubstrats als Dünger

Kreislauforientierter Landwirtschaftsbetrieb Geerhof

Hofbesitz (Flur)
- Grundstücksgrenze (nur hofnahe Felder)
- Getreide
- Zuckerrüben

Biogasanlage
- Vorrats- und Mischbehälter
- Fermenter zur Erzeugung von Methangas (CH₄)
- Anlagensteuerung und Blockheizkraftwerk

Bauernhof
- Scheune, Maschinenhalle
- Photovoltaik-Anlage auf Dachfläche
- Ferkel-/Schweinestall (beheizt mit Abwärme)

Wirtschaftsgüter
- eigene Erzeugung, Dienstleistung
- Einkauf

Kulturlandschaft
- Bäume, Hecke
- Graben
- Straße
- Wirtschaftsweg
- Hausgarten
- Wiese, Weide
- nicht vom Geerhof bewirtschaftete Flächen
- Wald
- Gebäude der Nachbarhöfe

Labels on map: Schau, nach Sonsbeck, Mergelstraße, Weidenstraße, Saatgut, Zuckerrübenabsatz nach EU-Marktordnung, Geldener Straße, Landwehr, Eigenanbau von Biomasse, Zukauf von Biomasse, Rindergülle, Schadgetreide, Nachgärbehälter, Gärrestbehälter, Gülle, Schweinefutterzutaten: Sojaöl, Mineralstoffe, Raps-/Sojaschrot, 10 kV-Stromleitung, Maststall für 700 Schweine, Fermenter, Wärme, Getreidelager-/trocknung, Verkauf von 2500 Schweinen pro Jahr an den Schlachthof, Einspeisung von 4 Mio. kWh ins öffentliche Stromnetz (2009), Geerhof, Altenteil, Güllebehälter, Ferkelerzeugung, Wohnhaus, Lohntrocknung von Spaltholz, Hackschnitzel sowie Getreide mit der Abwärme des Biogasmotors, Ausbringung von Gärsubstrat der Biogasanlage als Dünger, 110 kV-Überlandleitung, Ploobeidegraben, Verkauf von Gärsubstrat, Geer, Waldsportplatz, Parkplatz, Winkelscher Busch

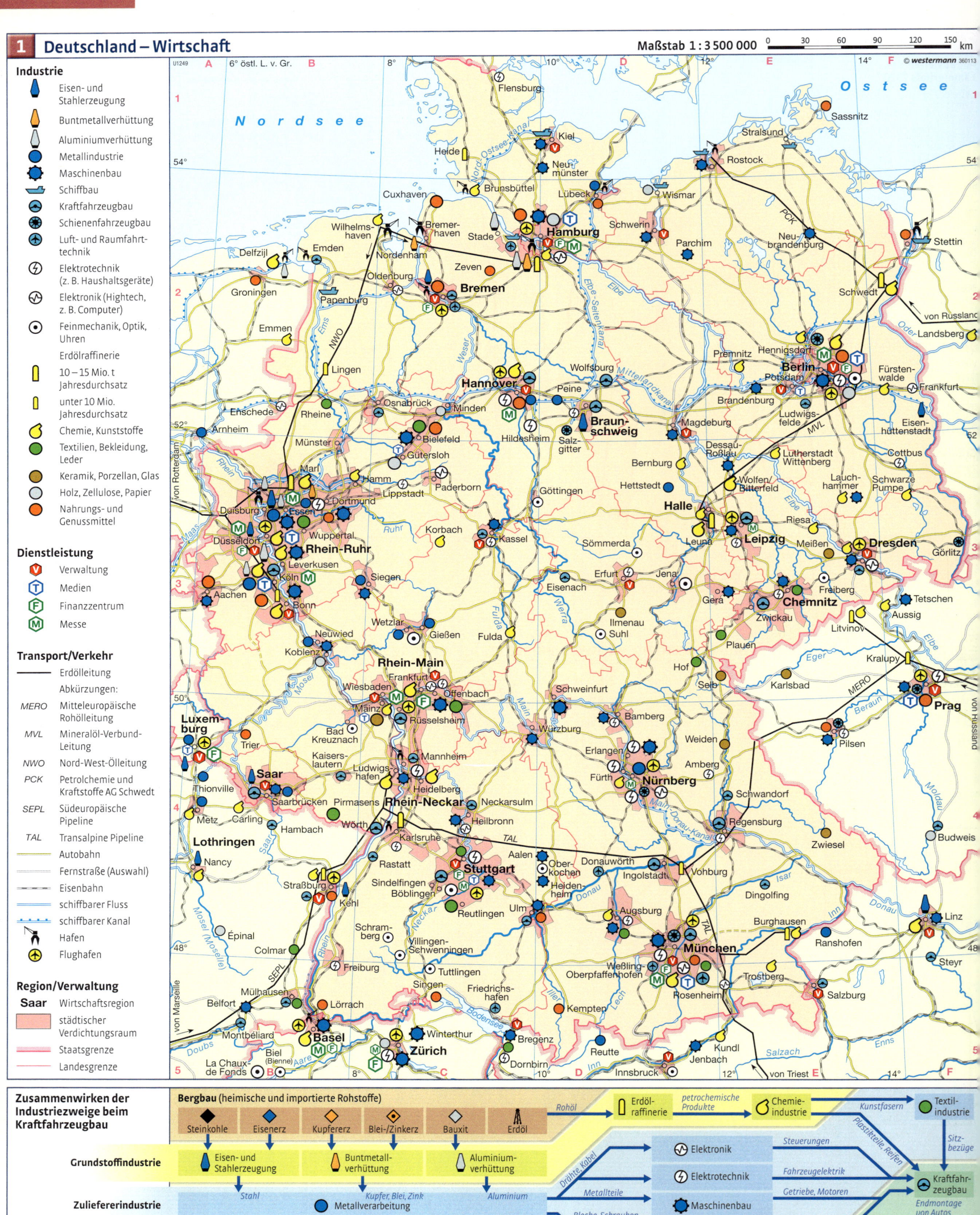

1 Deutschland – Wirtschaft — Maßstab 1 : 3 500 000

2 M7 Ruhrgebiet – Strukturwandel einer Wirtschaftsregion

Maßstab 1 : 500 000

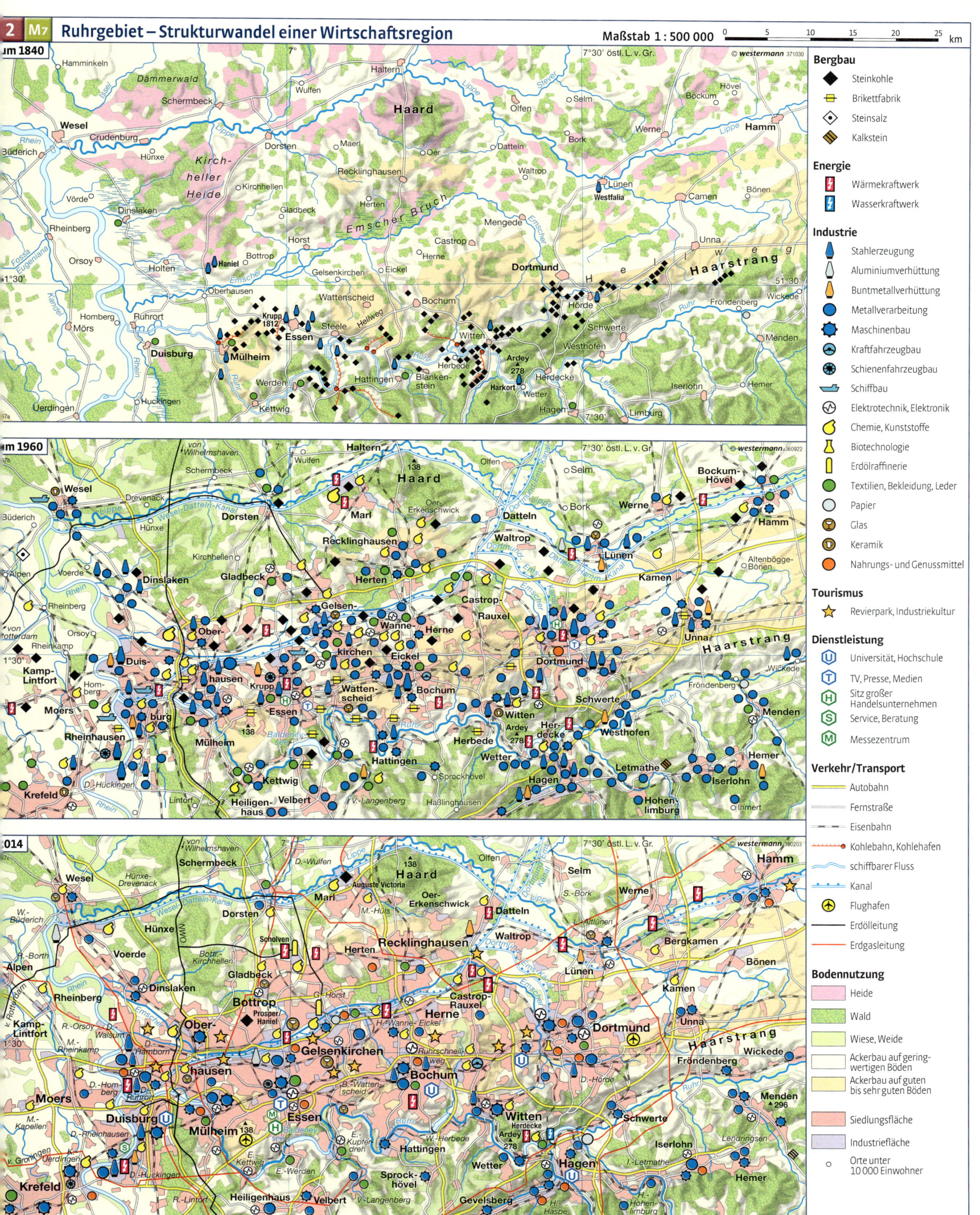

um 1840

um 1960

um 2014

© westermann 371030

Bergbau
- ◆ Steinkohle
- Brikettfabrik
- ◇ Steinsalz
- Kalkstein

Energie
- Wärmekraftwerk
- Wasserkraftwerk

Industrie
- Stahlerzeugung
- Aluminiumverhüttung
- Buntmetallverhüttung
- Metallverarbeitung
- Maschinenbau
- Kraftfahrzeugbau
- Schienenfahrzeugbau
- Schiffbau
- Elektrotechnik, Elektronik
- Chemie, Kunststoffe
- Biotechnologie
- Erdölraffinerie
- Textilien, Bekleidung, Leder
- Papier
- Glas
- Keramik
- Nahrungs- und Genussmittel

Tourismus
- ☆ Revierpark, Industriekultur

Dienstleistung
- U Universität, Hochschule
- T TV, Presse, Medien
- H Sitz großer Handelsunternehmen
- S Service, Beratung
- M Messezentrum

Verkehr/Transport
- Autobahn
- Fernstraße
- Eisenbahn
- Kohlebahn, Kohlehafen
- schiffbarer Fluss
- Kanal
- ⊕ Flughafen
- Erdölleitung
- Erdgasleitung

Bodennutzung
- Heide
- Wald
- Wiese, Weide
- Ackerbau auf geringwertigen Böden
- Ackerbau auf guten bis sehr guten Böden
- Siedlungsfläche
- Industriefläche
- ○ Orte unter 10 000 Einwohner

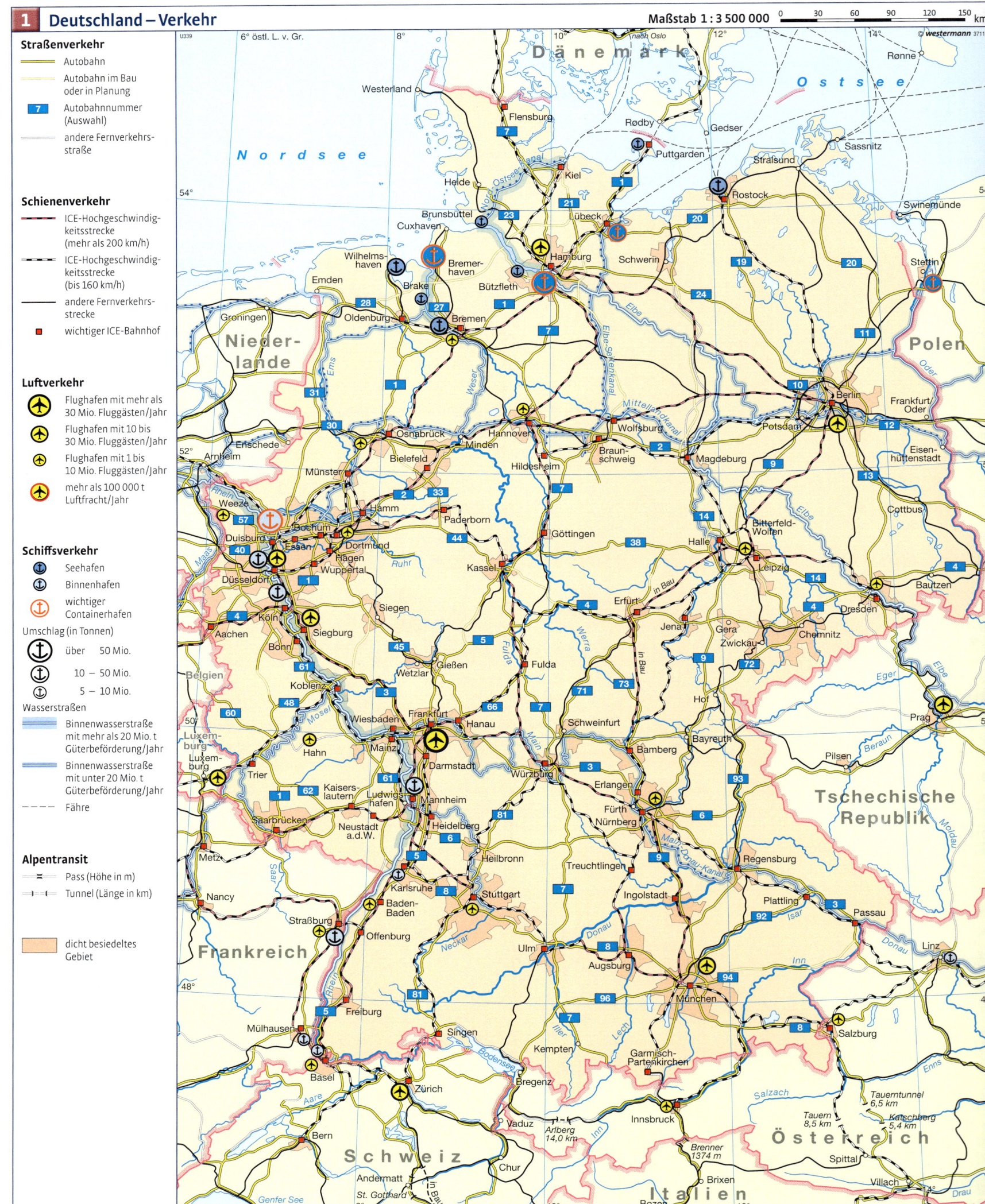

1 Deutschland – Verkehr

Maßstab 1 : 3 500 000

Straßenverkehr
Autobahn
Autobahn im Bau oder in Planung
7 Autobahnnummer (Auswahl)
andere Fernverkehrsstraße

Schienenverkehr
ICE-Hochgeschwindigkeitsstrecke (mehr als 200 km/h)
ICE-Hochgeschwindigkeitsstrecke (bis 160 km/h)
andere Fernverkehrsstrecke
wichtiger ICE-Bahnhof

Luftverkehr
Flughafen mit mehr als 30 Mio. Fluggästen/Jahr
Flughafen mit 10 bis 30 Mio. Fluggästen/Jahr
Flughafen mit 1 bis 10 Mio. Fluggästen/Jahr
mehr als 100 000 t Luftfracht/Jahr

Schiffsverkehr
Seehafen
Binnenhafen
wichtiger Containerhafen
Umschlag (in Tonnen)
über 50 Mio.
10 – 50 Mio.
5 – 10 Mio.
Wasserstraßen
Binnenwasserstraße mit mehr als 20 Mio. t Güterbeförderung/Jahr
Binnenwasserstraße mit unter 20 Mio. t Güterbeförderung/Jahr
Fähre

Alpentransit
Pass (Höhe in m)
Tunnel (Länge in km)

dicht besiedeltes Gebiet

2 Hamburger Hafen

Maßstab 1 : 75 000   0 500 1000 1500 m

Map labels:
Othmarschen, nach Kiel, Flensburg, Ottensen, Altona, St. Pauli, Neustadt, Hammerbrook (City·Süd), St. Michaelis-Kirche, Klostertor, Rothenburgsort, Bille, Landungsbrücken, HafenCity, 1866, 1887, Elbtunnel, Lotsstation/Radarzentrale, Haupt-klärwerk, Steinwerder, 1913, Container-terminal, 1902, Übersee-zentrum, Frucht-zentrum, Walterhof, 1915, 1909, 1903, 1893, Hafenbahnhof Hamburg-Süd, Stahlwerk, Köhlbrand-brücke, 1908, 1910, 1890, 1909, Veddel, 1970, Klärwerk, Massen-schüttgut-anlage Hansaport, Auto-terminal 1964, 1909, Kupfer-werk, Aluminium-werk, Container-Terminal Altenwerder (CTA), 1928, 1957, 1972, Wilhelmsburg, Georgs-werder, Finkenwerder, Francop, Alte Süderelbe, 53°30', Hafenerweiterungsgebiet Zone II, 2002, 1958, Hafen-bahnhof Hohe Schaar, Spadenland, Hafenerweiterungsgebiet Zone I, Moorburg, Kirchdorf, Neuwiedenthal, 1929, 1908, Moor-werder, Fahrzeug-bau, 1908, Neuland, Fischbek, Hausbruch, Hausbruch, nach Hannover, Heimfeld, Harburg, nach Hannover, 10° östl. L. v. Gr., Neuland, © westermann 348115, Köhlbrand, Norder Elbe, Süder Elbe, Reiherstieg, zum Tor der Welt, Bahnhof Maschen, Neubau in Planung

Schifffahrtswege
- Containerschifftiefe (13,5 m)
- Seeschifftiefe (8 – 12 m)
- Binnen- und Hafenschifftiefe
- 1909 Hafenbecken eröffnet
- Leuchtturm, Leuchtfeuer
- Radarstation

Stückgut: Umschlag und Lagerung
- Kreuzfahrtterminal
- Kran und Kaianlage
- Containerbrücke
- Roll on-/Roll off-Anlage
- Anleger für Binnen- und Zubringerschiffe
- Container
- Stückgut

Massengut: Umschlag und Lagerung
- Tanker-Löschbrücke
- Tanklager
- Erz, Kohle (Greifergut)
- Treibstoffe (Flüssiggut)
- Düngemittel (Schüttgut) und Getreide (Sauggut)
- Lagerei, Logistik

Hafenindustrie, -gewerbe
- Industrie-/Gewerbegebiet
- Chemie, Kunststoffe
- Erdölraffinerie
- Metallerzeugung
- Wärmekraftwerk
- Docks zum Bau und zur Reparatur großer Schiffe
- Schiffswerft
- Eisenbahn (Gütertransport)
- Industrie- und Hafenbahn

Städtische Bebauung
- Siedlungsfläche

Arbeitgeber Hafen:
78 000 Beschäftigte (2010)

Bottom diagrams:
- Container-schiff — Container-umschlag (7a)
- Binnenschiff — Greifergut-umschlag (Erz, Kohle) (7b)
- Frachter — Sauggut-umschlag (Getreide) (7c)
- Öltanker — Ölhafen (Terminal) (7d)
- Roll on / Roll off Schiff (7e)

3 Frankfurt/Main – Flughafen

Maßstab 1 : 75 000   0 500 1000 1500 m

Map labels:
© westermann 360022, nach Kassel, Hattersheim am Main, Kerosinhafen, Kelsterbach, Okriftel, Goldbach, Fernbahnhof, Bürostadt Gateway Gardens, nach Offenbach, Eddersheim, Main, Terminal 2, Luftpost-leitstelle, Lufthansa-Basis, Terminal 1, Landebahn Nordwest, Cargo City Nord, Tank-lager, Start- und Landebahn Nord, Start- und Landebahn Süd, Zeppelin-heim, Tower, Terminal 3, Cargo City Süd, Startbahn West, Wiesbaden, Raunheim, Mülldeponie, Waldsee, Walldorf, Gundbach, Mörfelden-Walldorf, nach Darmstadt, nach Groß-Gerau, X184_1

Flughafenanlagen
- Fluggastabfertigung (Schraffur: geplant)
- Frachtabfertigung
- Verwaltung, Flugzeug-wartung und -service
- Flughafengelände

Verkehrsanbindung
- Fernbahn mit ICE-Bahnhof
- S-Bahn
- Hochbahn „Sky Line"
- Autobahn, Schnellstraße
- Parkhaus, Parkplatz

Dienstleistungsunternehmen
- Luftfrachtspeditionen
- Transport-, Kurierdienste
- Fluggesellschaften
- Bordversorgung, Bodendienste, Wartung
- sonstige Dienstleistungen
- Großhotel
- Bürostandorte / gemischt mit Wohnen

Arbeitgeber Flughafen:
500 Arbeitsstätten
75 000 Beschäftigte (2014)

Lärmskala in Dezibel (dBA)
- Düsenjet beim Start — 140
- Winkelschleifer — 110
- Kreissäge, Rockkonzert — 100
- Güterzug, vorbeifahrender Lkw — 90
- lauter Stadtverkehr — 80
- normales Gespräch — 60
- Flüstern, Waldrauschen — 10 – 20

Fluglärmbelastung
(gemittelt aus mehreren Lärm-ereignissen)
- 70 dBA
- 65 dBA
- 60 dBA

1 Deutschland – Energiewirtschaft

Maßstab 1 : 3 500 000

0 30 60 90 km

Energierohstoffe

- Erdöl
- Erdgas
- Steinkohle
- Braunkohle

Stromerzeugung

Wärmekraftwerke

- Steinkohle
- Braunkohle
- Erdgas
- Kernkraft — stillgelegt

Wasserkraftwerke

- Speicherkraftwerk, einschl. Pumpspeicher
- Laufkraftwerk

Leistung in Megawatt (MW)

- 100 – 500
- 500 – 1000
- über 1000

Verbundnetz

Überlandleitung

- 380 – 400 kV
- unter 380 kV
- Gleichstrom-Seekabel

Abfallentsorgung

- Müllverbrennungsanlage (dient auch der lokalen Strom- und Wärmeversorgung)
- Mülldeponie

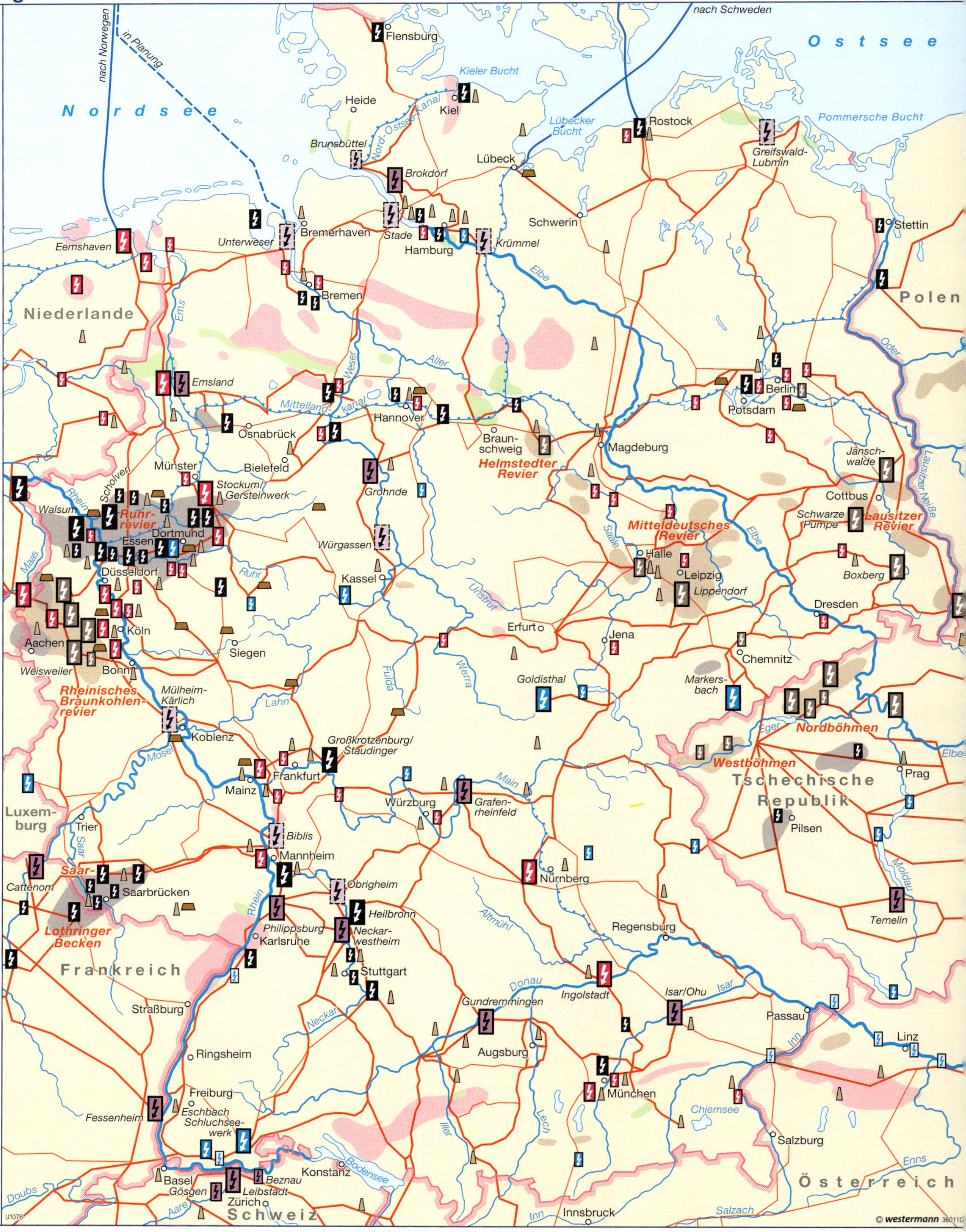

Stromerzeugung nach Energieträgern – Deutschland und Frankreich im Vergleich

Deutschland 2009
(Stromerzeugung insgesamt 596,8 Mrd. kWh bei einem Verbrauch von 582,5 Mrd. kWh)

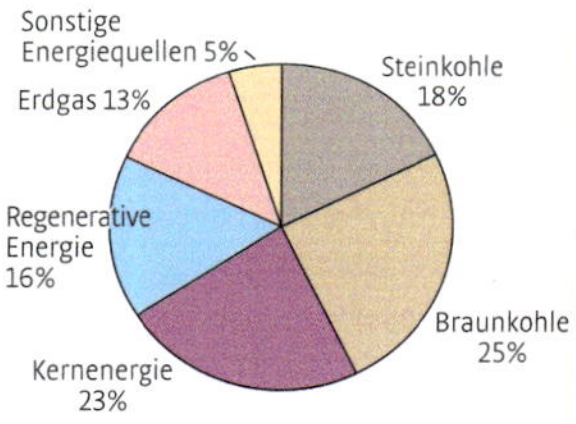

- Sonstige Energiequellen 5%
- Erdgas 13%
- Regenerative Energie 16%
- Kernenergie 23%
- Steinkohle 18%
- Braunkohle 25%

Frankreich 2009
(Stromerzeugung insgesamt 518,8 Mrd. kWh bei einem Verbrauch von 486,7 Mrd. kWh)

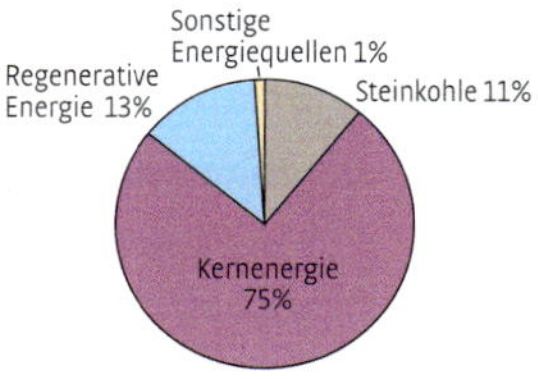

- Sonstige Energiequellen 1%
- Regenerative Energie 13%
- Steinkohle 11%
- Kernenergie 75%

Übersicht über die Nutzung erneuerbarer Energien zur Stromerzeugung siehe Seite 39, Karten 6 und 7.

(Karteninhalt / Ortsnamen:)

Ostsee, Nordsee, Pommersche Bucht, Lübecker Bucht, Kieler Bucht

nach Schweden, nach Norwegen, in Planung

Flensburg, Heide, Brunsbüttel, Kiel, Rostock, Greifswald-Lubmin, Lübeck, Schwerin, Stettin, Brokdorf, Krümmel, Hamburg, Stade, Bremerhaven, Unterweser, Eemshaven, Bremen, Osnabrück, Emsland, Bielefeld, Hannover, Braunschweig, Magdeburg, Berlin, Potsdam, Jänschwalde, Cottbus, Helmstedter Revier, Schwarze Pumpe, Lausitzer Revier, Boxberg, Halle, Leipzig, Lippendorf, Mitteldeutsches Revier, Dresden, Erfurt, Jena, Chemnitz, Goldisthal, Markersbach, Nordböhmen, Westböhmen, Prag, Pilsen, Temelin, Tschechische Republik, Polen

Münster, Scholven, Walsum, Ruhrrevier, Dortmund, Essen, Düsseldorf, Stockum/Gersteinwerk, Grohnde, Würgassen, Kassel, Köln, Aachen, Weisweiler, Bonn, Siegen, Rheinisches Braunkohlenrevier, Mülheim-Kärlich, Koblenz, Großkrotzenburg/Staudinger, Frankfurt, Mainz, Würzburg, Grafenrheinfeld, Nürnberg, Regensburg, Ingolstadt, Isar/Ohu, Passau, Linz

Luxemburg, Trier, Cattenom, Saarrevier, Saarbrücken, Lothringer Becken, Frankreich, Straßburg, Fessenheim, Ringsheim, Freiburg, Biblis, Mannheim, Obrigheim, Philippsburg, Karlsruhe, Heilbronn, Neckarwestheim, Stuttgart, Gundremmingen, Augsburg, München, Salzburg, Österreich, Innsbruck, Basel, Gösgen, Beznau, Leibstadt, Zürich, Schweiz, Konstanz, Eschbach Schluchseewerk

Maas, Rhein, Ruhr, Mosel, Lahn, Main, Neckar, Donau, Inn, Salzach, Enns, Werra, Fulda, Unstrut, Saale, Elbe, Oder, Lausitzer Neiße, Eger, Moldau, Isar, Altmühl, Lech, Iller, Aare, Doubs, Ems, Weser, Aller, Mittellandkanal, Nord-Ostsee-Kanal, Bodensee, Chiemsee

© westermann 360110

U1076

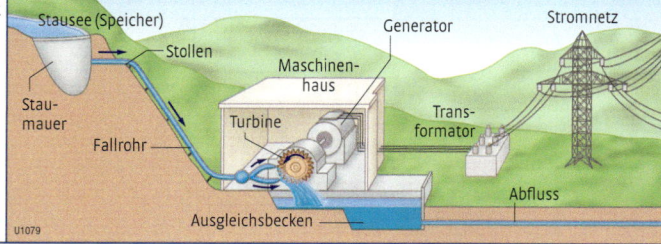

Der Wasserspeicher füllt sich entweder durch natürlichen Zulauf oder es wird Wasser aus dem Tal hochgepumpt. Dazu nutzen Pumpspeicherkraftwerke den billigeren Nachtstrom. Sie sichern die ausreichende Energieversorgung über den Tag.

Stausee (Speicher), Staumauer, Stollen, Generator, Maschinenhaus, Stromnetz, Turbine, Fallrohr, Transformator, Ausgleichsbecken, Abfluss

U1079

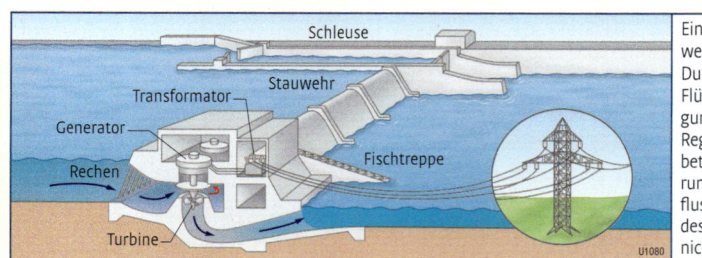

Ein Laufwasserkraftwerk nutzt die große Durchflussmenge von Flüssen zur Stromerzeugung. Es wird in der Regel rund um die Uhr betrieben. Eine Steuerung des Wasserdurchflusses in Abhängigkeit des Strombedarfs ist nicht üblich.

Schleuse, Stauwehr, Transformator, Generator, Rechen, Turbine, Fischtreppe

U1080

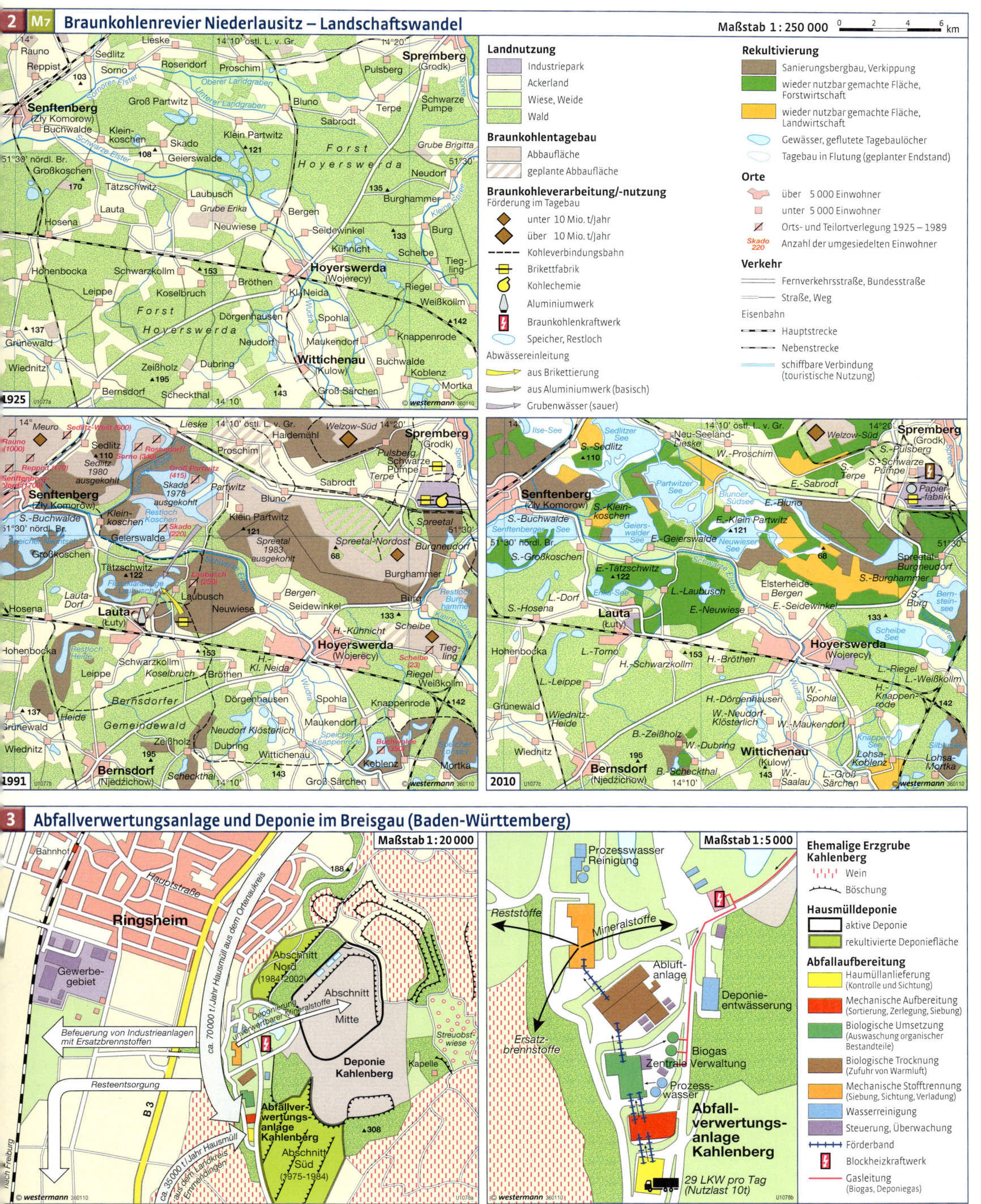

2 M7 Braunkohlenrevier Niederlausitz – Landschaftswandel

Maßstab 1 : 250 000 0 2 4 6 km

Landnutzung
- Industriepark
- Ackerland
- Wiese, Weide
- Wald

Braunkohlentagebau
- Abbaufläche
- geplante Abbaufläche

Braunkohleverarbeitung/-nutzung
Förderung im Tagebau
- unter 10 Mio. t/Jahr
- über 10 Mio. t/Jahr
- Kohleverbindungsbahn
- Brikettfabrik
- Kohlechemie
- Aluminiumwerk
- Braunkohlenkraftwerk
- Speicher, Restloch

Abwässereinleitung
- aus Brikettierung
- aus Aluminiumwerk (basisch)
- Grubenwässer (sauer)

Rekultivierung
- Sanierungsbergbau, Verkippung
- wieder nutzbar gemachte Fläche, Forstwirtschaft
- wieder nutzbar gemachte Fläche, Landwirtschaft
- Gewässer, geflutete Tagebaulöcher
- Tagebau in Flutung (geplanter Endstand)

Orte
- über 5 000 Einwohner
- unter 5 000 Einwohner
- Orts- und Teilortverlegung 1925 – 1989
- Skado 220 Anzahl der umgesiedelten Einwohner

Verkehr
- Fernverkehrsstraße, Bundesstraße
- Straße, Weg

Eisenbahn
- Hauptstrecke
- Nebenstrecke
- schiffbare Verbindung (touristische Nutzung)

1925 *1991* *2010*

3 Abfallverwertungsanlage und Deponie im Breisgau (Baden-Württemberg)

Maßstab 1 : 20 000

Maßstab 1 : 5 000

Ehemalige Erzgrube Kahlenberg
- Wein
- Böschung

Hausmülldeponie
- aktive Deponie
- rekultivierte Deponiefläche

Abfallaufbereitung
- Haumüllanlieferung (Kontrolle und Sichtung)
- Mechanische Aufbereitung (Sortierung, Zerlegung, Siebung)
- Biologische Umsetzung (Auswaschung organischer Bestandteile)
- Biologische Trocknung (Zufuhr von Warmluft)
- Mechanische Stofftrennung (Siebung, Sichtung, Verladung)
- Wasserreinigung
- Steuerung, Überwachung
- Förderband
- Blockheizkraftwerk
- Gasleitung (Biogas, Deponiegas)

1 Deutschland – Umwelt und Naturschutz

Maßstab 1 : 3 500 000

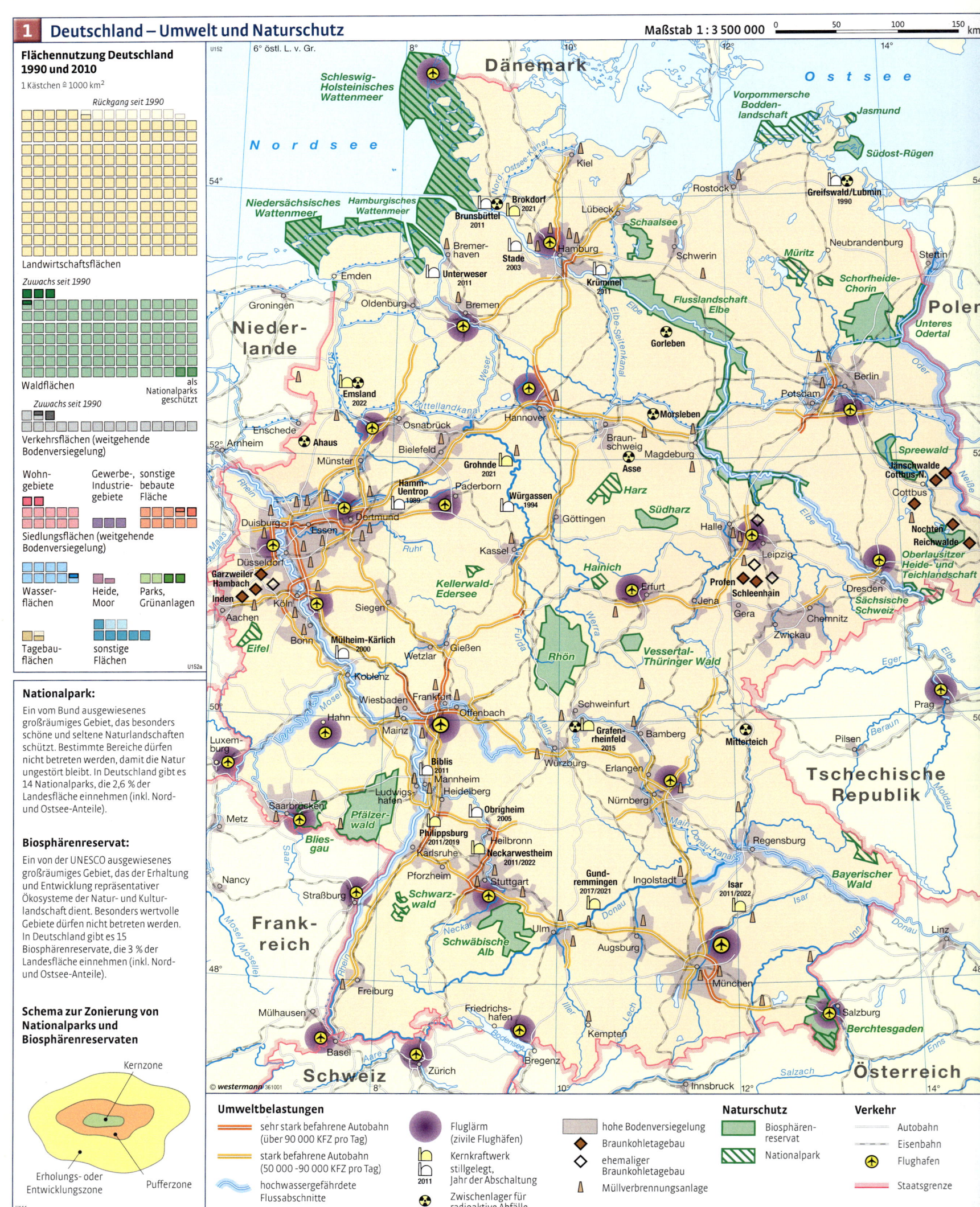

Flächennutzung Deutschland 1990 und 2010

1 Kästchen ≙ 1000 km²

Rückgang seit 1990

Landwirtschaftsflächen

Zuwachs seit 1990

Waldflächen — als Nationalparks geschützt

Zuwachs seit 1990

Verkehrsflächen (weitgehende Bodenversiegelung)

Wohngebiete — Gewerbe-, Industriegebiete — sonstige bebaute Fläche

Siedlungsflächen (weitgehende Bodenversiegelung)

Wasserflächen — Heide, Moor — Parks, Grünanlagen

Tagebauflächen — sonstige Flächen

Nationalpark:

Ein vom Bund ausgewiesenes großräumiges Gebiet, das besonders schöne und seltene Naturlandschaften schützt. Bestimmte Bereiche dürfen nicht betreten werden, damit die Natur ungestört bleibt. In Deutschland gibt es 14 Nationalparks, die 2,6 % der Landesfläche einnehmen (inkl. Nord- und Ostsee-Anteile).

Biosphärenreservat:

Ein von der UNESCO ausgewiesenes großräumiges Gebiet, das der Erhaltung und Entwicklung repräsentativer Ökosysteme der Natur- und Kulturlandschaft dient. Besonders wertvolle Gebiete dürfen nicht betreten werden. In Deutschland gibt es 15 Biosphärenreservate, die 3 % der Landesfläche einnehmen (inkl. Nord- und Ostsee-Anteile).

Schema zur Zonierung von Nationalparks und Biosphärenreservaten

Kernzone
Pufferzone
Erholungs- oder Entwicklungszone

Umweltbelastungen

- sehr stark befahrene Autobahn (über 90 000 KFZ pro Tag)
- stark befahrene Autobahn (50 000 –90 000 KFZ pro Tag)
- hochwassergefährdete Flussabschnitte
- Fluglärm (zivile Flughäfen)
- Kernkraftwerk
- Kernkraftwerk stillgelegt, Jahr der Abschaltung 2011
- Zwischenlager für radioaktive Abfälle
- hohe Bodenversiegelung
- Braunkohletagebau
- ehemaliger Braunkohletagebau
- Müllverbrennungsanlage

Naturschutz

- Biosphärenreservat
- Nationalpark

Verkehr

- Autobahn
- Eisenbahn
- Flughafen
- Staatsgrenze

© westermann 361001

1 Deutschland – Tourismus

Maßstab 1 : 3 500 000

© westermann 351113

UNESCO-Welterbe
mit Jahr der Einschreibung als
Kultur- oder Naturerbestätte

1 Aachener Dom (1978)
2 Speyerer Dom (1981)
3 Würzburger Residenz (1981)
4 Wies-Wallfahrtskirche (1983)
5 Brühler Schlösser (1984)
6 Hildesheimer Dom (1985)
7 Römisches Trier, Dom (1986)
8 Hansestadt Lübeck (1987)
9 Schlösser und Parks von Potsdam und Berlin (1990)
10 Kloster Lorsch (1991)
11 Bergwerk Rammelsberg, Altstadt von Goslar (1992) und Oberharzer Wasserregal (2010)
12 Altstadt von Bamberg (1993)
13 Kloster Maulbronn (1993)
14 Quedlinburger Altstadt (1994)
15 Völklinger Hütte (1994)
16 Grube Messel (1995)
17 Kölner Dom (1996)
18 Bauhaus in Weimar und Dessau (1996)
19 Luthergedenkstätten in Eisleben und Wittenberg (1996)
20 Klassisches Weimar (1998)
21 Wartburg (1999)
22 Museumsinsel Berlin (1999)
23 Gartenreich Dessau-Wörlitz (2000)
24 Klosterinsel Reichenau (2000)
25 Zeche Zollverein in Essen (2001)
26 Altstädte von Stralsund und Wismar (2002)
27 Oberes Mittelrheintal (2002)
28 Bremer Rathaus, Roland (2004)
29 Fürst-Pückler-Park in Bad Muskau (2004)
30 Römischer Grenz-Limes (2005)
31 Regensburger Altstadt (2006)
32 Siedlungen der Berliner Moderne (2008)
33 Wattenmeer (2009 / 2011)
34 Naturnahe Buchenwälder in den Nationalparks Jasmund, Kellerwald-Edersee, Müritz, Hainich und im Biosphärenreservat Schorfheide-Chorin (2011)
35 Fagus-Werk in Alfeld (2011)
36 Prähistorische Pfahlbauten um die Alpen (2011)
37 Markgräfliches Opernhaus, Bayreuth (2012)
38 Bergpark Wilhelmshöhe, Kassel (2013)
39 Kloster Corvey, Höxter (2014)
40 Speicherstadt und Kontorhausviertel mit dem Chilehaus in Hamburg (2015)

Tourismusgebiete
bedeutendes Tourismusgebiet
Harz Bezeichnung eines Tourismusgebietes

Tourismusorte
Heilbad
Seebad
Luftkurort
sonstiger Tourismusort

Übernachtungen pro Jahr
100 000 -1 000 000
über 1 000 000

Übernachtung in Großstädten
500 000-1 000 000
über 1 000 000 pro Jahr
Freizeitpark / Erlebnispark (über 1 000 000 Besucher pro Jahr)

Naherholung
Waldgebiet
Gewässer
Verdichtungsraum
Staatsgrenze

Verkehrswege
(in Auswahl)
Autobahn
Fernstraße
Eisenbahn
Fähre

2 Seebadtourismus auf Sylt (Nordseeküste)

3 Bergtourismus im Wettersteingebirge (Alpen)

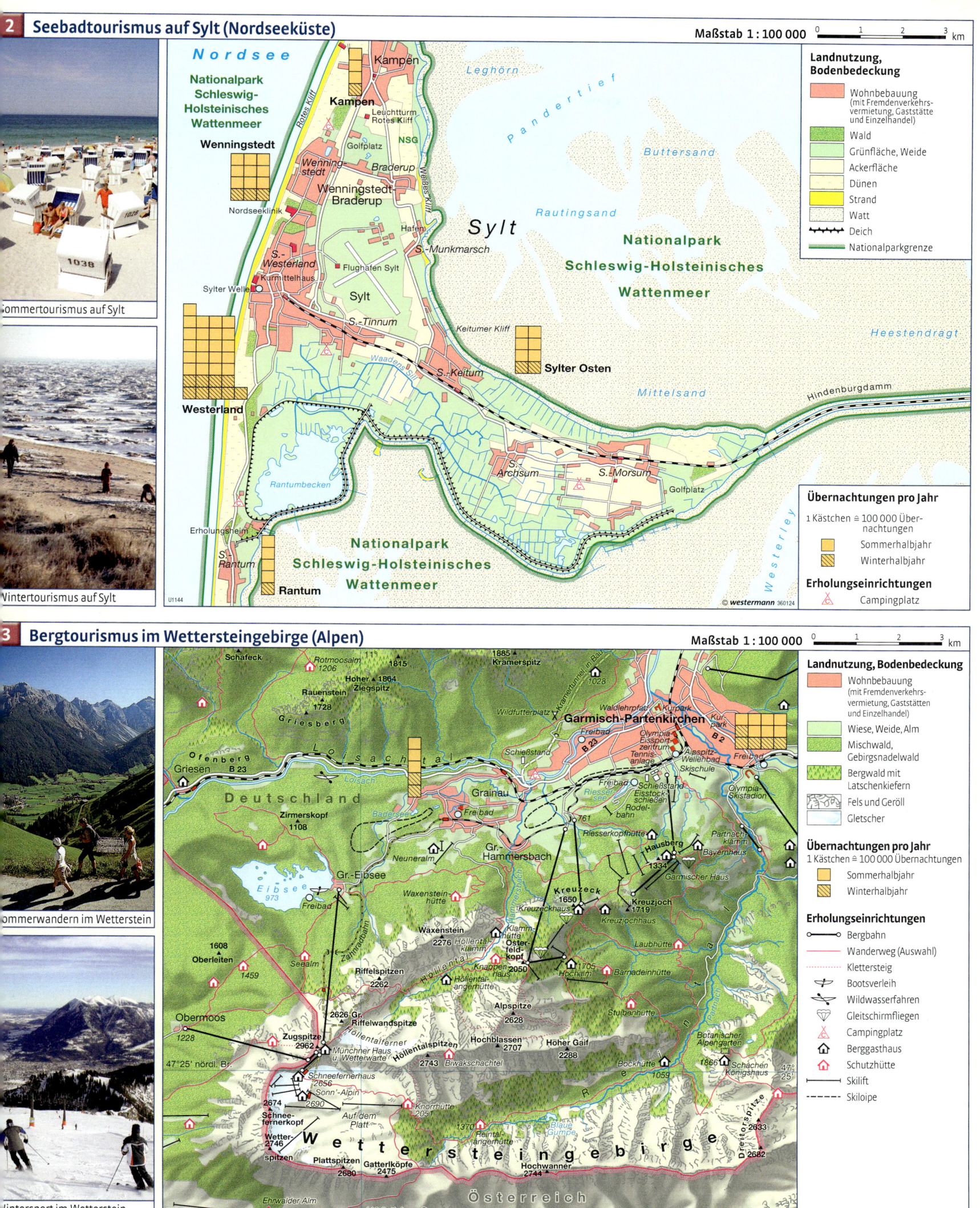

Sommertourismus auf Sylt

Wintertourismus auf Sylt

Sommerwandern im Wetterstein

Wintersport im Wetterstein

Seit 1990 ist Berlin die Hauptstadt der Bundesrepublik Deutschland und Sitz vieler Verfassungsorgane:

1 Bundestag im Reichstagsgebäude
2 Bundesrat im preußischen Ständehaus
3 Bundeskanzleramt
4 Sitz des Bundespräsidenten im Schloss Bellevue

Mehr als 120 Staaten und alle 16 Bundesländer haben Botschaften oder Vertretungen in Berlin:

5 Vertretung eines Bundeslandes (Bremen)

Darüber hinaus sind internationale Einrichtungen und viele Fernseh- und Radiostationen, Zeitungen und Nachrichtenagenturen vertreten.

Legende

- Bundesbehörde
- *Justiz* Bundesministerium
- ☐ ausländische Vertretung (Konsulat, Botschaft)
- Landesbehörde (Berlin)
- ▲ Landesvertretung (Bundesländer)
- Bildungseinrichtung
- kulturelle Einrichtung
- kirchliche und soziale Einrichtung
- Hauptgeschäftszentrum
- Wohnnutzung, z. T. Handel, Gewerbe
- Bahngelände, Industrie
- Friedhof
- Grünfläche
- Wald
- Zoogebäude
- Fernbahn, S-Bahn
- Fernbahn unterirdisch
- DB Fernbahnhof
- S-Bahn unterirdisch
- S S-Bahnhof
- U-Bahn
- U-Bahn oberirdisch
- U-Bahn (im Bau)
- U U-Bahnhof
- Straßentunnel
- **Mitte** Ortsteil
- ---- ehemaliger Verlauf der Berliner Mauer

Landesvertretung

▲ 1 Baden-Württemberg
▲ 2 Bayern
▲ 3 Berlin
▲ 4 Brandenburg
▲ 5 Bremen
▲ 6 Hamburg
▲ 7 Hessen
▲ 8 Mecklenburg-Vorpommern
▲ 9 Niedersachsen
▲ 10 Nordrhein-Westfalen
▲ 11 Rheinland-Pfalz
▲ 12 Saarland
▲ 13 Sachsen
▲ 14 Sachsen-Anhalt
▲ 15 Schleswig-Holstein
▲ 16 Thüringen

Mit 5,4 Mio. Übernachtungsgästen aus Deutschland, 2,9 Mio. aus dem Ausland und 132 Mio. Tagestouristen ist Berlin das beliebteste Reiseziel in Deutschland (2008). Damit gehört Berlin nach London und Paris und zusammen mit Rom auch zu den beliebtesten Reisezielen in Europa. Neben den politischen Institutionen gibt es zahlreiche Sehenswürdigkeiten, Museen sowie viele Geschäfte und Kulturangebote, die Touristen nach Berlin ziehen:

6 Brandenburger Tor
7 Holocaust-Mahnmal
8 Potsdamer Platz
9 Gendarmenmarkt
10 Museumsinsel mit Fernsehturm im Hintergrund

Map labels

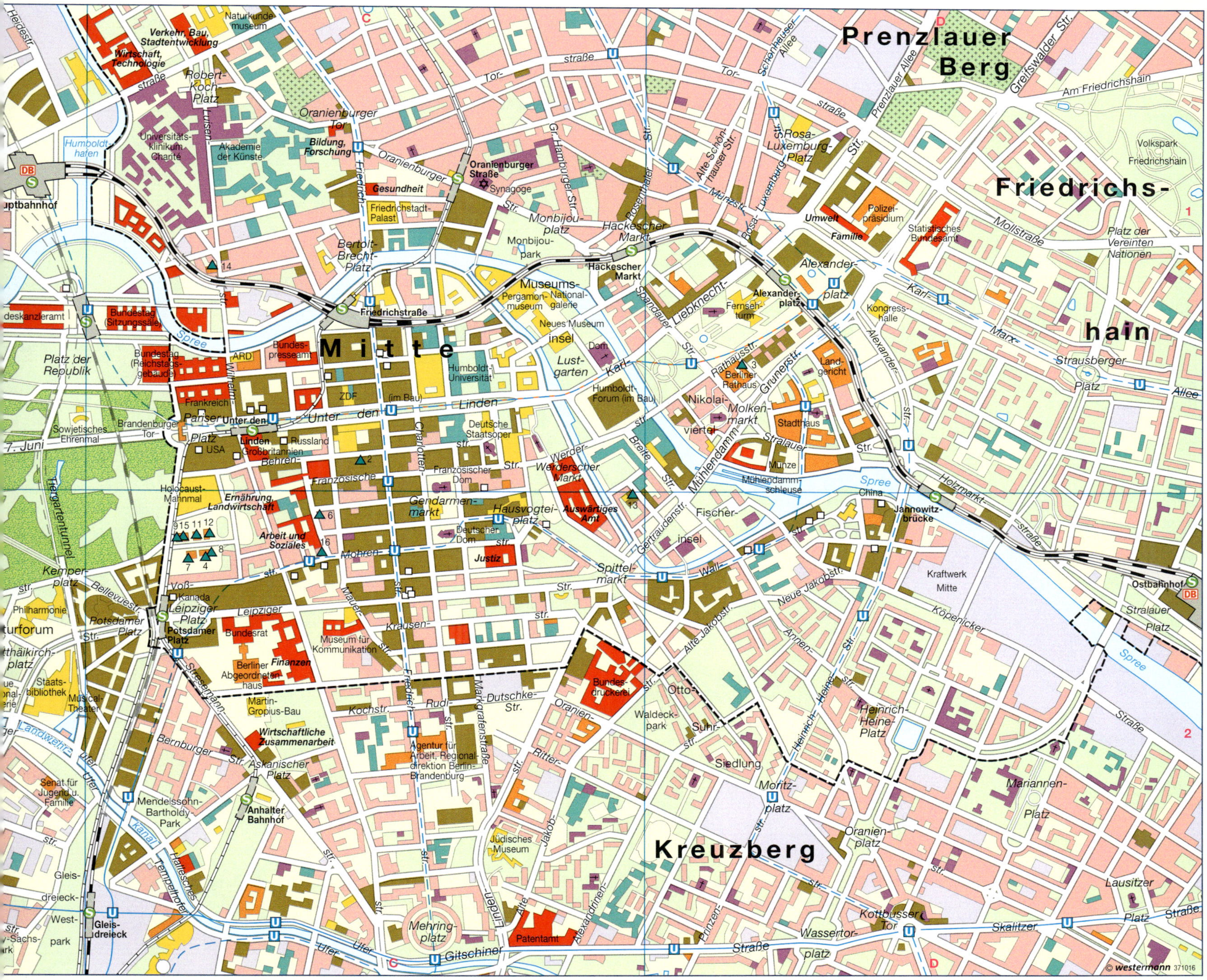

Prenzlauer Berg

Friedrichs-hain

Mitte

Kreuzberg

Naturkunde-museum · Verkehr, Bau, Stadtentwicklung · Wirtschaft, Technologie · Robert-Koch-Platz · Oranienburger Tor · Bildung, Forschung · Akademie der Künste · Universitäts-klinikum Charité · Humboldt-hafen · Gesundheit · Friedrichstadt-Palast · Oranienburger Straße · Synagoge · Str. · Monbijou-platz · Monbijouplatz · Bert-olt-Brecht-Platz · Friedrichstraße · Museums-insel · Pergamon-museum · National-galerie · Neues Museum · Hackescher Markt · Alte Schön-hauser Str. · Rosa-Luxemburg-Platz · Umwelt, Familie · Polizei-präsidium · Statistisches Bundesamt · Mollstraße · Platz der Vereinten Nationen · Alexander-platz · Fernseh-turm · Kongress-halle · Karl-Marx · Strausberger Platz · Allee

Hauptbahnhof · DB · Bundesrat (Rechtsgebäude) · ARD · ZDF · Bundes-presseamt · Mitte · Humboldt-Universität · Lust-garten · Dom · Humboldt-Forum (im Bau) · Rathaus · Berliner Rathaus · Nikolai-viertel · Molken-markt · Stadthaus · Landgericht · Münze · Spree · China · Jannowitz-brücke · Ostbahnhof · Stralauer Platz

Platz der Republik · Sowjetisches Ehrenmal · Brandenburger Tor · Pariser Platz · Unter den Linden · Frankreich · Russland · USA · Großbritannien · Botschaften · Deutsche Staatsoper · Holocaust-Mahnmal · Ernährung, Landwirtschaft · Arbeit und Soziales · Gendarmen-markt · Französischer Dom · Deutscher Dom · Hausvogtei-platz · Werderscher Markt · Auswärtiges Amt · Justiz · Fischer-insel · Spittel-markt · Wall Str. · Neue Jakobstr. · Kraftwerk Mitte · Holzmarkt

7. Juni · Tiergartentunnel · Kemper-platz · Philharmonie · Kulturforum · Matthäikirch-platz · Staats-bibliothek · Musical-Theater · Kanada · Voß-straße · Leipziger Platz · Potsdamer Platz · Bellevuestr. · Potsdamer Str. · Leipziger Str. · Bundesrat · Martin-Gropius-Bau · Museum für Kommunikation · Berliner Finanzen · Abgeordneten-haus · Wirtschaftliche Zusammenarbeit · Askanischer Platz · Anhalter Bahnhof · Mendelssohn-Bartholdy-Park · Agentur für Arbeit, Regionaldirektion Berlin-Brandenburg · Bundesdruckerei · Waldeck-park · Otto-Suhr · Heinrich-Heine-Platz · Köpenicker Str.

Senat für Jugend u. Familie · Gleis-dreieck · West-park · Gleisdreieck · Tempelhofer Ufer · Bernburger Str. · Jüdisches Museum · Mehring-platz · Patentamt · Gitschiner Str. · Moritz-platz · Oranien-platz · Siedlung · Wasser-tor-platz · Kottbusser Tor · Skalitzer Str. · Marianen-Platz · Lausitzer Platz

© westermann 371016

1 Deutschland – Bevölkerungsdichte

Maßstab 1 : 3 500 000

© westermann 371120

Einwohner je km²
auf Gemeindebasis

- unter 25
- 25 – 50
- 50 – 100
- 100 – 200
- 200 – 400
- 400 – 1000
- über 1000

Städte (Einwohner)

- ☐ über 1 000 000
- ⊙ 500 000 – 1 000 000
- ○ 100 000 – 500 000
- • unter 100 000

Grenzen

- Staatsgrenze
- Landesgrenze

Emden – Berechnung der Bevölkerungsdichte

Bevölkerung 2009: 51 292 Einwohner
Fläche der Stadt: 112,33 km²

Berechnung der Bevölkerungsdichte:

$$\frac{\text{Einwohner}}{\text{Fläche}} = \frac{51\,292 \text{ Einw.}}{112,33 \text{ km}^2} = 456,61 \text{ Einw./km}^2$$

Mit 457 Einwohner/km² fällt Emden in Karte 1 in folgende Bevölkerungsdichteklasse:

400 – 1000

Zur Veranschaulichung:

Wenn man nun wissen möchte, wie viele Einwohner auf ein Fußballfeld kommen, ergibt sich folgende Rechnung:

1 Fußballfeld = 7 140 m²
Stadtfläche Emden = 112 330 000 m²

Stadtfläche Emdens in Fußballfeldern:

$$\frac{112\,330\,000 \text{ m}^2}{7\,140 \text{ m}^2} = 15\,732,5 \text{ Felder}$$

Einwohner Emdens pro Fußballfeld:

$$\frac{51\,292 \text{ Einw.}}{15\,732,5 \text{ Felder}} = 3,26 \text{ Einw./Feld}$$

Teilt man Emden also in Fußballfelder auf, so wohnen auf jedem Feld mehr als 3 Einwohner.

Maßstabswechsel

Der gezoomte Kartenausschnitt zeigt Emden im Vergleich zur Deutschlandkarte in einem größeren Maßstab.
Jetzt lassen sich die 20 Stadtteile von Emden mit ihrer Bevölkerungsdichte darstellen.
Dabei wird deutlich, dass die Bevölkerung von Emden im Stadtgebiet unterschiedlich verteilt ist.

Schweden
Dänemark
Nordsee
Ostsee
Niederlande
Polen
Belgien
Luxemburg
Frankreich
Tschechische Republik
Schweiz
Liechtenstein
Österreich
Italien

Flensburg · Husum · Kiel · Itzehoe · Lübeck · Hamburg · Wismar · Schwerin · Güstrow · Neubrandenburg · Stralsund · Greifswald · Rostock · Neustrelitz · Prenzlau · Schwedt · Eberswalde · Oranienburg · Neuruppin · Rathenow · Brandenburg · Potsdam · Berlin · Frankfurt · Eisenhüttenstadt · Guben · Lübben · Cottbus · Senftenberg · Hoyerswerda · Bautzen · Görlitz · Riesa · Dresden · Freiberg · Chemnitz · Zwickau · Plauen · Hof · Gera · Jena · Saalfeld · Weimar · Erfurt · Gotha · Eisenach · Suhl · Coburg · Bamberg · Bayreuth · Weiden · Amberg · Erlangen · Fürth · Nürnberg · Neumarkt · Ansbach · Regensburg · Straubing · Deggendorf · Passau · Landshut · Ingolstadt · Neu-Ulm · Ulm · Augsburg · München · Rosenheim · Bad Reichenhall · Kempten · Konstanz · Friedrichshafen · Singen · Lörrach · Freiburg · Offenburg · Reutlingen · Tübingen · Böblingen · Stuttgart · Esslingen · Waiblingen · Göppingen · Heilbronn · Karlsruhe · Pforzheim · Neckar · Heidelberg · Mannheim · Ludwigshafen · Kaiserslautern · Pirmasens · Saarbrücken · Neunkirchen · Saarlouis · Trier · Bad Kreuznach · Mainz · Wiesbaden · Frankfurt · Offenbach · Aschaffenburg · Darmstadt · Würzburg · Schweinfurt · Limburg · Koblenz · Neuwied · Gießen · Wetzlar · Marburg · Fulda · Siegen · Bonn · Aachen · Köln · Bergisch-Gladbach · Leverkusen · Mönchengladbach · Düsseldorf · Wuppertal · Lüdenscheid · Hagen · Bochum · Essen · Dortmund · Duisburg · Oberhausen · Gelsenkirchen · Hamm · Paderborn · Kassel · Göttingen · Nordhausen · Mühlhausen · Sangerhausen · Halle · Naumburg · Leipzig · Dessau-Roßlau · Wittenberg · Magdeburg · Halberstadt · Salzwedel · Stendal · Wittlich · Daun · Kleve · Nordhorn · Münster · Bielefeld · Osnabrück · Meppen · Cloppenburg · Nienburg · Nordhorn · Oldenburg · Wilhelmshaven · Bremerhaven · Bremen · Emden · Hannover · Hildesheim · Salzgitter · Braunschweig · Wolfsburg · Celle · Uelzen · Lüneburg · Perleberg · Luckenwalde

Nord-Ostsee-Kanal · Ems · Rhein · Maas · Mosel · Saar · Ruhr · Weser · Aller · Fulda · Werra · Main · Main-Donau-Kanal · Donau · Lech · Iller · Inn · Isar · Salzach · Elbe · Elbe-Seitenkanal · Mittellandkanal · Oder · Eger · Moldau · Enns · Doubs · Aare · Bodensee

2 Altersaufbau

Deutschland 1900
56,4 Millionen Einwohner
Alter in Jahren

Männer 49,3%	Frauen 50,7%

% 8 6 4 2 0 0 2 4 6 8 %

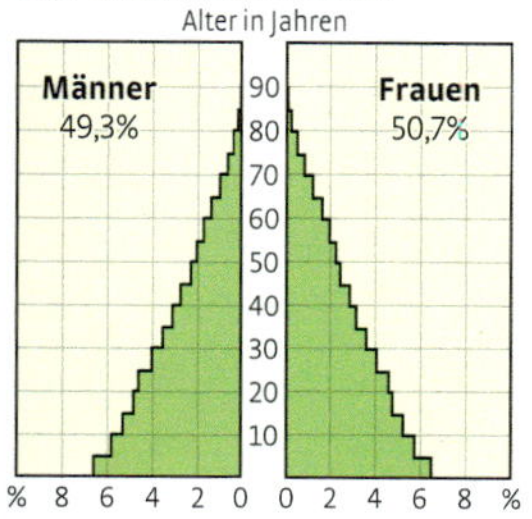

Pyramidenform
- hohe Geburtenrate
- hohe Sterblichkeit in allen Altersstufen
Folgen:
- gleichmäßige Abnahme der Bevölkerungszahl in jeder Altersstufe
- geringe Lebenserwartung

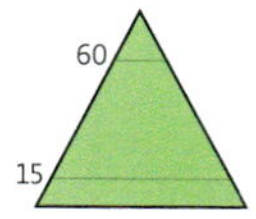

Deutschland 1950
68,5 Millionen Einwohner
Alter in Jahren

Männer 46,1%	Frauen 53,9%

% 8 6 4 2 0 0 2 4 6 8 %

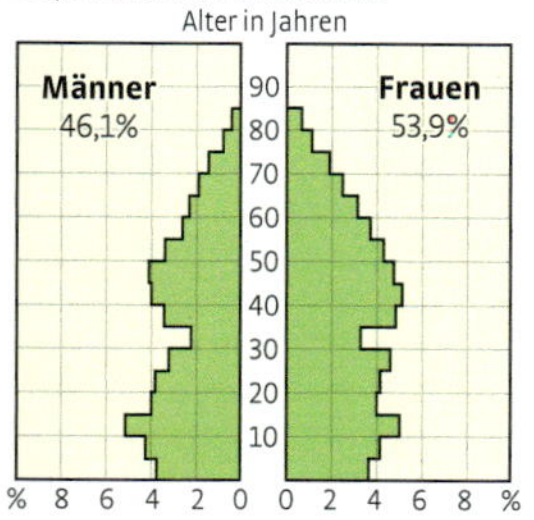

Bienenstockform (angenähert; auch Glockenform genannt)
- bis 55 Jahre ähnlich große Altersstufen – mittlere Geburtenrate von etwa 2,1 Kinder pro Frau, damit bleibt die Bevölkerungszahl konstant
- Einschnitte durch den 1. bzw. 2. Weltkrieg

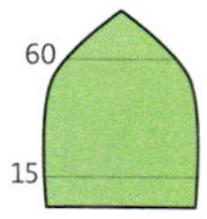

Deutschland 2010
80,3 Millionen Einwohner
Alter in Jahren 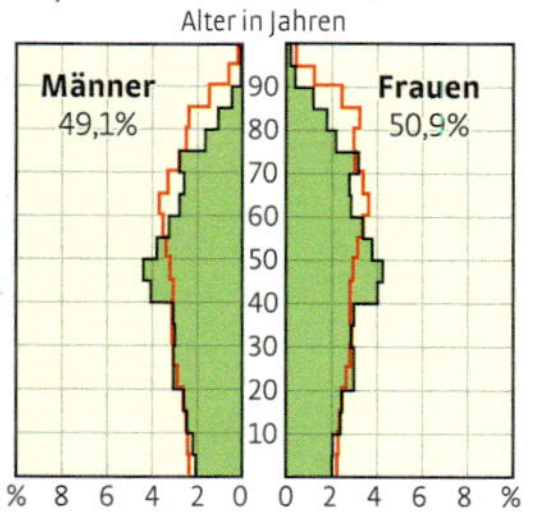

Männer 49,1%	Frauen 50,9%

% 8 6 4 2 0 0 2 4 6 8 %

Urnenform (angenähert)
- immer stärker abnehmende jüngere Jahrgänge
- stark besetzte ältere Jahrgänge
Folge:
- zunehmende Überalterung
Urnenform (klassisch) – Prognose 2050
- niedrige Geburtenrate
- konstant abnehmende Geburtenzahl
- immer längere Lebensdauer
Folge:
- starke Überalterung

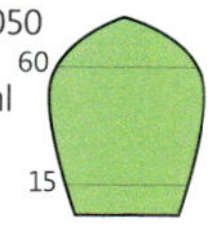

— Prognose 2050

3 Natürliche Bevölkerungsentwicklung

Maßstab 1 : 7 000 000

Zunahme
Geburten minus Sterbefälle je 1 000 Einwohner (in Promille); 2011, Basis Kreise
- 2 – 3 ‰
- 0 – 2

Abnahme
- 0 – -2
- -2 – -4
- -4 – -6
- -6 – -8 ‰

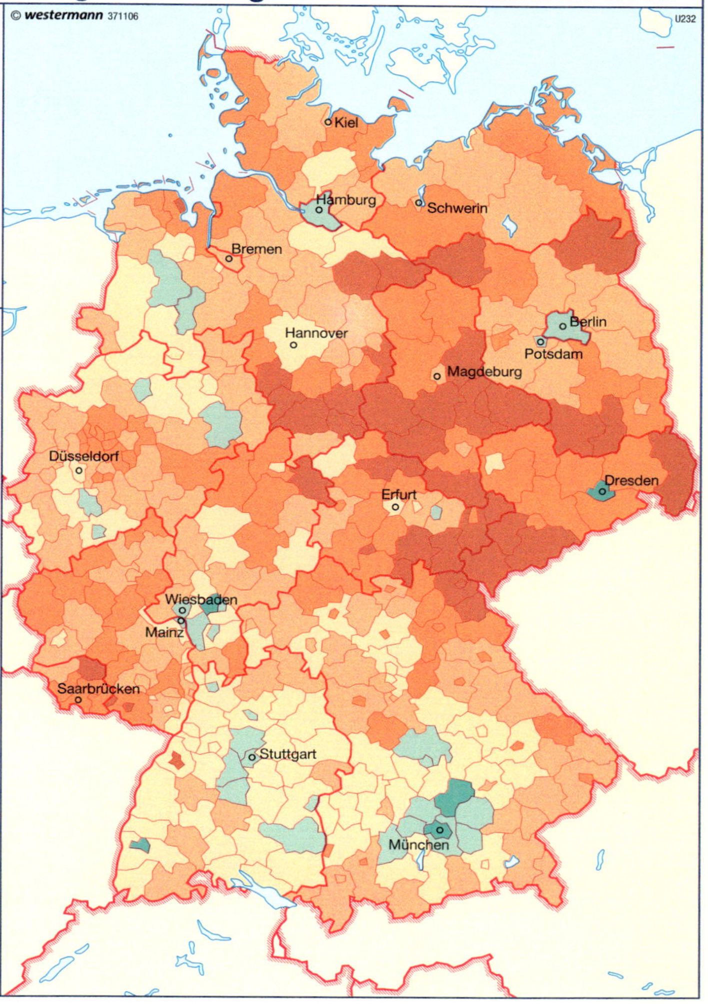

Entwicklung von Geburten- und Sterbefällen in Deutschland
- Lebendgeborene je 1 000 Einw.
- Sterbefälle je 1 000 Einw.

Geborene / Gestorbene je 1000 E.

1950 1960 1970 1980 1990 2000 2009

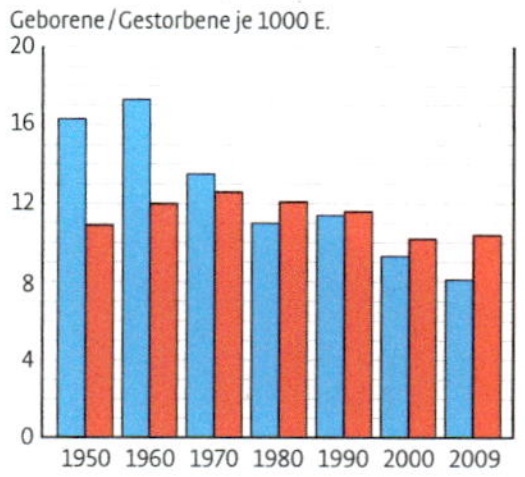

Entwicklung der Lebenserwartung bei Geburt in Deutschland
- Männer
- Frauen

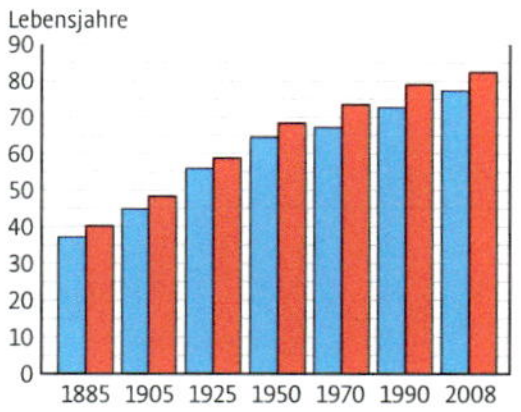

Lebensjahre

1885 1905 1925 1950 1970 1990 2008

© westermann 371106

4 Ausländische Bevölkerung

Maßstab 1 : 7 000 000

0 50 100 150 km

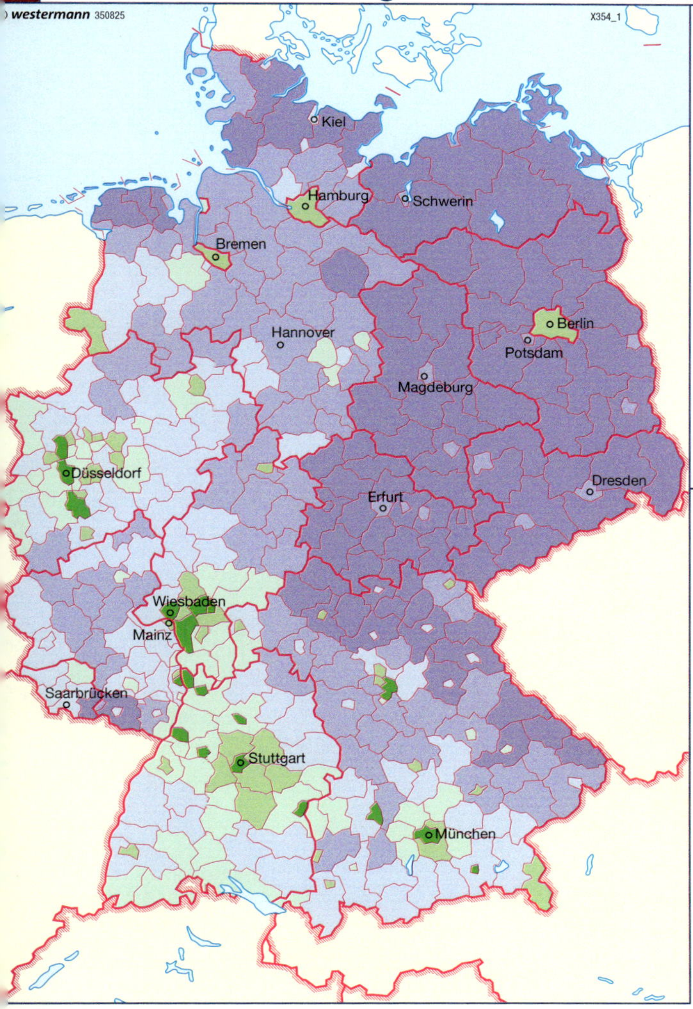

© westermann 350825

Ausländische Bevölkerung
Anteil an der Gesamtbevölkerung (in Prozent); 2011; Basis Kreise
- unter 3 %
- 3 – 5
- 5 – 8
- Durchschnitt Deutschland: 7,7 %
- 8 – 11
- 11 – 14
- über 14 %

— Staatsgrenze
— Landesgrenze
— Kreisgrenze

5 Bevölkerungsveränderung

Maßstab 1 : 7 000 000

© westermann 371106

Bevölkerungsveränderung 2007 – 2025
Geschätzte Veränderung der Einwohnerzahl 2007 – 2025 (in Prozent); Basis Kreise

Zunahme
- +10 bis +20 %
- +0,1 bis +10

Abnahme
- 0 bis -10
- -10 bis -20
- mehr als -20 %

— Staatsgrenze
— Landesgrenze
— Kreisgrenze

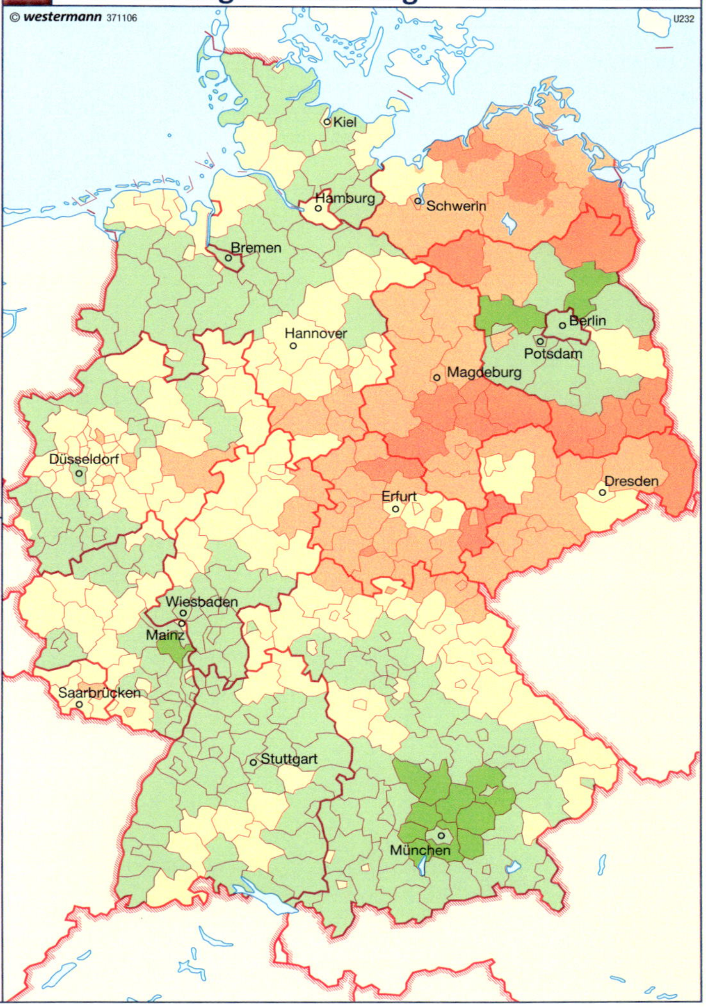

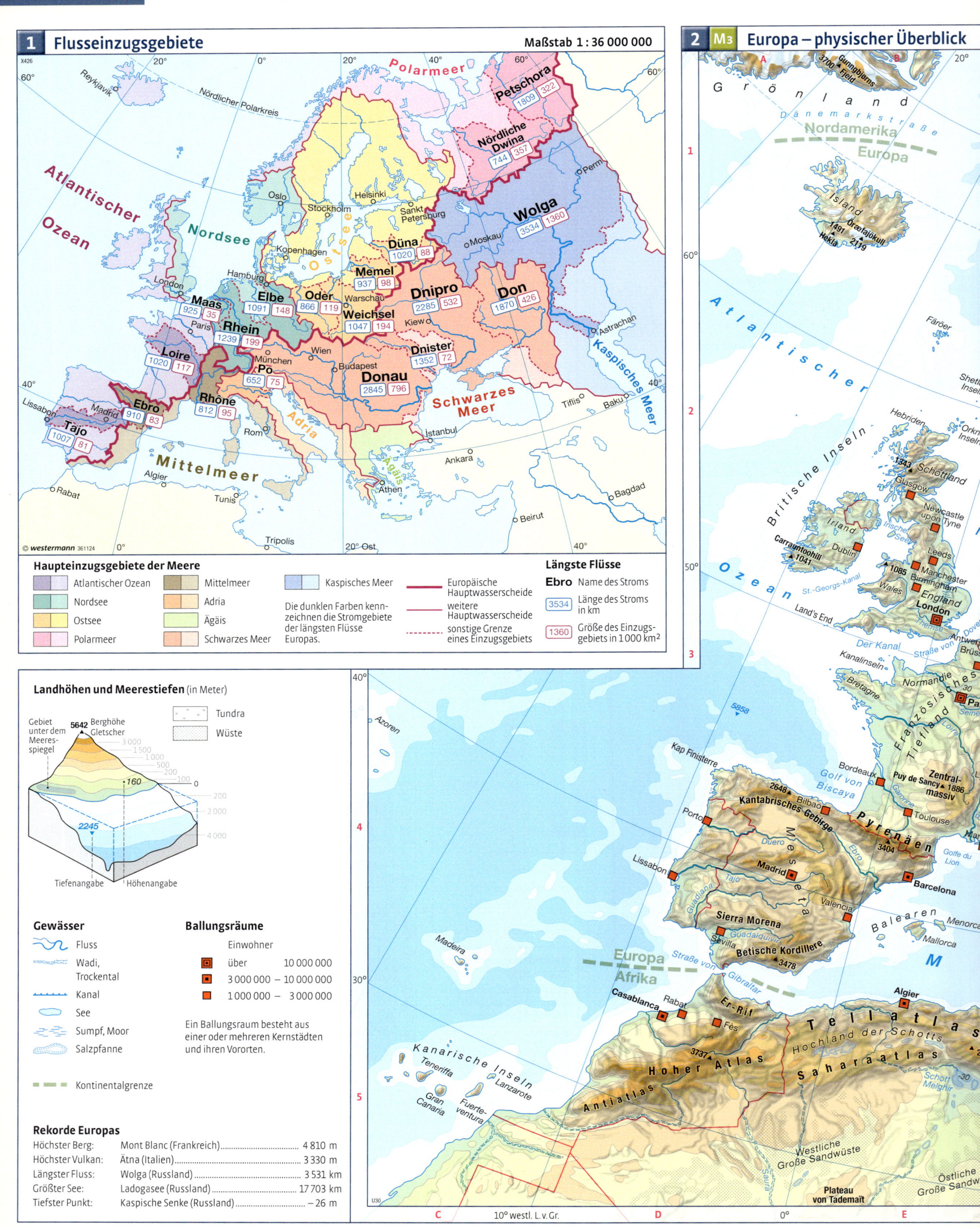

1 Flusseinzugsgebiete — Maßstab 1 : 36 000 000

Flüsse und Einzugsgebiete (Länge in km / Größe des Einzugsgebiets in 1000 km²):

- Petschora 1809 / 322
- Nördliche Dwina 744 / 357
- Wolga 3534 / 1360
- Düna 1020 / 88
- Memel 937 / 98
- Dnipro 2285 / 532
- Don 1870 / 426
- Maas 925 / 35
- Elbe 1091 / 148
- Oder 866 / 119
- Weichsel 1047 / 194
- Dnister 1352 / 72
- Rhein 1239 / 199
- Loire 1020 / 117
- Po 652 / 75
- Donau 2845 / 796
- Rhône 812 / 95
- Ebro 910 / 83
- Tajo 1007 / 81

Gewässer: Atlantischer Ozean, Nordsee, Ostsee, Polarmeer, Mittelmeer, Adria, Ägäis, Schwarzes Meer, Kaspisches Meer

© westermann 361124

Haupteinzugsgebiete der Meere

- Atlantischer Ozean
- Nordsee
- Ostsee
- Polarmeer
- Mittelmeer
- Adria
- Ägäis
- Schwarzes Meer
- Kaspisches Meer

Die dunklen Farben kennzeichnen die Stromgebiete der längsten Flüsse Europas.

— Europäische Hauptwasserscheide
— weitere Hauptwasserscheide
--- sonstige Grenze eines Einzugsgebiets

Längste Flüsse

- Ebro — Name des Stroms
- 3534 — Länge des Stroms in km
- 1360 — Größe des Einzugsgebiets in 1000 km²

2 M3 Europa – physischer Überblick

Landhöhen und Meerestiefen (in Meter)

5642 Berghöhe ▲ Gletscher
Gebiet unter dem Meeresspiegel
3000 / 1500 / 1000 / 500 / 200 / 100 / 0 / 200 / 2000 / 4000
2245 Tiefengabe / Höhenangabe

- Tundra
- Wüste

Gewässer

- Fluss
- Wadi, Trockental
- Kanal
- See
- Sumpf, Moor
- Salzpfanne
- Kontinentalgrenze

Ballungsräume

Einwohner
- über 10 000 000
- 3 000 000 – 10 000 000
- 1 000 000 – 3 000 000

Ein Ballungsraum besteht aus einer oder mehreren Kernstädten und ihren Vororten.

Rekorde Europas

Höchster Berg:	Mont Blanc (Frankreich)	4 810 m
Höchster Vulkan:	Ätna (Italien)	3 330 m
Längster Fluss:	Wolga (Russland)	3 531 km
Größter See:	Ladogasee (Russland)	17 703 km²
Tiefster Punkt:	Kaspische Senke (Russland)	– 26 m

1 Europa – politische Übersicht

Maßstab 1 : 24 000 000

0 200 400 600 800 1000 km

Grönland (mit Dänemark assoziiert)

Europäisches Nordmeer

Spitzbergen (Norw.)

Bäreninsel (Norw.)

Franz-Josef-Land

Nowaja Semlja

Jan Mayen (Norw.)

Island

Reykjavik

Nördlicher Polarkreis

Atlantischer Ozean

Färöer (Dän.)

Shetland-Inseln

Orkney-Inseln

Norwegen

Schweden

Finnland

Oslo

Stockholm

Helsinki

Åland-Inseln

Tallinn

Estland

Riga

Lettland

Moskau

Russland

Wolga

Nördl. Dwina

Kama

Ural

Kasachstan

Nordsee

Vereinigtes Königreich

Nordirland

Irland

Dublin

Man

Großbritannien

London

Kanalinseln (G.-B.)

Dänemark

Kopenhagen

Ostsee

Litauen

Vilnius

Minsk

Weiß-russland (Belarus)

Kiew

zu Russland

Niederlande

Amsterdam

Berlin

Deutschland

Polen

Warschau

Ukraine

Dnjepr

Don

Wolga

Brüssel

Belgien

Luxemburg

Lux.

Paris

Rhein

Elbe

Oder

Weichsel

Prag

Tschechische Republik

Slowakei

Bratislava

Wien

Budapest

Ungarn

Moldau

Chişinău

Krim (von Russland kontrolliert*)

Kaspisches Meer

Turkmenistan

Frankreich

Loire

Seine

Bern

Vaduz

Li.

Schweiz

Österreich

Slowenien

Ljubljana

Zagreb

Kroatien

Donau

Rumänien

Bukarest

Donau

Schwarzes Meer

Georgien

Tiflis

Baku

Aserbaidschan

Armenien

Jerewan

Rhone

Po

San Marino

Bosnien und Herzegowina

Sarajevo

Belgrad

Serbien

Kosovo

Priština

Podgorica

Monte-negro

Sofia

Bulgarien

Skopje

Mazedonien

Tirana

Albanien

Ankara

Türkei

Iran

Teheran

Portugal

Lissabon

Madrid

Spanien

Ebro

Tajo

Andorra

Monaco

Korsika

Italien

Rom

Vatikanstadt

Sardinien

Griechenland

Athen

Kreta

Nikosia

Zypern

Libanon

Beirut

Damaskus

Syrien

Bagdad

Irak

Euphrat

Tigris

Gibraltar (G.-B.)

Ceuta (Spanien)

Melilla (Spanien)

Balearen

Sizilien

Valletta

Malta

Mittelmeer

Israel

Jerusalem

Westjordan-land

Amman

Jordanien

Kuwait

Kuwait-Stadt

Rabat

Marokko

Algier

Tunis

Tunesien

Tripolis

Algerien

Libyen

Ägypten

Kairo

Nil

Autonomie-gebiet Gaza

Saudi-Arabien

Mali

Legende

— Staatsgrenze
● Hauptstadt
- - - umstrittene Grenze

Abkürzungen:

Dän. = zu Dänemark
Lux. = Luxemburg
Li. = Liechtenstein
G. B. = zu Großbritannien
Norw. = zu Norwegen

* Die Halbinsel Krim gehört völkerrechtlich zur Ukraine, wird aber derzeit faktisch von Russland kontrolliert.

© westermann 35013

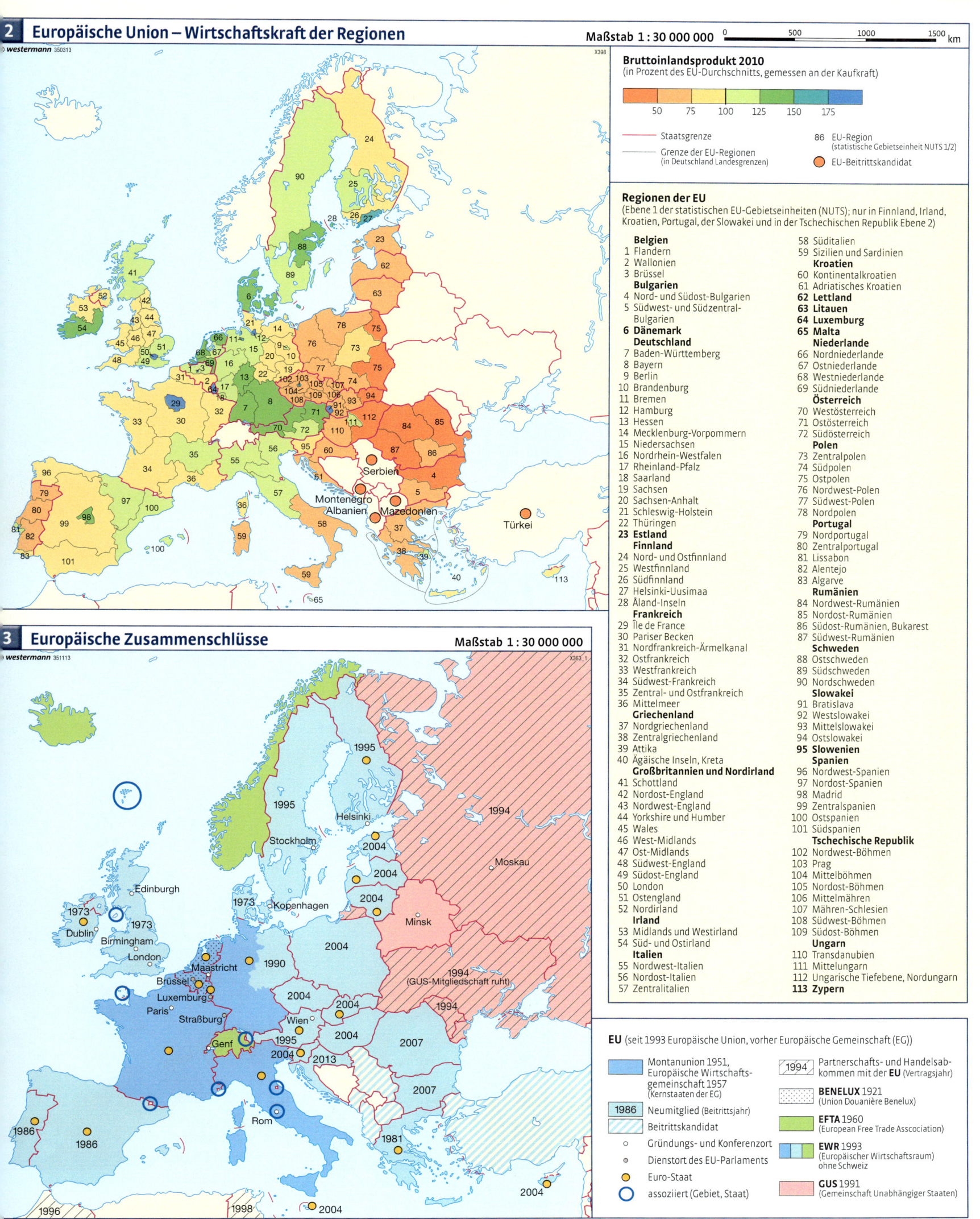

2 Europäische Union – Wirtschaftskraft der Regionen

Maßstab 1 : 30 000 000

westermann 350313

Bruttoinlandsprodukt 2010
(in Prozent des EU-Durchschnitts, gemessen an der Kaufkraft)

50 75 100 125 150 175

— Staatsgrenze
— Grenze der EU-Regionen
(in Deutschland Landesgrenzen)

86 EU-Region
(statistische Gebietseinheit NUTS 1/2)
● EU-Beitrittskandidat

Regionen der EU
(Ebene 1 der statistischen EU-Gebietseinheiten (NUTS); nur in Finnland, Irland, Kroatien, Portugal, der Slowakei und in der Tschechischen Republik Ebene 2)

Belgien
1 Flandern
2 Wallonien
3 Brüssel
Bulgarien
4 Nord- und Südost-Bulgarien
5 Südwest- und Südzentral-Bulgarien
6 Dänemark
Deutschland
7 Baden-Württemberg
8 Bayern
9 Berlin
10 Brandenburg
11 Bremen
12 Hamburg
13 Hessen
14 Mecklenburg-Vorpommern
15 Niedersachsen
16 Nordrhein-Westfalen
17 Rheinland-Pfalz
18 Saarland
19 Sachsen
20 Sachsen-Anhalt
21 Schleswig-Holstein
22 Thüringen
23 Estland
Finnland
24 Nord- und Ostfinnland
25 Westfinnland
26 Südfinnland
27 Helsinki-Uusimaa
28 Åland-Inseln
Frankreich
29 Île de France
30 Pariser Becken
31 Nordfrankreich-Ärmelkanal
32 Ostfrankreich
33 Westfrankreich
34 Südwest-Frankreich
35 Zentral- und Ostfrankreich
36 Mittelmeer
Griechenland
37 Nordgriechenland
38 Zentralgriechenland
39 Attika
40 Ägäische Inseln, Kreta
Großbritannien und Nordirland
41 Schottland
42 Nordost-England
43 Nordwest-England
44 Yorkshire und Humber
45 Wales
46 West-Midlands
47 Ost-Midlands
48 Südwest-England
49 Südost-England
50 London
51 Ostengland
52 Nordirland
Irland
53 Midlands und Westirland
54 Süd- und Ostirland
Italien
55 Nordwest-Italien
56 Nordost-Italien
57 Zentralitalien

58 Süditalien
59 Sizilien und Sardinien
Kroatien
60 Kontinentalkroatien
61 Adriatisches Kroatien
62 Lettland
63 Litauen
64 Luxemburg
65 Malta
Niederlande
66 Nordniederlande
67 Ostniederlande
68 Westniederlande
69 Südniederlande
Österreich
70 Westösterreich
71 Ostösterreich
72 Südösterreich
Polen
73 Zentralpolen
74 Südpolen
75 Ostpolen
76 Nordwest-Polen
77 Südwest-Polen
78 Nordpolen
Portugal
79 Nordportugal
80 Zentralportugal
81 Lissabon
82 Alentejo
83 Algarve
Rumänien
84 Nordwest-Rumänien
85 Nordost-Rumänien
86 Südost-Rumänien, Bukarest
87 Südwest-Rumänien
Schweden
88 Ostschweden
89 Südschweden
90 Nordschweden
Slowakei
91 Bratislava
92 Westslowakei
93 Mittelslowakei
94 Ostslowakei
95 Slowenien
Spanien
96 Nordwest-Spanien
97 Nordost-Spanien
98 Madrid
99 Zentralspanien
100 Ostspanien
101 Südspanien
Tschechische Republik
102 Nordwest-Böhmen
103 Prag
104 Mittelböhmen
105 Nordost-Böhmen
106 Mittelmähren
107 Mähren-Schlesien
108 Südwest-Böhmen
109 Südost-Böhmen
Ungarn
110 Transdanubien
111 Mittelungarn
112 Ungarische Tiefebene, Nordungarn
113 Zypern

3 Europäische Zusammenschlüsse

Maßstab 1 : 30 000 000

westermann 351113

EU (seit 1993 Europäische Union, vorher Europäische Gemeinschaft (EG))

▨ Montanunion 1951, Europäische Wirtschaftsgemeinschaft 1957 (Kernstaaten der EG)

1986 Neumitglied (Beitrittsjahr)

▨ Beitrittskandidat

○ Gründungs- und Konferenzort

◉ Dienstort des EU-Parlaments

● Euro-Staat

◯ assoziiert (Gebiet, Staat)

1994 Partnerschafts- und Handelsabkommen mit der EU (Vertragsjahr)

BENELUX 1921 (Union Douanière Benelux)

EFTA 1960 (European Free Trade Association)

EWR 1993 (Europäischer Wirtschaftsraum) ohne Schweiz

GUS 1991 (Gemeinschaft Unabhängiger Staaten)

Klimadiagramme

Temperaturen im Monatsmittel	Temperaturen im Monatsmittel
Niederschläge im Monat insgesamt	Niederschläge im Monat insgesamt
T: 7,7 °C	Jahresdurchschnitt Temperatur
N: 552 mm	Jahressumme Niederschlag
45 m ü. M.	Stationshöhe (Angabe in Meter über dem Meeresspiegel)

Reykjavik (Island)
18 m ü. M.
T: 4,3 °C   N: 799 mm

Haparanda (Schweden)
7 m ü. M.
T: 1,2 °C   N: 552 mm

Bergen (Norwegen)
45 m ü. M.
T: 7,7 °C   N: 2250 mm

Moskau (Russland)
156 m ü. M.
T: 5 °C   N: 689 mm

London (Großbritannien)
5 m ü. M.
T: 9,5 °C   N: 754 mm

Berlin (Deutschland)
49 m ü. M.
T: 8,9 °C   N: 589 mm

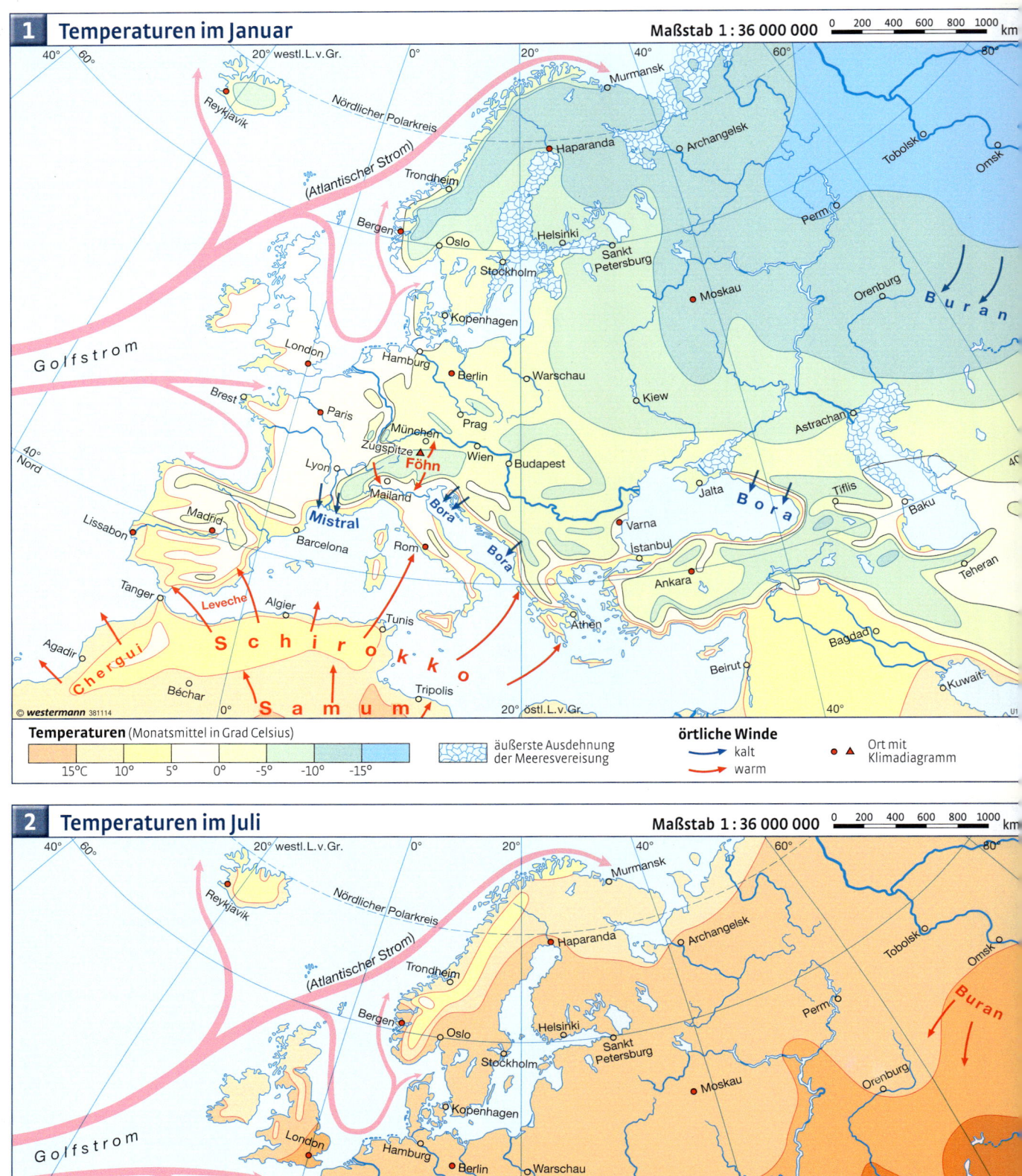

1 Temperaturen im Januar   Maßstab 1 : 36 000 000

Temperaturen (Monatsmittel in Grad Celsius)
15°C   10°   5°   0°   -5°   -10°   -15°

äußerste Ausdehnung der Meeresvereisung

örtliche Winde
kalt
warm

Ort mit Klimadiagramm

2 Temperaturen im Juli   Maßstab 1 : 36 000 000

Temperaturen (Monatsmittel in Grad Celsius)
30°C   25°   20°   15°   10°   5°

örtliche Winde
kalt
warm

Ort mit Klimadiagramm

© westermann 381114

3 Niederschläge im Jahr
Maßstab 1 : 36 000 000

0 200 400 600 800 1000 km

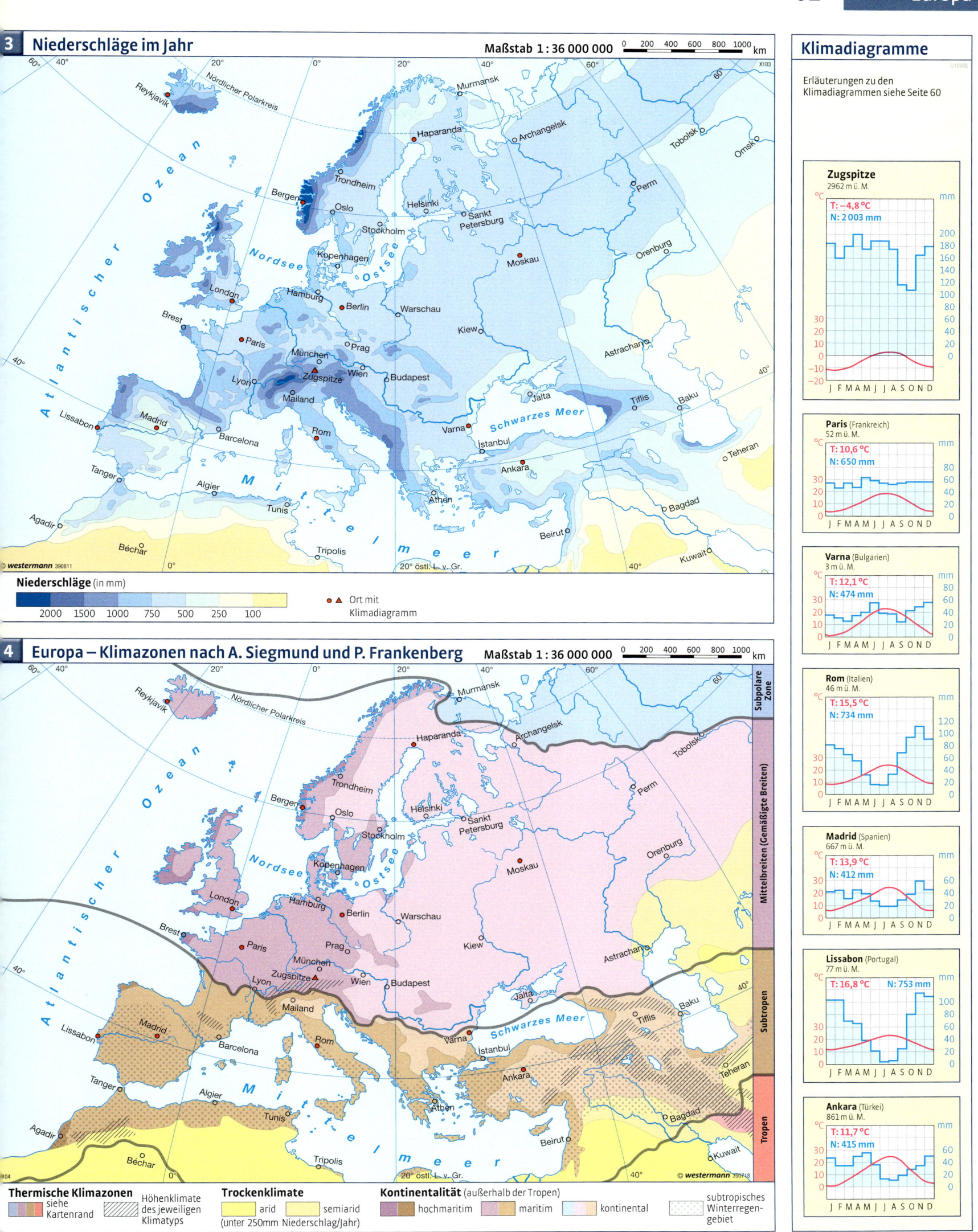

Niederschläge (in mm)

2000 1500 1000 750 500 250 100

● ▲ Ort mit Klimadiagramm

4 Europa – Klimazonen nach A. Siegmund und P. Frankenberg
Maßstab 1 : 36 000 000

0 200 400 600 800 1000 km

Subpolare Zone

Mittelbreiten (Gemäßigte Breiten)

Subtropen

Tropen

Thermische Klimazonen siehe Kartenrand

Höhenklimate des jeweiligen Klimatyps

Trockenklimate arid semiarid (unter 250mm Niederschlag/Jahr)

Kontinentalität (außerhalb der Tropen) hochmaritim maritim kontinental

subtropisches Winterregengebiet

Klimadiagramme

Erläuterungen zu den Klimadiagrammen siehe Seite 60

Zugspitze
2962 m ü. M.
T: −4,8 °C
N: 2 003 mm

Paris (Frankreich)
52 m ü. M.
T: 10,6 °C
N: 650 mm

Varna (Bulgarien)
3 m ü. M.
T: 12,1 °C
N: 474 mm

Rom (Italien)
46 m ü. M.
T: 15,5 °C
N: 734 mm

Madrid (Spanien)
667 m ü. M.
T: 13,9 °C
N: 412 mm

Lissabon (Portugal)
77 m ü. M.
T: 16,8 °C   N: 753 mm

Ankara (Türkei)
861 m ü. M.
T: 11,7 °C
N: 415 mm

1 Europa – Bodenbedeckung und Landwirtschaft

Waldlandschaften

- Nadelwald, Gebirgsnadelwald
- sommergrüner Laub- und Mischwald
- Hartlaubgehölze (Macchie)

offene Landschaften

- Tundra
- Steppe und Hochgebirgsgrasland
- Halbwüste und Wüste
- Heide, Moor
- Eiswüste, Gletscher, Fels

Kulturland

- Ackerbau
- Ackerbau auf Lössboden
- Weide, z.T. Wiese
- mediterrane Anbaukulturen
- Oase

Nutzpflanzen

- Weizen
- Gerste
- Roggen
- Mais
- Reis
- Zuckerrüben
- Sonnenblumen
- Zitrusfrüchte
- Baumwolle
- Tabak
- Tee
- Wein
- Dattelpalmen

Viehhaltung

- Rinder
- Schweine
- Schafe
- Ziegen

(1 großes Zeichen ≙ 20 Mio. Stück
1 kleines Zeichen ≙ 5 Mio. Stück)

Grenzen

- Südgrenze des Dauerfrostbodens
- nördliche Anbaugrenze von Getreide
- Staatsgrenze

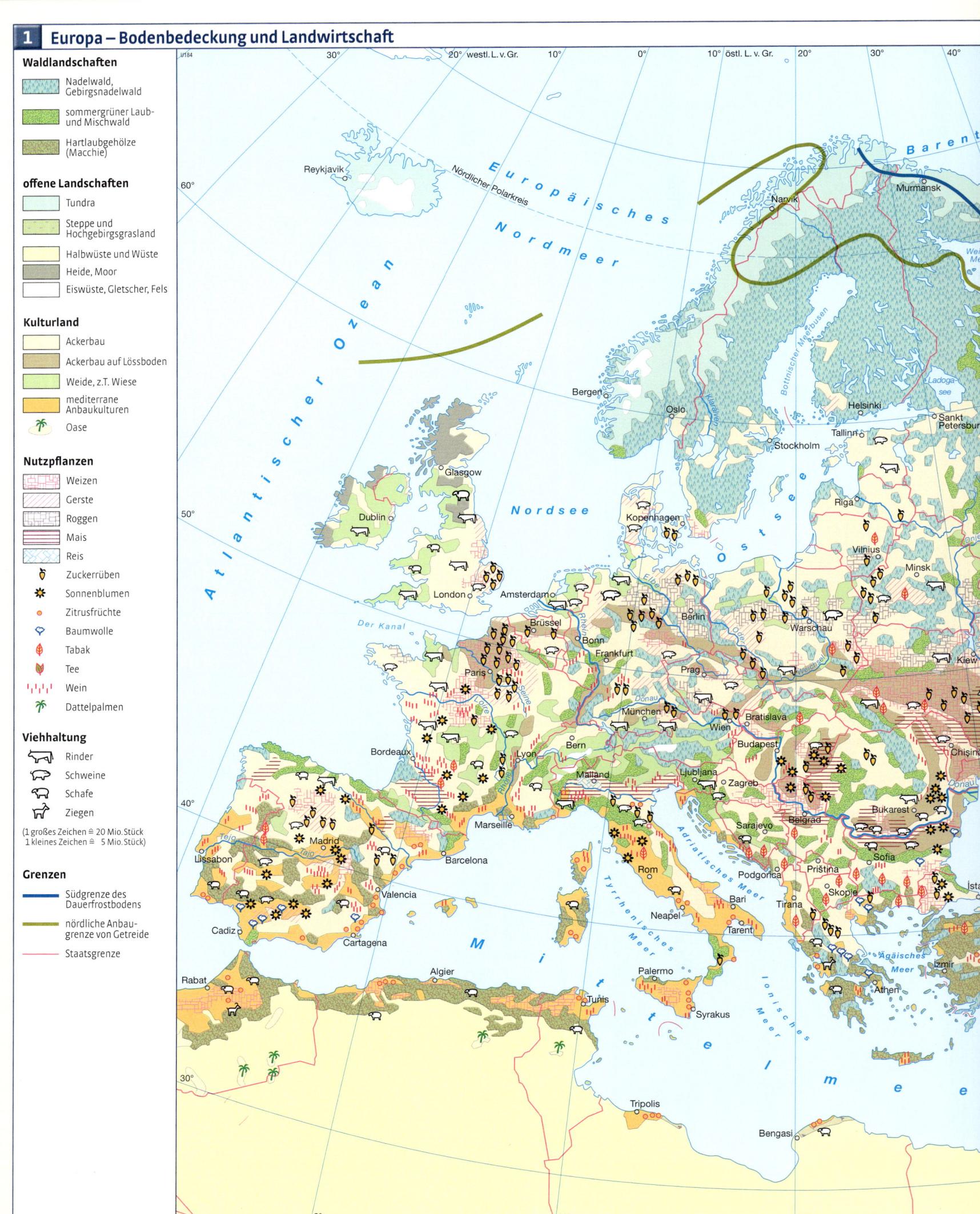

Maßstab 1 : 18 000 000

0 200 400 600 km

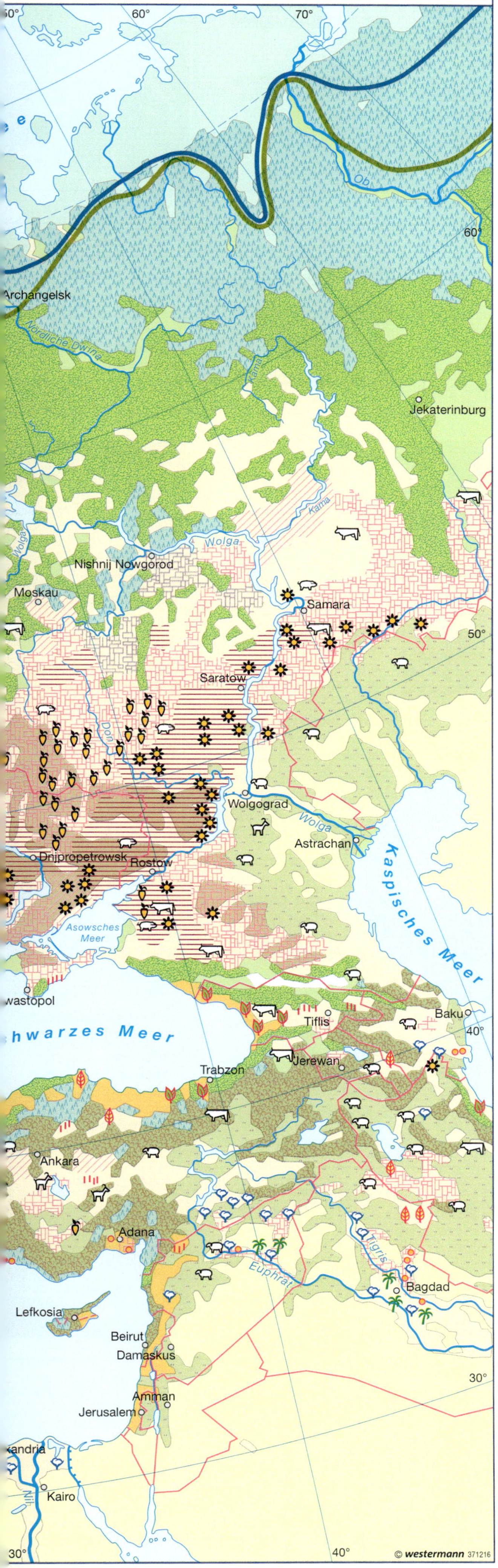

Archangelsk · Jekaterinburg · Moskau · Nishnij Nowgorod · Samara · Saratow · Wolgograd · Astrachan · Dnipropetrowsk · Rostow · wastopol · Asowsches Meer · hwarzes Meer · Kaspisches Meer · Baku · Tiflis · Trabzon · Jerewan · Ankara · Adana · Lefkosia · Beirut · Damaskus · Amman · Jerusalem · Bagdad · andria · Kairo

Wolga · Kama · Ob · Tigris · Euphrat

© westermann 371216

2 Würm-/Weichselkaltzeit

Maßstab 1 : 40 000 000

0 500 1000 1500 km

20° westl.L.v.Gr. · 0° · 20° · 40° · 60°

Nördlicher Polarkreis

Eisdicke 3800 m

Seehöhe 58 m

Ahrensburg · Salzgitter-Lebenstedt · Neandertal · Bilzingsleben · Markkleeberg · Predmost · Puskari · Ofnet · Willendorf · Lascaux · Cussac · Chauvet · Altamira · Cro-Magnon · Grimaldi · Krim · Parpallo · Romanelli · Levanzo · Karain · Gafsa · Berg Karmel

© westermann 381105

Legende:

- Vergletscherung
- Löss
- eiszeitliches Süßwassermeer
- maximale Ausdehnung der pleistozänen Vergletscherung
- heutige Vergletscherung
- — 50 m — Linien gleicher nacheiszeitlicher Landhebung

Vegetationszonen
- Tundra
- borealer Nadelwald
- Steppe und Waldsteppe
- Laub- und Mischwald
- mediterrane Vegetation (z.B. Hartlaubgehölze)

Altsteinzeit - Fundorte
- Altmensch, z.B. Neandertaler
  - Knochen, Geräte
- Cro-Magnon-Mensch und Jetztmensch
  - Knochen, Geräte
  - Fels- und Höhlenmalerei

3 Entstehung von Lössböden durch eiszeitliche Lössverwehung

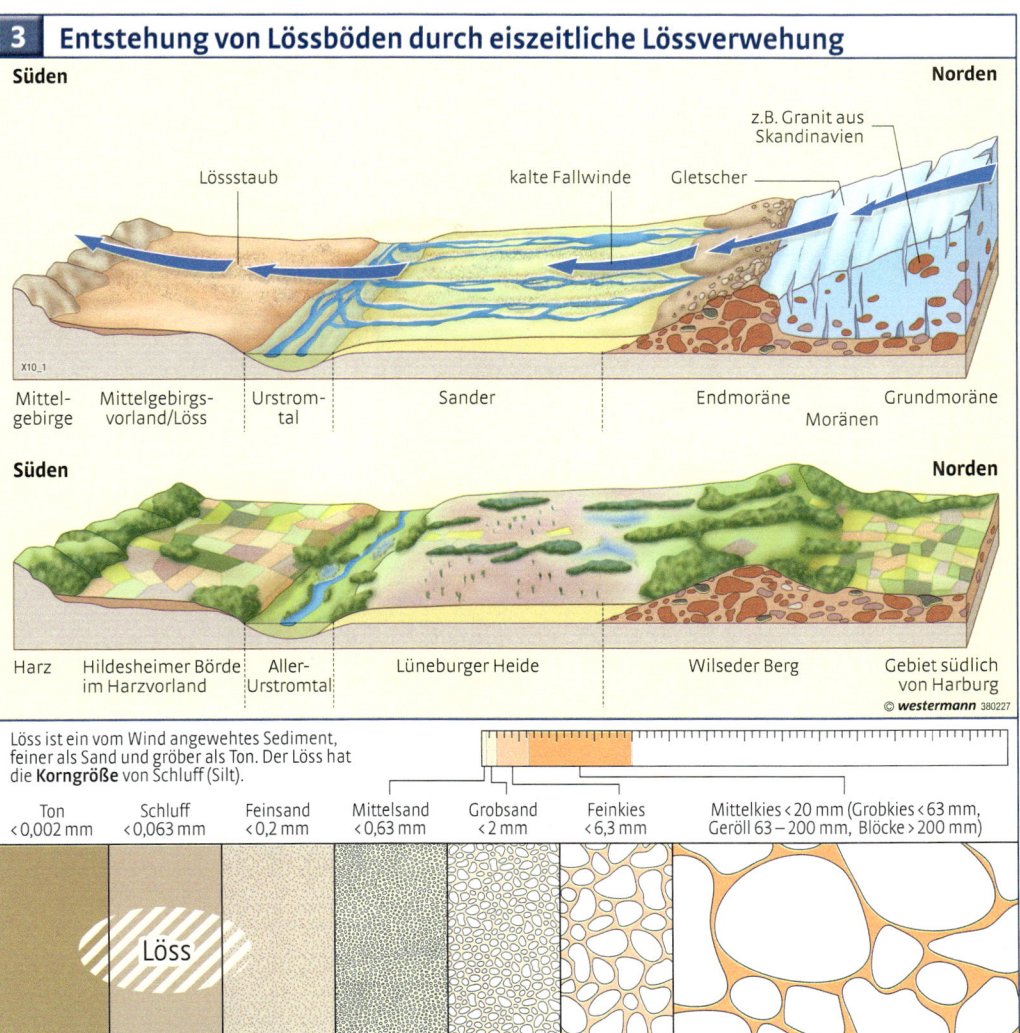

Süden — Norden

Lössstaub · kalte Fallwinde · Gletscher · z.B. Granit aus Skandinavien

Mittelgebirge · Mittelgebirgsvorland/Löss · Urstromtal · Sander · Endmoräne · Grundmoräne · Moränen

Süden — Norden

Harz · Hildesheimer Börde im Harzvorland · Aller-Urstromtal · Lüneburger Heide · Wilseder Berg · Gebiet südlich von Harburg

© westermann 380227

Löss ist ein vom Wind angewehtes Sediment, feiner als Sand und gröber als Ton. Der Löss hat die **Korngröße** von Schluff (Silt).

Ton < 0,002 mm	Schluff < 0,063 mm	Feinsand < 0,2 mm	Mittelsand < 0,63 mm	Grobsand < 2 mm	Feinkies < 6,3 mm	Mittelkies < 20 mm (Grobkies < 63 mm, Geröll 63 – 200 mm, Blöcke > 200 mm)

Löss

Signaturen zu Nutzpflanzen und zur Viehhaltung

Die in der Landwirtschaftskarte gesetzten Kartensignaturen zeigen, wo es auffällige Anbauschwerpunkte wichtiger Getreide-, Gemüse- oder Obstarten gibt – und wo besonders viel Vieh gehalten wird.

Die große Schweine-Signatur steht für ca. 20 Millionen Tiere in Nordwestdeutschland.

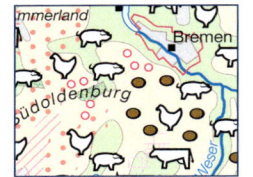
Im größeren Maßstab (aus Karte 40 □) sieht man, wo welche Viehhaltung intensiv betrieben wird.

1 Waldlandschaften

 Nadelwald, Gebirgsnadelwald
Teilweise hochwüchsiger Nadelbaumbestand (z.B. Fichte, Kiefer, Lärche), zum Pol hin lichter werdend. Vereinzelt bewirtschaftet.

 Sommergrüner Laub- und Mischwald
Hochwüchsige Mischwälder, teilweise bewirtschaftete Nadelholzmonokulturen und vereinzelt reine Laubwälder.

 Hartlaubgehölz
Mischform aus Zypressen, Steineichen und Macchia – niedrigwüchsig und in einzelnen Lagen waldbrandgefährdet.

2 Offene Landschaften

 Tundra
Baumlose Strauch- und Bodenvegetation (Gräser, Moose, Flechten) auf dauerhaft gefrorenem Boden (Permafrost), der im Sommer oberflächlich auftaut.

 Halbwüste, Wüste
Übergang von inselhafter Gras-, Strauch- und vereinzelter Baumvegetation zu vegetationsfreien Fels-, Geröll- und Sandlandschaften.

Fels, Gletscher, Eiswüste
Vegetationslose Fels- oder Eisbedeckung (z.T. Gletscher) von teils erheblicher Mächtigkeit. Saisonal schneebedeckt.

3 Kulturland

 Ackerbau
Vom Menschen für den Anbau von Getreide und Ackerfrüchten veränderte Landschaft, meist von einzelnen Bäumen oder Waldstücken durchsetzt.

Lössboden
Nach der Eiszeit angewehter, teils meterdicker und sehr fruchtbarer, feinkörniger Boden, auf dem ertragreicher Ackerbau möglich ist.

Wiese, z.T. Weide
Grasen von Nutztieren. Futterproduktion für die Nutztierhaltung. Bienenhaltung für die Honiggewinnung.

mediterrane Anbaukulturen
Getreideanbau (Weizen, z.T. Reis) und in engem Wechsel stehende Sonderkulturen wie Oliven, südländisches Obst und Gemüse (z.B. Orangen, Paprika).

 Oase
Vegetationsinsel in der Halbwüste oder Wüste aufgrund eines Wasservorkommens (Grundwasser oder Flussoase). Meist mit Dattelanbau verbunden.

4 Nutzpflanzen

 Weizen (Getreide)
Weizen ist nach Reis das wichtigste Getreide. Weizen kann Frost ebenso überstehen wie trockenheiße Sommer.

 Gerste (Getreide)
Gerste wird nicht nur zur Lebensmittelproduktion, sondern auch als Tierfutter und zur Bierherstellung genutzt.

 Roggen (Getreide)
Roggenmehl ist dunkler als Weizenmehl und wird für die Brotproduktion und als Lebensmittelgrundstoff eingesetzt.

 Mais (Getreide)
Mais wird zum Verzehr (nur 20% des Anbaus) oder als Lebensmittelgrundstoff, vor allem aber als Tierfutter angebaut.

 Reis (Getreide)
Das weltweit wichtigste Getreide wird zu 20% im Trocken- und zu 80% im Nassfeldanbau kultiviert. Der Anbau erfolgt in den Subtropen und Tropen.

 Zuckerrüben (Zuckerpflanze)
Zuckerrüben werden in Zuckerfabriken zu verschiedenen Zuckersorten verarbeitet. Sie dienen auch als nachwachsender Rohstoff für die Treibstoffgewinnung.

 Sonnenblumen (Ölpflanze)
Sonnenblumen dienen der Produktion von Öl, Fett und Margarine sowie als nachwachsender Rohstoff für die Treibstoffgewinnung.

 Zitrusfrüchte (Obst)
Hartschalige, an Bäumen wachsende Beerenformen, die ursprünglich aus Südostasien stammen: Orangen, Mandarinen, Zitronen, Grapefruit, Granatäpfel.

 Baumwolle (Faserpflanze)
Baumwolle ist die wichtigste Faserpflanze weltweit. Sie wächst an Sträuchern und wird in der Textil- und Bekleidungsindustrie weiterverarbeitet.

 Tabak (Genussmittel)
Tabak dient der Herstellung von Zigaretten, Zigarren und Pfeifentabak. Es handelt sich um ein Genussmittel.

Wein (Genussmittel)
Weinreben wachsen auch in mittleren Breiten, wenn die Lage ausreichend sonnig ist. Aus Weintrauben wird vor allem Wein gekeltert.

5 Viehhaltung

 Rinder
Modernes Haustier, Fleisch- und Milchlieferant, aber regional ebenso wichtig als Zugtier und für die Energiegewinnung aus Dung.

 Schweine
Traditionelles Haustier und wichtigste Fleischquelle weltweit. Schweinefleisch gilt in der jüdischen und islamischen Religion als unrein und darf nicht verzehrt werden.

 Schafe
Traditionelles Haustier, wichtig als Woll-, Fleisch- und Milchlieferant. Weidetier, wird nicht im Stall gehalten.

 Ziegen
Traditionelles Haustier, wichtig als Milch- und Fleischlieferant. Weidet auch in Fels- und Trockengebieten, frisst Sträucher und Hartlaub.

Wichtige Wirtschaftsstandorte auf der Karte

Die in der Wirtschaftskarte dargestellten Standorte sind von hoher Bedeutung für Europa. Sie haben zahlreiche Beschäftigte und eine hohe Wertschöpfung. Die Anzahl der Unternehmen sieht man nicht.

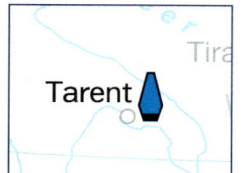

Tarent

Eine Signatur entspricht hier einem großen Industriebetrieb der Stahlerzeugung.

Malmö

Eine Signatur entspricht hier vielen kleinen und mittleren Betrieben der Pharmazie und Biotechnologie.

1 Bergbau

 Erdöl (fossiler Energieträger)

Nur die wichtigsten Erdölförderstandorte werden gezeigt. Das Symbol – ein schwarzer Förderturm – erscheint in zwei Größen.

Erdgas (fossiler Energieträger)

Der rote Förderturm zeigt die wichtigsten Erdgasförderstandorte in zwei Symbolgrößen.

 **Steinkohle** (fossiler Energieträger)

Steinkohle wird zur Strom- und Wärmeerzeugung und als Grundstoff für die chemische Industrie benötigt.

Braunkohle (fossiler Energieträger)

Braunkohle hat einen geringeren Energiegehalt als Steinkohle, wird aber für ähnliche Zwecke eingesetzt.

Eisenerz

Eisenerz bildet sich aus unterirdisch erstarrendem Magma. Es ist wichtigster Rohstoff für die Eisen- und Stahlproduktion.

2 Industrie

 **Stahlerzeugung**

Das Kartensymbol zeigt einen Hochofen. An diesen Standorten wird Eisenerz mit Stahlveredlern unter hohem Energiebedarf zu Stahl verschmolzen.

Buntmetallverhüttung

Standort von Hochöfen für die Schmelze von Kupfererz und anderen nichteisenhaltigen Erzen zu Buntmetallen.

 **Aluminiumverhüttung**

Standort für die stromintensive Gewinnung von Aluminium aus Bauxit-Erz, die nur in der Nähe von preiswerter Elektroenergie (z.B. Wasserkraft) wirtschaftlich ist.

 Eisen- und Metallverarbeitung, Maschinenbau

Produktionsstandorte von Primärmetallprodukten (Röhren, Drähte) und ihre Weiterverarbeitung mit Elektronikkomponenten im Maschinenbau.

 Schiffbau

Große Schiffswerften mit Trocken- und Schwimmdocks zum Bau und zur Reparatur von Hochsee- und Kriegsschiffen.

 Kraftfahrzeugbau

Produktionsstandorte für PKW, LKW, Busse und Spezialfahrzeuge. Zusammenbau von Komponenten der Zulieferindustrie.

 Luft- und Raumfahrzeugbau

Hightech-Standort für Forschung, Entwicklung und Konstruktion von Flugzeugen, Hubschraubern, Satelliten und Raumschiffen.

 Elektrotechnik, Elektronik

Standort für die Entwicklung und Herstellung von elektronischen Geräten (Computer, Handys) und Komponenten (Chips, Regler).

 Chemie, Kunststoffe, Pharmaindustrie, Biotechnologie

Standort zur Entwicklung und Herstellung von Basischemikalien, synthetischen, pharmazeutischen und genetisch veränderten Erzeugnissen.

 Textilien, Bekleidung, Leder

Arbeits- oder maschinenintensiver Standort zur Erzeugung von Kleidung, Textilien, Schuhen, Taschen und Lederprodukten.

 Holz, Papier

Holzverarbeitung in Sägewerken und Weiterverarbeitung in der Möbelherstellung, Zellulose- und Papier- bzw. Pappenproduktion.

 Nahrungs- und Genussmittel

Standort zur Verarbeitung von natürlichen Landwirtschaftserzeugnissen unter Beifügung von Zusatzstoffen zu verpackten Lebensmitteln.

 Fischverarbeitung

Meist in Hafennähe gelegene Fischfabriken zur Verarbeitung von frischem Fisch zu Lebensmitteln.

3 Dienstleistungszentrum

Klein-, Mittel- und Großstädte verfügen über ein grundlegendes, sehr ähnliches Dienstleistungsangebot, das mit steigender Einwohnerzahl vielfältiger und umfassender wird. Beispiel Gesundheitswesen: In Kleinstädten mit bis zu 5 000 Einwohnern sind Haus- und einige Fachärzte ansässig, in Mittel- und Großstädten (> 20 000 Einwohner) hingegen allgemeine und Spezialkrankenhäuser. Daneben gibt es übergeordnete Dienstleistungszentren von regionaler, nationaler und internationaler Bedeutung.

 mit internationaler Bedeutung

Große Stadt mit einem breiten Dienstleistungsangebot. Führendes Finanz-, Wirtschafts- und Kulturzentrum, politisch bedeutsam, teils Weltstadt/Global City.

 mit nationaler Bedeutung

Bedeutende Stadt eines Landes mit hoher Konzentration vor allem solcher Dienstleistungen, die von regional bedeutsamen Zentren nicht angeboten werden.

mit regionaler Bedeutung

Regional wichtige Stadt, in der oft und häufig genutzte Dienstleistungen ansässig sind (z.B. unternehmensnahe Dienstleistungen, spezialisierter Einzelhandel).

 **Tourismusregion**

Region mit attraktiver Natur, in die viele Dienstleistungen auf die Versorgung von Touristen ausgerichtet sind (z.B. Gastronomie, Hotellerie).

 **Rhein-Ruhr**

Europaweit wichtige Wirtschaftsregion mit großem Industrie- und Dienstleistungsangebot. Ballungsraum mit einer oder mehreren Kernstädten.

Map labels: Hammerfest, Kiruna, Luleå, Skellefteå, Kokkola, Bergen, Oslo, Örebro, Turku, Helsinki, Stockholm, Göteborg, Kopenhagen, Esbjerg, Malmö, Danzig, Stettin, Hamburg, Wolfsburg, Rhein-Ruhr, Halle-Leipzig, Berlin, Warschau, Brüssel, Köln, Frankfurt, Breslau, Łódź, GOP, Kattowitz, Nürnbg., Prag, Ostrau, Krakau, Straßburg, Stuttgart, München, Wien, Bratislava, Basel, Genf, Bern, Zürich, Linz, Budapest, Graz, Ljubljana, Mailand, Turin, Trient, Zagreb, Genua, Venedig, Po, Bologna, Ravenna, Belgrad, Florenz, Sarajevo, Niš, Marseille, Korsika, Rom, Tirana, Sardinien, Neapel, Tarent, Cagliari, Annaba, Palermo, Sizilien, Tunis, Sousse, Djerba, Tripolis

1 Bergbau, Industrie und Dienstleistungen

Maßstab

Bergbau

- ⚒ Erdöl
- ⚒ Erdgas
- ◆ Steinkohle
- ◆ Braunkohle
- ◆ Eisenerz

Industrie

- Stahlerzeugung
- Buntmetallverhüttung
- Aluminiumverhüttung
- Eisen-, Metallverarbeitung, Maschinenbau
- Schiffbau
- Kraftfahrzeugbau
- Luft- und Raumfahrzeugbau
- Elektrotechnik, Elektronik
- Chemie, Kunststoffe
- Textilien, Bekleidung, Leder
- Holz, Papier
- Nahrungs- und Genussmittel
- Fischverarbeitung

Dienstleistungszentrum

- mit internationaler Bedeutung
- mit überregionaler Bedeutung
- mit regionaler Bedeutung
- Tourismusregion

GOP = Górnośląski Okręg Przemysłowy (Oberschlesisches Industrierev

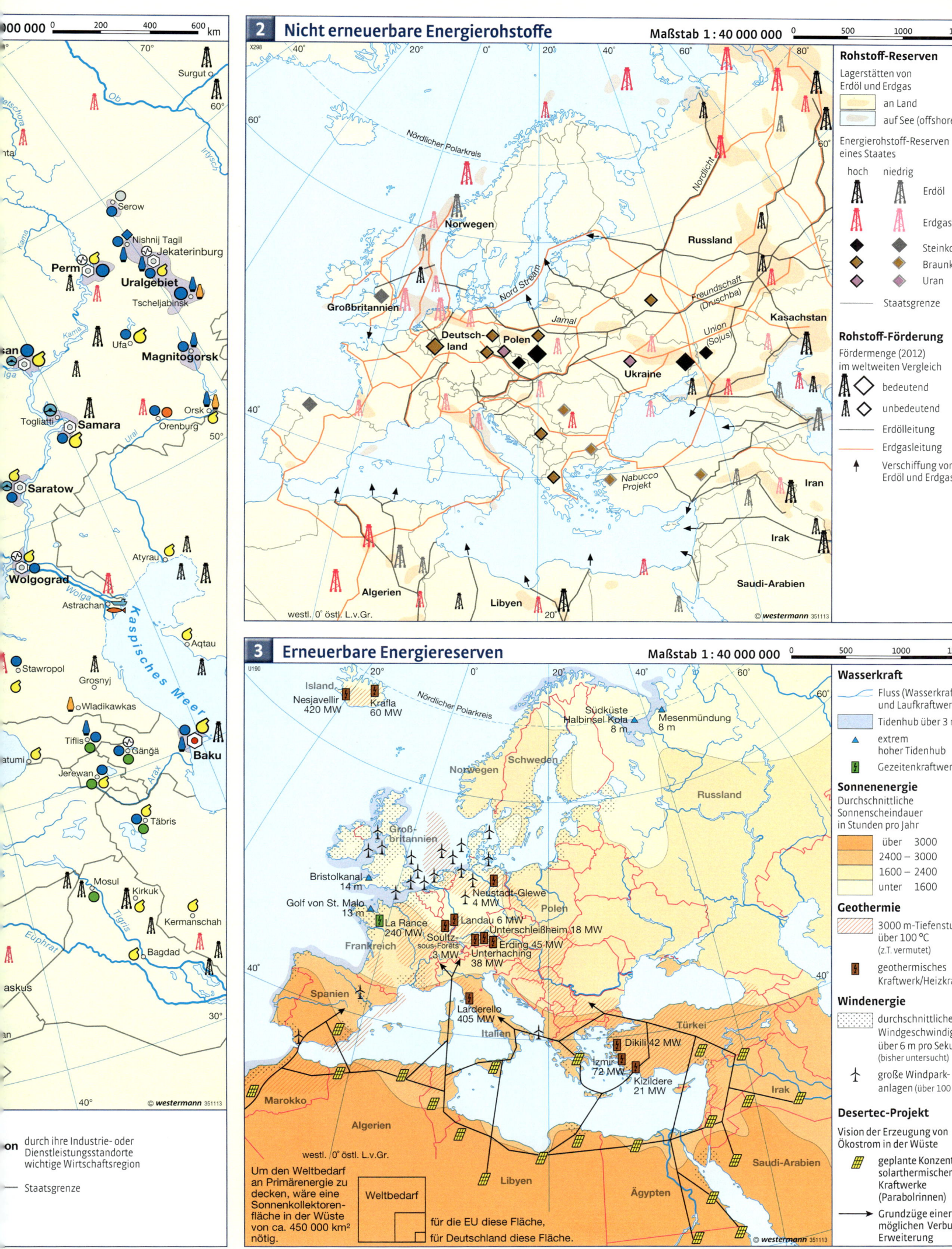

2 Nicht erneuerbare Energierohstoffe

Maßstab 1 : 40 000 000

0 500 1000 1500 km

Rohstoff-Reserven

Lagerstätten von Erdöl und Erdgas
- an Land
- auf See (offshore)

Energierohstoff-Reserven eines Staates

hoch	niedrig	
		Erdöl
		Erdgas
		Steinkohle
		Braunkohle
		Uran

— Staatsgrenze

Rohstoff-Förderung

Fördermenge (2012) im weltweiten Vergleich

	bedeutend
	unbedeutend

— Erdölleitung
— Erdgasleitung
↑ Verschiffung von Erdöl und Erdgas

Labels on map: Surgut, Serow, Nishnij Tagil, Jekaterinburg, Perm, Uralgebiet, Tscheljabinsk, Ufa, Magnitogorsk, Orsk, Orenburg, Togliatti, Samara, Saratow, Wolgograd, Astrachan, Aqtau, Atyrau, Stawropol, Grosnyj, Wladikawkas, Tiflis, Gänǰä, Baku, Jerewan, Täbris, Mosul, Kirkuk, Kermanschah, Bagdad

Norwegen, Großbritannien, Deutschland, Polen, Russland, Kasachstan, Ukraine, Iran, Irak, Saudi-Arabien, Algerien, Libyen

Nord Stream, Jamal, Freundschaft (Druschba), Union (Sojus), Nabucco Projekt

westl. 0° östl. L.v.Gr.

© westermann 351113

3 Erneuerbare Energiereserven

Maßstab 1 : 40 000 000

0 500 1000 1500 km

Wasserkraft
~ Fluss (Wasserkraft- und Laufkraftwerke)
- Tidenhub über 3 m
▲ extrem hoher Tidenhub
⚡ Gezeitenkraftwerk

Sonnenenergie

Durchschnittliche Sonnenscheindauer in Stunden pro Jahr
- über 3000
- 2400 – 3000
- 1600 – 2400
- unter 1600

Geothermie
- 3000 m-Tiefenstufe über 100 °C (z.T. vermutet)
- geothermisches Kraftwerk/Heizkraftwerk

Windenergie
- durchschnittliche Windgeschwindigkeit über 6 m pro Sekunde (bisher untersucht)
✈ große Windpark-anlagen (über 100 MW)

Desertec-Projekt

Vision der Erzeugung von Ökostrom in der Wüste
- geplante Konzentration solarthermischer Kraftwerke (Parabolrinnen)
→ Grundzüge einer möglichen Verbundnetz-Erweiterung

Labels on map: Island, Nesjavellir 420 MW, Krafla 60 MW, Südküste Halbinsel Kola 8 m, Mesenmündung 8 m, Schweden, Norwegen, Russland, Großbritannien, Bristolkanal 14 m, Golf von St. Malo 13 m, La Rance 240 MW, Neustadt-Glewe 4 MW, Landau 6 MW, Unterschleißheim 18 MW, Soultz-sous-Forêts 3 MW, Erding 45 MW, Unterhaching 38 MW, Frankreich, Polen, Spanien, Larderello 405 MW, Italien, Türkei, Dikili 42 MW, Izmir 72 MW, Kizildere 21 MW, Irak, Marokko, Algerien, Libyen, Ägypten, Saudi-Arabien

Um den Weltbedarf an Primärenergie zu decken, wäre eine Sonnenkollektoren-fläche in der Wüste von ca. 450 000 km² nötig.

Weltbedarf — für die EU diese Fläche, für Deutschland diese Fläche.

westl. 0° östl. L.v.Gr.

© westermann 351113

durch ihre Industrie- oder Dienstleistungsstandorte wichtige Wirtschaftsregion

— Staatsgrenze

nbg. = Nürnberg

1 Europa – Tourismus

Tourismusregionen

Binnenland

▭ überwiegend Sommererholung

▭ Sommer- und Wintererholung

Meeresküste

▭ Sommererholung

▭ Sommer- und Wintererholung

Bedeutende Tourismusorte
(über 1 Million Übernachtungen
im Jahr bzw. über 10 000 Fremdenbetten;
in Auswahl)

○ Tourismusort (südlich 60° nördl. Breite an der Küste Badetourismus)

○ Wintersportzentrum

☩ Wallfahrtsort

• Heilbad, Kurort

⌂ Städtetourismus (über 5 Millionen Übernachtungen pro Jahr)

✺ Freizeitpark

Kreuzfahrtrouten

Meer   Fluss

───── ───── besonders häufig befahren

───── ───── häufig befahren

Abkürzungen:

A.   = Altötting
A. T. = Abano Terme
B.-B. = Baden-Baden
B. R. = Bad Reichenhall
B. W. = Bad Wildungen
K.   = Kevelaer
M.   = Mariazell
O.-M. = Orcières-Merlette
W.   = Winterberg
Wk.   = Wieskirche

○ Tourismusort   ○ Wintersportort   ☩ Wallfahrtsort   • Heilbad, Kurort   ⌂ Städteto

Maßstab 1:18 000 000

2 M14 **Balearen – Tourismus** Maßstab 1:2 000 000

nach Barcelona

Menorca
2008: 1,1 Mio. Touristen

Menorca

Ciudadela · Mahón · nach Barcelona
Platja Bosch · Cala Santa Galadana · Santo Tomás

Pollença
Valldemossa · Alcudia
Sóller · Ca'n Picafort
Inca · Artá
Palma de Mallorca · Cala Ratjada
Andratx · Manacor · Cala Bona · Cala Millor
Paguera · Palma Nova · Porto Cristo
Magaluf · Porto Colóm
Platja de Palma S'Arenal · Santany · Cala d'Or
Colonia de Sant Jordi

nach Valencia

nach Dénia

Ibiza
San Antonio · Santa Eulalia
Cala Vadella · Ibiza · Cala Talámanca
Platja Figueretas
San Francisco Javier · **Formentera**

Mittelmeer

Mallorca

Ibiza und Formentera
2008: 1,9 Mio. Touristen

Mallorca
2008: 9,6 Mio. Touristen

© westermann 390614

Legende:

- Natur- und Landschaftsschutzgebiet
- Kulturland
- O Palma — wichtiger Ort
- • Sóller — Tourismusort
- • Feriensiedlung
- – – – Fährverbindung
- ⊕ internationaler Flughafen

Fluggäste (Ankünfte)
1990 / 2008
1 Kästchen ≙ 250 000 Fluggäste
(Touristen und andere Einreisende)

Herkunft der Touristen
- Deutschland
- Großbritannien
- Spanien
- Skandinavien
- Frankreich
- Italien
- Österreich
- Sonstige

3 **Mallorca – Landnutzung und Tourismusstandorte** Maßstab 1:800 000

Badia de Pollença · Cap Formentor
Costa de Tramuntana · Badia de Pollença · Badia d'Alcudia
Pollença
Costa de Tramuntana
Palma
Sóller · Puig Major 1443 · Sa Pobla · Alcudia · Badia d'Alcudia
1090 · Parque Natural de S'Albufera
Inca · Santa Margalida · Artá · Cala Ratjada
1026 · Petra · Badia de Arta
Palma · Interior Mallorca · Manacor · Cala Millor
sa Dragonera · Andratx · Palma de Mallorca · Porto Cristo
Paguera · Llucmajor · Felanitx · Calas de Mallorca
Santa Ponça · Magaluf · Badia de Palma · S'Arenal · Costa de Llevant
Costa de Ponent · Platja de Palma-S'Arenal · Campos · Porto Colóm
Valgornera · Santanyí · Cala d'Or
Colonia de Sant Jordi · Cala Llombards
Cap de ses Salines

© westermann 351113

Bodenbedeckung, Landnutzung
- Wald, Macchie
- Sträucher, Macchie, Weide
- Sonderkulturen (Oliven, Obst, Wein)
- Bewässerungsfeldbau
- gemischte Landwirtschaft
- Trockenfeldbau

Orte
- geschlossene Bebauung
- Orte

Verkehr, Transport
- Autobahn
- Hauptstraße
- Eisenbahn
- ⊕ Flughafen

Freizeit und Erholung
- Badestrand
- Jachthafen
- Golfplatz

Sehenswürdigkeiten
- Kirche, Kloster
- Burg, Schloss

Zahl und Herkunft der Touristen
(2008, nach Inselregionen)

Costa de Ponent — Region
— Grenze einer Region

- Deutschland
- Großbritannien
- Spanien
- sonstige Länder
(ein Kästchen entspricht 100 000 Touristen)

Barents-see
Nördl. Dwina · Petschora
Sankt Petersburg
Wolga
Moskau
Dnjepr · Don · Wolga
Kiew · Charkiw
Rostow
Odessa · Bädergruppe Mineralnye Wody
Krim · Kaukasus
Eupatoria · Jalta · Sotschi · Krasnaja Poljana
Mamaia · Georgische Riviera
Eforie · Schwarzes Meer
Istanbul · Ankara
Pamukkale · Euphrat
Bodrum · Antalya · Alanya
Marmaris · Türkische Riviera
Rhodos · Zypern
Beirut
Tiberias · Haifa

© westermann 351143

⊕ Freizeitpark

U1202 / U1203

1 M14 Altersaufbau

U172_1

Finnland
5,4 Mio. Einwohner 2011
Alter in Jahren

Männer 49,1% — Frauen 50,9%

Großbritannien
62,5 Mio. Einwohner 2011
Alter in Jahren

Männer 49,3% — Frauen 50,7%

Irland
4,6 Mio. Einwohner 2011
Alter in Jahren

Männer 49,6% — Frauen 50,4%

Frankreich
65,0 Mio. Einwohner 2011
Alter in Jahren

Männer 48,4% — Frauen 51,6%

Polen
38,5 Mio. Einwohner 2011
Alter in Jahren

Männer 48,4% — Frauen 51,6%

Russland
142,9 Mio. Einwohner 2011
Alter in Jahren

Männer 46,3% — Frauen 53,7%

Türkei
73,7 Mio. Einwohner 2011
Alter in Jahren

Männer 50,2% — Frauen 49,8%

2 Europa – Bevölkerungsdichte

Maßstab 1 : 30 000 000

U173

© westermann 3511

Bevölkerungsdichte
(Einwohner/km²)

- unter 10
- 10 – 50
- 50 – 200
- über 200

Städtische Agglomerationen
über 2 Mio. Einwohner

- ⊡ über 10 000 000 (Megastadt)
- ⊡ 5 000 000 – 10 000 000
- ☐ 2 000 000 – 5 000 000

Abkürzungen:
Bos.u.Herz. = Bosnien und Herzegowina
Jord. = Jordanien
Kos. = Kosovo
Lib. = Libanon
Lux. = Luxemburg
Maz. = Mazedonien
Monten. = Montenegro
Niederl. = Niederlande
Slow. = Slowenien
Tschech. = Tschechische
Rep. Republik
GOP = Górnóśląski Okręg Przemysłowy (Oberschlesisches Industrierevier)

Bevölkerungswachstum
(Angaben in Millionen)

1950: 547
1970: 656
1990: 721
2010: 733

3 Europa – Bevölkerungsveränderung

Maßstab 1 : 30 000 000

U1092

© westermann 3511

Natürliche Bevölkerungsveränderung
(jährlicher Durchschnitt 2005–2009)

- Zunahme mehr als 0,5%
- Zunahme bis 0,5%
- Stagnation ± 0%
- Abnahme bis -0,3%
- Abnahme mehr als -0,3% (max. -0,7%)

Bevölkerungsveränderung insgesamt
(Summe der Jahre 2005–2009)

- ⬆1,5 Zunahme mehr als 1 Mio.
- ⬆ Zunahme 0,2 bis 1 Mio.
- ⬀ Zunahme 0,1 bis 0,2 Mio.
- ➡ Stagnation 0,1 bis -0,1 Mio.
- ⬁ Abnahme -0,1 bis -0,2 Mio.
- ⬇ Abnahme -0,2 bis -1 Mio.
- ⬇-2,3 Abnahme mehr als 1 Mio.
- —— Staatsgrenze

Die **natürliche Bevölkerungsveränderung** ergibt sich aus der Differenz der Geburten- und Sterberate eines Landes.

Nimmt man die Migration hinzu, also die Differenz der Zu- und Abwanderungen eines Landes, erhält man die **Bevölkerungsveränderung insgesamt**.

Abkürzungen:
Bos.u.Herz. = Bosnien und Herzegowina
Jord. = Jordanien
Kos. = Kosovo
Lib. = Libanon
Lux. = Luxemburg
Maz. = Mazedonien
Monten. = Montenegro
Niederl. = Niederlande
Slow. = Slowenien
Tschech. = Tschechische
Rep. Republik

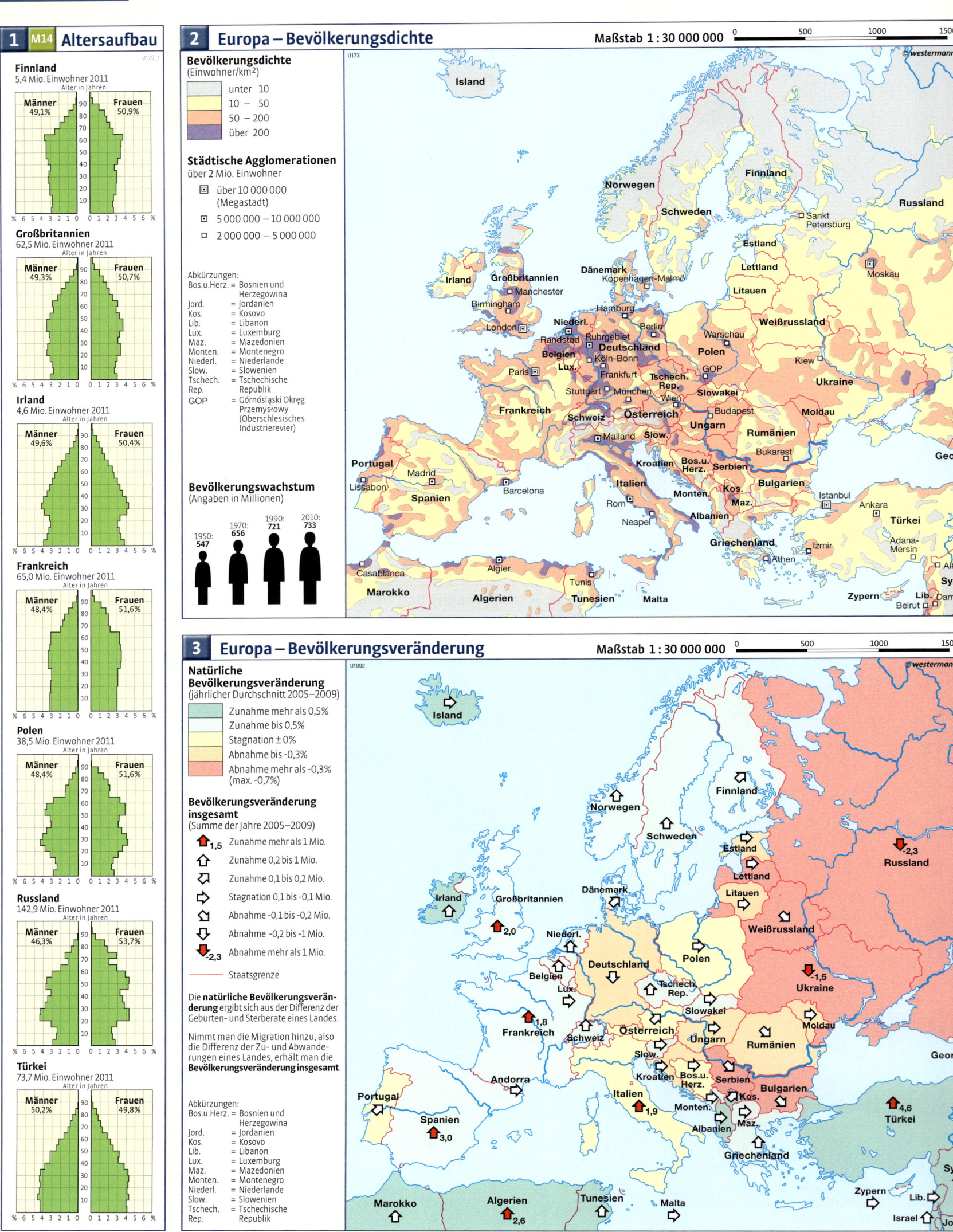

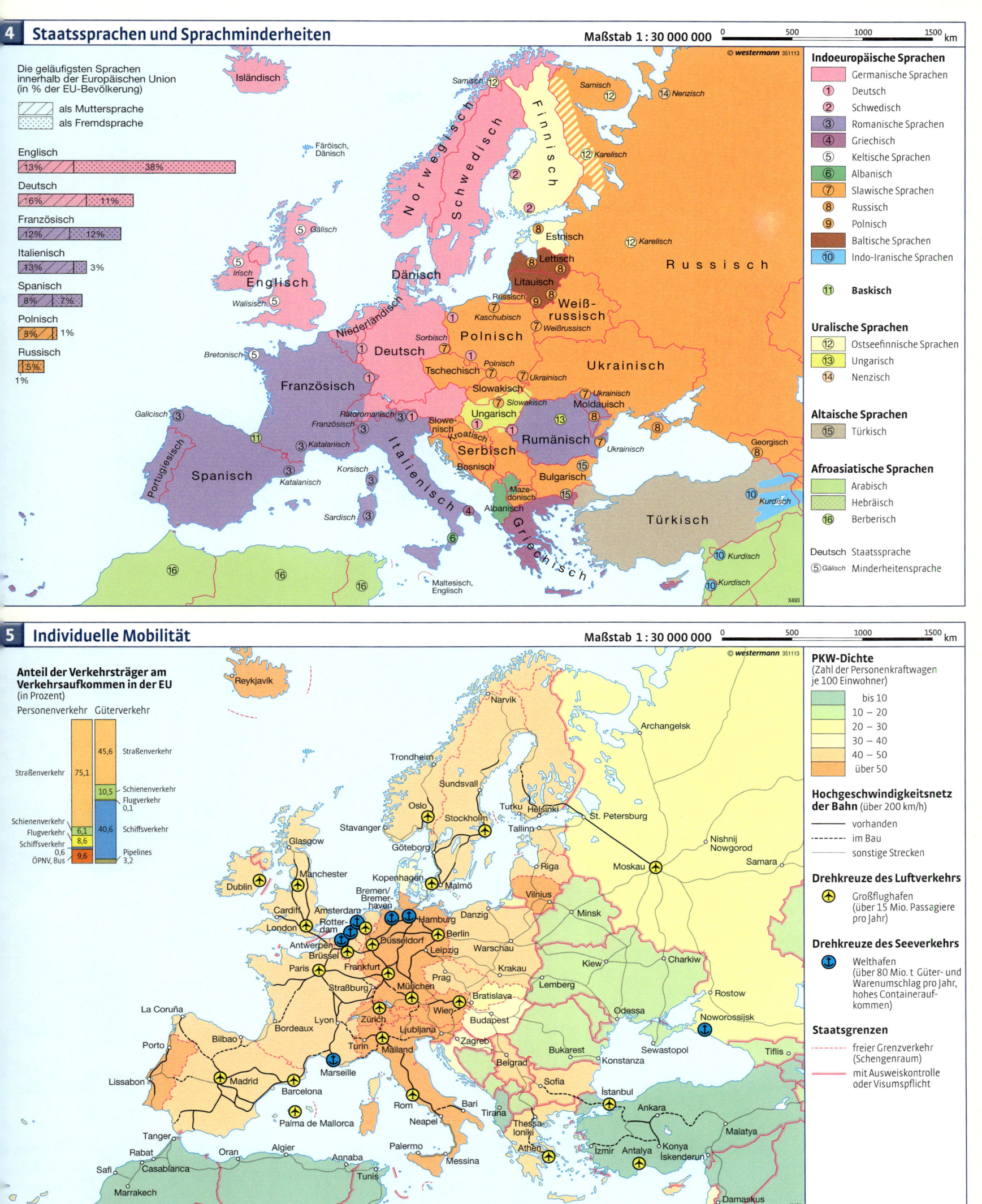

20°

Island
Reykjavik
Akureyri
Reyðarfjörður

Nördlicher Polarkreis

Europäisches
Nordmeer

Lofoten
Narvik
Kiruna
Gälliva
Mosjøen
Heidrun
Pite
Skelle
Boliden
Umeå
Nyhamna
Omsköldsvik
Ålesund
Sunndalsøra
Vaasa
Sundsvall
Pori
Rauma

Atlantischer
Ozean

Faröer
(Dänemark)
Thorshavn

Shetland-
Inseln
Lerwick

Snorre
Troll
Norwegen
Årdal
Bergen
Lillehammer
Schweden
Odda
Oslo
Borlänge
Karlstad
Väster
Örebro
Uppsala
Stockholm

Fraserburgh
Fort William
Glasgow
Aberdeen
Edinburgh
Newcastle
Ekofisk
Nordsee
Middlesbrough
Barrow-in-Furness
Liverpool
Leeds
Manchester
Großbritannien
Sheffield
Birmingham
Norwich
Cardiff
Cambridge
Bristol
London
Plymouth
Southampton
Portsmouth

Haugesund
Tønsberg
Kristiansand
Skagerrak
Trollhättan
Göteborg
Väner
see
Gotland
Öland

Dänemark
Esbjerg
Kopenhagen
Odense
Malmö
Bornholm
(Dän.)
Ostsee
Liepaja
Maž
Memel

Kiel
Rostock
Stettin
Königsberg
(zu Rus
Danzig

Derry
Belfast
Shannon
Irland
Dublin
Cork

Der Kanal
Cherbourg-Octeville
Le Havre
Brest
Rennes
St-Nazaire
Angers
Nantes
Tours
Frankreich
Limoges
Clermont-Ferrand
Lyon
St-Etienne

Lille
Brüssel
Belgien
Luxemburg
Paris
Rouen
Caen
Orléans
Dijon
Mülhausen
Basel
Zürich
Schweiz
Bern
Genf

Vlissingen
Antwerpen
Niederlande
Rotterdam
Amsterdam
Papenburg
Hannover
Bremen
Hamburg
Rhein-Ruhr
Dortmund
Essen
Düsseldorf
Köln
Deutschland
Kassel
Frankfurt
Saarbrücken
Mannheim
Ludwigshafen
Karlsruhe
Straßburg
Nancy
Stuttgart
Nürnberg
Ingolstadt
München
Regensburg
Salzburg
Linz
Graz
Bodensee
Österreich
Bozen
Turin
Mailand
Verona
Italien
Genua
Bologna
Venedig

Wolfsburg
Berlin
Leipzig
Jena
Dresden
Zwickau
Mlada Boleslav
Prag
Tschechische
Republik
Brünn
Posen
Breslau
Łódź
Tschenstochau
Kattowitz
Krakau
Ostrava
Žilina
Slowakei
Žiar
Košice
Bratislava
Wien
Győr
Budapest
Ungarn
Szeged
Plattensee
Slowenien
Kidričevo
Ljubljana
Triest
Rijeka
Zagreb
Kroatien
Serbien
Belgrad

Polen
Warsc
Konin

Atlantischer
Ozean

Golf von
Biscaya
Gijón
Santander
Bilbao
San Sebastian
Spanien
Valladolid
Lourdes
Toulouse
Andorra
Bordeaux
Fos-Marseille
Toulon
Monaco

60°
50°
A B C D E

Maßstab 1:10 000 000
1 cm ≙ 100 km

0 100 200 300 400 500 km

Waldlandschaften
- nördlicher Nadelwald
- sommergrüner Laub- und Mischwald, Gebirgsnadelwald

offene Landschaften
- Tundra
- Sumpfgebiet
- Steppe und Hochgebirgsgrasland
- Halbwüste und Wüste
- Fels- und Gletscherregion

Kulturland
- Ackerbau
- mittelmeerischer Anbau (Oliven, Kork, Zitrusfrüchte)
- Bewässerungsland
- Weide, z.T. Wiese

Bergbau
- Erdöl
- Erdgas
- Steinkohle
- Braunkohle
- Uran
- Eisen
- Stahlveredler (Chrom, Mangan, Kobalt)
- Kupfer
- Blei, Zink
- Silber
- Bauxit (Aluminiumrohstoff)
- Phosphat
- Pottasche

Industrie
- Eisen- und Stahlerzeugung
- Buntmetallverhüttung
- Aluminiumverhüttung
- Eisen- und Metallverarbeitung
- Kraftfahrzeugbau
- Luft- und Raumfahrzeugbau
- Schiffbau
- Elektroindustrie
- Feinmechanik
- Atomindustrie
- Chemie, Kunststoffe
- Erdölraffinerie
- Textilien, Bekleidung
- Holz, Papier
- Nahrungs- und Genussmittel
- Fischverarbeitung

Dienstleistungszentrum
- internationale Bedeutung
- überregionale Bedeutung
- regionale Bedeutung
- Tourismus

Transport und Verkehr
- Erdölleitung
- Erdgasleitung
- wichtige Eisenbahn
- Fernstraße

Grenzen
- Staatsgrenze

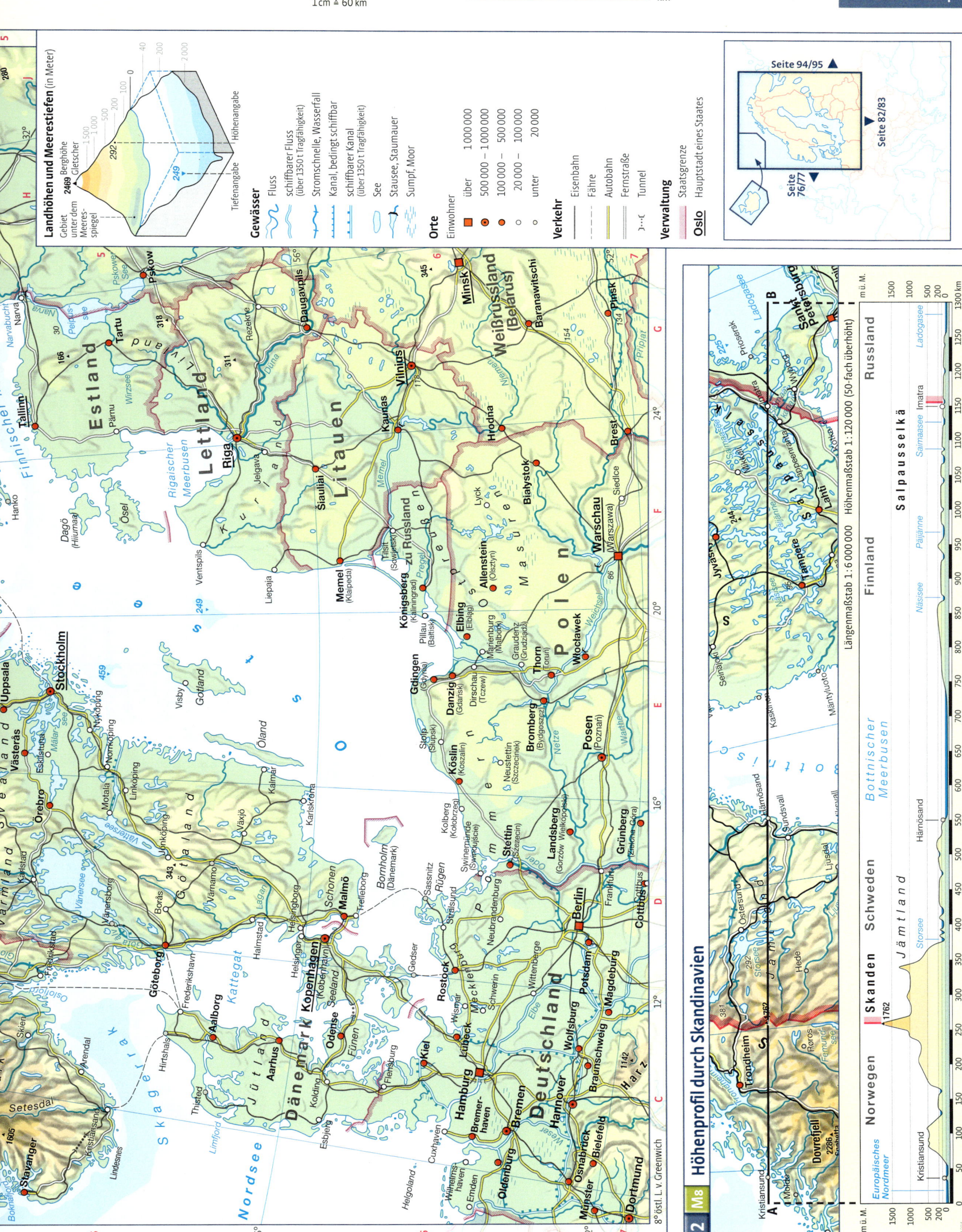

0   50   100   150   200   250 km

© westermann 361121

Seite 74/75   Seite 82/83   Seite 90/91   Seite 88/89

Verwaltung
Staatsgrenze
Grenze innerhalb Großbritanniens
Dublin Hauptstadt eines Staates
Den Haag Regierungssitz eines Staates

Verkehr
Eisenbahn
Fähre
Autobahn
Fernstraße
Tunnel
Pass

Orte (z. T. mit Umlandgemeinden)
Einwohner
über 5 000 000
1 000 000 – 5 000 000
500 000 – 1 000 000
100 000 – 500 000
20 000 – 100 000
unter 20 000

Gewässer
Fluss
schiffbarer Fluss (über 1350 t Tragfähigkeit)
Stromschnelle, Wasserfall
Kanal, bedingt schiffbar
schiffbarer Kanal (über 1350 t Tragfähigkeit)
See
Stausee, Staumauer
Sumpf, Moor

Landhöhen und Meerestiefen (in Meter)
4807 Berghöhe
Gebiet unter dem Meeresspiegel Gletscher
Höhenangabe
531 Tiefenangabe

Deutschland / Frankreich / Spanien Labels:

Regensburg München Ingolstadt Augsburg Nürnberg Mannheim Heidelberg Karlsruhe Stuttgart Ulm Mainz Saarbrücken Trier Metz Nancy Straßburg Freiburg Basel Mülhausen (Mulhouse) Luxemburg Amiens St-Quentin Reims Troyes Paris Versailles Rouen Dieppe Le Havre Caen Cherbourg-Octeville St-Malo St-Brieuc Morlaix Brest Quimper Lorient St-Nazaire Rennes Laval Le Mans Angers Nantes La Rochelle Arcachon Bordeaux Médoc Cognac Poitiers Châteauroux Tours Blois Orléans Bourges Limoges Périgueux Brive Montauban Toulouse Montluçon Clermont-Ferrand Vichy Lyon St-Étienne Valence Grenoble Dijon Besançon Chalon-sur-Saône Mâcon Épinal Nevers Fontainebleau

Innsbruck Zugspitze 2962 Liechtenstein Vaduz Bozen (Bolzano) Ortler 3905 Brescia Bergamo Mailand (Milano) Novara Turin (Torino) Trient (Trento) Verona Brescia Parma Modena Piacenza Alessandria Genua (Genova) La Spezia Livorno Pisa Elba Kap Corse Monte Cinto 2710 Korsika (Frankreich) Ajaccio Bonifacio Bastia Calvi Olbia Sassari Sardinien (Italien) Costa Smeralda

Zürich Luzern Bern Schweiz Schwarzwald Vogesen Lausanne Genf (Genève) Monte Rosa 4634 Finsteraarhorn 4274 Mont Blanc 4810 Aostata Monte Viso 3841 Nizza (Nice) Cannes Monaco San Remo Riviera Côte d'Azur Toulon Marseille Aix-en-Provence Avignon Arles Nîmes Montpellier Sète Béziers Carcassonne Narbonne Perpignan Port-Vendres

Zentralmassiv Mont Lozère 1702 Puy de Sancy 1886

Girona Costa Brava Badalona Barcelona Sabadell L'Hospitalet Tarragona Lérida Zaragoza Huesca Andorra Andorra la Vella Pico de Aneto 3404 Pamplona Lourdes Pau Lacq Bayonne Biarritz Donostia-San Sebastián Bilbao (Bilbao) Vitoria-Gasteiz Logroño Soria Segovia Burgos Palencia Valladolid Zamora Salamanca León Palencia Santander Gijón Oviedo Avilés Villaviciosa Kantabrisches Gebirge Baskenland Galicien La Coruña Kap Finisterre Santiago de Compostela Ribadeo Lugo Orense Pontevedra Vigo Braga Porto Matosinhos Portugal Douro Duero Ebro Tajo

Meere / Ozeane:
Mittelmeer Ligurisches Meer Golf von Biscaya Der Kanal Kanalinseln (Großbritannien) Jersey Guernsey Scilly-Inseln Atlantischer Ozean Nordsee Bodensee Toskana

Frankreich Spanien Pyrenäen Westalpen Burgund Champagne Normandie Bretagne Gascogne Jura

London und Paris – Global Cities

1 M7 Die Entwicklung von London

Maßstab 1 : 1 000 000 (0 10 20 30 40 50 km)

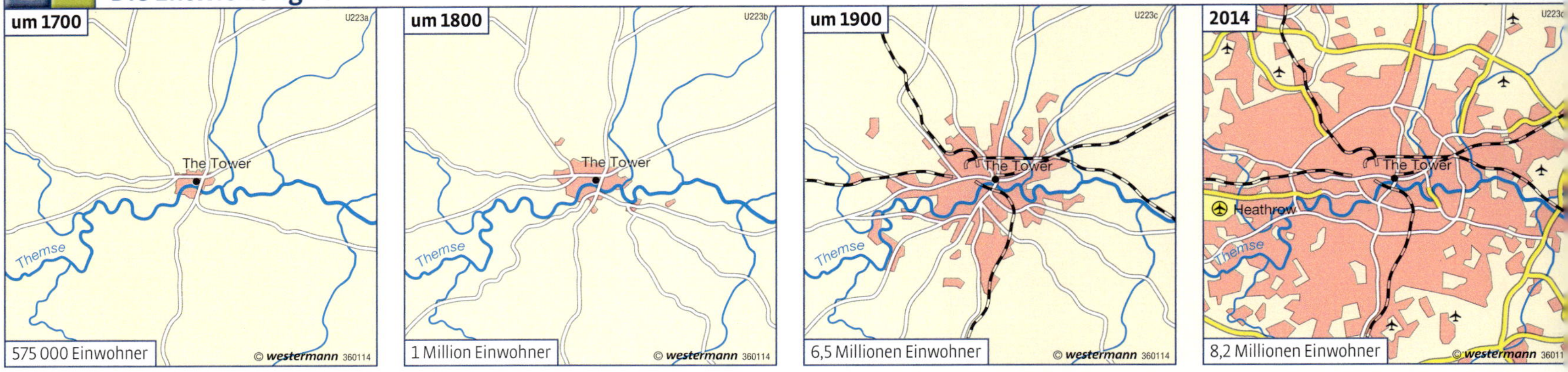
um 1700
The Tower
Themse
575 000 Einwohner
© westermann 360114
um 1800
The Tower
Themse
1 Million Einwohner
© westermann 360114
um 1900
The Tower
Themse
6,5 Millionen Einwohner
© westermann 360114
2014
The Tower
Heathrow
Themse
8,2 Millionen Einwohner
© westermann

2 London

Maßstab 1 : 50 000 (0 500 1000 1500 m)

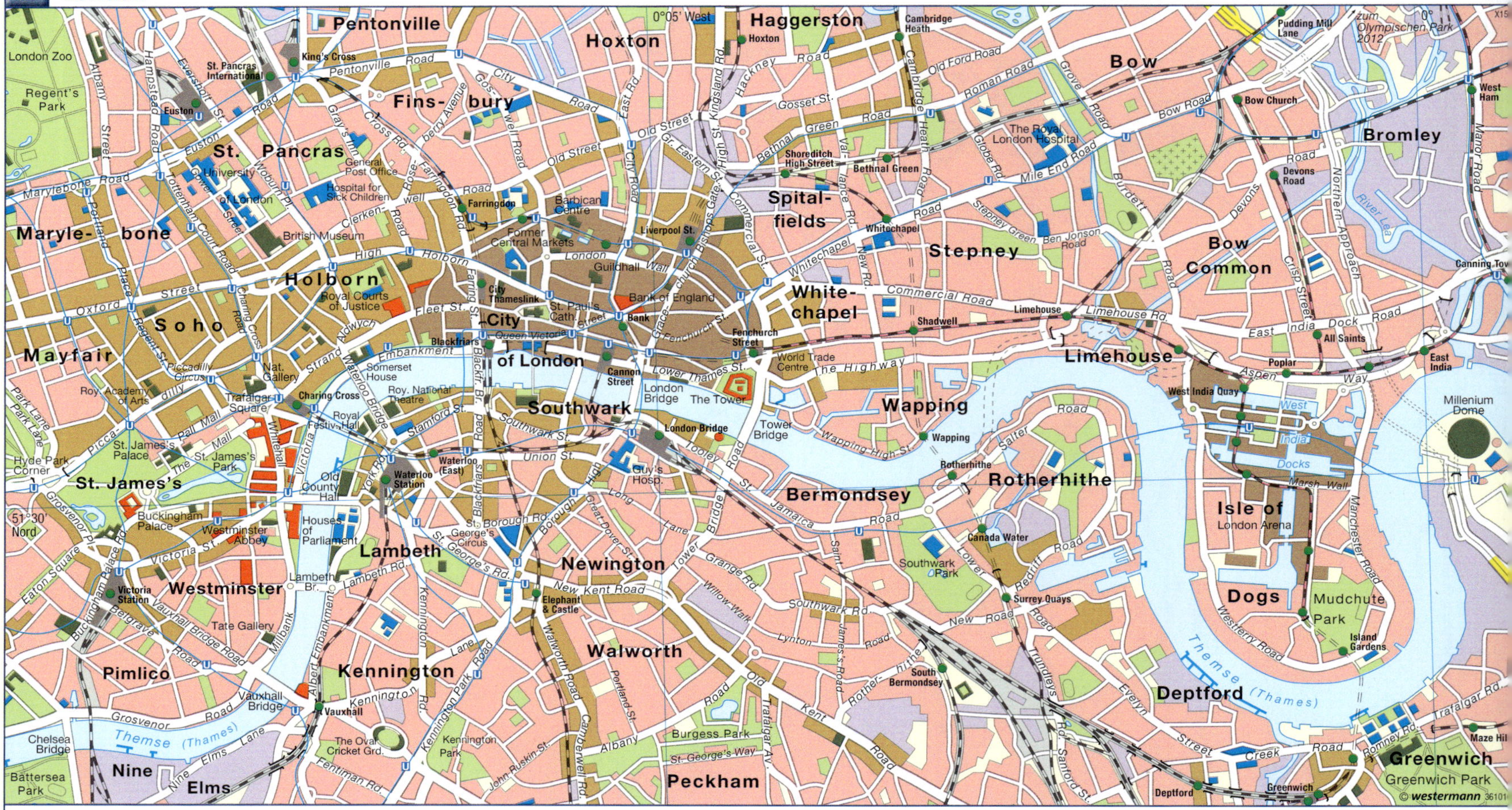
Pentonville
Hoxton
Haggerston
Bow
Bromley
London Zoo
Regent's Park
St. Pancras
Fins- bury
Spital- fields
Maryle- bone
Holborn
Stepney
Bow Common
Soho
City of London
White- chapel
Mayfair
Limehouse
Southwark
Wapping
St. James's
Rotherhithe
Bermondsey
Isle of Dogs
Lambeth
Newington
Westminster
Mudchute Park
Walworth
Pimlico
Kennington
Deptford
Greenwich
Greenwich Park
Nine Elms
Peckham
Battersea Park
Chelsea Bridge
Themse (Thames)
Millenium Dome
Buckingham Palace
Houses of Parliament
Westminster Abbey
Tate Gallery
Victoria Station
Waterloo Station
London Bridge
Tower Bridge
The Tower
Bank of England
St. Paul's Cath.
Guy's Hosp.
British Museum
Royal Courts of Justice
Nat. Gallery
Trafalgar Square
Euston
King's Cross
Liverpool St.
Fenchurch Street
Canada Water
Surrey Quays
West India Quay
London Arena
The Oval Cricket Grd.
Hyde Park Corner
51°30' Nord
0°05' West
zum Olympischen Park 2012
© westermann 361014

- Hauptgeschäftszentrum (vorwiegend Banken, Versicherungen, Büros)
- sonstiges Geschäftszentrum (vorwiegend Kaufhäuser, Einzelhandel, Restaurants)
- Wohngebiet, gemischt mit Handel und Gewerbe
- Gewerbe und Industrie
- Eisenbahngelände
- Park, Grünanlage, Friedhof
- Regierung und Verwaltung
- kulturelle Einrichtung (Theater, Museum, Baudenkmal)
- Bildungs- und Sozialeinrichtung (Universität, Krankenhaus)
- Eisenbahn mit Bahnhof
- S-Bahn mit Station
- Docklands Light Railway
- U-Bahn mit Station

Global Cities – Weltstädte im Zeitalter der Globalisierung

Global Cities sind Städte, in denen besonders viele global tätige Unternehmen der Finanz- und Versicherungsbranche, internationale Organisationen sowie Hauptsitze anderer Branchenführer ansässig sind.

Global Cities verfügen außerdem über exzellente Verkehrsbedingungen, insbesondere im internationalen Flugverkehr.

Herausragende kulturelle und touristische Angebote sowie renommierte Universitäten und Forschungseinrichtungen stärken die weltweite Bedeutung der Global Cities.

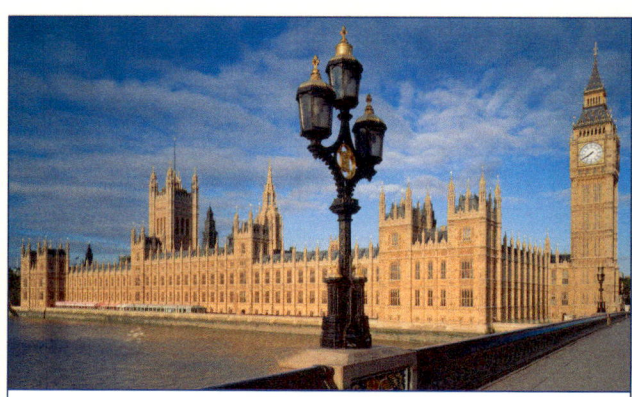

Im House of Parliament tagt das britische Parlament. Es steht im Londoner Stadtteil Westminster, dem politischen Zentrum Großbritanniens, in dem sich außerdem viele Ministerien und der Buckingham Palace befinden.

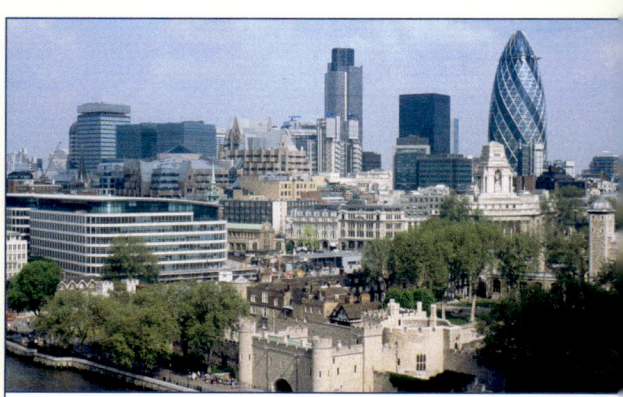

Neben New York und Tokio ist die City of London der wichtigste Finanzplatz der Welt. Viele internationale Banken, Versicherungen, Unternehmen und Börsen haben hier ihren Sitz. Über 200 000 Londoner arbeiten im Finanzsektor und nur noch 300 000 in der Industrie.

3 M7 Die Entwicklung von Paris

Maßstab 1 : 1 000 000

0 10 20 30 40 50 km

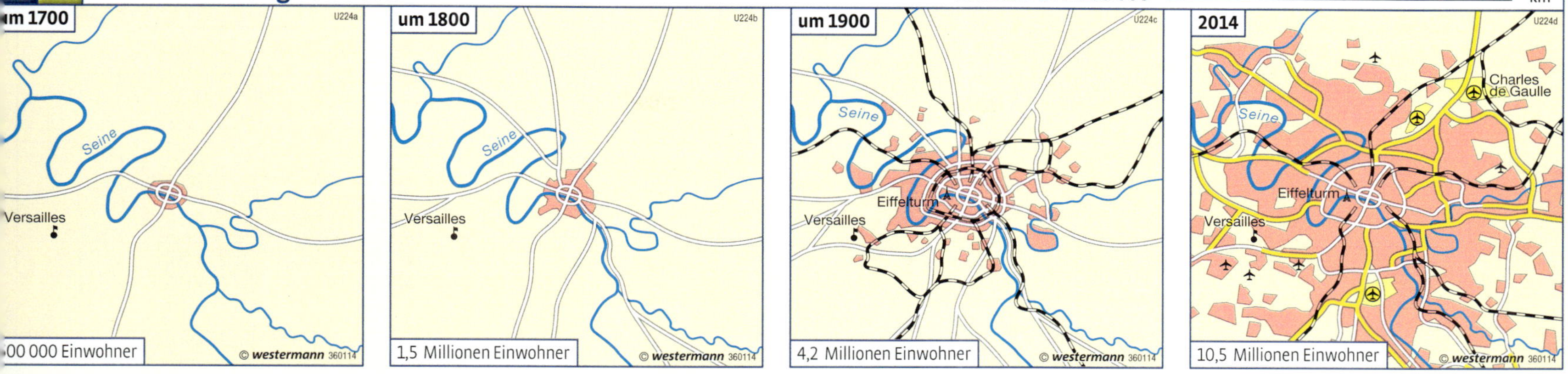

um 1700
Versailles
~~00 000 Einwohner
© westermann 360114

um 1800
Seine
Versailles
1,5 Millionen Einwohner
© westermann 360114

um 1900
Seine
Eiffelturm
Versailles
4,2 Millionen Einwohner
© westermann 360114

2014
Seine
Charles de Gaulle
Eiffelturm
Versailles
10,5 Millionen Einwohner
© westermann 360114

4 Paris

Maßstab 1 : 50 000

0 500 1000 1500 m

La Défense · Neuilly-sur-Seine · Ternes · Montmartre · Chaillot · Belleville · Bois de Boulogne · Grenelle · Île de la Cité · Île St. Louis · Boulogne-Billancourt · Mont-parnasse

Legende

- Hauptgeschäftszentrum (vorwiegend Banken, Versicherungen, Büros)
- sonstiges Geschäftszentrum (vorwiegend Kaufhäuser, Einzelhandel, Restaurants)
- Wohngebiet, gemischt mit Handel und Gewerbe
- Gewerbe und Industrie
- Eisenbahngelände
- Park, Grünanlage, Friedhof
- Regierung und Verwaltung
- kulturelle Einrichtung (Theater, Museum, Baudenkmal)
- Bildungs- und Sozialeinrichtung (Universität, Krankenhaus)
- Eisenbahn mit Bahnhof
- S-Bahn mit Station
- U-Bahn mit Station

Der Louvre ist eines der größten Museen der Welt. Sein berühmtestes Bild ist die Mona Lisa von Leonardo da Vinci. In Paris gibt es über 160 Museen und 100 Theater mit mehreren Millionen Besuchern pro Jahr. Dies belegt die kulturelle Bedeutung dieser Metropole.

Der Flughafen Charles-de-Gaulle ist nach Fluggästen der sechstgrößte und nach Luftfracht der viertgrößte Flughafen weltweit (2009). Zusammen mit seiner zentralen Lage im europäischen Verkehrsnetz ist Paris damit einer der am besten erreichbaren Ballungsräume weltweit.

Die wichtigsten Global Cities

		Rang* (Bedeutung) in		
		Weltpolitik	Wirtschaft	Kultur, Medien
1	New York	2	1	3
2	**London**	6	5	1
3	Tokio	5	2	4
4	**Paris**	4	3	2
5	Hongkong	20	4	32
6	Chicago	26	10	10
7	Los Angeles	27	19	6
8	Singapur	31	7	46
9	Seoul	21	9	12
10	Brüssel	3	18	42
11	San Francisco	33	27	7
12	Washington	1	30	20

* Fehlende Rangplätze entfallen auf nicht gelistete Global Cities mit geringer Gesamtbedeutung. Zur Gesamtbewertung tragen noch weitere Teilbedeutungen bei (Wohlstand, Bildung, Verkehr).

1 **M3** Niederlande/Belgien/Luxemburg – physisch

Maßstab 1 : 2 000 000

Landhöhen und Meerestiefen (in Meter)

Berghöhe 818
Gebiet unter dem Meeresspiegel
750 500 350 200 100 50 30 5 0
5 10 20 40
23
45
Watt
Tiefenangabe   Höhenangabe

Gewässer
Fluss
schiffbarer Fluss (über 1350 t Tragfähigkeit)
Kanal, bedingt schiffbar
schiffbarer Kanal (über 1350 t Tragfähigkeit)

Orte
Einwohner
1 000 000 – 5 000 000
500 000 – 1 000 000
100 000 – 500 000
20 000 – 100 000
unter 20 000

Verkehr
Eisenbahn
Fähre
Autobahn
Fernstraße

Brüssel Hauptstadt eines Staates
Den Haag Regierungssitz eines Staates

Weitere Erläuterungen siehe Seite 34 / 35

2 Niederlande – Neulandgewinnung

Maßstab 1 : 2 000 000

westermann 351210

4° östl. L. v. Greenwich

Terschelling · Ameland · Schiermonnikoog
Vlieland
1969
Texel
Leeuwarden · Groningen
Den Helder
1847
Wieringer-meer 1930
–2,4 m
Nordostpolder 1942
1635
Urk · –4,5 m
Markermeer
Tulpeninsel (verworfene Neuland-Planung)
Lelystad · Ostflevoland 1957
Zaanstad
Haarlem · Almere · Südflevoland 1968
Amsterdam
1852
Haarlemmer- · –4,7 m
meer
Zwolle
Apeldoorn
Leiden
Den Haag · Utrecht
Vecht
IJsselmeer
Abschlussdeich 1932
Wattenmeer
Nordsee
Nieder- · lande
IJssel
Maasvlakte · Maeslant
Rotterdam · –6,7 m
1971
Lek
1972
Dordrecht
Waal
Nimwegen
Rhein
Oosterschelde-Sturmflutwehr 1986
–0,5 m
Breda · Tilburg
Maas
Deutsch-land
Vlissingen
Westerschelde
Bergen op Zoom
Eindhoven
Belgien
Antwerpen
Mönchen-gladbach

3 Niederlande um 1300

© westermann 391031

4° östl. L. v. Greenwich

0 20 40 60 km

Terschelling · Ameland · Schiermonnikoog
Vlieland
Texel · Groningen
Alkmaar · Urk
Zuidersee
Haarlem · Amsterdam · Amersfoort · Deventer
Zutphen
Utrecht
Arnhem
Tiel
Rhein · Nimwegen · Maas
Nordsee

Bodenbeschaffenheit

- Watt, Seemarsch
- Dünen
- Hochmoorboden
- Niedermoorboden
- Tonboden durch Flussablagerung
- Tonboden durch Meeresablagerung

Küstenschutz

— Seedeich

Zeitraum der Einpolderung

- vor 1600
- 1600 – 1800
- 1800 – 1900
- 1900 – 2000
- nach 2000

1961 Jahr der Trockenlegung bzw. Fertigstellung, seitdem Entwässerung

— Kanal
— heutige Grenze

Küstenschutz

- Küstendünen
- Abschlussdamm
- Seedeich

Naturrisiko Überflutung

- Gebiet mit Hochwasser-Schutzkonzept (Landhöhen unter 8 m)
- überflutungssicheres Gebiet (Landhöhen über 8 m)

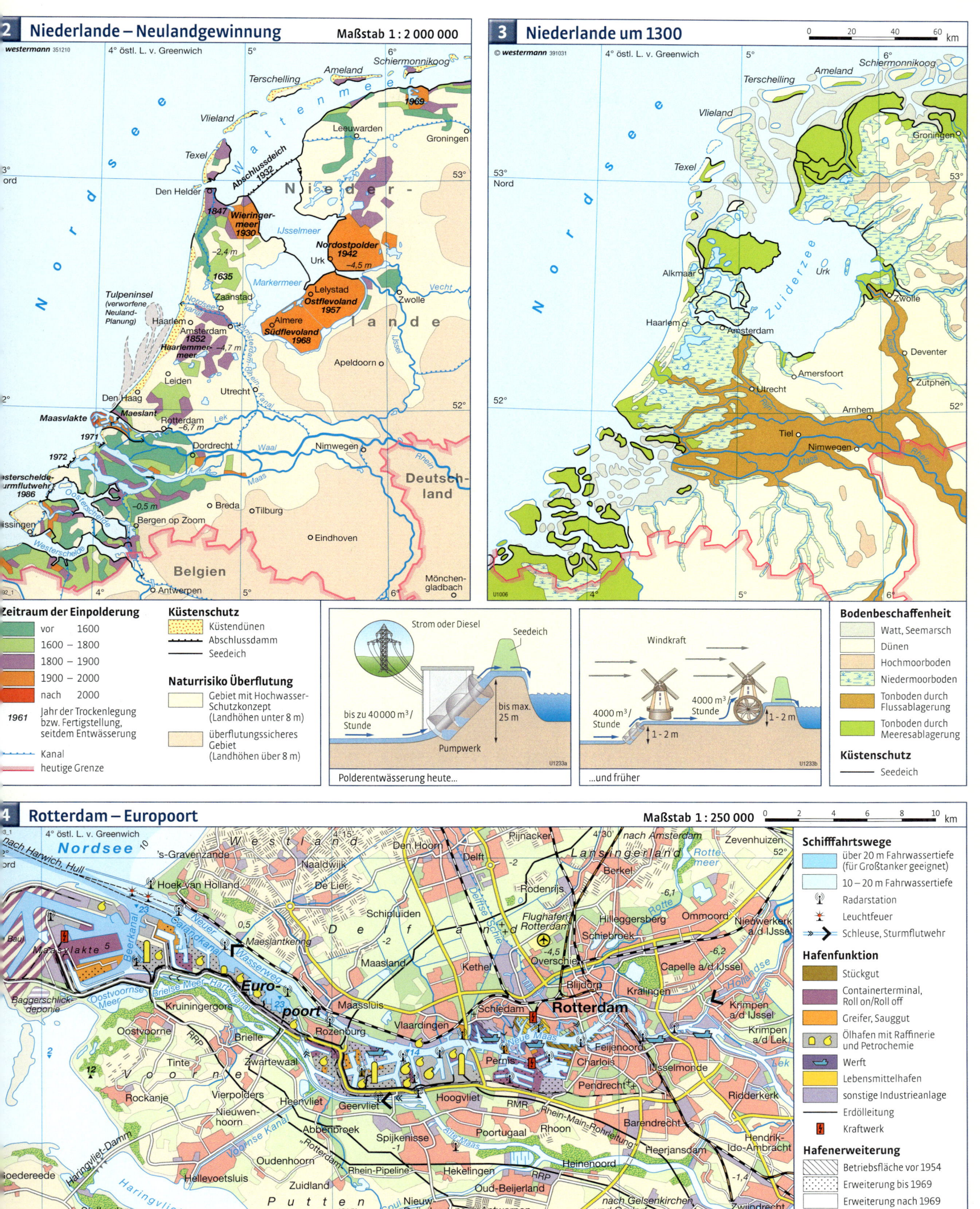

Strom oder Diesel · Seedeich
bis zu 40 000 m³/Stunde
bis max. 25 m
Pumpwerk
U1233a

Polderentwässerung heute...

Windkraft
4000 m³/Stunde · 4000 m³/Stunde
1 – 2 m · 1 – 2 m
U1233b

...und früher

4 Rotterdam – Europoort

Maßstab 1 : 250 000

westermann 370321

0 2 4 6 8 10 km

4° östl. L. v. Greenwich
nach Harwich, Hull
Nordsee
Westland · 's-Gravenzande · Den Hoorn · Pijnacker · Zevenhuizen · nach Amsterdam · Rotte-meer
Naaldwijk · De Lier · Delft · Rodenrijs · Berkel · Lansingerland
Hoek van Holland · Schipluiden · Flughafen Rotterdam · Hillegersberg · Ommoord · Nieuwerkerk a/d IJssel
Maeslantkering · Schiebroek
Maasvlakte 5 · Maasland · Kethel · Overschie · Capelle a/d IJssel
Baggerschlick-deponie · Oostvoornse Meer · Euro-poort · Maassluis · Schiedam · Blijdorp · Kralingen · Krimpen a/d IJssel
Kruiningergors · Vlaardingen · Rotterdam · Krimpen a/d Lek
Oostvoorne · Rozenburg · Pernis · Feijenoord · Charlois · IJsselmonde
Brielle · Pendrecht · Ridderkerk
Tinte · Zwartewaal · Hoogvliet · Barendrecht
Vierpolders · Heenvliet · Geervliet · RMR · Rhoon · Hendrik-Ido-Ambacht
Rockanje · Nieuwen-hoorn · Spijkenisse · Poortugaal · Heerjansdam
Voorne · Abbenbroek · Oud-Beijerland · Zwijndrecht
Putten · Zuidland · Hekelingen · Heinenoord · nach Gelsenkirchen und Godorf
Stellendam · Nieuw-Beijerland · nach Antwerpen
Haringvliet

Schifffahrtswege

- über 20 m Fahrwassertiefe (für Großtanker geeignet)
- 10 – 20 m Fahrwassertiefe
- Radarstation
- Leuchtfeuer
- Schleuse, Sturmflutwehr

Hafenfunktion

- Stückgut
- Containerterminal, Roll on/Roll off
- Greifer, Sauggut
- Ölhafen mit Raffinerie und Petrochemie
- Werft
- Lebensmittelhafen
- sonstige Industrieanlage
- Erdölleitung
- Kraftwerk

Hafenerweiterung

- Betriebsfläche vor 1954
- Erweiterung bis 1969
- Erweiterung nach 1969

Landhöhen und Meerestiefen (in Meter)

Gebiet unter dem Meeresspiegel
4810 Berghöhe
Gletscher
3 000
1 500
1 000
500
200
100
40
.82
▼249
200
2 000
Tiefenangabe
Höhenangabe

Gewässer

Fluss
schiffbarer Fluss (über 1350 t Tragfähigkeit)
Kanal, bedingt schiffbar
schiffbarer Kanal (über 1350 t Tragfähigkeit)
See
Stausee, Staumauer
Sumpf, Moor

Orte (z. T. mit Umlandgemeinden)
Einwohner
über 5 000 000
1 000 000 – 5 000 000
500 000 – 1 000 000
100 000 – 500 000
20 000 – 100 000
unter 20 000

Verkehr
Eisenbahn
Fähre
Autobahn
Fernstraße
Tunnel
Pass

Verwaltung
Staatsgrenze
Wien Hauptstadt eines Staates
Den Haag Regierungssitz eines Staates

Rigaischer Meerbusen
Ventspils
Lettland
Liepaja
Litauen
Memel (Klaipeda)
Tilsit (Sowjetsk)
Königsberg (Kaliningrad)
Pillau (Baltisk)
zu Russland
Elbing (Elbląg)
chau (Tczew)
arienburg (Malbork)
audenz (Grudziądz)
Allenstein (Olsztyn)
Lyck
Masuren
Białystok
oclawek
Warschau (Warszawa)
Polen
Łódź
Radom
Lublin
henstochau stochowa)
then
Kattowitz (Katowice)
Kielce
Krakau (Kraków)
witz ięcim)
Tarnów
Rzeszów
Galizien
Beskiden
Hohe Tatra 2654
2043
Košice
lowakei
Miskolc
Nyíregyháza
Váts
Eger
Budapest
ekesfehérvár
Ungarn
Kecskemét
Szeged
Arad
Temeschburg (Timişoara)
Novi Sad
Subotica
Vršac
Belgrad (Beograd)
Kragujevac
Serbien
Niš
Riga
Jelgava
Šiauliai
Daugavpils
Kaunas
Vilnius
Hrodna
Baranawitschi
Minsk
Weißrussland (Belarus)
Salihorsk
Pinsk
Pripjat-
sümpfe
Brest
Siedlce
Kowel
Luzk
Riwne
Wolynien
Ternopil
Chmelnizkij
Lemberg (L'viv)
Iwano-Frankiwsk
Ushorod
Tscherniwzi
Bukowina
Hoverla 2061
Satu Mare
Baia Mare
Debrecen
Großwardein (Oradea)
Klausenburg (Cluj-Napoca)
Neumarkt (Târgu Mureş)
Siebenbürgen
Curcubăta 1847
Rumänien
Hermannstadt (Sibiu)
Kronstadt (Braşov)
Deva
Reşiţa
Banat
Porta Orientalis
Eisernes Tor
Drobeta Turnu Severin
Craiova
Pitești
Râmnicu Vâlcea
Ploiești
Buzău
Bukarest (Bucureşti)
Giurgiu
Ruse
Pleven
Bulgarien
Šumen
Pskow
Welikije Luki
Wizebsk
Orscha
Smolensk
Barysau
Mahiljew
Babruisk
Homel
Masyr
Tschernihiw
Kiew (Kyjiv)
Stausee von Kiew
Shytomyr
Bila Zerkwa
Winnyzja
Tscherkassy
Kremintschuker Stausee
Ukraine
Kirowohrad
Perwomaisk
Bachmatsch
Roslawl
Brjansk
Nowosybkow
Twer
Sergijew Posad
Selenograd
Moskau (Moskwa)
Podolsk
Odinzowo
Serpuchow
Kaluga
Russland
Wladimir
Orechowo-Sujewo
Elektrostal
Kolomna
Rjasan
Waldaihöhe
Rshew
Narotschsee
Botoşani
Bălţi
Iaşi
Moldau
Chişinău
Tiraspol
Bender
Bacău
Dubăsary
Mykolajiw
Odessa
Galaţi
Brăila
Tulcea
Donaudelta
Schlangeninsel
Konstanza (Constanţa)
Dobrič
Varna
Zlatni Pjasăci (Goldstrand)
Nesebâr
Dobrudscha
Schwarzes Meer
Novi Sad

Seite 74/75
Seite 76/77
Seite 94/95
Seite 88/89
Seite 90/91

© westermann 351113

Landhöhen und Meerestiefen (in Meter)

Orte
Einwohner

■	über	1 000 000
◉	500 000 – 1 000 000
●	100 000 – 500 000
○	20 000 – 100 000
○	unter	20 000

Verkehr

Eisenbahn
Autobahn
Fernstraße
Tunnel
Pass

Verwaltung

Staatsgrenze
Bern Hauptstadt eines Staates

Weitere Erläuterungen siehe Seite 82/83

Seite 34/35
Seite 76/77
Seite 82/83
Seite 88/89

© westermann 351113

1 Toskana (Italien) – Nutzung geothermischer Energie

Maßstab 1 : 50 000

Seit über 100 Jahren nutzt man in der Toskana die Erdwärme. Hier ist die Erdkruste so dünn, dass sich Grundwasser durch das Magma darunter erhitzt und als Heißdampf an die Oberfläche drängt. Den Dampf setzte man zunächst für die chemische Industrie ein, seit 1913 wird damit Strom erzeugt (heute: > 3 Mrd. kWh/Jahr).

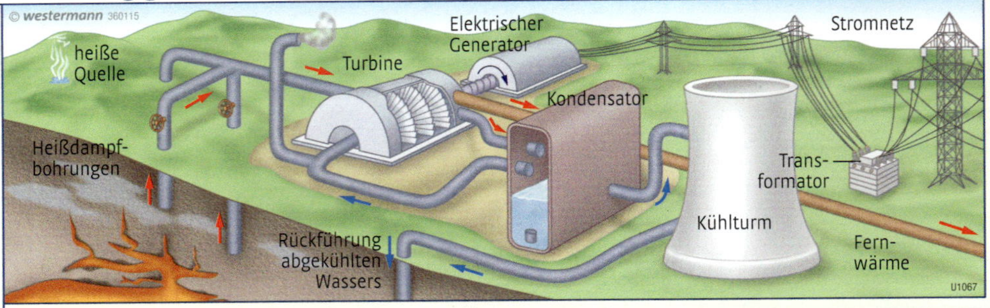

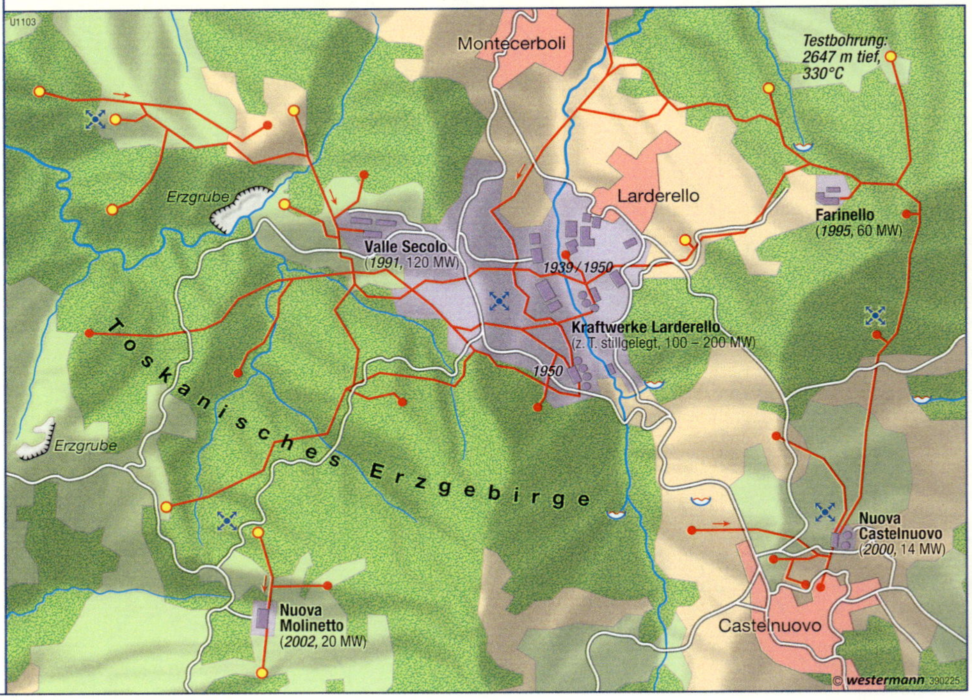

heiße Quelle

Turbine

Elektrischer Generator

Stromnetz

Kondensator

Transformator

Heißdampf-bohrungen

Rückführung abgekühlten Wassers

Kühlturm

Fernwärme

Flächennutzung

- Industriefläche mit Soffioni (Erdspalten mit Dampfaustritt)
- Wohnbebauung
- Ackerland
- Weide, Hartlaubgeölze
- Wald
- Landstraße, Weg

Geothermie

- warme Quellen

Nutzung von Erdwärme
- Tiefbohrung von > 200°C heißem Dampf
- < 200°C heißem Dampf
- oberirdisch verlegtes Heißdampfrohr
- Einpressung von kühlem Wasser in den Untergrund
- Kraftwerk mit Baujahr und Leistung (in Megawatt)

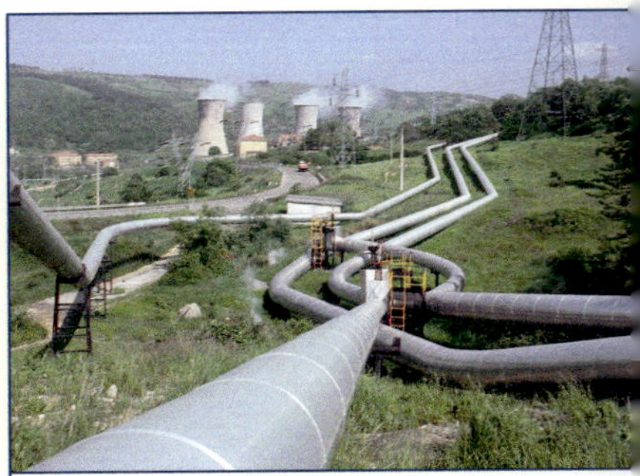

Montecerboli

Testbohrung: 2647 m tief, 330°C

Larderello

Erzgrube

Valle Secolo (1991, 120 MW)

Farinello (1995, 60 MW)

1939 / 1950

Kraftwerke Larderello (z. T. stillgelegt, 100 – 200 MW)

1950

Toskanisches Erzgebirge

Erzgrube

Nuova Castelnuovo (2000, 14 MW)

Castelnuovo

Nuova Molinetto (2002, 20 MW)

Geothermie-Kraftwerk Larderello (⇨ 1)

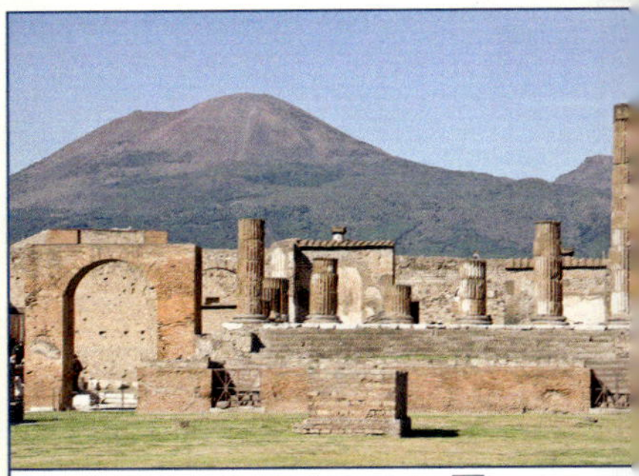

Ruinen Pompeis vor dem Vesuv (⇨ 2)

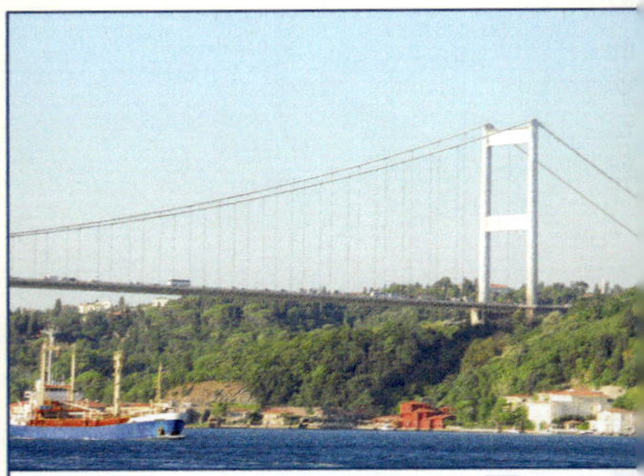

Erdbebensichere Bosporusbrücke (⇨ 5)

2 Golf von Neapel – Leben am Vulkan

Maßstab 1 : 300 000

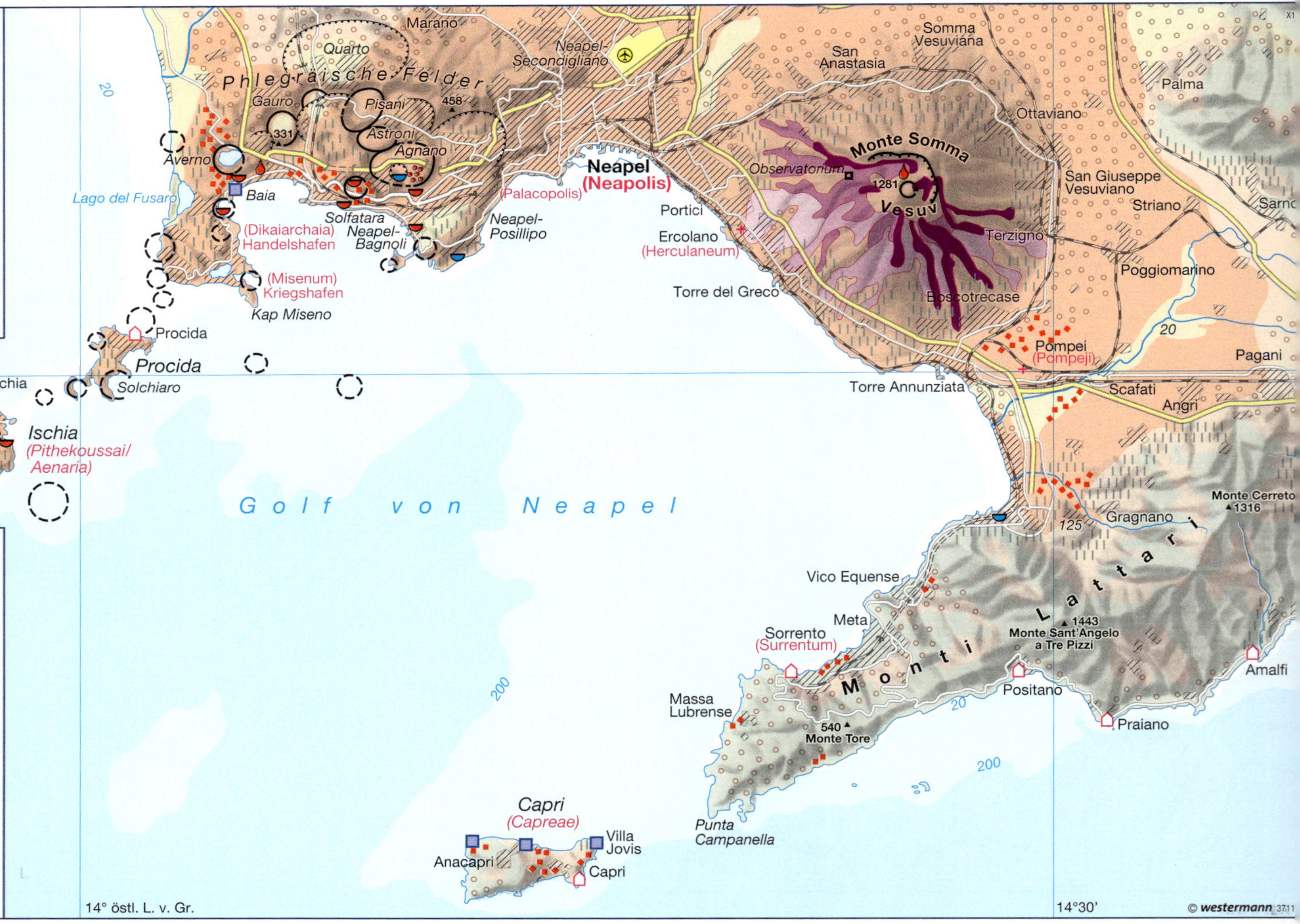

0 2 4 6 8 10 km

Besiedlung/Tourismus
Antike griechische und römische Siedlungen
- Villa der römischen Kaiser
- Landgüter (Villae) und Sommervillen
- + Ruinen 79 n. Chr. verschütteter Städte
- (Neapolis) antiker Name
- heutige Besiedlung
- Tourismus

Landnutzung/Verkehr
- Wein
- Obst und Gemüse
- Eisenbahn mit Tunnel
- Autobahn/Straße

Geologie
Lavastrom (mit Entstehungszeitraum)
- vor 1700
- 1700 – 1850
- 1850 – 1900
- nach 1900
- Aschen, Tuffe und Lapilli
- umgelagertes vulkanisches Material
- ○ Krater   ⬭ vermutet
- Caldera
- Fumarole   Mofette
- Mineralquelle
- Thermalquelle
- Quartär
- Tertiär, Kreide, Jura, Trias (überwiegend Kalkgestein)

Marano

Quarto

Phlegräische Felder

Neapel-Secondigliano

Somma Vesuviana

San Anastasia

Palma

Gauro

Pisani

458

Astroni

331

Agnano

Ottaviano

Monte Somma

San Giuseppe Vesuviano

Averno

Lago del Fusaro

Baia

Solfatara

Neapel-Bagnoli

Neapel (Neapolis)

(Palacopolis)

Observatorium

1281

Vesuv

Striano

Sarn

(Dikaiarchaia) Handelshafen

Neapel-Posillipo

Portici

Ercolano (Herculaneum)

Terzigno

Poggiomarino

(Misenum) Kriegshafen

Kap Miseno

Torre del Greco

Boscotrecase

Pompei (Pompeji)

Pagani

Procida

Procida

Solchiaro

Torre Annunziata

Scafati

Angri

40°45' Nord

Ischia

Forio

788 Monte Epomeo

Ischia (Pithekoussai/ Aenaria)

Golf von Neapel

Monte Cerreto 1316

Gragnano

125

Campotese

Testaccio

Vico Equense

Monti Lattari

1443

Monte Sant'Angelo a Tre Pizzi

Sorrento (Surrentum)

Meta

Amalfi

Positano

Massa Lubrense

540 Monte Tore

Praiano

200

Capri (Capreae)

Villa Jovis

Anacapri

Capri

Punta Campanella

14° östl. L. v. Gr.

14°30'

3 Erdzeitalter

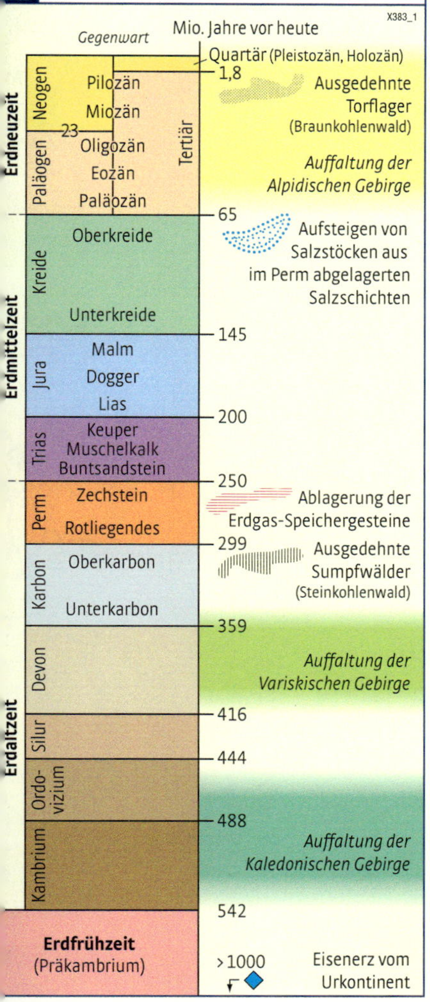
X383_1
Gegenwart
Mio. Jahre vor heute
Erdneuzeit
Neogen
Paläogen
Tertiär
Quartär (Pleistozän, Holozän)
1,8
Pliozän
Miozän
23
Oligozän
Eozän
Paläozän
65
Ausgedehnte Torflager (Braunkohlenwald)
Auffaltung der Alpidischen Gebirge
Erdmittelzeit
Kreide
Oberkreide
Unterkreide
Aufsteigen von Salzstöcken aus im Perm abgelagerten Salzschichten
145
Jura
Malm
Dogger
Lias
200
Trias
Keuper
Muschelkalk
Buntsandstein
250
Erdaltzeit
Perm
Zechstein
Rotliegendes
Ablagerung der Erdgas-Speichergesteine
299
Karbon
Oberkarbon
Unterkarbon
Ausgedehnte Sumpfwälder (Steinkohlenwald)
359
Devon
Auffaltung der Variskischen Gebirge
416
Silur
444
Ordovizium
488
Kambrium
Auffaltung der Kaledonischen Gebirge
542
Erdfrühzeit (Präkambrium)
>1000
Eisenerz vom Urkontinent

4 Europa – Alter der Gebirge/Rohstofflagerstätten

Maßstab 1 : 36 000 000

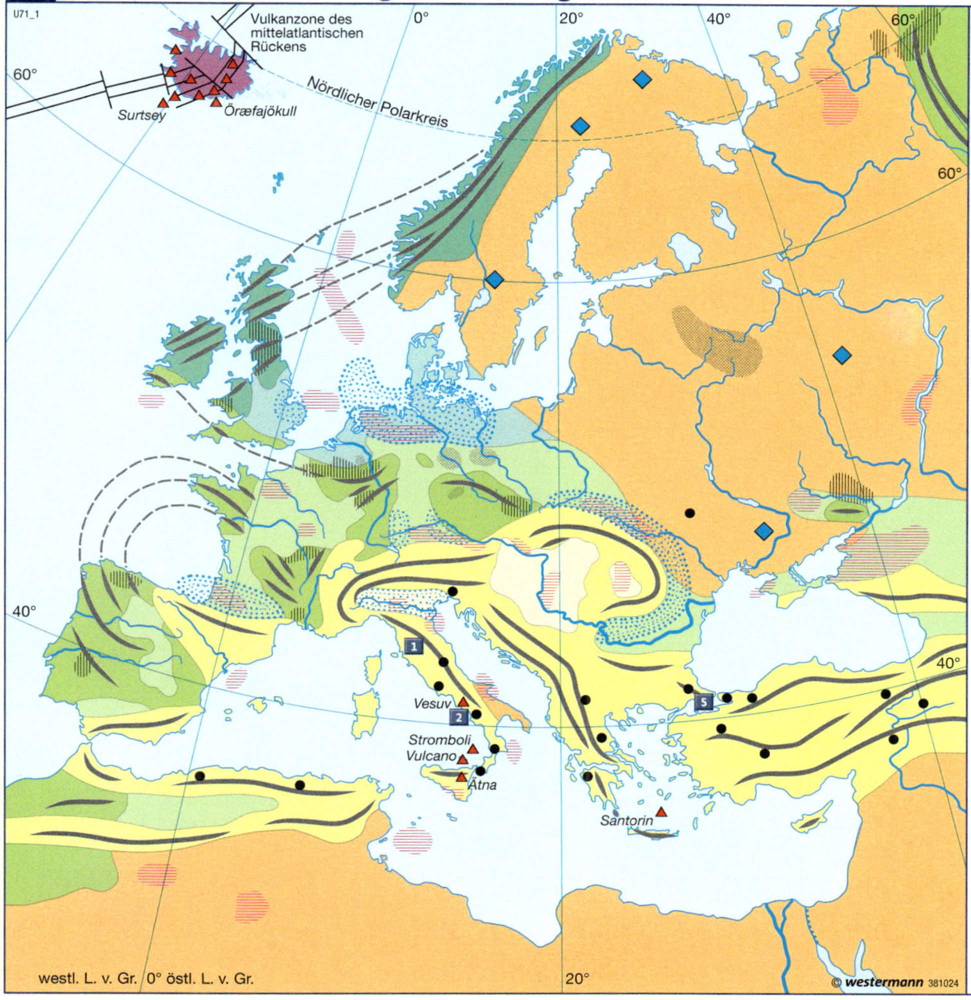
U71_1
Vulkanzone des mittelatlantischen Rückens
Surtsey
Öræfajökull
Nördlicher Polarkreis
60°
0°
20°
40°
40°
Vesuv
Stromboli
Vulcano
Ätna
Santorin
westl. L. v. Gr.
0° östl. L. v. Gr.
© westermann 381024

Alter der Gebirge
- Urkontinent (älter als 2000 Mio. Jahre)
- Kaledonisches Gebirge, gefaltet im Erdaltertum (vor 500 – 450 Mio. Jahren)
- Variskisches Gebirge, gefaltet im Erdaltertum (vor 400 – 350 Mio. Jahren)
- Alpidisches Gebirge, (Beginn der Faltung vor 50 Mio. Jahren, reicht bis in die Gegenwart)
- Tafelländer und Becken

Tektonik der Gegenwart
- tätiger Vulkan
- schweres Erdbeben

Rohstofflagerstätten
- Salz
- Steinkohle
- Erdgas
- Braunkohle
- Eisenerz vom Urkontinent

5 İstanbul (Türkei) – erdbebengefährdete Megastadt

Maßstab 1 : 1 000 000 (0 10 20 30 40 50 km)

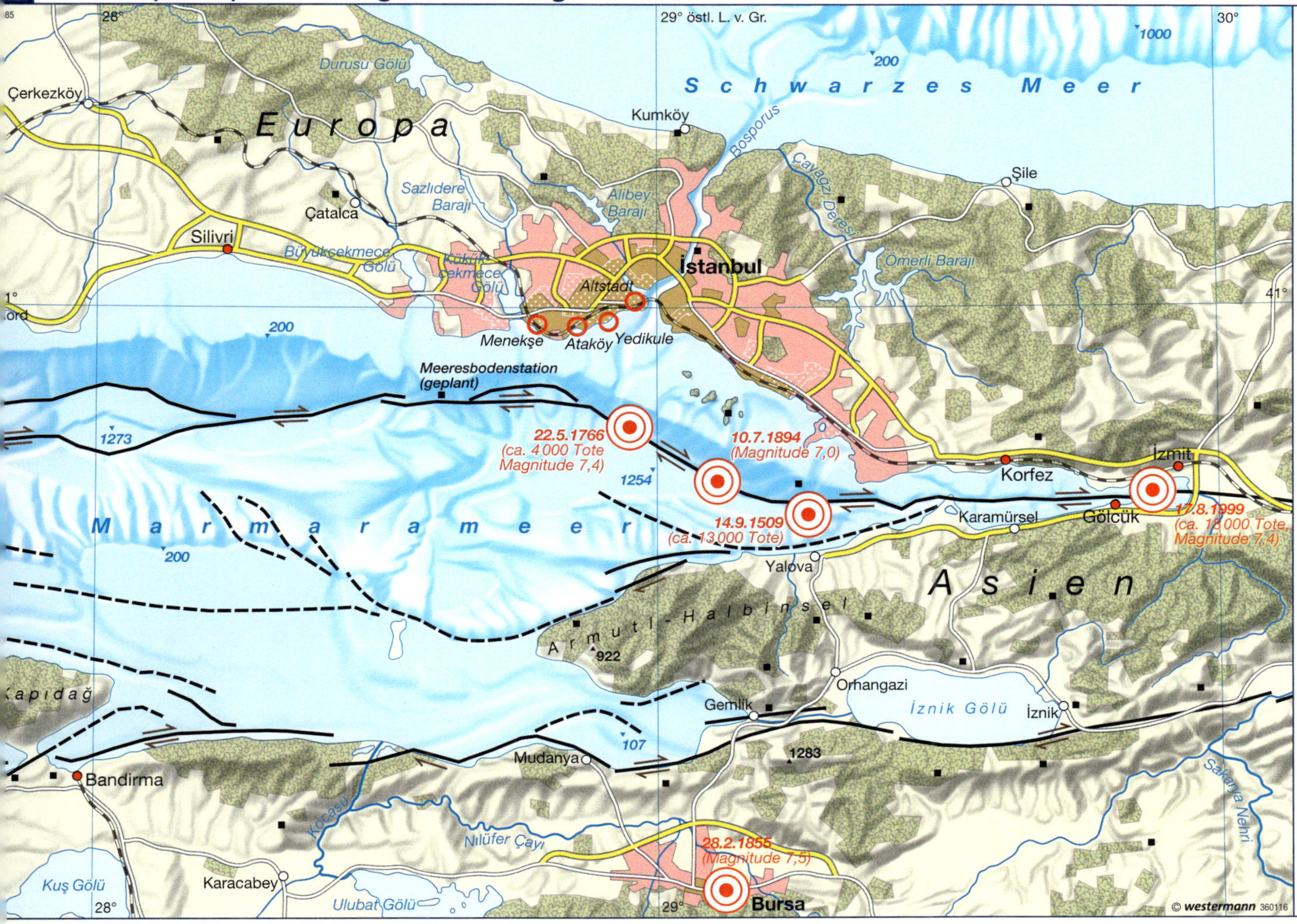
28°
29° östl. L. v. Gr.
30°
41°
Schwarzes Meer
Europa
Asien
Marmarameer
Durusu Gölü
Çerkezköy
Kumköy
Bosporus
Şile
Çatalca
Sazlıdere Barajı
Alibey Barajı
Silivri
Büyükçekmece Gölü
Küçükçekmece Gölü
Altstadt
İstanbul
Ömerli Barajı
Menekşe
Ataköy
Yedikule
Meeresbodenstation (geplant)
22.5.1766 (ca. 4 000 Tote Magnitude 7,4)
10.7.1894 (Magnitude 7,0)
14.9.1509 (ca. 13 000 Tote)
17.8.1999 (ca. 18 000 Tote, Magnitude 7,4)
Korfez
İzmit
Karamürsel
Gölcük
Yalova
Armutlu-Halbinsel
922
Kapıdağ
Gemlik
Orhangazi
İznik Gölü
İznik
Mudanya
1283
Bandırma
Nilüfer Çayı
Sakarya Nehri
28.2.1855 (Magnitude 7,5)
Kuş Gölü
Karacabey
Ulubat Gölü
Bursa
1000
200
1273
1254
107
© westermann 360116

Städtisches Wachstum
- Bebauung 1975 (Istanbul: 2,5 Mio. Einw.)
- Bebauung 2010 (Istanbul: 10 Mio. Einw.)
- Großstadt mit 100 000 - 250 000 Einw.
- sonstiger Ort

Plattentektonik
- aktive Verwerfung mit Richtung der horizontalen Verschiebung
- vermuteter Verlauf tektonischer Störung

Erdbebengefährdung
- Epizentrum eines Schadensbebens
- Erdbebenstation zur seismischen Überwachung

Erkenntnisse der Erdbebenvorsorge
- Stadtteile mit dem höchsten Zerstörungsrisiko
- für schnelle Evakuierung zu enge Gassen

Verkehrswege
(Fluchtwegenetz, erdbebensicher ertüchtigt)
- Eisenbahn (ab 2009: Bau des Bosporustunnels)
- Autobahn
- Fernstraße
- Ackerbau
- Wald, Hartlaubgehölze

12°

A 8° B 4° C 0° D 4°

48°

44°

40°

36°

**Atlantischer
Ozean**

*Golf
von Biscaya*

5858

75

3400

3400

Kanalinseln
(Großbritannien)
Guernsey

Jersey

Cherbourg-Octeville

Le Havre Rouen Reims

Caen Luxembu
Luxemburg

Brest St-Brieuc Versailles Paris

Morlaix St-Malo Fontainebleau

Pointe du Raz Quimper Rennes Laval Le Mans Orléans 93 Troyes

Lorient St-Nazaire Angers Tours Blois Bourges Le Creusot Chalon-
sur-Saône

Nantes Poitiers **Frankreich** Montluçon Vichy Besan
Dijon

La Rochelle Châteauroux

**Golf
von Biscaya** Limoges Clermont-
Ferrand Lyon

Périgueux 215 1886 St-Étienne

Cognac Brive Puy de
Sancy Greno
Valence

Bordeaux **Zentral-
massiv** 1754 107

Arcachon Médoc Montauban Mont
Lozère
1702 Avignon Prover

Garonne Tarn Nîmes Aix-
en-Prov

La Coruña Avilés Gijón Santander Bayonne Toulouse Béziers Montpellier Marseille

Ribadeo Biarritz Lacq Carcassonne Sète

Kap Finisterre Oviedo Villaviciosa Donostia-
San Sebastián Pau Perpignan

Santiago Lugo **Kantabrisches Gebirge** Bilbao Lourdes **Pyrenäen** Port-Vendres

de Compostela 2648 (Bilbo) **Baskenland** Andorra Costa Brava

Pontevedra Vitoria-
Gasteiz Pamplona 3404 Andorra Girona

Vigo León Burgos Logroño Pico de Aneto la Vella

Braga Orense Palencia Soria 184 Lérida Sabadell

Matosinhos Valladolid 692 2313 Zaragoza Badalona

Porto Zamora Duero **Iberisches** Barcelona

Salamanca **Altkastilien** Segovia 2430 Tortosa Tarragona L'Hospitalet

Coimbra Guarda Ávila Guadalajara Ebro Peñíscola

Serra da Estrela
1993 2592 Madrid 640 1856 Teruel

Portugal **Kastilisches Scheidegebirge** Getafe Cuenca Castellón
de la Plana

Cáceres **Neukastilien** Aranjuez

Toledo **Spanien** Valencia 4389

Alcázar Júcar

Estoril Lissabon Mérida Ciudad Real Albacete Palma 1445

Setúbal (Lisboa) Badajoz Puertollano 686 de Mallorca El Arenal Mallorca

Alentejo Guadiana **Extremadura** Valdepeñas **La Mancha** Gandia **Balearen**

Sines Beja **Sierra Morena** Benidorm Ibiza

Córdoba Linares 2381 Elche Alicante Formentera

Algarve 902 Sevilla Jaén (Elx)

Lagos Portimão Faro Huelva **Andalusische** Lorca Murcia

Kap São Vicente **Betische Kordillere** Cartagena

Jerez Granada

Golf de la Frontera 3478 Sierra Nevada **M**

Golf de
Cádiz Cádiz Ronda Málaga Almería

813 Algeciras Marbella Torremolinos **Costa del Sol** Algier
(Al Djezâïr) Bejaia

240 La Línea Ceuta (Spanien) Tizi-Ouzou Sétif

Tanger Gibraltar (Großbritannien) Melilla Blida El Eul

Tétouan (Spanien) Ech Chéliff **T** a

El Araich Nador Mostaganem

Er Rif (Larache) Saka Oran Mascara **Algerien** Bou
Saâda

2452 Sidi bel Abbès Tiaret Aïn Oussera Biskra

Kénitra 40 Oujda 1985

(El Qenitra) **Marokko** Tlemcen 121

Landhöhen und Meerestiefen (in Meter)

Gebiet unter dem Meeresspiegel
4810 Berghöhe
Gletscher

3 000
1 500
500
200
100
0
40
200
2 000
4 000

61
3400

Tiefenangabe   Höhenangabe

Gewässer

Fluss
schiffbarer Fluss (über 1350 t Tragfähigkeit)
Wadi, Trockental
Kanal, bedingt schiffbar
schiffbarer Kanal (über 1350 t Tragfähigkeit)
See
Stausee, Staumauer
Sumpf, Moor
Salzpfanne

Orte Einwohner

über 5 000 000
1 000 000 – 5 000 000
500 000 – 1 000 000
100 000 – 500 000
20 000 – 100 000
unter 20 000
Ruinenstätte, geschichtlich bedeutsamer Ort

Verkehr

Eisenbahn
Fähre
Autobahn
Fernstraße
Tunnel
Pass

Verwaltung

Staatsgrenze
Teilungsgrenze
Paris Hauptstadt eines Staates

Seite 76/77
Seite 82/83
Seite 90/91
Seite 132/133

© westermann 351113

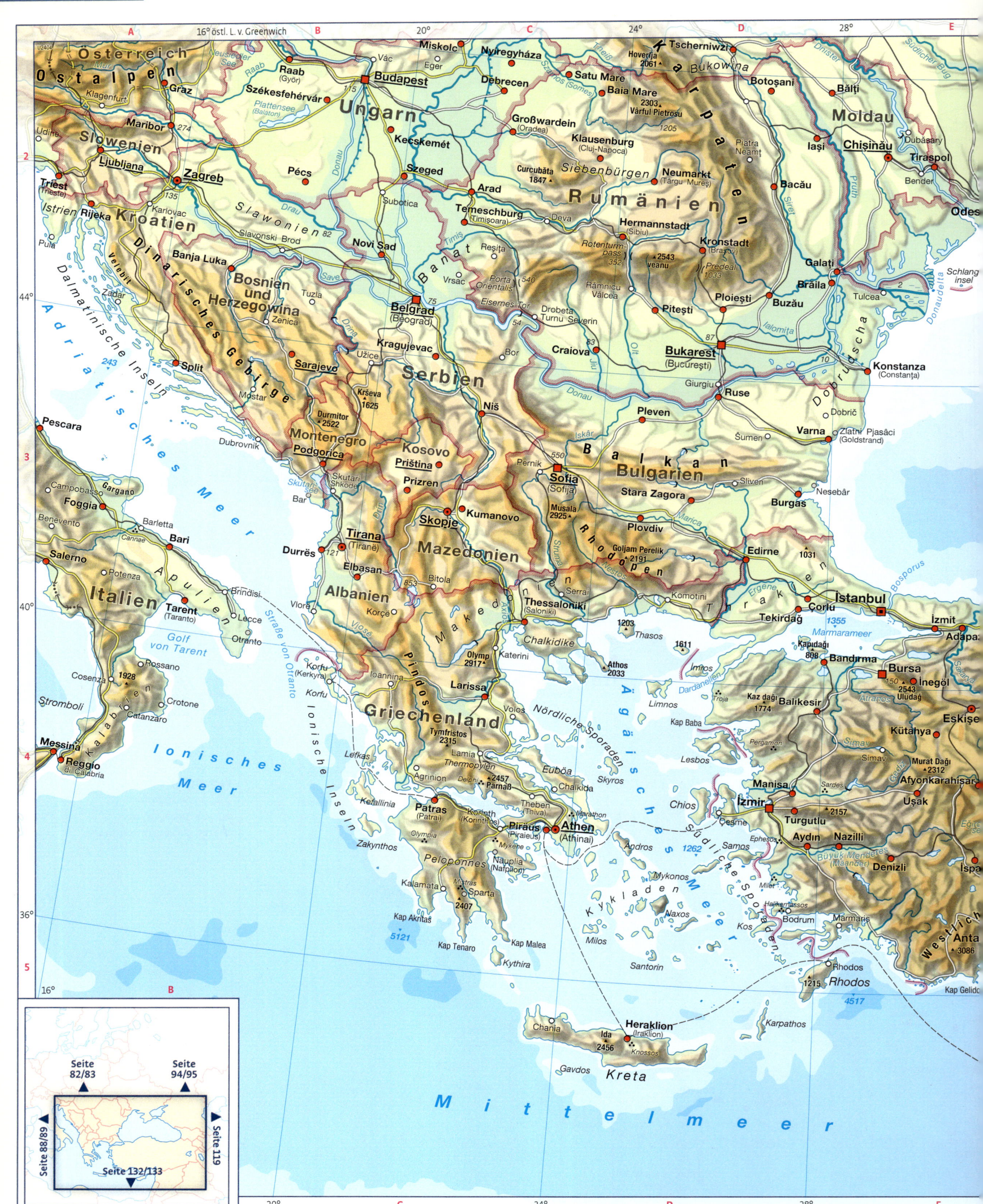

Waldlandschaften

- sommergrüner Laub- und Mischwald, Gebirgsnadelwald
- Hartlaubgehölz (Macchie)

offene Landschaften

- Steppe und Hochgebirgsgrasland
- Halbwüste und Wüste
- Salzpfanne
- Fels- und Gletscherregion

Kulturlandschaften

- Ackerbau
- mittelmeerischer Anbau (Oliven, Kork, Zitrusfrüchte)
- Bewässerungsland
- Weide, z. T. Wiese

Kontinentalschelf

- 200 m-Tiefenlinie

Bergbau

- Erdöl
- Erdgas
- Steinkohle
- Braunkohle
- Eisen
- Stahlveredler (Chrom, Mangan, Wolfram)
- Kupfer
- Blei, Zink
- Silber
- Bauxit (Aluminiumrohstoff)
- Phosphat

Transport und Industrie

- Erdölleitung
- Erdgasleitung
- Ölhafen

Industrie

- Erdölraffinerie
- Chemie, Kunststoffe
- Eisen- und Stahlerzeugung
- Buntmetallverhüttung
- Aluminiumverhüttung
- Eisen- und Metallverarbeitung (Maschinenbau, Stahl- und Leichtmetallbau, Metallware)

Schwarzes Meer

Polen · Slowakei · Ungarn · Rumänien · Moldau · Ukraine · Russland · Serbien · Bulgarien · Mazedonien · Kosovo · Montenegro · Albanien · Griechenland · Türkei · Georgien · Armenien · Syrien · Irak · Libanon · Israel · Jordanien · Zypern · Ägypten · Saudi-Arabien

Kattowitz · Krakau · Lemberg · Košice · Miskolc · Datschawa · Tschernizwi · Baia Mare · Budapest · Szeged · Arad · Hunedoara · Hermannstadt · Reșița · Transsilvanien · Kronstadt · Ticleni · Slatina · Ploiești · Bukarest · Belgrad · Sarajevo · Niș · Podgorica · Priština · Tirana · Sofia · Plovdiv · Thessaloniki · Chalkidike · Trikala · Korfu · Antikyra · Patras · Korinth · Athen · Peloponnes · Kreta · Iraklion · Rhodos · Kykladen · Patmos · Lesbos · Fethiye · Antalya · Alanya · Konya · Seydişehir · Fier

Winnyzja · Krementschuk · Dnipropetrowsk · Krywyj Rih · Donezk-becken · Donezk · Saporishshja · Mariupilj · Rostow · Mykolajiw · Cherson · Odessa · Chișinău · Galați · Ruse · Varna · Burgas · İstanbul · İzmit · Bursa · Ankara · Kinkkale · Sivas · İzmir · Kayseri · Adana · İskenderun · İçel (Mersin) · Aleppo · Banias · Homs · Beirut · Damaskus · Haifa · Amman · Ruseifa · Tel Aviv-Jaffa · Jerusalem · Nikosia · Simferopol · Sewastopol · Jalta · Noworossijsk · Krasnodar · Sotschi · Georgische Riviera · Supsa · Batumi · Kutaisi · Tiflis · Jerewan · Trabzon · Samsun · Ereğli · Guleman · Mosul · Grosnyj · Sadon · Stawropol · Ulan-Chol

Asowsches Meer · Kachiwkaer Stausee · Krim (von Russland kontrolliert) · Tuz gölü · Atatürk-Stausee · Vansee · Türk. Riviera · Türkische Ägäis

Bengasi · Tobruk · Marsa Matruh · Alexandria · Port Said · Tanta · Kairo · Gizeh · Heluan · El-Faiyum · Suez · Akaba · Al-Jawf · Ras Lanuf · Marsa el Brega · Aidabiyah · Amal · El Meheiriga · Zelten · Siwa · Sharm-el-Sheikh · Hurghada · Ägypten · Rotes Meer · Syrte

Dienstleistungszentrum

⬡ (rot)	mit internationaler Bedeutung
⬡	mit überregionaler Bedeutung
○	mit regionaler Bedeutung

Grenzen

- Staatsgrenze
- Grenze Palästinensischer Autonomiegebiete

Tourismus

- Städtetourismus (vor allem Kulturtourismus)
- Badetourismus im Sommer
- ganzjähriger Badetourismus
- Pilgerort
- Wintersport
- Kurort, Heilbad
- *Algarve* touristisch bedeutender Küstenabschnitt

Legende (links unten):

- Kraftfahrzeugbau
- Luft- und Raumfahrzeugbau
- Schiffbau
- Elektrotechnik, Elektronik
- Feinmechanik, Optik, Uhren
- Textilien, Bekleidung, Leder
- Nahrungs- und Genussmittel
- Fischverarbeitung

Tourismus als bedeutende Dienstleistung
Von je 100 Erwerbstätigen dieser Beispiel-Staaten leben vom Tourismus in

Griechenland	19
Portugal	18
Österreich	14
Spanien	13
Schweiz	11
Frankreich	10
Italien	10
Türkei	8
Deutschland	5
Rumänien	5

© westermann 350629

0   200   400   600 km

U2700

Nördliches Eismeer und angrenzende Gebiete

Larmeer

Arktisches Kap
Sewernaja Semlja
Komsomolzen-Insel
Bolschewik-Insel
Oktober-Revolutions-Insel
965
935

Wilkizkistraße
Kap Tscheljuskin
1146
Taimyr-See
Nordsibirisches Tiefland
Cheta
601
Chatanga

Putorana-Gebirge
Mittelsibirisches
Bergland
Tura
Untere Tunguska

Neusibirische Inseln
Kotelnyj-Insel
Malakatyn Tas
371
Ljachow-Inseln
Neusibirien

Lenadelta
Tiksi
Ust-Jansk

Ostsibirische
See

Wrangel-Insel
Tschuktschen-see
Kap Deschnew
Sankt-Lorenz-Insel

Medweshi-Inseln
(Bären-Inseln)
Tschokurdach
754
Nishnekolymsk
Opewek

Tschuktschen
Halbinsel
Anadyr-Golf
Anatyr

Momagebirge
2480
Pobeda 3147
Tscherskigebirge

Anjuigebirge
1348
Beloja
1855

Korjakengebirge
Beringowskij
2562
Ledjanaja

Kamtschatka
Beringmeer
Bering-Insel
Medny-Insel

Werchojansker Gebirge
2389
Werchojansk
2295
Ust-Nera
2409
Omjakon
Mus Chaja 2959

Kljutschewskaja Sopka
4750
3621
Itschinskaja Sopka
4508
Petropawlowsk-Kamtschatskij
3456

Nördlicher Polarkreis
962
Udatschnij
Olenjok
Shigansk
Sangar
Wiljuisk
Suntar
Jakutsk
92

Ochotskisches
Meer
2156

Mirnyj
Lensk
Oljokminsk
120
Tommot
Aldan
2246
Nerjungri
2999

Dshugdshurgebirge
Ajan
1906
Topko
Nelkan

Sachalin
1644
Ocha
Nikolajewsk
1609
Alexandrowsk-Sachalinskij

Kuril
Paramuschir
1816

Witimplateau
Stanowoigebirge
2412
Tschumikan
Schantarsk-Inseln

Tatarensund
Jushno-Sachalinsk
Korsakow
Cholmsk

Etorofu (Iturup)
1687
Kunashiri (Kugaschiro)

Taischet
Bratsk
Tulun
Usolje-Sibirskoje
Angarsk
3491
Irkutsk
Munku Sardyk 1624

Baikalgebirge
2574
2840
Tschita
Jablonowigebirge
1495

Heihe
Blago-weschtschensk
Komsomolsk
2540
2078
Chabarowsk

Sichote Alin
2090
Asahi Dake
Asahikawa
Sapporo
Hokkaido

Ulan-Ude
Stuhbaatar
Kjachta
Darchan

Kleiner Chingan
Yichun
Hegang
Jiamusi
Suihua
1150

Wakkanai
Wladiwostok
Nachodka
3669
Hakodate
Aomori
Morioka
2041
Honshu

Ulan Bator (Ulaanbaatar)
2800
1326

Qiqihar
Ranghulu
Zalatun
Harbin
Mudanjiang
Ussurijsk

Japanisches
Meer
(Ostmeer)

Akita
Sendai
8412

Mongolei
Bajanhongor
3957
Gobi-Altai
2825
Dalan-Dzadgad

Großer Chingan
Ulan Hot
Baicheng
Changchun
Jilin
Yanji

Chongjin
Kimchaek
Hamhung
Nordkorea
Ullung
Dokdo/Takeshima

Niigata
3063
Kanazawa
Fukui
3776
Nagoya

Tokio
Kawasaki
Yokohama
Hamamatsu
Japan

Gobi
Abagnar Qi
2034
Erenhot
Tongliao
Shuangliao
Siping

China
Shenyang
Fushun
Fuxin
Anshan
2522
Hungnam
Wonsan
Südkorea

Yin Shan
Jining
Zhangjiakou
Jinzhou
Jinzhou
Dandong
Sinuiju
Pjöngjang

Kyoto
Kobe
Osaka
Nagoya

Waldlandschaften
- nördlicher Nadelwald/Taiga
- sommergrüner Laub- und Mischwald, Gebirgsnadelwald

offene Landschaften
- Tundra
- Steppe und Hochgebirgsgrasland
- Halbwüste und Wüste
- Fels- und Gletscherregion
- Meeresvereisung

Kulturland
- Ackerbau
- Bewässerungsland
- Weide, z.T. Wiese

Bergbau
- Erdöl
- Erdgas
- Steinkohle
- Braunkohle
- Uran
- Eisen
- Stahlveredler (Chrom, Mangan, Kobalt)
- Graphit
- Kupfer
- Zinn
- Blei, Zink
- Metalle der Seltenen Erden (Hightech-Rohstoffe)
- Gold
- Platin
- Diamanten
- Bauxit (Aluminiumrohstoff)

Industrie
- Eisen- und Stahlerzeugung
- Buntmetallverhüttung
- Aluminiumverhüttung
- Eisen- und Metallverarbeitung
- Kraftfahrzeugbau
- Luft- und Raumfahrzeugbau
- Schiffbau
- Elektroindustrie
- Atomindustrie
- Chemie, Kunststoffe
- Erdölraffinerie
- Textilien, Bekleidung
- Holz, Papier
- Nahrungs- und Genussmittel
- Fischverarbeitung
- Kernkraftwerk
- Wärmekraftwerk
- Wasserkraftwerk

Dienstleistungszentrum
- internationale Bedeutung
- überregionale Bedeutung
- regionale Bedeutung
- Tourismus

Transport und Verkehr
- Erdölleitung
- Erdgasleitung
- wichtige Eisenbahn
- Fernstraße

Grenzen
- Staatsgrenze

Nördlicher Polarkreis

Polarmeer

Franz-Josef-Land

Wrangelinsel

Ostsibirische

See

Sewernaja

Semlja

Laptewsee

Neusibirische
Inseln

Tiksi

Bilibino

Anadyr

Kolymagebirge

Kamtschatka

Korf

Syrjanka

Dukat

Werchojansk

Tscherskigebirge

Sussuman

Magadan

Ochotsk

Ostsibirisches
Meer

Dudinka   Norilsk

Tasowskij

Igarka

Nowyi
Urengoi

Port

Nördlicher Polarkreis

Aichal

Wiljuisk   Jakutsk

Ochotskisches
Meer

Ocha

Nogliki

Sachalin

Nikolajewsk

Tommot

Aldan

Nerjungri

Uglegorsk

Jushno-
Sachalinsk

Mirny

Lensk

Werchojansker Gebirge

Lena

Dshugdshurgebirge

Sibirien

Russland

Severo-
Jenissejskij

Bodaibo

Stanowoigebirge

Komsomolsk

Sowjetskaja-
Gawan

Ust-Ilimsk

Baikal-Amur-Magistrale (BAM)

Tynda

Seja

Bikin

Dalnegorsk

Tomsk   Atschinsk

Krasnojarsk   Kansk

Bratsk

Schelesnogorsk-
Ilimsk

Taischet

Skoworodino

Transsib

Blagoweschtschensk

Hegang

Fujin

Chabarowsk

Kemerowo

Tulun

Sima

Tscheremchowo

Tschita

Amur

Jamusi

Nachodka

Nowokusnezk

Abakan

Angarsk   Irkutsk

Ulan-Ude

Krasnokamensk

Hailar

Mandschurei

Daqing

Mudanjiang

Wladiwostok

Ostsajan

Baikalsee

Petrowsk-
Sabaikalski

Harbin

Altai

Westsajan

Erdenet

Ulan-Bator

Kerulen

Selenga

Jilin

Changchun

Chongjin

Nordkorea

Japanisches
Meer
(Ostmeer)

Ulan-Gom

Tschoibalsan

Fushun

Großer Chingan

China

Hungnam

Wonsan

Urumchi

Mongolischer Altai

Mongolei

Oyu Tolgoi

Shenyang

Anshan

Jinzhou

Dandong

Pjöngjang

Südkorea

Japan

Hami

Gobi

Xuanhua

Datong

Baotou

Peking

Tangshan

Dalian

Seoul

China

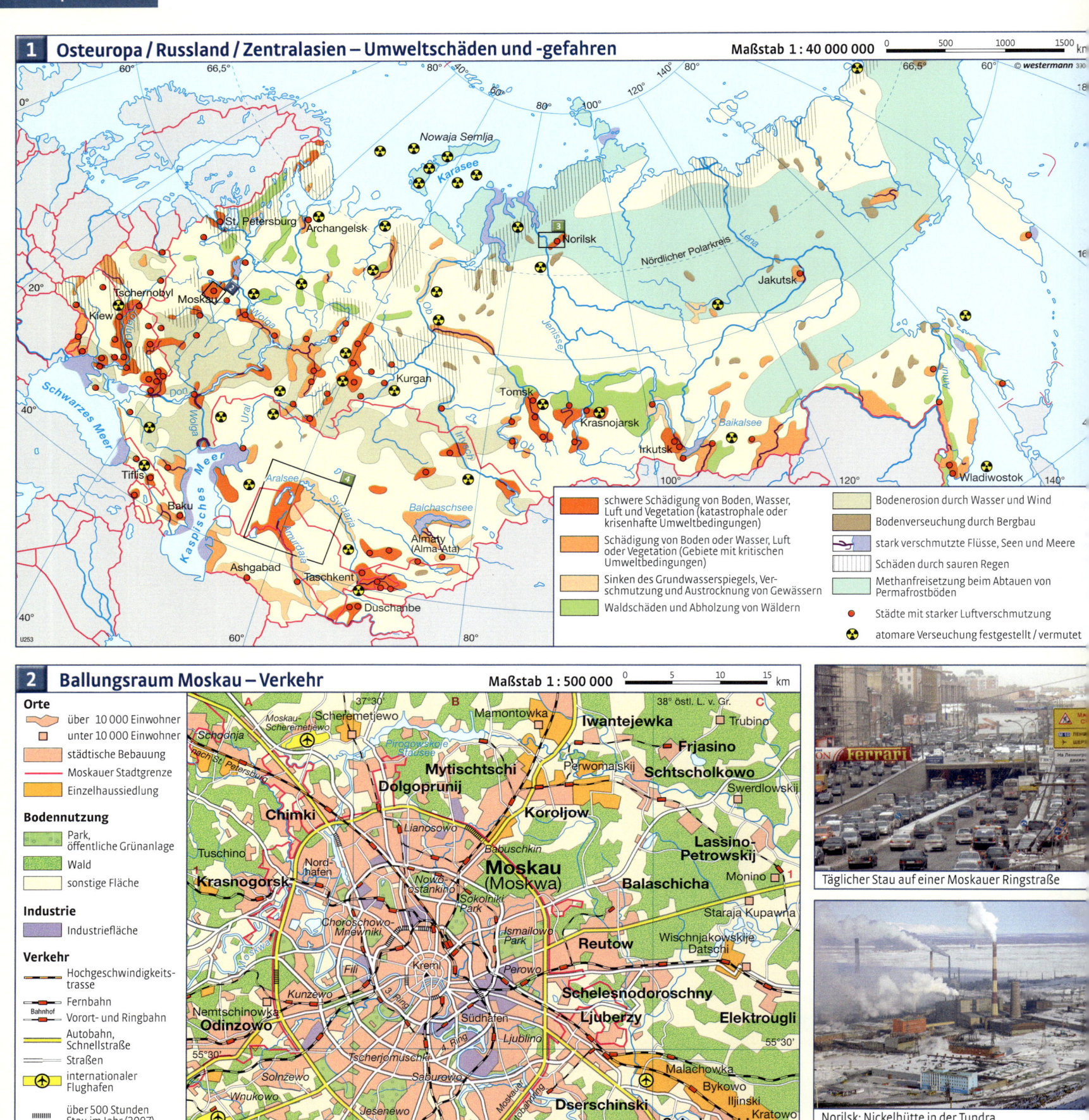

1 **Osteuropa / Russland / Zentralasien – Umweltschäden und -gefahren**   Maßstab 1 : 40 000 000

0   500   1000   1500 km

© westermann 390

Legende:

| | schwere Schädigung von Boden, Wasser, Luft und Vegetation (katastrophale oder krisenhafte Umweltbedingungen) |
| schwere Schädigung von Boden oder Wasser, Luft oder Vegetation (Gebiete mit kritischen Umweltbedingungen) |
| Sinken des Grundwasserspiegels, Verschmutzung und Austrocknung von Gewässern |
| Waldschäden und Abholzung von Wäldern |
| Bodenerosion durch Wasser und Wind |
| Bodenverseuchung durch Bergbau |
| stark verschmutzte Flüsse, Seen und Meere |
| Schäden durch sauren Regen |
| Methanfreisetzung beim Abtauen von Permafrostböden |
| ● Städte mit starker Luftverschmutzung |
| ☢ atomare Verseuchung festgestellt / vermutet |

Orte auf der Karte: Nowaja Semlja, Karasee, St. Petersburg, Archangelsk, Norilsk, Jakutsk, Tschernobyl, Moskau, Kiew, Kurgan, Tomsk, Krasnojarsk, Baikalsee, Irkutsk, Wladiwostok, Tiflis, Baku, Aralsee, Balchaschsee, Syr-Darja, Amu-Darja, Almaty (Alma-Ata), Ashgabad, Taschkent, Duschanbe, Schwarzes Meer, Kaspisches Meer, Nördlicher Polarkreis, Lena, Jenissej, Ob, Ural, Don, Wolga, Amur

U253

---

2 **Ballungsraum Moskau – Verkehr**   Maßstab 1 : 500 000

0   5   10   15 km

Orte

	über 10 000 Einwohner
■	unter 10 000 Einwohner
	städtische Bebauung
—	Moskauer Stadtgrenze
	Einzelhaussiedlung

Bodennutzung

	Park, öffentliche Grünanlage
	Wald
	sonstige Fläche

Industrie

| | Industriefläche |

Verkehr

	Hochgeschwindigkeitstrasse
	Fernbahn
Bahnhof	
	Vorort- und Ringbahn
	Autobahn, Schnellstraße
	Straßen
✈	internationaler Flughafen
	über 500 Stunden Stau im Jahr (2007)

2008 waren in Moskau 3,8 Millionen Autos registriert. Für das Jahr 2015 erwartet man bis zu 8 Millionen Autos.

Moskau (Russland)
156 m ü. M.
T: 5 °C
N: 689 mm

Orte auf der Karte: Scheremetjewo, Mamontowka, Iwantejewka, Trubino, Frjasino, Mytischtschi, Perwomajskij, Schtscholkowo, Dolgoprunij, Swerdlowskij, Chimki, Koroljow, Krasnogorsk, Lassino-Petrowskij, Monino, Moskau (Moskwa), Balaschicha, Staraja Kupawna, Reutow, Wischnjakowskije Datschi, Perowo, Schelesnodoroschny, Ljuberzy, Elektrougli, Odinzowo, Südhafen, Ljublino, Malachowka, Bykowo, Iljinski, Kratowo, Dserschinski, Schukowski, Lytkarino, Ramenskoje, Michailowskaja-Sloboda, Widnoje, Molokowo, Sofino, Konstantinowo, Butowo, Troizk, Filimonki, Jesenewo, Birjuljowo, Ostrow, Jam, Pawlowskoje, Fedjukowo, Schtscherbinka, Domodedowo, Podolsk, Wnukowo, Solnzewo, Saburowo, Tscherjomuschki, Nemtschinowka, Kunzewo, Fili, Choroschowo-Mnewniki, Tuschino, Nordhafen, Babuschkin, Lianosowo, Nowo-Ostankino, Sokolniki Park, Kreml, Ismailowo Park, Schgonja

© westermann 361105

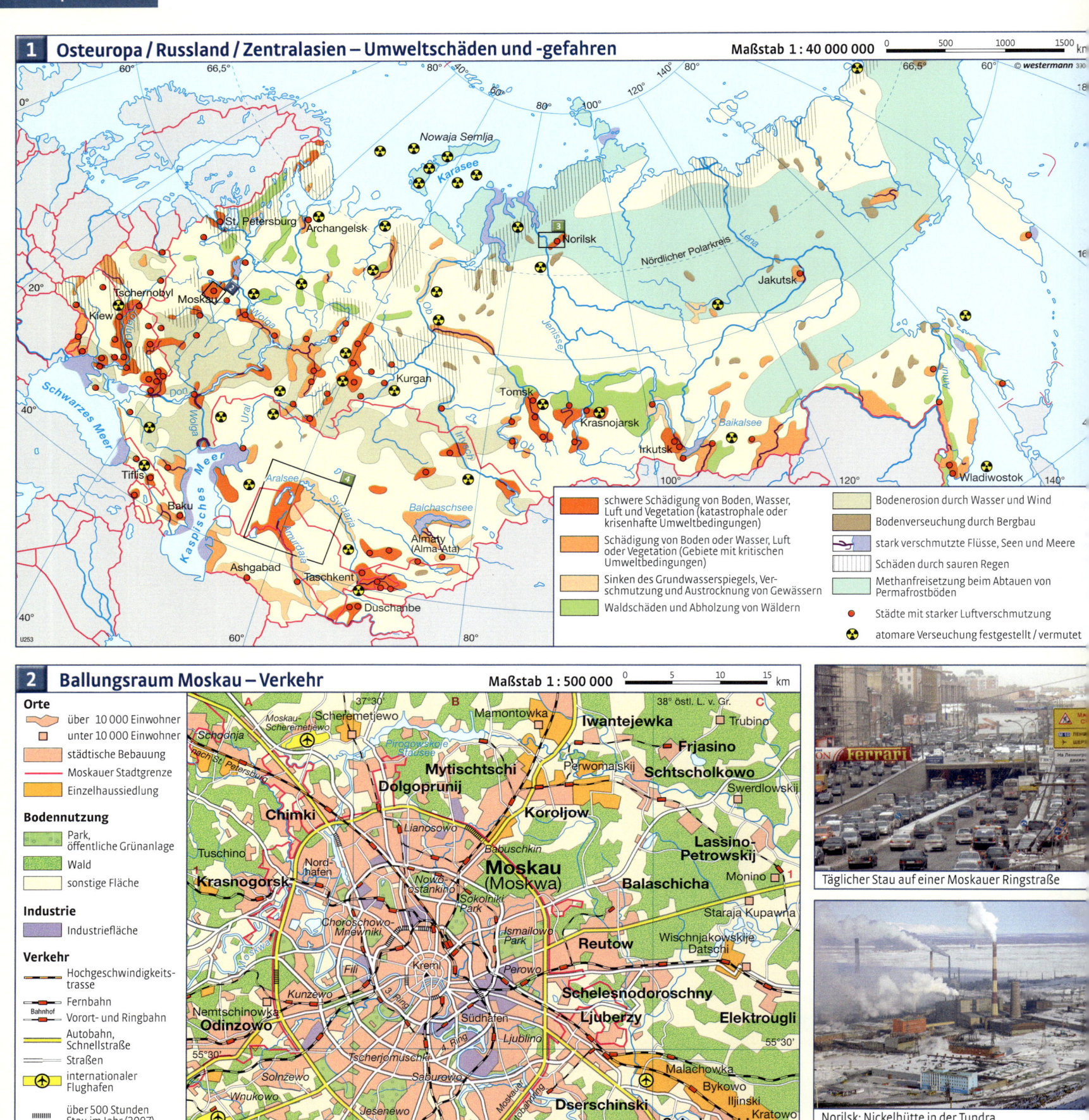
Täglicher Stau auf einer Moskauer Ringstraße

Norilsk: Nickelhütte in der Tundra

Aralsee: junge Salzwüste Aralkum

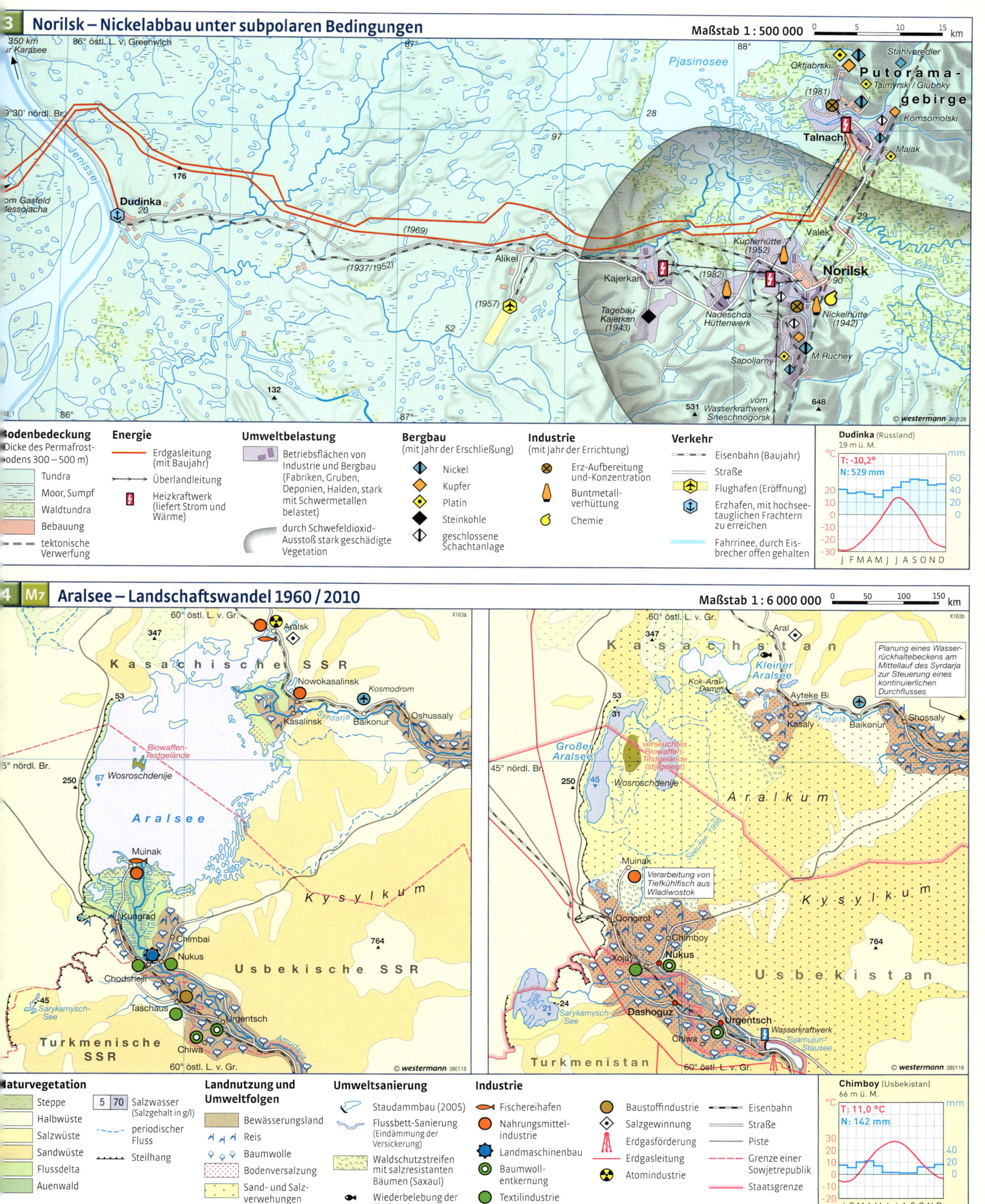

3 Norilsk – Nickelabbau unter subpolaren Bedingungen

Maßstab 1 : 500 000

0 5 10 15 km

Pjasinosee

Oktjabrski · Stahlveredler
Taimyrski / Gluboky
Putorama-
gebirge
(1981)
Komsomolski
Talnach
Majak
Valek
Kupferhütte
(1952)
Norilsk
90
Dudinka
20
176
(1969)
(1937/1952)
Alikel
Kajerkan
(1982)
Nadeschda
Hüttenwerk
Nickelhütte
(1942)
Tagebau-
Kajerkan
(1943)
(1957)
132
Sapoljarny
M.Ruchey
531 vom
Wasserkraftwerk
Snschnogorsk
648

Jenissej
86° östl. L. v. Greenwich
87°
88°
350 km
ur Karasee
vom Gasfeld
Messojacha
9°30' nördl. Br.
28
97
29
Pjasina
52
86°
87°

© westermann 360129

Bodenbedeckung
Dicke des Permafrost-
odens 300 – 500 m)

Tundra
Moor, Sumpf
Waldtundra
Bebauung
-- tektonische
Verwerfung

Energie

Erdgasleitung
(mit Baujahr)
Überlandleitung
Heizkraftwerk
(liefert Strom und
Wärme)

Umweltbelastung

Betriebsflächen von
Industrie und Bergbau
(Fabriken, Gruben,
Deponien, Halden, stark
mit Schwermetallen
belastet)
durch Schwefeldioxid-
Ausstoß stark geschädigte
Vegetation

Bergbau
(mit Jahr der Erschließung)

◈ Nickel
◈ Kupfer
◈ Platin
◈ Steinkohle
◈ geschlossene
Schachtanlage

Industrie
(mit Jahr der Errichtung)

⊗ Erz-Aufbereitung
und-Konzentration
Buntmetall-
verhüttung
Chemie

Verkehr

Eisenbahn (Baujahr)
Straße
Flughafen (Eröffnung)
Erzhafen, mit hochsee-
tauglichen Frachtern
zu erreichen
Fahrrinne, durch Eis-
brecher offen gehalten

Dudinka (Russland)
19 m ü. M.
T: -10,2°
N: 529 mm
°C / mm
J F M A M J J A S O N D

4 M7 Aralsee – Landschaftswandel 1960 / 2010

Maßstab 1 : 6 000 000

0 50 100 150 km

Aralsk
Kasachische SSR
347
Nowokasalinsk
Kosmodrom
53
Kasalinsk
Baikonur
Oshussaly
Syrdarja
Biowaffen-
Testgelände
5° nördl. Br.
250
67
Wosroschdenije
Aralsee
Muinak
Kysylkum
764
Kungrad
Chimbai
Nukus
Chodshejli
Usbekische SSR
45
Sarykamysch-
See
Taschaus
Urgentsch
Chiwa
Amudarja
Turkmenische
SSR
60° östl. L. v. Gr.

60° östl. L. v. Gr.
X163a

© westermann 380118

Kasachstan
347
Aral
Kleiner
Aralsee
Kok-Aral-
Damm
Ayteke Bi
Großer
Aralsee
Shossaly
versuchtes
Biowaffen-
Testgelände
(stillgelegt)
Kasaly
Baikonur
Syrdarja
Planung eines Wasser-
rückhaltebeckens am
Mittellauf des Syrdarja
zur Steuerung eines
kontinuierlichen
Durchflusses
53
31
Wosroschdenije
45
250
Seeufer 1998
Aralkum
Kysylkum
764
Verarbeitung von
Tiefkühlfisch aus
Wladiwostok
Muinak
Qongirot
Chimboy
Xojayli
Nukus
Usbekistan
Sarykamysch-
See
24
Dashoguz
Urgentsch
Chiwa
Wasserkraftwerk
Tüjamujun-
Stausee
21
Turkmenistan
60° östl. L. v. Gr.

60° östl. L. v. Gr.
X163b

© westermann 380118

Naturvegetation

Steppe
Halbwüste
Salzwüste
Sandwüste
Flussdelta
Auenwald
5 70 Salzwasser
(Salzgehalt in g/l)
periodischer
Fluss
Steilhang

**Landnutzung und
Umweltfolgen**

Bewässerungsland
Reis
Baumwolle
Bodenversalzung
Sand- und Salz-
verwehungen

Umweltsanierung

Staudammbau (2005)
Flussbett-Sanierung
(Eindämmung der
Versickerung)
Waldschutzstreifen
mit salzresistenten
Bäumen (Saxaul)
Wiederbelebung der
Fischerei

Industrie

Fischereihafen
Nahrungsmittel-
industrie
Landmaschinenbau
Baumwoll-
entkernung
Textilindustrie
Baustoffindustrie
Salzgewinnung
Erdgasförderung
Erdgasleitung
Atomindustrie
Eisenbahn
Straße
Piste
Grenze einer
Sowjetrepublik
Staatsgrenze

Chimboy (Usbekistan)
66 m ü. M.
T: 11,0 °C
N: 142 mm
°C / mm
J F M A M J J A S O N D

1 Physische Übersicht

Maßstab 1 : 36 000 000

0 200 400 600 800 100

Landhöhen und Meerestiefen
(in Meter)

Gebiet unter dem Meeresspiegel

Berghöhe
8848

1 500
1 000
500
(Küstenlinie)
200 100
0
200
2 000
4 000
6 000
8 000

2247

Tiefenangabe   Höhenangabe

Gewässer

～～～ Fluss
Stromschnelle, Wasserfall
Kanal, bedingt schiffbar
See
Sumpf, Moor

□ Tundra
░ Wüste

Ballungsraum

Einwohner
□ über 10 000 000
□ 3 000 000 – 10 000 000
■ 1 000 000 – 3 000 000

- - - Kontinentalgrenze

© westermann 351117

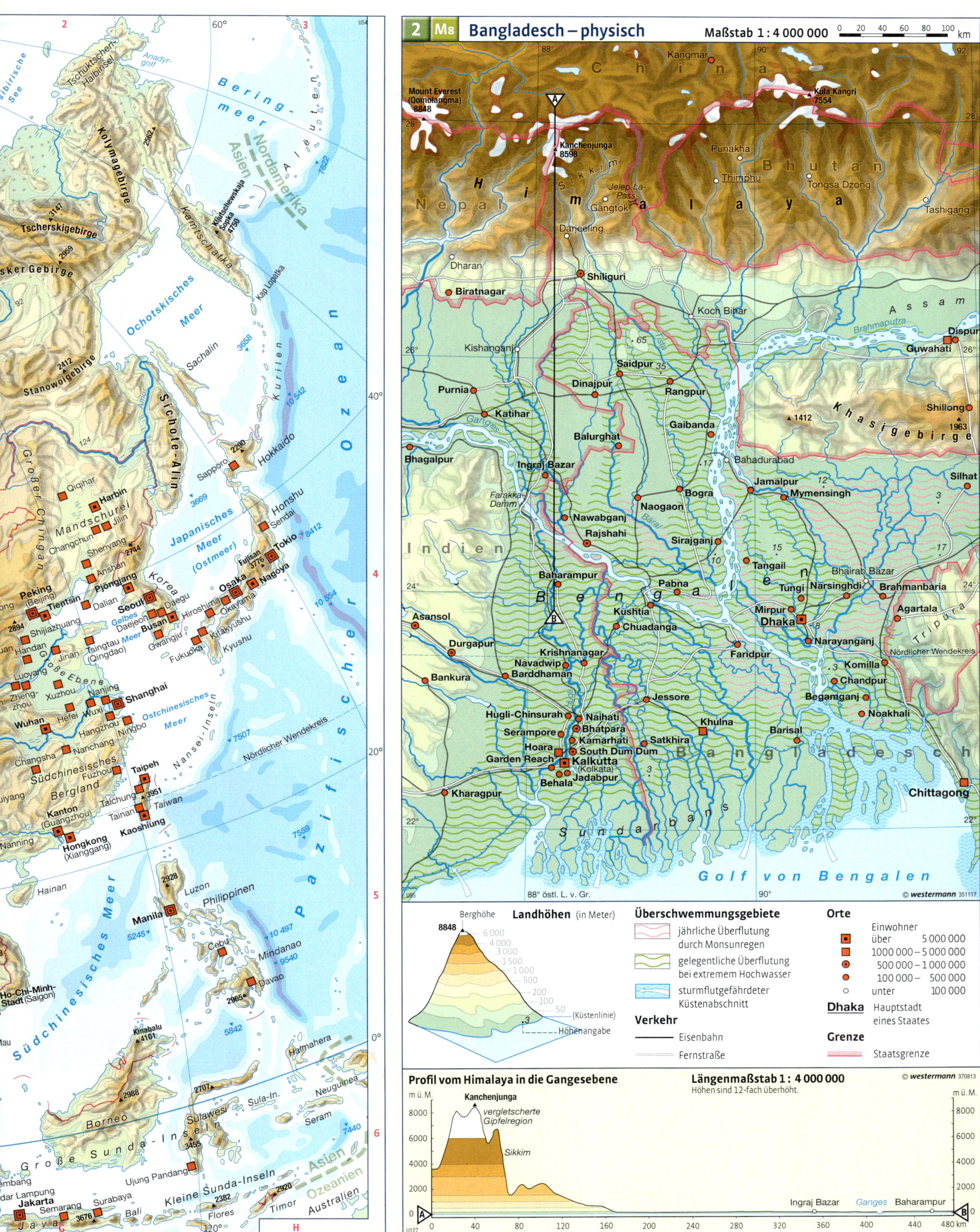

2 M8 Bangladesch – physisch   Maßstab 1 : 4 000 000

	0	20	40	60	80	100
						km

Landhöhen (in Meter)

Berghöhe
8848

6 000
4 000
1 500
500
200
100
50
(Küstenlinie)
Höhenangabe

Überschwemmungsgebiete

jährliche Überflutung durch Monsunregen

gelegentliche Überflutung bei extremem Hochwasser

sturmflutgefährdeter Küstenabschnitt

Verkehr

Eisenbahn

Fernstraße

Orte

Einwohner
über 5 000 000
1000 000 – 5 000 000
500 000 – 1 000 000
100 000 – 500 000
unter 100 000

Dhaka Hauptstadt eines Staates

Grenze

Staatsgrenze

© westermann 351117

Profil vom Himalaya in die Gangesebene   Längenmaßstab 1 : 4 000 000
Höhen sind 12-fach überhöht.   © westermann 370813

m ü.M.

Kanchenjunga
vergletscherte Gipfelregion
Sikkim

8000
6000
4000
2000

Ingraj Bazar   Ganges   Baharampur

0   40   80   120   160   200   240   280   320   360   400   440   480 km

GOP = Górnośląski Okręg Przemysłowy (Oberschlesisches Industrierevier)

1 Asien – politische Übersicht

Maßstab 1 : 56 000 000

0 500 1000 1500 2000 2500 km

Atlantischer Ozean

Nordpolarmeer

Island

Irland

Großbritannien

Nordsee

Portugal

Spanien

Marokko 1956

Algerien 1962

Tunesien 1956

Libyen 1951

Frankreich

Niederlande

Belgien

Lux.

Schweiz

Deutschland

Dänemark

Norwegen

Schweden

Finnland

Italien

Österreich

Polen

Ungarn

Tschech.

Slowakei

Estland 1991

Riga Lettland 1991

Tallinn

Litauen 1991

Vilnius

Minsk

Weißrussland 1991

Ukraine 1991

Kiew

Moskau

Wolga

Moldau 1991

Chisinau

Rumänien

Bulgarien

Griechenland

Ankara

Türkei

Zypern 1960

Libanon 1943

Beirut

Damaskus

Syrien 1941

Israel 1948

Jerusalem

Amman

Jordanien 1946

Irak

Bagdad

Kuwait 1961

Saudi-Arabien 1932

Riad

Bahrain 1971

Katar 1971

Abu Dhabi

Vereinigte Arab. Emirate 1971

Ägypten 1922

Sudan 1956

Eritrea 1993

Nord-Jemen 1918

Jemen Vereinigung 1990

Süd-Jemen 1967

Saná

Südsudan 2011

Äthiopien

Dschibuti 1977

Uganda 1962

Kenia 1963

Somalia 1960

Tansania 1964

Sokotra (Jemen)

Seychellen 1976

Rotes Meer

Mittelmeer

Schwarzes Meer

Georgien 1991

Tiflis

Armenien 1991

Jerewan

Aserbaidschan 1991

Baku

Kaspisches Meer

Aralsee

Teheran

Iran

Kuwait

Oman 1970

Maskat

Maledivien 1965

Male

Colombo

Sri Lanka 1948

Russland 1991

Ob

Ural

Irtysch

Jenissej

Lena

Nördlicher Polarkreis

Kasachstan 1991

Astana (Akmola)

Balchaschsee

Usbekistan 1991

Taschkent

Turkmenistan 1991

Ashgabat

Bishkek

Kirgisistan 1991

Tadschikistan 1991

Duschanbe

Afghanistan

Kabul

Islamabad

Pakistan 1947

Neu-Delhi

Indien 1947

Indus

Ganges

Baikalsee

Amur

Mongolei 1921

Ulan Bator

China

Peking

Huang He

Jangtsekiang

Nepal 1951

Kathmandu

Bhutan 1949

Thimphu

Dhaka

Bangladesch 1971

Myanmar (Birma) 1948

Naypyidaw

Laos 1954

Vientiane

Hanoi

Thailand

Bangkok

Kambodscha 1953

Phnom Penh

Vietnam 1954

Mekong

Lakshadweep (Indien)

Andamanen (Indien)

Nikobaren (Indien)

Malaysia 1963

Kuala Lumpur

Singapur 1965

Brunei 1984

Indonesien 1945

Jakarta

Dili

Osttimor 2002

Äquator

Nördlicher Wendekreis

Nordkorea 1948

Pjöngjang

Südkorea 1948

Seoul

Japan

Tokio

Taipeh

Taiwan 1945

Manila

Philippinen 1946

Palau 1981

Nansei-In. (Japan)

Bonin-In. (Japan)

Vulkan-In. (Japan)

Nördliche Marianen (USA)

Guam (USA)

Südchinesisches Meer

Pazifischer Ozean

Alaska (USA)

Aleuten (USA)

(russische Verwaltung)

Papua-Neuguinea 197...

Australien

Indischer Ozean

Nordpolarmeer

60° östl. L. v. Greenw.

© westermann 351117

Legende:

— Staatsgrenze

--- nicht festgelegte Grenze

● Hauptstadt

1960 Jahr der Unabhängigkeit

2 M14 Stadt- und Landbevölkerung in Asien

Mit 4,2 Mrd. Menschen ist Asien der einwohnerstärkste Kontinent. Davon wohnen 42% in Städten – 1950 waren es nur 16%, 2050 sollen es 65% sein. Die Gesamtbevölkerung und die Anteile von Stadt- und Landbevölkerung entwickeln sich dabei in einzelnen Ländern sehr unterschiedlich.

Bevölkerungswachstum in Asien:

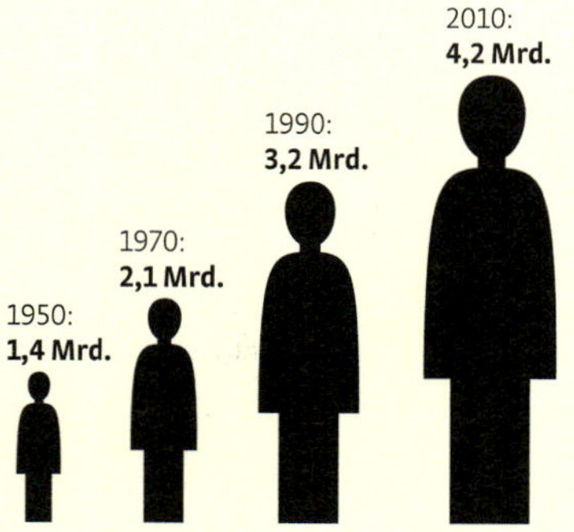

1950: 1,4 Mrd.

1970: 2,1 Mrd.

1990: 3,2 Mrd.

2010: 4,2 Mrd.

Entwicklung von Stadt- und Landbevölkerung 1950–2050

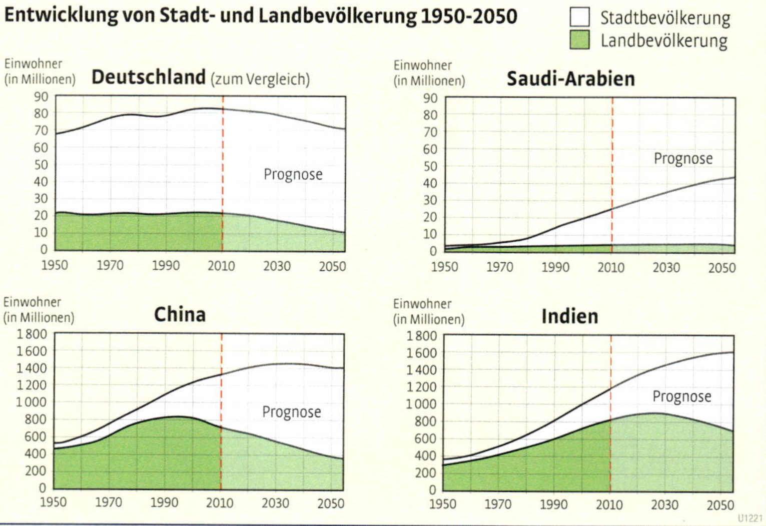

☐ Stadtbevölkerung
■ Landbevölkerung

Einwohner (in Millionen)

Deutschland (zum Vergleich)

90 80 70 60 50 40 30 20 10

1950 1970 1990 2010 2030 2050

Prognose

Saudi-Arabien

90 80 70 60 50 40 30 20 10

1950 1970 1990 2010 2030 2050

Prognose

China

1800 1600 1400 1200 1000 800 600 400 200

1950 1970 1990 2010 2030 2050

Prognose

Indien

1800 1600 1400 1200 1000 800 600 400 200

1950 1970 1990 2010 2030 2050

Prognose

U1221

Die harten Arbeitsbedingungen in der Landwirtschaft sind ein Grund für Landflucht, zu dem oft auch Landknappheit, Ernteverluste oder Bevölkerungswachstum hinzukommen.

3 Asien – Bevölkerung

Maßstab 1 : 56 000 000

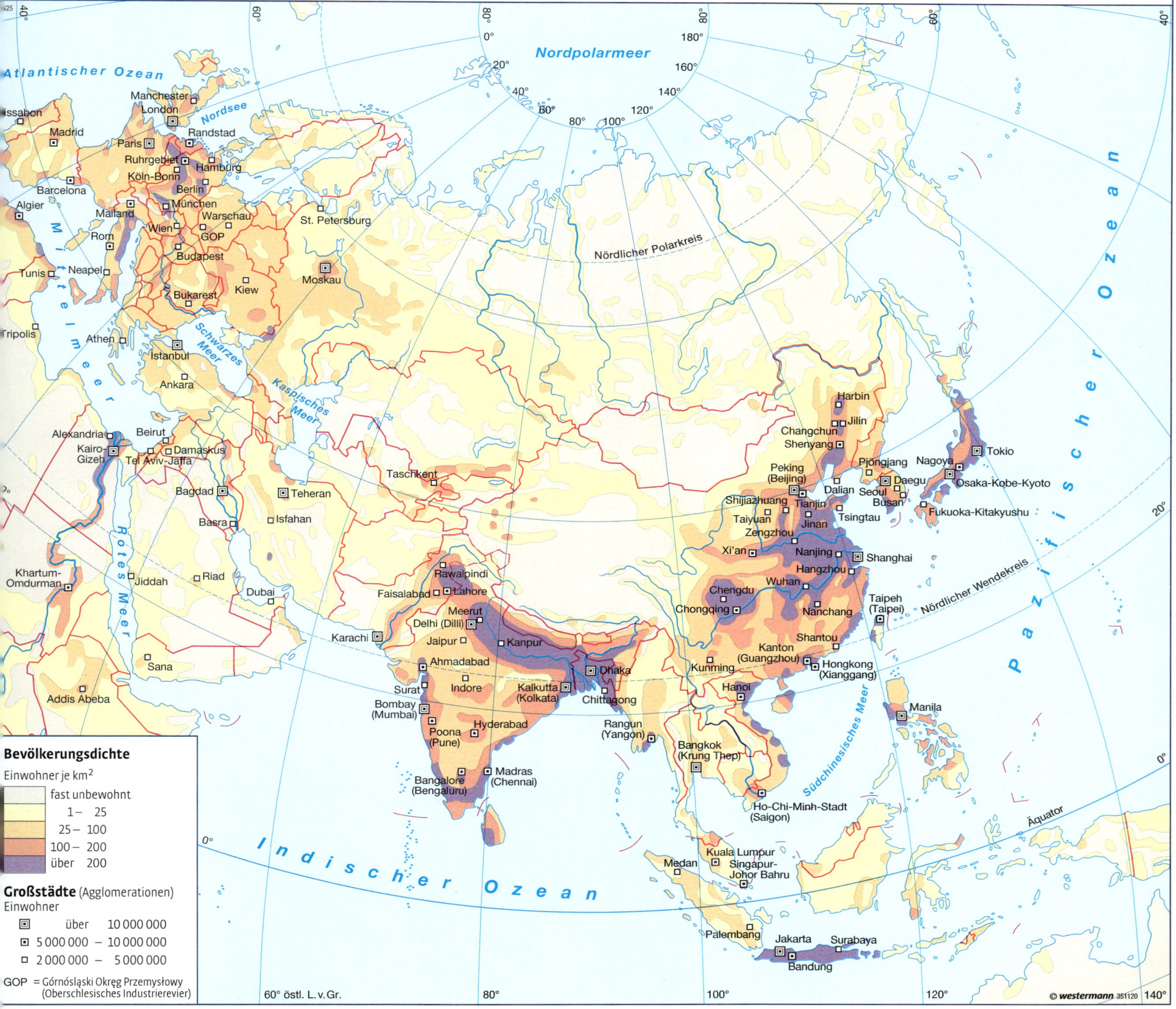

0 500 1000 1500 2000 2500 km

Atlantischer Ozean

Nordpolarmeer

Nördlicher Polarkreis

Pazifischer Ozean

Manchester
London
Randstad
Madrid
Paris
Ruhrgebiet
Köln-Bonn
Hamburg
Barcelona
Berlin
München
Wien
GOP
Budapest
Mailand
Rom
Warschau
Neapel
Bukarest
Kiew
Moskau
St. Petersburg
Tunis
Athen
Tripolis
Istanbul
Ankara
Schwarzes Meer
Kaspisches Meer
Mittelmeer

Alexandria
Kairo-Gizeh
Beirut
Damaskus
Tel Aviv-Jaffa
Bagdad
Basra
Teheran
Isfahan
Taschkent

Khartum-Omdurman
Jiddah
Riad
Dubai
Sana
Addis Abeba
Rotes Meer

Karachi
Rawalpindi
Faisalabad
Lahore
Meerut
Delhi (Dilli)
Jaipur
Kanpur
Ahmadabad
Surat
Indore
Bombay (Mumbai)
Poona (Pune)
Hyderabad
Madras (Chennai)
Bangalore (Bengaluru)
Dhaka
Kalkutta (Kolkata)
Chittagong
Rangun (Yangon)

Harbin
Jilin
Changchun
Shenyang
Peking (Beijing)
Pjöngjang
Nagoya
Tokio
Dalian
Seoul
Daegu
Busan
Osaka-Kobe-Kyoto
Fukuoka-Kitakyushu
Shijiazhuang
Tianjin
Taiyuan
Zengzhou
Jinan
Tsingtau
Xi'an
Nanjing
Shanghai
Hangzhou
Chengdu
Wuhan
Chongqing
Nanchang
Taipeh (Taipei)
Shantou
Kanton (Guangzhou)
Hongkong (Xianggang)
Kunming
Hanoi
Bangkok (Krung Thep)
Ho-Chi-Minh-Stadt (Saigon)
Manila
Südchinesisches Meer

Kuala Lumpur
Singapur-Johor Bahru
Medan
Palembang
Jakarta
Surabaya
Bandung

Nördlicher Wendekreis
Äquator

Indischer Ozean

Bevölkerungsdichte
Einwohner je km²

- fast unbewohnt
- 1 – 25
- 25 – 100
- 100 – 200
- über 200

Großstädte (Agglomerationen)
Einwohner

- über 10 000 000
- 5 000 000 – 10 000 000
- 2 000 000 – 5 000 000

GOP = Górnośląski Okręg Przemysłowy
(Oberschlesisches Industrierevier)

60° östl. L. v. Gr.

© westermann 351120

auf der Suche nach besseren Lebensbedingungen müssen viele
andflüchtlinge in städtischen Slums leben – vorübergehend
der für immer.

4 Städtewachstum in Asien

Viele Städte in Asien wachsen sehr schnell, besonders in Süd- und Südostasien. Sie erreichen dabei enorme Ausmaße, was Fläche und Bevölkerung angeht. Das Städtewachstum verläuft jedoch nicht immer gleich intensiv und schnell.

München (zum Vergleich)

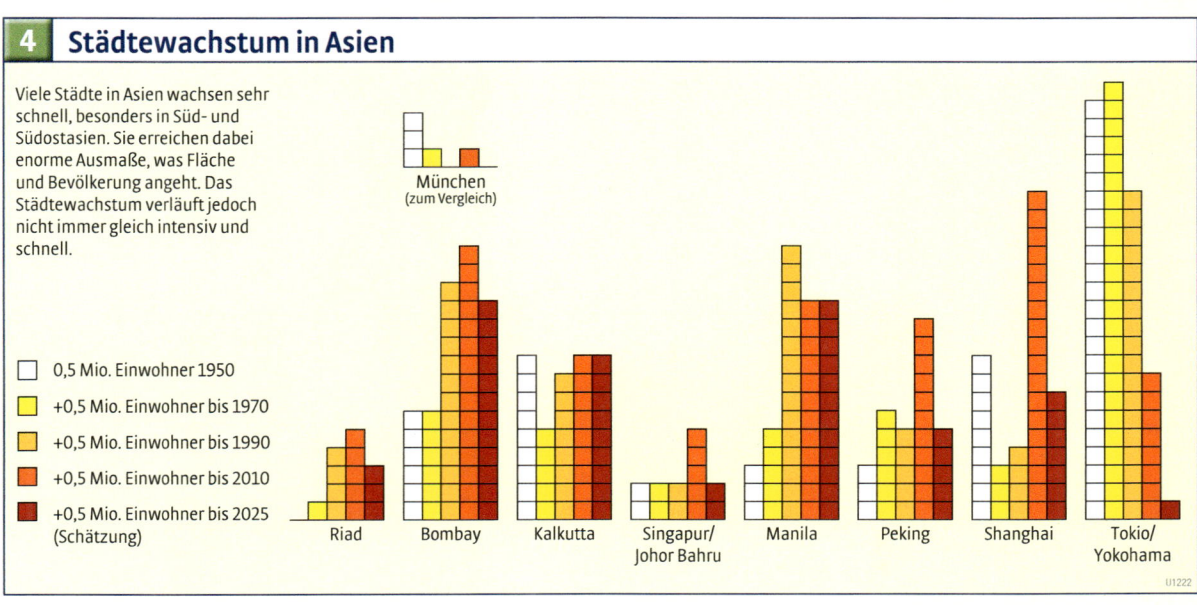

- 0,5 Mio. Einwohner 1950
- +0,5 Mio. Einwohner bis 1970
- +0,5 Mio. Einwohner bis 1990
- +0,5 Mio. Einwohner bis 2010
- +0,5 Mio. Einwohner bis 2025 (Schätzung)

Riad   Bombay   Kalkutta   Singapur/ Johor Bahru   Manila   Peking   Shanghai   Tokio/ Yokohama

1 Asien – Landwirtschaft

Maßstab 1 : 36 000 000

0 200 400 600 800 1000 km

Waldlandschaften
- nördlicher Nadelwald
- sommergrüner Laub- und Mischwald, Gebirgsnadelwald
- Monsun- und Regenwald
- Busch- und Trockenwald, Macchie

offene Landschaften
- Tundra
- Steppe und Hochgebirgsgrasland
- Halbwüste und Wüste

Kulturland
- Ackerbau
- Bewässerungsland
- Weide, z.T. Wiese
- nördliche Anbaugrenze von Getreide

Nutzpflanzen
- Weizen
- Mais, z.T. Soja
- Reis
- Hirse
- Erdnüsse
- Sonnenblumen
- Zuckerrüben
- Zuckerrohr
- Bananen
- Sojabohnen
- Dattelpalmen
- Kokospalmen
- Ölpalmen
- Baumwolle
- Jute
- Kautschuk
- Zitrusfrüchte
- Tabak
- Kakao
- Kaffee
- Tee
- Wein

Viehhaltung
- Rinder, z.T. Büffel
- Schweine
- Schafe
- Ziegen

1 großes Zeichen ≙ 20 Mio. Stück
1 kleines Zeichen ≙ 5 Mio. Stück

- Staatsgrenze
- nicht festgelegte Staatsgrenze

100° östl. L.v.Gr.

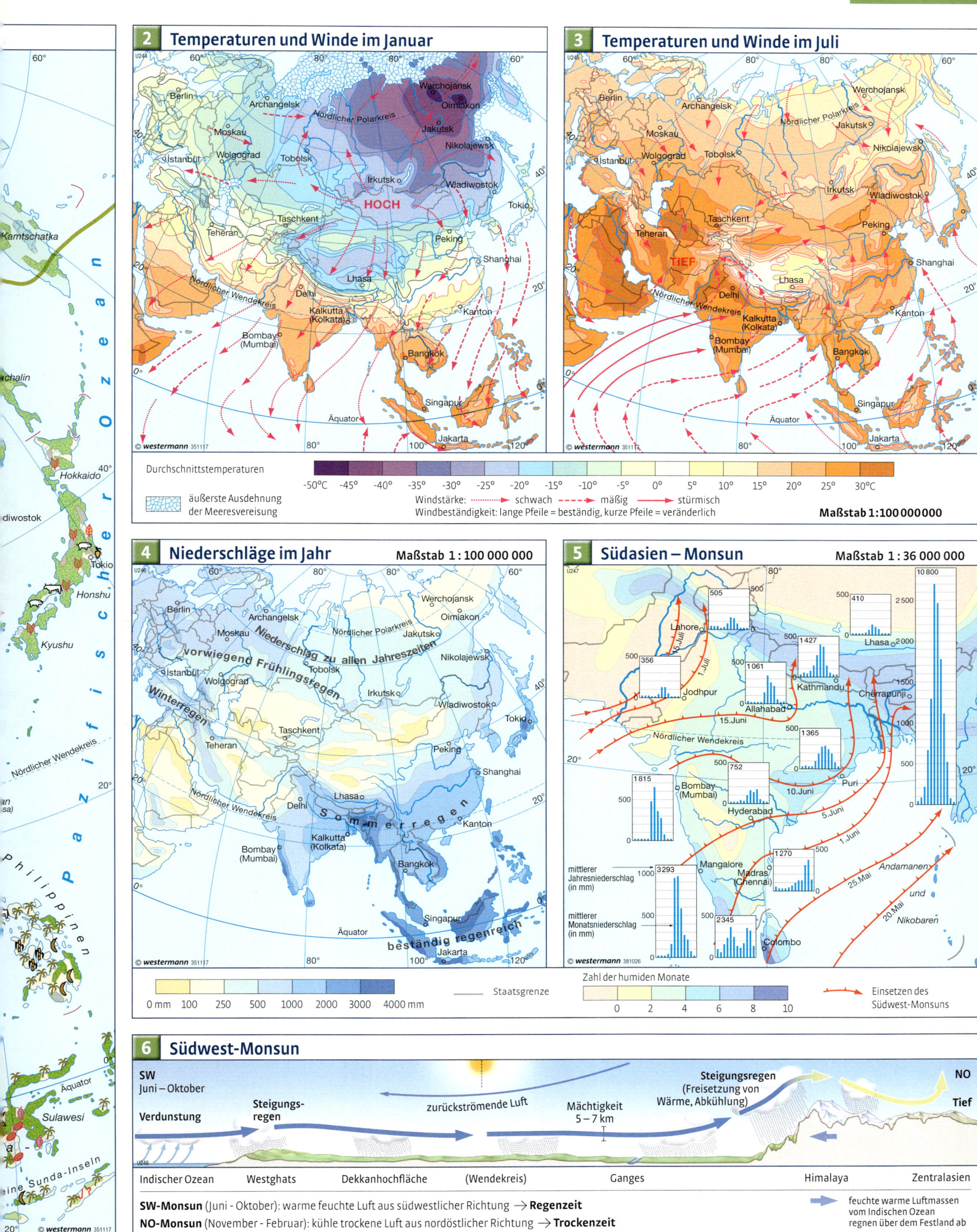

2 Temperaturen und Winde im Januar

Berlin, Archangelsk, Nördlicher Polarkreis, Werchojansk, Oimjakon, Moskau, Jakutsk, Istanbul, Wolgograd, Tobolsk, Nikolajewsk, Irkutsk, Wladiwostok, Teheran, Taschkent, HOCH, Tokio, Peking, Shanghai, Lhasa, Delhi, Nördlicher Wendekreis, Kalkutta (Kolkata), Kanton, Bombay (Mumbai), Bangkok, Singapur, Äquator, Jakarta

3 Temperaturen und Winde im Juli

Berlin, Archangelsk, Werchojansk, Nördlicher Polarkreis, Jakutsk, Moskau, Istanbul, Wolgograd, Tobolsk, Nikolajewsk, Irkutsk, Wladiwostok, Teheran, Taschkent, TIEF, Peking, Shanghai, Delhi, Lhasa, Nördlicher Wendekreis, Kalkutta (Kolkata), Kanton, Bombay (Mumbai), Bangkok, Singapur, Äquator, Jakarta

Durchschnittstemperaturen

äußerste Ausdehnung der Meeresvereisung

-50°C -45° -40° -35° -30° -25° -20° -15° -10° -5° 0° 5° 10° 15° 20° 25° 30°C

Windstärke: ·····► schwach – – –► mäßig —► stürmisch
Windbeständigkeit: lange Pfeile = beständig, kurze Pfeile = veränderlich

Maßstab 1:100 000 000

4 Niederschläge im Jahr   Maßstab 1 : 100 000 000

Berlin, Archangelsk, Moskau, Nördlicher Polarkreis, Werchojansk, Oimjakon, Jakutsk, Niederschlag zu allen Jahreszeiten, vorwiegend Frühlingsregen, Nikolajewsk, Winterregen, Tobolsk, Istanbul, Wolgograd, Irkutsk, Wladiwostok, Teheran, Taschkent, Tokio, Peking, Shanghai, Nördlicher Wendekreis, Lhasa, Delhi, Sommerregen, Kanton, Bombay (Mumbai), Kalkutta (Kolkata), Bangkok, Singapur, Äquator, beständig regenreich, Jakarta

0 mm 100 250 500 1000 2000 3000 4000 mm

Staatsgrenze

5 Südasien – Monsun   Maßstab 1 : 36 000 000

Lahore 356, Jodhpur, 505, 1500, 500, 410, 2500, Lhasa, 10 800, 1427, Kathmandu, 1061, Allahabad, Cherrapunji, 1500, 1365, 1815, Bombay (Mumbai), 752, Hyderabad, Puri, 500, 1000, Nördlicher Wendekreis, 15. Juni, 10. Juni, 5. Juni, 1. Juni, 25. Mai, 20. Mai, Andamanen, und, Nikobaren, mittlerer Jahresniederschlag (in mm) 3293, Mangalore, Madras (Chennai), 1270, mittlerer Monatsniederschlag (in mm) 2345, Colombo

Zahl der humiden Monate
0 2 4 6 8 10

Einsetzen des Südwest-Monsuns

6 Südwest-Monsun

SW Juni – Oktober, Verdunstung, Steigungsregen, zurückströmende Luft, Mächtigkeit 5 – 7 km, Steigungsregen (Freisetzung von Wärme, Abkühlung), NO, Tief

Indischer Ozean, Westghats, Dekkanhochfläche, (Wendekreis), Ganges, Himalaya, Zentralasien

SW-Monsun (Juni - Oktober): warme feuchte Luft aus südwestlicher Richtung →**Regenzeit**
NO-Monsun (November - Februar): kühle trockene Luft aus nordöstlicher Richtung →**Trockenzeit**

feuchte warme Luftmassen vom Indischen Ozean regnen über dem Festland ab

Kamtschatka, Hokkaido, diwostok, Kyushu, Honshu, Tokio, Nördlicher Wendekreis, Philippinen, Äquator, Sulawesi, Sunda-Inseln, Pazifischer Ozean

1 Asien – Wirtschaft (Übersicht) Maßstab 1 : 36 000 000

Nordpolarmeer

Spitzbergen
Franz-Josef-Land
Nowaja Semlja
Sewernaja Semlja
Neusibirische Inseln

Großbritannien
London
Oslo
Norwegen
Schweden
Kopenhagen
Stockholm
Finnland
Paris
Berlin
München
Mailand
Prag
Warschau
Wien
Budapest
Rom
Belgrad
Sofia
Bukarest
Athen
Istanbul
Schwarzes Meer
Mittelmeer
Riga
Minsk
St. Petersburg
Archangelsk
Murmansk
Kiew
Charkiw
Moskau
Nishnij Nowgorod
Kasan
Dnipropetrowsk
Samara
Ufa
Jekaterinburg
Donezk
Rostow
Wolgograd
Orsk
Omsk
Ural-gebiet
Surgut
Transsib
Nowosibirsk
Workuta
Norilsk
Jakutsk
Aldan
Westsibirien
Russland
Mittelsibirien
Ostsibirie
Lena
Jenissej
Ob
Irtysch
Wolga

Nördlicher Polarkreis

Krasnojarsk
Baikal-Amur-Magistrale (BAM)
Bratsk
Irkutsk
Ulan-Ude
Baikalsee
Kusnezk-becken
Karaganda
Kasachstan
Scheskasgan
Balchaschsee
Aralsee
Baku
Tiflis
Jerewan
Ankara
Türkei
Georgien
Tel Aviv/
Jerusalem
Alexandria
Banias
Kairo
Irak
Bagdad
Teheran
Isfahan
Kerman
Meschhed
Turkmenbashy
Turkmenistan
Usbekistan
Taschkent
Kirgisistan
Tadschikistan
Urumchi
Ulan-Bator
Mongolei
Gobi
Golmud
Lanzhou
Xian
Baotou
Datong
Shenyang
Pjöng
Dali
Peking
Tianjin
Nanjing
China
Tibet
Lhasa
Chengdu
Rotes Becken
Chongqing
Changsha
Wuhan
Shang
Fuz
Kunming
Kabul
Afghanistan
Saudi-Arabien
Arabische Halbinsel
Janbo
Riad
Dubai
Abu Dhabi
Jemen
Oman
Dschibuti
Somalia
Äthiopien
Rotes Meer
Arabisches Meer
Pakistan
Karachi
Lahore
Delhi
Kanpur
Nepal
Bhutan
Dibrugarh
Brahmaputra
Ganges
Indus
Ahmadabad
Nagpur
Indien
Rourkela
Dhaka
Kalkutta (Kolkata)
Bangla-desch
Myanmar
Hanoi
Hainan
Laos
Bombay (Mumbai)
Hyderabad
Bangalore (Bengaluru)
Madras (Chennai)
Golf von Bengalen
Rangun (Yangon)
Thailand
Vietnam
Bangkok
Kambodscha
Ho-Chi-Minh-Stadt
Colombo
Sri Lanka
Malediven
Halbinsel Malakka
Südchinesisches Meer
Brunei
Malaysia
Kuala Lumpur
Singapur
Seychellen
Indischer Ozean
Äquator
Sumatra
Indonesie
Jakarta
Java
Madagaskar
Maga
Perlflusse
Hongke

60° östl. L. v. Gr.

2 Metropolregion Perlflussdelta (Südchina)

Maßstab 1 : 1 000 000

Banken und Firmenzentralen in Hongkong

Massenproduktion von Konsumgütern in Shenzhen

Bruttoinlandsprodukt (BIP) nach Wirtschaftsbereichen 2008
- Landwirtschaft, Bergbau
- produzierendes Gewerbe
- Dienstleistungen

Städte des Perlflussdeltas (Provinz Guangdong)
294 Mrd. Euro (über 10% des chines. BIP)

Macau 21 Mrd. Euro
vor allem aus Casino-Tourismus

Hongkong 208 Mrd. Euro
vor allem Handel und Finanzwesen

Flächennutzung
- Bebauung bis 1990
- Bebauung bis 2010
- Neulandgewinnung seit 1990
- Marktgemüseanbau, Reis
- Aquakultur (Fisch, Garnelen)
- Buschwald

Produktionsstandorte der Industrie
(Mittel- und Großbetriebe ab einem Jahresumsatz von 500 000 Euro, 2008; zu ²/₃ von Hongkong aus verwaltet)

über 1000
100 – 1000
Betriebe im Stadtgebiet

zu Industriebranchen und Dienstleistungen siehe Kartenlegende [1]

Verkehr
- Eisenbahn
- Autobahn/Schnellstraße
- Straße
- internationaler Flughafen
- Seehafen
- Tiefwasser (> 10m tief)

Verwaltung
- Sonderverwaltungszone Chinas (wirtschaftlich unabhängig)
- Stadtgrenze
- Sonderwirtschaftszone mit Steuervergünstigungen für Auslandsinvestitionen
- Freihandelszone (zollfrei)

Bergbau
- Erdöl
- Erdgas
- Erdölleitung
- Erdgasleitung
- Steinkohle
- Uran
- Eisen
- Stahlveredler
- Kupfer
- Zinn
- Blei/Zink
- Bauxit (Aluminiumrohstoff)
- Metalle der Seltenen Erden (Hightech-Rohstoffe)
- Gold
- Silber
- Platin
- Phosphat
- Diamanten

Industrie
- Eisen- und Stahlerzeugung
- Buntmetall- und Aluminiumverhüttung
- Eisen- und Metallverarbeitung, Maschinenbau
- Schiffbau
- Elektroindustrie, Optik
- Chemie, Kunststoffe
- Erdölraffinerie
- Textilien, Bekleidung, Leder
- Holz, Papier
- Nahrungsmittel
- Fischfang, Fischverarbeitung

Dienstleistungszentrum
- mit internationaler Bedeutung
- mit überregionaler Bedeutung
- mit regionaler Bedeutung
- Tourismusregion
- Eisenbahn
- Staatsgrenze

Zum Größen- und Wertevergleich:

Hamburg 87 Mrd. Euro BIP

1 Naturrisiken
Maßstab 1 : 16 000 000

Wetterrisiken
- hohe Wahrscheinlichkeit heftiger Schneefälle
- häufige Überschwemmungen
- Durchzugsbahnen von Taifunen

Tektonik
- Plattengrenze mit Subduktion (Die Dreiecke kennzeichnen den abtauchenden Plattenrand.)
- Grabenbruch
- als aktiv eingeschätzter Vulkan
- schweres Erdbeben zwischen 1885 und 2011
- verlustreiches Erdbeben (über 1000 Tote)
- Tsunami-gefährdeter Küstenabschnitt

Kartenbeschriftung:
- Ochotsk-Platte (Teil der Nordamerikanischen Platte)
- China
- Russland
- Chinesische Platte
- Nordkorea
- Japanisches Meer (Ostmeer)
- Südkorea
- 1933
- Tohoku 2011
- Tottori 1943
- 1945
- 1948
- Fossa-Magna-Grabenbruch
- Kanto 1923
- Kobe 1995
- vermutete Plattengrenze
- Japangraben
- August
- September
- Oktober
- Sagami-Trog
- Pazifische Platte
- Pazifischer Ozean
- Philippinische Platte
- © westermann 371205

2 Erdbeben im Raum Tokio

Kartenbeschriftung:
- 1931, 2011, 1767, 1895, 1933/2011
- 1859, 1649, 1921, 1758
- 1791, 1706, 1884, 2012
- 1923, Tokio, 1894, 1855, 1923
- 1923, 1703?, Kawasaki, 1812, Chiba, 2011
- Fujisan 3776, 1843, 1924, Yokohama, 1703 und 1923 ("Kanto-Beben")
- Fuji, 1853
- 1782
- Numazu, 1870, Takeyama, 1703, 1703
- 1930, 1978, 1703
- 1923, 1923
- 1974, 1923
- Sagami-Trog
- Philippinische Platte
- 50 km, 40 km, 30 km, 20 km
- © westermann 3712

Tektonik
- Plattengrenze mit Subduktion
- Tiefenlage der Philippinischen Platte (Oberseite, z.T. vermutet)

Schwere Erdbeben
Magnitude (Stärke): 5, 6, 7, größer als 7,5

Maßstab 1 : 3 000 000

3 Tokio – erdbebengefährdete Weltstadt
Maßstab 1 : 500 000

Flächennutzung
- Bebauung 1950
- Bebauung heute
- Geschäfts- und Dienstleistungszentrum (Büros, Banken, Konzernsitze, Hotels)
- Industrie, Gewerbe
- altes Holzhausviertel (Großbrandgefahr)
- landwirtschaftliche Nutzfläche
- Grünfläche, Wald

Neulandgewinnung nach 1950
- Wohnfläche
- neue Stadtteile (Wohnen, Arbeiten, Einkaufen, Erholen)
- Freizeitfläche
- Industrie, Hafenanlagen
- Reservefläche

Industrie
- Eisen- und Stahlerzeugung
- Eisen-, Blech-, Metallwaren
- Maschinenbau
- Kraftfahrzeugbau
- Schienenfahrzeugbau
- Schiffbau
- Elektrotechnik, Elektronik
- Feinmechanik, Optik
- Chemie, Kunststoffe
- Erdölraffinerie
- Druckgewerbe
- Nahrungsmittel

Stromversorgung
- Wärmekraftwerk (über 1000 MW)

Verkehr
- Shinkansen
- Fernbahn
- S-Bahn
- Autobahn
- Straße
- Tunnel
- Flughafen
- Stadtgrenze von Tokio

Kartenbeschriftung:
Kawagoe, Omiya, Iwatsuki, Saitama, Noda, Toride, Ryugasaki, Koshigaya, Abiko, Kashiwa, Sayama, Urawa, Warabi, Soka, Iruma, Tokorozawa, Kawaguchi, Matsudo, Kamagaya, Yachiyo, Higashi, Kodaira, Hoya, Wako, Toshima, Katsushika, Sakura, Fussa, US Air Base, Tachikawa, Musashino, Shinjuku, Taito, Funabashi, Yotsukaido, Niiza, Kaiserpalast, Börse, Hbf, Fuchu, Mitaka, Regierungsviertel, Edogawa, Messe, Hachioji, Hino, Chofu, Komae, Shibuya, Botschaftsviertel, Rainbow Town, Disneyland, Urayasu, Narashino, Makuhari, Setagaya, Meguro, Neulandgewinnung geplant, Sagamihara, Machida, Shiragawa, Haneda, Chiba, Yamato, Kawasaki, Ichihara, Ebina, Minato Mirai, US Air Base, Atsugi, Sodegaura, Hadano, Isehara, Yokohama, Kisarazu, Ushiku, Fujisawa, Kimitsu, Hiratsuka, Kamakura, Yokosuka, Obitsu, Kuhihama, Minato, Tokio, Bucht von Tokio, Sagamibucht, Uragastraße, Kantogebirge
- © westermann 380511

Hochhäuser in Tokio (über 10 Etagen, erdbebensicher)
Anzahl: 10000, 8000, 6000, 4000, 2000, 0
Jahre: '01, '02, '03, '04, '05, '06, '07, '08
102, 123, 138, 148, 169, 193, 213, 247
193 davon Hochhäuser über 30 Etagen

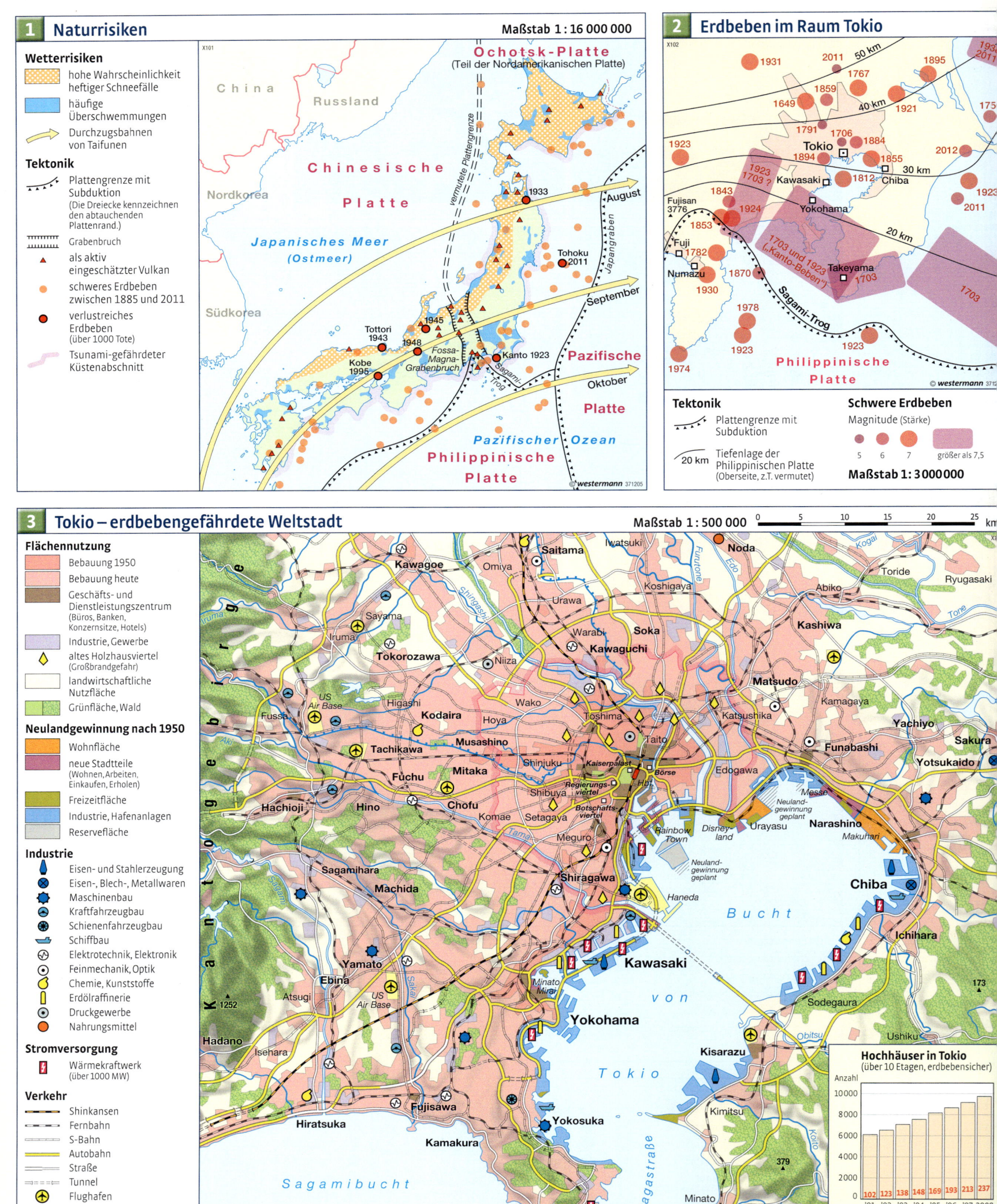

4 Bevölkerung
Maßstab 1 : 16 000 000

China
Russland

Sapporo
Hokkaido

Nordkorea

Japanisches Meer
(Ostmeer)

Südkorea

Sendai
Honshu

Region
Osaka-Kobe-Kyoto
19%

Region
Tokio-Yokohama
33%

Region Hiroshima
3%

Region Kitakyushu
5%

Fukuoka

Region Nagoya
19%

Region Shizuoka 5%

Shikoku

Pazifischer Ozean

Kyushu

Osumi Islands

© westermann 371214

Bevölkerungsdichte
Einwohner je km²

	0 – 25
	25 – 200
	200 – 500
	über 500

Großstädte – Einwohner

- • 100 000 – 500 000
- ⊙ 500 000 – 1 000 000
- □ 1 000 000 – 5 000 000
- ⊡ 5 000 000 – 10 000 000

Industrieproduktion

19% Prozentanteil einer Hauptregion an der gesamten Industrieproduktion Japans

5 Wirtschaft
Maßstab 1 : 6 000 000

0 50 100 150 km

Wakkanai
Rishiri

Monbetsu
Kunashiri
(russische Verwaltung)

Asahikawa
Asahi Dake 2290
Abashiri

Hokkaido

Sunagawa
Nemuro

Kap Kamui
Otaru
2052
Kushiro

Sapporo

Tomakomai

Muroran

Okushiri

Hakodate

Tsugarustraße

Seikantunnel

Aomori

Hirosaki
Hachinohe

Iwate 2041
Morioka

Akita
Kamaishi

Ougebirge

Sakata
Hosokura

Shinjo
Yamagata

Niigata
Sendai

Sado
Fukushima

Kitakata
Koriyama

Naoetsu
Nagaoka
Iwaki

2578
Hitachi

Takaoka
Nagano
Tokai Mura

Kanazawa
Toyama
3190
Mito

Kamioka
Maebashi

Fukui
Suwa
Takasaki

Matsue
Utsunomiya

Takamatsu
Kawasaki

Daisen 1729
Kyoto
Tokio

Himeji
Gifu
Yoko-hama

Kamioka
Nagoya

Maizuru
Shimizu
Chiba

Kobe
Nara
Fujisan 3776

Okayama
Yokkaichi
Kashima

Hiroshima
Kura-shiki
Toyota

Kure
Osaka
Numazu

Mihara
Sakai
Toyohashi

Shimonoseki
Niihama
Wakayama
Hamamatsu

Kitakyushu
Tokushima

Fukuoka
Ube
Toku-yama

Kurume
Matsuyama
1982

Oita
Kochi

Omuta
Shikoku

Uwajima

1739

Kagoshima
Nobeoka

Nichinan

Kyushu

Japanisches Meer
Honshu

Chugokugebirge

Izu-Inseln

Pazifischer Ozean

© westermann 371214

Waldlandschaften

sommergrüner Laub- und Mischwald, Gebirgsnadelwald

Kulturland

Ackerbau
Bewässerungsland

Bergbau

⚲ Erdgas
◆ Steinkohle

Energie

⚡ Wasserkraftwerk
⚡ Wärmekraftwerk
⚡ Kernkraftwerk (z. T. abgeschaltet)
✈ großer Windpark

Industrie

- ▲ Eisen- und Stahlerzeugung
- ▲ Buntmetallverhüttung
- ▲ Aluminiumverhüttung
- ● Eisen- und Metallverarbeitung
- ⊖ Kraftfahrzeugbau
- ⊿ Schiffbau
- ⊘ Elektrotechnik, Elektronik
- ⊙ Feinmechanik, Optik
- ⚗ Chemie, Kunststoffe
- ▮ Erdölraffinerie
- ● Textilien, Bekleidung
- ○ Holz, Zellulose, Papier
- ● Nahrungsmittel
- 🐟 Fischverarbeitung

Dienstleistungszentrum

- F Finanzen, Handel
- U Bildung, Medien
- ⬡ internationaler Flughafen
- ⚓ wichtiger Hafen
- ⌂ bedeutende Tourismusregion

Verkehr

- – – – Eisenbahn
- —— Schnellbahn (Shinkansen)
- ⋯⋯ Fernstraße
- —— Erdgasleitung

1 Huang He und Jangtsekiang

Maßstab 1 : 16 000 000

© westermann 380128

Löss Ablagerungen/Erosion

- Löss, unter 50 m dick
- Löss, über 50 m dick
- starke Erosion im Lösshügelland
- Schwemmlöss

Hochwassergefährdung

- überschwemmungsgefährdetes Gebiet
- Deich
- 3099 Berghöhe
- ·70 sonstige Höhenangabe

Fernwasserversorgung

- vom Menschen verursachte Wasserknappheit
- Rückhaltebecken
- durch Wasserentnahme nicht mehr dauerhaft Wasser führend
- Fernwasserkanal
- Schleuse mit Pumpstation
- Millionenstadt mit hohem Wasserbedarf

2 China – regionale Entwicklungsunterschiede

Maßstab 1 : 36 000 000

U1099

© westermann 390105

Bruttoinlandsprodukt (BIP) in den chinesischen Provinzen
Abweichung vom nationalen Durchschnitt (2008: 3.267 US-Dollar pro Einw.)

- unter -25%
- 0 bis -25%
- 0 bis +100%
- über +100%
- Provinz mit besonders hohem BIP-Wachstum (2000–2008: > 17,5%; im selben Zeitraum wuchs das deutsche BIP um 10,4%)
- Sonderverwaltungszone
- *Sinkiang* autonomes Gebiet

3 Ostasien – Wirtschaft

Waldlandschaften

- nördlicher Nadelwald
- sommergrüner Laub- und Mischwald, Gebirgsnadelwald
- Monsun- und Regenwald
- Sekundär- und Buschwald, z. T. Weide
- Mangrove

offene Landschaften

- Steppe und Hochgebirgsgrasland
- Halbwüste und Wüste
- Fels- und Gletscherregion
- Staatsgrenze
- nicht festgelegte Grenze

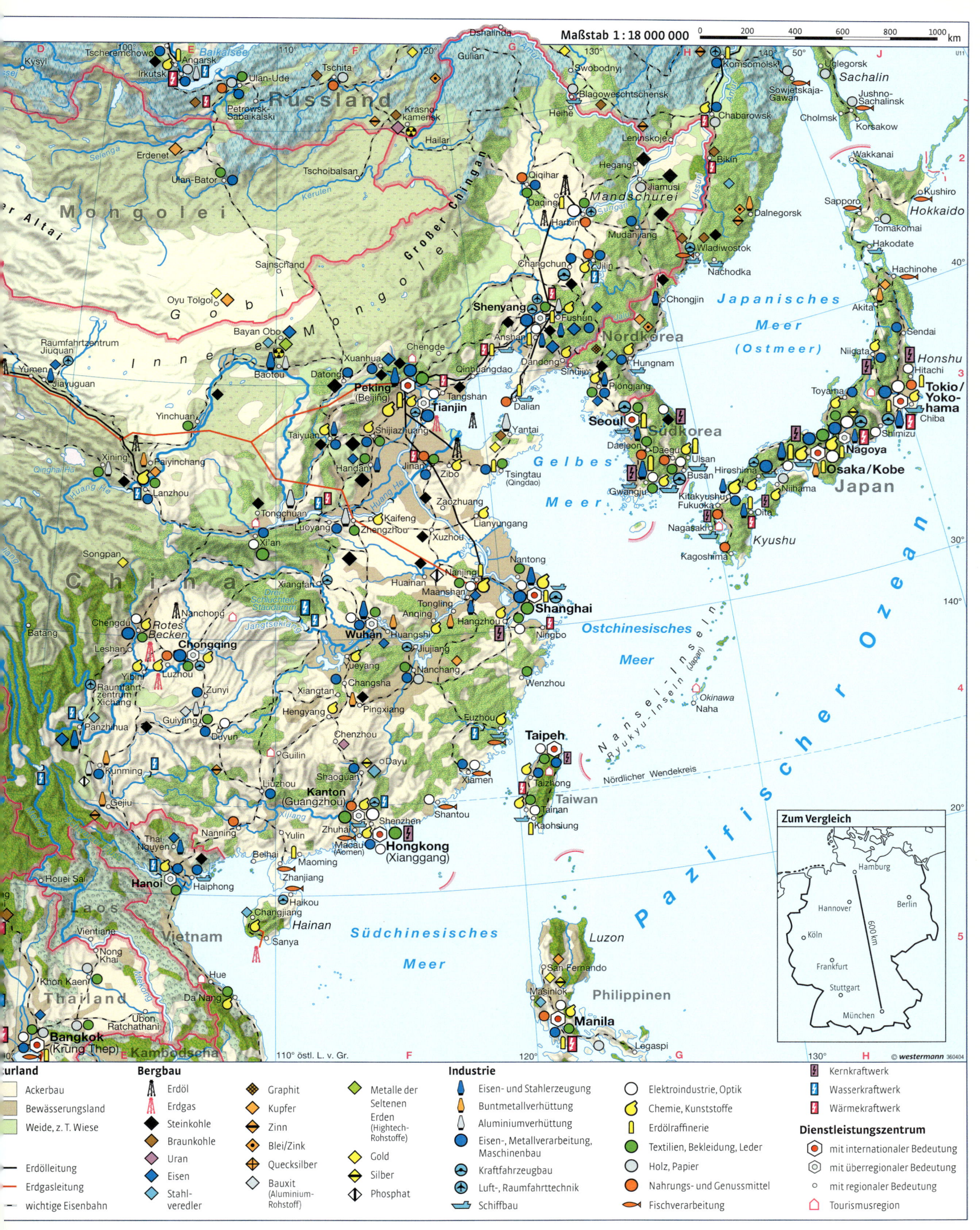

Zum Vergleich

Daito-Inseln (Japan)
Bonin-Inseln (Japan)
Vulkan-inseln (Japan)
Marcus-Insel (Japan)
Nördlicher Wendekreis
P a z i f i s c h e r
Parece Vela (Japan)
Nördliche Marianen (USA)
M a r i a n e n
8724
7559
Saipan
Rota
Guam (USA)
Hagåtña
6440
9650
Witjas-Tief 10699
11034
Challenger-Tief
M i k r o n e s i e n
Colonia
Yap-Inseln
8527
K a r o l i n e n
Melekeok
8054
Weno
Chuuk-Inseln
Palikir
Pohnpei
Palau (Belau)
M i k r o n e s i e n
Satawan-Atoll
O z e a n
7559
6920
M e l a n e s i e n
Sorong
3000
Manokwari
Biak
Vogelkopf
2970
Yapen
Sarmi
Jayapura
Admiralitäts-Inseln
Kavieng
Nabire
Kaimana
Maokegebirge
Neuguinea
4884
Puncak Jaya
Kokenau
Wewak
Sepik
Bismarck-Archipel
Bismarcksee
Neuirland
Kokopo
Papua (Irian Jaya)
Mount Wilhelm 4508
Madang
2334
Aru-Inseln
Mount Hagen
Kimbe
Neu-britannien
9140
Bougainville
Arawa
Choiseul
Lae
Papua-Neuguinea
Salomonsee
Yos Sudarso (Kolepom)
Okaba
Kap Vals
Merauke
Fly
Daru
Papuagolf
Mount Victoria 4073
Popondetta
Trobriand-Inseln
Woodlark
Port Moresby
Suckling 3676
D'Entrecasteaux-Inseln
Arafurasee
Torresstraße
Kap York
Salomonen
Louisiade-Archipel
Darwin
Arnhemland
Burrundie
Katherine
Kap-York-Halbinsel
Iron Range
Great Barrier Reef
69
Carpentariagolf
Groote Eylandt
4842
Korallensee
Willeroo
Birdum
Daly Waters
Barklytafelland
Wellesley-Inseln
Cooktown
Cairns
Australien
© westermann 360220

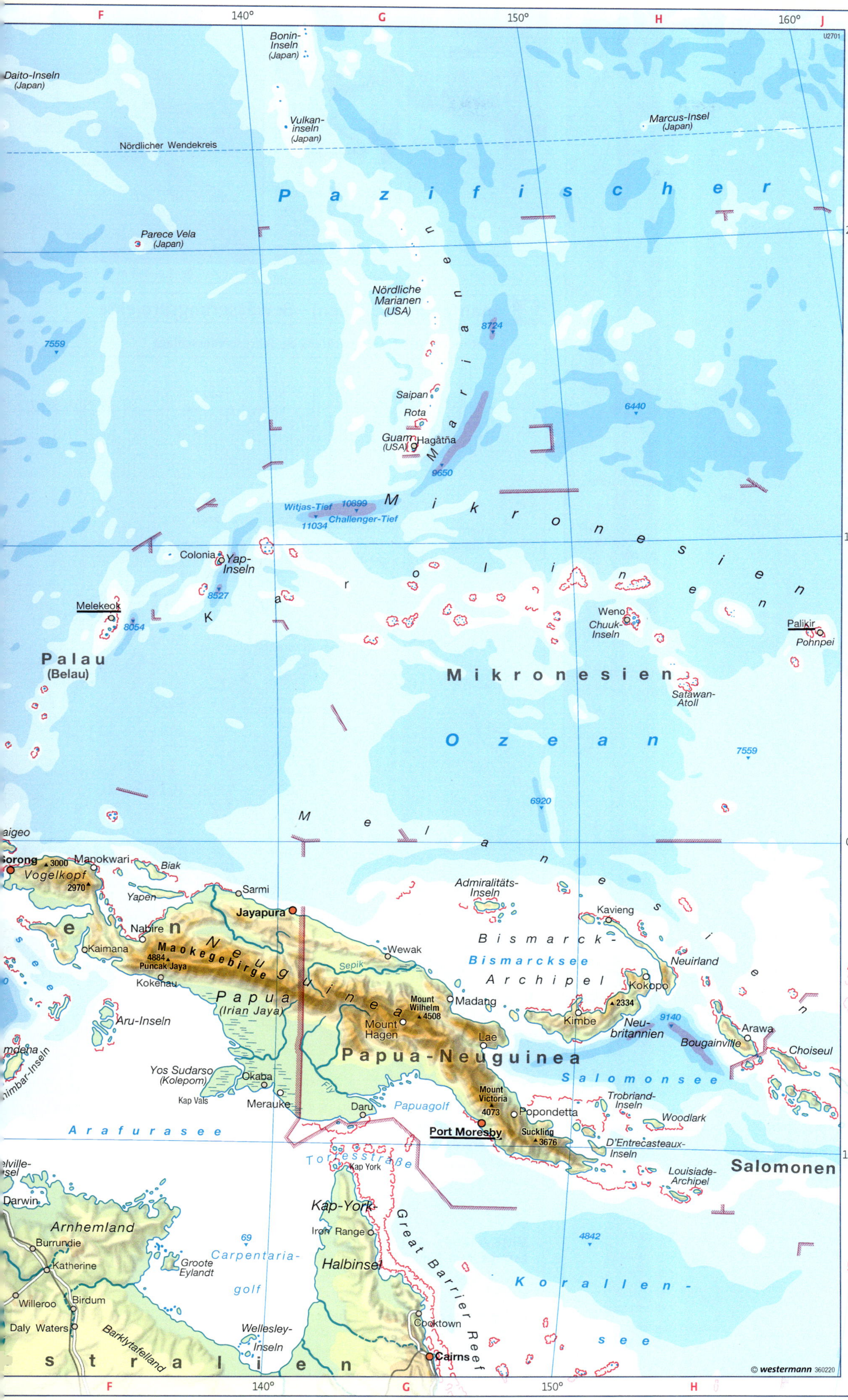

Landhöhen und Meerestiefen (in Meter)

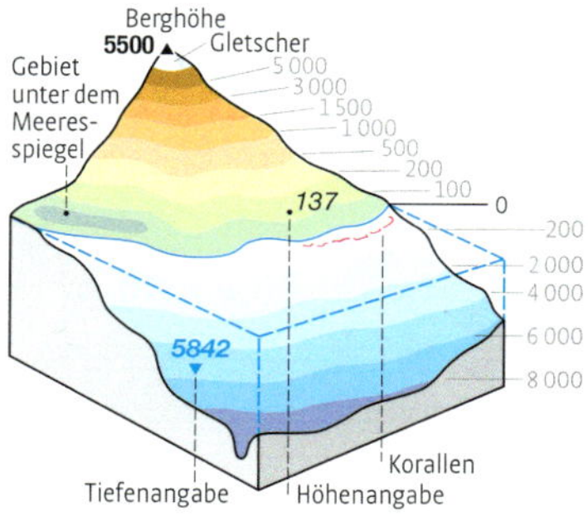

Berghöhe
5500
Gletscher
Gebiet unter dem Meeresspiegel
5 000
3 000
1 500
1 000
500
200
100
0
137
200
2 000
4 000
6 000
8 000
5842
Tiefenangabe
Korallen
Höhenangabe

Gewässer

- Fluss
- schiffbarer Fluss
- Fluss, zeitweilig Wasser führend
- Kanal, bedingt schiffbar
- schiffbarer Kanal
- See
- Salzsee
- Stausee, Staumauer
- Sumpf, Moor

Orte

Einwohner

- über 5 000 000
- 1 000 000 – 5 000 000
- 500 000 – 1 000 000
- 100 000 – 500 000
- 20 000 – 100 000
- unter 20 000
- Ruinenstätte, geschichtlich bedeutsamer Ort

Verkehr

- Eisenbahn
- wichtige Fernstraße
- Pass

Verwaltung

- Staatsgrenze
- **Hanoi** Hauptstadt eines Staates
- Putrajaya Regierungssitz eines Staates

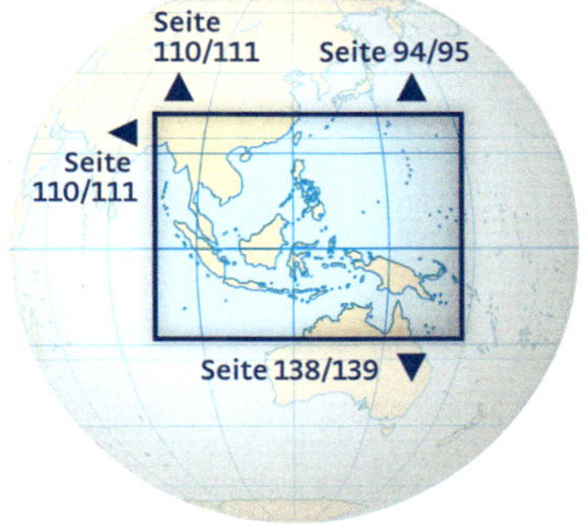

Seite 110/111
Seite 94/95
Seite 110/111
Seite 138/139

1 Bombay (Mumbai) – Überflutung nach Monsunregen

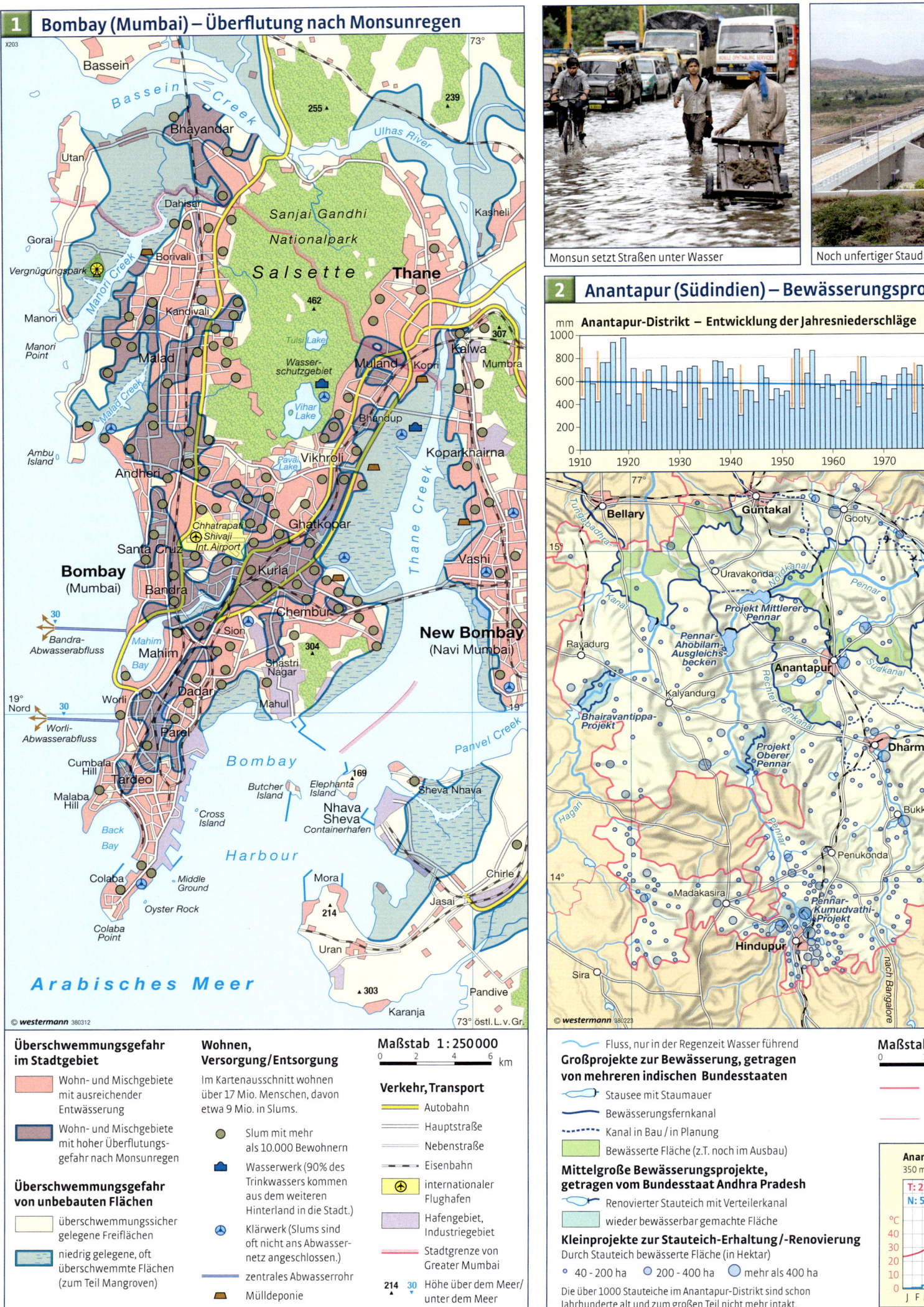

Bassein

Bassein Creek

Utan

Bhayandar

255 ▲

239 ▲

Ulhas River

73°

Dahisar

Gorai

Borivali

Sanjai Gandhi Nationalpark

Kasheli

Vergnügungspark

Manori Creek

Salsette

Thane

Manori

Kandivali

462 ▲

Manori Point

Malad

Tulsi Lake

Wasserschutzgebiet

307 ▲

Kalwa

Kopri

Mumbra

Malad Creek

Vihar Lake

Muland

Pava Lake

Ambu Island

Andheri

Vikhroli

Bhandup

Koparkhairna

Thane Creek

Chhatrapati Shivaji Int. Airport

Ghatkopar

Santa Cruz

Kurla

Vashi

Bombay (Mumbai)

Bandra

Chembur

New Bombay (Navi Mumbai)

30

Bandra-Abwasserabfluss

Mahim

Mahim Bay

Sion

304 ▲

Shastri Nagar

19° Nord

30

Worli

Dadar

Worli-Abwasserabfluss

Parel

Mahul

Panvel Creek

19°

Cumbala Hill

Tardeo

Bombay

Butcher Island

Elephanta Island

169

Sheva Nhava

Malabar Hill

Back Bay

Cross Island

Nhava Sheva Containerhafen

Chirle

Colaba

Middle Ground

Harbour

Mora

Jasai

Oyster Rock

214

Uran

Colaba Point

Arabisches Meer

303 ▲

Pandive

Karanja

73° östl. L. v. Gr.

© westermann 380312

Monsun setzt Straßen unter Wasser

Noch unfertiger Staudamm im Anantapur-Distrikt

2 Anantapur (Südindien) – Bewässerungsprojekte

mm Anantapur-Distrikt – Entwicklung der Jahresniederschläge

Dürrejahr

Trendlinie

1000 · 800 · 600 · 400 · 200 · 0

1910 1920 1930 1940 1950 1960 1970 1980 1990 2000

77°

78°

Bellary

Guntakal

Gooty

Tungabhadra

Nagavakanal

Uravakonda

Pennar

Tadipatri

15°

Rayadurg

Projekt Mittlerer Pennar

Kanal

Chikavati

Pennar-Ahobilam-Ausgleichsbecken

Anantapur

Kalyandurg

Rechter Kanal

Südkanal

Bhairavantippa-Projekt

Dharmavaram

Yogi-Vemana-Stausee

Pulivendi

Projekt Oberer Pennar

Hagari

Pennar

Bukkapatnam

Kadiri

14°

Madakasira

Penukonda

Pennar-Kumudvathi-Projekt

Chennarayaswami Gudi-Projekt

Hindupur

Sira

nach Bangalore

78°

© westermann 380223

Überschwemmungsgefahr im Stadtgebiet

Wohn- und Mischgebiete mit ausreichender Entwässerung

Wohn- und Mischgebiete mit hoher Überflutungsgefahr nach Monsunregen

Überschwemmungsgefahr von unbebauten Flächen

überschwemmungssicher gelegene Freiflächen

niedrig gelegene, oft überschwemmte Flächen (zum Teil Mangroven)

Wohnen, Versorgung/Entsorgung

Im Kartenausschnitt wohnen über 17 Mio. Menschen, davon etwa 9 Mio. in Slums.

Slum mit mehr als 10.000 Bewohnern

Wasserwerk (90% des Trinkwassers kommen aus dem weiteren Hinterland in die Stadt.)

Klärwerk (Slums sind oft nicht ans Abwassernetz angeschlossen.)

zentrales Abwasserrohr

Mülldeponie

Verkehr, Transport

Autobahn

Hauptstraße

Nebenstraße

Eisenbahn

internationaler Flughafen

Hafengebiet, Industriegebiet

Stadtgrenze von Greater Mumbai

214 30 Höhe über dem Meer/ unter dem Meer

Maßstab 1 : 250 000

0 2 4 6 km

Fluss, nur in der Regenzeit Wasser führend

Großprojekte zur Bewässerung, getragen von mehreren indischen Bundesstaaten

Stausee mit Staumauer

Bewässerungsfernkanal

Kanal in Bau / in Planung

Bewässerte Fläche (z.T. noch im Ausbau)

Mittelgroße Bewässerungsprojekte, getragen vom Bundesstaat Andhra Pradesh

Renovierter Stauteich mit Verteilerkanal

wieder bewässerbar gemachte Fläche

Kleinprojekte zur Stauteich-Erhaltung/-Renovierung

Durch Stauteich bewässerte Fläche (in Hektar)

40 - 200 ha   200 - 400 ha   mehr als 400 ha

Die über 1000 Stauteiche im Anantapur-Distrikt sind schon Jahrhunderte alt und zum großen Teil nicht mehr intakt.

Maßstab 1 : 1 500 000

0 15 30 45 km

Grenze des Bundesstaats Andhra Pradesh

Distriktgrenze

Anantapur (Indien)
350 m ü.M.

T: 28,0°C
N: 559,5 mm

°C 40 30 20 10 0

mm 140 120 100 80 60 40 20 0

J F M A M J J A S O N D

3 | Südasien – Wirtschaft

Maßstab 1 : 18 000 000

Bombay (Mumbai) (Indien)
11 m ü. M.
T: 27,1 °C
N: 2431,3 mm

Waldlandschaften
- sommergrüner Laub- und Mischwald, Gebirgsnadelwald
- Monsun- und Regenwald
- Mangrove

offene Landschaften
- Dornstrauchsavanne
- Steppe, Hochgebirgsgrasland
- Halbwüste, Wüste
- Fels- und Gletscherregion

Kulturland
- Ackerbau
- Bewässerungsland
- Weide, z. T. Wiese

Bergbau
- Erdöl
- Erdgas
- Steinkohle
- Braunkohle
- Uran
- Eisen
- Stahlveredler (Chrom, Mangan, Kobalt)
- Kupfer
- Blei/Zink
- Bauxit
- Metalle der Seltenen Erden (Hightech-Rohstoffe)
- Phosphat
- Gold

Industrie
- Eisen- und Stahlerzeugung
- Buntmetallverhüttung
- Aluminiumverhüttung
- Metallverarbeitung, Maschinenbau
- Kraftfahrzeugbau
- Luft- und Raumfahrzeugbau
- Schiffbau
- Elektroindustrie, Optik
- Chemie, Kunststoffe
- Erdölraffinerie
- Textilien, Bekleidung, Leder
- Holz, Papier
- Nahrungsmittel
- Fischverarbeitung

Stromerzeugung
- Wasserkraftwerk
- Wärmekraftwerk
- Kernkraftwerk

Dienstleistungszentrum
- mit internationaler Bedeutung
- mit überregionaler Bedeutung
- mit regionaler Bedeutung
- Tourismusregion

Transport
- Erdölleitung
- Erdgasleitung
- Eisenbahn
- Fernstraße

© westermann 38 126

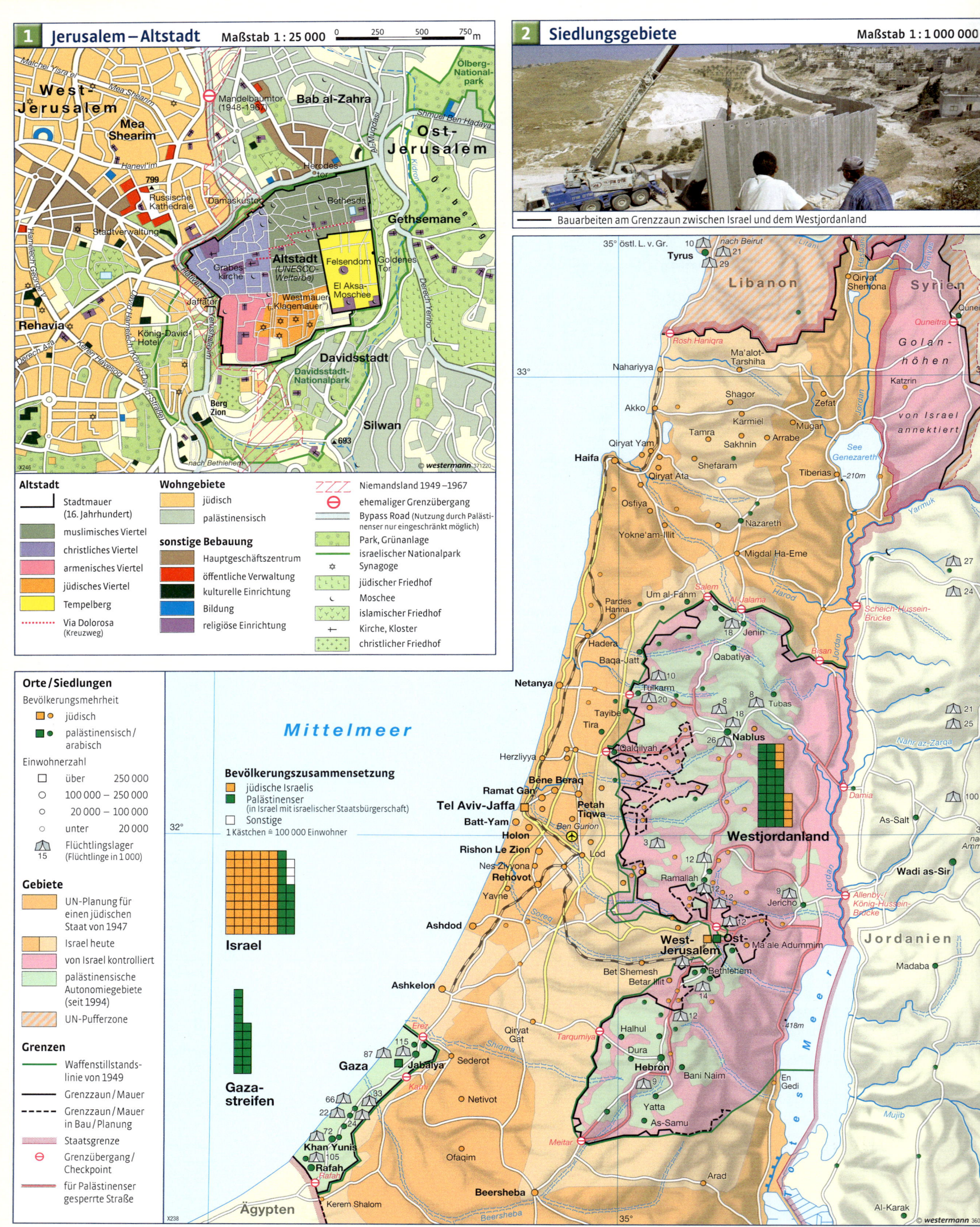

1 Jerusalem – Altstadt Maßstab 1 : 25 000 0 250 500 750 m

West-Jerusalem · Mea Shearim · Bab al-Zahra · Mandelbaumtor (1948–1967) · Ost-Jerusalem · Ölberg-Nationalpark · Shmuel Ben Hadaya · Herodes-tor · Bethesda · Gethsemane · Damaskustor · Goldenes Tor · 799 · Russische Kathedrale · Stadtverwaltung · Grabes-kirche · Altstadt (UNESCO-Welterbe) · Felsendom · El Aksa-Moschee · Westmauer („Klagemauer") · Jaffator · Rehavia · König-David-Hotel · Davidsstadt · Davidsstadt-Nationalpark · Berg Zion · Silwan · 693 · nach Bethlehem

Altstadt
- Stadtmauer (16. Jahrhundert)
- muslimisches Viertel
- christliches Viertel
- armenisches Viertel
- jüdisches Viertel
- Tempelberg
- Via Dolorosa (Kreuzweg)

Wohngebiete
- jüdisch
- palästinensisch

sonstige Bebauung
- Hauptgeschäftszentrum
- öffentliche Verwaltung
- kulturelle Einrichtung
- Bildung
- religiöse Einrichtung

- Niemandsland 1949–1967
- ehemaliger Grenzübergang
- Bypass Road (Nutzung durch Palästinenser nur eingeschränkt möglich)
- Park, Grünanlage
- israelischer Nationalpark
- Synagoge
- jüdischer Friedhof
- Moschee
- islamischer Friedhof
- Kirche, Kloster
- christlicher Friedhof

Orte / Siedlungen
Bevölkerungsmehrheit
- jüdisch
- palästinensisch / arabisch

Einwohnerzahl
- über 250 000
- 100 000 – 250 000
- 20 000 – 100 000
- unter 20 000
- Flüchtlingslager 15 (Flüchtlinge in 1000)

Gebiete
- UN-Planung für einen jüdischen Staat von 1947
- Israel heute
- von Israel kontrolliert
- palästinensische Autonomiegebiete (seit 1994)
- UN-Pufferzone

Grenzen
- Waffenstillstandslinie von 1949
- Grenzzaun / Mauer
- Grenzzaun / Mauer in Bau / Planung
- Staatsgrenze
- Grenzübergang / Checkpoint
- für Palästinenser gesperrte Straße

2 Siedlungsgebiete Maßstab 1 : 1 000 000

Bauarbeiten am Grenzzaun zwischen Israel und dem Westjordanland

Bevölkerungszusammensetzung
- jüdische Israelis
- Palästinenser (in Israel mit israelischer Staatsbürgerschaft)
- Sonstige
1 Kästchen ≙ 100 000 Einwohner

Israel · Gaza-streifen

35° östl. L. v. Gr. · nach Beirut · Tyrus · nach Beirut · Libanon · Qiryat Shemona · Syrien · Quneitra · Rosh Haniqra · Ma'alot-Tarshiha · Katzrin · Nahariyya · Golan-höhen · von Israel annektiert · Akko · Shagor · Zefat · See Genezareth · Qiryat Yam · Karmiel · Mugar · Tiberias · –210m · Haifa · Tamra · Sakhnin · Arrabe · Shefaram · Osfiya · Nazareth · Yokne'am-Illit · Migdal Ha-Eme · Harod · Salem · Al-Jalama · Scheich-Hussein-Brücke · Pardes Hanna · Um al-Fahm · 18 · Jenin · Hadera · Qabatiya · Baqa-Jatt · Bisan · Netanya · Tulkarm · Tubas · Tayibe · Tira · Nablus · Herzliyya · Qalqilyah · 26 · Bene Beraq · Ramat Gan · Tel Aviv-Jaffa · Petah Tiqwa · Batt-Yam · Ben Gurion · Holon · Lod · Rishon Le Zion · Nes Ziyyona · Rehovot · Yavne · Ramallah · Jericho · Allenby-/König-Hussein-Brücke · As-Salt · Wadi as-Sir · Westjordanland · Ashdod · West-Jerusalem · Ost-Jerusalem · Ma'ale Adummim · Jordanien · Madaba · Ashkelon · Bet Shemesh · Bethlehem · Betar Illit · Qiryat Gat · Tarqumiya · Halhul · –418m · Gaza · Jabalya · Sederot · Dura · Hebron · Bani Naim · En Gedi · Khan Yunis · As-Samu · Yatta · Rafah · Meitar · Ofaqim · Arad · Al-Karak · Ägypten · Kerem Shalom · Beersheba · Netivot · Mittelmeer

© westermann

3 Westasien – physisch

Maßstab 1 : 18 000 000

Landhöhen und Meerestiefen (in Meter)

Berghöhe 5642
Gletscher
5000
3000
2000
1000
500
300
200
100
Gebiet unter dem Meeresspiegel
38
200
2000
4000
2211
Tiefenangabe   Höhenangabe
Korallen

Gewässer
- ～ Fluss
- ～ Stromschnelle, Wasserfall
- ···· schiffbarer Kanal
- ～ Fluss, jahreszeitlich Wasser führend
- ～ Wadi, Trockental
- ---- Kanal, bedingt schiffbar
- See   Salzsee
- Stausee, Staumauer
- Sumpf, Moor
- Salzpfanne

Orte
Einwohner
- ▣ über 5 000 000
- ■ 1 000 000 – 5 000 000
- ◉ 500 000 – 1 000 000
- ● 100 000 – 500 000
- ○ 20 000 – 100 000
- ○ unter 20 000
- ∴ Ruinenstätte, geschichtlich bedeutsamer Ort
- Oase

Verkehr
- —— Eisenbahn
- ═══ wichtige Fernstraße
-)(Pass

Verwaltung
- ▨ Staatsgrenze
- —·— nicht festgelegte Grenze

Teheran Hauptstadt eines Staates

Zum Vergleich

Seite 94/95
Seite 132/133   Seite 110/111
Seite 134/135

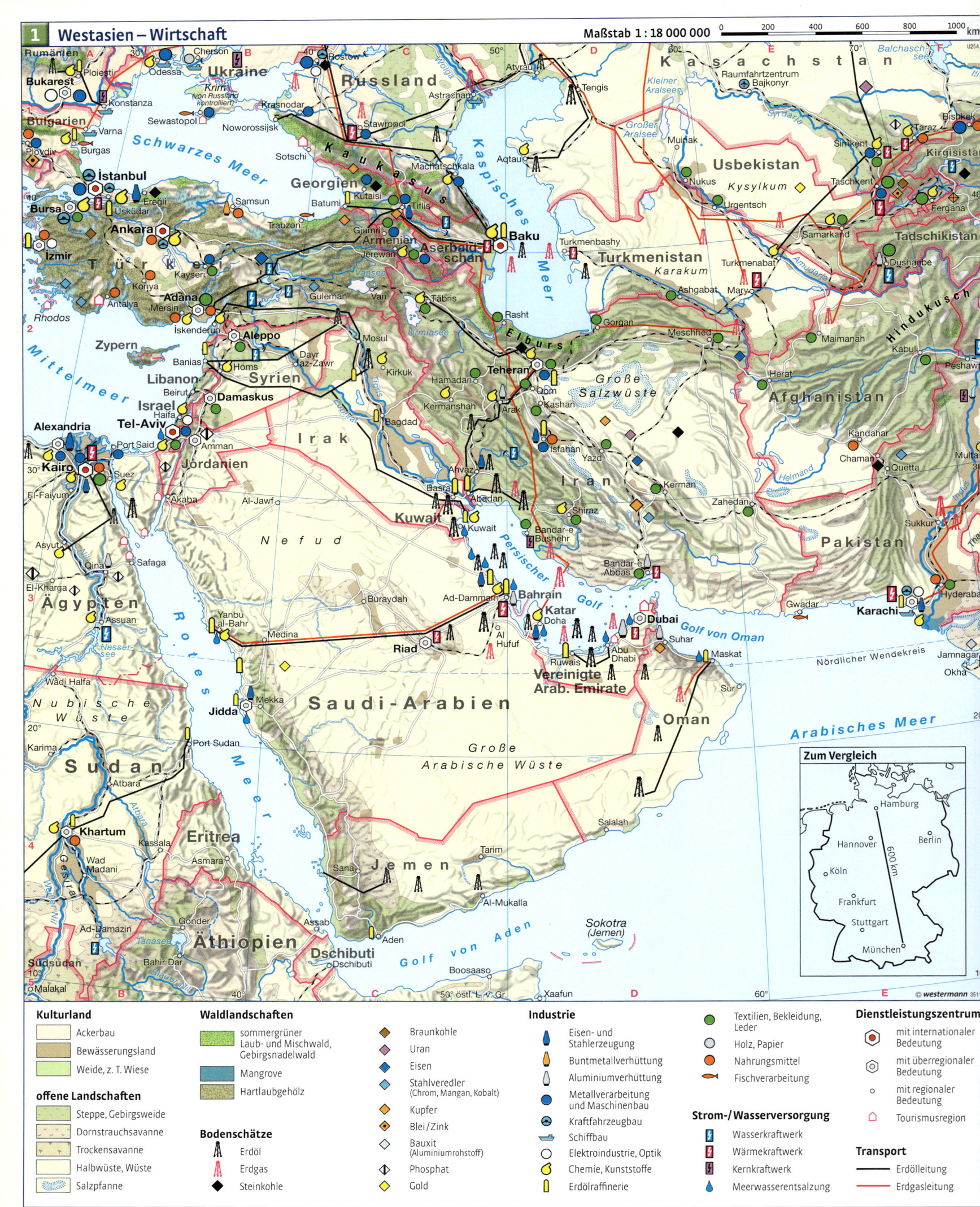

1 Westasien – Wirtschaft

Maßstab 1 : 18 000 000

0 200 400 600 800 1000 km

Kulturland

- Ackerbau
- Bewässerungsland
- Weide, z. T. Wiese

offene Landschaften

- Steppe, Gebirgsweide
- Dornstrauchsavanne
- Trockensavanne
- Halbwüste, Wüste
- Salzpfanne

Waldlandschaften

- sommergrüner Laub- und Mischwald, Gebirgsnadelwald
- Mangrove
- Hartlaubgehölz

Bodenschätze

- Erdöl
- Erdgas
- Steinkohle

(Industrie-Rohstoffe)

- Braunkohle
- Uran
- Eisen
- Stahlveredler (Chrom, Mangan, Kobalt)
- Kupfer
- Blei/Zink
- Bauxit (Aluminiumrohstoff)
- Phosphat
- Gold

Industrie

- Eisen- und Stahlerzeugung
- Buntmetallverhüttung
- Aluminiumverhüttung
- Metallverarbeitung und Maschinenbau
- Kraftfahrzeugbau
- Schiffbau
- Elektroindustrie, Optik
- Chemie, Kunststoffe
- Erdölraffinerie
- Textilien, Bekleidung, Leder
- Holz, Papier
- Nahrungsmittel
- Fischverarbeitung

Strom-/Wasserversorgung

- Wasserkraftwerk
- Wärmekraftwerk
- Kernkraftwerk
- Meerwasserentsalzung

Dienstleistungszentrum

- mit internationaler Bedeutung
- mit überregionaler Bedeutung
- mit regionaler Bedeutung
- Tourismusregion

Transport

- Erdölleitung
- Erdgasleitung

Zum Vergleich

© westermann 3511

Dubai – Wandel zur Tourismusmetropole

2 **M7**   Maßstab 1 : 250 000   0 2 4 6 8 10 km

1990

vom Ölfeld Fateh   vom Gasfeld Rashid

190 000 Barrel Rohöl/Tag

25 000 m³ Erdgas/Tag

Persischer Golf

Hassah-Palast

Tanklager

Erdgas-chemie

Aluminium-verhüttung

Palast der Herrscher-familie

Jumeirah Beach

Port Rashid

Containerhafen

Jebel Ali

Wasser-speicher

Umm Suqeim

Jumeirah

Altstadt

Bur Dubai

Deira

Emirat Ash Shariqah

nach Ash-Shariqah

Mina Jebel Ali

Handelszentrumsstraße

Al-Quoz

Zabeel Palast

Dubai International Airport

Al-Qusais

Kamel-rennbahn

Umspannwerk

Vogelschutz-gebiet

Dubai Creek

14 000 m³ Erdgas/Tag

Emirat Dubai

Pferde-rennbahn

Ras al-Khor

Mirdif

Palast der Herrscher-familie

vom Gasfeld Margham

nach Al-Ayn

© westermann 371217

Legende

Bebauung
- luxuriöser/hoher Wohnkomfort
- mittlerer Wohnkomfort
- einfacher/niedriger Wohnkomfort
- bewachtes Wohnviertel (Gated community, private Großinvestition)
- □ Hochhaus über 200 m Höhe

Tourismus
- bewässerte Grünanlage
- Wüste
- Golfplatz
- Luxushotel
- Einkaufs-/Vergnügungszentrum

Wirtschaft
- Industrie-/Gewerbegebiet
- Geschäfts-/Einkaufsviertel
- Freihandelszone
- Arbeitercamp

- Gas (erschöpftes Vorkommen)
- Wärmekraftwerk
- Erdgasleitung
- tägliche Fördermenge

- Meerwasser-entsalzungsanlage
- Hauptwasser-leitung
- Hochspannungs-leitung

Verkehr
- Autobahn
- sonstige Straße
- Hochbahn/U-Bahn
- Emiratsgrenze

2013

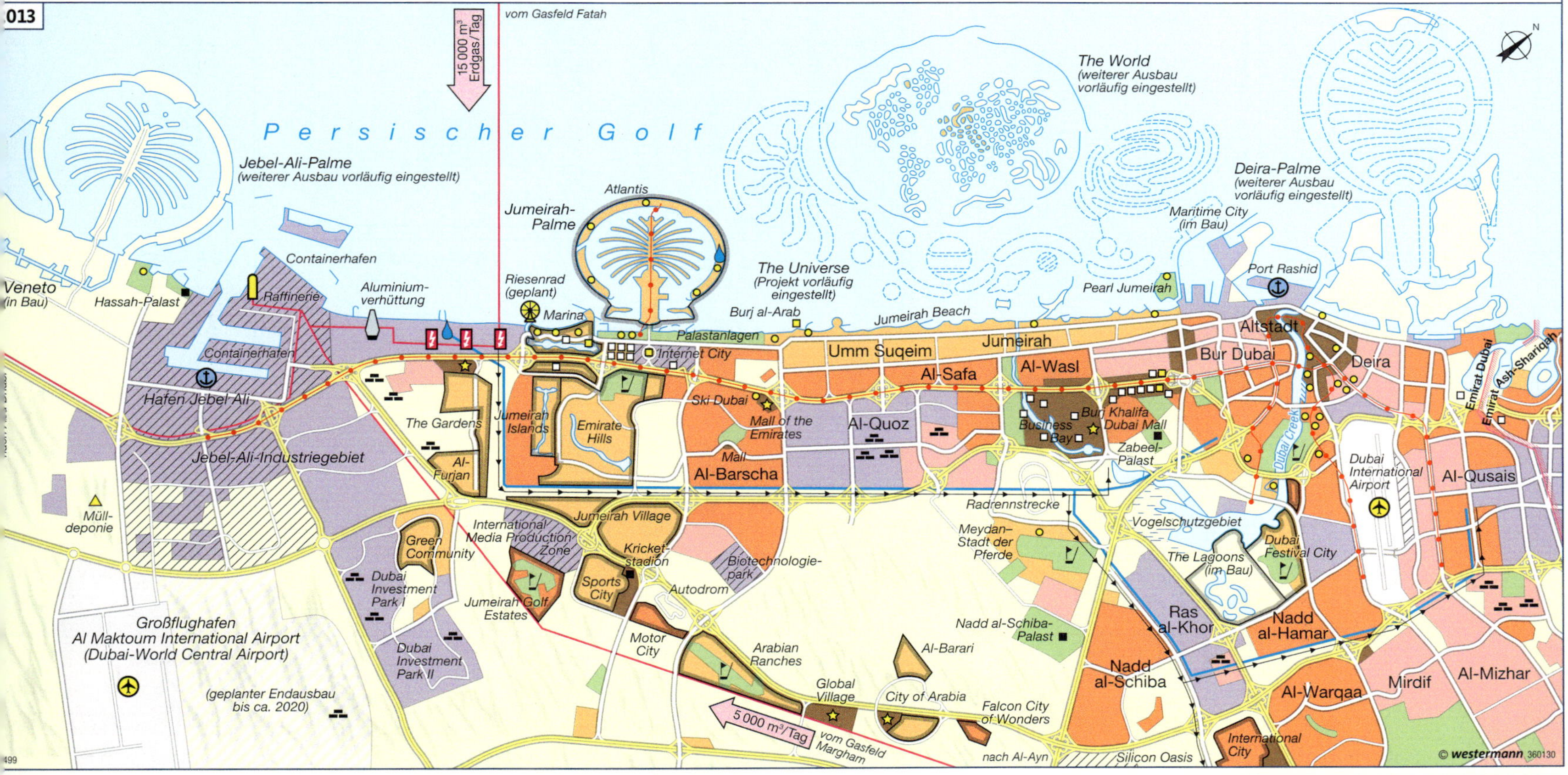

vom Gasfeld Fatah

15 000 m³ Erdgas/Tag

Persischer Golf

The World (weiterer Ausbau vorläufig eingestellt)

Jebel-Ali-Palme (weiterer Ausbau vorläufig eingestellt)

Jumeirah-Palme

Atlantis

Deira-Palme (weiterer Ausbau vorläufig eingestellt)

Maritime City (im Bau)

Veneto (in Bau)

Hassah-Palast

Raffinerie

Containerhafen

Aluminium-verhüttung

Riesenrad (geplant)

Marina

The Universe (Projekt vorläufig eingestellt)

Pearl Jumeirah

Port Rashid

Burj al-Arab

Jumeirah Beach

Altstadt

Bur Dubai

Deira

Emirat Ash Shariqah

Hafen Jebel Ali

Containerhafen

Palastanlagen

Internet City

Umm Suqeim

Jumeirah

The Gardens

Jumeirah Islands

Emirate Hills

Al-Furjan

Ski Dubai

Mall of the Emirates

Al-Safa

Al-Wasl

Al-Quoz

Business Bay

Burj Khalifa

Dubai Mall

Dubai International Airport

Al-Qusais

Jebel-Ali-Industriegebiet

Mall Al-Barscha

Zabeel-Palast

Müll-deponie

Green Community

International Media Production Zone

Jumeirah Village

Kricket-stadion

Biotechnologie-park

Radrennstrecke

Meydan-Stadt der Pferde (im Bau)

The Lagoons (im Bau)

Dubai Festival City

Großflughafen Al Maktoum International Airport (Dubai-World Central Airport)

Dubai Investment Park I

Sports City

Jumeirah Golf Estates

Dubai Investment Park II

Motor City

Autodrom

Arabian Ranches

Al-Barari

Nadd al-Schiba-Palast

Ras al-Khor

Vogelschutzgebiet

Nadd al-Hamar

(geplanter Endausbau bis ca. 2020)

Global Village

City of Arabia

Falcon City of Wonders

5 000 m³/Tag

vom Gasfeld Margham

Nadd al-Schiba

Al-Warqaa

Mirdif

Al-Mizhar

International City

Silicon Oasis

nach Al-Ayn

© westermann 360130

Am Dubai Creek 1990

Luxushotel Burj al-Arab (seit 1999)

Bau der Dubai Marina (seit 2003)

Burj Khalifa (2009): höchstes Haus der Welt

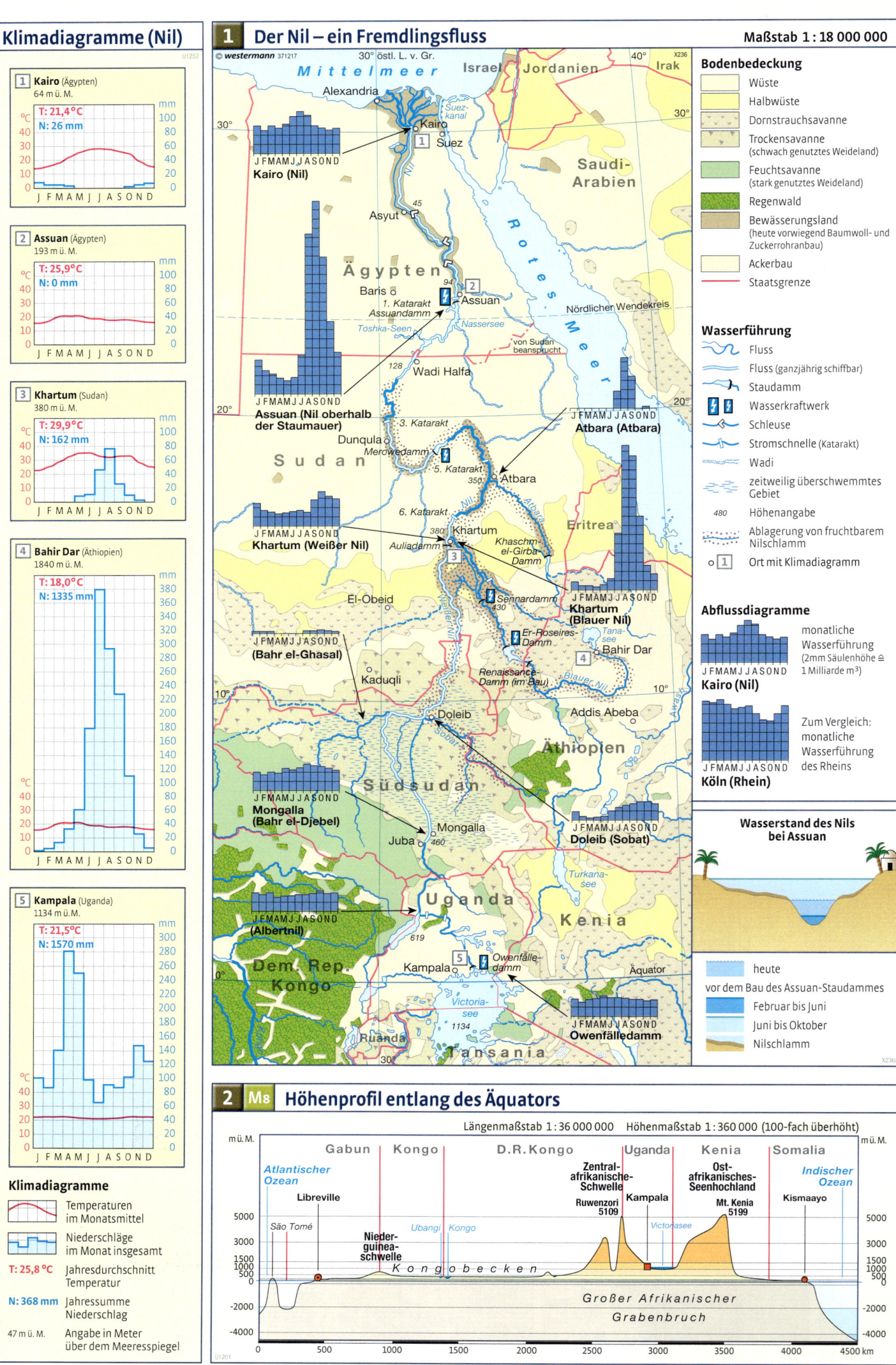

Klimadiagramme (Nil)

1 Kairo (Ägypten)
64 m ü. M.
T: 21,4 °C
N: 26 mm

2 Assuan (Ägypten)
193 m ü. M.
T: 25,9 °C
N: 0 mm

3 Khartum (Sudan)
380 m ü. M.
T: 29,9 °C
N: 162 mm

4 Bahir Dar (Äthiopien)
1840 m ü. M.
T: 18,0 °C
N: 1335 mm

5 Kampala (Uganda)
1134 m ü. M.
T: 21,5 °C
N: 1570 mm

Klimadiagramme

Temperaturen im Monatsmittel

Niederschläge im Monat insgesamt

T: 25,8 °C　Jahresdurchschnitt Temperatur

N: 368 mm　Jahressumme Niederschlag

47 m ü. M.　Angabe in Meter über dem Meeresspiegel

1 Der Nil – ein Fremdlingsfluss

Maßstab 1 : 18 000 000

westermann 371217

Bodenbedeckung

Wüste
Halbwüste
Dornstrauchsavanne
Trockensavanne (schwach genutztes Weideland)
Feuchtsavanne (stark genutztes Weideland)
Regenwald
Bewässerungsland (heute vorwiegend Baumwoll- und Zuckerrohranbau)
Ackerbau
Staatsgrenze

Wasserführung

Fluss
Fluss (ganzjährig schiffbar)
Staudamm
Wasserkraftwerk
Schleuse
Stromschnelle (Katarakt)
Wadi
zeitweilig überschwemmtes Gebiet
480　Höhenangabe
Ablagerung von fruchtbarem Nilschlamm
o 1　Ort mit Klimadiagramm

Abflussdiagramme

monatliche Wasserführung (2mm Säulenhöhe ≙ 1 Milliarde m³)
Kairo (Nil)

Zum Vergleich: monatliche Wasserführung des Rheins
Köln (Rhein)

Wasserstand des Nils bei Assuan

heute
vor dem Bau des Assuan-Staudammes
Februar bis Juni
Juni bis Oktober
Nilschlamm

Map labels:
Mittelmeer, Israel, Jordanien, Irak
Alexandria, Kairo, Suez, Suezkanal
Saudi-Arabien
Asyut 45
Ägypten
Baris, 1. Katarakt Assuandamm, Assuan, Toshka-Seen, Nassersee
von Sudan beansprucht
Nördlicher Wendekreis
Rotes Meer
128　Wadi Halfa
Sudan
3. Katarakt
Dunqula, Merowedamm, 5. Katarakt 350, Atbara, Atbara (Atbara)
6. Katarakt, Khartum, Auliadamm, Khaschm el-Girba Damm
Eritrea
Khartum (Weißer Nil)
El-Obeid, Sennardamm 430, Khartum (Blauer Nil)
(Bahr el-Ghasal), Er-Roseires-Damm, Tanasee, Bahir Dar
Kaduqli, Renaissance-Damm (im Bau), Blauer Nil
Doleib, Addis Abeba, Äthiopien
Südsudan
Mongalla (Bahr el-Djebel), Mongalla, Juba 460, Doleib (Sobat)
Turkanasee
Uganda, Kenia
(Albertnil)
619
Dem. Rep. Kongo, Kampala, Owenfälledamm, Äquator
Victoriasee 1134, Owenfälledamm
Ruanda, Tansania

2 M8 Höhenprofil entlang des Äquators

Längenmaßstab 1 : 36 000 000　Höhenmaßstab 1 : 360 000 (100-fach überhöht)

mü. M.

Gabun, Kongo, D.R. Kongo, Uganda, Kenia, Somalia

Atlantischer Ozean
Indischer Ozean
Zentralafrikanische-Schwelle
Ostafrikanisches-Seenhochland
Libreville
São Tomé
Ruwenzori 5109
Kampala
Mt. Kenia 5199
Kismaayo
Niederguineaschwelle
Ubangi　Kongo
Victoriasee
Kongobecken
Großer Afrikanischer Grabenbruch

0　500　1000　1500　2000　2500　3000　3500　4000　4500 km

3 Afrika – physi...

Azoren 676, 6292
Nördlicher Wendekreis
Kapverdische Inseln
Kap Verde, Daka...
Äquator 7755
Atlan...
6357
6059

Gewässer

Fluss
Stromschnelle, Wasserfall
Wadi, Trockental
Kanal
See
Stausee, Staumauer
Sumpf, Moor
Salzpfanne
Oase

Ballungsraum　Einwohner
über　10 000 000
3 000 000 – 10 000 000
1 000 000 – 3 000 000

Übersicht

Maßstab 1 : 36 000 000

Landhöhen und Meerestiefen (in Meter)

Berghöhe 5895

Gebiet unter dem Meeresspiegel

Wüste

1 500
1 000
500
200
100
0
200
2 000
4 000
6 000

180

5207

Tiefenangabe   Höhenangabe

Kontinentalgrenze

© westermann 351113

U263

Gründung eines Staates

1960   Jahr der Staatsgründung

●   Hauptstadt

—   Staatsgrenze

Völker und Stämme
(in Auswahl)

Orientalen: Araber – Berber – Somali – Tuareg
Sudanvölker: Fulbe – Haussa
Guineavölker: Akan – Yoruba – Ibo
Bantus: Massai – Mbenga – Nguni – Sotho – Tsonga – Venda – Xhosa – Zulu
Koisan: Khoi Khoi – San

Religionen

—   Grenze in Afrika zwischen dem Islam im Norden, den Naturreligionen und Christen im Süden

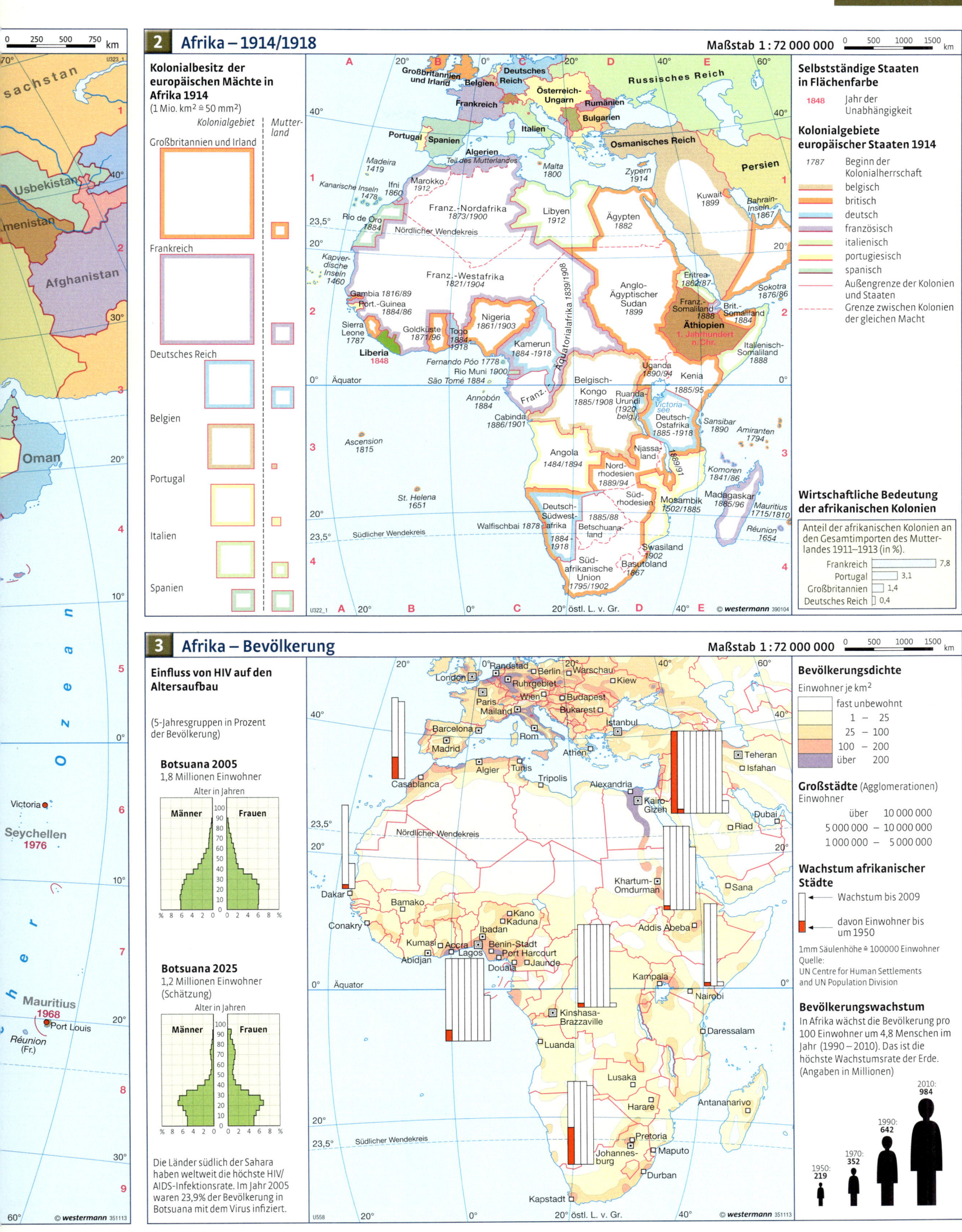

1 Afrika – Landwirtschaft

Maßstab 1 : 36 000 000

0 200 400 600 800 1000 km

Waldlandschaften

- sommergrüner Laub- und Mischwald, Gebirgsnadelwald
- Hartlaubgehölz
- Monsun- und Regenwald

offene Landschaften

- Steppe und Hochgebirgsgrasland
- Trocken- und Dornstrauchsavanne
- Feuchtsavanne
- Halbwüste und Wüste

Kulturland

- Ackerbau
- mittelmeerischer und kapländischer Anbau
- Bewässerungsland
- Weide, z. T. Wiese
- dürregefährdete Zone

Viehhaltung

Kleinvieh, überwiegend für den Eigenbedarf
1 Zeichen ≙ 5 Mio. Stück
Schafe und Ziegen (außerdem bis zu 10 Mio. Stück Hühner)

Kamele
1 großes Zeichen ≙ 5 Mio. Stück
1 kleines Zeichen ≙ 1 Mio. Stück

Rinder
Schafe
Schweine
1 großes Zeichen ≙ 20 Mio. Stück
1 kleines Zeichen ≙ 5 Mio. Stück

Nutzpflanzen

Weizen	Dattelpalmen	Zuckerrohr
Mais	Kokospalmen	Kaffee
Reis	Ölpalmen	Tee
Hirse	Kautschuk	Kakao
Erdnüsse	Baumwolle	Tabak
Bananen	Sisal	Wein
Zitrusfrüchte	Jute	Schnittblumen

2 Anteil Afrikas an der Weltproduktion

Anbau für die Selbstversorgung (2011)   Anbau vor allem für den Export (2011)

100% Welt

Anteil Afrikas

Yams	Hirse	Erdnüsse	Süßkartoffeln	Kakao	Kaffee	Bananen	Ölpalmen
96%	39%	24%	16%	66%	14%	14%	7%

© westermann 371220

3 Temperaturen im Januar — Maßstab 1 : 72 000 000

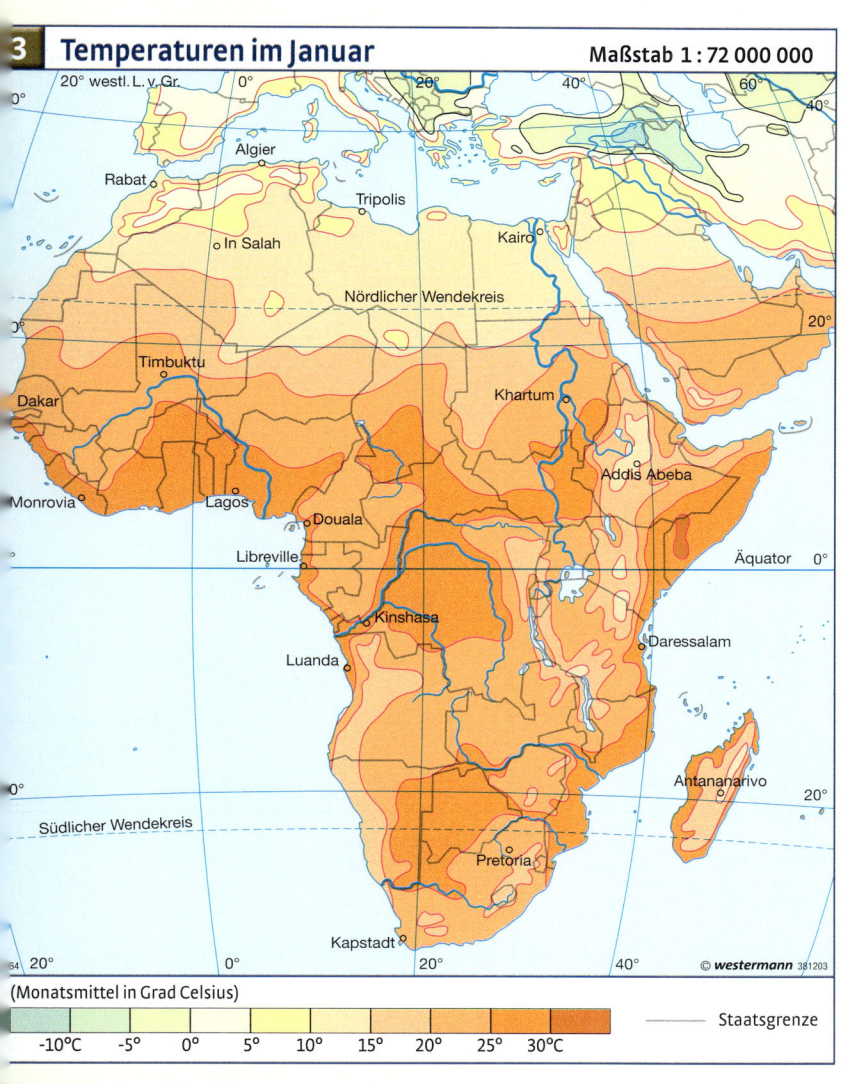

(Monatsmittel in Grad Celsius)

Staatsgrenze

-10°C -5° 0° 5° 10° 15° 20° 25° 30°C

4 Temperaturen im Juli — Maßstab 1 : 72 000 000

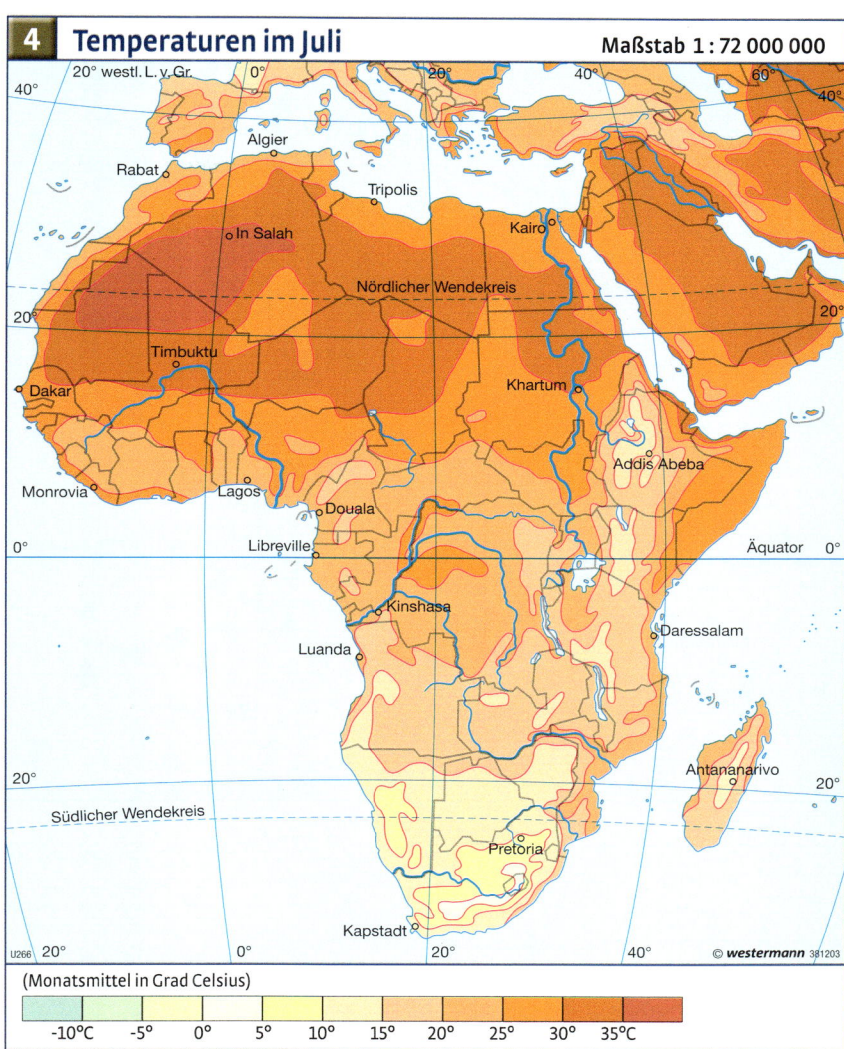

(Monatsmittel in Grad Celsius)

-10°C -5° 0° 5° 10° 15° 20° 25° 30° 35°C

5 Niederschläge im Januar — Maßstab 1 : 72 000 000

doppelte Regenzeit im Frühsommer und Herbst

einfache Regenzeit im Südsommer

Winterregen

Regen zu allen Jahreszeiten

(langjähriges Monatsmittel in mm)

25 mm 50 100 200 300 400 mm im Januar

6 Niederschläge im Juli — Maßstab 1 : 72 000 000

einfache Regenzeit im Sommer

doppelte Regenzeit im Frühsommer und Herbst

Regen zu allen Jahreszeiten

(langjähriges Monatsmittel in mm)

Staatsgrenze

25 mm 50 100 200 300 400 mm im Januar

1 Wüstenarten und Wüstenausbreitung (Desertifikation)

Maßstab 1 : 36 000 000

0 200 400 600 800 1000 km

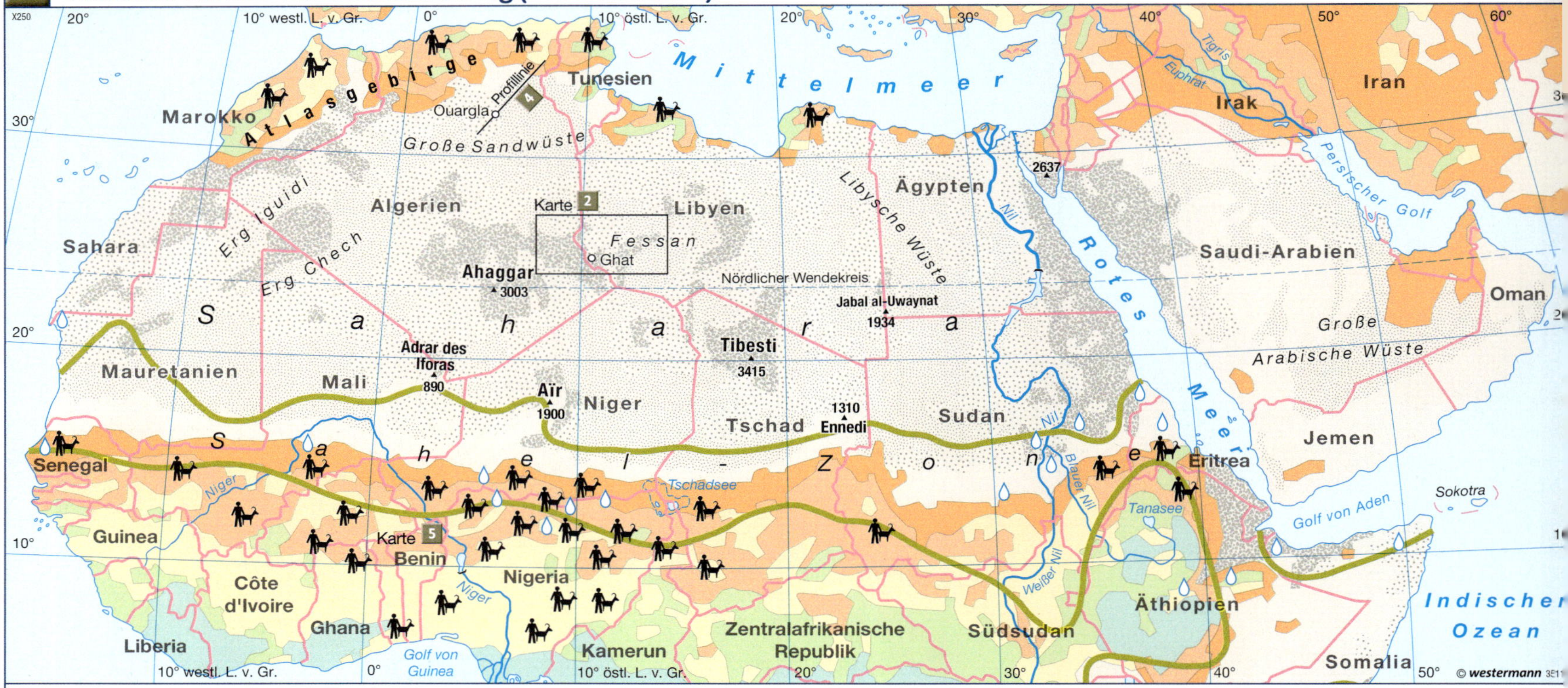

Wüstenarten

- Felswüste, Blockwüste, Schuttwüste
- Kieswüste
- Sandwüste
- Halbwüste

Desertifikation

Empfindlichkeit der Landschaft für fortschreitende Wüstenbildung

- sehr hoch
- hoch
- mäßig
- gering
- keine (humide Zone)

dürregefährdete Zone

Beschleunigung der Desertifikation durch hohen Bevölkerungsdruck und Überweidung

Wassermangel durch hohen Bevölkerungsdruck

Ackerbaufläche in der Sahel-Zone

Mio. ha (1 Mio. ha ≙ 10 000 km²)

18 16 14 12 10 8

1960 1970 1980 1990 2000

Map labels: X250, Marokko, Atlasgebirge, Tunesien, Ouargla, Profillinie 4, Große Sandwüste, Mittelmeer, Irak, Iran, Sahara, Erg Iguidi, Erg Chech, Algerien, Karte 2, Libyen, Fessan, Ghat, Ägypten, 2637, Libysche Wüste, Saudi-Arabien, Oman, Ahaggar, 3003, Nördlicher Wendekreis, Jabal al-Uwaynat 1934, Große Arabische Wüste, Mauretanien, Mali, Adrar des Iforas 890, Aïr 1900, Niger, Tibesti 3415, Rotes Meer, S a h a r a, Senegal, Sahel-Zone, Tschad, Ennedi 1310, Sudan, Jemen, Sokotra, Eritrea, Guinea, Karte 5, Benin, Nigeria, Tschadsee, Blauer Nil, Tanasee, Golf von Aden, Indischer Ozean, Côte d'Ivoire, Niger, Weißer Nil, Äthiopien, Liberia, Ghana, Golf von Guinea, Kamerun, Zentralafrikanische Republik, Südsudan, Somalia, © westermann 3E1

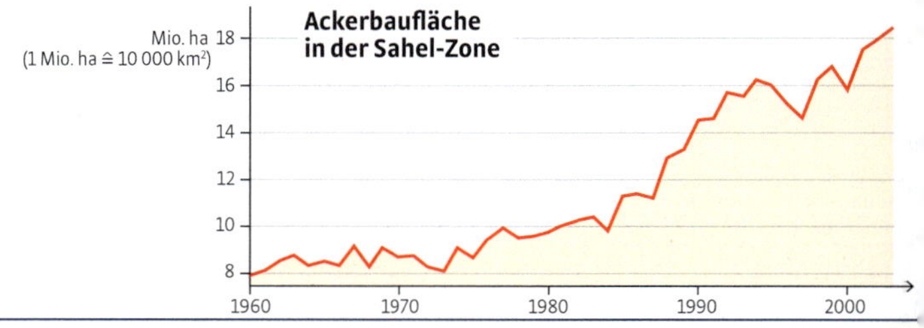

2 Sahara – Wüstenarten im Satellitenbild

Maßstab 1 : 3 000 000

0 30 60 90 120 150 km

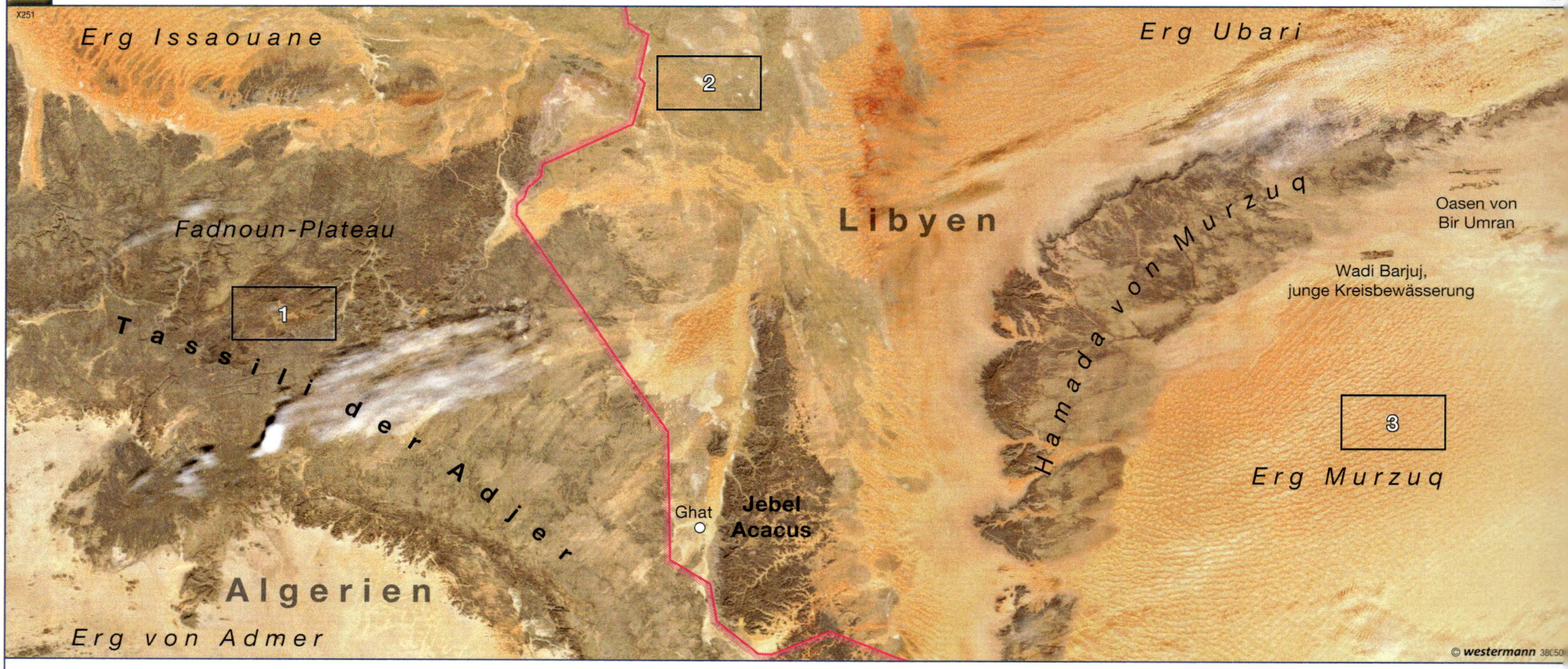

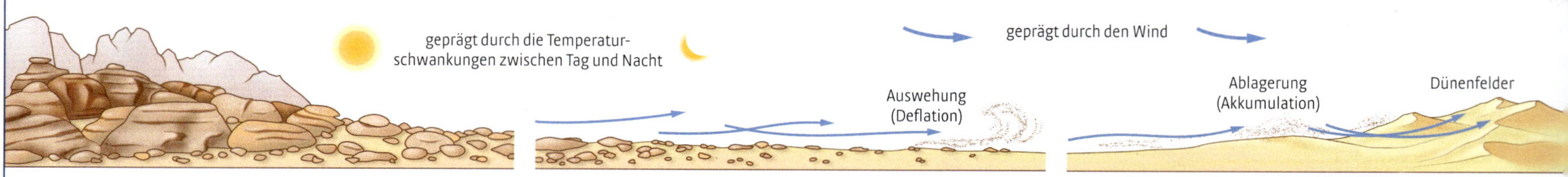

Map labels: X251, Erg Issaouane, Erg Ubari, Fadnoun-Plateau, Libyen, Hamada von Murzuq, Oasen von Bir Umran, Wadi Barjuj, junge Kreisbewässerung, Tassili der Adjer, Ghat, Jebel Acacus, Erg Murzuq, Algerien, Erg von Admer, © westermann 38C50

geprägt durch die Temperaturschwankungen zwischen Tag und Nacht

geprägt durch den Wind

Auswehung (Deflation)

Ablagerung (Akkumulation)

Dünenfelder

1 Fels- und Blockwüste (Hamada)

2 Kieswüste (Serir)

3 Sandwüste (Erg)

3 Ouargla – Brunnenoase in Algerien

Maßstab 1 : 100 000

km 0 1 2 3

Der Ksar von Ouargla

ehemalige Stadtmauer

Beni Ouaggine

Beni Brahim

Rathaus

Lalla-Malkia-Moschee

Souk (Markthalle)

Lalla-Azza-Moschee

ehemalige Zitadelle

Krankenhaus

Sidi-Baafou-Moschee

Beni Sissine

Busbahnhof

Beni Ghandez

Maßstab 1 : 10 000

Autostraße
Gasse, z.T. überdacht

Der Ksar, die ehemals befestigte Wohnburg der Berber, ist die orientalische Altstadt von Ouargla.

U272   5°20' östl. L. v. Gr.

▲166
▲128
31°58'

Diar Said Otba

Entwässerungsrohrleitung zum Verdunstungssee
Pumpstation
▲128

Ksar   siehe Ausschnitt
Tongruben

Diar Mekhadma
134
Beni Lutaud
Beni Thour
Adjadja

Chott

Ain el Beida

Ouargla

nach Ghardaia
Erdöllleitungen
Erdgasleitung
▲139
vom Ölfeld Hassi Messaoud

El Adeb
Rouissat
Artesischer Brunnen

Militärflugplatz

© westermann 381105

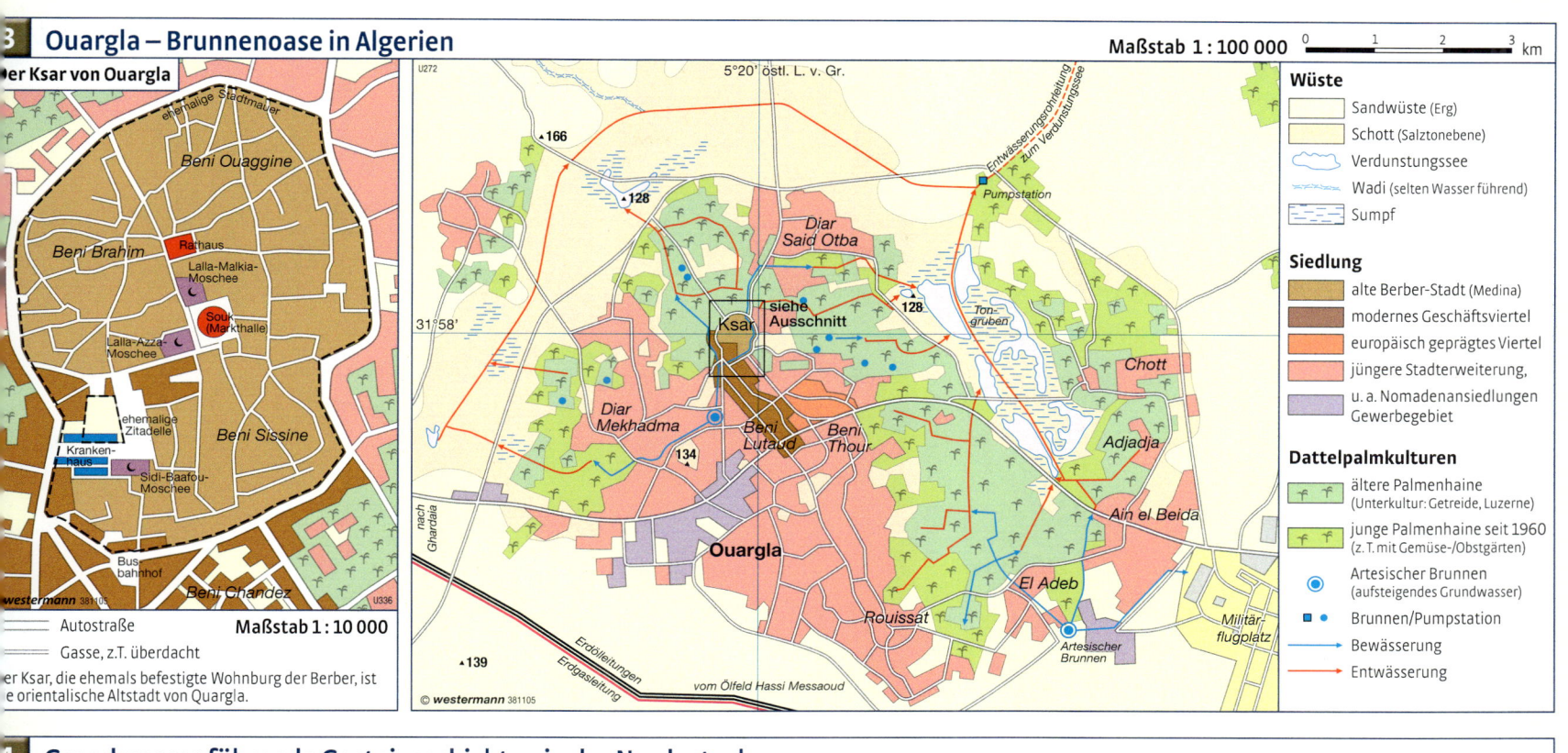

Wüste
- Sandwüste (Erg)
- Schott (Salztonebene)
- Verdunstungssee
- Wadi (selten Wasser führend)
- Sumpf

Siedlung
- alte Berber-Stadt (Medina)
- modernes Geschäftsviertel
- europäisch geprägtes Viertel
- jüngere Stadterweiterung, u. a. Nomadenansiedlungen
- Gewerbegebiet

Dattelpalmkulturen
- ältere Palmenhaine (Unterkultur: Getreide, Luzerne)
- junge Palmenhaine seit 1960 (z. T. mit Gemüse-/Obstgärten)
- Artesischer Brunnen (aufsteigendes Grundwasser)
- Brunnen/Pumpstation
- Bewässerung
- Entwässerung

4 Grundwasser führende Gesteinsschichten in der Nordostsahara

Längenmaßstab 1 : 4 000 000

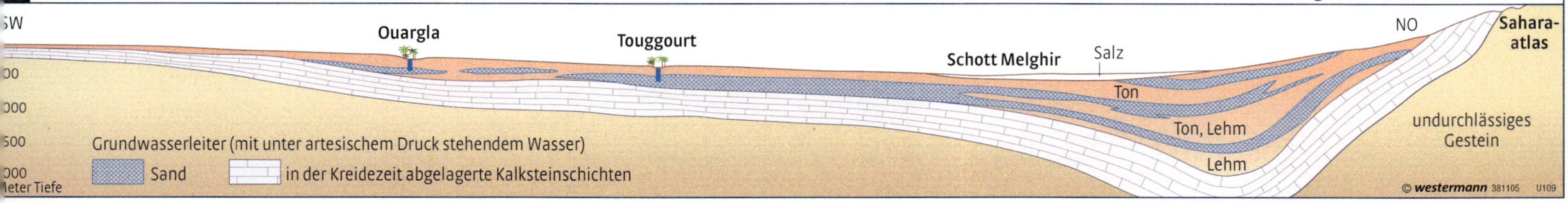

SW

Ouargla
Touggourt
Schott Melghir   Salz
NO
Saharaatlas

Ton
Ton, Lehm
Lehm
undurchlässiges Gestein

Meter Tiefe

Grundwasserleiter (mit unter artesischem Druck stehendem Wasser)
- Sand
- in der Kreidezeit abgelagerte Kalksteinschichten

© westermann 381105   U109

5 Halbnomadismus der Fulbe in der Sahel-Zone

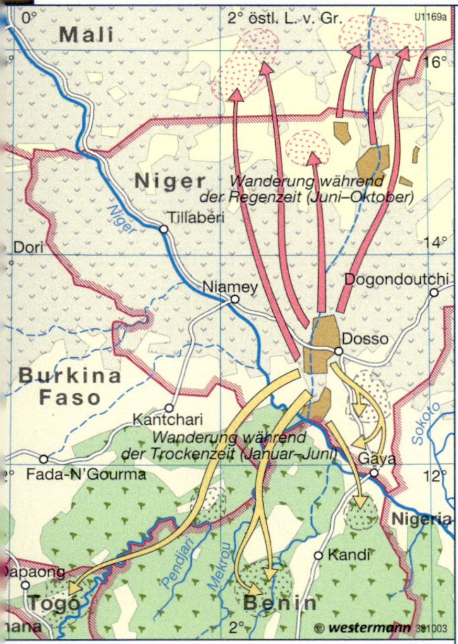

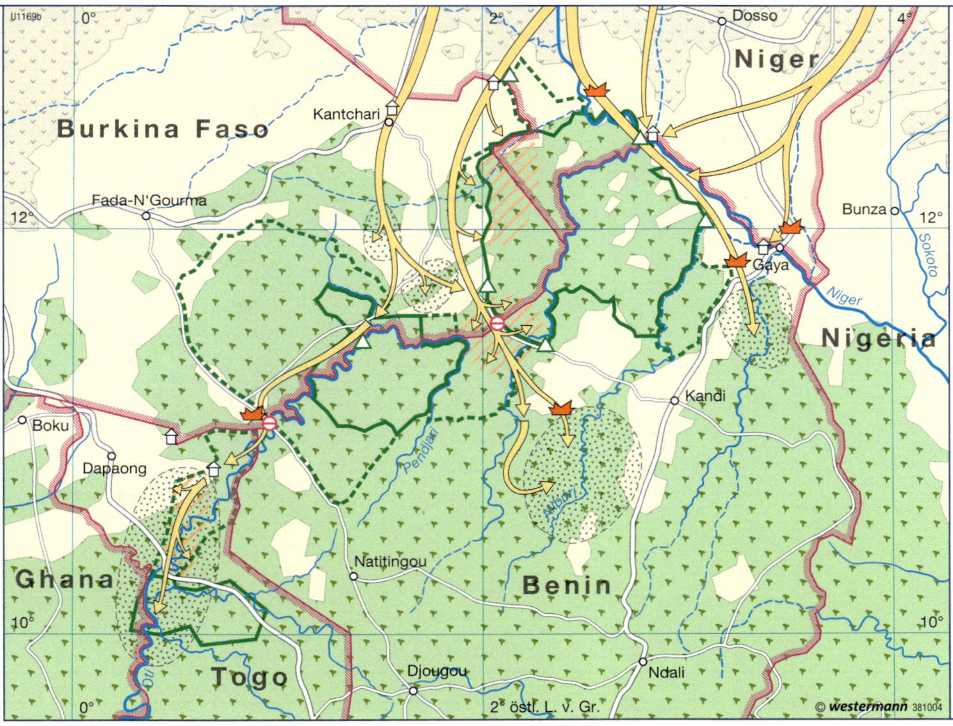

Maßstab 1 : 4 000 000

0°   2° östl. L. v. Gr.   U1169a   U1169b   0°
Mali   16°

Niger
Tillabéri
Dori   14°

Wanderung während der Regenzeit (Juni–Oktober)

Burkina Faso
Kantchari
Fada-N'Gourma
Niamey
Dogondoutchi
Dosso

Wanderung während der Trockenzeit (Januar–Juni)
12°

Kantchari
Fada-N'Gourma
Gaya
Nigeria
Boku
Kandi

Dapaong
Togo   Benin

Maßstab 1 : 8 000 000

Dauersiedlungsgebiet des Fulbe-Volkes
Beweidung (Trockenzeit)
Beweidung (Regenzeit)
Halbwüste

Dosso
Niger
Kantchari
Burkina Faso   12°
Fada-N'Gourma

Bunza   12°
Nigeria
Gaya

Boku
Dapaong
Natitingou
Benin

Ghana   10°
Togo
Djougou
Ndali   10°

0°   2° östl. L. v. Gr.

© westermann 381003
© westermann 381004

Landnutzung
- Dornstrauch- und Trockensavanne
- Feuchtsavanne
- Ackerbau (Hirse, Mais)
- Nationalpark
- Naturreservat mit Jagdzonen

Wanderweidewirtschaft
(insgesamt mehr als 100 000 Rinder, Ziegen und Schafe)
- saisonale Wanderung (während der Trockenzeit Januar–Juni)
- saisonale Beweidung

Nutzungskonflikte
- illegale Beweidung
- gewaltsame Konflikte mit lokalen Bauern
- Grenzschließung durch Benin 2003–2004

Verwaltung
- Posten staatlicher Wildhüter
- Grenzposten
- Staatsgrenze

6 Niederschlagsvariabilität in der Sahel-Zone

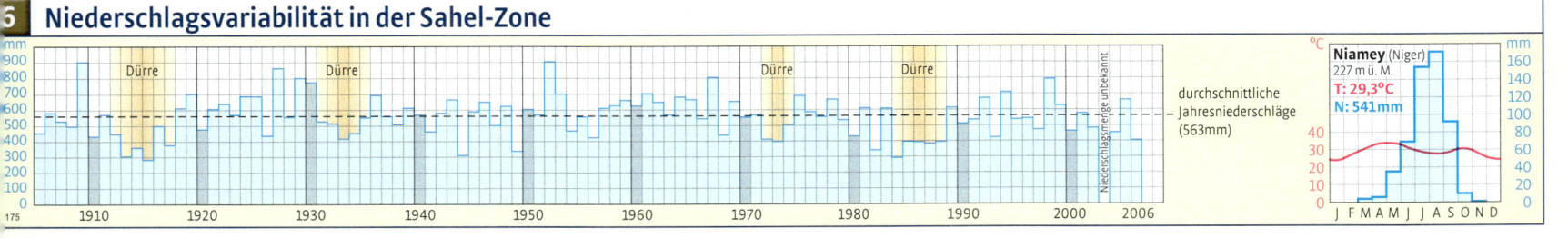

mm
900 800 700 600 500 400 300 200 100

Dürre   Dürre   Dürre   Dürre

1910 1920 1930 1940 1950 1960 1970 1980 1990 2000 2006

Niederschlagsmenge unbekannt

durchschnittliche Jahresniederschläge (563 mm)

Niamey (Niger)
227 m ü. M.
T: 29,3°C
N: 541 mm

°C   mm
160 140 120 100 80 60 40 20

J F M A M J J A S O N D

1 Afrika – Wirtschaft (Übersicht)

Maßstab 1 : 36 000 000

0 200 400 600 800 1000 km

Bergbau

- Erdöl
- Erdgas
- Steinkohle
- Uran
- Eisen
- Stahlveredler (Chrom, Mangan, Kobalt, Nickel)
- Coltan
- Kupfer
- Blei, Zink
- Bauxit (Aluminiumrohstoff)
- Gold
- Platin
- Phosphat
- Dliamanten

Industrie

- Eisen- und Stahlerzeugung
- Buntmetall- und Aluminiumverhüttung
- Eisen- und Metallverarbeitung, Maschinenbau
- Elektroindustrie, Optik
- Chemie, Kunststoffe
- Erdölraffinerie
- Textilien, Bekleidung, Leder
- Holz, Holzverarbeitung
- Nahrungsmittel
- Fischfang

Dienstleistungszentrum

- mit internationaler Bedeutung
- mit überregionaler Bedeutung
- mit regionaler Bedeutung
- Fremdenverkehrsregion

Transport und Verkehr

- Erdölleitung
- Erdgasleitung
- wichtige Eisenbahn
- Staatsgrenze

2 Afrikas Stellung am Weltmarkt

Anteil Afrikas an der Weltproduktion

Diamanten	Kobalt	Coltan	Phosphat	Platin	Gold	Bauxit	Erdöl
56%	54%	33%	29%	63%	20%	10%	12%

Weltweite Produktionsmenge 2008

| 159 Mio. Karat | 76 Mio. t | 1170 t | 50 Mio. t | 465 t | 2280 t | 205 Mio. t | 3821 Mio. t |

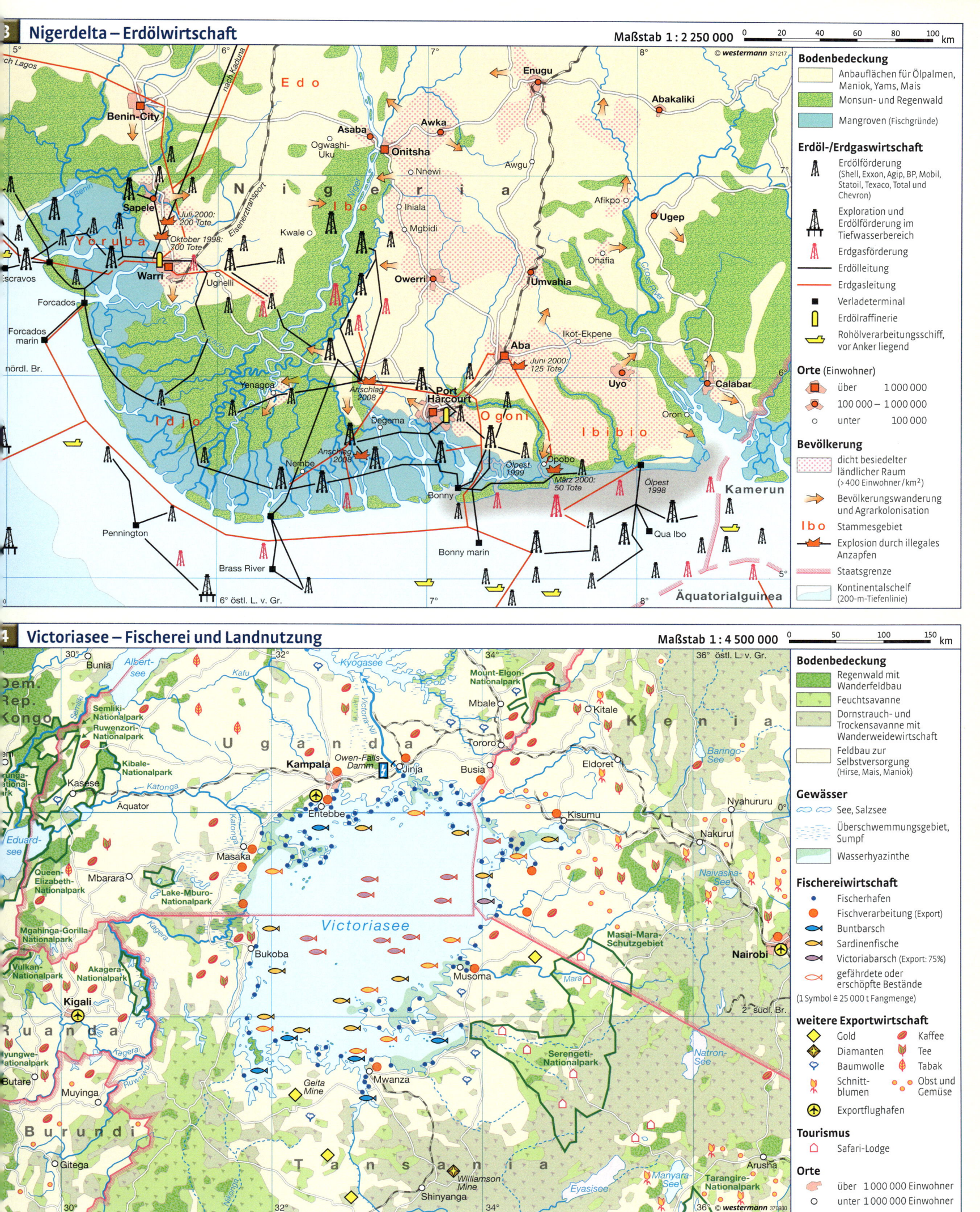

3 Nigerdelta – Erdölwirtschaft

Maßstab 1 : 2 250 000

© westermann 371217

0 20 40 60 80 100 km

Bodenbedeckung

- Anbauflächen für Ölpalmen, Maniok, Yams, Mais
- Monsun- und Regenwald
- Mangroven (Fischgründe)

Erdöl-/Erdgaswirtschaft

- Erdölförderung (Shell, Exxon, Agip, BP, Mobil, Statoil, Texaco, Total und Chevron)
- Exploration und Erdölförderung im Tiefwasserbereich
- Erdgasförderung
- Erdölleitung
- Erdgasleitung
- Verladeterminal
- Erdölraffinerie
- Rohölverarbeitungsschiff, vor Anker liegend

Orte (Einwohner)

- über 1 000 000
- 100 000 – 1 000 000
- unter 100 000

Bevölkerung

- dicht besiedelter ländlicher Raum (> 400 Einwohner/km²)
- Bevölkerungswanderung und Agrarkolonisation
- Ibo Stammesgebiet
- Explosion durch illegales Anzapfen
- Staatsgrenze
- Kontinentalschelf (200-m-Tiefenlinie)

Labels on map: nach Lagos, Edo, Benin-City, Asaba, Ogwashi-Uku, Onitsha, Awka, Nnewi, Enugu, Abakaliki, nach Kaduna, Eisenerztransport, Nigeria, Ibo, Ihiala, Awgu, Afikpo, Ugep, Sapele, Juli 2000: 200 Tote, Oktober 1998: 700 Tote, Warri, Ughelli, Kwale, Mgbidi, Owerri, Ohafia, Umvahia, Benin, Escravos, Yoruba, Forcados, Forcados marin, nördl. Br., Ikot-Ekpene, Aba, Juni 2000: 125 Tote, Uyo, Calabar, Ibibio, Yenagoa, Anschlag 2008, Port Harcourt, Ogoni, Oron, Idjo, Nembe, Anschlag 2008, Degema, Ölpest 1999, Opobo, März 2000: 50 Tote, Ölpest 1998, Kamerun, Pennington, Bonny, Bonny marin, Qua Ibo, Brass River, 6° östl. L. v. Gr., Äquatorialguinea

4 Victoriasee – Fischerei und Landnutzung

Maßstab 1 : 4 500 000

0 50 100 150 km

Bodenbedeckung

- Regenwald mit Wanderfeldbau
- Feuchtsavanne
- Dornstrauch- und Trockensavanne mit Wanderweidewirtschaft
- Feldbau zur Selbstversorgung (Hirse, Mais, Maniok)

Gewässer

- See, Salzsee
- Überschwemmungsgebiet, Sumpf
- Wasserhyazinthe

Fischereiwirtschaft

- Fischerhafen
- Fischverarbeitung (Export)
- Buntbarsch
- Sardinenfische
- Victoriabarsch (Export: 75%)
- gefährdete oder erschöpfte Bestände

(1 Symbol ≙ 25 000 t Fangmenge)

weitere Exportwirtschaft

- Gold
- Diamanten
- Baumwolle
- Schnittblumen
- Kaffee
- Tee
- Tabak
- Obst und Gemüse
- Exportflughafen

Tourismus

- Safari-Lodge

Orte

- über 1 000 000 Einwohner
- unter 1 000 000 Einwohner

Labels on map: Dem. Rep. Kongo, Bunia, Albertsee, Kafu, Kyogasee, Mount-Elgon-Nationalpark, Mbale, Kitale, Semliki-Nationalpark, Ruwenzori-Nationalpark, Uganda, Victoria-Nil, Tororo, Eldoret, Baringo-See, Kibale-Nationalpark, Kampala, Owen-Falls-Damm, Jinja, Busia, Nyahururu, Kasese, Äquator, Katonga, Entebbe, Kisumu, Nakuru, 0°, Eduardsee, Queen-Elizabeth-Nationalpark, Mbarara, Masaka, Lake-Mburo-Nationalpark, Naivasha-See, Mgahinga-Gorilla-Nationalpark, Kagera, Victoriasee, Bukoba, Musoma, Mara, Masai-Mara-Schutzgebiet, Nairobi, Vulkan-Nationalpark, Akagera-Nationalpark, Kigali, Ruanda, Nyungwe-Nationalpark, Butare, Ruwubu, Serengeti-Nationalpark, Natron-See, Muyinga, Geita Mine, Mwanza, Burundi, Gitega, Njombe, Williamson Mine, Shinyanga, Tansania, Eyasisee, Manyara-See, Tarangire-Nationalpark, Arusha, 36° östl. L. v. Gr., Kenia

© westermann 370930

Landhöhen und Meerestiefen (in Meter)

Gebiet unter dem Meeresspiegel
Berghöhe 5895
5 000
3 000
1 500
1 000
500
200
100
0
200
2247
2 000
4 000
Korallen
Tiefenangabe
Höhenangabe
160

Gewässer

Fluss
schiffbarer Fluss
Stromschnelle, Wasserfall
Fluss, jahreszeitlich Wasser führend
Wadi, Trockental selten Wasser führend
Kanal, bedingt schiffbar
schiffbarer Kanal
See
Salzsee
Stausee, Staumauer
Sumpf, Moor
Salzpfanne

Orte

Einwohner

über 5 000 000
1 000 000 – 5 000 000
500 000 – 1 000 000
100 000 – 500 000
20 000 – 100 000
unter 20 000
Ruinenstätte, geschichtlich bedeutsamer Ort
Oase

Verkehr

Eisenbahn
wichtige Fernstraße
Piste

Verwaltung

Staatsgrenze
nicht festgelegte Grenze
Nationalparkgrenze
Nairobi Hauptstadt eines Staates
Daressalam Regierungssitz eines Staates
Kapstadt Parlamentssitz

Seite 132/133
Seite 110/111

© westermann 360207

Grönland
Jan Mayen
Bären-Insel
Nordkap
Nowaja-Semlja
Karasee
Laptewsee
Neusibirische Inseln
Ostsibirische See
Wrangel-Insel
Reykjavík
Island
Nördlicher Polarkreis
Norwegisches Becken
Färöer
Isländisches Becken
Murmansk
Archangelsk
Norilsk
Oslo
Stockholm
St. Petersburg
Nordsee
Hamburg
Ostsee
London
Berlin
Paris
Warschau
Moskau
Kiew
Wolga
Wien
Alpen
4810
Mt. Blanc
Rom
Donau
Schwarzes Meer
Istanbul
Kaukasus
5642
Kaspisches Meer
Aralsee
Ararat 5137
Baku
Athen
Sizilien
Mittelmeer
Zypern
Teheran
Alexandria
Damaskus
Bagdad
Kairo
Libysche Wüste
Suezkanal
Euphrat
Hochland von Iran
Nördlicher Wendekreis
Rotes Meer
Arabien
Riad
Pers. Golf
Nil
Große Arabische Wüste
Uralgebirge
Ob
Sibirien
Jenissei
Omsk
Irtysch
Lena
Jakutsk
Werchojansker Gebirge
Kolymagebirge
Ochotsk
Ochotskisches Meer
Kamtschatka
Stanowoigebirge
Irkutsk
Baikalsee
Jablonowyjgebirge
Altai
Ulan-Bator
Amur
Sachalin
Kurilen
Kurilen-graben
Alëuten
Mandschurei
Wladiwostok
Almaty
Taschkent
Tian Shan
Gobi
Shenyang
Tarimbecken
Peking
Huang He
Japanisches Meer (Ostmeer)
Korea
Seoul
Gelbes Meer
Honshu
Tokio
Japangraben
Kabul
Kunlun-Shan
Lanzhou
Hochland von Tibet
Himalaya
Mt. Everest 8848
Shanghai
Jangtsekiang
Chongqing
Delhi
Indus
Ganges
Tharr
Karachi
Brahmaputra
Südchinesisches Bergland
Ostchinesisches Meer
Nansei-Inseln
Ramapo-Tief
Bonin-Inseln
Vulkan-Inseln
Marcus-Insel
Nordwestpazifisches Becken
Kalkutta
Kanton
Hongkong
Formosa
Hanoi
Philippinen-becken
Hainan
Indien
Arabisches Meer
Bombay
Golf von Bengalen
Rangun
Bangkok
Mekong
Manila
Philippinen-graben
Marianen-graben
Marianenbecken
Wake
Khartum
Blauer Nil
Weißer Nil
Aden
Sokotra
Kap Guardafui
Arabisches Becken
Madras
Andamanen
Andamanenbecken
Lakkadiven
Nikobaren
Ho-Chi-Minh-Stadt
Südchinesisches Meer
Witjas-Tief
10479
Galathea-Tief
Challenger-Tief
11034
Marshall-Inseln
Hochland von Äthiopien
Addis Abeba
Owen-Bruchzone
Arabisch-Indischer Rücken
Malediven
Malediven-rücken
Ceylon
Karolinen
Palau
Karolinenbecken
Somalibecken
Mogadischu
Äquator
Mt. Kenia 5199
Kilimandscharo 5895
Zentralindisches Becken
Bengalischer Rücken
Sumatra
Singapur
Borneo
Celebesbecken
Celebes
Molukken
Neuguinea
Salomon-Inseln
Nauru
Planet-Tief
Victoriasee
Tanganjikasee
Daressalam
Seychellen
Amiranten
Tschagos-Inseln
Indischer Ozean
Jakarta
Java
Sundagraben
Keelingbecken
Timor
Darwin
Kap York
Christmas-Insel
Kokos-Inseln
Komoren
Malawisee
Maskarenenbecken
Nordwestaustralisches Becken
Kimberley-Plateau
Korallenbecken
Korallensee
Great Barrier Reef
Neue Hebriden
Fidschi
Sambesi
Str. von Mosambik
Madagaskar
Mauritius
Réunion
Maskarenen
Zentralindischer Rücken
Townsville
Große Sandwüste
1510
Neukaledonien
Südlicher Wendekreis
Maputo
Johannesburg
Madagaskarbecken
Westaustralisches Becken
Australien
Australisches Tiefland
Große Victoriawüste
Australisches Bergland
Brisbane
Drakensberge
Oranje
Natalbecken
Madagaskarrücken
Südwestindisches Becken
Westaustral. Rücken
Perth
Diamantina-Graben
Diamantina-Tief
Südostindisches Becken
Große Australische Bucht
Darling
Murray
Sydney
Mount Kosciuszko 2230
Melbourne
Tasmanbecken
Tasmansee
Lord-Howe-Schwelle
Wellington
Kapstadt
Kap der Guten Hoffnung
Kap Agulhas
Agulhasplateau
Kapschwelle
Westlicher Indischer Rücken
Neu Amsterdam
St. Paul
Südaustralisches Becken
Tasmanien
Neuseeland
Crozetschwelle
Prinz-Eduard-Inseln
Crozet-Inseln
Kerguelen
Indisch-Antarktischer Rücken
Tasmanschwelle
Auckland-Inseln
Macquarie-Inseln
Atlantischer Ozean
Heard-Insel
Kerguelen-Gaußberg-Rücken
Bouvet-Insel
Atlantisch-Indischer Rücken
Indisch-Antarktisches Becken
Atlantisch-Indisches Südpolarbecken
Südlicher Polarkreis
Antarktis
Rossmeer
© westermann 351116

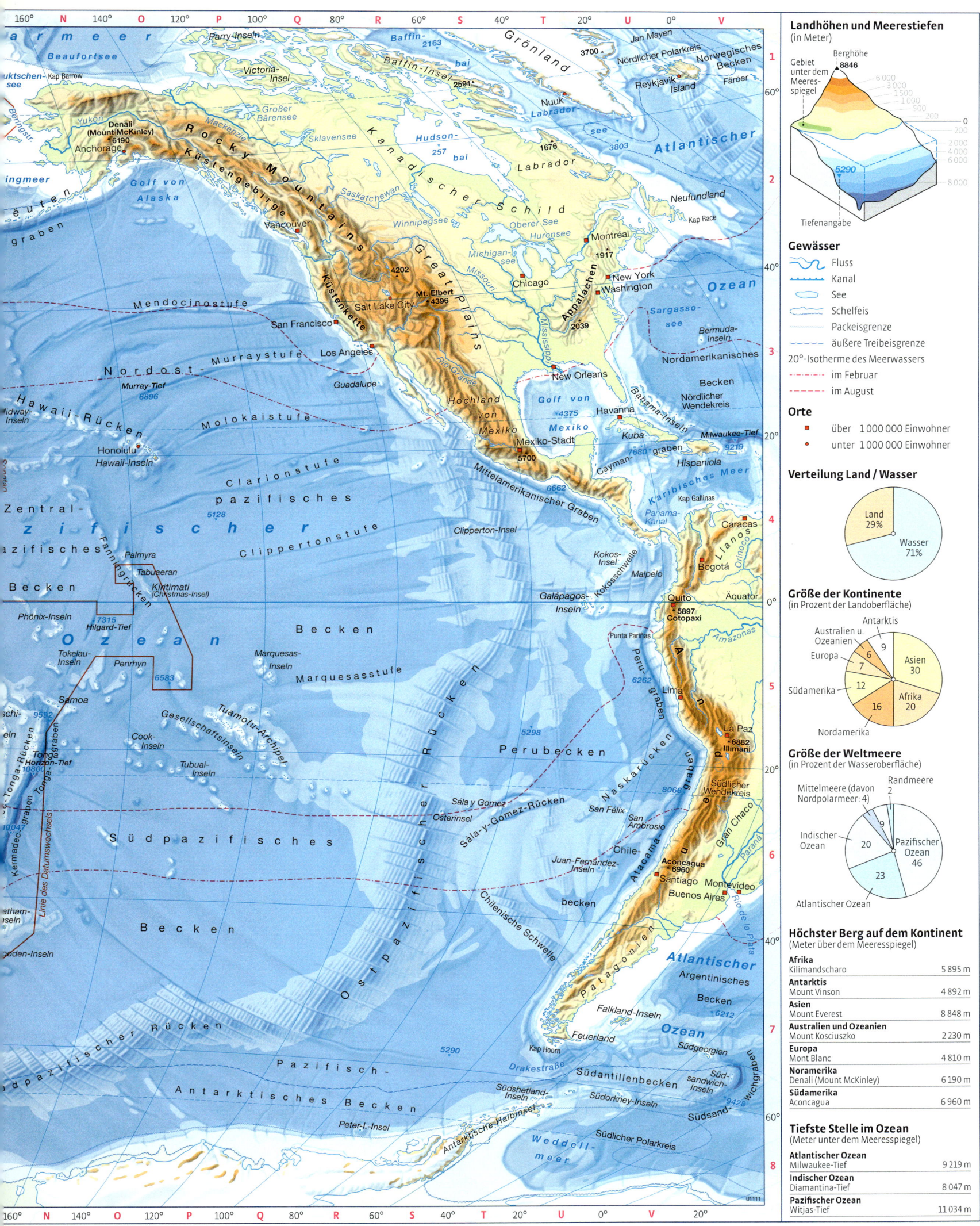

Landhöhen und Meerestiefen
(in Meter)

Berghöhe 8846 · Gebiet unter dem Meeresspiegel · 6 000 · 3 000 · 1 500 · 500 · 200 · 0 · 200 · 2 000 · 4 000 · 6 000 · 8 000 · Tiefenangabe 5290

Gewässer

- Fluss
- Kanal
- See
- Schelfeis
- Packeisgrenze
- äußere Treibeisgrenze
- 20°-Isotherme des Meerwassers
  - im Februar
  - im August

Orte

- ■ über 1 000 000 Einwohner
- ● unter 1 000 000 Einwohner

Verteilung Land / Wasser

- Land 29%
- Wasser 71%

Größe der Kontinente
(in Prozent der Landoberfläche)

- Antarktis 9
- Australien u. Ozeanien 6
- Europa 7
- Südamerika 12
- Nordamerika 16
- Afrika 20
- Asien 30

Größe der Weltmeere
(in Prozent der Wasseroberfläche)

- Mittelmeere (davon Nordpolarmeer: 4) 9
- Randmeere 2
- Indischer Ozean 20
- Pazifischer Ozean 46
- Atlantischer Ozean 23

Höchster Berg auf dem Kontinent
(Meter über dem Meeresspiegel)

Kontinent	Berg	Höhe
Afrika	Kilimandscharo	5 895 m
Antarktis	Mount Vinson	4 892 m
Asien	Mount Everest	8 848 m
Australien und Ozeanien	Mount Kosciuszko	2 230 m
Europa	Mont Blanc	4 810 m
Noramerika	Denali (Mount McKinley)	6 190 m
Südamerika	Aconcagua	6 960 m

Tiefste Stelle im Ozean
(Meter unter dem Meeresspiegel)

Atlantischer Ozean	Milwaukee-Tief	9 219 m
Indischer Ozean	Diamantina-Tief	8 047 m
Pazifischer Ozean	Witjas-Tief	11 034 m

1 Australien und Neuseeland – physische Übersicht

Landhöhen und Meerestiefen (in Meter)

Gewässer
- Fluss
- Wadi, Trockental
- See
- Salzsee
- Stausee, Staumauer
- Sumpf, Moor
- Salzpfanne

Orte
Einwohner
- 1 000 000 – 5 000 000
- 500 000 – 1 000 000
- 100 000 – 500 000
- 20 000 – 100 000
- unter 20 000

Verkehr
- Eisenbahn
- Fernstraße

Verwaltung
- Staatsgrenze
- Grenze australischer Bundesstaaten
- Canberra — Hauptstadt eines Staates
- Hobart — Hauptstadt eines Bundesstaates oder Überseegebiets

Seite 114/115
Seite 136/137
Seite 167

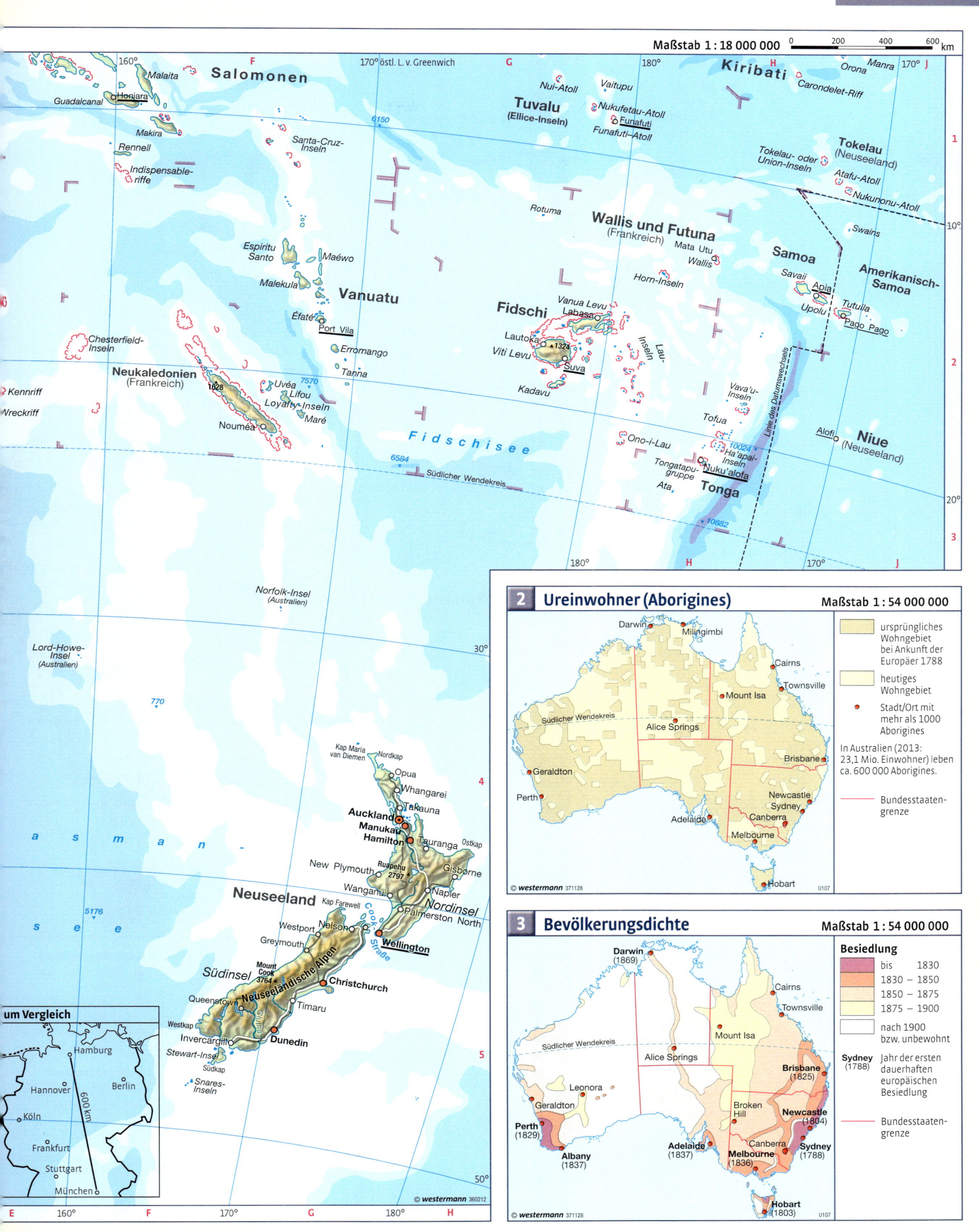

1 Australien und Neuseeland – Wirtschaft

Waldlandschaften
- Feucht- und Trockenwald der gemäßigten Zone
- tropischer Feucht- und Regenwald

offene Landschaften
- Trockensavanne (Eukalyptus) und Dornstrauchsavanne (Akazie)
- Halbwüste und Wüste
- Feuchtsavanne
- Mangrove

Kulturland
- Ackerbau
- Bewässerungsland
- Weide, z. T. Wiese

Nutzpflanzen
- Weizen
- Reis
- Zuckerrohr
- Bananen
- Zitrusfrüchte
- Baumwolle
- Wein

Viehhaltung
- Rinder
- Schafe
(1 Zeichen ≙ 5 Millionen Stück)

Bergbau
- Erdöl
- Erdgas
- Steinkohle
- Braunkohle
- Uran
- Eisen
- Stahlveredler (Chrom, Mangan, Nickel, Kobalt, Wismut, Wolfram)
- Bauxit
- Kupfer
- Zinn
- Blei, Zink
- Gold
- Silber
- Diamanten

Industrie
- Eisen- und Stahlerzeugung
- Buntmetallverhüttung
- Aluminiumverhüttung
- Eisen- und Metallver- arbeitung, Maschinenbau
- Elektrotechnik, Elektronik
- Chemie, Kunststoffe
- Erdölraffinerie
- Textilien, Bekleidung, Leder
- Holz, Papier
- Nahrungsmittel
- Wasserkraftwerk
- Wärmekraftwerk

Dienstleistungzentrum
- mit internationaler Bedeutung
- mit überregionaler Bedeutung
- mit regionaler Bedeutung
- Tourismusregion

Verkehr und Transport
- Erdölleitung
- Erdgasleitung
- Eisenbahn
- Straße
- Grenze der Bundesstaaten in Australien

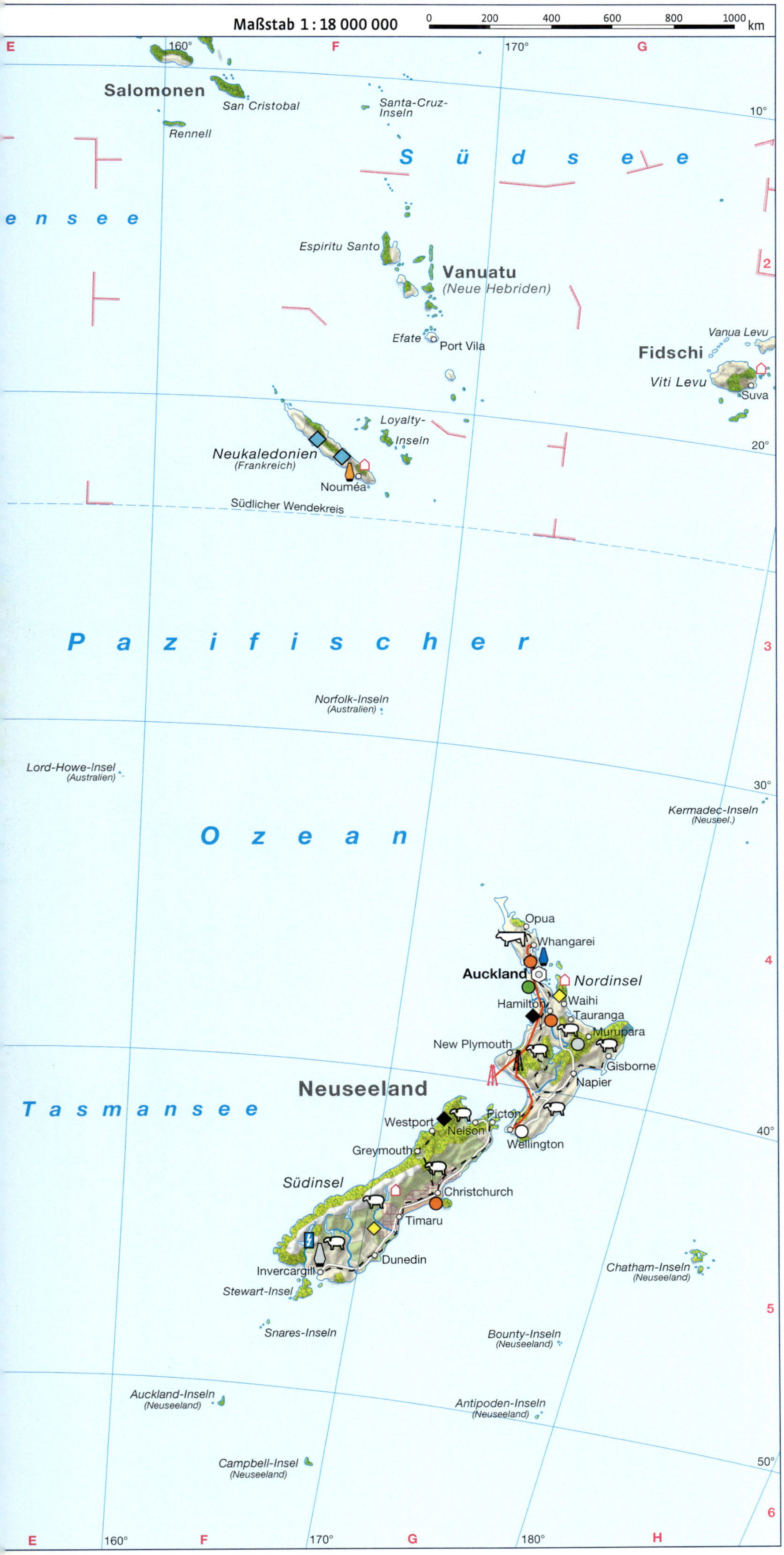

Maßstab 1 : 18 000 000
0 200 400 600 800 1000 km
E F G H
160° 170° 180°
10° 20° 30° 40° 50°
2 3 4 5 6
Salomonen
San Cristobal
Rennell
Santa-Cruz-Inseln
S ü d s e e
e n s e e
Espiritu Santo
Vanuatu
(Neue Hebriden)
Efate
Port Vila
Vanua Levu
Fidschi
Viti Levu
Suva
Loyalty-Inseln
Neukaledonien
(Frankreich)
Nouméa
Südlicher Wendekreis
P a z i f i s c h e r
Norfolk-Inseln
(Australien)
Lord-Howe-Insel
(Australien)
Kermadec-Inseln
(Neuseel.)
O z e a n
Opua
Whangarei
Auckland
Nordinsel
Hamilton
Waihi
Tauranga
Murupara
New Plymouth
Gisborne
Napier
Neuseeland
T a s m a n s e e
Westport
Nelson
Picton
Wellington
Greymouth
Südinsel
Christchurch
Timaru
Dunedin
Invercargill
Stewart-Insel
Chatham-Inseln
(Neuseeland)
Snares-Inseln
Bounty-Inseln
(Neuseeland)
Auckland-Inseln
(Neuseeland)
Antipoden-Inseln
(Neuseeland)
Campbell-Insel
(Neuseeland)

2 Temperaturen im Januar

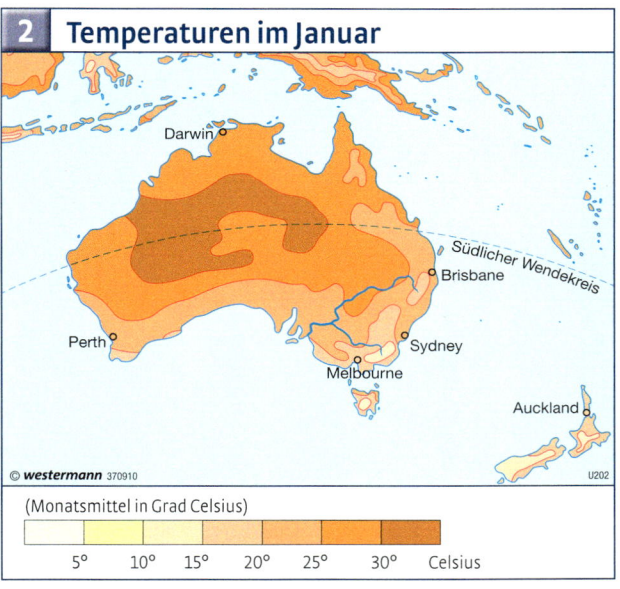

Darwin
Südlicher Wendekreis
Brisbane
Perth
Sydney
Melbourne
Auckland
© westermann 370910
U202
(Monatsmittel in Grad Celsius)
5° 10° 15° 20° 25° 30° Celsius

3 Temperaturen im Juli

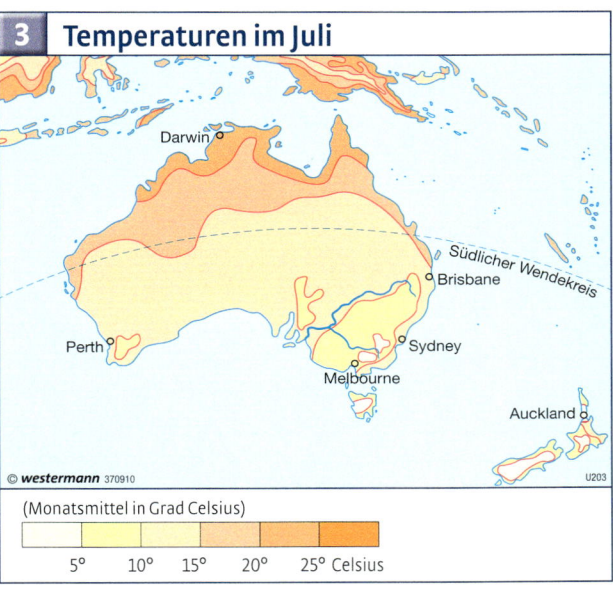

Darwin
Südlicher Wendekreis
Brisbane
Perth
Sydney
Melbourne
Auckland
© westermann 370910
U203
(Monatsmittel in Grad Celsius)
5° 10° 15° 20° 25° Celsius

4 Niederschläge im Jahr

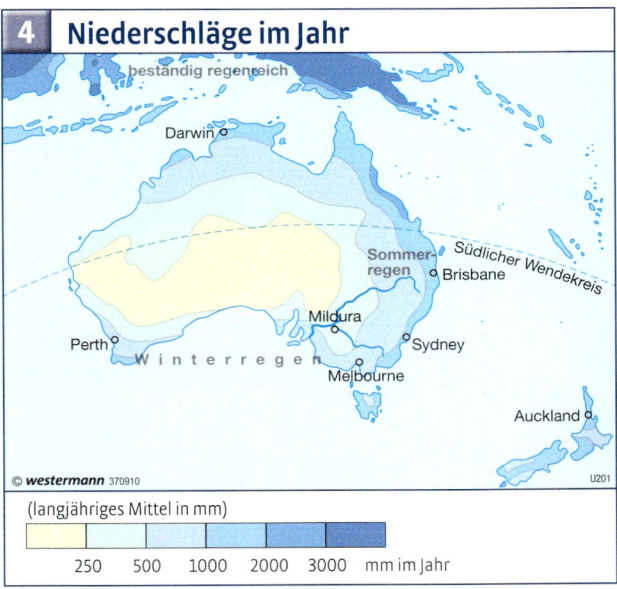

beständig regenreich
Darwin
Sommer-regen
Südlicher Wendekreis
Brisbane
Mildura
Perth
Sydney
W i n t e r r e g e n
Melbourne
Auckland
© westermann 370910
U201
(langjähriges Mittel in mm)
250 500 1000 2000 3000 mm im Jahr

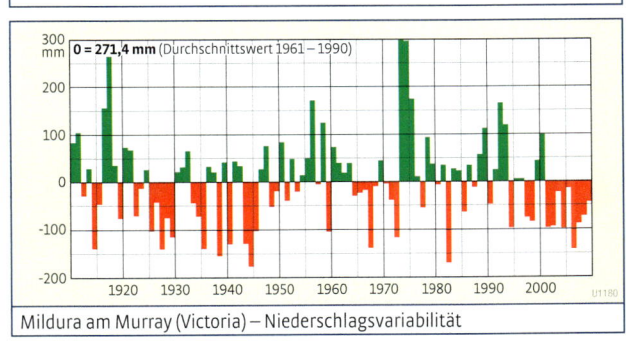

300 mm
0 = 271,4 mm (Durchschnittswert 1961 – 1990)
200
100
0
-100
-200
1920 1930 1940 1950 1960 1970 1980 1990 2000
U1180

Mildura am Murray (Victoria) – Niederschlagsvariabilität

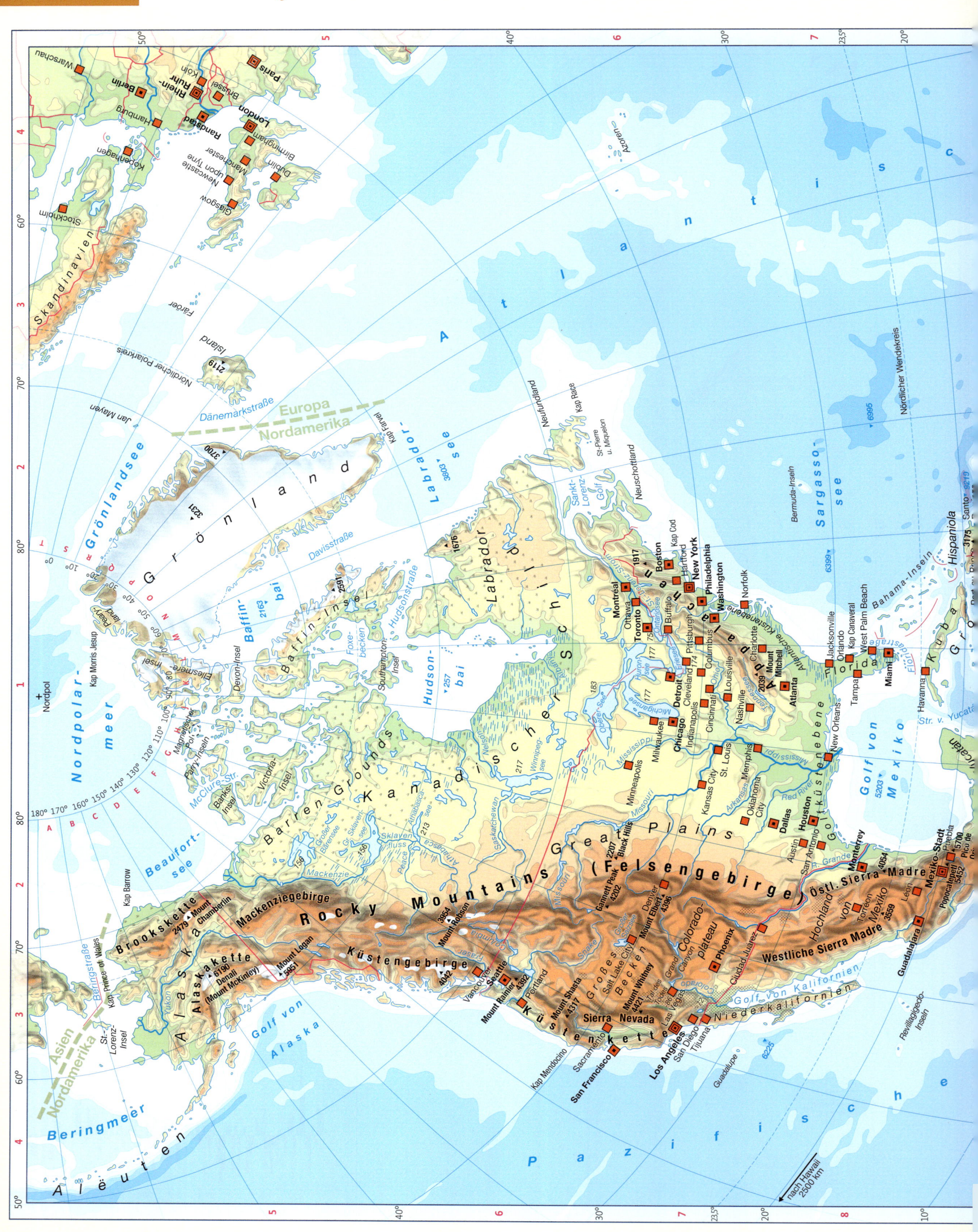

0   500   1000   1500   2000   2500 km

10° 9 0° 10 10° 11 20° 23,5° 12 30° 13 40° 14 50° 15

U 84

Karibisches Meer
Kleine Antillen

O   Z   e   a   n

Barbados
Trinidad
Kap Gallinas
Kap Branco
Recife
Fortaleza
Salvador
Vitória
Belo Horizonte
2890 Pico da Bandeira
Rio de Janeiro 2787
Campinas
São Paulo
Curitiba
Pórto Alegre
Montevideo
Buenos Aires
Rosario
Córdoba 2884
Aconcagua 6960
Santiago
Maipo 5264
Lanín 3776
San Valentín 4058
2469
Feuerland
Kap Hoorn
Magellanstraße
Patagonien
Falkland-Inseln (Malwinen)
Südgeorgien
6212
8264

Caatinga
Campos
Brasilianisches
Bergland
São Francisco
Brasília
Goiânia
Tocantins
Belém
Xingu
Tapajós
Plateau von Mato Grosso
Gran Chaco
Asunción
Santa Cruz
Bolivien
Hochland von
6882 La Paz 6542
Sajama 6368
3827
8066
Iquique
6723 Llullaillaco
6880 Ojos del Salado
6425 Coropuna
6768 Huascarán
Lima
Cotopaxi 5897
Chimborazo 6310
Guayaquil
Quito
Cali
Bogotá 5364
Medellín
Bucaramanga
Barranquilla
Maracaibo
Maracaibo-See
5800
Barquisimeto
Caracas
Pico da Neblina 3014
2953
Bergland von Guayana
Orinoco
Rio Negro
Amazonas
Manaus 26
Madeira
Mamoré
Purús
Juruá
Japurá
Guaviare
Marañón
Ucayali
Río Negro
Paraná
Paraguay
Pilcomayo
Salado
Colorado
Río de la Plata
Uruguay
Iguacu
Paranaíba

Kap Gallinas
Panama-Stadt
Panamakanal
Chirripó 3819
San José
Managua
Guatemala-Stadt
San Salvador
6662
Clipperton-Insel
Kokos-Insel
Galápagos-Inseln
Malpelo
Kap Pariñas
Äquator
Nordamerika
Südamerika
6262

San Félix
San Ambrosio
Juan-Fernández-Inseln
Sala-y-Gómez
Oster-Insel
San Félix

Großer   Stiller   Ozean

0° 10 10° 11 20° 120° 23,5° 30°

© westermann 351116

Landhöhen und Meerestiefen (in Meter)
Tundra
Wüste

Gebiet unter dem Meeresspiegel
Berghöhe 6190
Gletscher
200
2000
4000
6000
8000
0
100
200
500
1000
1500
75
Korallen
Höhenangabe
Tiefenangabe
6662
Kontinentalgrenze

Gewässer
Fluss
Fluss, periodisch
Kanal
Stromschnelle, Wasserfall
See
Sumpf, Moor
Salzpfanne

Ballungsraum
Einwohner
über   10 000 000
3 000 000 – 10 000 000
1 000 000 – 3 000 000

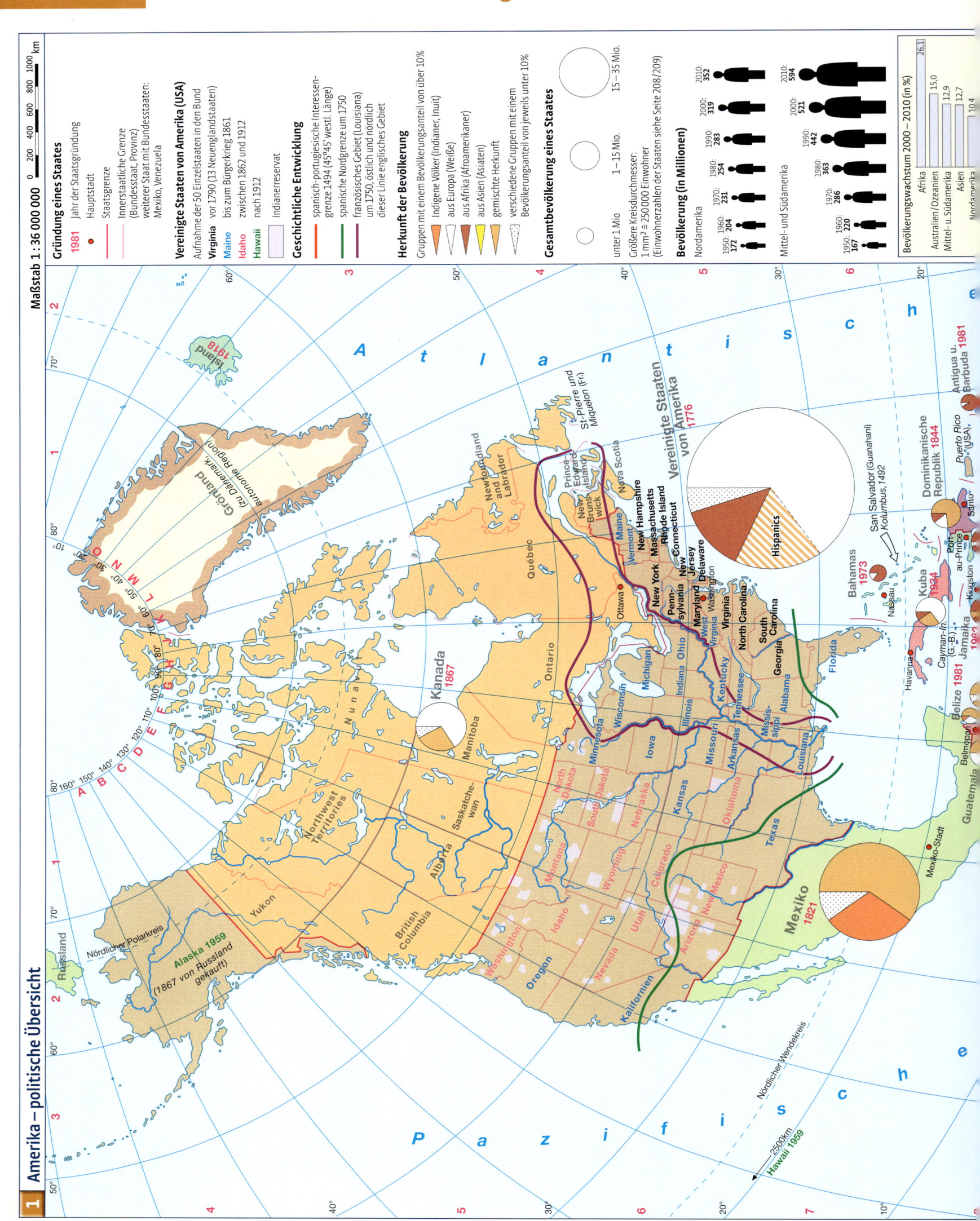

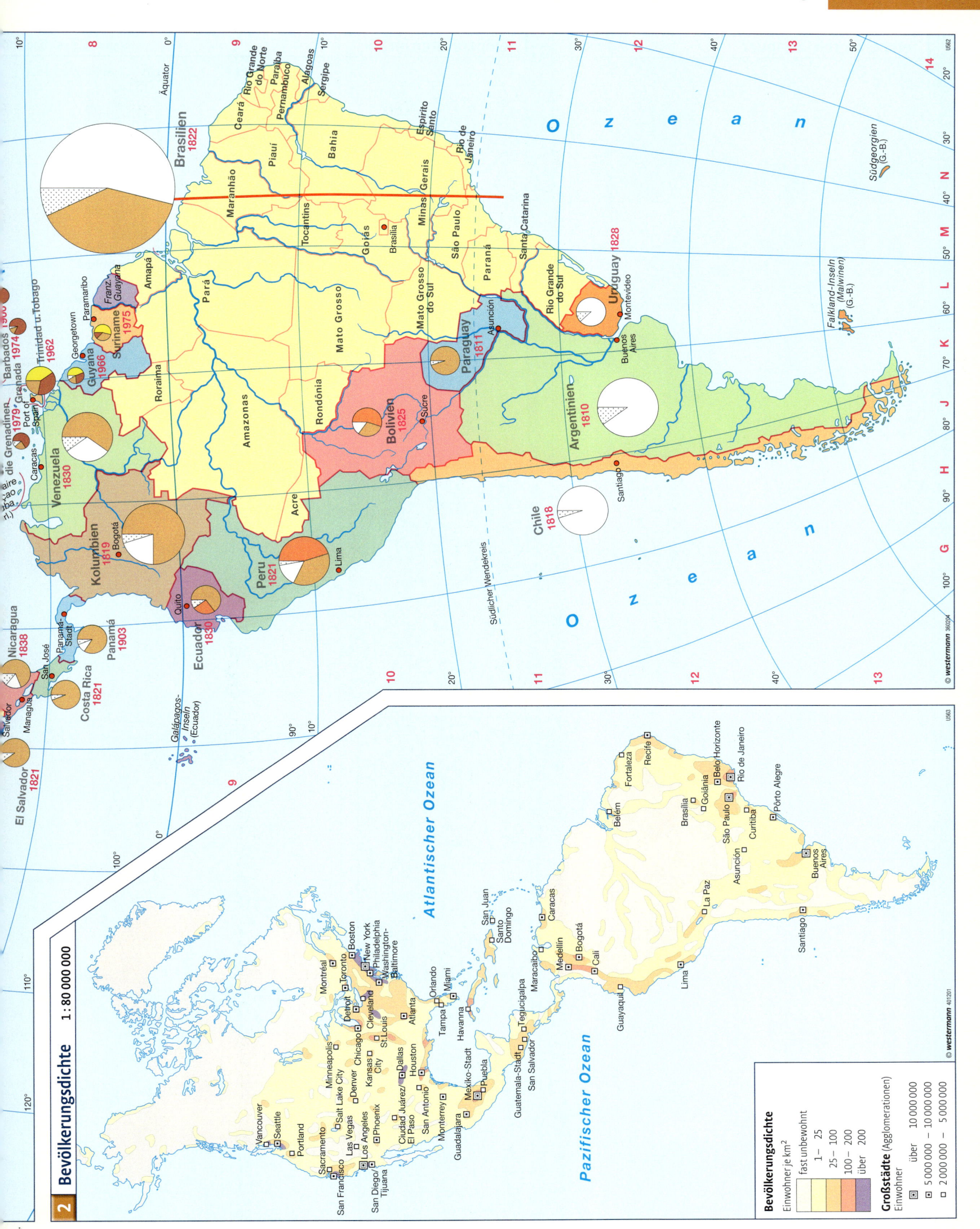

Brasilien 1822

Suriname 1975

Franz. Guayana

Guyana 1966

Venezuela 1830

Kolumbien 1819

Peru 1821

Ecuador 1830

Panama 1903

Costa Rica 1821

Nicaragua 1838

El Salvador 1821

Bolivien 1825

Paraguay 1811

Uruguay 1828

Argentinien 1810

Chile 1818

Barbados 1966

Trinidad u. Tobago 1962

Grenada 1974

Grenada 1979

Bonaire, Curaçao (Niederl.)

Georgetown

Paramaribo

Port of Spain

Caracas

Bogotá

Quito

Lima

Sucre

Asunción

Montevideo

Buenos Aires

Santiago

Panama-Stadt

San José

Managua

San Salvador

Brasília

Amapá

Pará

Roraima

Amazonas

Acre

Rondônia

Maranhão

Ceará

Piauí

Bahia

Tocantins

Goiás

Mato Grosso

Mato Grosso do Sul

Minas Gerais

Espírito Santo

Rio de Janeiro

São Paulo

Paraná

Santa Catarina

Rio Grande do Sul

Rio Grande do Norte

Paraíba

Pernambuco

Alagoas

Sergipe

Galápagos-Inseln (Ecuador)

Äquator

Südlicher Wendekreis

O z e a n

O z e a n

Falkland-Inseln (Malwinen) (G.-B.)

Südgeorgien (G.-B.)

© westermann 360204

© westermann 4/11201

2 Bevölkerungsdichte 1 : 80 000 000

Atlantischer Ozean

Pazifischer Ozean

Vancouver
Seattle
Portland
Sacramento
San Francisco
San Diego/Tijuana
Los Angeles
Las Vegas
Salt Lake City
Phoenix
Denver
Minneapolis
Kansas City
Dallas
San Antonio
Houston
El Paso
Ciudad Juárez
Monterrey
Guadalajara
Mexiko-Stadt
Puebla
Chicago
St.Louis
Detroit
Cleveland
Toronto
Montréal
Boston
New York
Philadelphia
Washington-Baltimore
Atlanta
Orlando
Tampa
Miami
Havanna
Guatemala-Stadt
San Salvador
Tegucigalpa
San Juan
Santo Domingo
Caracas
Maracaibo
Medellín
Bogotá
Cali
Guayaquil
Lima
La Paz
Santiago
Belém
Fortaleza
Recife
Brasília
Goiânia
Belo Horizonte
Rio de Janeiro
São Paulo
Curitiba
Pôrto Alegre
Asunción
Buenos Aires

Bevölkerungsdichte

Einwohner je km²

- fast unbewohnt
- 1 – 25
- 25 – 100
- 100 – 200
- über 200

Großstädte (Agglomerationen)

Einwohner

- ⊡ über 10 000 000
- ⊡ 5 000 000 – 10 000 000
- ☐ 2 000 000 – 5 000 000
- ☐ 500 000 – 5 000 000

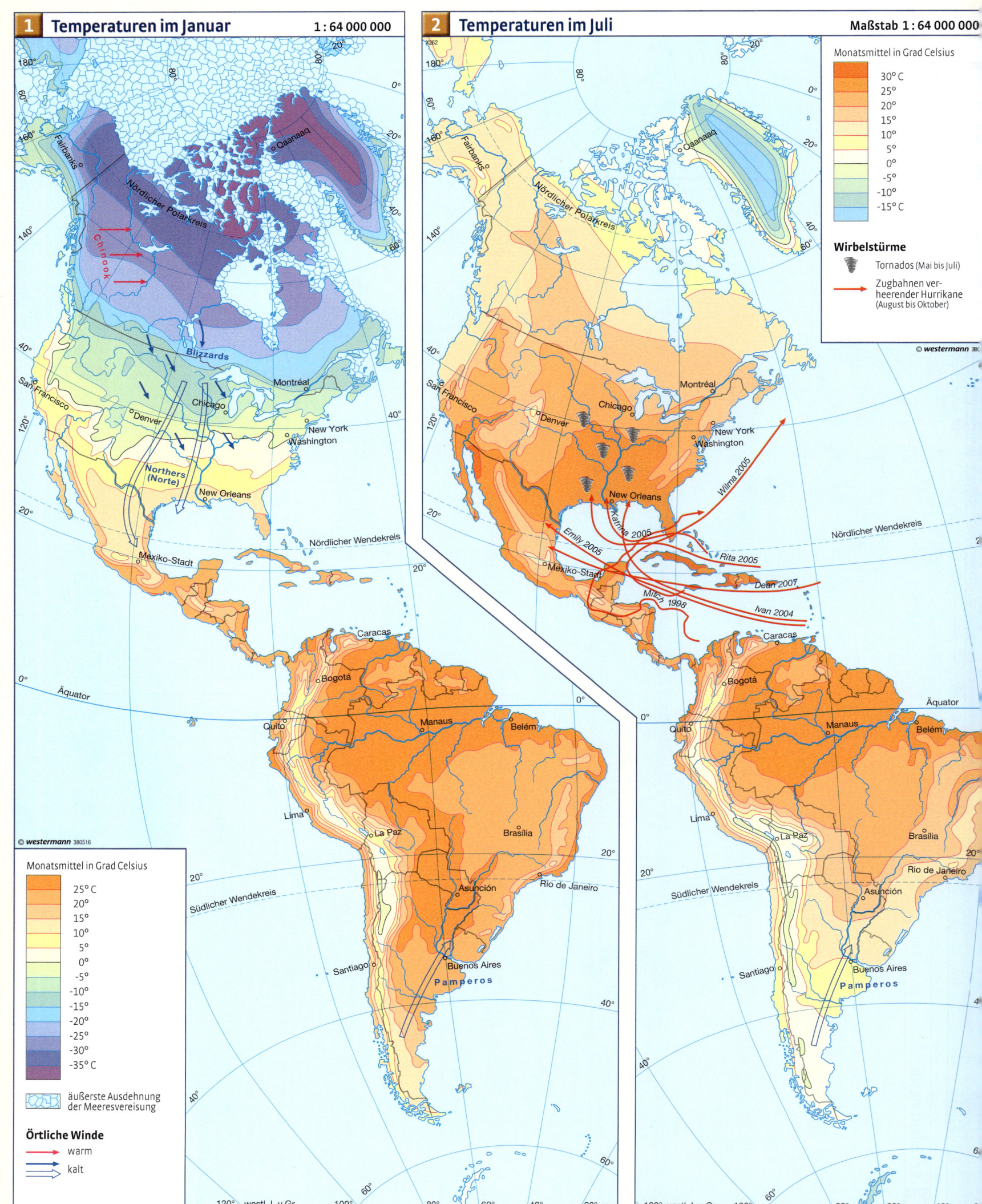

1 Temperaturen im Januar — 1 : 64 000 000

Fairbanks · Qaanaaq · Nördlicher Polarkreis · Chinook · Blizzards · San Francisco · Denver · Chicago · Montréal · New York · Washington · Northers (Norte) · New Orleans · Mexiko-Stadt · Nördlicher Wendekreis · Caracas · Bogotá · Quito · Manaus · Belém · Äquator · Lima · La Paz · Brasília · Asunción · Rio de Janeiro · Südlicher Wendekreis · Santiago · Buenos Aires · Pamperos

© westermann 380516

Monatsmittel in Grad Celsius

25° C
20°
15°
10°
5°
0°
-5°
-10°
-15°
-20°
-25°
-30°
-35° C

äußerste Ausdehnung der Meeresvereisung

Örtliche Winde

→ warm
→ kalt

2 Temperaturen im Juli — Maßstab 1 : 64 000 000

Fairbanks · Qaanaaq · Nördlicher Polarkreis · San Francisco · Denver · Chicago · Montréal · New York · Washington · Wilma 2005 · New Orleans · Emily 2005 · Katrina 2005 · Rita 2005 · Mexiko-Stadt · Dean 2007 · Mitch 1998 · Ivan 2004 · Nördlicher Wendekreis · Caracas · Bogotá · Äquator · Quito · Manaus · Belém · Lima · La Paz · Brasília · Asunción · Rio de Janeiro · Südlicher Wendekreis · Santiago · Buenos Aires · Pamperos

Monatsmittel in Grad Celsius

30° C
25°
20°
15°
10°
5°
0°
-5°
-10°
-15° C

Wirbelstürme

Tornados (Mai bis Juli)

→ Zugbahnen verheerender Hurrikane (August bis Oktober)

© westermann 380

120° westl. L.v.Gr.

3 Niederschläge im Jahr

1 : 64 000 000

Fairbanks
Qaanaaq
Nördlicher Polarkreis
80°
60°
40°
20°
0°
San Francisco
Denver
Chicago
Montréal
New York
Washington
New Orleans
México-Stadt
Nördlicher Wendekreis
20°
Caracas
Bogotá
Quito
Manaus
Belém
Lima
La Paz
Brasília
Äquator
0°
Asunción
Rio de Janeiro
Südlicher Wendekreis
20°
Santiago
Buenos Aires
40°
60°

westermann 380522

langjähriges Mittel in Millimeter

- 3000 mm
- 2000
- 1500
- 1000
- 500
- 250
- 100 mm

120° westl. L.v.Gr. 100° 80° 60° 40° 20°   X263

4 Hurrikan Katrina

Maßstab 1 : 24 000 000

30.8.
Mississippi 238/-
Alabama 2/-
Georgia 2/-
Louisiana 1577/705
New Orleans
Florida 14/-
24.8.
29.8.
28.8.
27.8.
26.8.
25.8.
23.8.

© *westermann* 380523

Sturmkategorien (Windgeschwindigkeit in km/h)

- tropisches Tiefdruckgebiet (unter 63)
- tropischer Sturm (63 – 118)

Hurrikan

- Kategorie 1 (119 – 153)
- Kategorie 2 (154 – 177)
- Kategorie 3 (178 – 209)
- Kategorie 4 (210 – 249)
- Kategorie 5 (über 250)
- Zugbahn des Hurrikans Ende August 2005
- **27.8.** Lage des Hurrikans um 0 Uhr Greenwichzeit
- **1577/705** Tote/Vermisste in den Bundesstaaten

5 Entstehung eines Hurrikans

X149

3. Gewitterwolken bilden sich

2. Regen

1. aufsteigende Luft

tropischer Ozean mit ≥ 27°C Wassertemperatur

5. aufsteigende Luft baut Sturmsystem auf

6. durch die Erdrotation beginnt sich das Sturmsystem zu drehen

4. Tiefdruckzone entsteht

7. wolkenloses Auge des Sturms

9. restliche Luft wandert nach außen und wird dort abgedrängt

8. erreicht die Luft die Stratosphäre (s.S.175), wird sie in das Auge und zwischen Wolkenbänder zurückgedrängt

© *westermann* 380919

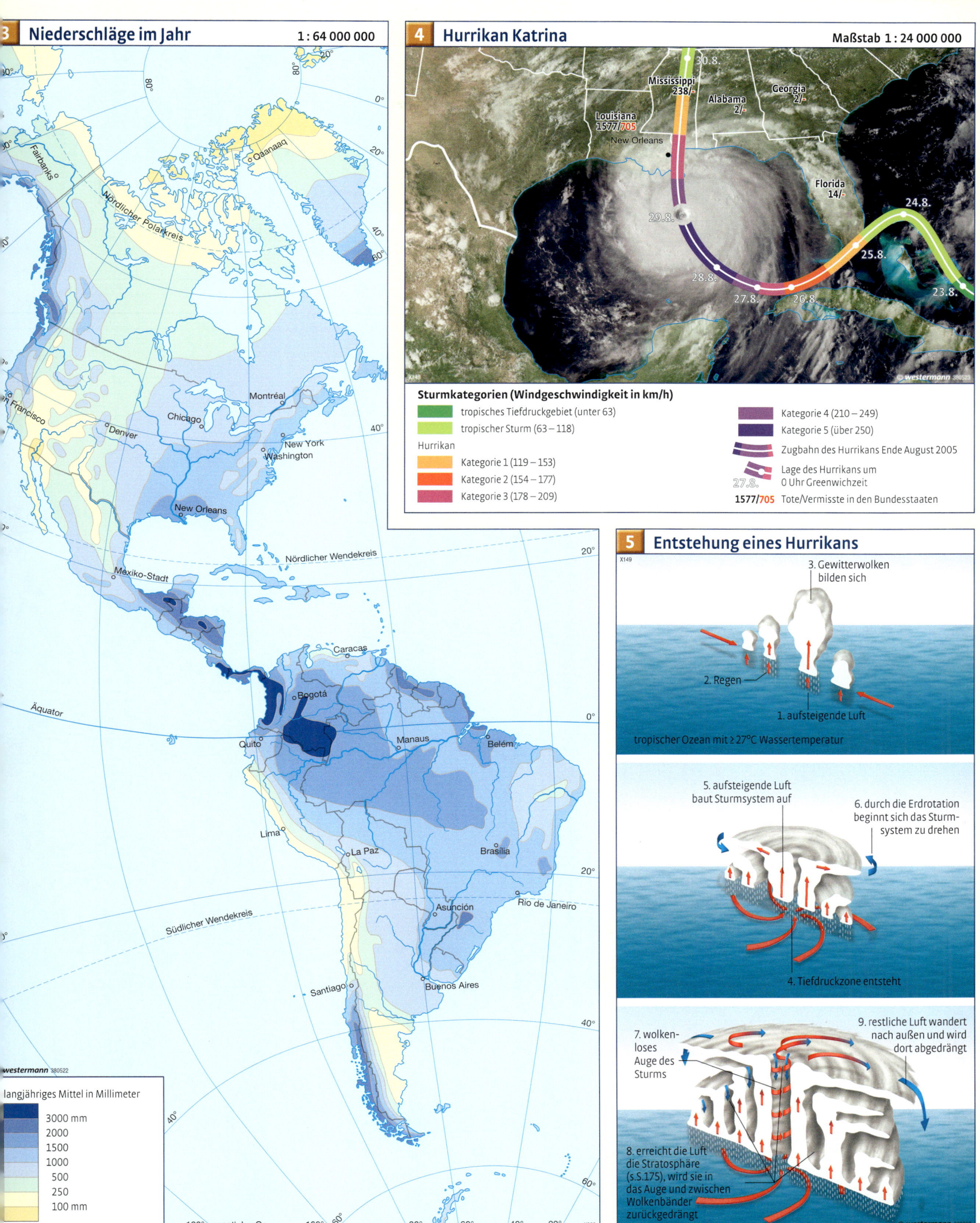

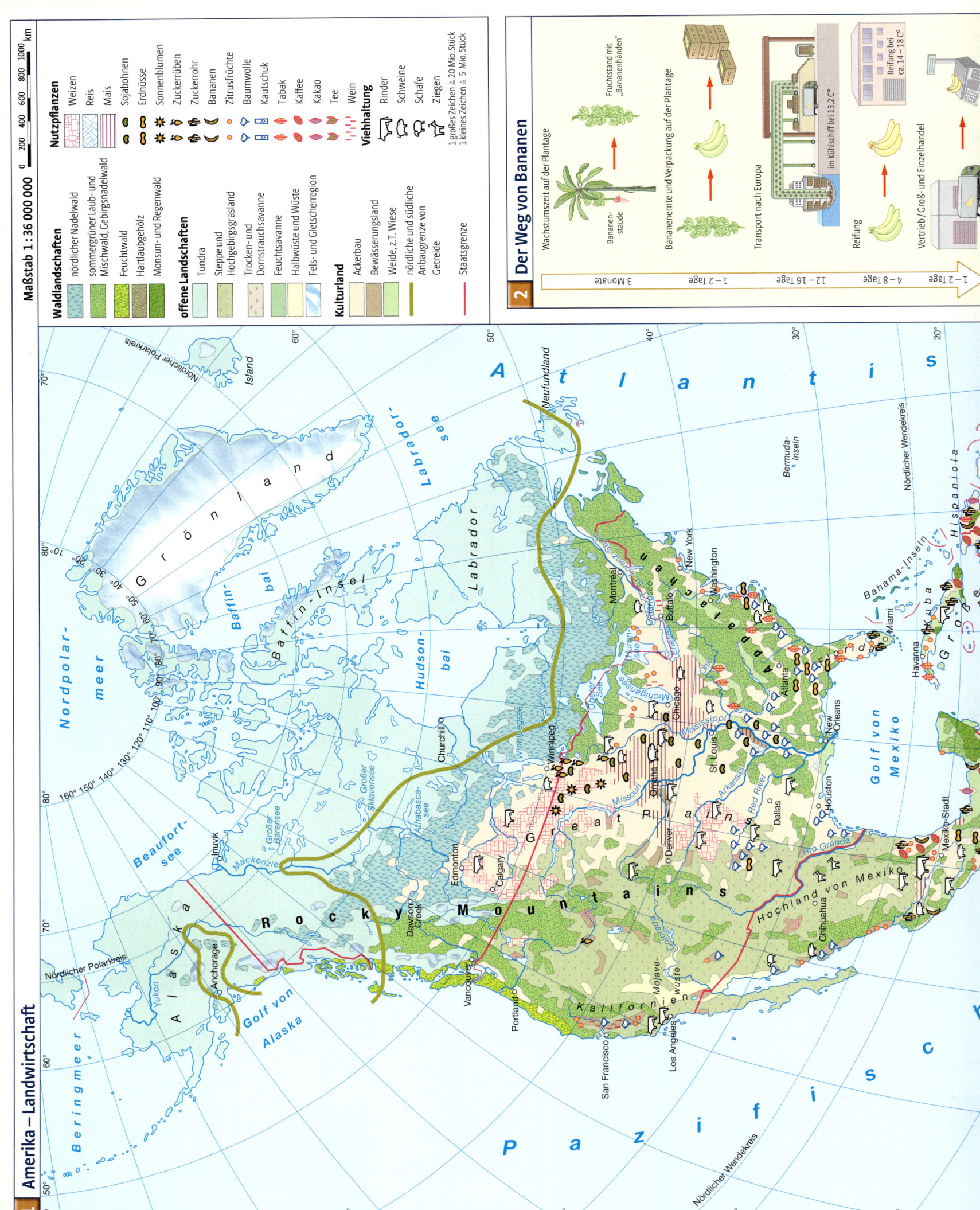

Amerika – Landwirtschaft

Maßstab 1:36 000 000

0 200 400 600 800 1000 km

Nutzpflanzen
- Weizen
- Reis
- Mais
- Sojabohnen
- Erdnüsse
- Sonnenblumen
- Zuckerrüben
- Zuckerrohr
- Bananen
- Zitrusfrüchte
- Baumwolle
- Kautschuk
- Tabak
- Kaffee
- Kakao
- Tee
- Wein

Viehhaltung
- Rinder
- Schweine
- Schafe
- Ziegen

1 großes Zeichen ≙ 20 Mio. Stück
1 kleines Zeichen ≙ 5 Mio. Stück

Waldlandschaften
- nördlicher Nadelwald
- sommergrüner Laub- und Mischwald, Gebirgsnadelwald
- Feuchtwald
- Hartlaubgehölz
- Monsun- und Regenwald

offene Landschaften
- Tundra
- Steppe und Hochgebirgsgrasland
- Trocken- und Dornstrauchsavanne
- Feuchtsavanne
- Halbwüste und Wüste
- Fels- und Gletscherregion

Kulturland
- Ackerbau
- Bewässerungsland
- Weide, z.T. Wiese
- nördliche und südliche Anbaugrenze von Getreide
- Staatsgrenze

2 Der Weg von Bananen

- Wachstumszeit auf der Plantage — 3 Monate
- Bananenstaude
- Fruchtstand mit „Bananenhänden"
- Bananenernte und Verpackung auf der Plantage — 1–2 Tage
- Transport nach Europa — 12–16 Tage / im Kühlschiff bei 13,2 °C
- Reifung — 4–8 Tage / Reifung bei ca. 14–18 °C
- Vertrieb / Groß- und Einzelhandel — 1–2 Tage

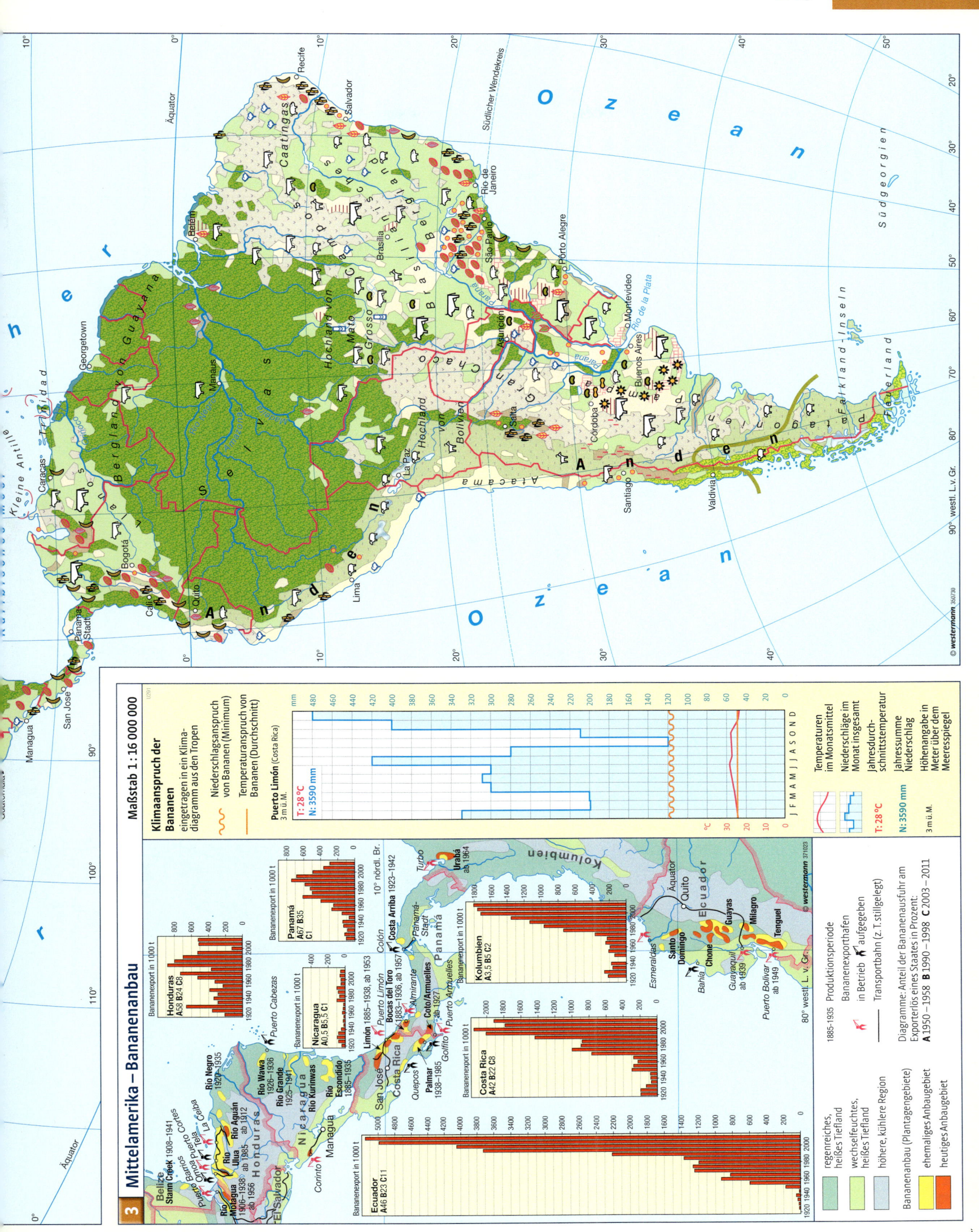

O z e a n

Äquator
Südlicher Wendekreis
Südgeorgien
Südl. L. v. Gr.
Falkland-Inseln
Feuerland

Recife
Salvador
Rio de Janeiro
São Paulo
Porto Alegre
Montevideo
Rio de la Plata
Buenos Aires
Córdoba
Salta
Asunción
Santiago
Valdivia
Lima
La Paz
Belém
Manaus
Brasília
Bogotá
Quito
Caracas
Georgetown
San José
Managua
Panama-Stadt

Caatingas
Bergland von Guayana
Selvas
Mato Grosso
Hochland von Brasilien
Gran Chaco
Hochland von Bolivien
Atacama
Anden
Kleine Antillen
Karibisches Meer

3 Mittelamerika – Bananenanbau

Maßstab 1 : 16 000 000

Klimaanspruch der Bananen
eingetragen in ein Klima-
diagramm aus den Tropen

~ Niederschlagsanspruch
von Bananen (Minimum)
— Temperaturanspruch von
Bananen (Durchschnitt)

Puerto Limón (Costa Rica)
3 m ü. M.
T: 28 °C
N: 3590 mm

Temperaturen
im Monatsmittel
Niederschläge im
Monat insgesamt
Jahresdurch-
schnittstemperatur
Jahressumme
Niederschlag
Höhenangabe in
Meter über dem
Meeresspiegel

T: 28 °C   N: 3590 mm   3 m ü. M.

J F M A M J J A S O N D

Honduras
A58 B24 C8
Bananenexport in 1000 t

Panamá
A67 B35 C1
Bananenexport in 1000 t

Nicaragua
A0,5 B5,5 C1
Bananenexport in 1000 t

Costa Rica
A42 B22 C8
Bananenexport in 1000 t

Ecuador
A46 B23 C11
Bananenexport in 1000 t

Kolumbien
A3,5 B5 C2
Bananenexport in 1000 t

Belize
Stann Creek 1908–1941
Rio Moagua 1906–1938, ab 1965
Rio Ulua ab 1912
Rio Aguán ab 1935
Rio Negro 1920–1935
Rio Wawa 1926–1936
Rio Grande 1925–1941
Rio Escondido 1885–1935
Rio Kurinwas

Puerto Cortés
La Ceiba
Puerto Cabezas
Limón 1885–1938, ab 1953
Puerto Limón
Bocas del Toro 1883–1936, ab 1957
Almirante
Coto/Armuelles ab 1927
Puerto Armuelles
Golfito
Palmar 1938–1985
Quepos
San José
Costa Rica

Panamá
Colón
Costa Arriba 1923–1942
Turbo
Urabá ab 1964
Kolumbien
10° nördl. Br.

Esmeraldas
Santo Domingo
Bahía
Chone
Guayaquil
Milagro
Tenguel
Guayas
Quito
Ecuador
Guayaquil ab 1939
Puerto Bolívar ab 1949
Äquator
80° westl. L. v. Gr.

1885–1935 Produktionsperiode
Bananenexporthafen
⚓ in Betrieb / aufgegeben
— Transportbahn (z. T. stillgelegt)

Diagramme: Anteil der Bananenausfuhr am
Exporterlös eines Staates in Prozent:
A 1950–1958 B 1990–1998 C 2003–2011

Bananenanbau:
regenreiches, heißes Tiefland
wechselfeuchtes, heißes Tiefland
höhere, kühlere Region

Bananenanbau (Plantagengebiete):
ehemaliges Anbaugebiet
heutiges Anbaugebiet

Amerika – Wirtschaft (Übersicht)

Maßstab 1 : 36 000 000

© westermann 391121

0 200 400 600 800 1000 km

Bergbau

Energierohstoffe
- Erdöl
- Erdgas
- Steinkohle
- Uran

Metalle
- Eisen
- Stahlveredler (Chrom, Mangan, Kobalt, Nickel)
- Kupfer
- Zinn
- Blei/Zink
- Bauxit (Aluminiumrohstoff)

Edelmetalle
- Gold
- Silber
- Platin
- Phosphat
- Diamanten

Industrie
- Eisen- und Stahlerzeugung
- Buntmetall- und Aluminiumverhüttung
- Eisen- und Metallverarbeitung, Maschinenbau
- Schiffbau
- Elektroindustrie, Optik
- Chemie, Kunststoffe
- Erdölraffinerie
- Textilien, Bekleidung, Leder
- Holz, Papier
- Nahrungsmittel
- Fischfang, Fischverarbeitung

Dienstleistungszentrum
- mit internationaler Bedeutung
- mit überregionaler Bedeutung
- mit regionaler Bedeutung
- Tourismusregion

Transport und Verkehr
- Erdölleitung
- Erdgasleitung
- Eisenbahn

Grenzen
- Staatsgrenze

Nordpolarmeer · Grönland · Island · Reykjavik · Föroer · Beringmeer · Aleuten · Alaska (USA) · Nördlicher Polarkreis · Fairbanks · Anchorage · Juneau · Dawson · Yukon · Beaufortsee · Mackenzie · Hay River · Großer Bärensee · Großer Sklavensee · Kanada · Churchill · Hudsonbai · Baffinbai · Resolute · Labrador · Labradorsee · Neufundland · St. John's · Halifax · Sept-Îles · Québec · Montréal · Ottawa · Toronto · Winnipegsee · Winnipeg · Regina · Calgary · Edmonton · Prince George · Vancouver · Seattle · Portland · Flin Flon · Oberer See · Michigansee · Sankt-Lorenz-Strom · St.-Lorenz-See

Vereinigte Staaten (USA) · Minneapolis · Chicago · Detroit · Cleveland · Pittsburgh · Cincinnati · St. Louis · Kansas City · Denver · Salt Lake City · San Francisco · Los Angeles · San Diego · Phoenix · El Paso · Dallas · Houston · Corpus Christi · New Orleans · Atlanta · Birmingham · Mobile · Norfolk · Washington/Baltimore · Philadelphia · New York · Boston · Tampa · Miami · Missouri · Arkansas · Colorado · Tennessee · Mississippi · Rio Grande · Golf von Mexiko · Nördlicher Wendekreis

Mexiko · Mexiko-Stadt · Monterrey · Guadalajara · Morelia · Veracruz · Mérida · Acapulco · Tijuana

Bahama-Inseln · Nassau · Kuba · Havanna · Jamaika · Dominikanische Republik · Port-au-Prince · Santo Domingo · San Juan · Puerto Rico · Bermuda-Inseln · Guadalupe

Atlantischer Ozean · Pazifischer Ozean

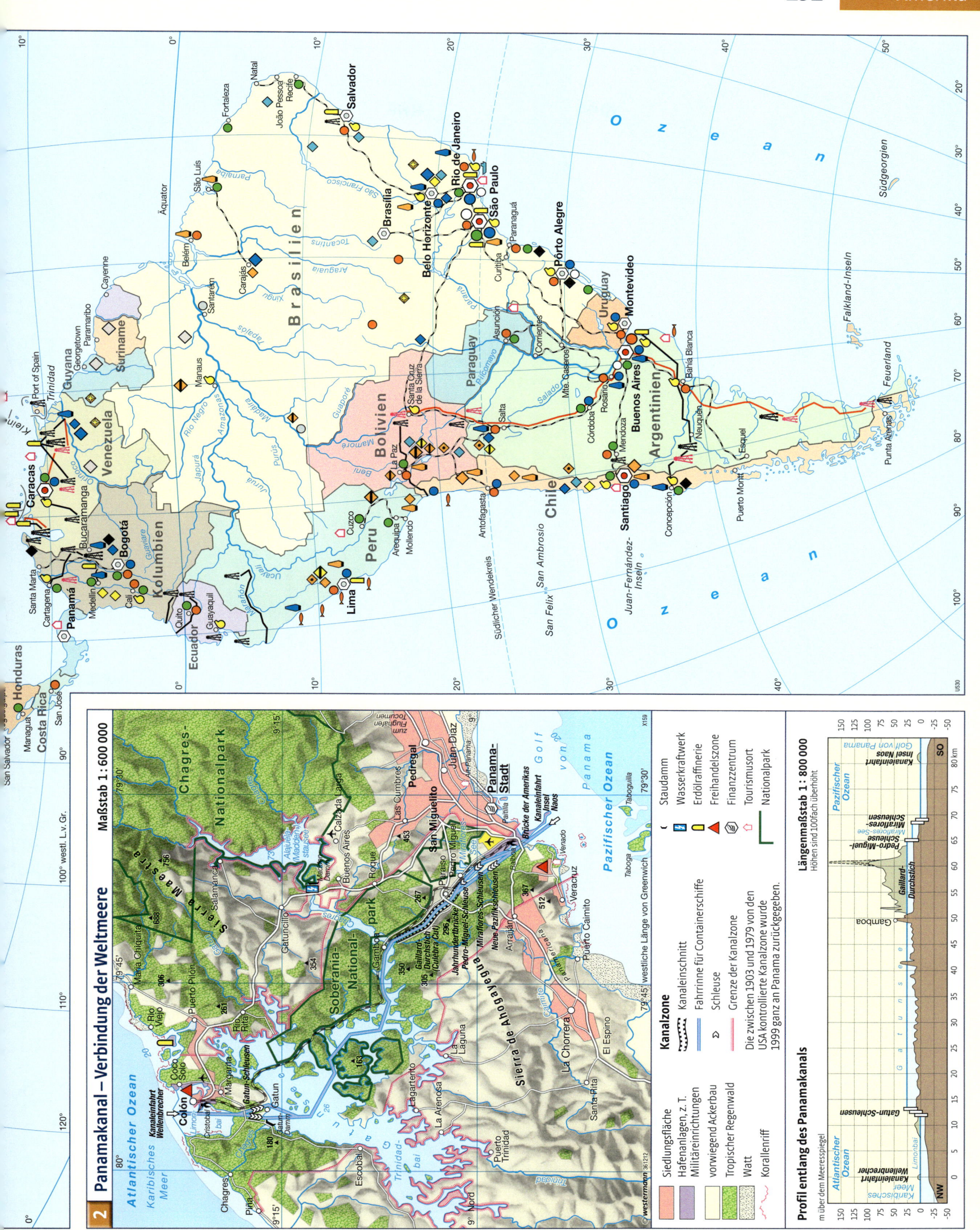

2 Panamakanal – Verbindung der Weltmeere

Maßstab 1:600 000

Chagres-Nationalpark

Soberania-National-park

Sierra Maestra

Sierra de Ahogayegua

Atlantischer Ozean
Karibisches Meer

Pazifischer Ozean

Golf von Panama

Panama-Stadt

Colón

Siedlungsfläche
Hafenanlagen, z. T.
Militäreinrichtungen
vorwiegend Ackerbau
Tropischer Regenwald
Watt
Korallenriff

Kanalzone
Kanaleinschnitt
Fahrrinne für Containerschiffe
Schleuse
Grenze der Kanalzone
Die zwischen 1903 und 1979 von den
USA kontrollierte Kanalzone wurde
1999 ganz an Panama zurückgegeben.

Staudamm
Wasserkraftwerk
Erdölraffinerie
Freihandelszone
Finanzzentrum
Tourismusort
Nationalpark

Profil entlang des Panamakanals
m über dem Meeresspiegel

Längenmaßstab 1:800 000
Höhen sind 100fach überhöht

Kanaleinfahrt
Insel Naos

Pedro-Miguel-Schleuse
Miraflores-See
Miraflores-Schleusen

Gatun-Schleuse
Gatun-See
Gaillard-Durchstich

Pazifischer Ozean
Atlantischer Ozean
Karibisches Meer

NW   SO   km

Landhöhen und Meerestiefen (in Meter)

Berghöhe
6190 Gletscher
Gebiet
unter dem
Meeres-
spiegel
3 000
1 500
1 000
500
200
100
0
· 114
200
2 000
4 000
3809
6 000

Tiefenangabe   Höhenangabe

Seite 154/155

Gewässer

Fluss
schiffbarer Fluss
Stromschnelle, Wasserfall
See   Salzsee
Stausee, Staumauer
Sumpf, Moor

Orte

Einwohner

■ über   5 000 000
■ 1 000 000 – 5 000 000
◉ 500 000 – 1 000 000
● 100 000 – 500 000
○ 20 000 – 100 000
· unter   20 000

Verkehr

Eisenbahn
Alaska Highway,
Panamerican Highway
Fernstraße
Pass

Verwaltung

Staatsgrenze
Grenze einer Provinz
in Kanada oder eines
Bundesstaates in den USA
Nationalparkgrenze
Ottawa Hauptstadt eines Staates
Québec Hauptstadt einer Provinz
in Kanada oder eines
Bundesstaates in den USA

© westermann 351117

Nordpol

Grönland-
see

Europäisches
Nordmeer

Jan Mayen
(Norwegen)

Shetland-
Inseln

Orkney-
Inseln

Britische Inseln

Färöer

Rockall

Island

Akureyri
Vatnajökull 2119
Hvannadalshnúkur

5268

Reykjavik

Nordpol
magnetischer
Pol

Ellesmere-Insel
1829
2926
Alert

Eureka

Narew-Straße

80°

30°
40°
50°
60°

2164

Petermann
Bjerg
2940

Scoresbysund
Ittoqqortoormiit

Dänemarkstraße

Grönland
(Kalaallit Nunaat)
(mit Dänemark assoziiert)

3410
(Größte
Eisdicke)

Gunnbjørns Feld
3700

Verdrup-
Inseln
Inseln
100°

Thurst-
Insel

Devon-Insel

Qaanaaq
(Thule)

Haffner Bjerg
1248

Dundas

Kap York

Baffinbai

Bylot-
Insel
2133

2136

Disko-
Insel

Qeqertarsuaq
(Godhavn)

Nördlicher Polarkreis

3383
Mount
Forel

Tasiilaq
(Ammassalik)

2975

Prince of
Wales-
Insel

Boothia-
Halbinsel

Baffin-Insel

Melville-
Halbinsel

Foxe-
becken

Sisimiut
(Holsteinsborg)

2850

Davisstraße

2850

Nuuk
(Godthåb)

Qaqortoq
(Julianehåb)

Kap Farvel
(Ummannarsuaq)

Labrador-
see

3809

navut

Wager Bay

Southampton-
Insel

Igaluit
(Frobisher Bay)

Cape Dorset

Hudsonstraße

Kap Chidley
Mariecourt

50°

Atlantischer Ozean

Manitoba

Churchill

Nelson

York Factory

Hudson-
bai

Inukjuak

257

Belcher-
Inseln

James-
bai

Ungava-
Halbinsel

Ungava-
bai

1676

Kuujjuaq
(Fort Chimo)

Nain

Caniapiscau

Labrador

Schefferville

Smallwood-
reservoir

502

Happy Valley-
Goose Bay

Blanc-Sablon

Newfoundland
and Labrador

40°

Winnipeg
See
217

Kenora

Nipigon-
see
260

Albany

Moosonee

La Grande Rivière

241

Mistassini-
see

Québec

371

Nottaway

Baie-Comeau

Sept-Îles

Sankt-Lorenz-Strom

Anticosti

Corner
Brook

Neufundland

Channel-Port
aux-Basques

Kap Race

Saint John's

Saint-Pierre
und Miquelon
(Frankreich)

Sankt-Lorenz-
Golf

Cabotstraße

Duluth

Minnesota

Wisconsin

Sioux
Falls

Minneapolis

Saint Paul

Madison

Milwaukee

Staaten

Michigan

Oberer See
183

Sault
Sainte Marie

North Bay

Ontario

Cochrane

Saguenay

Trois-Rivières

Montréal

Sherbrooke

Maine

Fredericton

New
Brunswick

Saint John

Kap Sable

Prince Edward
Island

Charlottetown

Neuschottland

Halifax

Nova Scotia

Sydney

Kap Breton-
Insel

Kap Breton

Sable-Insel

Nipissing-
see

Sudbury

Ottawa

Kingston

Huronsee
176

Michigansee

Grand
Rapids

Flint

Lansing

Detroit

281

Toronto

Hamilton

Buffalo

Rochester

North Bay

Eriesee
174

Pennsylvania

New York

Albany

New Hampshire

Vermont

Concord

Montpelier

Massachusetts

Hartford

Connecticut

Providence

Rhode Island

Boston

Kap Cod

New York

Kingston

Zum Vergleich

Hamburg

Hannover

Berlin

Köln

600 km

Frankfurt

Stuttgart

München

Landhöhen und Meerestiefen (in Meter)

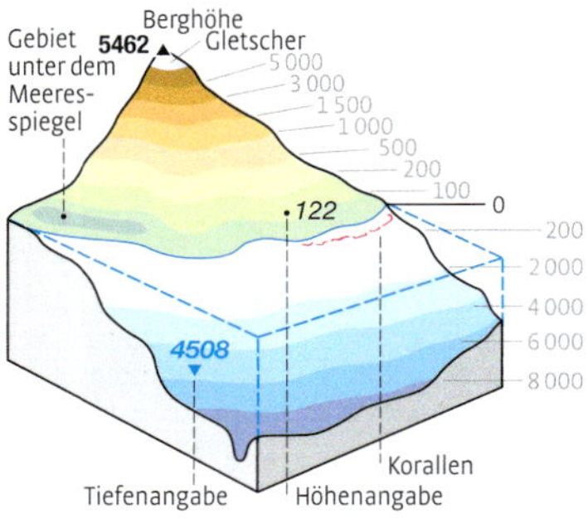

Gebiet unter dem Meeresspiegel

Berghöhe **5462** ▲ Gletscher

5000
3000
1500
500
200
0
200
2000
4000
6000
8000

122

4508

Tiefenangabe Höhenangabe Korallen

Gewässer

~ Fluss
~ schiffbarer Fluss
~ Stromschnelle, Wasserfall
~ Kanal, bedingt schiffbar
~ schiffbarer Kanal
... Wasserleitung
See Salzsee
Stausee, Staumauer
Sumpf, Moor

Orte

Einwohner

■ über 5 000 000
■ 1 000 000 – 5 000 000
● 500 000 – 1 000 000
◉ 100 000 – 500 000
○ 20 000 – 100 000
○ unter 20 000

∴ Ruinenstätte, geschichtlich bedeutsamer Ort

Verkehr

— Eisenbahn
— Panamerican Highway
= Fernstraße
⌐ Pass

Verwaltung

— Staatsgrenze
— Grenze eines Bundesstaates in den USA oder einer Provinz in Kanada
— Nationalparkgrenze
Nassau Hauptstadt eines Staates
Salem Hauptstadt eines Bundesstaates in den USA oder einer Provinz in Kanada

Seite 152/153
Seite 162/163

© westermann 360207

130° westl. L. v. Greenwich

Kap Flattery
Victoria
Vancouver
Kelowna
British Columbia
Calgary
Saskatoon
Saskatchewan
Manitoba
Manitobasee
Regina
Medicine Hat
Riding Mountain Nationalpark
Winnipeg
Washington
Seattle
Spokane
Olympia
Rocky
Mount Rainier 4392
Mount St. Helens 2549
Glacier Nationalpark
Montana
Missouri
North Dakota
Bismarck
Portland
Columbia
Mount Hood 3427
Oregon
2776
Idaho
Helena
Butte
Billings
Yellowstone
Yellowstone-Nationalpark
2559
Mountains
South Dakota
Oahe-Stausee
Pierre
Rapid City
Black Hills 2207
Salem
Mount Shasta 4317
Kap Mendocino
2862
Boise 3859
Gannett Peak 4209
Wyoming
Longs Peak 4346
Casper
Cheyenne
North Platte
Sioux Falls
Nebraska
Oma
Großes
Reno
Carson City
Donner-Pass 2160
Sacramento
Großer Salzsee 1282
Salt Lake City
Wasatchkette
Colorado
Denver 4396
Mount Elbert
Pueblo 4372
Kansas
Topeka
Lincoln
San Francisco
San José
Fresno
Nevada
Becken
Utah
Powell-Stausee
Blanca Peak 4011
Santa Fe
Wichita
Delano Peak 3710
Mount Whitney 4421
Kalifornien
Las Vegas
Tal des Todes -86
Grand Canyon 3851
Humphreys Peak
Wheeler Peak
Vereinigt
Oklahoma City
Oklahoma
Los Angeles
San Bernardino
San Diego
Tijuana
Arizona
Phoenix
Albuquerque
New Mexico
Amarillo
Llano Estacado
Red River
Fort Worth
Dallas
Mexicali
Tucson
Nogales
3078
El Paso
Ciudad Juárez
Texas
Abilene
Austin
Guadalupe (Mexico)
6225
Chihuahua
Rio Grande
San Antonio
Houston
Hermosillo
3992
Sierra
Nuevo Laredo
Corpus Christi
Reynosa
Niederkalifornien
Golf von Kalifornien
Westliche
Madre
Torreón
Saltillo
Monterrey
La Paz
Culiacán
Östliche Sierra Madre
4054
Ciudad Victoria
Mazatlán
Kap San Lucas
3657
San Luis Potosí 1880
Tampico
Tres Marias-Inseln
Aguascalientes
Tepic
Mexiko Hochland
León
Querétaro 2050
Pachuca
Kap Corrientes
Guadalajara
Puerto Vallarta
4240
Nevado de Colima
Morelia
Mexiko-Stadt
Toluca
Citlaltépetl 5268
Popocatépetl 5462
5610
Veracruz
Revillagigedo-Inseln (Mexico)
Manzanillo
Puebla
Südliche Sierra Madre
Acapulco
Oaxaca
Isthmus von Tehuantepec
Salina
5450

Pazifischer Ozean

Höhenprofil durch die Vereinigten Staaten

Längenmaßstab 1:18 000 000 Höhenmaßstab 1:180 000 (100-fach überhöht)

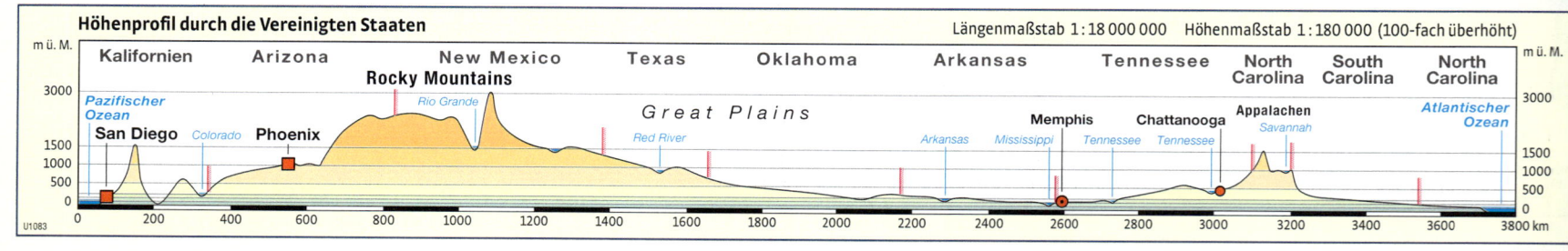

Kalifornien | Arizona | New Mexico | Texas | Oklahoma | Arkansas | Tennessee | North Carolina | South Carolina | North Carolina

Rocky Mountains
Great Plains
Appalachen
Memphis Chattanooga
Pazifischer Ozean
Atlantischer Ozean
San Diego Colorado Phoenix Rio Grande Red River Arkansas Mississippi Tennessee Tennessee Savannah

m ü. M.
3000
1500
1000
500
0

0 200 400 600 800 1000 1200 1400 1600 1800 2000 2200 2400 2600 2800 3000 3200 3400 3600 3800 km

U1083

Maßstab 1 : 18 000 000
1 cm ≙ 180 km

0 200 400 600 800 1000 km

Zum Vergleich

Hamburg
Hannover
Berlin
Köln
Frankfurt
Stuttgart
München
600 km

90° F 80° G 70° H 60° J 50° K

Albany
Moosonee
Mistassini-see
Nipigon-see
Sankt-Lorenz-Strom
Sankt-Lorenz-Golf
Channel-Port aux-Basques
Saint-Pierre und Miquelon (Frankreich)

Lake of the Woods
Ontario
Québec
Baie-Comeau
Saguenay
Prince Edward Island
Sydney
Kap Breton
Kap Breton-Insel

Thunder Bay
Oberer See
183
Cochrane
Trois-Rivières
Québec
New Brunswick
Charlottetown
Neuschottland
Nova Scotia

Minnesota
Sault Sainte Marie
Sudbury
North Bay
Montréal
Sherbrooke
Fredericton
Saint John
Halifax

Duluth
Michigan
260
Michigansee
176
176
Ottawa
Kingston
Maine
Augusta
Kap Sable
Sable-Insel

Saint Paul
Wisconsin
Grand Rapids
Flint
281
Toronto
Hamilton
Rochester
Buffalo New York
Ontariosee
75
Vermont
Montpelier
New Hampshire
Concord
Massachusetts
Boston
Kap Cod

Madison
Milwaukee
Lansing
Detroit
Cleveland
Erie
174
Harrisburg
Albany
Hartford
Providence
Rhode Island
Connecticut

Chicago
Huronsee
Toledo
Pennsylvania
New York
Trenton
New Jersey
Philadelphia

Des Moines
Iowa
150
Indiana
Ohio
Columbus
Pittsburgh
Baltimore
Dover
Delaware

Illinois
Indianapolis
Cincinnati
West Virginia
Frankfort
Charleston
Washington D.C.
Maryland
Annapolis
Chesapeakebai

Kansas City
Springfield
Saint Louis
122
Evansville
Louisville
Kentucky
Virginia
Richmond
Norfolk

Jefferson City
Missouri
Vereinigte Staaten
Nashville
2039
Mount Mitchell
Greensboro
Raleigh
North Carolina
Kap Hatteras

Arkansas
823
Tennessee
Chattanooga
Tennessee
Charlotte
South Carolina
Columbia

Little Rock
561
Memphis
Birmingham
Atlanta
Charleston

Shreveport
Mississippi
Jackson
Alabama
Columbus
Georgia
Savannah

Louisiana
Montgomery
Mobile
Tallahassee
Jacksonville

Baton Rouge
New Orleans
Mississippi-delta
Florida
Gainesville
Orlando
Kap Canaveral

Golf von Mexiko
Saint Petersburg
Tampa
West Palm Beach
Everglades
Kap Sable
Miami
Key West
Florida Keys

Bermuda-Inseln (Großbritannien)

Sargasso-see

Atlantischer Ozean

6399
3880

Nördlicher Wendekreis

Grand Bahama
Great Abaco
Eleuthera
Nassau
Bahamas
San Salvador (Watlings Island, Guanahani) am 12.10.1492 von Kolumbus entdeckt
Cat
Andros

4375
Havanna
Pinar del Rio
Santa Clara
Cienfuegos
Camagüey
Holguin
Große Bahamabank
Caicos-Inseln (Großbritannien)
Turks-Inseln (Großbritannien)

Kuba
San Antonio
Inagua-Inseln
Hispaniola
Puerto Plata
Inseln über dem Winde
Anguilla (G.-B.)
Saint-Martin (Fr./Niederl.)
Barbuda

Straße von Yucatán
Mérida
Chichén Itzá
Cancún
Cayman-Inseln (Großbritannien)
Turquino
1972
Guantánamo
Dominikanische Republik
San Juan
Puerto Rico (USA)
Ponce
Sint Eustatius (Niederl.)
Saint Kitts und Nevis
Antigua und Barbuda
Saint John's
Guadeloupe (Fr.)
Basse-Terre

Golf von Campeche
Campeche
Halbinsel Yucatán
Chetumal
Kap Curz
Santiago de Cuba
Cap-Haitien
3157
Pico Duarte
Santiago
Santo Domingo
Jungferninseln (G.-B.)
Montserrat (G.-B.)
Dominica
Roseau
Martinique (Fr.)
Fort-de-France

Coatzacoalcos
Villahermosa
Belize
Tikal
7680
Santanilla (Honduras)
Haiti
Port-au-Prince
Kleine Antillen
Castries
Saint Lucia

Tuxtla Gutiérrez
Belmopan
Jamaika
Kingston
Barbados
Bridgetown

Guatemala
Puerto Barrios
La Ceiba
4230
5630
Niederländische Antillen
Saint Vincent und die Grenadinen
Kingstown
Grenada
Saint George's
Tobago
Port of Spain

Quezaltenango
4211
Copán
San Pedro Sula
Honduras
Moskito-Küste
Aruba
Curaçao
Bonaire
Inseln unter dem Winde
Margarita

Tajumulco
Guatemala-Stadt
San Salvador
Tegucigalpa
Kap Gracias a Dios
Willemstad
Kap Gallinas

Tapachula
San José
El Salvador
León
Nicaragua
Santa Marta
Maracaibo
Maracay
Caracas
Petare
Cumaná
Trinidad und Tobago

Managua
33
Nicaraguasee
San Andrés (Kolumbien)
Barranquilla
Cartagena
5775
Barquisimeto
Valencia
Anaco
Ciudad Guayana
Georgetown

Costa Rica
Puerto Limón
Isthmus von Panamá
Sincelejo
Maracaibo-see
Mérida
5002
Pico Bolivar
Barinas
Ciudad Bolivar
Orinoco-delta

Puntarenas
Colón
Panamá-Stadt
Golf von Darién
Montería
Cúcuta
San Cristóbal
Venezuela
2556
Cerro Bolivar 802
Angelfälle
Roraima 2810

San José
3819
Chirripó
3475
Panamá
Golf von Panamá
Bucaramanga
San Cristóbal
Kordillere von Mérida
2953
Auyán-Tepui
Guyana

Medellín
Tunja
Kolumbien
Puerto Carreño
Serra Pacaraima
Boa Vista
Serra Parima

90° F 80° G 70° H 60°

1 USA – Wirtschaft

Bodenbedeckung
- Tundra
- nördlicher Nadelwald
- sommergrüner Laub- und Mischwald, Gebirgsnadelwald
- Steppe, z. T. Halbwüste
- Wüste
- Sumpf
- Mangrove

Bodennutzung

Ackerbau
- auf ärmeren Böden
- auf guten Böden (Löss)
- Bewässerungsland
- Wiese, z. T. Weide
- Prärie/extensive Weide

Hauptanbaufrüchte
- Weizen
- Mais
- Reis
- Sojabohnen
- Erdnüsse
- Sonnenblumen
- Baumwolle
- Zuckerrohr
- Zuckerrüben
- Zitrusfrüchte
- Tabak
- Wein

Bergbau
- Eisen
- Stahlveredler (Chrom, Kobalt, Molybdän, Nickel)
- Blei, Zink
- Kupfer
- Steinkohle
- Braunkohle
- Erdöl
- Erdgas
- Uran
- Gold
- Silber
- Platin
- Phosphat
- Steinsalz

Stromerzeugung
- Wasserkraftwerk
- Wärmekraftwerk
- Kernkraftwerk
- Geothermiekraftwerk

Industrie
- Eisen- und Stahlerzeugung
- Buntmetallverhüttung
- Aluminiumverhüttung
- Metallindustrie
- Schiffbau
- Kraftfahrzeugbau
- Luft- und Raumfahrttechnik
- Elektroindustrie, Elektronik (Hightech), Optik
- Chemie, Kunststoffe
- Biotechnologie, Pharmazie
- Erdölraffinerie
- Atomindustrie

© westermann 390105

Maßstab 1 : 15 000 000

0 150 300 450 km

Leder, Textil, Bekleidung
Holz, Papier
Nahrungs- und Genussmittel
Fischverarbeitung

Dienstleistungszentrum
mit internationaler Bedeutung
mit überregionaler Bedeutung
mit regionaler Bedeutung
Tourismusregion

Verkehr und Transport
wichtige Eisenbahn
wichtige Straße
Erdölleitung
Erdgasleitung

Grenzen
Staatsgrenze
200m-Tiefenlinie (Kontinentalschelf)

Zum Vergleich

Hamburg
Hannover · Berlin
Köln
Frankfurt
600 km
Stuttgart
München

2 USA – Industrieräume Maßstab 1 : 45 000 000

Kanada
Seattle
Portland
Minneapolis-Saint Paul
Detroit
Boston-Cambridge
New York
Philadelphia
Washington-Alexandria
San Francisco
Silicon Valley
Salt Lake City
Colorado / Utah
Denver
Chicago
Indianapolis
Kansas City
Los Angeles
Phoenix
New Mexico / Arizona
Tulsa
Atlanta
San Diego
El Paso
Dallas
Golfküste und Texas
Houston
San Antonio
Florida
Tampa
Miami
Mexiko
Pazifikküste
Mittlerer Westen
Kalifornien
Appalachen

© westermann 391006

Industrieregionen
traditionelle Industrieregion (starkes Wachstum ca. 1870 – 1970)
junge Industrieregion (starkes Wachstum ca. seit 1970)
führender Hightech-Standort
Manufacturing Belt
Sunbelt
Cascadia
Staatsgrenze
Bundesstaaten-grenze

Hudsonbai
Jamesbai
Churchill Falls
Happy Valley-Goose Bay
Kuujjuaq
Voisey's Bay
Labrador City
Gagnon
Neufundland
St. John's
Corner Brook
St. Pierre and Miquelon (Frankreich)
Attawapiskat
Chibougamau
Chicoutimi
Baie-Comeau
Port-Cartier
Murdochville
Bathurst
Sydney
Sable-Insel
Manitouwadge
Kapuskasing
Val-d'Or
Québec
Fredericton
St. John
Halifax
Trans Canada
Porcupine
Noranda
Trois-Rivières
Thetford
Yarmouth
Thunder Bay
Hemlo
Cobalt
Oberer See
Sault Sainte Marie
Sudbury
Montréal
Ottawa
Massena
Portland
Green Bay
Toronto
Hamilton
Syracuse
Rochester
Albany
Hartford
Boston
New Bedford
Providence
Muskegon
Grand Rapids
Flint
Buffalo
New York
Milwaukee
Lansing
Cleveland
Sarnia
Michigansee
Huronsee
Eriesee
Ontariosee
Chicago
Detroit
Akron
Philadelphia
Rockford
Toledo
Pittsburgh
Baltimore
Peoria
Indianapolis
Dayton
Columbus
Washington
Springfield
Cincinnati
Charleston
Norfolk
Louisville
Evansville
Ölschiefer
Durham
Winston-Salem
Oak Ridge
Greensboro
Nashville
Knoxville
Charlotte
Memphis
Chattanooga
Huntsville
Greenville
Columbia
Wilmington
Birmingham
Atlanta
Columbus
Augusta
Charleston
Savannah
Mississippi
Colonial
Jacksonville
Baton Rouge
Mobile
Pensacola
Daytona Beach
Kap Canaveral Weltraumbahnhof
Tampa
Orlando
Sarasota
Grand Bahama
Great Abaco
Freeport
Bahamas
Eleuthera
New Orleans
Miami
Kap Sable
Key West
Florida Keys
Floridastraße
Nassau
Andros
Cat
Exuma
Acklins
Golf von Mexiko
Havanna
Matanzas
Kuba
Santa Clara
Camagüey
Holguin
Große Bahamabank

Atlantischer Ozean

90° westl. L. v. Greenwich

1 Ballungsraum BosWash – Bevölkerungsdichte

Maßstab 1 : 5 000 000

Bevölkerungsdichte
Einwohner je km²

- 1 – 50
- 50 – 100
- 100 – 250
- 250 – 500
- 500 – 1 000
- über 1 000
- Kleinstädte und Dörfer

Verwaltung

- Staatsgrenze
- Bundesstaatengrenze
- □ US-Stadtregion (Metropolitan Statistical Area) mit mehr als 1 Mio. Einwohnern
- ○ US-Stadtregion mit weniger als 1 Mio. Einwohnern

Mit „BosWash Region" wird das Städteband zwischen Washington im Südwesten und Boston im Nordosten bezeichnet. Es erstreckt sich über mehr als 700 km und hat ca. 45 Mio. Einwohner (15 % der US-Bevölkerung).

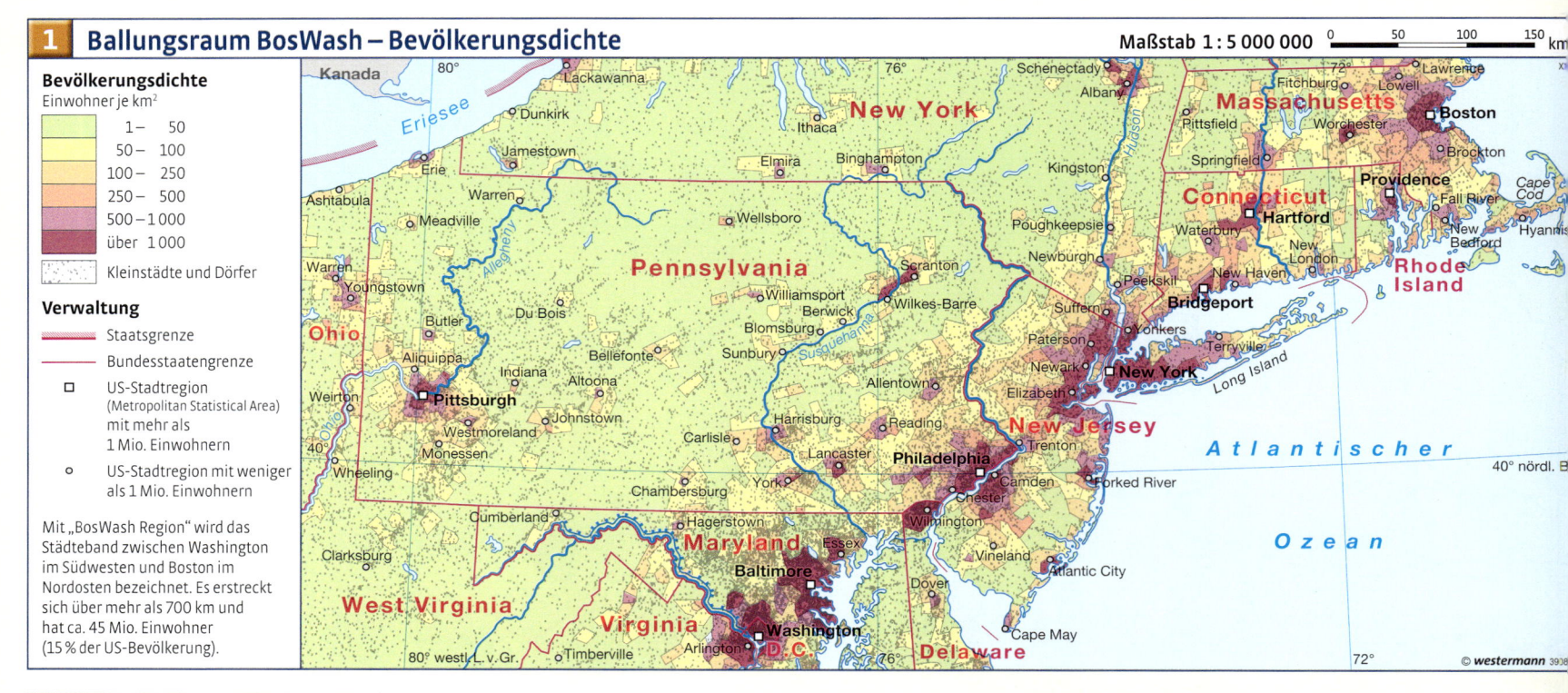

2 New York – Bevölkerungsdichte

Maßstab 1 : 500 000

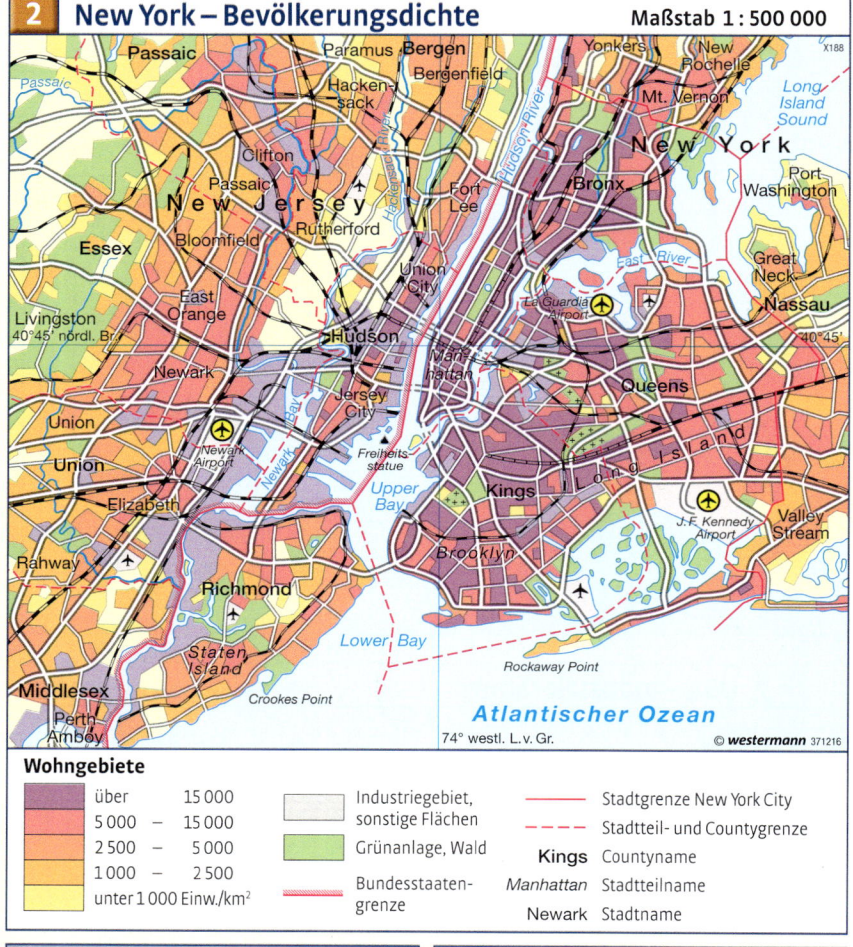

Wohngebiete

- über 15 000
- 5 000 – 15 000
- 2 500 – 5 000
- 1 000 – 2 500
- unter 1 000 Einw./km²
- Industriegebiet, sonstige Flächen
- Grünanlage, Wald
- **Kings** Countyname
- *Manhattan* Stadtteilname
- Newark Stadtname
- Stadtgrenze New York City
- Stadtteil- und Countygrenze
- Bundesstaatengrenze

Vorort (Suburb) mit unter 2 500 Einwohner/km²

Innerstädt. Wohngebiet mit bis zu 15 000 Einw./km²

3 New York – kulturgeprägte Wohngebiete

Maßstab 1 : 200 000

Bevölkerungsanteil
(über 25 Prozent)

- Hispanics / Latinos
- Asiaten
- Afroamerikaner
- Gebiete mit älteren Häusern (vor 1900 erbaut)

Bevölkerungsgruppen von New York City 2008
(Einwohner insgesamt: 8.308.163)

- 35,1 %
- 27,5 %
- 23,4 %
- 11,7 %
- 2,0 %
- 0,3 %

Bevölkerungsgruppen von New York City 1990
(Einwohner insgesamt: 7.322.564)

- 43,2 %
- 24,4 %
- 25,2 %
- 6,7 %
- 0,3 %
- 0,2 %

- Weiße
- Hispanics / Latinos
- Schwarze / Afroamerikaner
- Asiaten
- Indianer, Alaskaner, Pazifikinsulaner
- andere

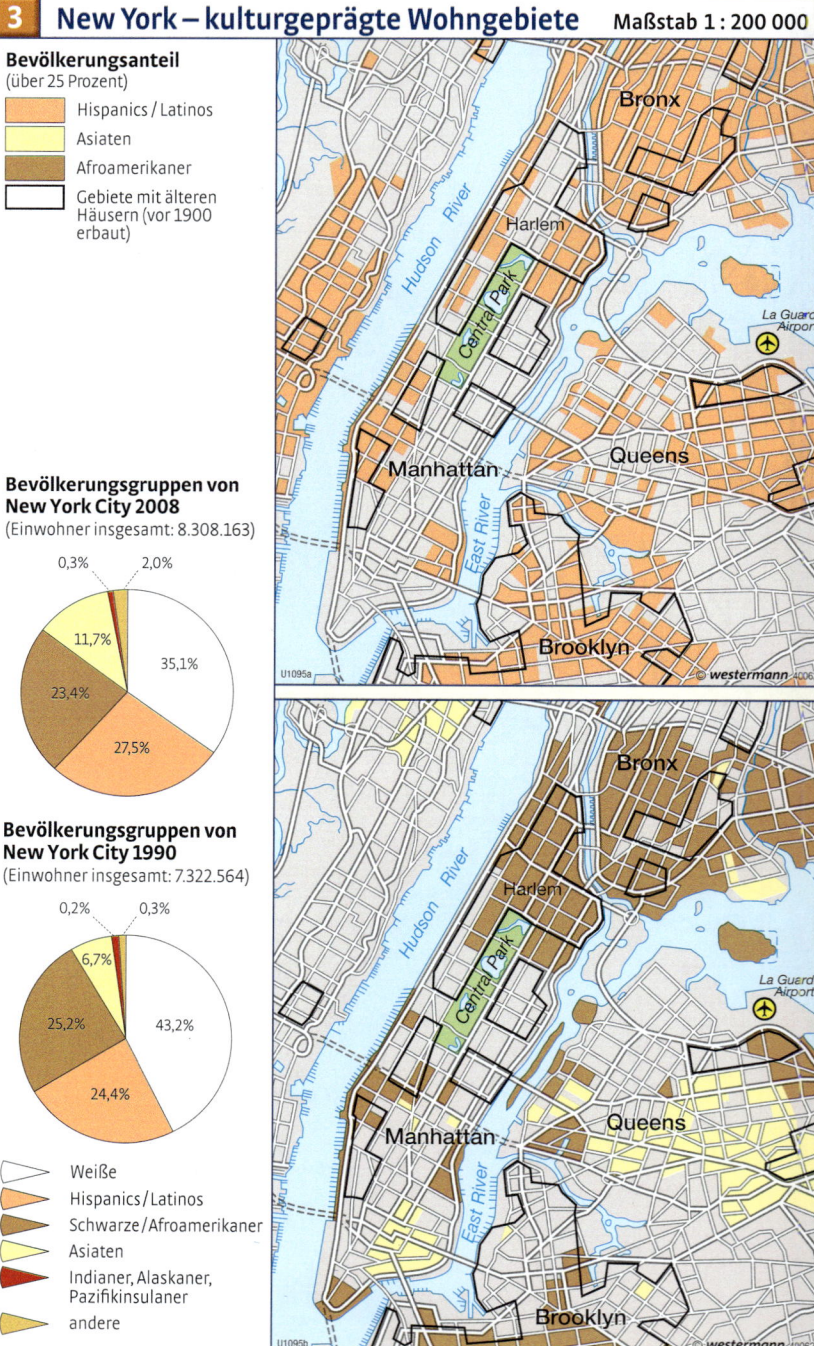

4 M2 Manhattan – Gebäudehöhenmodell

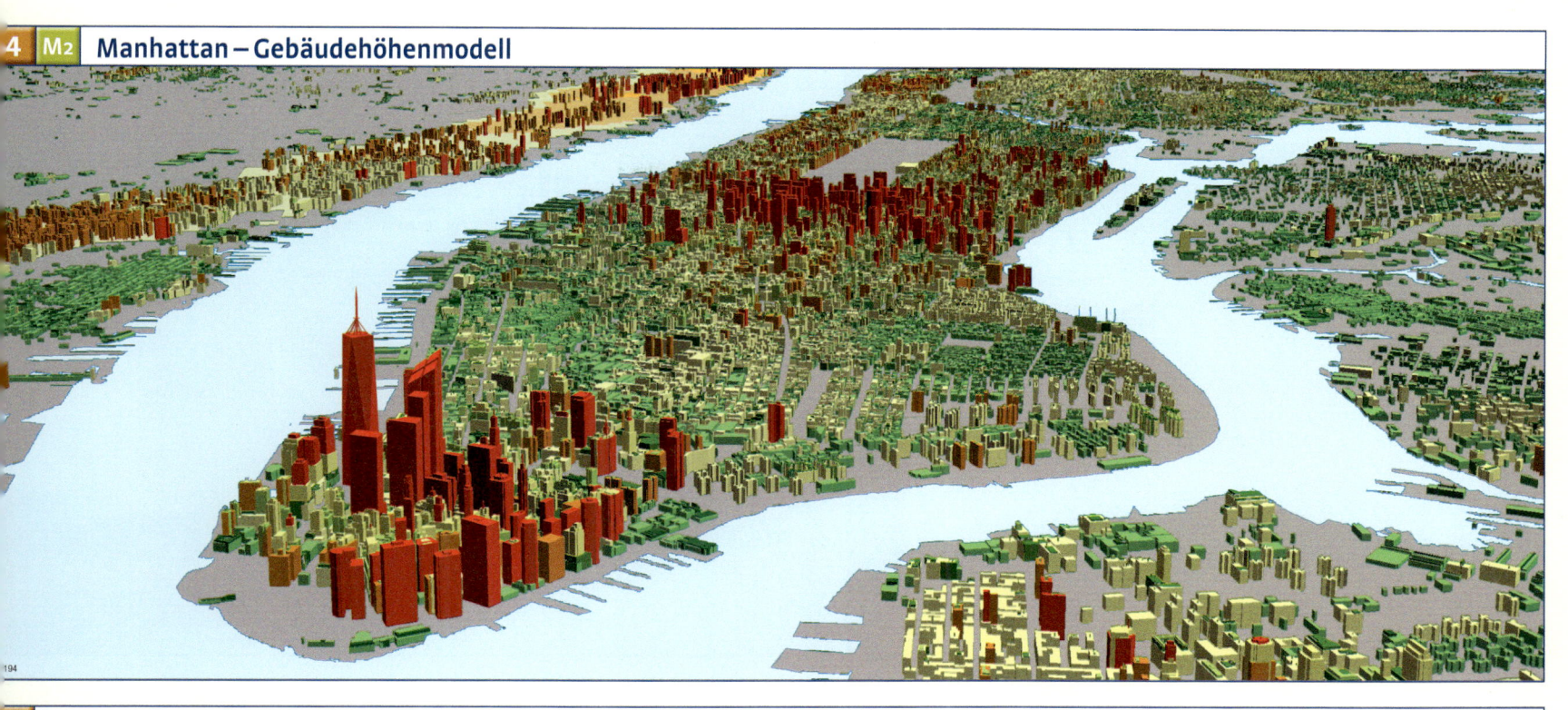

5 New York – Manhattan

Maßstab 1 : 50 000

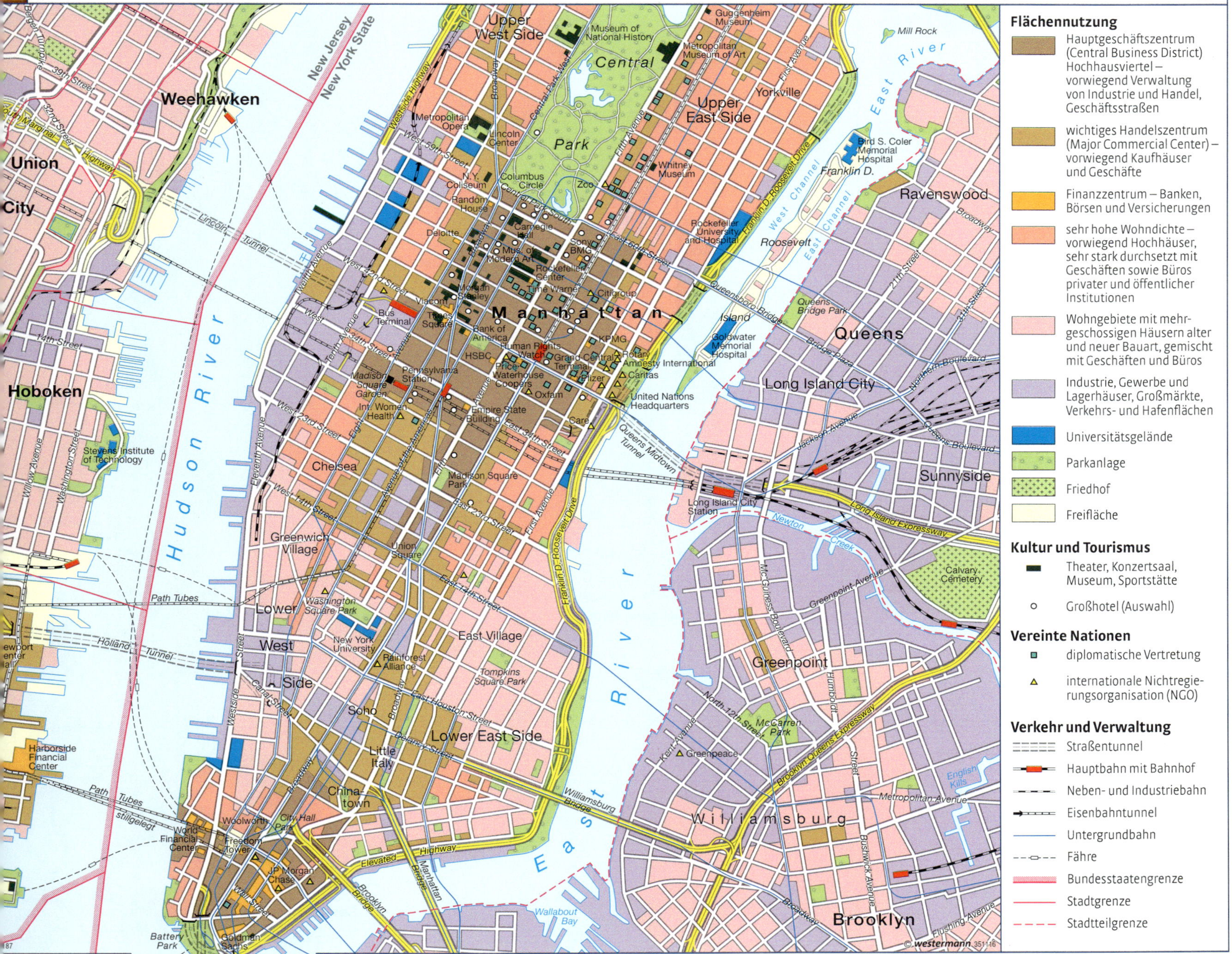

0 500 1000 1500 m

Flächennutzung

Hauptgeschäftszentrum (Central Business District) Hochhausviertel – vorwiegend Verwaltung von Industrie und Handel, Geschäftsstraßen

wichtiges Handelszentrum (Major Commercial Center) – vorwiegend Kaufhäuser und Geschäfte

Finanzzentrum – Banken, Börsen und Versicherungen

sehr hohe Wohndichte – vorwiegend Hochhäuser, sehr stark durchsetzt mit Geschäften sowie Büros privater und öffentlicher Institutionen

Wohngebiete mit mehrgeschossigen Häusern alter und neuer Bauart, gemischt mit Geschäften und Büros

Industrie, Gewerbe und Lagerhäuser, Großmärkte, Verkehrs- und Hafenflächen

Universitätsgelände

Parkanlage

Friedhof

Freifläche

Kultur und Tourismus

Theater, Konzertsaal, Museum, Sportstätte

Großhotel (Auswahl)

Vereinte Nationen

diplomatische Vertretung

internationale Nichtregierungsorganisation (NGO)

Verkehr und Verwaltung

Straßentunnel

Hauptbahn mit Bahnhof

Neben- und Industriebahn

Eisenbahntunnel

Untergrundbahn

Fähre

Bundesstaatengrenze

Stadtgrenze

Stadtteilgrenze

© westermann 351118

1 M2 Kalifornisches Längstal – Panoramabild

U199_1

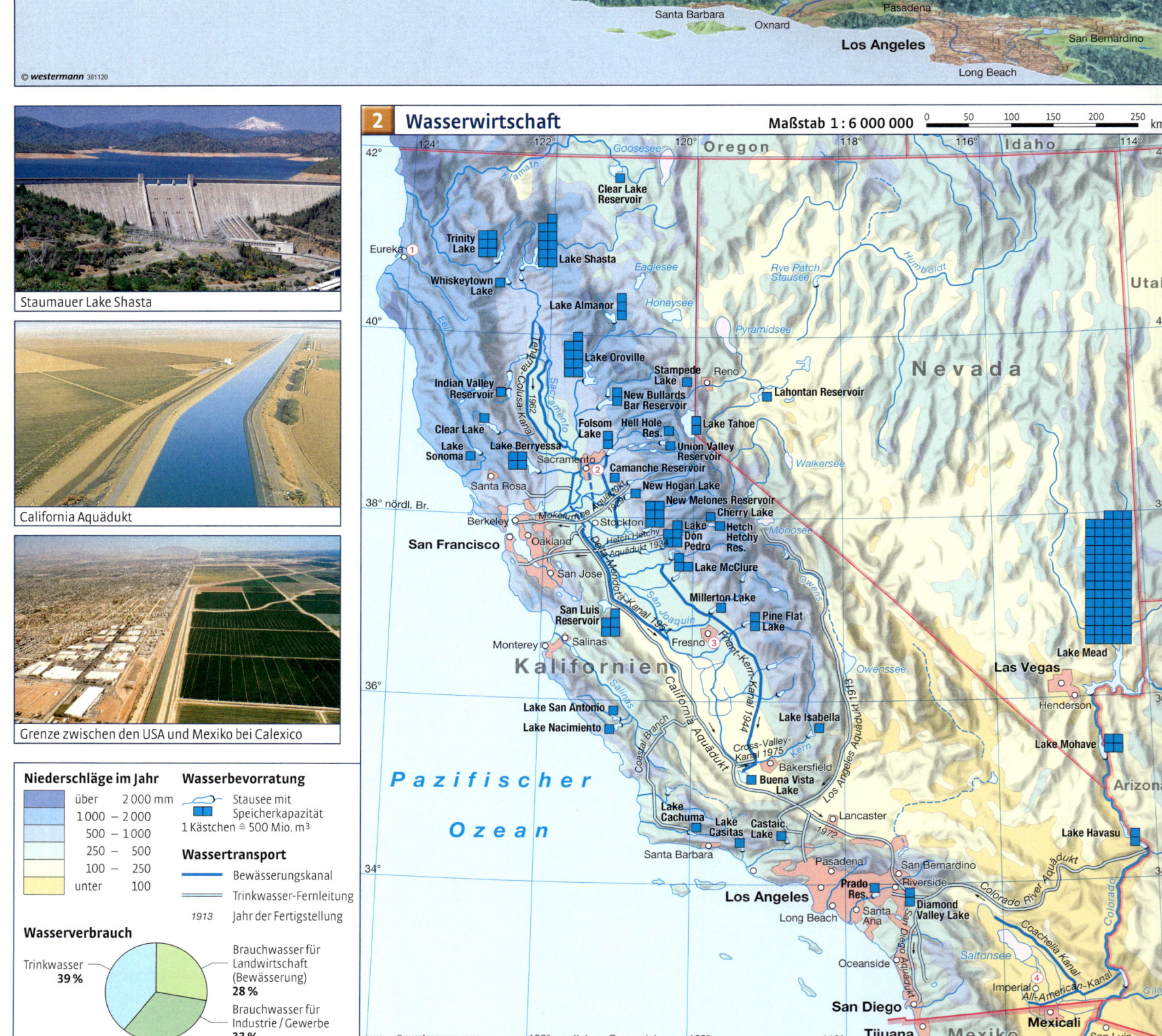

1439
Santa Rosa
Sacramento
2160 Donnerpass
4010 Mt. Ritter
4342 White Mountain Peak
Steigungsregen
Oakland
San Francisco
San Jose
Sacramento
4421 Mt. Whitney
Tal des Todes
Monterey
1787 Junipero Serra Peak
Steigungs-regen
San Joaquin
Fresno
Bakersfield
2692 Mt. Pinos
P a z i f i s c h e r   O z e a n
Santa Barbara
Oxnard
Pasadena
Los Angeles
San Bernardino
Long Beach

© westermann 381120

Staumauer Lake Shasta

California Aquädukt

Grenze zwischen den USA und Mexiko bei Calexico

Niederschläge im Jahr
- über 2 000 mm
- 1 000 – 2 000
- 500 – 1 000
- 250 – 500
- 100 – 250
- unter 100

Wasserbevorratung
Stausee mit Speicherkapazität
1 Kästchen ≙ 500 Mio. m³

Wassertransport
Bewässerungskanal
Trinkwasser-Fernleitung
1913 Jahr der Fertigstellung

Wasserverbrauch
Trinkwasser **39 %**
Brauchwasser für Landwirtschaft (Bewässerung) **28 %**
Brauchwasser für Industrie / Gewerbe **33 %**

2 Wasserwirtschaft

Maßstab 1 : 6 000 000

0 50 100 150 200 250 km

Oregon — Idaho
Goosesee
Klamath
Clear Lake Reservoir
Trinity Lake
Lake Shasta
Eaglesee
Rye Patch Stausee
Humboldt
Utah
Eureka
Whiskeytown Lake
Lake Almanor
Honeysee
Pyramidsee
Lake Oroville
Stampede Lake
Reno
Lahontan Reservoir
N e v a d a
Indian Valley Reservoir
New Bullards Bar Reservoir
Folsom Lake
Hell Hole Res.
Lake Tahoe
Clear Lake
Lake Sonoma
Lake Berryessa
Sacramento
Union Valley Reservoir
Walkersee
Camanche Reservoir
Santa Rosa
New Hogan Lake
New Melones Reservoir
Cherry Lake
Monosee
Berkeley
Stockton
Lake Don Pedro
Hetch Hetchy Res.
San Francisco
Oakland
Lake McClure
San Jose
Millerton Lake
Owens
Pine Flat Lake
San Luis Reservoir
Monterey
Salinas
Fresno
K a l i f o r n i e n
Owenssee
Las Vegas
Lake Mead
Henderson
Lake San Antonio
Lake Nacimiento
Lake Isabella
Cross-Valley-Kanal 1975
Bakersfield
Buena Vista Lake
Lake Mohave
Arizona
Lake Cachuma
Lancaster
Lake Castaic Castaic Lake
Santa Barbara
Pasadena
San Bernardino
Lake Havasu
P a z i f i s c h e r   O z e a n
Los Angeles
Long Beach
Santa Ana
Prado Res.
Riverside
Diamond Valley Lake
Saltonsee
Oceanside
Imperial
All-American-Kanal
San Diego
Tijuana
M e x i k o
Mexicali
San Luis

38° nördl. Br.
36°
34°
42°
40°

124° 122° 120° 118° 116° 114°
122° westl. L. v. Greenwich 120° 118°

01162 © westermann 381024

3 Kalifornien – Klima

Klimadiagramme

X142

① Eureka (18 m ü. M.)
Sonnenscheindauer
2 465 Std./Jahr = 55,3 %
T: 11,3°
N: 975 mm

② Sacramento (13 m ü. M.)
Sonnenscheindauer
3 614 Std./Jahr = 81,2 %
T: 16,6°
N: 416 mm

③ Fresno (100 m ü. M.)
Sonnenscheindauer
3 550 Std./Jahr = 79,8 %
T: 17,4°
N: 271 mm

④ Imperial (-18 m ü. M.)
Sonnenscheindauer
4 018 Std./Jahr = 90,4 %
T: 21,4°C
N: 184 mm

(J F M A M J J A S O N D)

Sacramento River – Schwankungen des Oberflächenabflusses (in Mrd. m³)

Dürreperiode 1929 – 34
Dürreperiode 1976 – 77
Dürreperiode 1987 – 92

1910 1920 1930 1940 1950 1960 1970 1980 1990

Niederschlagsverhältnisse:
- extrem trocken
- trocken
- unter dem Durchschnitt
- über dem Durchschnitt
- feucht

4 Landwirtschaftsexporte

Anteil der Exporte an der kalifornischen Landwirtschaft: 35,6 %
Anteil der kalifornischen Landwirtschaft an der US-Landwirtschaft: 11,3 %

Wichtigste Exportprodukte Kaliforniens (2008)

- 21 % Erdbeeren
- 81 % Mandeln
- 17 % Milchprodukte
- 69 % Orangen
- 100 % Pistazien
- 43 % Reis
- 42 % Tomaten
- 57 % Trauben
- 88 % Walnüsse
- 47 % Wein

0,5 1,0 1,5 2,0 2,5 Mrd. US-Dollar

Gesamtproduktion der kalifornischen Landwirtschaft
Exportanteil mit Angabe in Prozent

Exportziele (2008)

- Sonstige 25 %
- Kanada 24 %
- Südkorea 4 %
- China 7 %
- Mexiko 7 %
- Japan 10 %
- EU 23 %

U1163

5 Landwirtschaft

Maßstab 1 : 6 000 000

0 50 100 150 200 250 km

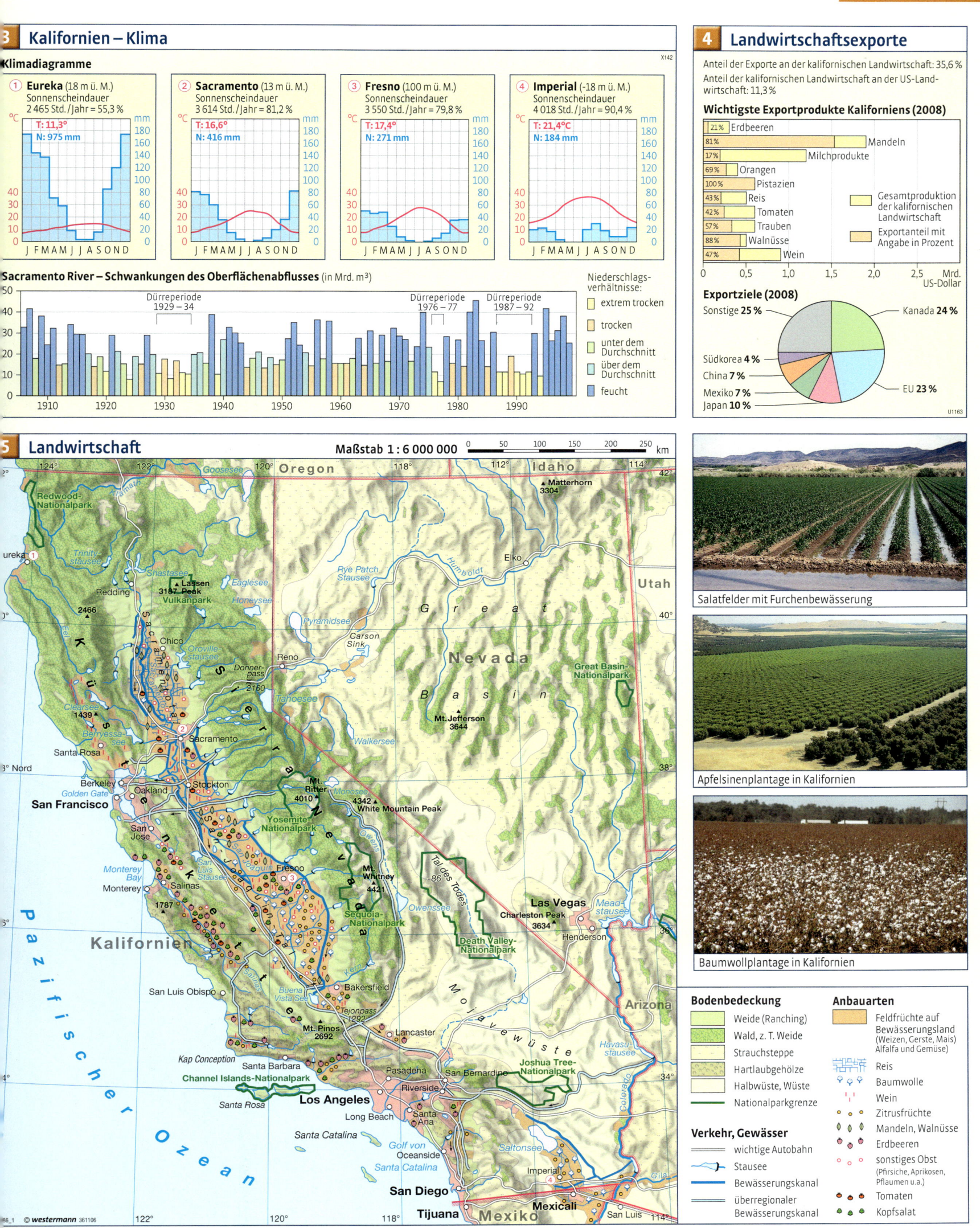

Salatfelder mit Furchenbewässerung

Apfelsinenplantage in Kalifornien

Baumwollplantage in Kalifornien

Bodenbedeckung
- Weide (Ranching)
- Wald, z. T. Weide
- Strauchsteppe
- Hartlaubgehölze
- Halbwüste, Wüste
- Nationalparkgrenze

Verkehr, Gewässer
- wichtige Autobahn
- Stausee
- Bewässerungskanal
- überregionaler Bewässerungskanal

Anbauarten
- Feldfrüchte auf Bewässerungsland (Weizen, Gerste, Mais) Alfalfa und Gemüse
- Reis
- Baumwolle
- Wein
- Zitrusfrüchte
- Mandeln, Walnüsse
- Erdbeeren
- sonstiges Obst (Pfirsiche, Aprikosen, Pflaumen u.a.)
- Tomaten
- Kopfsalat

© westermann 361106

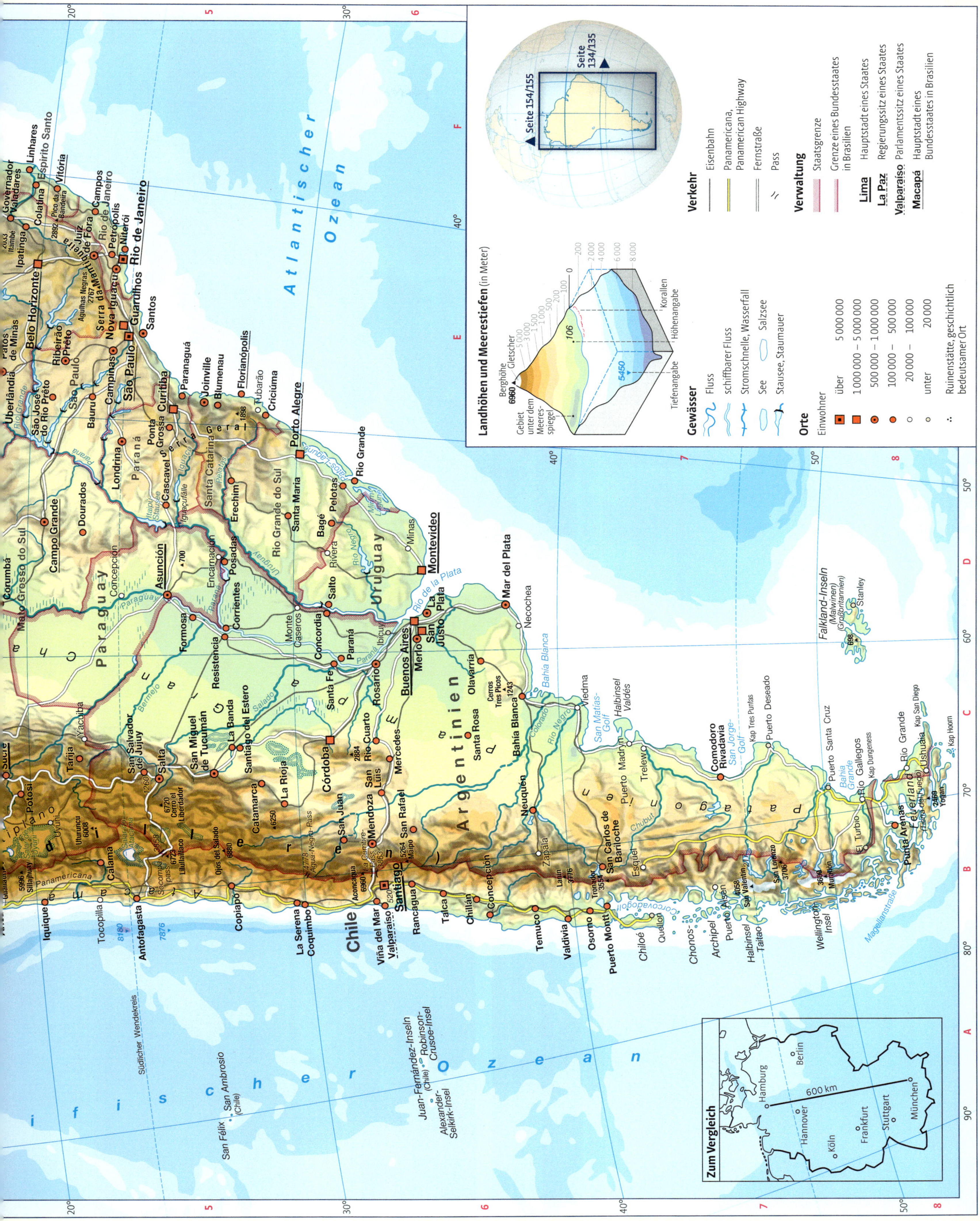

Seite 134/135
Seite 154/155

Verkehr
— Eisenbahn
— Panamericana, Panamerican Highway
— Fernstraße
⌇ Pass

Verwaltung
Staatsgrenze
Grenze eines Bundesstaates in Brasilien
Lima Hauptstadt eines Staates
La Paz Regierungssitz eines Staates
Valparaíso Parlamentssitz eines Staates
Macapá Hauptstadt eines Bundesstaates in Brasilien

Landhöhen und Meerestiefen (in Meter)
Berghöhe
Gletscher
Höhenangabe
Korallen
Tiefenangabe
Gebiet unter dem Meeresspiegel

Gewässer
Fluss
schiffbarer Fluss
Stromschnelle, Wasserfall
See   Salzsee
Stausee, Staumauer

Orte
Einwohner
über 5 000 000
1 000 000–5 000 000
500 000–1 000 000
100 000–500 000
20 000–100 000
unter 20 000
Ruinenstätte, geschichtlich bedeutsamer Ort

Zum Vergleich
Berlin
Hamburg
Hannover
Köln
Frankfurt
Stuttgart
München
600 km

Atlantischer Ozean
Stiller Ozean
Pazifischer Ozean

Argentinien
Chile
Paraguay
Uruguay

Brasilien

Falkland-Inseln (Malwinen) (Großbritannien)
Stanley

Juan-Fernández-Inseln (Chile)
Robinson-Crusoe-Insel
Alexander-Selkirk-Insel

San Félix   San Ambrosio (Chile)

Südlicher Wendekreis

Belo Horizonte
Rio de Janeiro
São Paulo
Santos
Curitiba
Porto Alegre
Montevideo
Buenos Aires
Mar del Plata
Córdoba
Rosario
Santiago
Valparaíso
Mendoza
Asunción
Bahía Blanca
Comodoro Rivadavia
Punta Arenas
Ushuaia
Kap Hoorn

1   Amazonien – Eingriffe in den tropischen Regenwald   Maßstab 1 : 15 000 000

0   150   300   450 km

Map labels

Atlantischer Ozean
Franz.-Guayana
Suriname
Guyana
Kolumbien
Roraima
Amapá
Peru
Bolivien
Brasilien
Pará
Maranhão
Tocantins
Goiás
Mato Grosso
Rondônia
Acre
Amazonas
Minas Gerais
Bahia
Äquator

Bogotá, Neiva, Florencia, Mitú, San Felipe, Boa Vista, Caracaraí, Oiapoque, Amapá, Serra do Navio, Macapá, Monte Dourado, Gurupá, Breves, Belém, Cametá, Parogominas, Óbidos, Santarém, Trombetas, Altamira, Tucuruí, Belo Monte (in Bau), Marabá, Açailândia, Carajás, Porto Franco, Tucumã, Conceição do Araguaia, Novo Progresso, Manaus, Itacoatiara, Itaituba, Transamazônica, Barcelos, Moura, Tefé, Coari, Juruá, Manicoré, Humaitá, Lábrea, Bôca do Acre, Pôrto Velho, Abunã, Ariquemes, Guajará-Mirim, Ji-Paraná, Vilhena, Pôrto dos Gaúchos, Sinop, Cáceres, Cuiabá, Rondonópolis, Barra do Garças, Goiânia, Anápolis, Brasília, Minaçu, Niquelândia, Palmas, Pôrto Nacional, Íçana, Pebas, Iquitos, Letícia, Tabatinga, Concordia, Fonte Boa, Tarapoto, Eirunepé, Cruzeiro do Sul, Huánuco, Cerro de Pasco, Pucallpa, Iberia, Rio Branco, Puerto Maldonado, La Oroya, Huancayo, Huancavelica, Cuzco, Pisco, Ica, San Juan, Arequipa, Puno, La Paz, Palos Blancos, Titicacasee

Meta, Amazonas, Solimões, Juruá, Ucayali, Madeira, Mamoré, Guaporé, Paraguay, Araguaia, Tocantins, Panamericana

Legende

Bodenbedeckung
- tropischer Regenwald
- Sumpfland
- Trockenwald und Strauchsavanne
- Steppe und Hochgebirgsgrasland
- Wüste, Halbwüste

Landwirtschaft
- Ackerbau
- Weideland
- Mais
- Sojabohnen
- landwirtschaftliches Kolonisationsgebiet
- starke Rodungen
- Rinderhaltung in Großbetrieben
- Waldschutzgebiet
- vermessene Indianerreservate

Bergbau
- Gold
- Eisen
- Stahlveredler
- Silber
- Nickel
- Bauxit
- Blei, Zink
- Asbest
- Kupfer
- Erdöl
- Erdgas
- Petrochemie
- Aluminiumverhüttung
- Eisenverhüttung
- Buntmetallverhüttung
- Fleischverarbeitung
- Holz, Papier

- Erdgasleitung
- Erdölleitung
- Wasserkraftwerk
- Stausee, Staumauer
- Staatsgrenze
- Grenze eines Bundesstaates

© westermann 340301

2   Rondônia (Amazonien) – Rodung des tropischen Regenwaldes   Maßstab 1 : 3 000 000

0   30   60   90 km

2000   © westermann 390302

Pôrto Velho, Samuel-Stausee, Madeira, Albunã, Ariquemes, Bolivien

2009

Pôrto Velho, Samuel-Stausee, Madeira, Albunã, Ariquemes, Bolivien

3 M2 Rio de Janeiro – Segregation

Maßstab 1 : 250 000

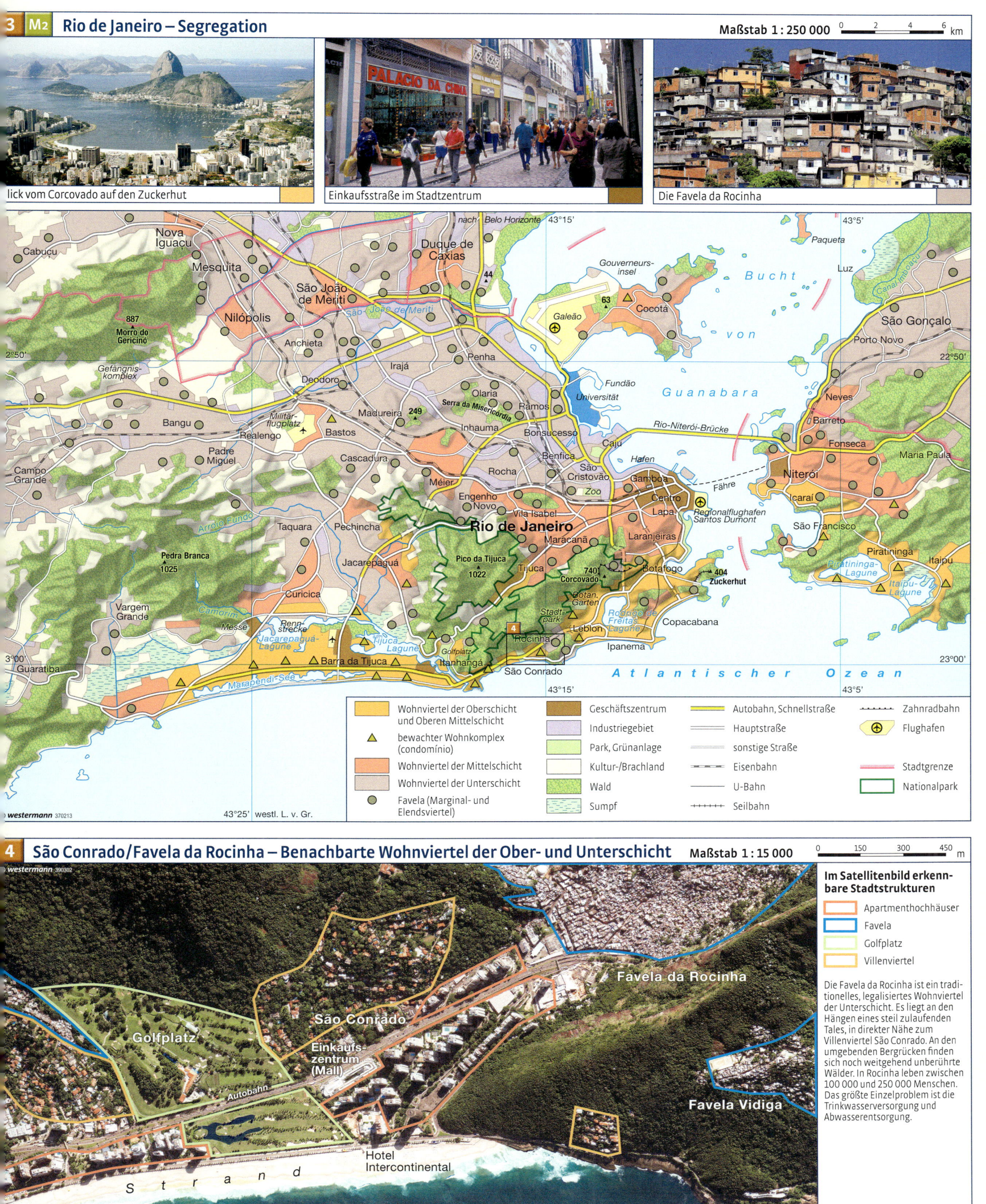

lick vom Corcovado auf den Zuckerhut

Einkaufsstraße im Stadtzentrum

Die Favela da Rocinha

Legende:

Wohnviertel der Oberschicht und Oberen Mittelschicht	Geschäftszentrum	Autobahn, Schnellstraße
bewachter Wohnkomplex (condomínio)	Industriegebiet	Hauptstraße
Wohnviertel der Mittelschicht	Park, Grünanlage	sonstige Straße
Wohnviertel der Unterschicht	Kultur-/Brachland	Eisenbahn
Favela (Marginal- und Elendsviertel)	Wald	U-Bahn
	Sumpf	Seilbahn
		Zahnradbahn
		Flughafen
		Stadtgrenze
		Nationalpark

© westermann 370213   43°25′   westl. L. v. Gr.

4 São Conrado/Favela da Rocinha – Benachbarte Wohnviertel der Ober- und Unterschicht

Maßstab 1 : 15 000

Im Satellitenbild erkennbare Stadtstrukturen

- Apartmenthochhäuser
- Favela
- Golfplatz
- Villenviertel

Die Favela da Rocinha ist ein traditionelles, legalisiertes Wohnviertel der Unterschicht. Es liegt an den Hängen eines steil zulaufenden Tales, in direkter Nähe zum Villenviertel São Conrado. An den umgebenden Bergrücken finden sich noch weitgehend unberührte Wälder. In Rocinha leben zwischen 100 000 und 250 000 Menschen. Das größte Einzelproblem ist die Trinkwasserversorgung und Abwasserentsorgung.

1 Nordpolargebiet (Arktis)

© westermann 350203

Maßstab 1 : 36 000 000

0 400 800 1200 1600 2000 km

Pazifischer Ozean

Pazifischer Strom

Kalifornischer Strom

Bering meer

Petropawlowsk-Kamtschatskii

Kurilen

Japan

Sapporo

Ochotskisches Meer

Japanisches Meer

Wladiwostok

Chaborowsk

Harbin

China

Oya-Schio

Aleuten

Anchorage

Nome

Anadyr

Magadan

Kolymagebirge

Jakutsk

Tschita

Alaska (USA)

Fairbanks

Dawson

Beringstraße

Tschuktschen-Halbinsel

Wrangel-Insel

Kolyma

Werchojansk

Irkutsk

Baikalsee

Seattle

Vancouver

Rocky Mountains

2816

Point Barrow

Beaufortsee

Ostsibirische See

Tiksi

Lena

Bratsk

Calgary

Edmonton

Inuvik

Mackenzie

Neusibirische Inseln

Nordwik

Krasnojarsk

Saskatoon

Banks-Insel

Nordpolar-

meer

Laptewsee

Victoria-Insel

Cambridge Bay

80°

Sewernaja Semlja

Nowosibirsk

Magnetischer Pol

1960

1831 1975 1980 2000 2008

Geographischer + Nordpol

Norilsk

Churchill

Nördlicher Polarkreis

Hudson-bai

Nelson

Ellesmere-Insel

Qaanaaq (Thule)

Geomagnetischer Pol

Franz-Josef-Land

Karasee

Nowaja Semlja

Workuta

Ob

Omsk

Baffininsel

Hudsonstraße

Upernavik

G r ö n l a n d

3231 3000

„Eismitte"

Spitzbergen

Isfjord

Barentsburg

Barentssee

Jenissej

Uralgebirge

Jekaterinburg

Perm

Labrador City

Davisstraße

Nuuk (Godthåb)

3700

Grönlandsee

Murmansk

Archangelsk

Nishnij Nowgorod

Samara

Aralsee

Gander

Labradorsee

Jan Mayen

Europäisches Nordmeer

Finnland

Ural

Neufundland

Reykjavik

Island

Dänemarkstraße

Helsinki

Sankt Petersburg

Moskau

Kaspisches Meer

Atlantischer Ozean

Norwegen

Schweden

Oslo

Stockholm

Ostsee

Nordsee

Kiew

Baku

Nordatlantikstrom (Verlängerung des Golfstroms)

Großbritannien

Irland

London

Berlin

Warschau

Wien

Budapest

Schwarzes Meer

Wolga

Dnjepr

Isfjord (Spitzbergen) 7 m ü.M.

T: −4,7°C

N: 435 mm

°C / mm

J F M A M J J A S O N D

Eisverhältnisse
- Inlandeis
- tätiger Vulkan
- Meereisgrenze (minimale Eisausdehnung nach warmen Sommern)
- durchschnittliche Packeisgrenze
- äußerste Treibeisgrenze
- 3488 / 3700 Höhe über dem Meeresspiegel, Eisdicke (in Meter)
- 10°C-Juli-Isotherme (Grenze der Arktis)

Meeresströmungen
- kalt
- warm

Dauerfrostboden (Permafrost)
- geschlossene Verbreitung
- inselartiges Vorkommen

Vegetation
- Tundra
- nördlicher Nadelwald
- sommergrüner Laub- und Mischwald
- Steppe (Prärie), Hochgebirgssteppe
- Halbwüste, Wüste
- landwirtschaftliche Nutzfläche

Bergbau
- Kohle
- Eisen
- Stahlveredler
- Buntmetalle
- Edelmetalle
- Erdöl
- Erdgas
- radioaktive Verseuchung des Meeres durch Atommüll

Ballungsräume (Einwohner)
- über 10 000 000
- 3 000 000 − 10 000 000
- 1 000 000 − 3 000 000
- 500 000 − 1 000 000
- 100 000 − 500 000
- unter 100 000

Weitere Erläuterungen siehe Karte 2 Südpolargebiet (Antarktis).

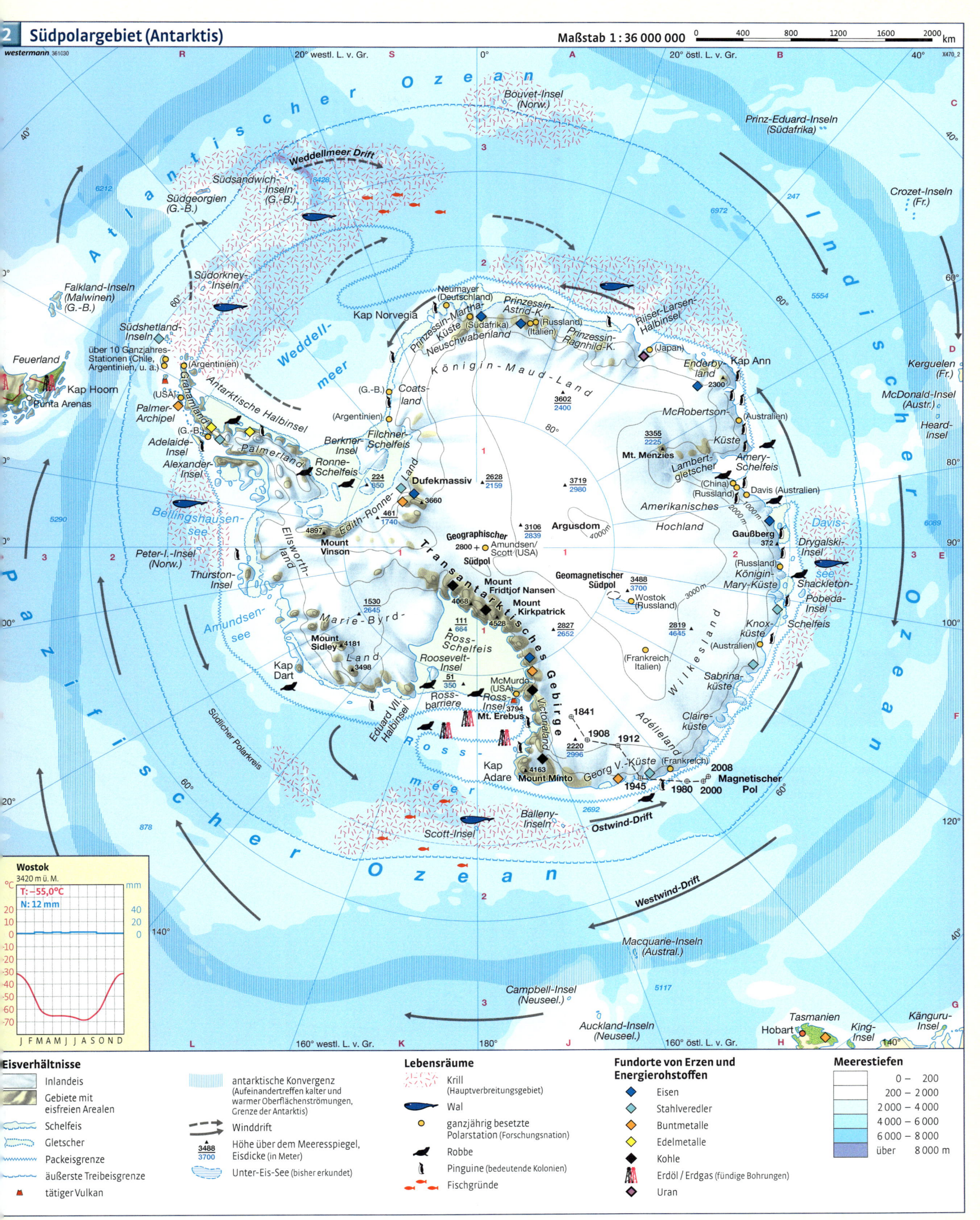

2 Südpolargebiet (Antarktis)

westermann 361030

Maßstab 1 : 36 000 000

| 0 | 400 | 800 | 1200 | 1600 | 2000 | km |

X470_2

20° westl. L. v. Gr. — 0° — 20° östl. L. v. Gr. — 40°

Atlantischer Ozean

Indischer Ozean

Pazifischer Ozean

Bouvet-Insel (Norw.)

Prinz-Eduard-Inseln (Südafrika)

Crozet-Inseln (Fr.)

Weddellmeer Drift

Südsandwich-Inseln (G.-B.)

Südgeorgien (G.-B.)

Kap Norvegia

Neumayer (Deutschland)

Prinzessin-Astrid-K.

Riiser-Larsen-Halbinsel

Kerguelen (Fr.)

Falkland-Inseln (Malwinen) (G.-B.)

Südorkney-Inseln

Weddellmeer

Prinzessin-Martha-Küste (Südafrika)

Neuschwabenland

Prinzessin-Ragnhild-K.

(Italien)

(Russland)

(Japan)

Enderbyland

Kap Ann

McDonald-Insel (Austr.)

Heard-Insel

Feuerland

Südshetland-Inseln

über 10 Ganzjahres-Stationen (Chile, Argentinien, u. a.)

(Argentinien)

Königin-Maud-Land

3602 2400

McRobertson-Küste

2300

Australien)

Kap Hoorn

Punta Arenas

(USA)

Palmer-Archipel

Antarktische Halbinsel

(G.-B.)

Coats-land

(Argentinien)

Filchner-Schelfeis

3355 2225

Mt. Menzies

Lambert-gletscher

Amery-Schelfeis

Davis (Australien)

(China) (Russland)

Adelaide-Insel

Palmerland

Berkner-Insel

Ronne-Schelfeis

224 650

Dufekmassiv

2628 2159

3719 2980

Amerikanisches Hochland

Gaußberg 372

Drygalski-Insel

Alexander-Insel

Bellingshausen-see

Edith-Ronne-Land

461 1740

3660

3106 2839

Argusdom

4000 m

(Russland)

Königin-Mary-Küste

Shackleton-Pobeda-Insel

Schelfeis

Peter-I.-Insel (Norw.)

Ellsworth-Land

4897

Mount Vinson

Geographischer Südpol

2800 Amundsen/Scott (USA)

Geomagnetischer Südpol

3488 3700

Wostok (Russland)

Knox-küste (Australien)

Thurston-Insel

Mount Fridtjof Nansen

4068

Mount Kirkpatrick

2827 2652

2819 4645

Amundsen-see

1530 2645

Marie-Byrd-Land

111 664

4528

Ross-Schelfeis

Roosevelt-Insel

Sabrina-küste

Mount Sidley 4181

3498

51 350

Kap Dart

(Frankreich, Italien)

Wilkesland

Claire-küste

Kap Dart

McMurdo (USA)

Ross-Insel 3794

Mt. Erebus

1841

Adélieland

Rossbarriere

Victoria-land

1908 1912

Georg V.-Küste (Frankreich)

2008

Eduard VII. Halbinsel

Ross-meer

2220 2996

Magnetischer Pol

4163

Kap Adare

Mount Minto

1945 1980 2000

Südlicher Polarkreis

Ostwind-Drift

Balleny-Inseln

Scott-Insel

2692

Westwind-Drift

Macquarie-Insel (Austral.)

Campbell-Insel (Neuseel.)

5117

Auckland-Inseln (Neuseel.)

Tasmanien

Hobart

King-Insel

Känguru-Insel

160° westl. L. v. Gr. — 180° — 160° östl. L. v. Gr. — 140°

Wostok

3420 m ü. M.

T: −55,0 °C

N: 12 mm

J F M A M J J A S O N D

Legende

Eisverhältnisse

	Inlandeis
	Gebiete mit eisfreien Arealen
	Schelfeis
	Gletscher
	Packeisgrenze
	äußerste Treibeisgrenze
▲	tätiger Vulkan

antarktische Konvergenz (Aufeinandertreffen kalter und warmer Oberflächenströmungen, Grenze der Antarktis)

Winddrift

3488 / 3700 Höhe über dem Meeresspiegel, Eisdicke (in Meter)

Unter-Eis-See (bisher erkundet)

Lebensräume

	Krill (Hauptverbreitungsgebiet)
	Wal
○	ganzjährig besetzte Polarstation (Forschungsnation)
	Robbe
	Pinguine (bedeutende Kolonien)
	Fischgründe

Fundorte von Erzen und Energierohstoffen

◆	Eisen
◇	Stahlveredler
◇	Buntmetalle
◇	Edelmetalle
◆	Kohle
	Erdöl / Erdgas (fündige Bohrungen)
◇	Uran

Meerestiefen

	0 – 200
	200 – 2 000
	2 000 – 4 000
	4 000 – 6 000
	6 000 – 8 000
	über 8 000 m

1 Frühe Hochkulturen

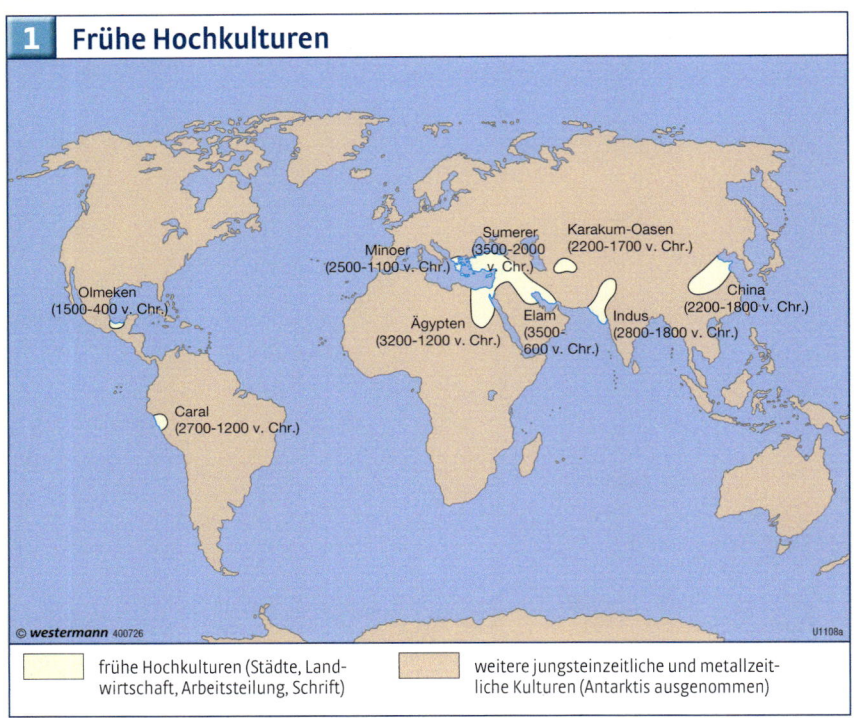

Olmeken
(1500–400 v. Chr.)

Caral
(2700–1200 v. Chr.)

Minoer
(2500–1100 v. Chr.)

Sumerer
(3500–2000 v. Chr.)

Karakum-Oasen
(2200–1700 v. Chr.)

China
(2200–1800 v. Chr.)

Ägypten
(3200–1200 v. Chr.)

Elam
(3500–600 v. Chr.)

Indus
(2800–1800 v. Chr.)

	frühe Hochkulturen (Städte, Land-wirtschaft, Arbeitsteilung, Schrift)		weitere jungsteinzeitliche und metallzeit-liche Kulturen (Antarktis ausgenommen)

© westermann 400726 | U1108a

2 Bekannte Welt aus europäischer Sicht um 100 n. Chr.

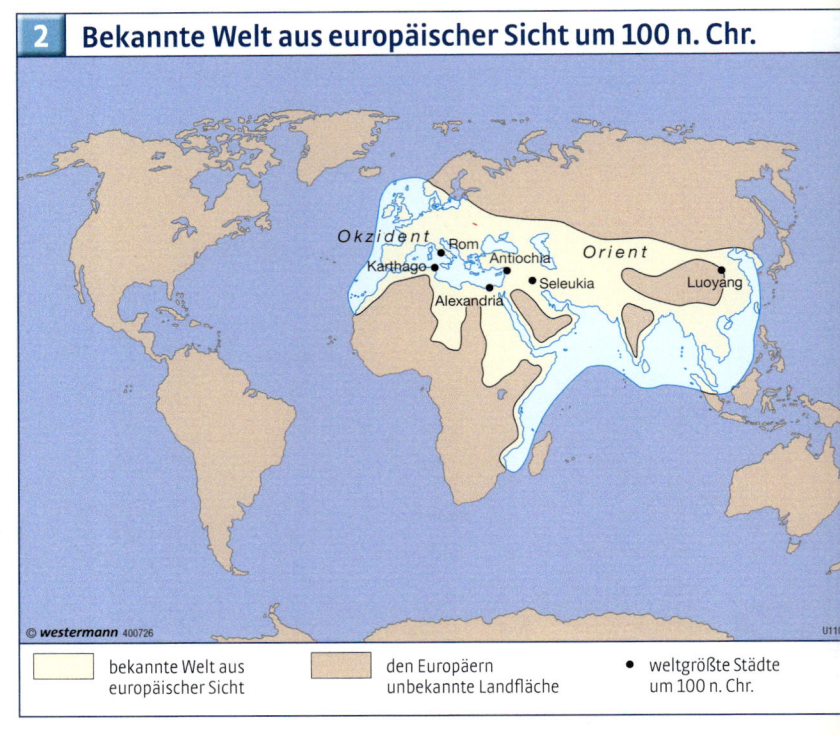

Okzident

Orient

Rom
Karthago
Antiochia
Alexandria
Seleukia
Luoyang

	bekannte Welt aus europäischer Sicht		den Europäern unbekannte Landfläche	•	weltgrößte Städte um 100 n. Chr.

© westermann 400726 | U11C

5 Entdeckungsreisen und koloniale Eroberungen (15. Jahrhundert bis Mitte 17. Jahrhundert)

Breitengradmessung mit Astrolabium

Entdeckungsreisen für

Portugal
——— Diaz
– – – da Gama
· · · · · Vespucci
–·–·– Sequeira
· – · – Perestrello
· · · · · Mascarenhas
ooooo Pinto

Spanien
——— Kolumbus
– – – Magellan/Elcano
· · · · · Rodriguez/Legazpi

England
——— Caboto
– – – Drake
· · · · · Hudson

Frankreich
——— Cartier

Niederlande
——— Barents
——— Tasman

Russland
——— Deschnew

Kolonialmächte mit Besitzungen und Niederlassungen (Auswahl) um 1650

	Portugal
	Spanien
	Niederlande
	Frankreich
	England
	Dänemark-Norwegen
	Russland
	Osmanisches Reich

1508 (Port.) Jahr der ersten Inbesitznahme durch die angegebene Kolonialmacht, bei Orten (•) auch Gründungsjahr

wichtige außereuropäische Großreiche

Aden Ziel der chinesischen Schatzflotte (Zheng He, 15. Jh.)

Die größten Städte der Erde (1600)
● über 500 000 Einwohner
○ 200 000 – 500 000 Einwohner

Demarkationslinie
spanisch-portugiesische Interessensgrenze: Im atlantischen Raum nach dem Vertrag von Tordesillas (1494) und im pazifischen Raum nach dem Vertrag von Zaragoza (1529).

(Fr.) = Frankreich
(Engl.) = England
(Niederl.) = Niederlande
(Dän.) = Dänemark-Norwegen
(Port.) = Portugal
(Span.) = Spanien

Hudson-bai

✝ Hudson 1611

Quebec 1608
Mont Royal 1642 (Fr.)
Neufund-land

Virginia 1606 (Engl.)
Neu Amsterdam 1612 (Niederl.)

Santa Fé 1609 (Span.)

Kolumbus 1492

Vizekönigreich
Tenochtitlán 1521 (Span.)
Neu-Spanien
Acapulco 1550 (Span.)

Rodriguez / Legazpi 1564/65

Panama 1519 (Span.)
Curacao 1527 (Span.)

Drake 1577/80

Bogotá 1539 (Span.)

Guayana 1596 (Span.)

Pazifischer Ozean

Äquator

Vize-königreich
Quito 1534 (Span.)

Recife 1563 (Port.)

Lima 1535 (Span.)

Terra do Brasil

Marquesas-I. 1595 (Span.)

Cuzco 1534 (Span.)

Bahia 1549 (Port.)

Peru

Potosi 1545 (Span.)

Rio de Janeiro 1565 (Port.)

Magellan / Elcano 1519/22

Santiago 1541 (Span.)

Drake

Buenos Aires 1536 (Span.)

Kap Hoorn

© westermann 350730

3 Bekannte Welt aus europäischer Sicht um 1500 n. Chr.

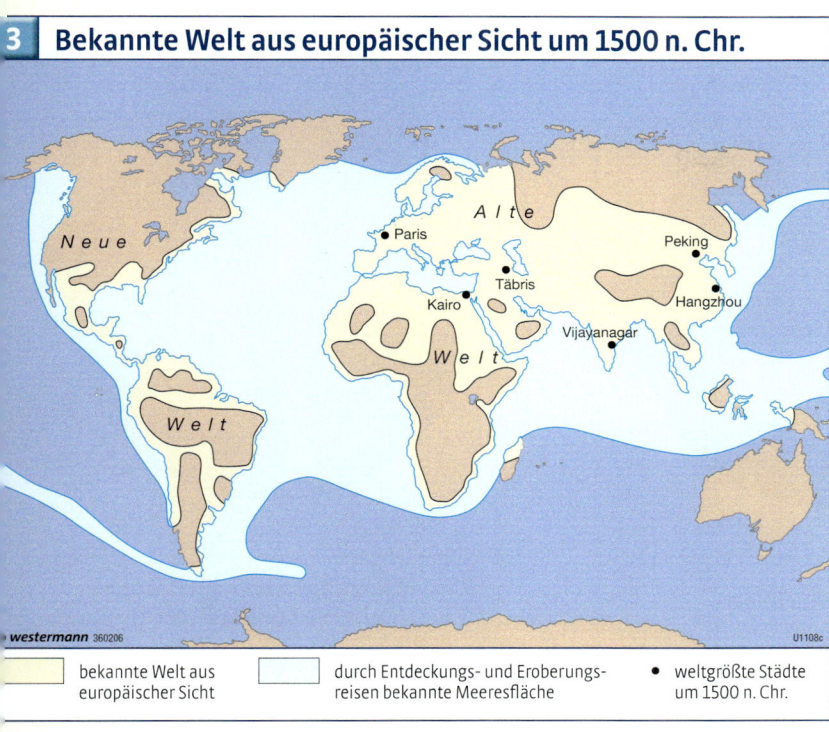

4 Weitgehend unberührte Weltregionen heute

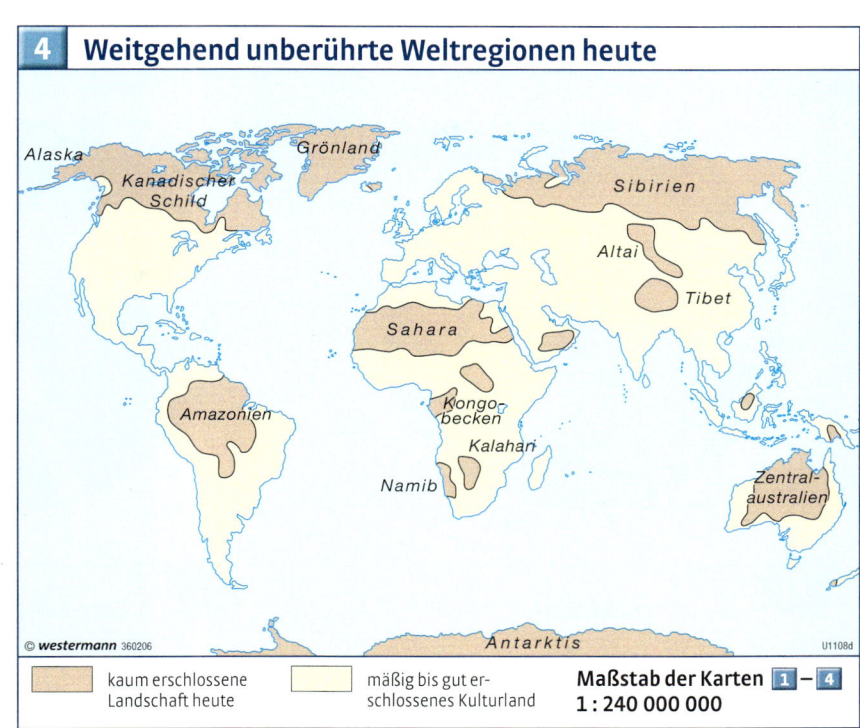

Karte 3:
- Neue Welt
- Alte Welt
- Paris
- Kairo
- Täbris
- Peking
- Hangzhou
- Vijayanagar

© westermann 360206 · U1108c

bekannte Welt aus europäischer Sicht

durch Entdeckungs- und Eroberungsreisen bekannte Meeresfläche

• weltgrößte Städte um 1500 n. Chr.

Karte 4:
- Alaska
- Kanadischer Schild
- Grönland
- Sibirien
- Altai
- Tibet
- Sahara
- Kongo-becken
- Kalahari
- Amazonien
- Namib
- Zentral-australien
- Antarktis

© westermann 360206 · U1108d

kaum erschlossene Landschaft heute

mäßig bis gut erschlossenes Kulturland

Maßstab der Karten **1** – **4**
1 : 240 000 000

Maßstab 1 : 90 000 000

Karte (unten):
- Spitzbergen · Barents 1597 †
- Deschnew 1648 · Kap Deschnew
- Europäisches Nordmeer
- Nowaja Semlja
- Barents 1594/97
- Barents-see
- Karasee
- Nördlicher Polarkreis
- Jakutsk 1632 (Russl.)
- Bering-meer
- Grönland
- Island 1262 (Dän.)
- Hudson 1610/11
- Ochotsk 1649 (Russl.)
- Russland
- Bratsk 1630 (Russl.)
- Moskau
- Dänemark-Norwegen
- Urup 1643 (Niederl.)
- England · London
- Niederlande
- Cabot 1498
- Cartier 1534
- Paris · Frankreich
- Peking
- Japan (Zipangu)
- Kyoto · Osaka
- Drake 1577/80
- Pazifischer Ozean
- Portugal · Lissabon
- Spanien
- Neapel
- Osmanisches Reich
- Konstantinopel
- Persien
- China (Kathay)
- Hangzhou
- Pinto 1543 · Tanega 1542 (Port.)
- Nördlicher Wendekreis
- Azoren 1431 (Port.)
- Mittelmeer
- Kanaren 1341 (Port.)
- Agadir 1508 (Port.)
- Kairo
- Hormuz 1510 (Port.)
- Agra
- Mogulreich
- Macao 1557 (Port.)
- Mascarenhas 1517
- Marianen 1565 (Span.)
- Magellan/Elcano 1519/22
- Maskat 1550 (Port.)
- Diu 1536 (Port.)
- Hooghly 1537 (Port.)
- Reich
- Massaua 1520 (Port.)
- Aden 1524 (Port.)
- Goa 1505 (Port.)
- Bijapur
- Madras 1639 (Engl.)
- Siam
- Perestrello 1514
- Rodriguez/Legazpi 1564/65
- Kap Verde 1441 (Port.)
- St. Louis 1612 (Fr.)
- Fort James 1618 (Engl.)
- Cacheo 1460 (Port.)
- Äthiopien
- Kalikut 1510 (Port.)
- Ceylon 1518 (Port.)
- Malakka 1511 (Port.)
- Philippinen 1570 (Span.)
- da Gama 1497
- Sequeira 1509
- Sumatra
- Molukken
- Elmina 1482 (Port.)
- Malindi 1520 (Port.)
- Indischer Ozean
- Java · Batavia (Bantam) 1512 (Port.)
- Ost-Timor
- Ascension 1502 (Port.)
- Luanda 1576 (Port.)
- Kilwa 1506 (Port.)
- St. Helena 1502 (Port.)
- Mosambik 1507 (Port.)
- Angola
- Mauritius 1638 (Niederl.)
- Diaz 1487
- Madagaskar 1506 (Port.)
- Drake 1577/80
- Elcano 1519/22
- Südlicher Wendekreis
- Delagoa-Bay 1544 (Port.)
- Tristan da Cunha 1506 (Port.)
- Kapstadt 1652 (Niederl.)
- Kap der Guten Hoffnung
- Tasman 1642/44
- Tasman-see
- Magellan 1521
- westl. L. v. Gr. · östl. L. v. Gr.

U61

1   Das Gradnetz der Erde (Geographisches Koordinatensystem)

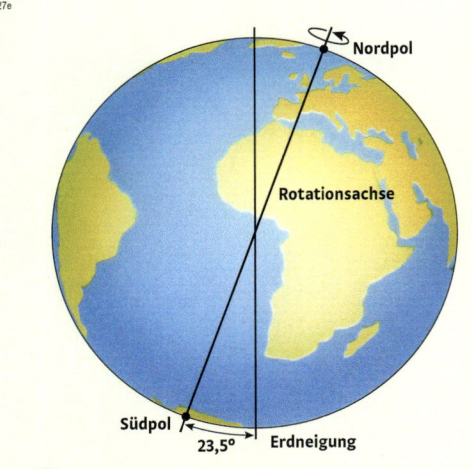

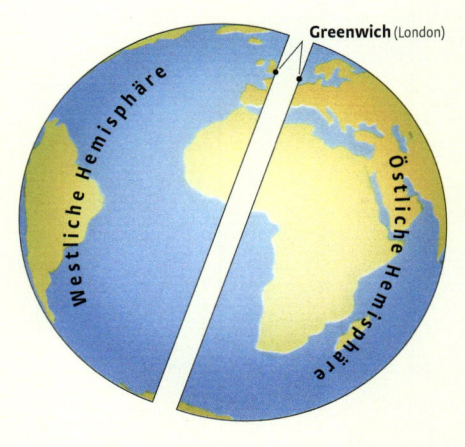

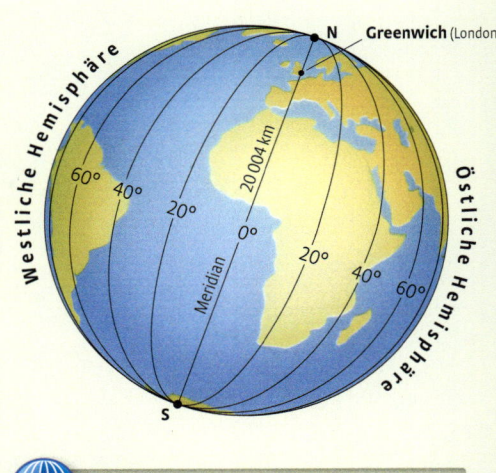

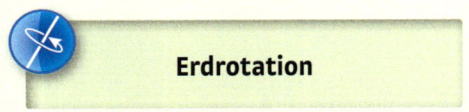

Erdrotation

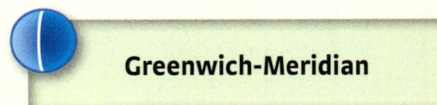

Greenwich-Meridian

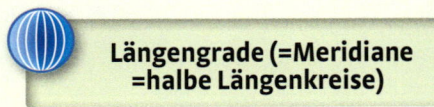

Längengrade (=Meridiane =halbe Längenkreise)

2   Orientierung im Gelände in Mitteleuropa

Der Tagesgang der Sonne hängt von der Uhrzeit und der Jahreszeit ab: Die Sonne geht im Osten auf, nimmt im Süden ihren Lauf und geht im Westen unter. Sie steht im Sommer höher am Himmel als im Winter.

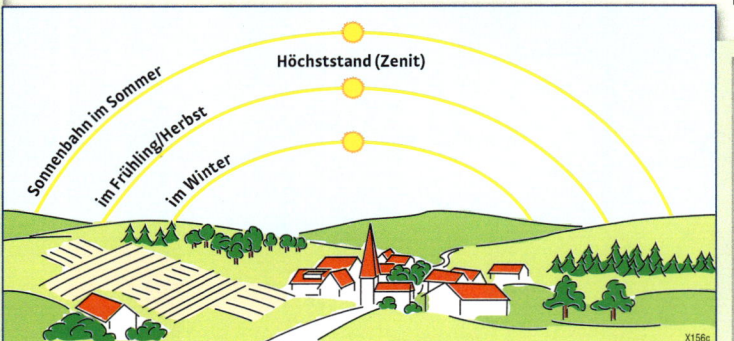

Mit der Winterzeit lässt sich durch den Stundenzeiger einer Armbanduhr die Himmelsrichtung Süden bestimmen.
Mittags um 12.00 Uhr steht die Sonne direkt im Süden, der Stundenzeiger steht auf 12.00 Uhr. Am Vormittag ist Süden zwischen Stundenzeiger und 12.00 Uhr, am Nachmittag zwischen 12.00 Uhr und Stundenzeiger.

3   Orientierung mit dem Kompass und Magnetfeld

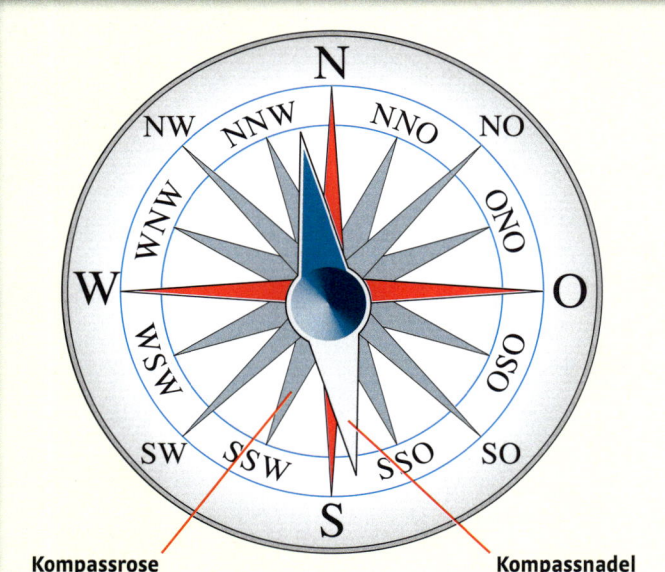

Kompassrose   Kompassnadel

Die Erde hat im Modell die Wirkung eines großen Stabmagneten. Der magnetische Nordpol ⓝ und Südpol ⓢ liegen entgegengesetzt zum geographischen Nordpol **N** und Südpol **S**.

■ fester innerer Erdkern aus Eisen (Fe) und Nickel (Ni)

■ äußerer flüssiger Kern mit Wärmeströmungen (Konvektion)

■ Erdmantel

◄— Erzeugung des elektromagnetischen Feldes durch unterschiedliche Drehgeschwindigkeit von flüssigem und festem Kern.

◄— magnetische Feldlinie

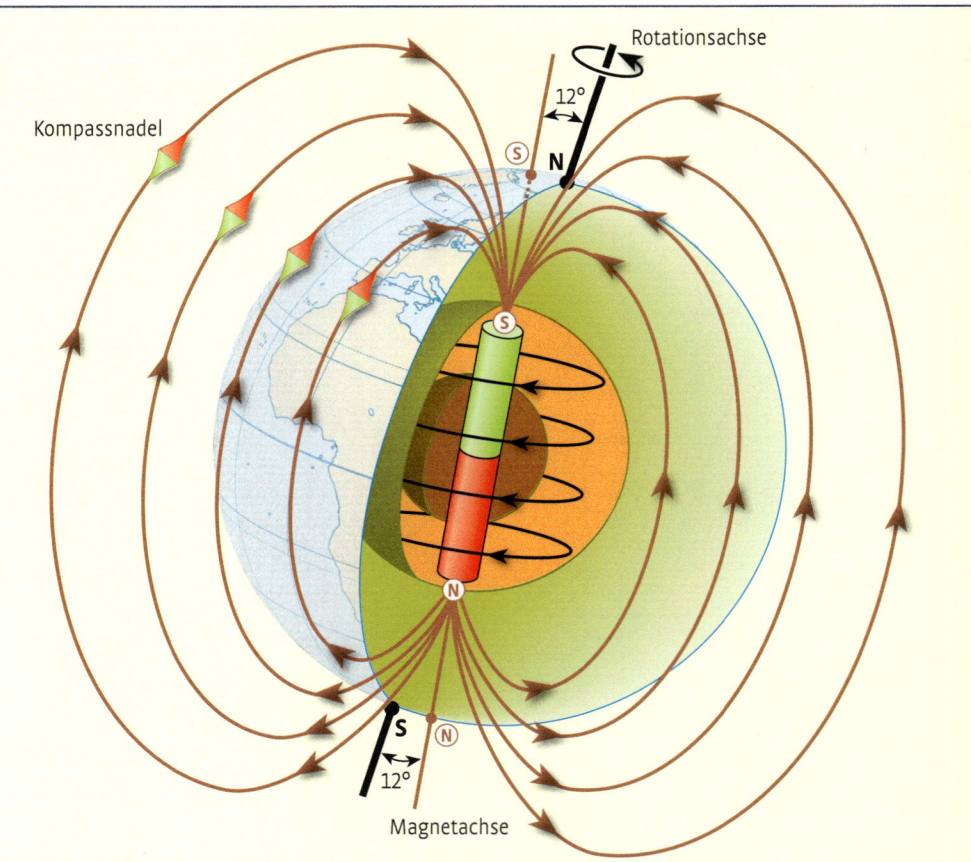

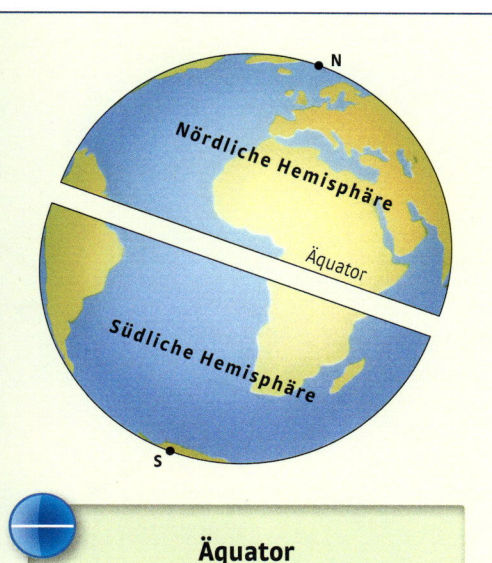

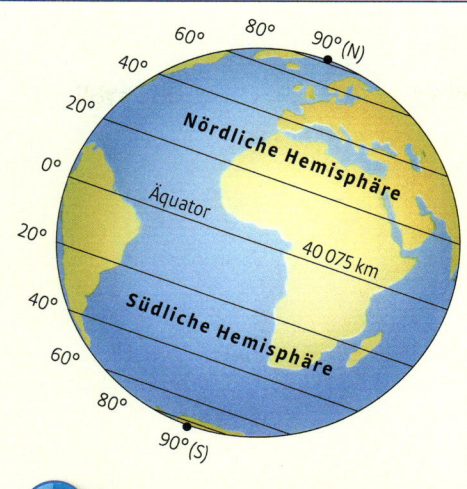

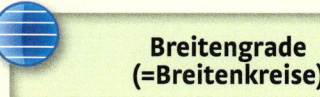

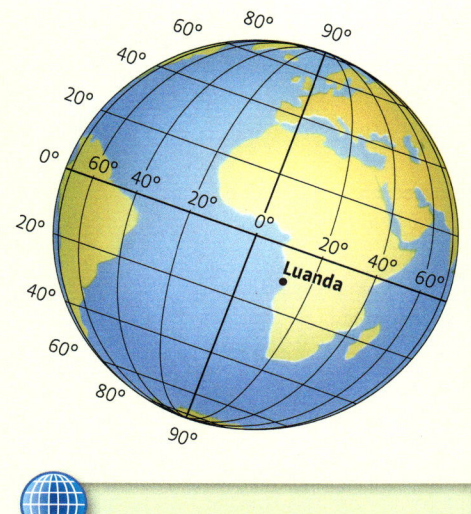

Äquator

Breitengrade (=Breitenkreise)

Gradnetz

4 Global Positioning System (GPS)

GPS Satelliten im Orbit

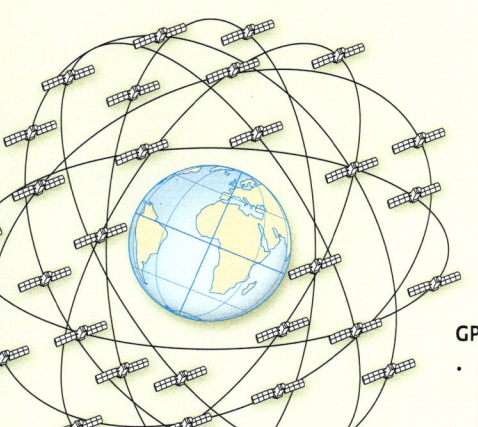

Komponenten des GPS

GPS Satelliten
- 24 Satelliten (8 in Reserve)
- 6 Umlaufbahnen um die Erde
- 20 000 km über der Erde
- Übertragung der Radiowellen mit 300 000 km/s

GPS Kontrollsystem
- 31 Kontrollstationen (Hauptstation Schriever Air Force Base in Colorado Springs, USA)
- Zeitliche Synchronisation der Satelliten
- Datenabruf
- Fernwartung der Satelliten

GPS Empfänger
- Empfang der Satellitensignale
- Auswertung der Signale
- Positionsbestimmung

Positionsbestimmung

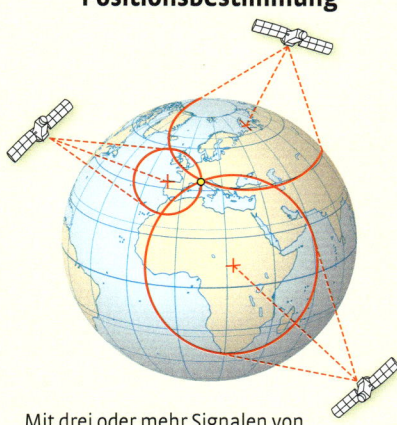

Mit drei oder mehr Signalen von verschiedenen Satelliten in der Erdumlaufbahn kann ein Empfänger seine Position berechnen. Die Berechnung des Längen- und Breitengrades erfolgt in Grad, Minuten und Sekunden (M12).

M12 Vom Globus zur Karte

Der Globus als Modell der Erde in Kugelgestalt. Die Oberfläche ist allseits gewölbt.

Aufklappen der Oberfläche der Kugel.

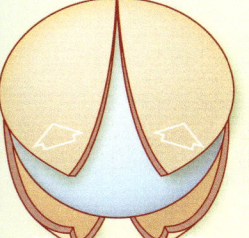

Stauchung und Dehnung zur sternenförmigen Planisphäre.

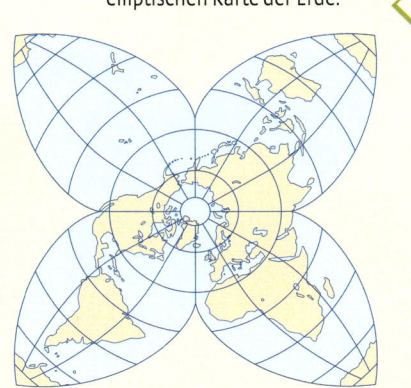

Umbau der Planisphäre zu einer elliptischen Karte der Erde.

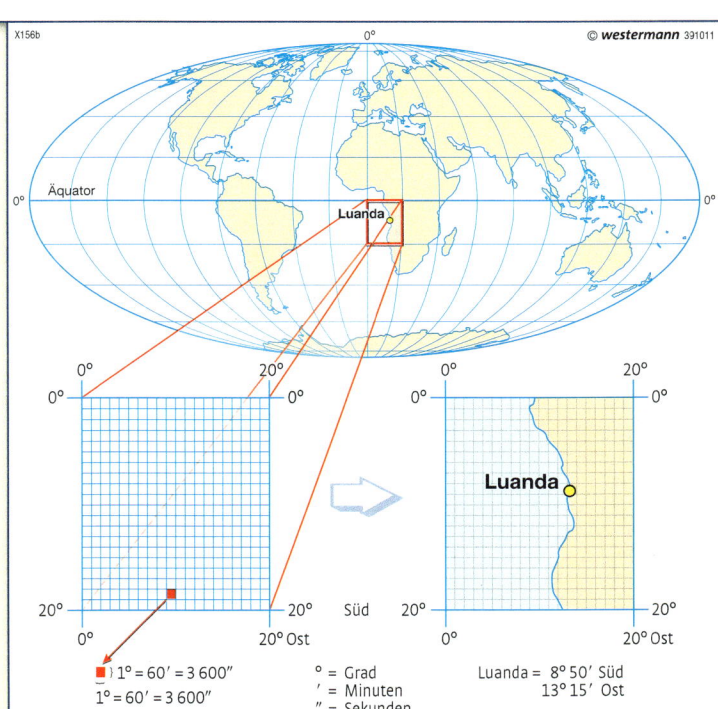

° = Grad
′ = Minuten
″ = Sekunden

1° = 60′ = 3 600″
1′ = 60′ = 3 600″

Luanda = 8° 50′ Süd
13° 15′ Ost

1 Plattentektonik, Vulkanismus und Erdbeben

 Urkontinent
(alter Festlandskern)

 ältere Faltungszone
(Erdaltertum)

junge Faltungszone
(Erdmittelalter bis Gegenwart)

Plattengrenzen
(zum Teil vermutet)

Tektonische Platten

 driften auseinander
(ozeanische Rücken)

 tauchen ab
(Tiefseegraben)

 verschieben sich
gegeneinander

 stoßen zusammen
(Kollision)

Naturkatastrophen seit 1980

▲ aktiver Vulkan

 schweres Erdbeben
im Jahr
2001

 Erdbeben mit Flutwelle
(Tsunami)

 schwere Flutwelle (Tsunami)
im Jahr
1996

**Auswahl hoher aktiver
Vulkane der Kontinente:**

1	Guallatiri	6071 m
2	Lascar	5992 m
3	Popocatépetl	5462 m
4	Kljutschewskaja Sopka	4750 m
5	Mount Rainier	4392 m
6	Mauna Loa	4169 m
7	Kamerunberg	4070 m
8	Colima	3820 m
9	Kerinci	3805 m
10	Mount Erebus	3794 m
11	Nyiragongo	3470 m
12	Mount Spurr	3374 m
13	Ätna	3350 m
14	Ruapehu	2797 m
15	Big Ben	2745 m
16	Stromboli	926 m

Wanderung der Kontinente
(Nebenkärtchen ⓐ bis ⓓ)

ⓐ vor 220 Mio. Jahren (Ende Perm)

ⓑ vor 190 Mio. Jahren (Ende Trias)

ⓒ vor 135 Mio. Jahren (Ende Jura)

ⓓ vor 65 Mio. Jahren (Ende Kreide)

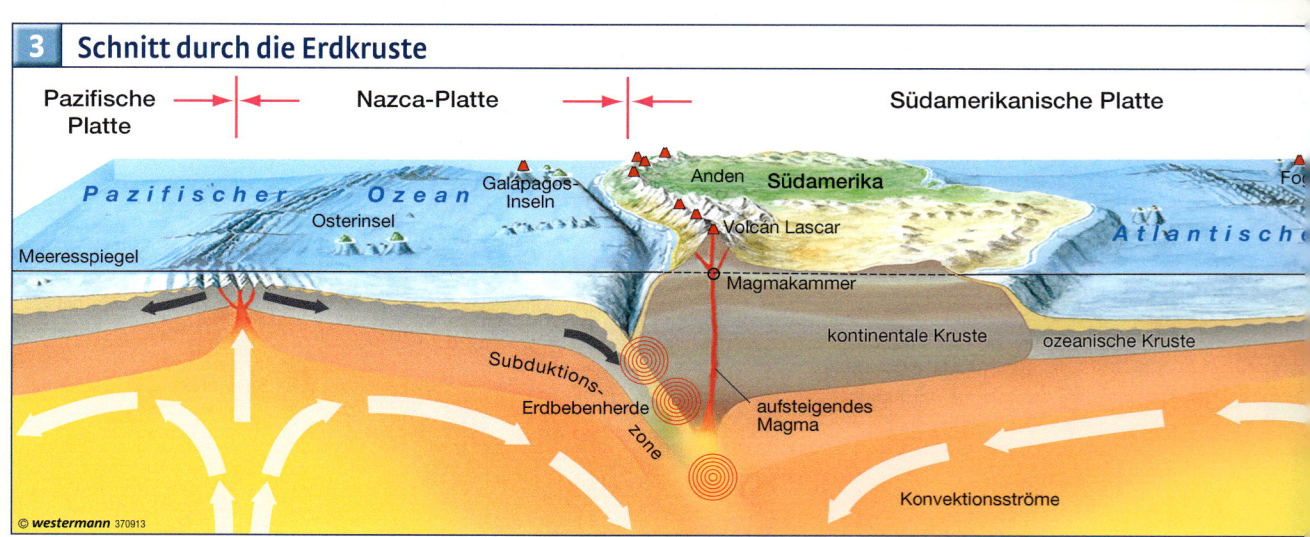

2 Schalenbau der Erde

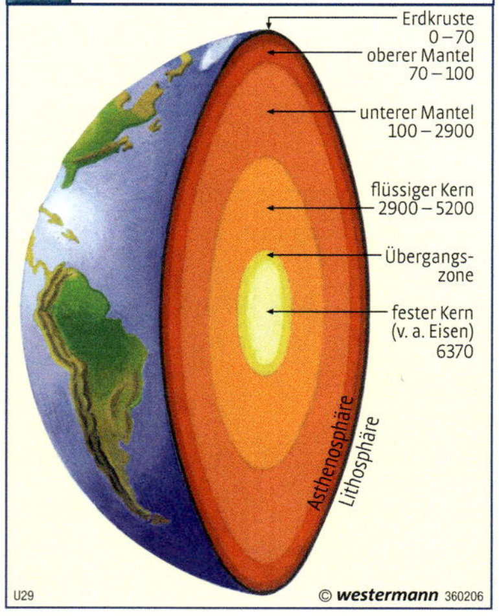

Erdkruste 0–70
oberer Mantel 70–100
unterer Mantel 100–2900
flüssiger Kern 2900–5200
Übergangszone
fester Kern (v. a. Eisen) 6370
Asthenosphäre
Lithosphäre

© westermann 360206

3 Schnitt durch die Erdkruste

Pazifische Platte — Nazca-Platte — Südamerikanische Platte

Pazifischer Ozean
Galápagos-Inseln
Osterinsel
Anden Südamerika
Meeresspiegel
Magmakammer
Volcán Lascar
Subduktions-
Erdbebenherde
zone
aufsteigendes Magma
kontinentale Kruste
ozeanische Kruste
Konvektionsströme

© westermann 370913

Maßstab 1 : 90 000 000

Nordpolarmeer

Europäisches Nordmeer

Barents-see

Karasee

Laptewsee

Ostsibirische See

Nordamerikanische Platte

Nordsee

Baltischer Schild

Eurasische Platte

Angara Schild

Nördlicher Polarkreis

Bering-meer

Ochotsk-Platte

1995

60°

80°

40°

Chinesische Platte

Japanisches Meer

2011

1995

2008

1998 *1988*

2009
1980   16
         13

1980

1999 *2011*

1987

1990 *1997*

1998

2005

Iranische
1991 **Platte**

2003

Arabische Platte

1982

1991

2001

Indischer Schild

1993

2015

Äthiopischer Schild

Zentralafrikanischer Schild
7

Golf von Guinea

11   Ol Doinyo Lengai

Afrikanische Platte

Arabisches Meer

Golf von Bengalen

2004 *2004*

2004

2004

Ostchinesisches Meer

1990

Philippinische Platte

Südchinesisches Meer

Pazifische

Äquator 0°

Platte

Kerinci
9

2006 *1992*

Unauna

1998

1998

Salomon-Platte

Indischer

Ozean

Indisch-Australische Platte

Sankt Helena

Kongo

Sambesi

Australischer Schild

Große Australische Bucht

Korallen-see

20°

Tristan da Cunha

Ozean

Tasman-see

14

2011

40°

Südlicher Polarkreis

60°

Antarktische Platte

10 Rossmeer

15

° westl. L.v.Gr. 0°   20° östl. L.v.Gr. 40°   60°   80°   100°   120°   140°   160°   180°   80°

© westermann 350624

Nordamerika   Asien

Südamerika   Afrika   Indien
              Australien
         Antarktis

Nordamerika   Asien

Südamerika   Afrika   Indien
                      Australien
         Antarktis

c

d

| **Afrikanische Platte** | **Indisch-Australische Platte** | **Chinesische Platte** | **Pazifische Platte** |

Ozean

Sankt Helena

Afrika

Arabien

Ol Doinyo Lengai

Indien

China

Indischer   Ozean

Pazifischer Ozean

Kerinci

Unauna

Sedimente

Lithosphäre

Asthenosphäre

Tiefseegraben

Subduktionszone

Erdbebenherd

Konvektionsströme in diesem Bereich nicht geklärt

U28

1 Klimate der Erde (genetische Gliederung nach Neef)

I Polare Klimazone
- Polarklima

II Subpolare Klimazone
- subpolares Klima

III Gemäßigte Klimazone
- 1 maritimes Westseitenklima
- 2 Übergangsklima
- 3 kühles Kontinentalklima
- 4 sommerheißes Kontinentalklima mit Frühjahrsregen
- 5 Ostseitenklima

IV Subtropische Klimazone
- 1 Winterregenklima der Westseiten
- 2 subtropisches Ostseitenklima

V Passatklimazone
- 1 trockenes Passatklima
- 2 feuchtes Passatklima stark beregnete Außenseiten, trockenere Binnenländer

VI Zone des tropischen Wechselklimas
- tropisches Wechselklima

VII Äquatoriale Zone
- Äquatorialzone

VIII Hochgebirgsklimate
- Hochgebirgsklimate
- Trockengebiete
- Klimazonengrenze

Druckverhältnisse und Luftströmungen
- HOCH / TIEF Druckgebiete (ganzjährig)
- HOCHw / TIEFw Druckgebiete (Nordwinter)
- TIEFs Druckgebiete (Nord- und Südsommer)
- → Luftströmungen (ganzjährig, sowie Nord- und Südsommer)
- ⇢ winterliche Luftströmungen (Nordhalbkugel)
- • Klimastation (Klimadiagramme siehe Seite 176/177)

3 Niederschläge im Juli (Nordsommer / Südwinter)

Maßstab 1 : 180 000 000

Monatliche Niederschläge
- über 400 mm
- 300 – 400
- 200 – 300
- 100 – 200
- 50 – 100
- 25 – 50
- unter 25

- ┅┅┅ nördliche innertropische Konvergenz (ITC) im Juli (nach Flohn)
- weitere Erläuterungen siehe Karte 4

Tageslänge
Beleuchtung der Erde am 21. Juni

- Polartag 6 Monate
- 24 Std.
- 13½ Std.
- 12 Std.
- 10½ Std.
- 0 Std.
- Polarnacht

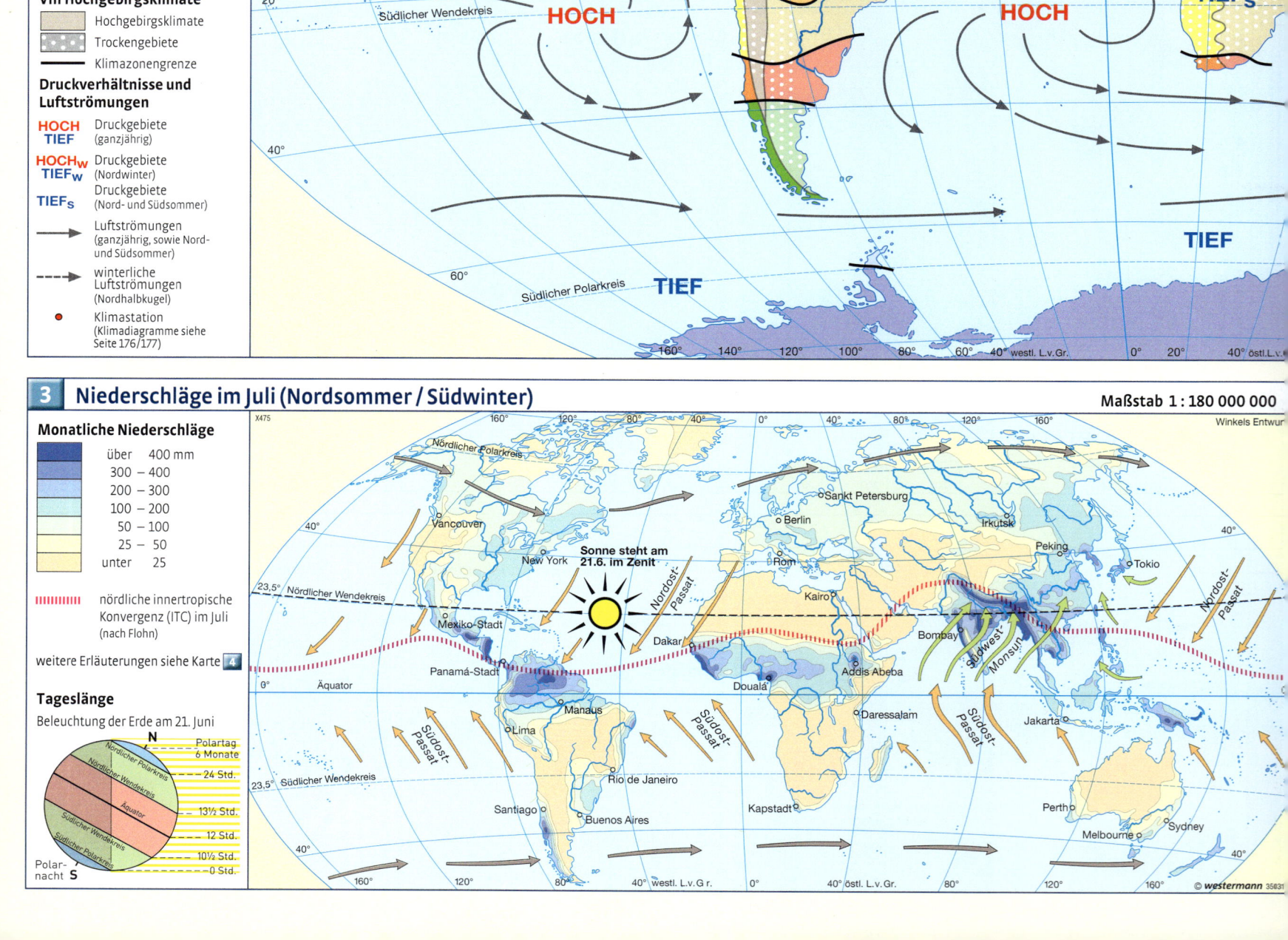

© westermann

Maßstab 1 : 100 000 000

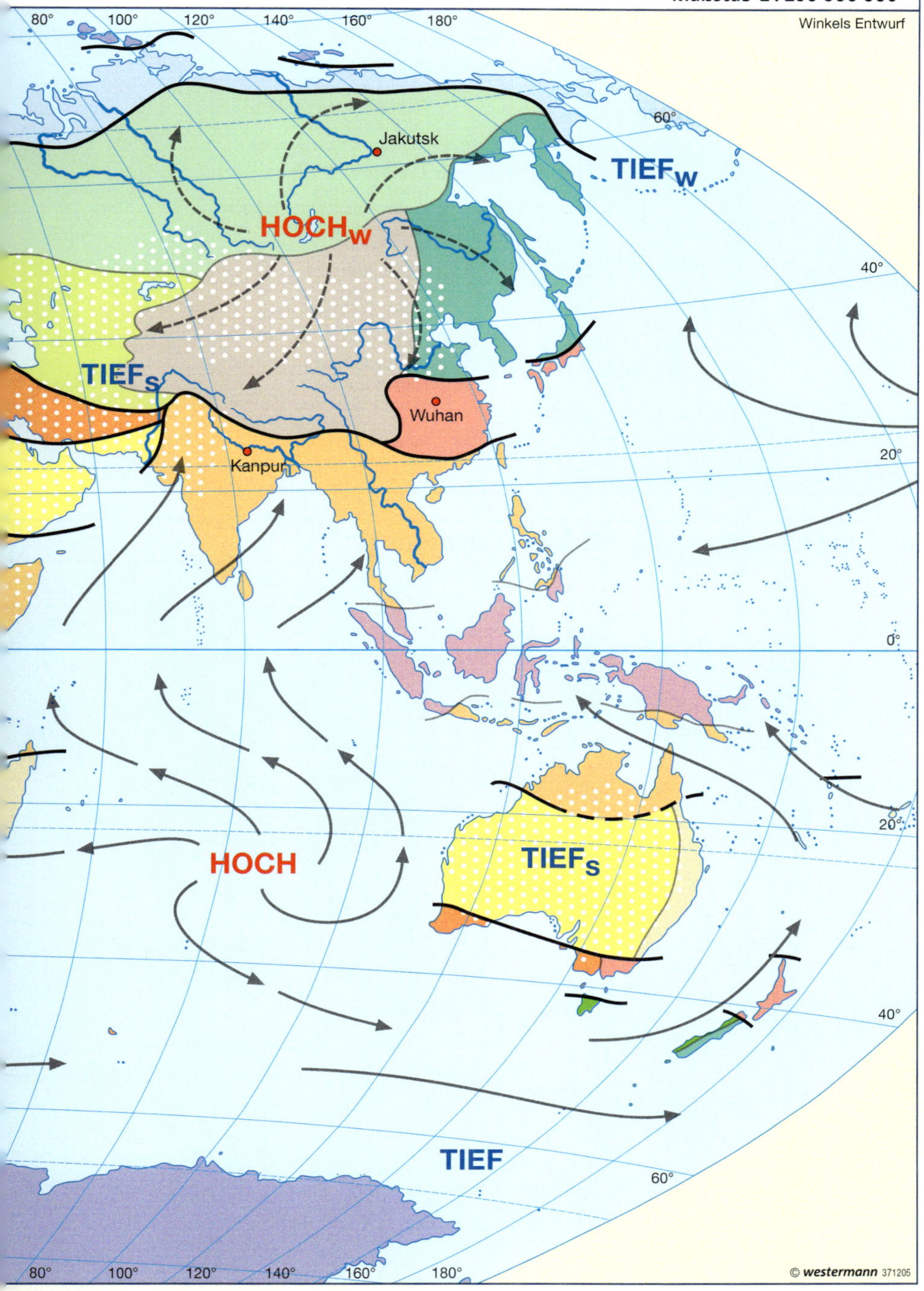

Winkels Entwurf

80° 100° 120° 140° 160° 180° 60° 40° 20° 0° 20° 40° 60°

Jakutsk

TIEF_W

HOCH_W

TIEF_S

Wuhan

Kanpur

HOCH

TIEF_S

TIEF

© westermann 371205

2 Schema der globalen Windzirkulation

© westermann 371205

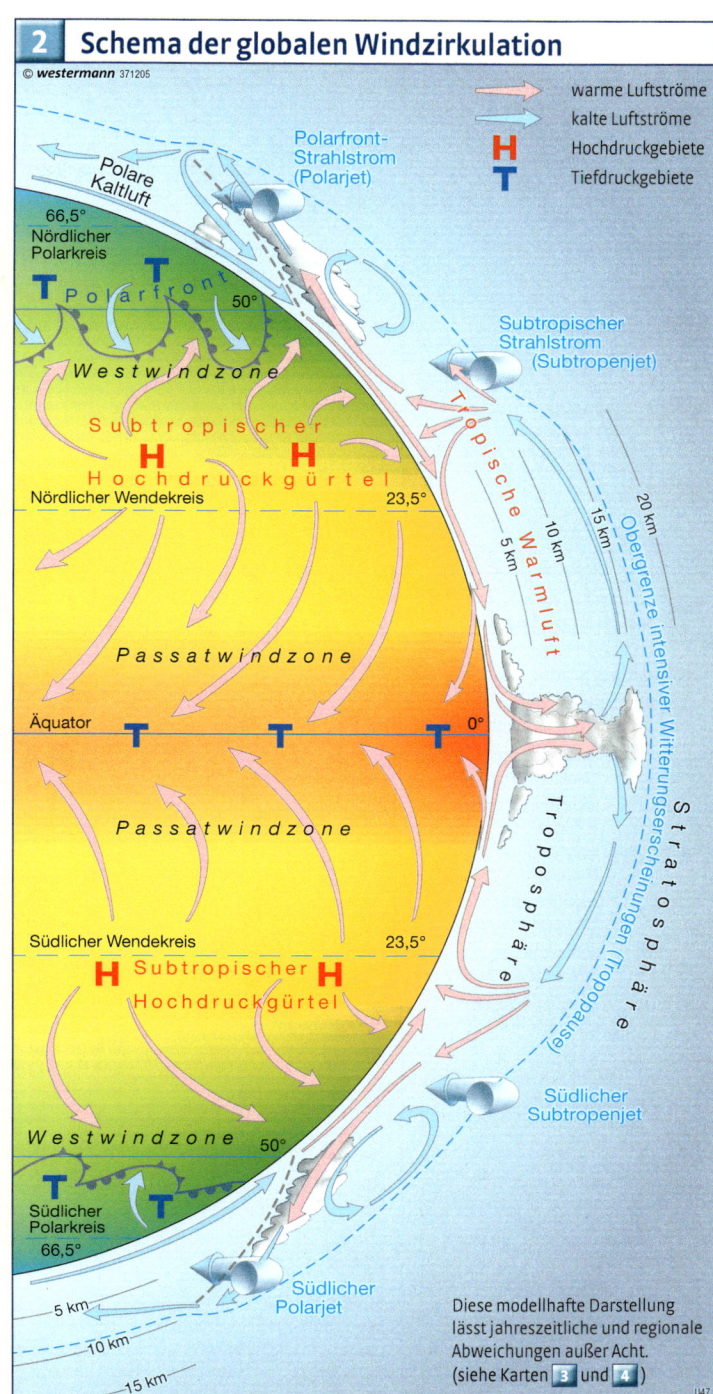

warme Luftströme
kalte Luftströme
H Hochdruckgebiete
T Tiefdruckgebiete

Polarfront-Strahlstrom (Polarjet)

Polare Kaltluft

66,5° Nördlicher Polarkreis

Polarfront 50°

Westwindzone

Subtropischer Hochdruckgürtel

Nördlicher Wendekreis 23,5°

Subtropischer Strahlstrom (Subtropenjet)

Tropische Warmluft

Obergrenze intensiver Witterungserscheinungen (Tropopause)

20 km
15 km
10 km
5 km

Passatwindzone

Äquator 0°

Passatwindzone

Troposphäre

Stratosphäre

Südlicher Wendekreis 23,5°

Subtropischer Hochdruckgürtel

Südlicher Subtropenjet

Westwindzone 50°

Südlicher Polarkreis 66,5°

Südlicher Polarjet

5 km
10 km
15 km

Diese modellhafte Darstellung lässt jahreszeitliche und regionale Abweichungen außer Acht. (siehe Karten **3** und **4**)

U47

4 Niederschläge im Januar (Nordwinter / Südsommer)

Maßstab 1 : 180 000 000

Winkels Entwurf

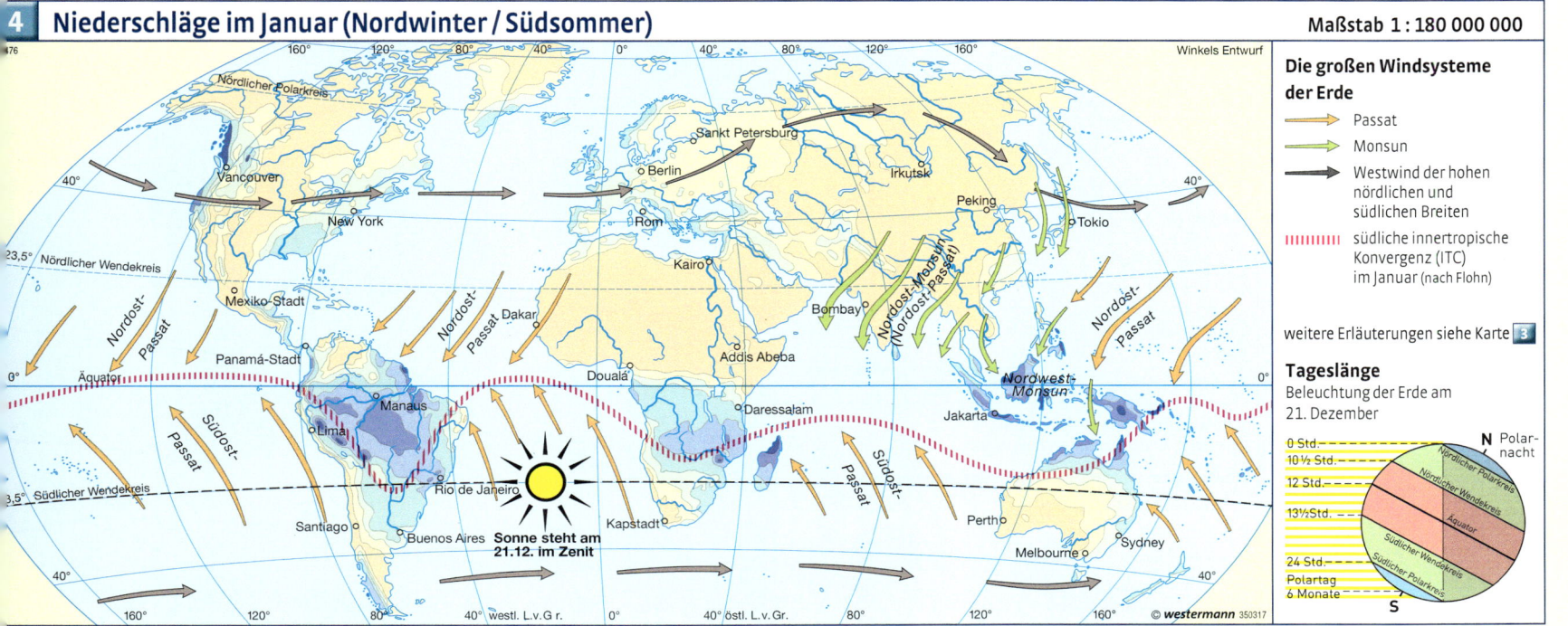

Nördlicher Polarkreis
Vancouver
Sankt Petersburg
Berlin
Irkutsk
New York
Rom
Peking
Tokio
Nördlicher Wendekreis 23,5°
Mexiko-Stadt
Kairo
Bombay
Nordost-Passat
Nordost-Passat
Nordost-Monsun (Nordost-Passat)
Panamá-Stadt
Dakar
Addis Abeba
Douala
Nordwest-Monsun
Äquator 0°
Manaus
Daressalam
Jakarta
Lima
Südost-Passat
Südost-Passat
Rio de Janeiro
Kapstadt
Südlicher Wendekreis 23,5°
Santiago
Buenos Aires
Sonne steht am 21.12. im Zenit
Perth
Melbourne
Sydney

160° 120° 80° 40° westl. L.v.Gr. 0° östl. L.v.Gr. 40° 80° 120° 160°

© westermann 350317

Die großen Windsysteme der Erde

→ Passat
→ Monsun
→ Westwind der hohen nördlichen und südlichen Breiten
⋯⋯ südliche innertropische Konvergenz (ITC) im Januar (nach Flohn)

weitere Erläuterungen siehe Karte **3**

Tageslänge

Beleuchtung der Erde am 21. Dezember

0 Std.
10½ Std.
12 Std.
13½ Std.
24 Std.
Polartag
6 Monate

N Polarnacht
Nördlicher Polarkreis
Nördlicher Wendekreis
Äquator
Südlicher Wendekreis
Südlicher Polarkreis
S

1 Thermische Klimazonen

Maßstab 1 : 250 000 000

Thermische Klimazonen werden nach der Jahresdurchschnittstemperatur abgegrenzt.

- **F** **Polare Zone**
  (Eiszone)
  Jahresmittel der
  Temperatur unter -10°C

- **E** **Subpolare Zone**
  (Kalte Zone)
  Jahresmittel der
  Temperatur zw. -10°C und 0°C

- **D** **Mittelbreiten**
  (Kühle Zone)
  Jahresmittel der
  Temperatur zw. 0°C und 12°C

- **C** **Subtropen**
  (Warme Zone)
  Jahresmittel der
  Temperatur zw. 12°C und 24°C

- **A** **Tropen**
  (Heiße Zone)
  Jahresmittel der
  Temperatur über 24°C

© westermann 371205

2 Extremklimate der Erde

Extremklimate

- **F** **Polare Zone**
  Jahresmittel der
  Termperatur unter -10°C
  (zu kalt für intensive
  landwirtschaftliche Nutzung)

- **B** **Trockenklimate**
  Jahresmittel des
  Niederschlags unter 250 mm
  (zu trocken für intensive
  landwirtschaftliche Nutzung)

- **Höhenklimate**
  (zu kalt für intensive
  landwirtschaftliche Nutzung)

Agrarklimate

- **Feuchtklimate**
  Jahresmittel des
  Niederschlags über 250 mm
  (Eignung für landwirtschaftliche
  Nutzung hängt von anderen
  Faktoren ab)

4 Klimate der Erde – Klimaklassifikation nach A. Siegmund und P. Frankenberg (effektive Gliederung)

Klimadiagramme

- Temperaturen im Monatsmittel
- Niederschläge im Monat insgesamt
- **T: 16,8 °C** Jahresdurchschnitt Temperatur
- **N: 213 mm** Jahressumme Niederschlag
- 7 m ü. M. Angabe in Meter über dem Meeresspiegel
- **Fh** Klimaschlüssel der jeweiligen Klimazone
- Cuzco zum Klimadiagramm gehöriger Ort in der Karte

Klimazonen untergliedert nach dem Wasserhaushalt

Polare Zone (F)
Jahresmittel der Temperatur unter -10°C
(zu kalt für intensive landwirtschaftliche Nutzung)

- **Fsh** semihumid
- **Fh** humid

Subpolare Zone (E)
Jahresmittel der Temperatur zwischen -10°C und 0°C
(zu kalt für intensive landwirtschaftliche Nutzung)

- **Esh** semihumid
- **Eh** humid

Mittelbreiten (D)
(Gemäßigte Breiten)
Jahresmittel der Temperatur zwischen 0°C und 12°C

- **Da** arid
- **Dsa** semiarid
- **Dsh** semihumid
- **Dh** humid

Subtropen (C)
Jahresmittel der Temperatur zwischen 12°C und 24°C

- **Ca** arid
- **Csa** semiarid
- **Csh** semihumid
- **Ch** humid

Trockenklimate (B)
Jahresmittel des Niederschlags unter 250 mm
(zu trocken für intensive landwirtschaftliche Nutzung)

- **Ba** arid
- **Bsa** semiarid

Tropen (A)
Jahresmittel der Temperatur über 24°C

- **Aa** arid
- **Asa** semiarid
- **Ash** semihumid
- **Ah** humid

Wasserhaushalt

- **a** **arid** (trocken, 0 – 2 humide Monate)
- **sa** **semiarid** (wechseltrocken, 3 – 5 humide Monate)
- **sh** **semihumid** (wechselfeucht, 6 – 9 humide Monate)
- **h** **humid** (feucht, 10 – 12 humide Monate)

Wärmehaushalt/ Kontinentalität
(außerhalb der Tropen)

- maritim
- kontinental
- hochkontinental

Jahresschwankung der monatlichen Durchschnittstemperaturen

maritim	unter 20°C
kontinental	20°C bis 40°C
hochkontinental	über 40°C

Höhenklimate

- Höhenklimate des jeweiligen Klimatyps

Lesebeispiel für einen Klimatyp:

- **Dsh** semihumides, maritimes Klima der Mittelbreiten

Winterregengebiete im Mittelmeerraum siehe Seite 61 **4**

Klimamotor Meeresströmungen
dargestellt für den Nordwinter / Südsommer

Temperatur

- warm
- kühl
- kalt
- Küstennebel (Winter/Sommer)

Geschwindigkeit
in Seemeilen (sm) pro 24 Std.
(1 sm = 1852 m)

- über 24
- 12 – 24
- 6 – 12

Klimadiagramme:

Barrow (USA, Alaska)
7 m ü. M.
Fh
T: -12,5°C
N: 109 mm

Jakutsk (Russland)
100 m ü. M.
Esh
T: -10,2°C
N: 213 mm

Wuhan (China)
23 m ü. M.
Ch
T: 16,8°C
N: 1194 mm

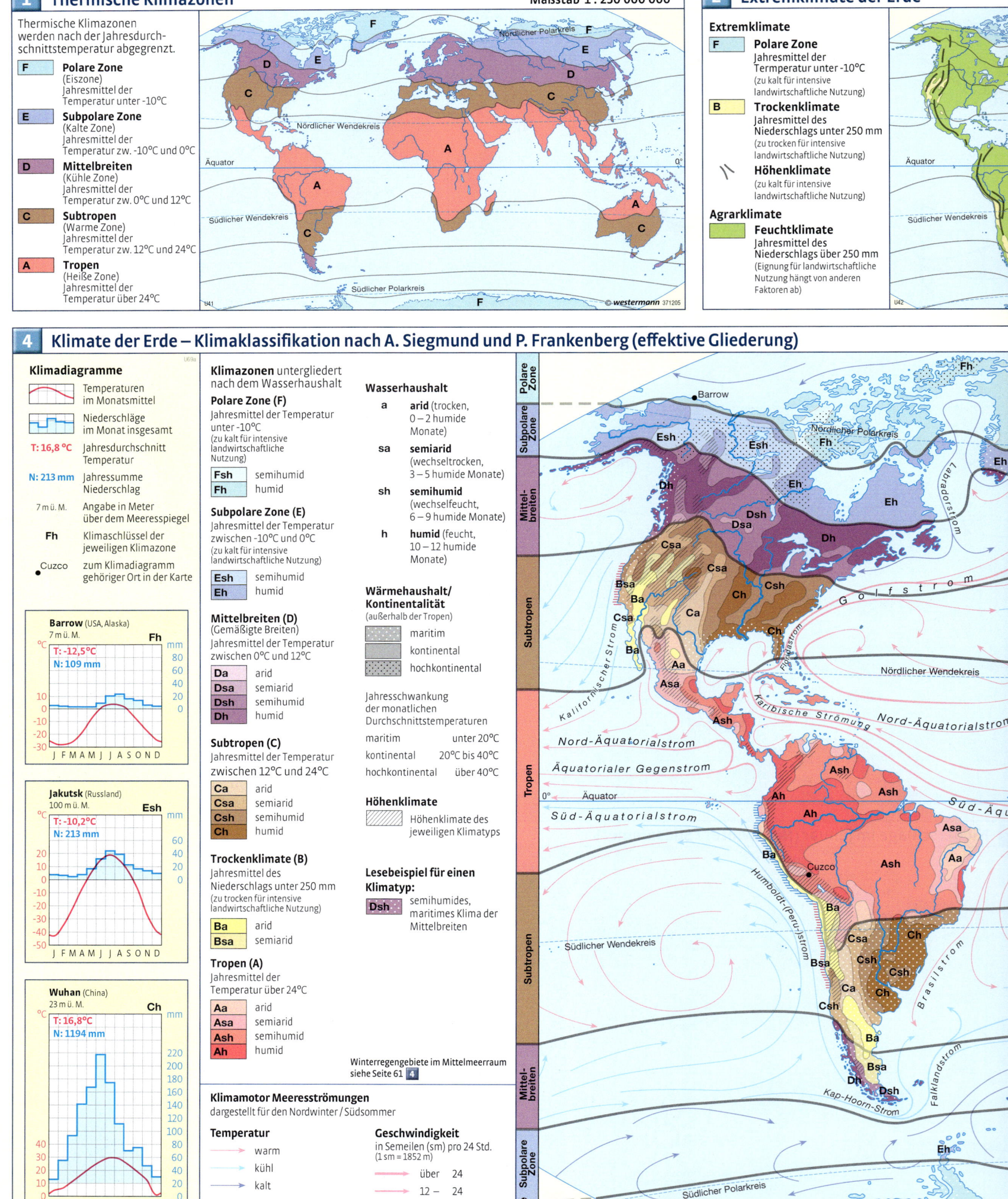

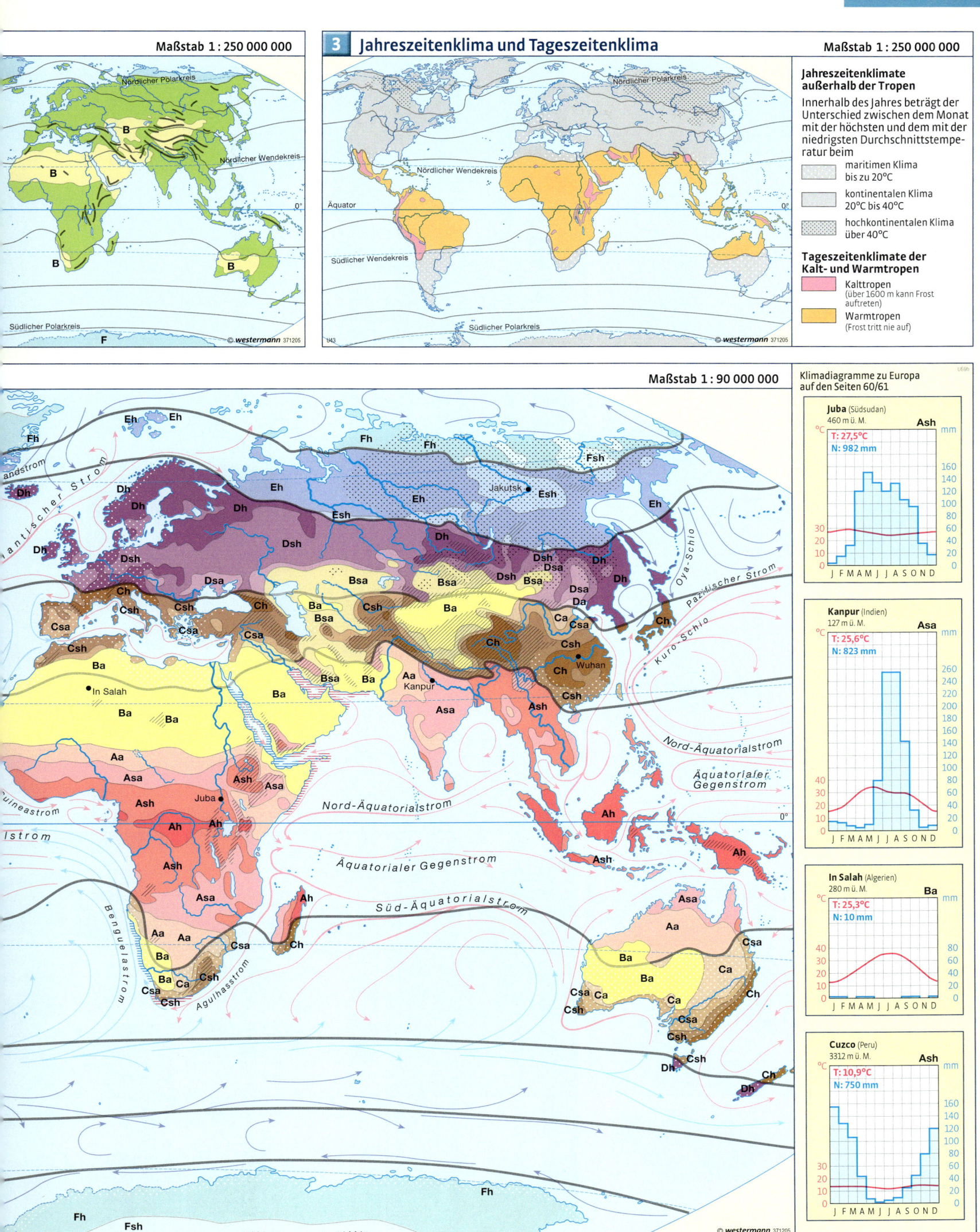

3 Jahreszeitenklima und Tageszeitenklima

Jahreszeitenklimate außerhalb der Tropen

Innerhalb des Jahres beträgt der Unterschied zwischen dem Monat mit der höchsten und dem mit der niedrigsten Durchschnittstemperatur beim

- maritimen Klima bis zu 20°C
- kontinentalen Klima 20°C bis 40°C
- hochkontinentalen Klima über 40°C

Tageszeitenklimate der Kalt- und Warmtropen

- Kalttropen (über 1600 m kann Frost auftreten)
- Warmtropen (Frost tritt nie auf)

Maßstab 1 : 90 000 000

Klimadiagramme zu Europa auf den Seiten 60/61

Juba (Südsudan)
460 m ü. M.
T: 27,5°C
N: 982 mm

Kanpur (Indien)
127 m ü. M.
T: 25,6°C
N: 823 mm

In Salah (Algerien)
280 m ü. M.
T: 25,3°C
N: 10 mm

Cuzco (Peru)
3312 m ü. M.
T: 10,9°C
N: 750 mm

Waldlandschaften

- nördlicher Nadelwald
- sommergrüner Laub- und Mischwald, Gebirgsnadelwald
- Feuchtwald
- Hartlaubgehölz
- Monsunwald und Regenwald

offene Landschaften

- polare Kältewüste
- Tundra
- Steppe und Hochgebirgsgrasland
- Dornstrauchsavanne
- Trockensavanne
- Feuchtsavanne
- Halbwüste und Wüste

Kulturland

- Ackerbau, Grünland

Größe der Ökozonen

1 Kästchen entspricht 1 000 000 km², also 1 000 km x 1 000 km.

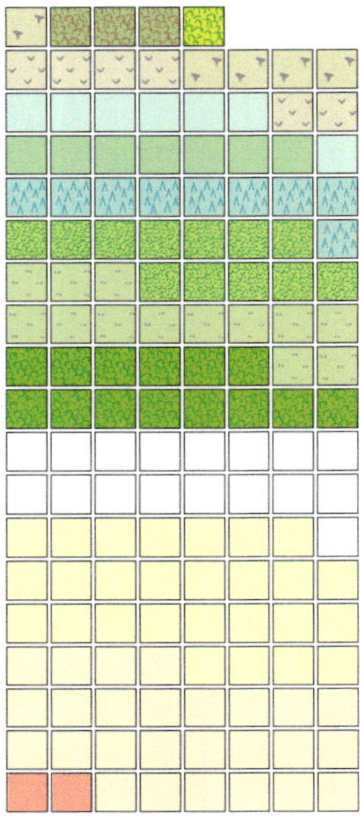

▲ Siedlungsfläche (in der Karte nicht dargestellt)

(Landflächen der Erde: 148 900 000 km²)

© westermann 360109

Tundra

nördlicher Nadelwald

sommergrüner Laub- und Mischwald

Steppe und Hochgebirgsgrasland

Hartlaubgehölze

Maßstab 1 : 90 000 000
1 cm ≙ 900 km

Spitzbergen

Skanden

Ural

S i b i r i e n

Werchojansker Gebirge

Jakutsk

Wolga

Ob

Irtysch

Jenissej

Lena

Stanowojgeb.

Jablonowy-gebirge

Altai

Kamtschatka

Sachalin

80°
60°
40°

Kasachensteppe

Tian Shan

Takla Makan

Gobi

Amur

Korea

Honshu

Pazifischer

Alpen

Kaukasus

Hindukusch

Kunlun Shan

Hochland von Tibet

Große Ebene

Huang He

Wuhan

Atlas

Hochland von Iran

Himalaya

Südchinesisches-Bergland

Jangtsekiang

Große Sandwüste
In Salah

Libysche Wüste

Nil

Tharr

Große Arabische Wüste

Indus

Ganges

Kanpur

Dekkan

Mekong

S a h a r a

Sahel

Niger

Hochland von Äthiopien

Sri Lanka

Philippinen

M i k r o n e s i e n

Karolinen

Äquator 0°

Juba

Asandeschwelle

Kongo becken

Kongo

M a l a i i s c h e r   A r c h i p e l

Borneo

Sulawesi

Neuguinea

Salomon-Inseln

O z e a n

Sumatra

I n d i s c h e r

Lundaschwelle

Sambesi

Madagaskar

O z e a n

Fidschi-Inseln

Namib

Kalahari

Drakensberge

Oranje

Große Sandwüste

Große Victoria-wüste

Australisches Tiefland

Great Dividing Range

Neukaledonien

20°

Tasmanien

Neuseeland

40°

Südlicher Polarkreis

A n t a r k t i s

60°

● Klimastation:
Klimadiagramm
siehe Seite 176/177

albwüste und Wüste

Dornstrauchsavanne

Trockensavanne

Feuchtsavanne

Monsunwald und Regenwald

1 Erde bei Nacht

Maßstab 1 : 140 000 000

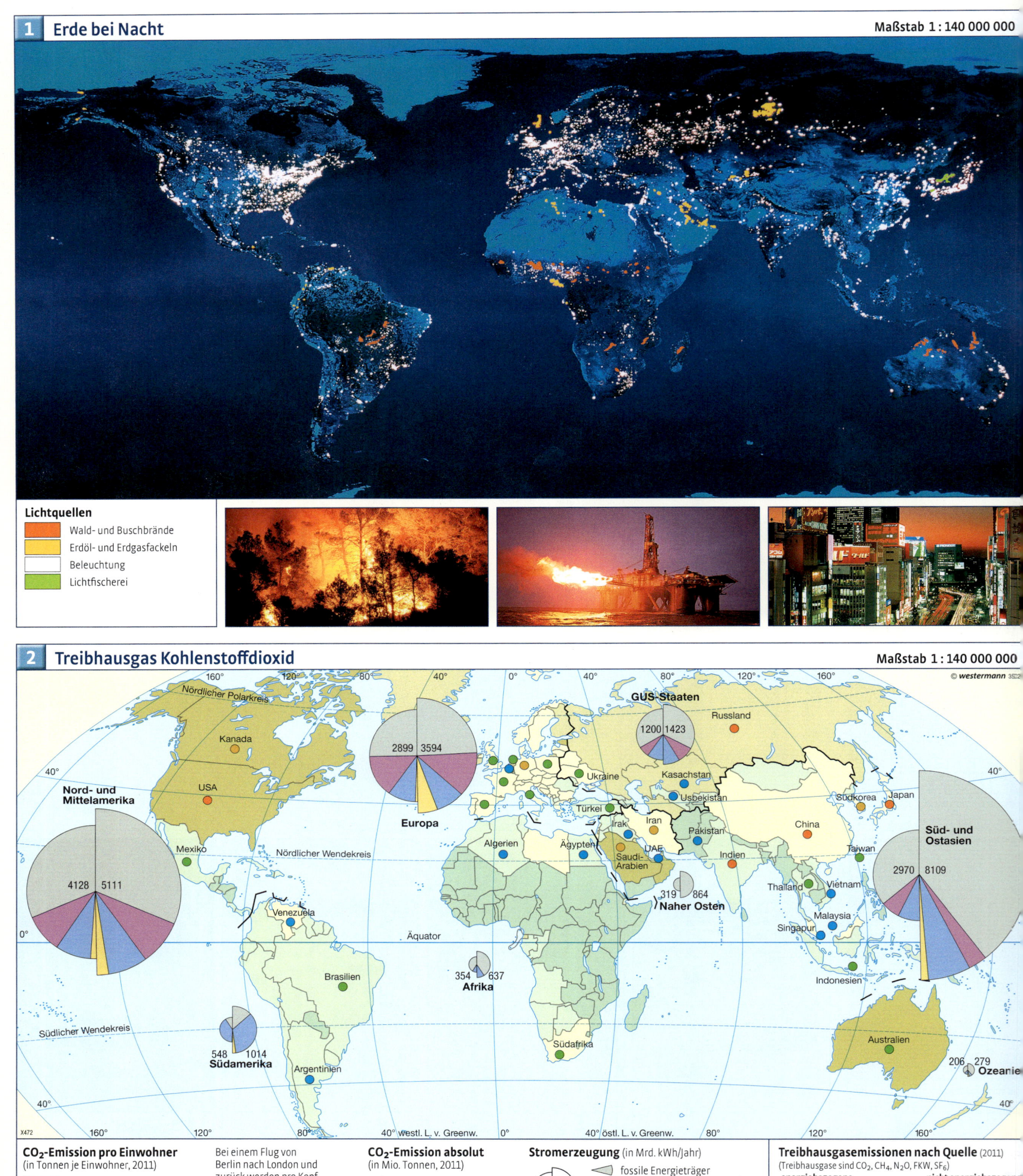

Lichtquellen
- Wald- und Buschbrände
- Erdöl- und Erdgasfackeln
- Beleuchtung
- Lichtfischerei

2 Treibhausgas Kohlenstoffdioxid

Maßstab 1 : 140 000 000

© westermann 3522

Nördlicher Polarkreis

Kanada

GUS-Staaten

Russland

1200 1423

Nord- und Mittelamerika

USA

Ukraine

Kasachstan

Usbekistan

Südkorea　Japan

Europa

2899 3594

Türkei

Irak　Iran

Pakistan

China

Taiwan

Nördlicher Wendekreis

Mexiko

Algerien

Ägypten

UAE

Saudi-Arabien

Indien

Thailand　Vietnam

Süd- und Ostasien

2970 8109

4128 5111

Venezuela

319　864

Naher Osten

Malaysia

Singapur

Äquator

Brasilien

354　637

Afrika

Indonesien

Südlicher Wendekreis

548　1014

Südamerika

Argentinien

Südafrika

Australien

206　279

Ozeanien

40° westl. L. v. Greenw.　40° östl. L. v. Greenw.

X472

CO$_2$-Emission pro Einwohner
(in Tonnen je Einwohner, 2011)
- unter 1
- 1 – 5
- 5 – 10
- 10 – 15
- über 15

Bei einem Flug von Berlin nach London und zurück werden pro Kopf 1,2 t CO$_2$ emittiert. Im Emissionshandel kostet das ca. 20 Euro. Dafür können in Südostasien etwa 100 m² Ödland renaturiert werden.

CO$_2$-Emission absolut
(in Mio. Tonnen, 2011)
- 100 – 250
- 250 – 500
- 500 – 1000
- über 1000

Stromerzeugung (in Mrd. kWh/Jahr)

1995　2011
- fossile Energieträger (CO$_2$-Emission bei Verbrennung)
- Kernkraft
- Wasserkraft
- erneuerbare Energieträger (außer Wasserkraft)
- Regionsgrenze

Treibhausgasemissionen nach Quelle (2011)
(Treibhausgase sind CO$_2$, CH$_4$, N$_2$O, FKW, SF$_6$)

energiebezogene Emissionen

nicht energiebezogene Emissionen

- Abholzung 11%
- Strom 29%
- Landwirtschaft 11%
- Abfall 4%
- Sonstige 6%
- Industrie 18%
- Gebäude 8%
- Verkehr 13%

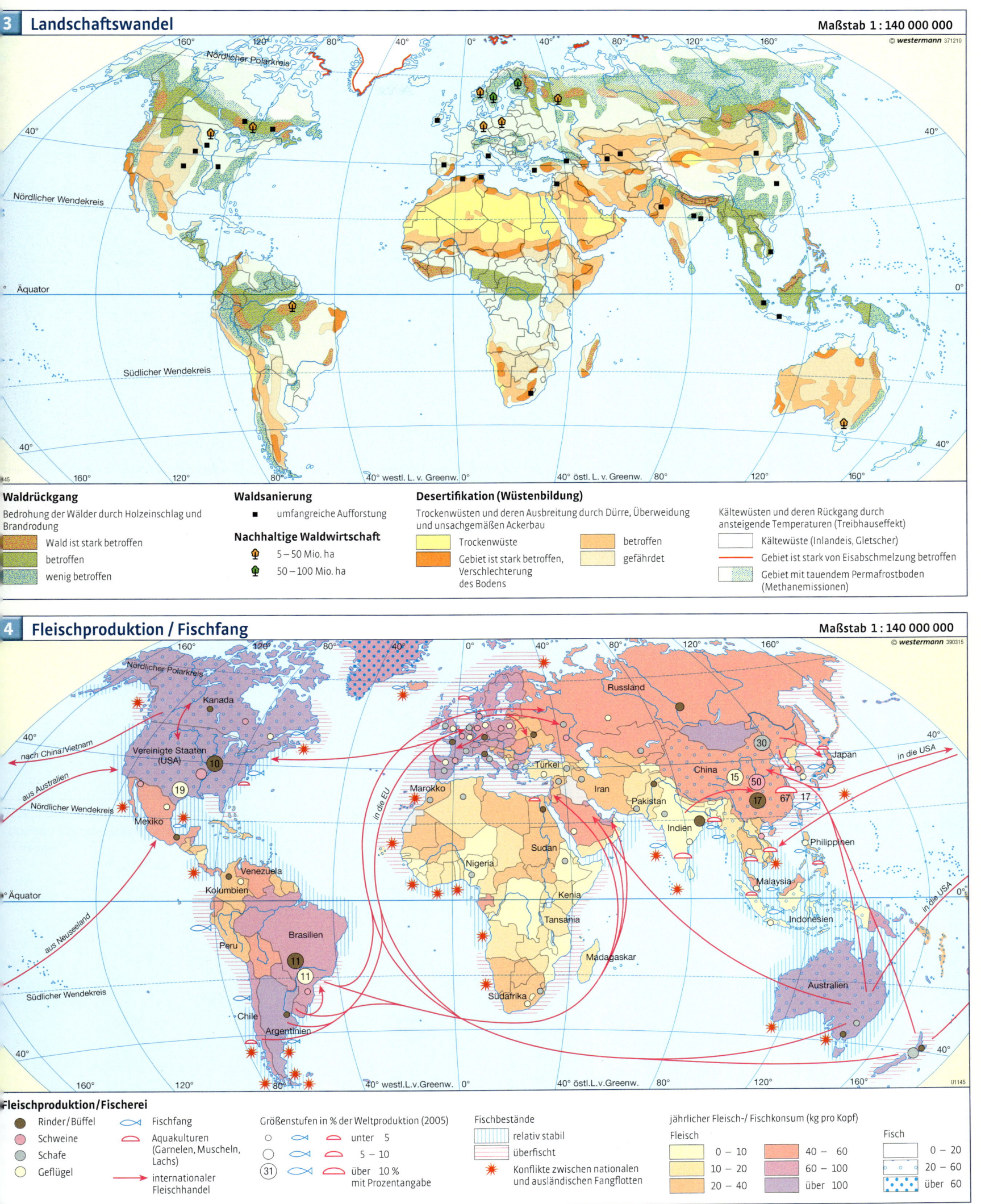

3 Landschaftswandel

Maßstab 1 : 140 000 000

© westermann 371210

Nördlicher Polarkreis
Nördlicher Wendekreis
Äquator
Südlicher Wendekreis

40° westl. L. v. Greenw. 0° 40° östl. L. v. Greenw. 80°

Waldrückgang
Bedrohung der Wälder durch Holzeinschlag und Brandrodung

- Wald ist stark betroffen
- betroffen
- wenig betroffen

Waldsanierung
- ■ umfangreiche Aufforstung

Nachhaltige Waldwirtschaft
- 🌲 5 – 50 Mio. ha
- 🌲 50 – 100 Mio. ha

Desertifikation (Wüstenbildung)
Trockenwüsten und deren Ausbreitung durch Dürre, Überweidung und unsachgemäßen Ackerbau

- Trockenwüste
- Gebiet ist stark betroffen, Verschlechterung des Bodens
- betroffen
- gefährdet

Kältewüsten und deren Rückgang durch ansteigende Temperaturen (Treibhauseffekt)

- Kältewüste (Inlandeis, Gletscher)
- Gebiet ist stark von Eisabschmelzung betroffen
- Gebiet mit tauendem Permafrostboden (Methanemissionen)

4 Fleischproduktion / Fischfang

Maßstab 1 : 140 000 000

© westermann 390315

Nördlicher Polarkreis
nach China/Vietnam
aus Australien
Nördlicher Wendekreis
Äquator
Südlicher Wendekreis

Kanada
Vereinigte Staaten (USA) **10**
19
Mexiko
Venezuela
Kolumbien
Peru
Brasilien **11**
11
Chile
Argentinien

in die EU
Marokko
Nigeria
Sudan
Kenia
Tansania
Madagaskar
Südafrika

Russland
Türkei
Iran
Pakistan
Indien
China **30** **15** **50** **17** **67** **17**
Japan
Philippinen
Malaysia
Indonesien
Australien

in die USA
aus Neuseeland

40° westl. L. v. Greenw. 0° 40° östl. L. v. Greenw. 80°

U1145

Fleischproduktion/Fischerei

- 🔴 Rinder/Büffel
- 🔴 Schweine
- ⚫ Schafe
- ⚪ Geflügel

- 🐟 Fischfang
- Aquakulturen (Garnelen, Muscheln, Lachs)
- → internationaler Fleischhandel

Größenstufen in % der Weltproduktion (2005)
- ○ 🐟 unter 5
- ○ 🐟 5 – 10
- ㉛ 🐟 über 10 % mit Prozentangabe

Fischbestände
- relativ stabil
- überfischt
- ✳ Konflikte zwischen nationalen und ausländischen Fangflotten

jährlicher Fleisch-/Fischkonsum (kg pro Kopf)

Fleisch		Fisch	
0 – 10	40 – 60	0 – 20	
10 – 20	60 – 100	20 – 60	
20 – 40	über 100	über 60	

1 Bevölkerungsdichte und Megastädte

Altersaufbau (2012)
5-Jahresgruppen in Prozent
der Bevölkerung

Nigeria
170 Millionen Einwohner
Alter in Jahren

Männer 50,2%	Frauen 49,8%

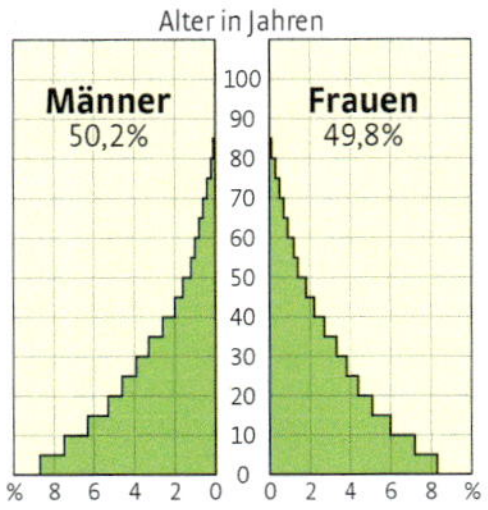

Mexiko
111 Millionen Einwohner
Alter in Jahren

Männer 48,7%	Frauen 51,3%

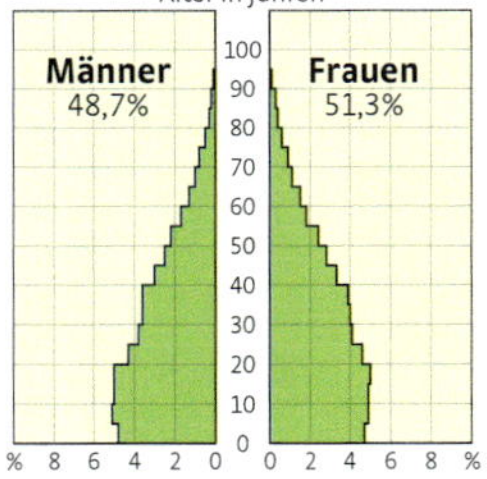

China
1 346 Millionen Einwohner
Alter in Jahren

Männer 51,6%	Frauen 48,4%

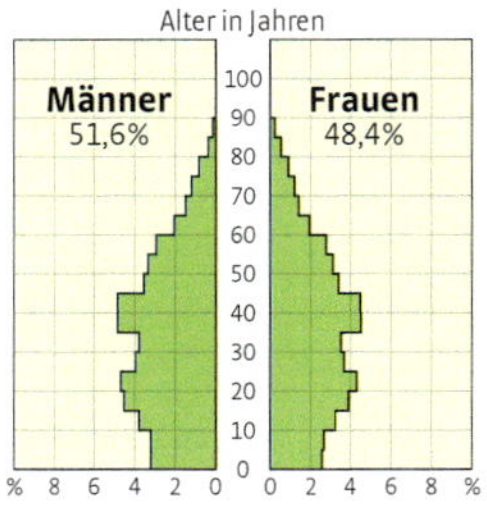

Japan
128 Millionen Einwohner
Alter in Jahren

Männer 48,7%	Frauen 51,3%

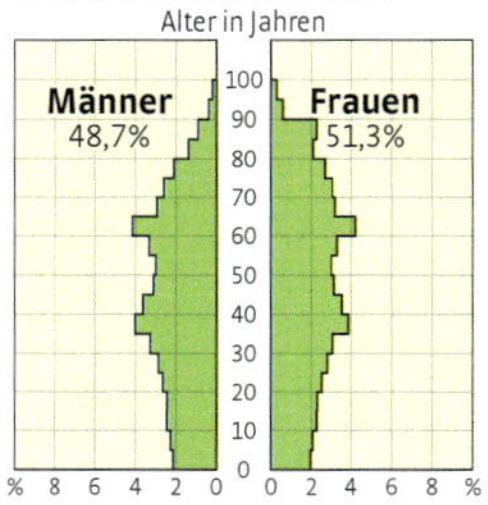

Einwohner je km²

- über 200
- 100 – 200
- 50 – 100
- 25 – 50
- 10 – 25
- 1 – 10
- unter 1

Millionenstädte (2014)
Städtische Agglomeration mit

- ⊡ über 10 000 000 (Megastädte)
- ⊡ 5 000 000 – 10 000 000 Einwohnern

Entwicklung der Weltbevölkerung
Milliarden Menschen
11 10 9 8 7 6 5 4 3 2 1 0
1950 1970 1990 2010 2030 2050 2070

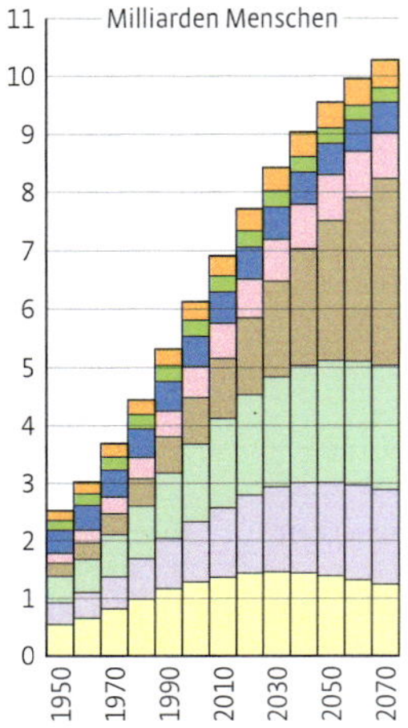

Länder und Ländergruppen

- USA und Kanada
- GUS-Staaten
- Europa
- Mittel- und Südamerika
- Afrika
- übriges Asien/Ozeanien
- Indien
- China

A	Österreich
BG	Bulgarien
CZ	Tschechische Republik
D	Deutschland
DK	Dänemark
GE	Georgien
GR	Griechenland
H	Ungarn
K	Kambodscha
RO	Rumänien
TJ	Tadschikistan
UAE	Vereinigte Arabische Emirate
UK	Großbritannien

K a n a d a
Nördlicher Polarkreis
Vereinigte Staaten (USA)
Chicago Toronto Boston
San Francisco Bay Area Detroit New York
Los Angeles Washington Philadelphia
San Diego/Tijuana Baltimore
Dallas Atlanta
Houston
Nördlicher Wendekreis
Miami Bahamas
Mexiko Kuba
Mexiko-Stadt Jamaika Haiti Dominik. Rep.
Belize
Guatemala Honduras
El Salvador Nicaragua
Costa Rica Venezuela Guyana
Panamá Suriname
Bogotá
Kolumbien
Äquator
Ecuador
B r a s i l i e n
Peru
Lima
Bolivien
Belo Horizo
Rio de Janeiro
Südlicher Wendekreis Paraguay São Paulo
Chile Uruguay
Santiago Buenos Aires
Argentinien

2 Bevölkerungsentwicklung

Maßstab 1 : 180 000 000

© westermann

Jährliches Bevölkerungswachstum
(2010 – 2012 in Prozent;
Weltdurschnitt = 1,2 %/Jahr)

- bis 1,0
- 1,0 – 2,0
- 2,0 – 3,0
- 3,0 und mehr
- keine Angabe

27 jährliche Veränderung
in 100 000 Einwohner
(2010 – 2012, nur Staaten
mit über 20 Millionen
Einwohnern)

Jährliche Bevölkerungsabnahme
(2010 – 2012 in Pozent)

- 0 bis -1,0

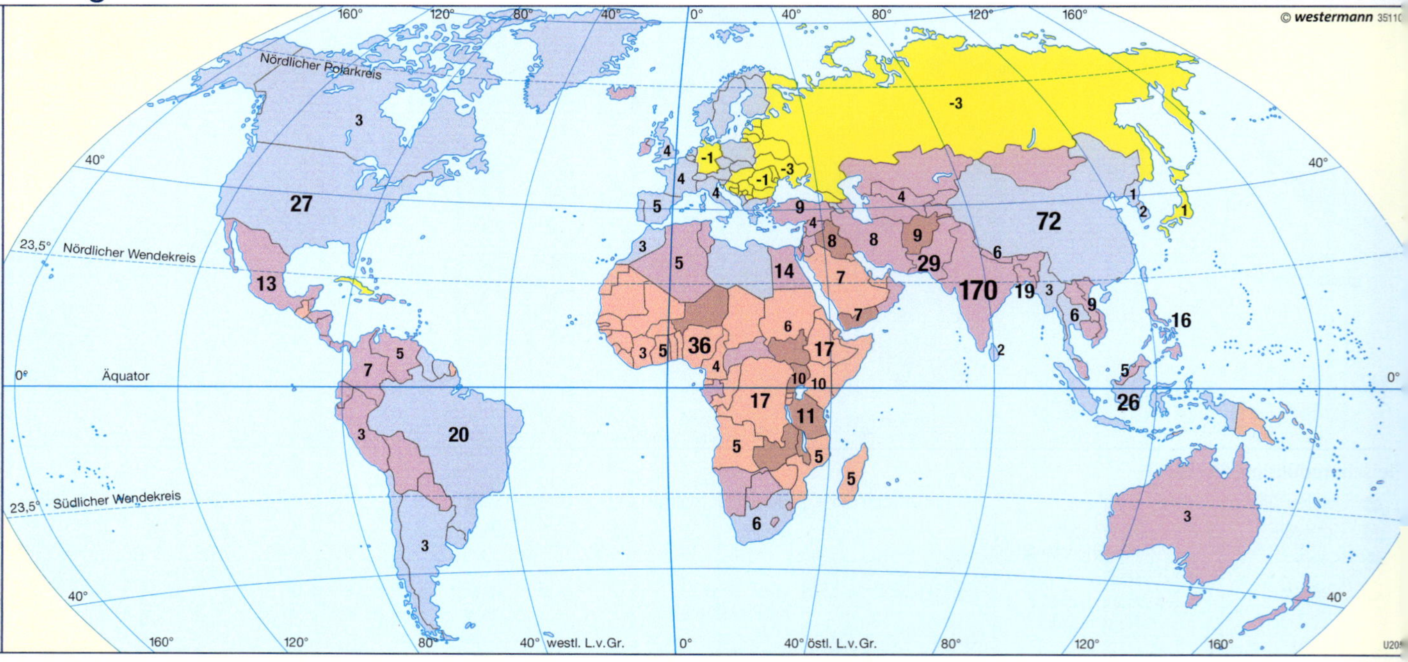

Nördlicher Polarkreis
-3
3
-1 -1 -3
27 4 4 9 4 72
5 4 9 8 2
13 5 8 9 29 6 1 1
14 7 8 170 19 3
5 6 9 16
5 36 4 17 6 9
7 4 10 10 2
20 17 11 5
5 5
3 6
3

Maßstab 1 : 90 000 000

40° 20° 0° 20° 40° 60° 80° 100° 120° 140° 160° 180°

60°

40°

Island

Norwegen
Finnland
Schweden
DK

Irland
UK
Randstad
London
Rhein-Ruhr
Paris
Frankreich
Mailand
Italien
Portugal
Madrid
Spanien

Polen
CZ
D
RO
BG
GR

R u s s l a n d

Moskau

Ukraine

Kasachstan

Mongolei

Harbin

Peking Shenyang

Japan

Nordkorea
Süd-korea

Seoul

Tokio/Yokohama
Nagoya
Osaka/Kobe/Kioto

İstanbul
Türkei
GE
TJ
Turkmenistan
Usbekistan
Kirgisistan

Xi'an
Tianjin

C h i n a

Chengdu Wuhan
Nanjing Shanghai
Chongqing Hangzhou

Algier
Tunesien
Marokko
Algerien
Libyen

Syrien
Irak
Iran
Afghanistan
Pakistan
Lahore

Kanton
Shantou

Bagdad
Teheran

Kairo
Ägypten

Saudi-Riad

Arabien
UAE
Oman

Delhi
Karachi
Ahmadabad

I n d i e n
Nepal

Dhaka

Taipeh
Taiwan

Hongkong/Shenzhen
Myanmar

20°

Mauretanien
Mali
Niger
Tschad
Sudan
Senegal

Khartum
Eritrea
Jemen

Bombay
Poona
Kalkutta

Manila
Philippinen

Guinea
Burkina Faso
Côte d'Ivoire Ghana
Kano
Nigeria
Ibadan
Sierra Leone
Liberia
Lagos
Abidjan
Kamerun
Zentralafr. Rep.
Südsudan
Äthiopien
Somalia

Hyderabad
Bangalore
Madras

Rangun
Thailand
Vietnam

Marshall-Inseln

Mikronesien

Bangkok
Ho-Chi-Minh-Stadt

Sri Lanka

Uganda
Kenia
Gabun
Kongo

Kinshasa/Brazzaville
D. R. Kongo

Tansania

Kuala Lumpur
Singapur/Johor Bahru

M a l a y s i a

0°

Luanda
Angola

Sambia
Malawi
Sim-babwe
Mosambik
Madagaskar

I n d o n e s i e n

Jakarta
Bandung

Papua-Neuguinea
Salomonen

Samoa

Namibia
Botsuana

Osttimor

A u s t r a l i e n

Vanuatu
Fidschi

20°

Johannesburg

Südafrika

Neuseeland

40°

20° westl. L. v. Gr. 0° 20° östl. L. v. Gr. 40° 60° 80° 100° 120° 140° 160° 180°

© westermann 350320

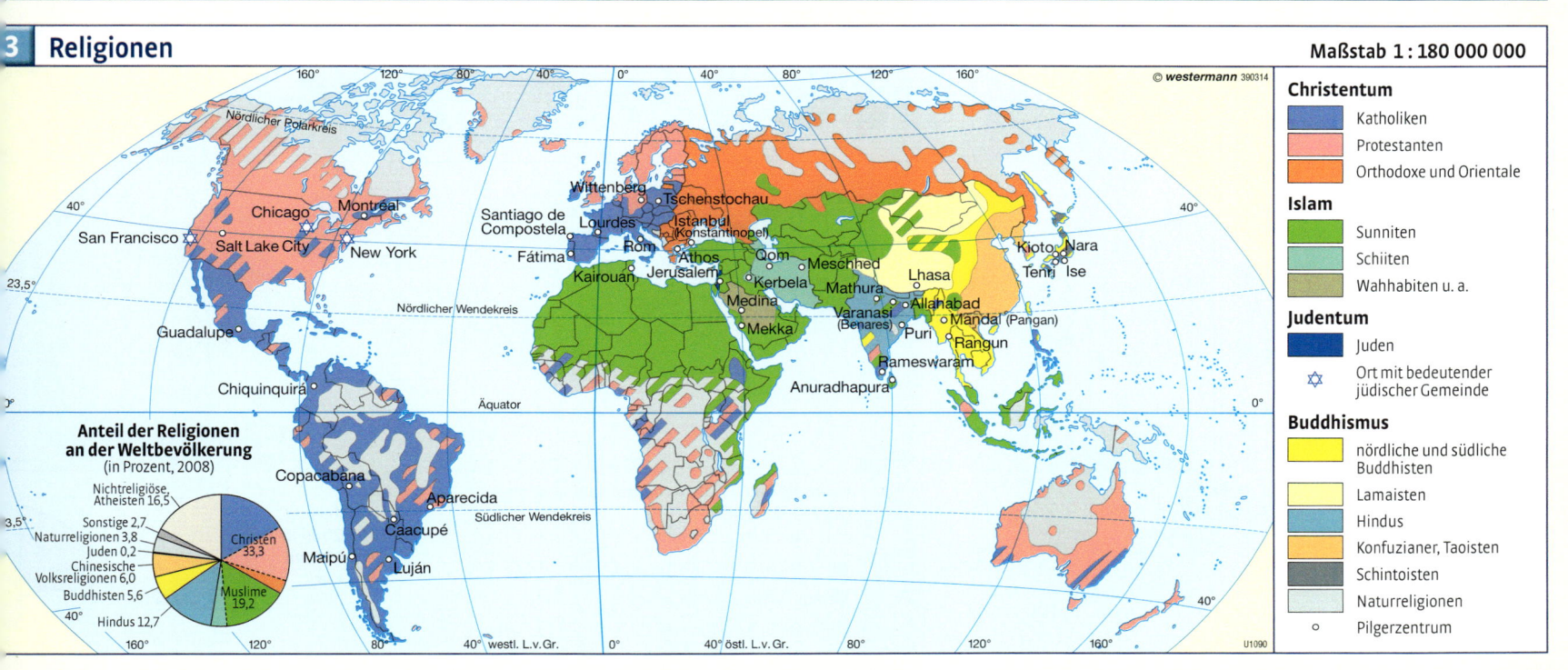

3 Religionen

Maßstab 1 : 180 000 000

© westermann 390314

160° 120° 80° 40° 0° 40° 80° 120° 160°

Nördlicher Polarkreis

40°

Chicago
Montreal
San Francisco
Salt Lake City
New York

Santiago de Compostela
Wittenberg
Lourdes
Tschenstochau
Istanbul (Konstantinopel)

Kioto Nara
Tenri Ise

23,5°
Guadalupe

Fátima
Rom
Athos
Qom
Meschhed
Lhasa

Kairouan
Jerusalem
Kerbela
Mathura
Allahabad

Nördlicher Wendekreis

Medina
Mekka
Varanasi (Benares)
Mandal (Pangan)
Rangun

Chiquinquirá

Puri
Rameswaram

Äquator

Anuradhapura

0°

Anteil der Religionen an der Weltbevölkerung
(in Prozent, 2008)

Copacabana
Aparecida

Südlicher Wendekreis

Nichtreligiöse, Atheisten 16,5
Sonstige 2,7
Naturreligionen 3,8
Juden 0,2
Chinesische Volksreligionen 6,0
Buddhisten 5,6
Hindus 12,7

Christen 33,3

Muslime 19,2

Caacupé
Maipú
Luján

40°

160° 120° 80° 40° westl. L. v. Gr. 0° 40° östl. L. v. Gr. 80° 120° 160°

U1090

Christentum
- Katholiken
- Protestanten
- Orthodoxe und Orientale

Islam
- Sunniten
- Schiiten
- Wahhabiten u. a.

Judentum
- Juden
- ✡ Ort mit bedeutender jüdischer Gemeinde

Buddhismus
- nördliche und südliche Buddhisten
- Lamaisten
- Hindus
- Konfuzianer, Taoisten
- Schintoisten
- Naturreligionen
- ○ Pilgerzentrum

1 Lebensbedingungen

Maßstab 1 : 140 000 000

X409

© westermann 35118

Lebensbedingungen (Menschlicher Entwicklungsindex HDI, 2010)

■ sehr gut (hochentwickeltes Land)	■ schlecht (Entwicklungsländer)
■ gut (entwickeltes Land z.T. Schwellenländer)	■ keine Angaben
■ mittelmäßig (z.T. Entwicklungsländer)	

Zur Berechnung des menschlichen
Entwicklungsindex (engl. Human
Development Index – HDI) werden folgende
Merkmale herangezogen:

1. Lebenserwartung

2. Mittlere Zahl an Schuljahren und mittlere
Dauer der gesamten Ausbildung (Jahre)

3. Bruttonationaleinkommen
pro Einwohner (nach Kaufkraft,
in US-Dollar)

Der HDI-Wert liegt immer zwischen
0 und 1.

HDI-Rang	Land	HDI 2010
1.	Norwegen	0,938
4.	Vereinigte Staaten von Amerika	0,902
10.	Deutschland	0,885
65.	Russische Föderation	0,719
89.	China	0,663
119.	Indien	0,519
169.	Simbabwe	0,140

2 Wirtschaftskraft

Maßstab 1 : 140 000 000

© westermann 3903

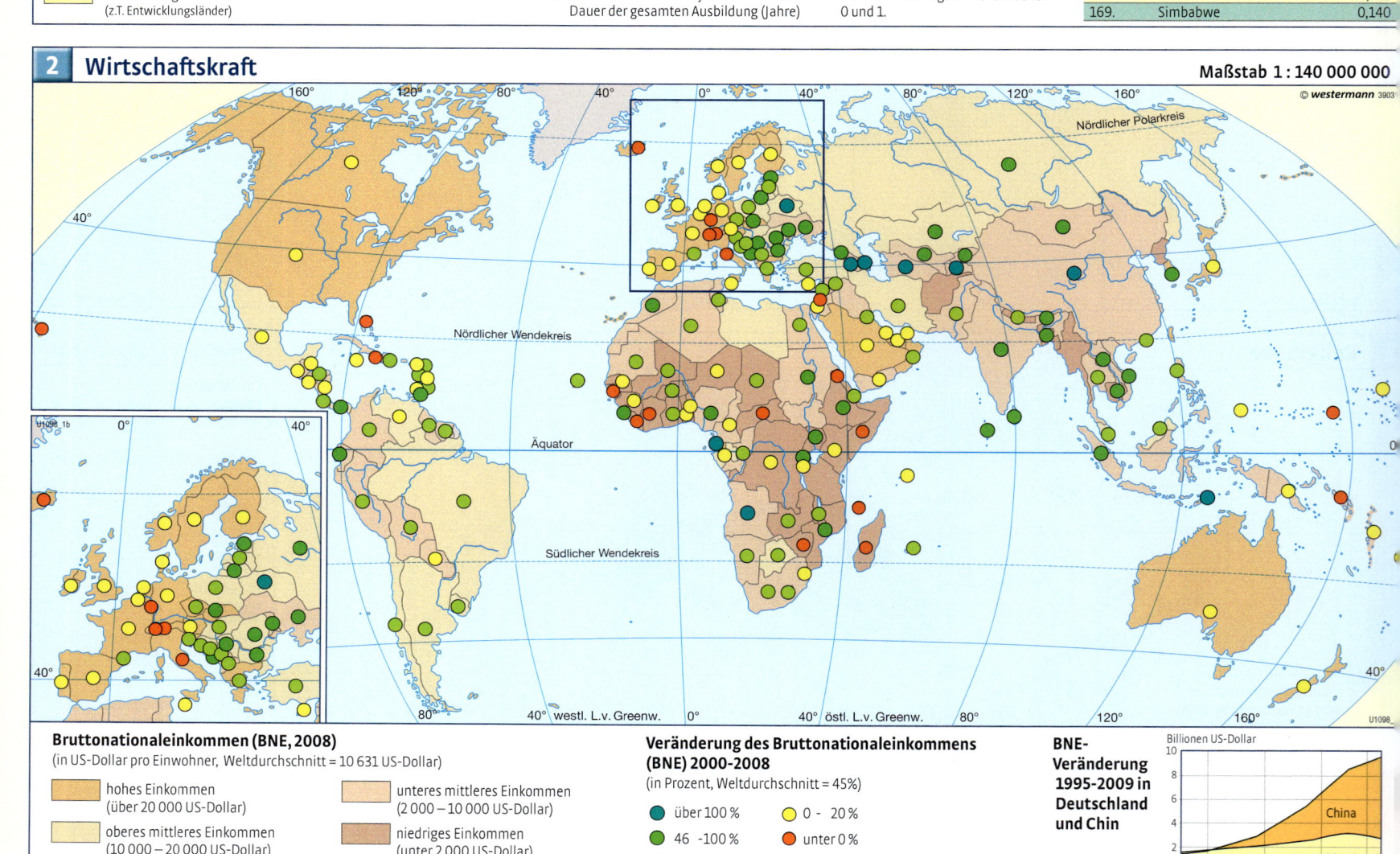

U1098

Bruttonationaleinkommen (BNE, 2008)
(in US-Dollar pro Einwohner, Weltdurchschnitt = 10 631 US-Dollar)

■ hohes Einkommen (über 20 000 US-Dollar)	■ unteres mittleres Einkommen (2 000 – 10 000 US-Dollar)
■ oberes mittleres Einkommen (10 000 – 20 000 US-Dollar)	■ niedriges Einkommen (unter 2 000 US-Dollar)

Veränderung des Bruttonationaleinkommens (BNE) 2000-2008
(in Prozent, Weltdurchschnitt = 45%)

● über 100 %	● 0 - 20 %
● 46 -100 %	● unter 0 %
● 21 - 45 %	

**BNE-
Veränderung
1995-2009 in
Deutschland
und Chin**

Billionen US-Dollar

3 Lebenserwartung und Säuglingssterblichkeit

Maßstab 1 : 140 000 000

© westermann 391031

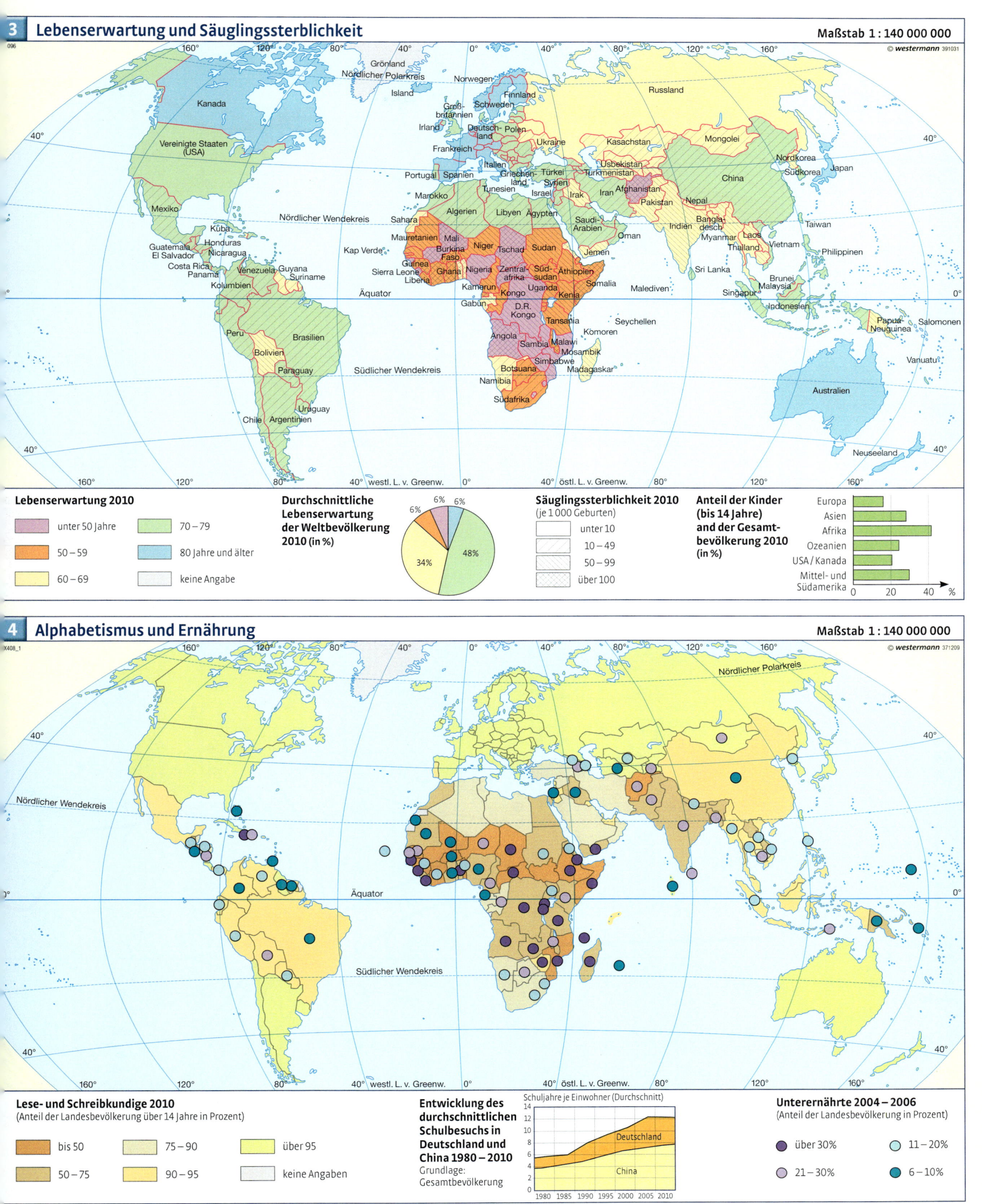

Lebenserwartung 2010

- unter 50 Jahre
- 50 – 59
- 60 – 69
- 70 – 79
- 80 Jahre und älter
- keine Angabe

Durchschnittliche Lebenserwartung der Weltbevölkerung 2010 (in %)

48%
34%
6%
6%
6%

Säuglingssterblichkeit 2010
(je 1 000 Geburten)

- unter 10
- 10 – 49
- 50 – 99
- über 100

Anteil der Kinder (bis 14 Jahre) and der Gesamtbevölkerung 2010 (in %)

- Europa
- Asien
- Afrika
- Ozeanien
- USA / Kanada
- Mittel- und Südamerika

0   20   40   %

4 Alphabetismus und Ernährung

Maßstab 1 : 140 000 000

© westermann 371209

Lese- und Schreibkundige 2010
(Anteil der Landesbevölkerung über 14 Jahre in Prozent)

- bis 50
- 50 – 75
- 75 – 90
- 90 – 95
- über 95
- keine Angaben

Entwicklung des durchschnittlichen Schulbesuchs in Deutschland und China 1980 – 2010
Grundlage: Gesamtbevölkerung

Schuljahre je Einwohner (Durchschnitt)

Deutschland

China

1980 1985 1990 1995 2000 2005 2010

Unterernährte 2004 – 2006
(Anteil der Landesbevölkerung in Prozent)

- über 30%
- 21 – 30%
- 11 – 20%
- 6 – 10%

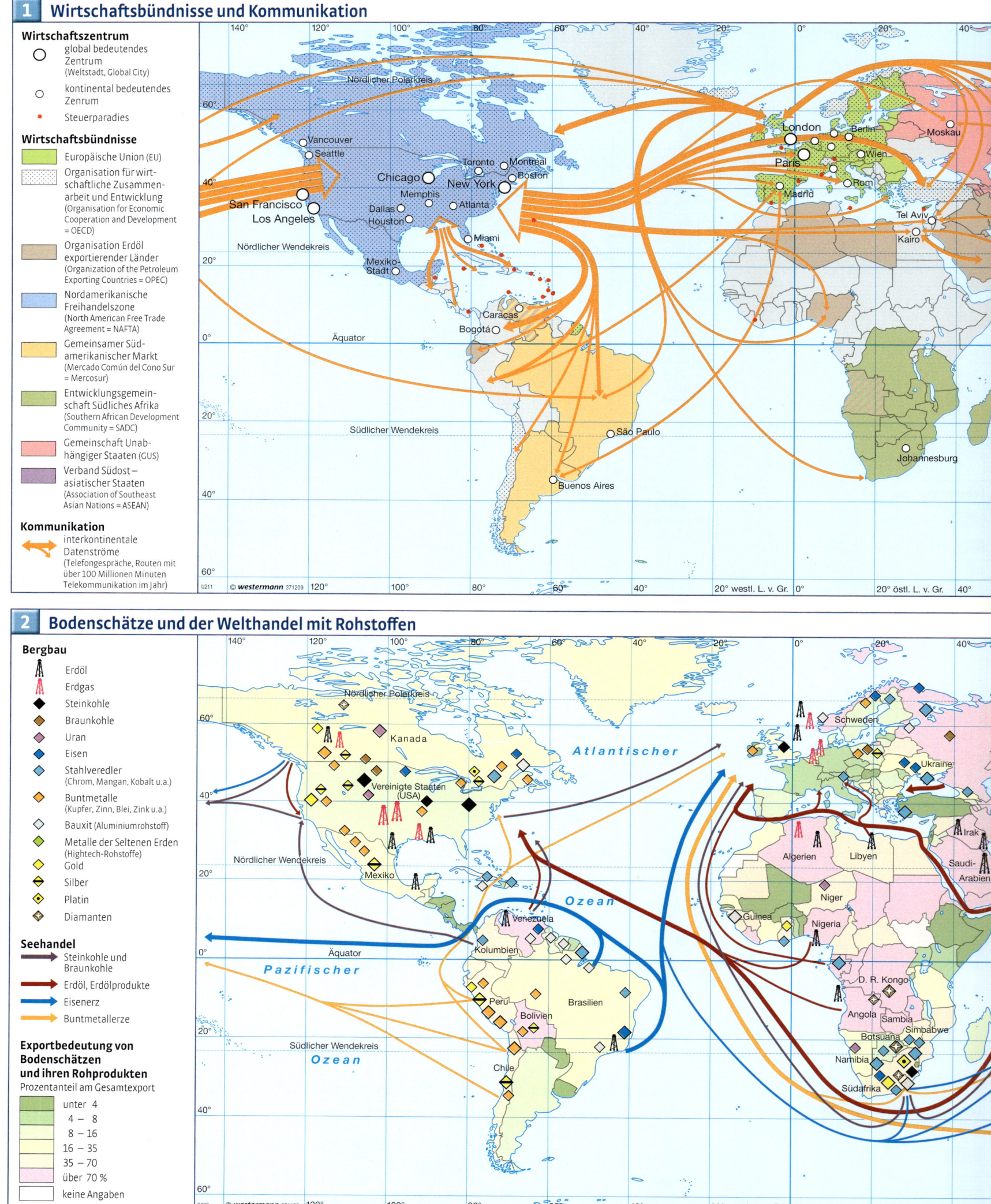

1 Wirtschaftsbündnisse und Kommunikation

Wirtschaftszentrum

○ global bedeutendes Zentrum (Weltstadt, Global City)

○ kontinental bedeutendes Zenrum

• Steuerparadies

Wirtschaftsbündnisse

- Europäische Union (EU)
- Organisation für wirtschaftliche Zusammenarbeit und Entwicklung (Organisation for Economic Cooperation and Development = OECD)
- Organisation Erdöl exportierender Länder (Organization of the Petroleum Exporting Countries = OPEC)
- Nordamerikanische Freihandelszone (North American Free Trade Agreement = NAFTA)
- Gemeinsamer Südamerikanischer Markt (Mercado Común del Cono Sur = Mercosur)
- Entwicklungsgemeinschaft Südliches Afrika (Southern African Development Community = SADC)
- Gemeinschaft Unabhängiger Staaten (GUS)
- Verband Südost – asiatischer Staaten (Association of Southeast Asian Nations = ASEAN)

Kommunikation

⟷ interkontinentale Datenströme (Telefongespräche, Routen mit über 100 Millionen Minuten Telekommunikation im Jahr)

© westermann 371209

2 Bodenschätze und der Welthandel mit Rohstoffen

Bergbau

- Erdöl
- Erdgas
- Steinkohle
- Braunkohle
- Uran
- Eisen
- Stahlveredler (Chrom, Mangan, Kobalt u.a.)
- Buntmetalle (Kupfer, Zinn, Blei, Zink u.a.)
- Bauxit (Aluminiumrohstoff)
- Metalle der Seltenen Erden (Hightech-Rohstoffe)
- Gold
- Silber
- Platin
- Diamanten

Seehandel

→ Steinkohle und Braunkohle

→ Erdöl, Erdölprodukte

→ Eisenerz

→ Buntmetallerze

Exportbedeutung von Bodenschätzen und ihren Rohprodukten
Prozentanteil am Gesamtexport

- unter 4
- 4 – 8
- 8 – 16
- 16 – 35
- 35 – 70
- über 70 %
- keine Angaben

© westermann 351109

Maßstab 1 : 120 000 000 *

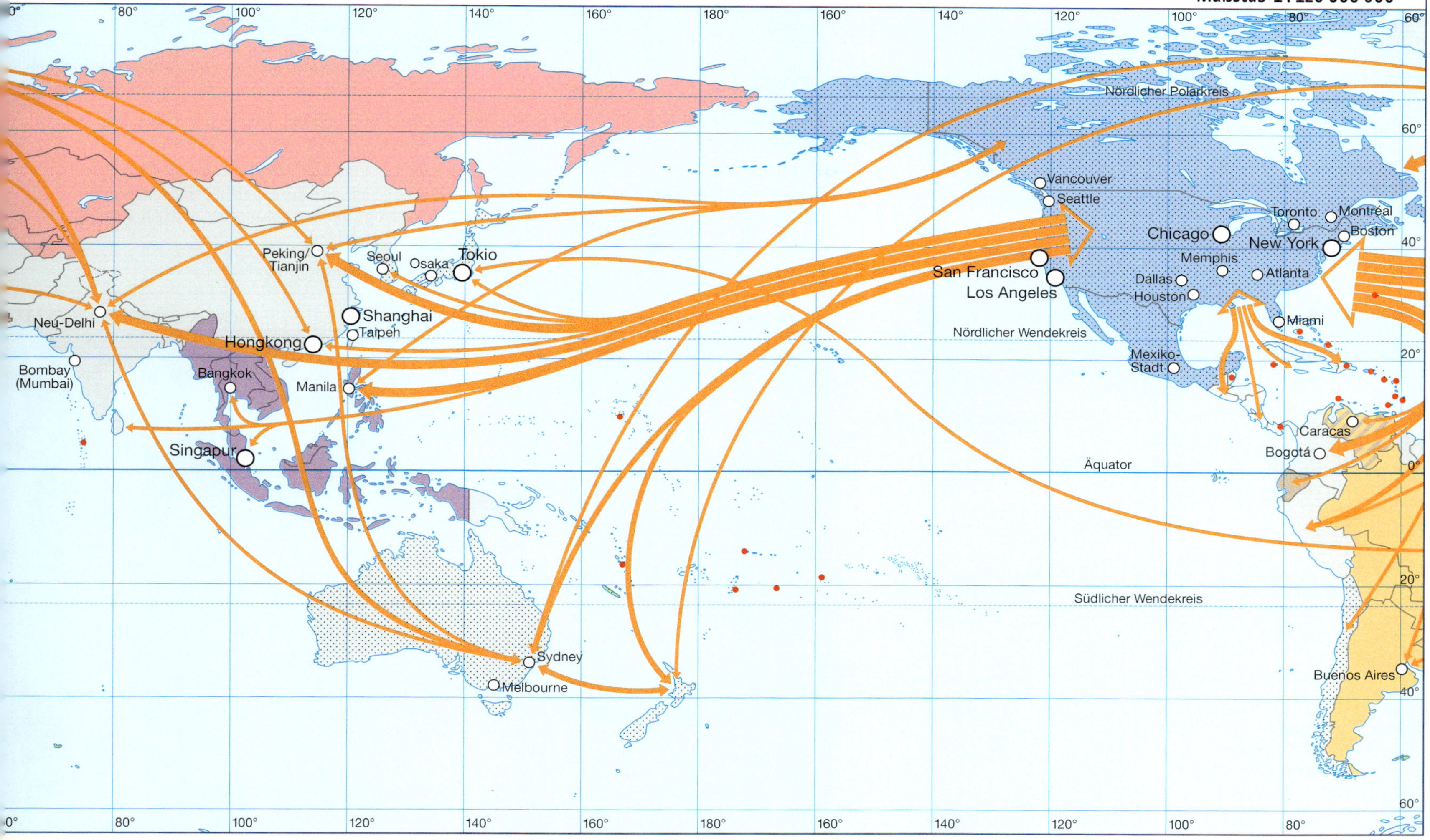
Nördlicher Polarkreis
Vancouver
Seattle
Toronto
Montreal
Boston
Chicago
New York
Memphis
Atlanta
San Francisco
Los Angeles
Dallas
Houston
Miami
Nördlicher Wendekreis
Mexiko-Stadt
Caracas
Bogotá
Äquator
Südlicher Wendekreis
Buenos Aires
Peking/Tianjin
Seoul
Osaka
Tokio
Shanghai
Taipeh
Neu-Delhi
Hongkong
Bombay (Mumbai)
Bangkok
Manila
Singapur
Sydney
Melbourne

Maßstab 1 : 120 000 000 *

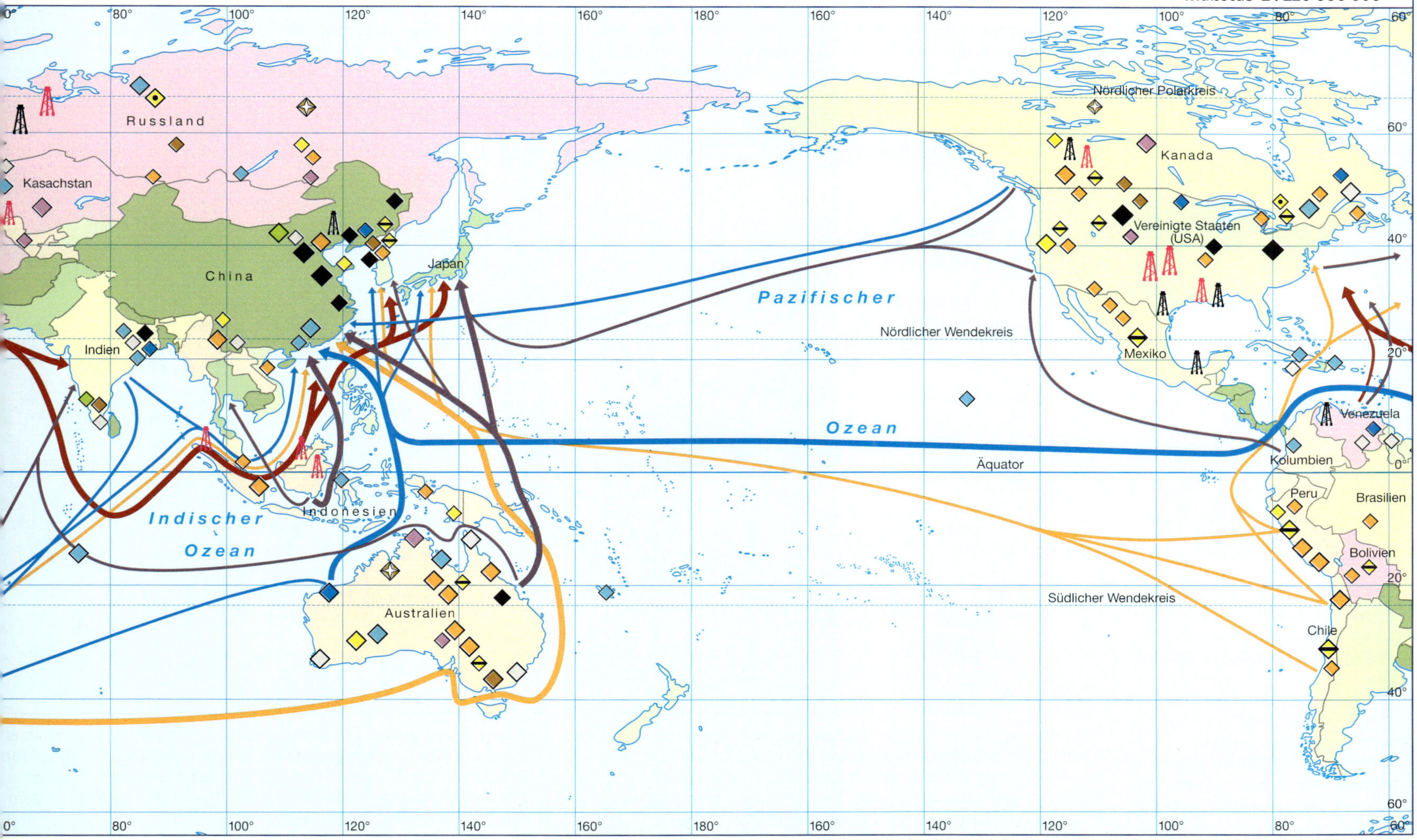
Russland
Kasachstan
China
Japan
Indien
Indonesien
Indischer Ozean
Australien
Pazifischer Ozean
Nördlicher Polarkreis
Kanada
Vereinigte Staaten (USA)
Nördlicher Wendekreis
Mexiko
Venezuela
Kolumbien
Äquator
Peru
Brasilien
Bolivien
Südlicher Wendekreis
Chile

* Die Karten auf dieser Seite wurden so entworfen, dass sowohl die Breitenkreise als auch die Längenhalbkreise als gerade Strecken abgebildet werden und sich überall rechtwinklig schneiden. Bei dieser sogenannten Zylinderprojektion kann die Erdoberfläche mehrfach abgebildet werden. Der Maßstab 1 : 120 000 000 gilt nur am Äquator und in Messrichtung vom Äquator zu den Polen.

Ein Land unter die Lupe nehmen

Um eine Region oder ein Land zu beschreiben, werden die Merkmale, die einen geographischen Raum prägen, untersucht. Dabei sollen typische oder besondere Kennzeichen des Raumes herausgestellt werden. Ein Raum kann umfassend und systematisch oder unter einem ausgewählten Gesichtspunkt (z.B. Bevölkerung) betrachtet werden.

Kulturraum
Religion, Sprache, Tradition, Bauweise, Kleidung

Politik und Geschichte
politische Verhältnisse, geschichtliche Entwicklung

Verkehrsraum
Kraftfahrzeug-, Eisenbahn-, Luft- und Wasserverkehr

Wirtschaftsraum
Landwirtschaft, Bergbau, Industrie, Dienstleistungen, Tourismus

Bevölkerung
Bevölkerungsdichte, Bevölkerungsverteilung, Städte und Dörfer, soziale Aspekte (z. B. Einkommen, Altersaufbau)

Naturraum
Oberflächenformen, Boden, Landschaften, Gewässer, Klima, Pflanzen- und Tierwelt

Gesamtraum

Zur Einordnung des Raumes ist es sinnvoll, ihn zu Beginn im größeren Zusammenhang zu betrachten. Für ein Land bieten sich dazu Weltkarten an.
Spezifische Informationen können dann den Detailkarten des Kontinents entnommen werden. Hinweise auf Spezialthemen und besondere Kennzeichen des Raumes können Fallbeispielkarten geben.

1 Indien – Allgemeine Informationen aus Weltkarten

- Physische Übersicht, Buchdeckel vorne innen:
  - **Lage:** Asien
- Politische Übersicht, Buchdeckel hinten innen:
  - **Hauptstadt:** Neu-Delhi
  - **Nachbarstaaten:** Pakistan, China, Nepal, Bhutan, Myanmar, Bangladesch
- Staaten – Flaggen und Statistik, Seite 208/209:
  - **Flagge, Autokennzeichen, Fläche, Einwohnerzahl:**

🇮🇳	(IND) **Indien**		3 287 263	*(7)*
			1 139 965 000	*(2)*

- Entwicklungsstand, Seite 184/185:
  - **Lebensbedingungen:** mittelmäßig bis schlecht
  - **Bruttoinlandsprodukt:** unteres mittleres Einkommen
  - **Lese- und Schreibkundige:** 50-75 % der Bevölkerung
- Religionen, Seite 183:
  - **Religion:** überwiegend Hinduismus

! Es ist hilfreich die Angaben und Kennzeichen in Bezug zu einem bekannten Land (z.B. Deutschland) zu betrachten.

2 Indien – Relief   Kartenausschnitt Seite 100

Die physische Karte gibt Auskunft über die Oberflächenformen Indiens. Im Norden markiert der Himalaya die Grenze zum übrigen Asien. Südlich davon erstrecken sich die großen Stromebenen. Im Süden Indiens liegt das Hochland von Dekkan, das durch zwei Gebirge, die West- und die Ostghats begrenzt wird.

3 Indien – Klima   Kartenausschnitt Seite 176 / 177

In Indien herrschen regional unterschiedliche klimatische Bedingungen vor. Der Süden Indiens ist von einem ariden und semiariden Klima der Tropen geprägt. Im Norden herrscht ein subtropisches Höhenklima. Jahreszeitlich werden die klimatischen Verhältnisse durch den Monsun (Seite 105) bestimmt.

4 Indien – Bevölkerung   vergrößerter Kartenausschnitt Seite 103

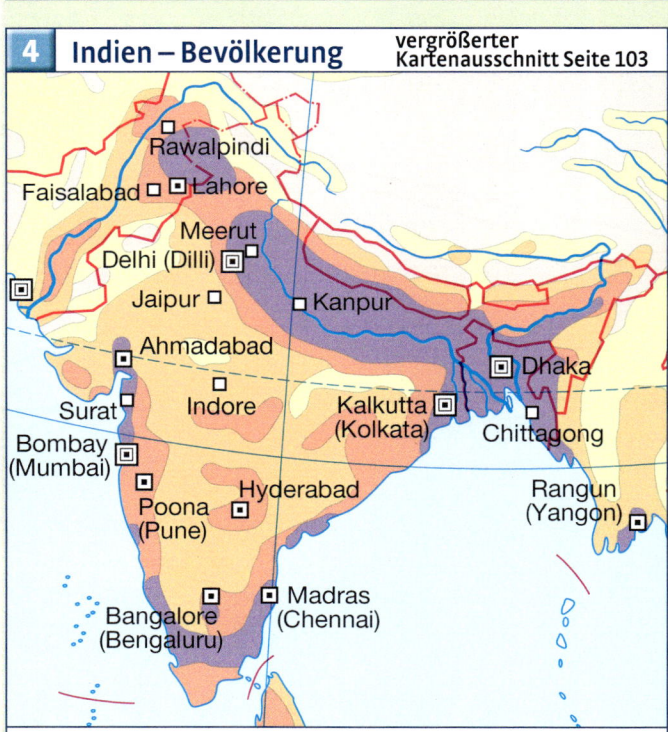

Indien ist das Land mit der zweithöchsten Bevölkerung weltweit. Der Kartenausschnitt zeigt, dass die Bevölkerung ungleichmäßig verteilt ist. In Verbindung mit Karte 1 ist festzustellen, dass vor allem in den Schwemmlandebenen der großen Flüsse und in den Küstenregionen eine sehr hohe Bevölkerungsdichte vorherrscht.

5 Indien – Landwirtschaft   Kartenausschnitt Seite 104

Im Bewässerungsland der Stromebenen und an der Ostküste dominieren intensive Nutzpflanzen (Reis und Weizen). Im trockeneren Hochland von Dekkan wird überwiegend Hirse angebaut. Exportprodukte sind unter anderem Baumwolle, Zuckerrohr und Tee. Der hohe Bestand an Rindern spielt für die Ernährung keine Rolle.

Linien-, Säulen- und Kreisdiagramme

In einem **Diagramm** werden Zahlen als Bild dargestellt. So kann man die Zahlenwerte schnell erkennen und miteinander vergleichen.

Die bildhafte Darstellung kann aus Linien, Flächen, Säulen, Balken, kleinen Quadraten (Rahmen) oder Kreisen bestehen, die den Diagrammen meist auch ihren Namen geben: Liniendiagramm, Säulendiagramm, Kreisdiagramm usw.

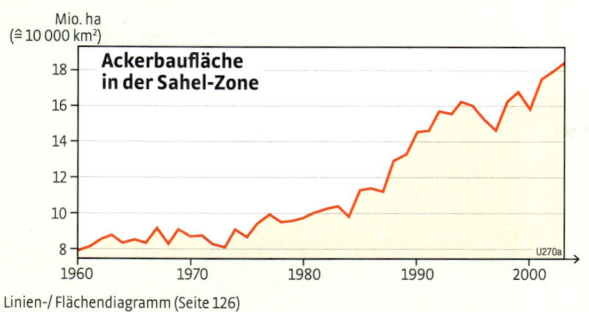

Mio. ha (≙ 10 000 km²)
Ackerbaufläche in der Sahel-Zone

Linien-/ Flächendiagramm (Seite 126)

Hochhäuser in Tokio
Anzahl

102 123 138 148 169 193 213 237
'01 '02 '03 '04 '05 '06 '07 2008

193 davon Hochhäuser über 30 Etagen

Säulendiagramm (Seite 108; in gekippter Form ⇒ Balkendiagramm)

Stromerzeugung nach Energieträgern in Deutschland
Stromerzeugung 2009 (insgesamt 596,8 Mrd. kWh)

Sonstige Energiequellen 5%
Steinkohle 18%
Erdgas 13%
Braunkohle 25%
Regenerative Energie 16%
Kernenergie 23%

Kreisdiagramm (Seite 46)

---

1 Diagramme und Karten zusammen betrachten

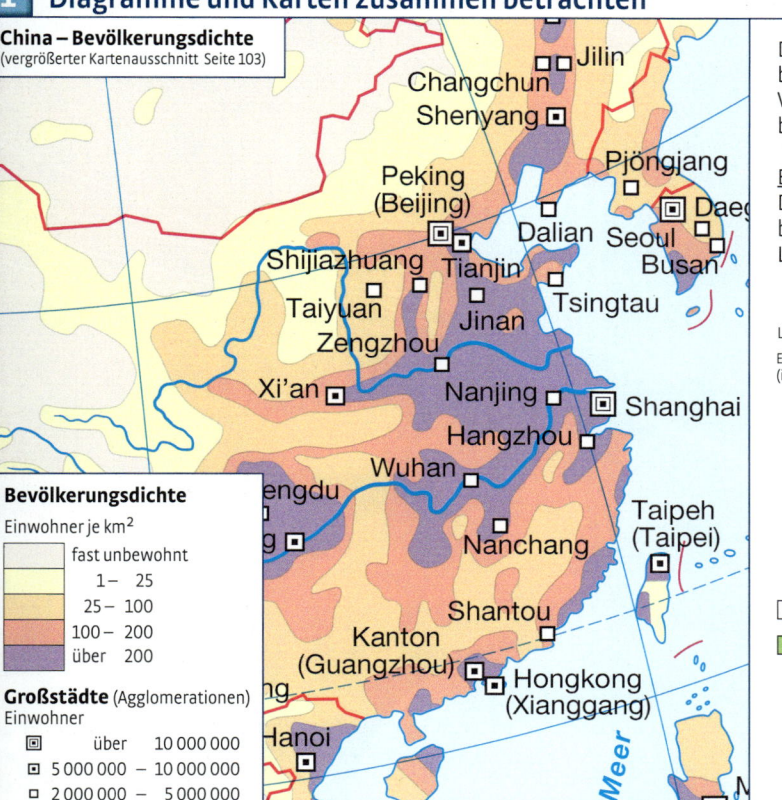

China – Bevölkerungsdichte
(vergrößerter Kartenausschnitt Seite 103)

Bevölkerungsdichte
Einwohner je km²

fast unbewohnt
1 – 25
25 – 100
100 – 200
über 200

Großstädte (Agglomerationen)
Einwohner
über 10 000 000
5 000 000 – 10 000 000
2 000 000 – 5 000 000

Diagramme und die Zahlen, auf denen sie beruhen, dienen der Ergänzung oder Vertiefung des Kartenthemas oder eines bestimmten Aspektes einer Karte.

Beispiel:
Diagramm zur Entwicklung der Gesamtbevölkerung und der Anteile von Stadt- und Landbevölkerung in China 1950 – 2050.

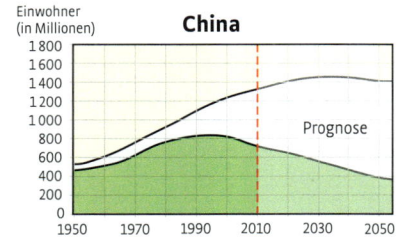

Linien-/ Flächendiagramm (Seite 102)
Einwohner (in Millionen)
China
Prognose

☐ Stadtbevölkerung
■ Landbevölkerung

Zusammen mit der Bevölkerungsdichtekarte von China, die auch die städtischen Ballungsräume zeigt, können folgende Fragen zum Thema Bevölkerung in China gestellt werden:

1. Wie groß ist der Anteil der Stadtbevölkerung gegenüber der Landbevölkerung in China?

2. Wie hat sich beides bis heute entwickelt – wie ist die Prognose für die Zukunft?

3. Wie spiegeln sich die Diagrammwerte in der Karte? Dazu kann auch Deutschland als Größenvergleich herangezogen werden:

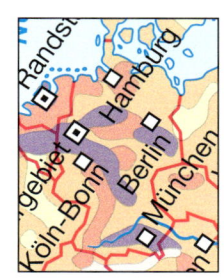

Bevölkerungsdichte von Deutschland
(vergrößerter Kartenausschnitt Seite 103)

4. Wie wird die zukünftige Bevölkerungsentwicklung die Karte verändern?

---

2 Klimadiagramme verstehen

Ein **Klimadiagramm** (Darstellung nach Köppen/Geiger) besteht aus einem Säulendiagramm mit den durchschnittlichen Monatssummen aller Niederschläge und aus einem Kurvendiagramm mit den Monatswerten der Durchschnittstemperatur.

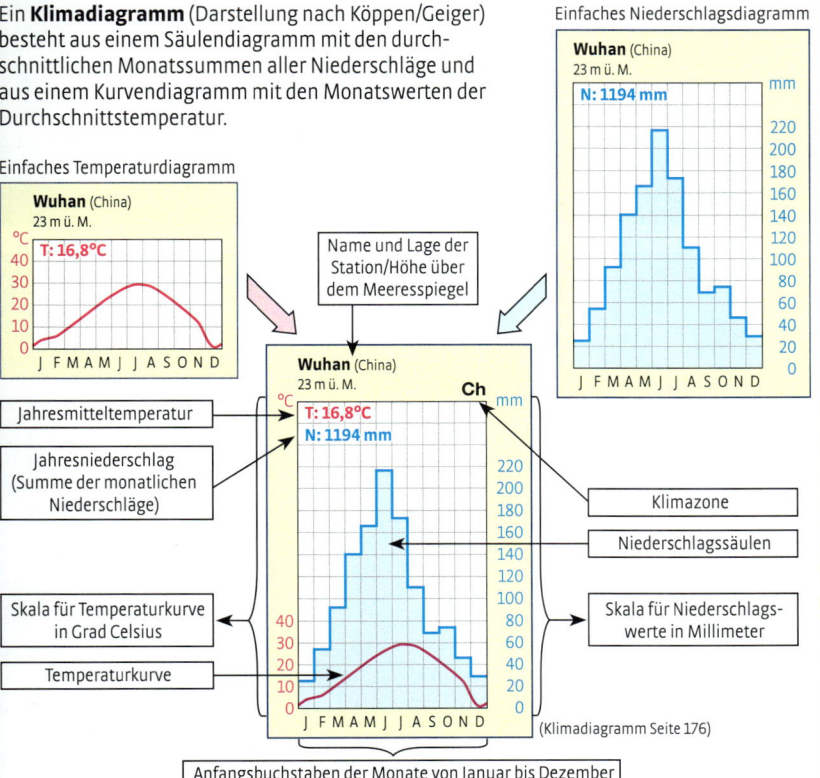

Einfaches Temperaturdiagramm
Wuhan (China)
23 m ü. M.
T: 16,8°C

Einfaches Niederschlagsdiagramm
Wuhan (China)
23 m ü. M.
N: 1194 mm

Name und Lage der Station/Höhe über dem Meeresspiegel

Wuhan (China)
23 m ü. M.
T: 16,8°C
N: 1194 mm
Ch

Jahresmitteltemperatur

Jahresniederschlag (Summe der monatlichen Niederschläge)

Klimazone

Niederschlagssäulen

Skala für Temperaturkurve in Grad Celsius

Skala für Niederschlagswerte in Millimeter

Temperaturkurve

Anfangsbuchstaben der Monate von Januar bis Dezember

(Klimadiagramm Seite 176)

---

3 Altersdiagramme verstehen

Ein **Altersdiagramm** besteht aus zwei Balkendiagrammen, die links den Anteil der männlichen und rechts den Anteil der weiblichen Bevölkerung eines Altersjahrgangs oder einer Altersgruppe an der Gesamtbevölkerung eines Landes zeigen.

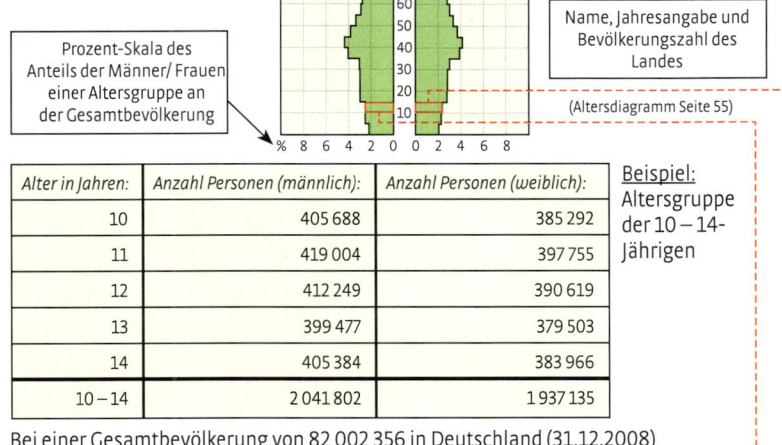

Alter in Jahren
Männer **Frauen**

Skala der Altersjahre

Prozent-Skala des Anteils der Männer/ Frauen einer Altersgruppe an der Gesamtbevölkerung

Deutschland 2008
82 Millionen Einwohner

Name, Jahresangabe und Bevölkerungszahl des Landes

(Altersdiagramm Seite 55)

Beispiel: Altersgruppe der 10 – 14-Jährigen

Alter in Jahren:	Anzahl Personen (männlich):	Anzahl Personen (weiblich):
10	405 688	385 292
11	419 004	397 755
12	412 249	390 619
13	399 477	379 503
14	405 384	383 966
10 – 14	2 041 802	1 937 135

Bei einer Gesamtbevölkerung von 82 002 356 in Deutschland (31.12.2008) ergeben sich folgende Anteile:

$$\frac{2\,041\,802}{82\,002\,356} * 100 = 2{,}49...\%$$ (Prozentanteil der 10 – 14 jährigen Männer) 2,49%

$$\frac{1\,937\,135}{82\,002\,356} * 100 = 2{,}36...\%$$ (Prozentanteil der 10 – 14 jährigen Frauen) 2,36%

1 Milchstraßensystem (Galaxis)

Sonne

26 000 Lichtjahre

© westermann U802

2 Das Sonnensystem

Unsere Sonne ist ein Stern in der Milchstraße. Ein Stern ist eine glühende Gaskugel mit sehr großer Masse. Die Sonne wird von 8 Planeten umkreist. Planeten leuchten nicht selbst, sondern reflektieren das Sonnenlicht. Einige Planeten werden von kleinen Himmelskörpern begleitet, die man Monde nennt. Sonne, Planeten und Monde bilden das Sonnensystem.

Neptun

© westermann U800

3 Größenvergleich Sonne und Planeten

Pluto
(Zwergplanet)

Neptun

Uranus

Saturn

Jupiter

Protuberanz

Mars

Erde

Venus

Merkur

Sonne
Durchmesser 1 392 500 km
Planetengrößen maßstabsgetreu

© westermann U804

4 Erde aus Mondsicht

5 Die Mondphasen

© westermann J801

1   2   3   4   5   6   7

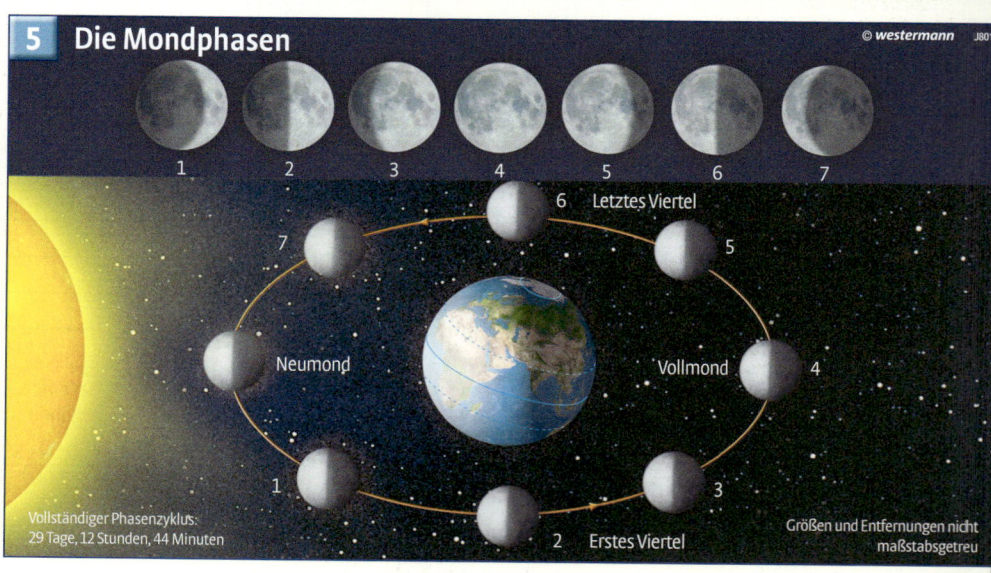

6 Letztes Viertel

7   5

Neumond   Vollmond   4

1   3

2 Erstes Viertel

Vollständiger Phasenzyklus:
29 Tage, 12 Stunden, 44 Minuten

Größen und Entfernungen nicht maßstabsgetreu

Pluto
(Zwergplanet)

Uranus

Erde

Merkur Venus

Sonne

Mars

Saturn

Jupiter

Planet	Astronomisches Symbol	Zahl der Monde	Äquator- durchmesser	Rotationsperiode (Zeit für eine Eigenumdrehung)			mittlere Entfernung von der Sonne	Umlaufzeit
			km	d	h	min	Mio. km	Erdjahre
Merkur	☿	0	4 878	58	15	30	57,91	0,24
Venus	♀	0	12 104	243	0	26	108,21	0,62
Erde	♂	1	12 742		23	56	149,60	1,00
Mars	♂	2	6 774		24	37	227,94	1,88
Jupiter	♃	66	142 984		9	50	778,30	11,86
Saturn	♄	62	120 660		10	14	1 427,01	29,46
Uranus	♅	27	51 118		17	14	2 884,00	84,67
Neptun	♆	13	49 528		16	6	4 509,00	165,49
Pluto (Zwergplanet)	♇	3	2 300	6	9	17	5 966,00	247,70

Stand Dezember 2013

6 Die Bahn der Erde um die Sonne / Jahreszeiten

westermann U805

20. März
Tag- und Nachtgleiche im Frühling

3. Januar
Sonnennähe
(Perihel)
147 Mio km

Frühling

Winter

21. Juni
Sommersonnenwende

4. Juli
Sonnenferne
(Aphel)
152 Mio km

21. Dezember
Wintersonnenwende

Sommer

Herbst

23. September
Tag- und Nachtgleiche im Herbst

Jahreszeitenangaben gelten für die nördliche Halbkugel der Erde

Größen und Entfernungen nicht maßstabsgetreu

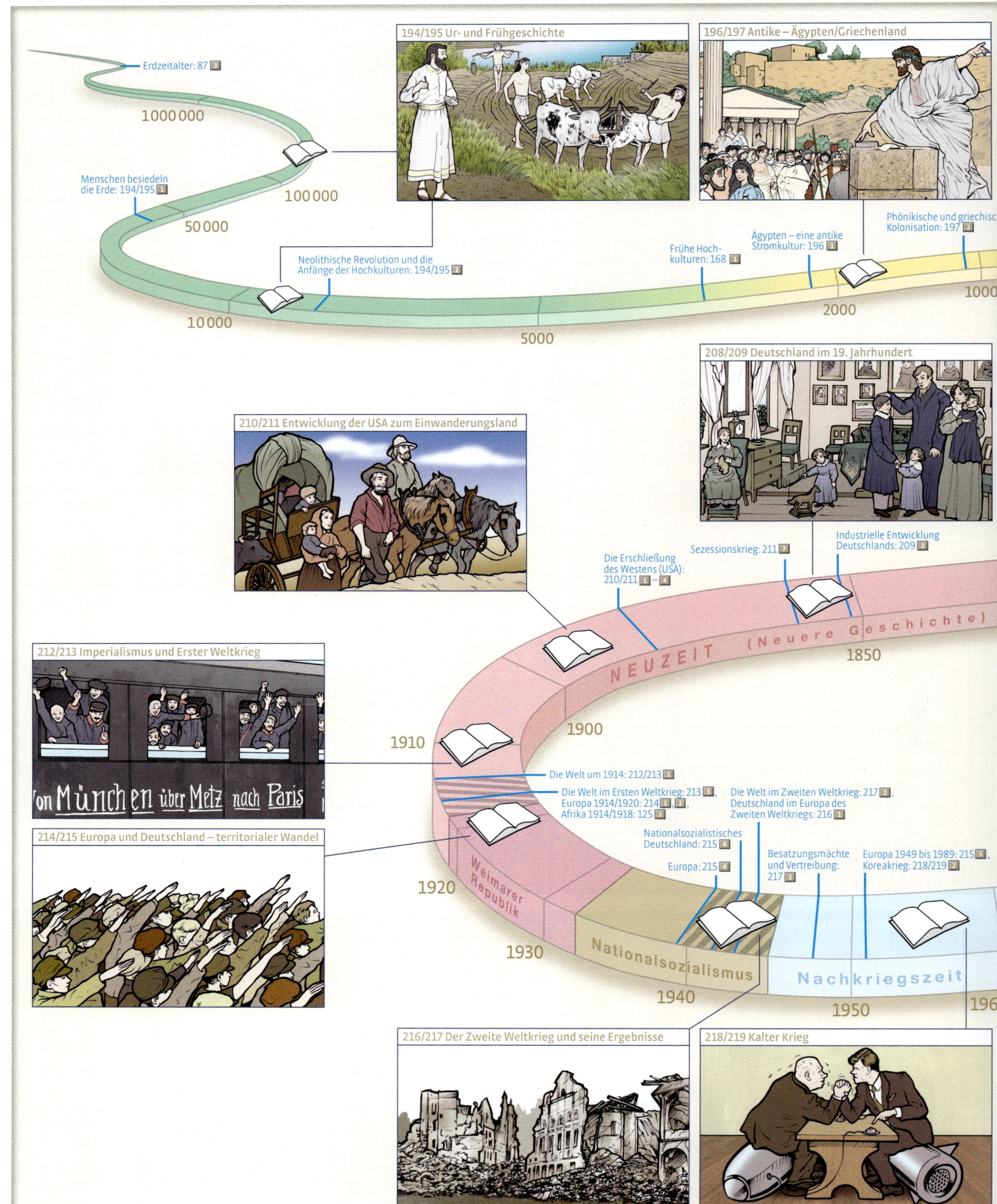

Erdzeitalter: 87 [3]

1000 000

100 000

Menschen besiedeln
die Erde: 194/195 [1]

50 000

194/195 Ur- und Frühgeschichte

196/197 Antike – Ägypten/Griechenland

Neolithische Revolution und die
Anfänge der Hochkulturen: 194/195 [2]

Frühe Hoch-
kulturen: 168 [1]

Ägypten – eine antike
Stromkultur: 196 [1]

Phönikische und griechisc[he]
Kolonisation: 197 [2]

10 000

5000

2000

1000

208/209 Deutschland im 19. Jahrhundert

210/211 Entwicklung der USA zum Einwanderungsland

Sezessionskrieg: 211 [7]

Industrielle Entwicklung
Deutschlands: 209 [3]

Die Erschließung
des Westens (USA):
210/211 [1] – [4]

NEUZEIT (Neuere Geschichte)

1850

212/213 Imperialismus und Erster Weltkrieg

1910

1900

von München über Metz nach Paris

Die Welt um 1914: 212/213 [1]

Die Welt im Ersten Weltkrieg: 213 [3],
Europa 1914/1920: 214 [1], [2],
Afrika 1914/1918: 125 [2]

Die Welt im Zweiten Weltkrieg: 217 [2],
Deutschland im Europa des
Zweiten Weltkriegs: 216 [1]

214/215 Europa und Deutschland – territorialer Wandel

Nationalsozialistisches
Deutschland: 215 [6]

Europa: 215 [4]

Besatzungsmächte
und Vertreibung:
217 [5]

Europa 1949 bis 1989: 215 [5]
Koreakrieg: 218/219 [2]

1920

Weimarer
Republik

1930

Nationalsozialismus

Nachkriegszeit

1940

1950

196[0]

216/217 Der Zweite Weltkrieg und seine Ergebnisse

218/219 Kalter Krieg

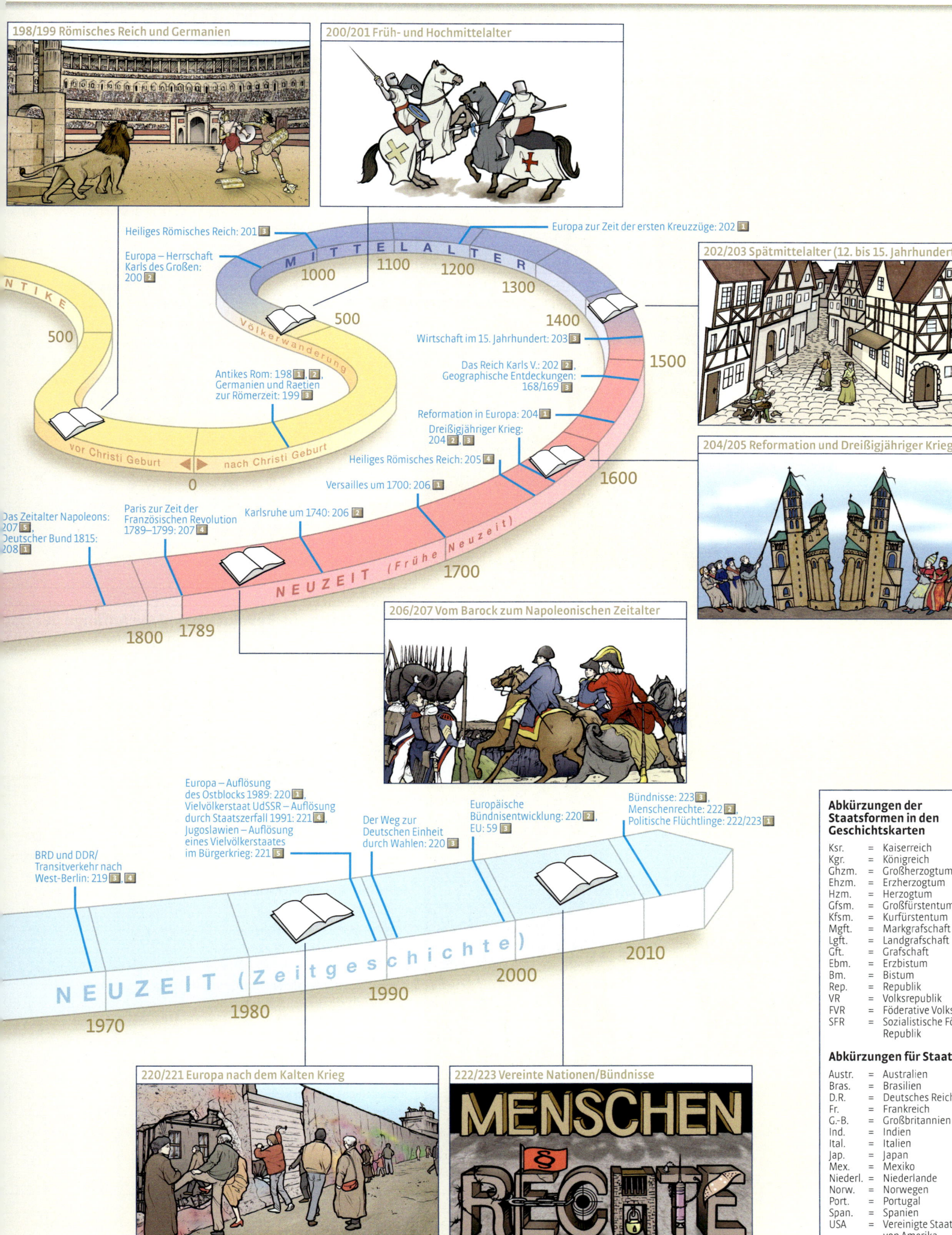

198/199 Römisches Reich und Germanien

200/201 Früh- und Hochmittelalter

ANTIKE

MITTELALTER

Heiliges Römisches Reich: 201 [3]

Europa – Herrschaft Karls des Großen: 200 [2]

Europa zur Zeit der ersten Kreuzzüge: 202 [1]

202/203 Spätmittelalter (12. bis 15. Jahrhundert)

Völkerwanderung

Wirtschaft im 15. Jahrhundert: 203 [3]

Antikes Rom: 198 [1], [2], Germanien und Raetien zur Römerzeit: 199 [3]

Das Reich Karls V.: 202 [2], Geographische Entdeckungen: 168/169 [3]

vor Christi Geburt ◄► nach Christi Geburt

Reformation in Europa: 204 [1]

Dreißigjähriger Krieg: 204 [2], [3]

Heiliges Römisches Reich: 205 [4]

204/205 Reformation und Dreißigjähriger Krieg

Versailles um 1700: 206 [1]

Das Zeitalter Napoleons: 207 [5], Deutscher Bund 1815: 208 [1]

Paris zur Zeit der Französischen Revolution 1789–1799: 207 [4]

Karlsruhe um 1740: 206 [2]

NEUZEIT (Frühe Neuzeit)

206/207 Vom Barock zum Napoleonischen Zeitalter

Europa – Auflösung des Ostblocks 1989: 220 [1], Vielvölkerstaat UdSSR – Auflösung durch Staatszerfall 1991: 221 [4], Jugoslawien – Auflösung eines Vielvölkerstaates im Bürgerkrieg: 221 [5]

Der Weg zur Deutschen Einheit durch Wahlen: 220 [3]

Europäische Bündnisentwicklung: 220 [2], EU: 59 [3]

Bündnisse: 223 [3], Menschenrechte: 222 [2], Politische Flüchtlinge: 222/223 [1]

BRD und DDR/ Transitverkehr nach West-Berlin: 219 [3], [4]

NEUZEIT (Zeitgeschichte)

220/221 Europa nach dem Kalten Krieg

222/223 Vereinte Nationen/Bündnisse

MENSCHEN RECHTE

Abkürzungen der Staatsformen in den Geschichtskarten

Ksr.	=	Kaiserreich
Kgr.	=	Königreich
Ghzm.	=	Großherzogtum
Ehzm.	=	Erzherzogtum
Hzm.	=	Herzogtum
Gfsm.	=	Großfürstentum
Kfsm.	=	Kurfürstentum
Mgft.	=	Markgrafschaft
Lgft.	=	Landgrafschaft
Gft.	=	Grafschaft
Ebm.	=	Erzbistum
Bm.	=	Bistum
Rep.	=	Republik
VR	=	Volksrepublik
FVR	=	Föderative Volksrepublik
SFR	=	Sozialistische Föderative Republik

Abkürzungen für Staaten

Austr.	=	Australien
Bras.	=	Brasilien
D.R.	=	Deutsches Reich
Fr.	=	Frankreich
G.-B.	=	Großbritannien
Ind.	=	Indien
Ital.	=	Italien
Jap.	=	Japan
Mex.	=	Mexiko
Niederl.	=	Niederlande
Norw.	=	Norwegen
Port.	=	Portugal
Span.	=	Spanien
USA	=	Vereinigte Staaten von Amerika

▲ Vormensch (Australopithecus)

■ Frühmensch (Homo erectus)

● Altmensch (Homo neanderthalensis)

Jetztmensch (Homo sapiens sapiens)

1 Menschen besiedeln die Erde

Vegetation vor 18 000 Jahren, auf dem Höhepunkt der Würmkaltzeit
(115 000 bis 10 000 vor heute)

- Eis vor 18 000 Jahren
- Küste vor 18 000
- Eis vor 10 000 Jahren
- 3300 Eisdicke in Meter
- Packeisgürtel
- Tundra
- Steppe
- nördlicher Nadelwald
- Nadel- und Laubwald
- Halbwüste und Wüste
- Savanne
- Regenwald

Entwicklung des Menschen

Funde von
- ▲ Vormensch
- ■ Frühmensch
- ⬭ wahrscheinliches Ursprungsgebiet der Menschen
- ● Altmensch (Homo neanderthalensis)
- ⬭ Verbreitungsgebiet des Altmenschen
- ⚬ Jetztmensch (Homo sapiens sapiens)
- ➔ Ausbreitung der Jetztmenschen
- 12 000 Alter der Funde des Jetztmenschen

2 Neolithische Revolution und die Anfänge der Hoc

Natürliche Vegetation der Nacheiszeit

- Eis
- 3000 Eisdicke in Meter
- Packeisgürtel
- Tundra
- nördlicher Nadelwald
- Steppe
- Nadel- und Laubwald
- Halbwüste und Wüste
- Savanne
- Regenwald

Entwicklung der Landwirtschaft

frühester Nachweis von
- Töpferei (Vorratshaltung)
- Pflugbau und Dorfkultur
- 6 000 Alter der Funde
- Wein Herkunft der Nutzpflanzen und Nutztiere

Erste Städte
- ● Stadt im Kerngebiet städtischer Hochkultur

Kennzeichen der Zivilisation früher Hochkulturen (siehe Bild)
1. feste Siedlungen, Tempelbau (Zikkurat)
2. Vorratshaltung (Töpferei)
3. Bewässerung (Schöpfanlagen, Kanäle)
4. Ackerbau und Viehzucht (Pflugbau)
5. Schrift (Keilschrifttafel)

Neolithische Revolution durch frühe Landwirtschaft und ersten Städtebau (Zweistromland)

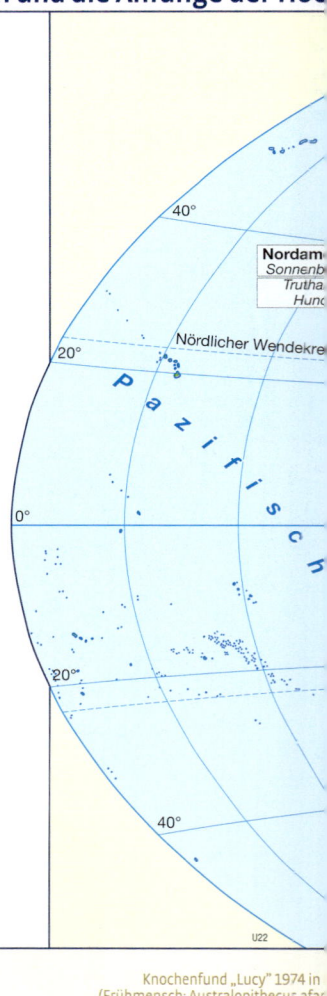

Schädel des Sahelanthropus 2001 im Norden des Tschad (Djurab-Wüste) gefunden

Knochenfund „Lucy" 1974 in (Frühmensch: Australopithecus afar

7 000 000   6 000 000   5 000 000   4 000 000   3 5

Erste Karte

Maßstab 1 : 130 000 000

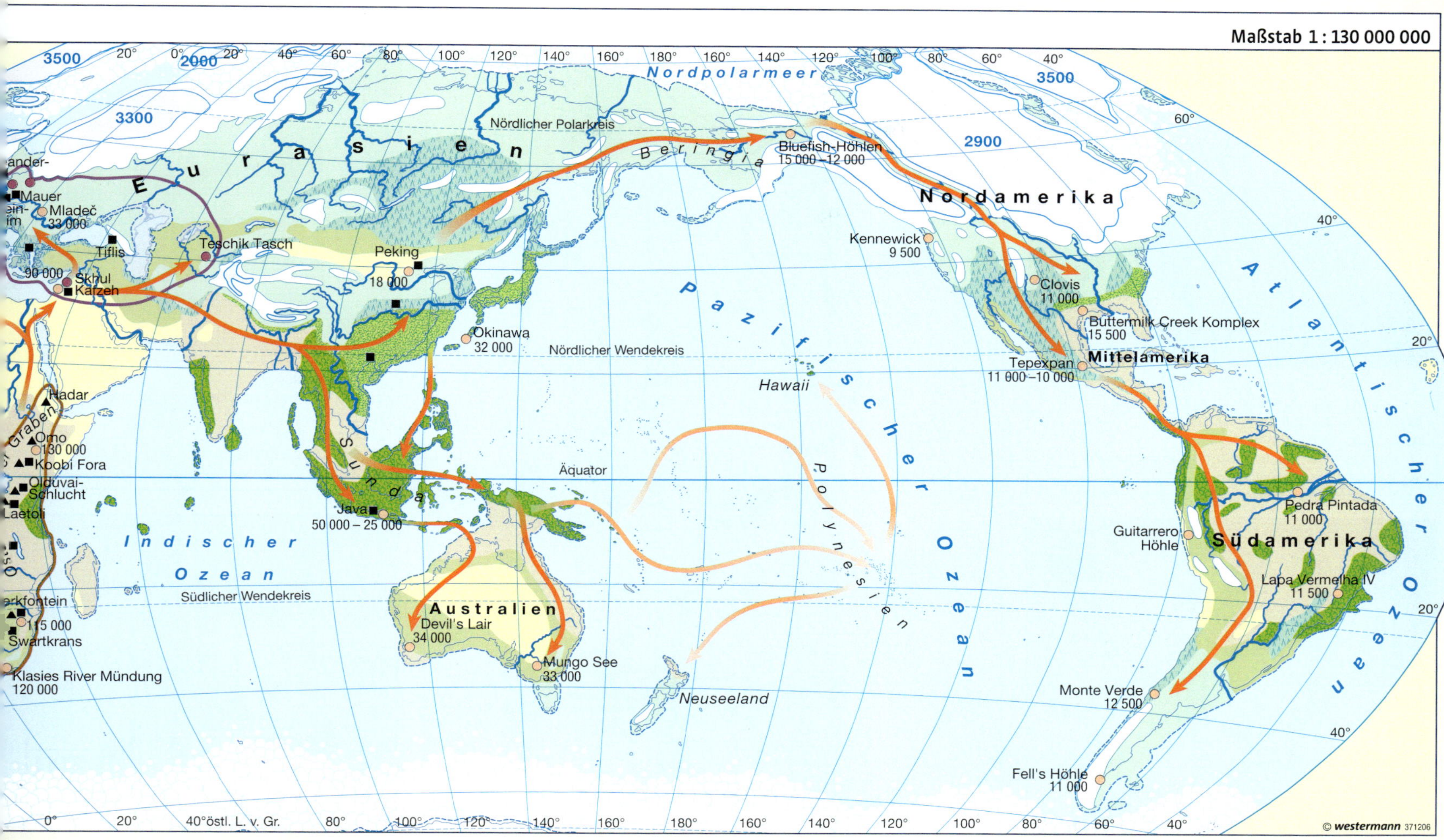

Nordpolarmeer

Eurasien

Beringia

Nordamerika

Bluefish-Höhlen
15 000–12 000

Nördlicher Polarkreis

2900

3500

Alexander-
...ein
...im

Mauer
Mladeč
33 000

Tiflis

Teschik Tasch

Peking
18 000

Skhul
Kafzeh

90 000

Kennewick
9 500

Clovis
11 000

Buttermilk Creek Komplex
15 500

Okinawa
32 000

Nördlicher Wendekreis

Tepexpan
11 000–10 000

Mittelamerika

Hawaii

Hadar

Omo
130 000

Koobi Fora

Olduvai-
Schlucht

Laetoli

Sunda

Java
50 000–25 000

Äquator

Polynesien

Pazifischer Ozean

Atlantischer Ozean

Pedra Pintada
11 000

Guitarrero
Höhle

Südamerika

Indischer
Ozean

Südlicher Wendekreis

Australien

Devil's Lair
34 000

Mungo See
33 000

Neuseeland

Lapa Vermelha IV
11 500

Monte Verde
12 500

...kfontein

1 15 000

Swartkrans

Klasies River Mündung
120 000

Fell's Höhle
11 000

© westermann 371206

...ulturen

Maßstab 1 : 130 000 000

Nordpolarmeer

3000

Nördlicher Polarkreis

Eurasien

Nordamerika

Wolga

Don

Ob

Jenissei

Irdysch

Amur

China

Huang-He

Pazifischer
Ozean

3 000

4 300

Colorado

5 500

5 500

7 000

Südeuropa
Mohn
Hafer
Olive
Wein

Hund
Pferd

7 500

Pferd

Rispenhirse

7 000

7 000

Mittelamerika
Bohne
Baumwolle
Mais
Kürbis
Paprika
Süßkartoffel
Maniok
Avocado
Kakao

7 000

Donau

7 000

8 000

8 000

Çatal
Hüyük

Zweihöckriges
Kamel

Assur
11 000

Susa

7 000

8 000

Erlitou

Zheng Zhou
7 000

7 000

China
Reis
Sojabohne
Tee
Zitrusfrüchte
Schwein
Seidenraupe

7 500

Esel
Katze

Jericho

Babylon

Eridu

Harappa

Mohenjo
Daro

7 000

Lothal

Indien
Wassermelone
Baumwolle
Zeburind
Wasserbüffel
Huhn

Memphis

Theben

Hierakon-
polis

Orient
Weizen
Roggen
Dinkel
Gerste
Einkorn
Emmer
Dattelpalme
Flachs
Erbse
Linse
Zwiebel
Schaf
Ziege
Rind
Schwein
Hund

Indus

Ganges

Indien

Südostasien
Reis
Zitrusfrüchte
Huhn

Nil

Westafrika
Yamswurzel
Ölpalme

Niger

Afrika

Kongo

Sorghum-
Hirse
Kaffee
8 000

Äquator

Mittelmeer

**Malaiischer
Archipel**
Banane
Kokosnuss

Neuguinea
Zuckerrohr

4 000

Neuguinea

Yangtsekiang

6 000

Amazonastiefland
Maniok
Erdnuss
Ananas

Amazonas

Südamerika

5 000

Casma Tal
4 000

Andengebiet
Bohne
Tomate
Kartoffel
Tabak
Lama
Alpaka
Meer-
schweinchen

Südlicher Wendekreis

Indischer
Ozean

Sambesi

Australien

Darling

Pazifischer
Ozean

© westermann 370320

ältestes bisher bekannte Steinwerkzeuge
1986 in Hadar gefunden

Sprache
möglich

früheste Hinweise auf die
Nutzung des Feuers in Koobi Fora

Homo erectus (Frühmensch)
taucht in Europa und Asien auf

steinzeitliche
Werkzeuge

älteste Holzwerkzeuge (acht Speere)
1995 in Schöningen (Deutschland) gefunden

1

2

3 000 000   2 500 000   2 000 000   1 500 000   1 000 000   600 000   400 000   heute

1
- 𓏏 Pyramiden von Gizeh: Cheops, Chephren, Mykerinos (von links oben nach rechts unten)
- 𓏏𓏏 Altägyptische Grabstätten für Pharaonen
- 𓏏𓏏𓏏 ca. 2620–2500 v.Chr.
- ⌐ eines der 7 Weltwunder der Antike – immer bekannt
- ⟲ Stadtrand von Gizeh bei Kairo

2
- 𓏏 Grabkammer und Sarkophag von Tutenchamun
- 𓏏𓏏 unterirdische Grabstätte
- 𓏏𓏏𓏏 ca. 1323 v.Chr.
- ⌐ Tal der Könige bei Theben, 1922
- ⟲ Howard Carter (brit.)
- ⟲ Tal der Könige/Ägyptisches Museum, Kairo

3
- 𓏏 Mumie von Ramses II.
- 𓏏𓏏 einbalsamierter Leichnam
- 𓏏𓏏𓏏 1213 v.Chr.
- ⌐ Deir el-Bahari bei Theben, 1881
- ⟲ Muhammad Abd el-Rassul/Emil Brugsch (dt.)
- ⟲ Ägyptisches Museum, Kairo

Bedeutende ägyptische Kunstsammlungen:
1. Ägyptisches Museum, Kairo (120 000 Objekte)
2. Britisches Museum, London (110 000 Objekte)
3. Neues Museum, Berlin (80 000 Objekte)
4. Louvre-Museum, Paris (50 000 Objekte)
5. Archäologisches Museum, Philadelphia (42 000 Objekte)

1 Ägypten – eine antike Stromkultur

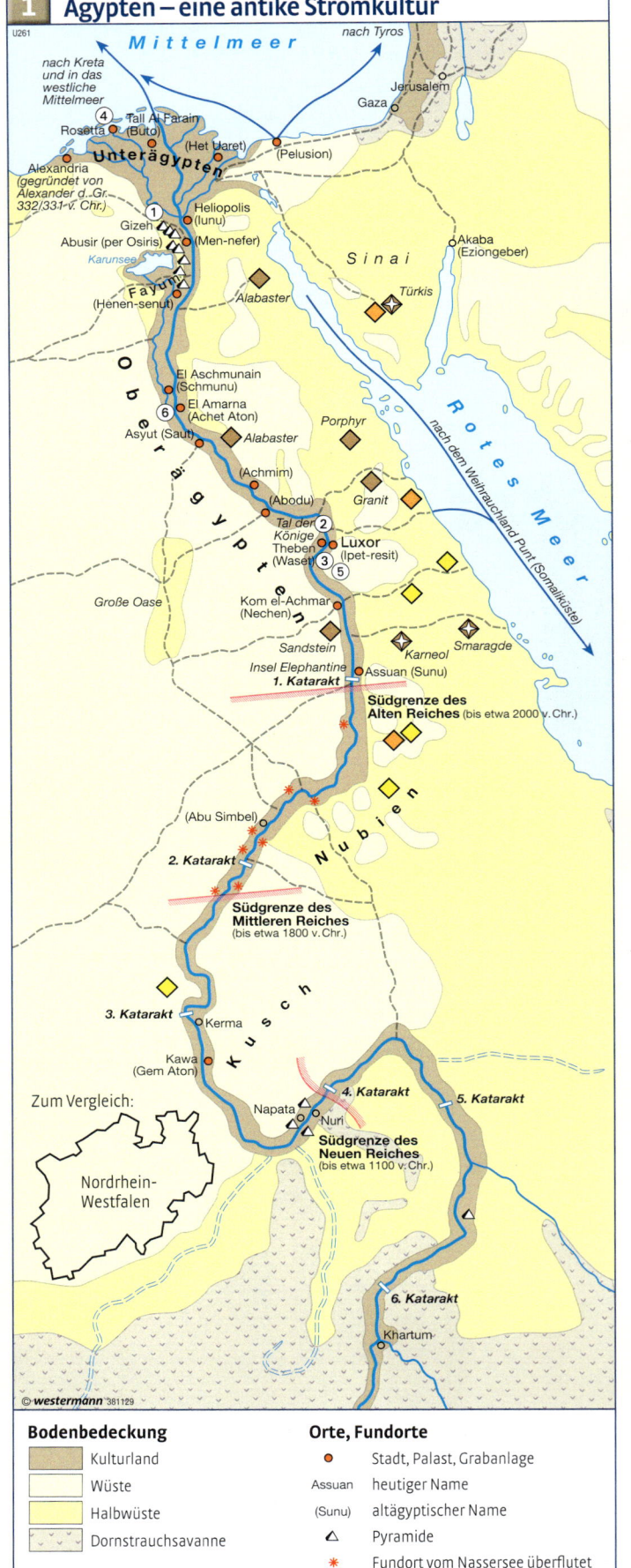

U261

Mittelmeer · nach Tyros · nach Kreta und in das westliche Mittelmeer · Jerusalem · Gaza

Rosetta · Tall Al Farain (Buto) · (Het Uaret) · (Pelusion)
Unterägypten
Alexandria (gegründet von Alexander d..Gr. 332/331 v.Chr.)
Heliopolis (Iunu)
Gizeh · Abusir (per Osiris) · (Men-nefer)
Karunsee
Fayum (Henen-senut)
Sinai · Akaba (Eziongeber)
Alabaster · *Türkis*

El Aschmunain (Schmunu)
El Amarna (Achet Aton)
Asyut (Saut) · *Alabaster* · *Porphyr*
(Achmim)
(Abodu) · *Granit*
Tal der Könige · Theben (Waset) · Luxor (Ipet-resit)
Oberägypten
Große Oase
Kom el-Achmar (Nechen)
Sandstein · *Karneol* · *Smaragde*
Insel Elephantine · Assuan (Sunu)
1. Katarakt
Südgrenze des Alten Reiches (bis etwa 2000 v.Chr.)

Rotes Meer · nach dem Weihrauchland Punt (Somaliküste)

(Abu Simbel)
2. Katarakt
Nubien
Südgrenze des Mittleren Reiches (bis etwa 1800 v.Chr.)

3. Katarakt · Kerma
Kawa (Gem Aton)
Kusch

Zum Vergleich:
Nordrhein-Westfalen

Napata · Nuri
4. Katarakt · **5. Katarakt**
Südgrenze des Neuen Reiches (bis etwa 1100 v.Chr.)

6. Katarakt
Khartum

© westermann 381129

Bodenbedeckung
- ▨ Kulturland
- ☐ Wüste
- ▨ Halbwüste
- ⋯ Dornstrauchsavanne

Bodenschätze
- ◆ Steinbruch
- ◆ Gold
- ◆ Kupfer
- ◆ Edelsteine

Orte, Fundorte
- ● Stadt, Palast, Grabanlage
- Assuan heutiger Name
- (Sunu) altägyptischer Name
- △ Pyramide
- ✳ Fundort vom Nassersee überflutet

Transport und Verkehr
- ～ Stromschnelle (Katarakt)
- --- Karawanenweg

Maßstab 1 : 9 000 000
0 · 100 · 200 · 300 km

4
- 𓏏 Stein von Rosetta
- 𓏏𓏏 Text in Hieroglyphen, demotisch und altgriechisch
- 𓏏𓏏𓏏 196 v. Chr.
- ⌐ Rosetta, 1799
- ⟲ Pierre Bouchard (franz.)
- ⟲ Britisches Museum, London

5
- 𓏏 Obelisk von Luxor, beauftragt von Ramses II.
- 𓏏𓏏 steingewordener Strahl des Sonnengottes
- 𓏏𓏏𓏏 ca. 1270–1240 v. Chr.
- ⌐ Tempel von Luxor (dort steht der Zwillingsobelisk)
- ⟲ Geschenk an Frankreich 1833
- ⟲ Place de la Concorde, Paris

6
- 𓏏 Büste der Nofretete
- 𓏏𓏏 Hauptgemahlin des Pharaos Echnaton
- 𓏏𓏏𓏏 1353 – 1336 v.Chr.
- ⌐ El-Amarna, 1912
- ⟲ Ludwig Borchardt (dt.)
- ⟲ Ägyptisches Museum, Museumsinsel Berlin

Zur Erläuterung der Kunstschätze:
Zahlen 1–6 in Hieroglyphen
- 𓏏 Name des Kunstwerkes
- 𓏏𓏏 dargestellte Person oder Bedeutung
- 𓏏𓏏𓏏 Entstehungszeit
- ⌐ Fundort, Fundjahr
- ⟲ Entdecker (Nationalität)
- ⟲ heutiger Ausstellungsort

Erfindung der Keilschrift · Pyramiden von Gizeh · Tempelturm von Ur im Zweistromland · erste Siedlungsspuren der Griechen · König Hamm... von Babylon

1

3500 v.Chr. · 3000 · 2600 · 2500 · 2300 · 2000 · 179...

2 Phönikische und griechische Kolonisation

Maßstab 1 : 24 000 000

© westermann 381030

Weinmischkrug aus einer griechischen Grabbeilage

Phönikische Kolonisation
(11.–7. Jahrhundert v. Chr.)

- Herrschaftsgebiet
- ■ Mutterstadt
- ● Tochter- oder Enkelstadt (Auswahl)

Griechische Kolonisation
(8.–6. Jahrhundert v. Chr.)

- Herrschaftsgebiet
- ■ Mutterstadt
- ● Tochter- oder Enkelstadt (Auswahl)

Handelswege
- Phöniker
- Griechen
- Landweg
- *Kelten* Stammesgebiet
- ○ sonstige Siedlung

Landwirtschaft
- Getreide
- Wein
- Olivenöl
- Holz
- Fischfang
- Vieh

Bergbau und Mineralien
- ◆ Eisen
- ◆ Kupfer
- ◆ Blei/Zink
- ◆ Zinn
- ◆ Gold
- ◆ Silber
- ◇ Marmor
- ◈ Bernstein
- ◇ Salz

Gewerbe
- Keramik
- Glas
- Papyrus
- Kosmetik
- Wolle, Wollwaren
- Purpur
- Schiffbau
- Sklaven

Auf der physisch-geographischen Karte lassen sich die Wege der Menschen in vergangenen Zeiten nachvollziehen. Häufig lässt sich auf diese Weise der Grund für den Wegverlauf erkennen.

Die Griechen gründeten an einer Handelsroute die Tochterstadt Massilia. Die Stadt hat sich zu einer bedeutenden Hafenstadt entwickelt und heißt heute Marseille. Im **Register** findet sich deshalb die Eintragung: **Massilia (hist. Marseille).**

An der Ostsee existierte damals noch kein **Staat** und keine **Staatsgrenze**. In der Karte sind deshalb die Verbreitungsgebiete von Stammesgruppen eingetragen. Über die heutigen Staaten mit ihren Grenzen informiert die **politische Karte**.

Die Griechen waren mit ihren Schiffen oft mehrere Monate unterwegs. Ihre Routen zeigen rote **Linien** ——. Wo der Verlauf der Handelswege nicht genau darstellbar ist, geben **Pfeile** → die ungefähre Richtung der Handelsreisenden an.

Vasen dienten zum Transport und zur Aufbewahrung flüssiger Handelsgüter wie Wein und Olivenöl. Die **Vignette** gibt einen Hinweis auf das Dargestellte in der Karte.

Carthago wurde 146 v. Chr. zerstört. Die physische Karte auf Seite 89 zeigt den Ort im Planquadrat F4 als Ruinenstadt ∴. Für die Ruinenstadt wurde jedoch eine andere Schreibweise verwendet.

In Geschichtskarten werden Ereignisse und Entwicklungen der Vergangenheit abgebildet. Auf dem **Zeitstrahl** lässt sich der dargestellte **Zeitraum** genau ablesen.

erste Siedlungsspuren der Griechen

2000

Pharaonin Hatschepsut — Pharao Tutenchamun — Pharao Ramses II — Bau des Felsentempels Abu Simbel — Stadtstaat Athen – erste Demokratie — Stadtstaat Sparta – Kriegerstaat — Schlacht bei den Thermopylen — Attischer Bund — Eroberung Ägyptens durch Alexander den Großen — Pergamon erbaut — Römer erobern Ägypten.

1490 1468   1332 1323 1279 1213 1200   1000   600   480 477   332   150   47 0

1 Handel und Wirtschaft im Römischen Reich

Maßstab 1 : 24 000 000

0 200 400 600 800 1000 km

© westermann 37120

X485_1

Prunkglas mit der Aufschrift in griechischen Buchstaben „Trinke, lebe angenehm, immerdar"

Ausdehnung des Römischen Reiches

- um 200 v. Chr., nach den Punischen Kriegen
- 44 v. Chr., beim Tode Julius Caesars
- zum Zeitpunkt seiner größten Ausdehnung (117 n. Chr., Trajan)
- ⋯⋯ Grenzbefestigung
- —— Handelsweg
- ☀ Leuchtturm

Bergbau und Mineralien

- ◆ Eisen
- ◆ Kupfer
- ◆ Blei/Zink
- ◆ Zinn
- ◆ Gold
- ◆ Silber
- ◆ Bernstein
- ◇ Salz
- ◇ Marmor, Kalkstein

weitere Erläuterungen zum Handel siehe Karte 3

Map labels (Karte 1)

Mare Germanicum · Mare Suebicum · Oceanus Atlanticus · Rhenus · Bernsteinstraße · Borysthenes · Vistula · Tanais · Sarmatia

Hibernia · Eburacum · Britannia · Londinium · Germania · Colonia Agrippina · Häute, Pelze, Daunen, Pferde, Frauenhaar · Castra Regina · Carnuntum · Aquincum · Olbia · Tyras · Tanais

Portus Namnetum · Lutetia · Durocortorum · Augusta Treverorum · Argentoratum · Gallia · Raetia · Noricum · Pannonia · Mediolanum · Aquileia · Sirmium · Dacia · Apulum · Chersonesus · Panticapaeum · Phasis

Brigantium · Asturica · Burdigala · Lugdunum · Genua · Salonae · Illyricum · Tomis · Pontus Euxinus · Trapezu · Sinope · Pontus

Portus Cale · Caesaraugusta · Narbo · Massilia · Arretium · Roma · Dyrrhachium · Thracia · Byzantium · Nicomedia · Ancyra · Caesarea · Cappadocia · Seide, Edelsteine, Gewürze

Olisipo · Emerita Augusta · Toletum · Tarraco · Hispania · Corsica · Ostia · Puteoli · Tarentum · Brundisium · Thessalonice · Macedonia · Asia · Ephesus · Miletus · Tarsus · Cilicia · Antiochia · Palmyra · Syria · Damascus

Hispalis · Gades · Tingis · Nova Carthago · Mare Internum · Sardinia · Sicilia · Syracusae · Rhodus · Creta · Cyprus · Tyrus · Caesarea

Sala · Rusaddir · Caesarea · Mauretania · Theveste · Carthago · Hadrumetum · Hippo Regius · Drogen, Weihrauch

Sabratha · Leptis Magna · Cyrene · Cyrenaica · Africa · Alexandria · Memphis · Petra Aela · Gewürze, Edelsteine, Perlen, Seide, Elefanten

Aegyptus · Nilus · Gold, Edelsteine, Sklaven

Edelsteine, Sklaven · Karawanenweg · Handelsweg

---

2 Wasserversorgung der antiken Millionenstadt Rom

Maßstab 1 : 40 000

0 200 400 600 800 1000 m

Rom zur Kaiserzeit

- —— Stadtmauer z. Zt. der Republik, zu Beginn der Kaiserzeit bereits überbaut
- —— Stadtmauer in der Kaiserzeit (3. Jh.)
- —— Wasserleitung (Aquädukt)
- - - - Hauptabwasserkanal (Kloake)

Bedeutende Bauwerke

- 🟥 öffentliche Gebäude und Plätze (Säulenhallen, Gerichtsgebäude, Theater, Bibliotheken, Versammlungs- und Vergnügungsstätten, Sport- und Freizeitanlagen)
- 🟪 Tempel
- 🟦 öffentliches Badehaus (Therme)
- 🟫 Speicher, Markthalle
- 🟨 militärische Anlage
- 🟩 Garten, Parkanlage
- 🟪 Katakomben der der Christen (unterirdische Bestattungs- und Versammlungsstätte)
- ○ Feuer- und Polizeiwache

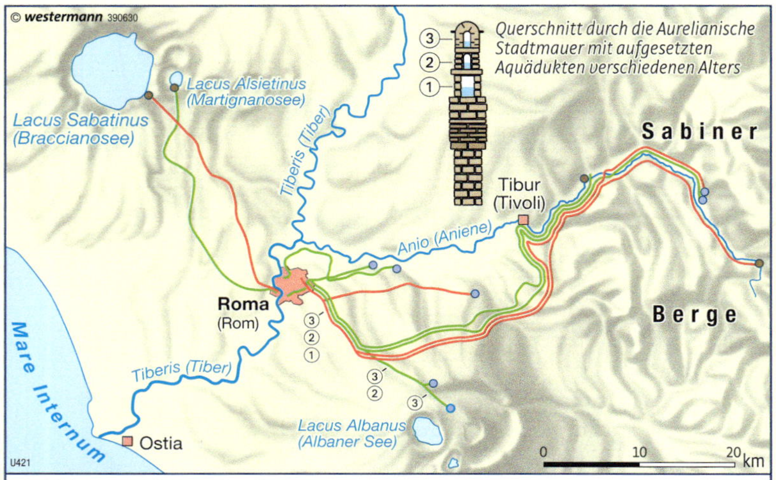

© westermann 390630

Karte 2 labels (Umland)

Lacus Sabatinus (Bracciansee) · Lacus Alsietinus (Martignanosee) · Lacus Albanus (Albaner See) · Tiber (Tiber) · Anio (Aniene) · Tibur (Tivoli) · Sabiner · Berge · Roma (Rom) · Ostia · Mare Internum · Tiberis (Tiber)

Querschnitt durch die Aurelianische Stadtmauer mit aufgesetzten Aquädukten verschiedenen Alters

U421

Aquädukte aus dem Umland Roms

- —— erbaut zwischen 312 v. Chr. und 10 v. Chr.
- —— erbaut zwischen 40 n. Chr. und 230 n. Chr.
- • sauberes Quellwasser
- • Oberflächenwasser minderer Qualität

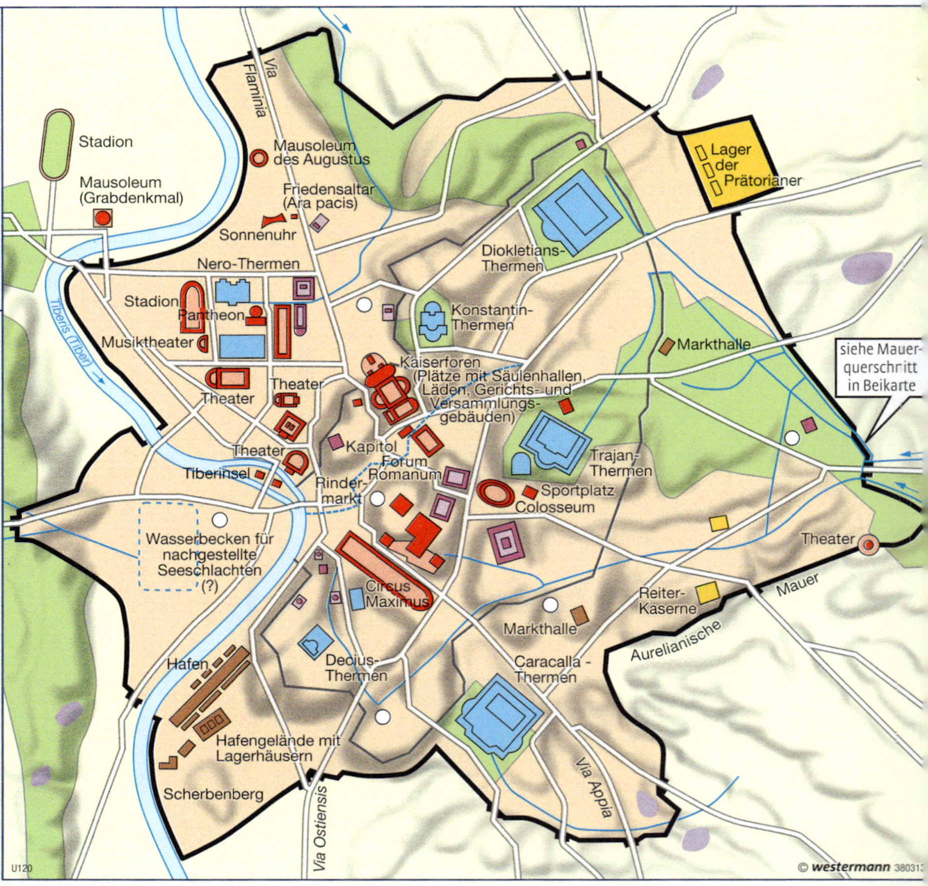

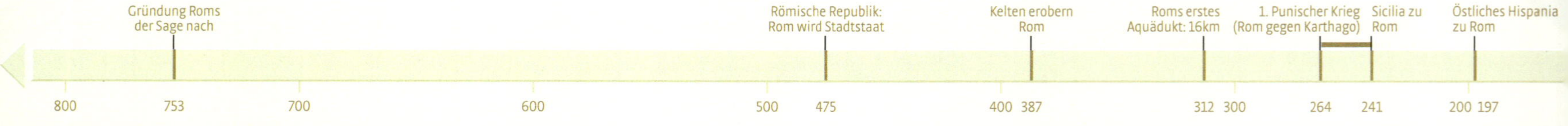

Karte 2 labels (Stadt Rom)

Via Flaminia · Stadion · Mausoleum (Grabdenkmal) · Mausoleum des Augustus · Friedensaltar (Ara pacis) · Sonnenuhr · Nero-Thermen · Stadion · Pantheon · Musiktheater · Theater · Theater · Theater · Kaiserforen (Plätze mit Säulenhallen, Läden, Gerichts- und Versammlungsgebäuden) · Kapitol · Tiberinsel · Forum Romanum · Rindermarkt · Wasserbecken für nachgestellte Seeschlachten (?) · Circus Maximus · Hafen · Decius-Thermen · Hafengelände mit Lagerhäusern · Scherbenberg · Caracalla-Thermen · Markthalle · Diokletians-Thermen · Konstantin-Thermen · Trajan-Thermen · Sportplatz · Colosseum · Reiter-Kaserne · Aurelianische Mauer · Lager der Prätorianer · Markthalle · Theater · Via Ostiensis · Via Appia · Tiberis (Tiber)

siehe Mauerquerschnitt in Beikarte

© westermann 380313

U120

Zeitleiste (unten)

800 · 753 · 700 · 600 · 500 · 475 · 400 · 387 · 312 · 300 · 264 · 241 · 200 · 197

- Gründung Roms der Sage nach
- Römische Republik: Rom wird Stadtstaat
- Kelten erobern Rom
- Roms erstes Aquädukt: 16km
- 1. Punischer Krieg (Rom gegen Karthago)
- Sicilia zu Rom
- Östliches Hispania zu Rom

3 Germanien und Raetien zur Römerzeit 100 n. Chr.

Maßstab 1 : 3 500 000

0 30 60 90 120 150 km

Weintransport auf der Mosel, dargestellt auf einem römischen Grabstein

Römisches Reich
- Limes
- römische Provinzgrenze
- ■ Legionslager
- □ Kastell
- ● Stadt
- Bonna römischer Name
- (Bonn) heutiger Name
- Römerstraße
- Handelsweg
- **Raetia** römische Provinz

Germanien
- *Chatti* germanischer Stamm

Bodenbedeckung
besiedelte Waldlandschaft, vorherrschende Baumart
- Eiche
- Buche
- Buche und Fichte
- Fichte, Tanne und Buche
- Tanne und Buche
- Kiefer und Eiche
- Moorlandschaft mit Erlenbruchwald

Landnutzung
- Kulturlandschaft mit Äckern und Weiden

Landwirtschaft
(Karten **1** und **3**)
- Getreide
- Wein
- Honig, Wachs
- Olivenöl
- Holz
- Fischfang
- Federn, Daunen
- Papyrus
- Vieh

Bergbau und Mineralien
(Karten **1** und **3**)
- Eisen
- Blei/Zink
- Salz
- Bernstein
- Kalkstein

Gewerbe
(Karten **1** und **3**)
- Metallwaren
- Tuche, Wollwaren
- Leinwand
- Leder, Pelze
- Frauenhaare (Perückenherstellung)
- Keramik
- Glas
- Kosmetik
- Purpur
- Schiffbau
- Sklaven

Mare Germanicum (Nordsee)

Mare Suebicum (Ostsee)

Angli (Angeln)
Saxones (Sachsen)
Rugii (Rugier)
Langobardi (Langobarden)
Frisii (Friesen)
Chauci (Chauken)
Bructeri (Brukterer)
Cherusci (Cherusker)
Semnones (Semnonen)
Sugambri (Sugambrer)
Tencteri (Tenkterer)
Chatti (Chatten)
Hermunduri (Hermunduren)
Marcomanni (Markomannen)

Varusschlacht X

Ansia (Ems)
Visurgis (Weser)
Albis (Elbe)
Viadua (Oder)
Rhenus (Rhein)
Moenus (Main)
Mosella (Mosel)
Mosa (Maas)
Nicer (Neckar)
Isara (Isar)
Danubius (Donau)
Aenus (Inn)

Noviomagus (Nimwegen)
Vetera (Xanten)
Novaesium (Neuss)
Colonia Claudia Ara Agrippinensium (Köln)
Bonna (Bonn)
Aquae (Aachen)
Germania Inferior
Confluentes (Koblenz)
Saalburg
Mogontiacum (Mainz)
Borbetomagus (Worms)
Augusta Treverorum (Trier)
Divodurum (Metz)
Noviomagus (Speyer)
Belgica
Argentoratum (Straßburg)
Aquae (Baden-Baden)
Clarenna (Cannstatt)
Agri Decumates
Aquileia (Heidenheim)
Arae Flaviae (Rottweil)
Cambodunum (Kempten)
Lacus Brigantinus (Bodensee)
Brigantium (Bregenz)
Basilia (Basel)
Augusta Raurica (Augst)
Germania Superior
Aventicum (Avenches)
Constantia (Konstanz)
Clunia (Feldkirch)
Raetia
Curia (Chur)
Castra Regina (Regensburg)
Vallatum (Manching)
Augusta Vindelicorum (Augsburg)
Castra Batava (Passau)
Pons Aeni (Rosenheim)
Iuvavum (Salzburg)
Noricum
Teurnia
Virunum (Zollfeld)
Fernpass 1212
Brennerpass 1374
Reschenpass 1504

© westermann 380428

Julius Caesar (römischer Staatsmann) **1** | Raetia u. Noricum zu Rom | Varusschlacht: Germanen siegen bei Kalkriese **2** | Obergermanisch-Raetischer Limes voll ausgebaut **3** | Römisches Bürgerrecht für alle Reichsbewohner | Alemannische Einfälle bis zum Rhein | Christentum wird Staatsreligion | Plünderung Roms durch Vandalen | Untergang Westroms

100 | 44 | 15 0 9 | 100 | 160 | 200 212 213 | 300 | 380 391 400 | 455 | 476 500

1 Völkerwanderungen und Reiche (bis zum Tode Theoderichs um 526)

Maßstab 1 : 60 000 000

0 500 1000 1500 2000 2500 km

© westermann

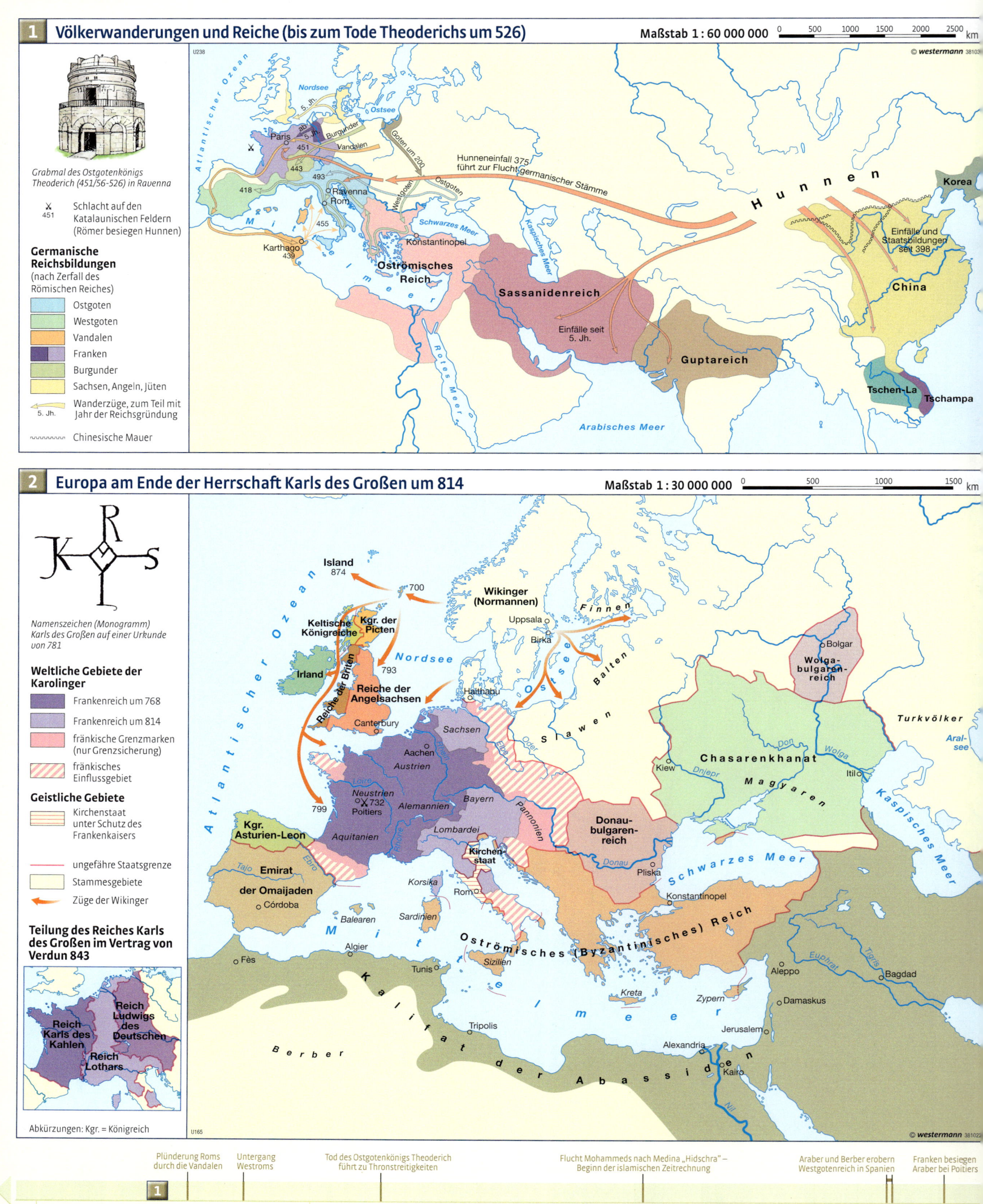

Grabmal des Ostgotenkönigs Theoderich (451/56–526) in Ravenna

✕ **451** Schlacht auf den Katalaunischen Feldern (Römer besiegen Hunnen)

Germanische Reichsbildungen
(nach Zerfall des Römischen Reiches)

- Ostgoten
- Westgoten
- Vandalen
- Franken
- Burgunder
- Sachsen, Angeln, Jüten

5. Jh. Wanderzüge, zum Teil mit Jahr der Reichsgründung

Chinesische Mauer

Karte 1 Beschriftungen: Nordsee, Ostsee, Atlantischer Ozean, Paris, Burgunder, Vandalen, 451, 443, 493, 418, 455, Ravenna, Rom, Karthago 439, Mittelmeer, Goten um 200, Hunneneinfall 375 führt zur Flucht germanischer Stämme, Westgoten, Ostgoten, Schwarzes Meer, Kaspisches Meer, Konstantinopel, Oströmisches Reich, Sassanidenreich, Rotes Meer, Einfälle seit 5. Jh., Guptareich, Arabisches Meer, Hunnen, Korea, Einfälle und Staatsbildungen seit 398, China, Tschen-La, Tschampa

2 Europa am Ende der Herrschaft Karls des Großen um 814

Maßstab 1 : 30 000 000

0 500 1000 1500 km

Namenszeichen (Monogramm) Karls des Großen auf einer Urkunde von 781

Weltliche Gebiete der Karolinger

- Frankenreich um 768
- Frankenreich um 814
- fränkische Grenzmarken (nur Grenzsicherung)
- fränkisches Einflussgebiet

Geistliche Gebiete

- Kirchenstaat unter Schutz des Frankenkaisers

— ungefähre Staatsgrenze
- Stammesgebiete
➔ Züge der Wikinger

Teilung des Reiches Karls des Großen im Vertrag von Verdun 843

Reich Karls des Kahlen — Reich Ludwigs des Deutschen — Reich Lothars

Abkürzungen: Kgr. = Königreich

Karte 2 Beschriftungen: Island 874, Wikinger (Normannen), Finnen, Uppsala, Birka, Keltische Königreiche, Kgr. der Picten, Nordsee, Ostsee, Balten, Slawen, Wolgabulgarenreich, Bolgar, Irland, Reiche der Briten, 793, 700, Reiche der Angelsachsen, Haithabu, Sachsen, Turkvölker, Aralsee, Canterbury, Aachen, Austrien, Chasarenkhanat, Kiew, Dnjepr, Don, Wolga, Itil, Magyaren, Neustrien, ✕ 732 Poitiers, Alemannien, Bayern, Pannonien, Lombardei, Donaubulgarenreich, 799, Aquitanien, Kgr. Asturien-Leon, Kirchenstaat, Pliska, Schwarzes Meer, Kaspisches Meer, Emirat der Omaijaden, Córdoba, Korsika, Rom, Konstantinopel, Oströmisches (Byzantinisches) Reich, Balearen, Sardinien, Algier, Tunis, Sizilien, Kreta, Zypern, Aleppo, Bagdad, Mittelmeer, Tripolis, Kalifat der Abbassiden, Berber, Fès, Jerusalem, Damaskus, Alexandria, Kairo, Nil, Euphrat, Tigris

Zeitleiste: 400 — Plünderung Roms durch die Vandalen 455 — Untergang Westroms 476 — Tod des Ostgotenkönigs Theoderich führt zu Thronstreitigkeiten 526 — 600 — Flucht Mohammeds nach Medina „Hidschra" – Beginn der islamischen Zeitrechnung 622 — Araber und Berber erobern Westgotenreich in Spanien 700 711 713 — Franken besiegen Araber bei Poitiers 732

3 Heiliges Römisches Reich um 1000

Maßstab 1 : 6 000 000

0 50 100 150 200 250 km

westermann 370307 U31_1

Nordsee

Kgr. Dänemark

Ostsee

Bornholm

Schleswig
Haithabu
Mark Schleswig 934–1025 deutsch
Oldenburg
Holstein

Stormarn
Hamburg
Ratzeburg
Hadeln

955 ✗

Mark der Billunger ca. 937–983

Danzig
Truso

P o m m e r n
seit Ende 10. Jh. polnisch

Friesland

Utrecht

Bremen
Verden

Engern

Ostfalen

Bardowick
Lüneburg
Elbe
Lenzen 928/29 ✗
Havelberg

Nordmark ca. 937–983

Brandenburg

Kolberg
Wollin (Jomsburg)

Hzm. Sachsen

Osnabrück
Minden
Königslutter
Süpplingenburg
Werla

Gnesen

Posen

Lentschiza

Westfalen

Münster

Hildesheim
Paderborn
Soest
Corvey
Gandersheim
Pöhlde
Grona
Nordhausen

Goslar
Halberstadt
Quedlinburg
Gernrode
Merseburg
Memleben 933
Naumburg
Zeitz

Magdeburg

Jüterbog

Brandenburg

Mark Lausitz

Lebus

P o l e n
1025 Königreich

Warschau

Dortmund
Xanten
Duisburg
Essen
Werden
Kaiserswerth
Köln
Aachen
Maastricht
Lüttich
Brüssel

Eresburg
Fritzlar
Hersfeld
Eisenach
Erfurt

Thüringen

Mark Merseburg

Mark Meißen
Meißen
Bautzen

Breslau

S c h l e s i e n
seit 999 polnisch

Gft. Flandern

Brügge

Cambrai

Nimwegen

Marburg
Fulda

Mark Zeitz

Krakau
Weichsel

Laon

Reims

Prüm
Trier
Mosel

Bouillon
Ivois
Luxemburg
Verdun
Gorze
Metz
Toul

Bingen
Ingelheim
Oppenheim
Worms
Limburg
Speyer

Mainz
Tribur

Hzm. Lothringen
seit 959 Teilung in Nieder- und Oberlothringen

Hzm. Franken

Frankfurt
Gelnhausen
Würzburg

Lorsch

Main

Bamberg

Nürnberg

Brevnow
Prag
Kladrau
Pilsen

Böhmen
seit 895/929 deutsche Oberhoheit
1003/1004 polnisch

Olmütz

Mähren
zu Böhmen

Brünn

Ungarn
1000 Königreich

Paris
Marne

Gft. Champagne

Clairvaux

Kgr. Frankreich

Hzm. Burgund

Hirsau
Straßburg
Tübingen
Büren
Nördlingen

Elsass

Hzm. Schwaben

Staufen
St. Blasien
Reichenau

Eichstätt
Regensburg
Nieder-Altaich
Passau

Donau

955 ✗ Lechfeld

Freising

Augsburg

Hzm. Bayern

Kremsmünster
Linz
Melk
Ostmark

Klosterneuburg
Preßburg

Besançon
Citeaux

Gft. Burgund

Basel

Hochburgund

Konstanz
Bodensee
Kempten
St. Gallen
Einsiedeln
Chur

Wessobrunn
Benediktbeuern
Ettal

Salzburg

Admont
Steiermark

Mark Pitten

Kärntner Mark

Cluny
Lyon
Vienne

Saône

Genfer See
Lausanne

Kgr. Burgund
933 vereinigt, 1032 zum Reich

Gr. St. Bernhard-Pass

Niederburgund

Rhône

Brenner-pass
Gotthard-pass
Adda
Brixen

Mark Kärnten
976 Hzm.
Gurk
Ossiach

Laibach
Mark Krain

Drau
Gft. hinter dem Drauwalde

Agram
Save

Mt. Cenis-Pass

Lombardei

Mailand
Pavia

Trient

Mgft. Verona
976 zu Kärnten, 989 zu ca. 1000 bayerisch

Aquileja
Grado
Venedig
Verona

Po

Kgr. Italien

Canossa
Genua

Ravenna

Romagna

Zara
zu Venedig

Kgr. Kroatien
seit 924, nach 1091 ungarisch

Arles
Aix
Marseille

Nizza

Genua

Pisa
Florenz
Arno

Mgft. Tuscien

Pentopolis

Adriatisches Meer
zu Venedig

Spalato

Korsika
bis 1020 arabisch

Normanneneinfälle seit 1030

Kirchen-staat
Rom

Hzm. Spoleto
Spoleto

zu Byzanz

Mittelmeer

Sardinien

Fsm. Capua
zu Byzanz

Fsm. Benevent

Gft. Apulien

Gft. Aversa

Das Stammelternpaar deutscher Kaiser und Könige: Heinrich I. und seine Frau Mathilde mit den Reichsinsignien (Zepter, Reichsapfel und Krone) um 920.

Weltliche Herrschaft

— Reichsgrenze zur Kaiserkrönung Otto I. 962

--- Reichsgrenze 1033 zur Zeit des Saliers Konrad II. (1024–1039)

— Staatsgrenze

--- Provinzgrenze

♛ bedeutende Königspfalz

✗ wichtige Schlacht

🔥 Slawenaufstand 983

Begräbnisstätten der Ottonen

✝ Heinrich I. 919–936

✝ Otto I. 936–973

✝ Otto II. 973–983

✝ Otto III. (983) 995–1002

✝ Heinrich II. 1002–1024

Geistliche Herrschaft

♰ Papsttum

♰ Erzbischofssitz

♰ Bischofssitz

♰ erloschenes Bistum

+ Kloster

Abkürzungen der Staatsformen siehe Seite 193

Karl der Große (Karolinger) wird in Rom zum Kaiser gekrönt.

Vertrag von Verdun: Dreiteilung des Karolingerreiches

Heinrich I. wird ostfränkischer König

2.2. Kaiserkrönung Otto I.

26.3.: Krönung Konrad II. (erster Salier-Kaiser)

romanischer Dombau in Speyer

Gang nach Canossa durch Heinrich IV.

800   843   900   919   962   1000   1027   1076   1100 1106

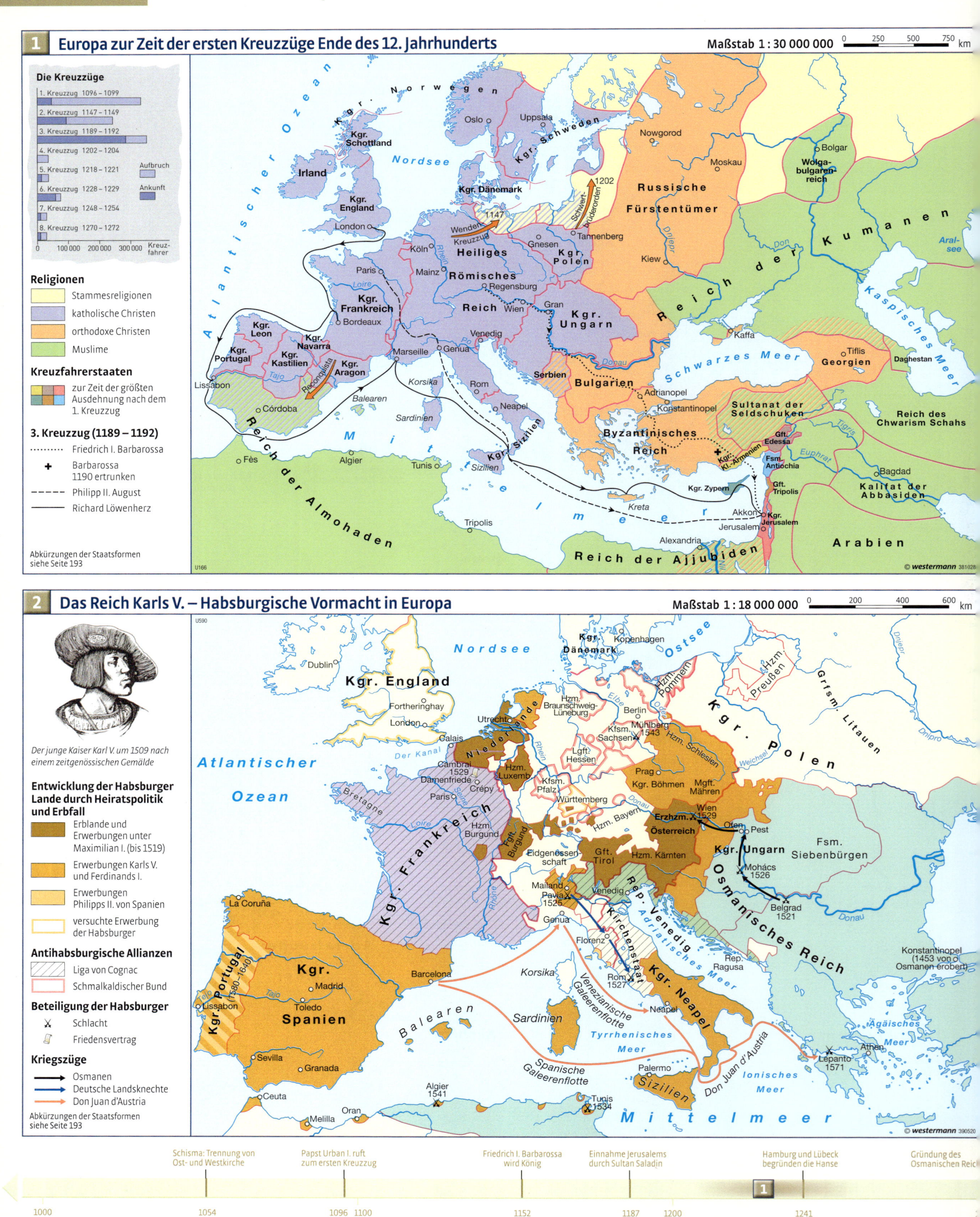

1 Europa zur Zeit der ersten Kreuzzüge Ende des 12. Jahrhunderts

Maßstab 1 : 30 000 000

0 250 500 750 km

Die Kreuzzüge

1. Kreuzzug 1096 – 1099
2. Kreuzzug 1147 – 1149
3. Kreuzzug 1189 – 1192
4. Kreuzzug 1202 – 1204
5. Kreuzzug 1218 – 1221   Aufbruch
6. Kreuzzug 1228 – 1229   Ankunft
7. Kreuzzug 1248 – 1254
8. Kreuzzug 1270 – 1272

0 100 000 200 000 300 000 Kreuz-fahrer

Religionen

Stammesreligionen
katholische Christen
orthodoxe Christen
Muslime

Kreuzfahrerstaaten

zur Zeit der größten
Ausdehnung nach dem
1. Kreuzzug

3. Kreuzzug (1189 – 1192)

.... Friedrich I. Barbarossa
+ Barbarossa 1190 ertrunken
– – – Philipp II. August
——— Richard Löwenherz

Abkürzungen der Staatsformen
siehe Seite 193

U166

Atlantischer Ozean · Kgr. Norwegen · Oslo · Uppsala · Nowgorod · Bolgar · Moskau · Wolga-bulgaren-reich · Nordsee · Kgr. Schottland · Irland · Kgr. England · London · Kgr. Dänemark · 1202 · Schwertbrüderorden · Tannenberg · Russische Fürstentümer · Kiew · Reich der Kumanen · Aral-see · 1147 · Wenden-Kreuzzug · Gnesen · Kgr. Polen · Köln · Heiliges Römisches Reich · Kaspisches Meer · Paris · Mainz · Regensburg · Wien · Gran · Kgr. Frankreich · Bordeaux · Kgr. Ungarn · Kaffa · Tiflis · Daghestan · Georgien · Venedig · Serbien · Bulgarien · Schwarzes Meer · Reich des Chwarism Schahs · Kgr. Leon · Kgr. Navarra · Kgr. Kastilien · Kgr. Aragon · Marseille · Genua · Korsika · Rom · Adrianopel · Konstantinopel · Sultanat der Seldschuken · Gft. Edessa · Kgr. Portugal · Lissabon · Reconquista · Córdoba · Balearen · Sardinien · Neapel · Byzantinisches Reich · Kgr. Kl.-Armenien · Fsm. Antiochia · Bagdad · Fès · Algier · Tunis · Kgr. Sizilien · Sizilien · Kreta · Kgr. Zypern · Gft. Tripolis · Kalifat der Abbasiden · Tripolis · Reich der Almohaden · Mittelmeer · Akkon · Kgr. Jerusalem · Alexandria · Jerusalem · Reich der Ajjubiden · Arabien · Loire · Rhein · Donau · Dnjepr · Don · Tajo · Euphrat · Tigris

© westermann 381028

2 Das Reich Karls V. – Habsburgische Vormacht in Europa

Maßstab 1 : 18 000 000

0 200 400 600 km

Der junge Kaiser Karl V. um 1509 nach
einem zeitgenössischen Gemälde

**Entwicklung der Habsburger
Lande durch Heiratspolitik
und Erbfall**

Erblande und
Erwerbungen unter
Maximilian I. (bis 1519)

Erwerbungen Karls V.
und Ferdinands I.

Erwerbungen
Philipps II. von Spanien

versuchte Erwerbung
der Habsburger

Antihabsburgische Allianzen

Liga von Cognac
Schmalkaldischer Bund

Beteiligung der Habsburger

✗ Schlacht
🏳 Friedensvertrag

Kriegszüge

——— Osmanen
——— Deutsche Landsknechte
——— Don Juan d'Austria

Abkürzungen der Staatsformen
siehe Seite 193

U590

Nordsee · Kgr. Dänemark · Kopenhagen · Ostsee · Hzm. Pommern · Hzm. Preußen · Grfsm. Litauen · Dublin · Kgr. England · Fotheringhay · London · Hzm. Braunschweig-Lüneburg · Berlin · Atlantischer Ozean · Der Kanal · Calais · Utrecht · Niederlande · Kfsm. Sachsen · Mühlberg 1543 · Hzm. Schlesien · Kgr. Polen · Cambrai 1529 · Hzm. Luxemb. · Lgft. Hessen · Prag · Mgft. Mähren · Damenfriede · Crépy · Kfsm. Pfalz · Kgr. Böhmen · Bretagne · Paris · Kgr. Frankreich · Württemberg · Hzm. Bayern · Wien · Erzhzm. 1529 · Kgr. Ungarn · Ofen · Pest · Hzm. Burgund · Fgft. Burgund · Eidgenossen-schaft · Hzm. Kärnten · Österreich · Mohács 1526 · Fsm. Siebenbürgen · La Coruña · Mailand · Gft. Tirol · Venedig · Belgrad 1521 · Pavia 1525 · Genua · Rep. Venedig · Osmanisches Reich · Kgr. Portugal · 1580–1640 · Madrid · Florenz · Kirchenstaat · Adriatisches Meer · Rep. Ragusa · Konstantinopel (1453 von Osmanen erobert) · Lissabon · Toledo · Kgr. Spanien · Barcelona · Rom 1527 · Kgr. Neapel · Neapel · Ägäisches Meer · Sevilla · Granada · Balearen · Korsika · Sardinien · Venezianische Galeerenflotte · Tyrrhenisches Meer · Palermo · Sizilien · Ionisches Meer · Lepanto 1571 · Athen · Ceuta · Melilla · Oran · Algier 1541 · Spanische Galeerenflotte · Tunis 1534 · Mittelmeer · Don Juan d'Austria · Elbe · Rhein · Weichsel · Donau · Dnjepr · Rhône · Tajo

© westermann 390520

Schisma: Trennung von
Ost- und Westkirche

Papst Urban I. ruft
zum ersten Kreuzzug

Friedrich I. Barbarossa
wird König

Einnahme Jerusalems
durch Sultan Saladin

Hamburg und Lübeck
begründen die Hanse

Gründung des
Osmanischen Reich

1000   1054   1096 1100   1152   1187 1200   1241

3 Handel und Wirtschaft im 15. Jahrhundert

Maßstab 1 : 24 000 000

0 200 400 600 800 1000 km

© westermann 371029

Zecchino (Venedig)

Genovino (Genua)

Witten (Hanse)

Handelsorte

● Handelszentrum (> 100 000 Einwohner)

● Hansestadt

Lyon Messestadt

○ Niederlassung der Fugger (Hauptsitz seit 1367: Augsburg; Handel, Banken, Bergwerke; Jakob Fugger aus Nürnberg finanziert 1519 die Wahl von Karl V. zum Kaiser)

Handelswege

— Seeweg

— Handelsstraße

--- Karawanenweg

Handelsgüter

♁ Sklavenmarkt

Gold Handelsgut

Erzbergbau (Eisen, Edelmetalle, Blei, Quecksilber)

handelsorientierter Getreideanbau

⊕ Glas

● Metallwaren

⊖ Papier

✜ Pelze, Lederwaren

Textilien

Tuche, Wollware

Leinen

Seide

erste Erwähnung einer Räderuhr

"Hundertjähriger Krieg" zwischen Frankreich und England

Eroberung Konstantinopels durch die Osmanen

- Eroberung Granadas: Ende der Reconquista
- Kolumbus entdeckt Amerika (siehe S. 168)

Kaiserwahl Karl V.

Osmanen belagern Wien

Spanien erklärt den Staatsbankrott

Niederlande erklären Unabhängigkeit von Spanien

1332 1337   1400   1453   1492 1500   1519   1529   1575 1581   1600

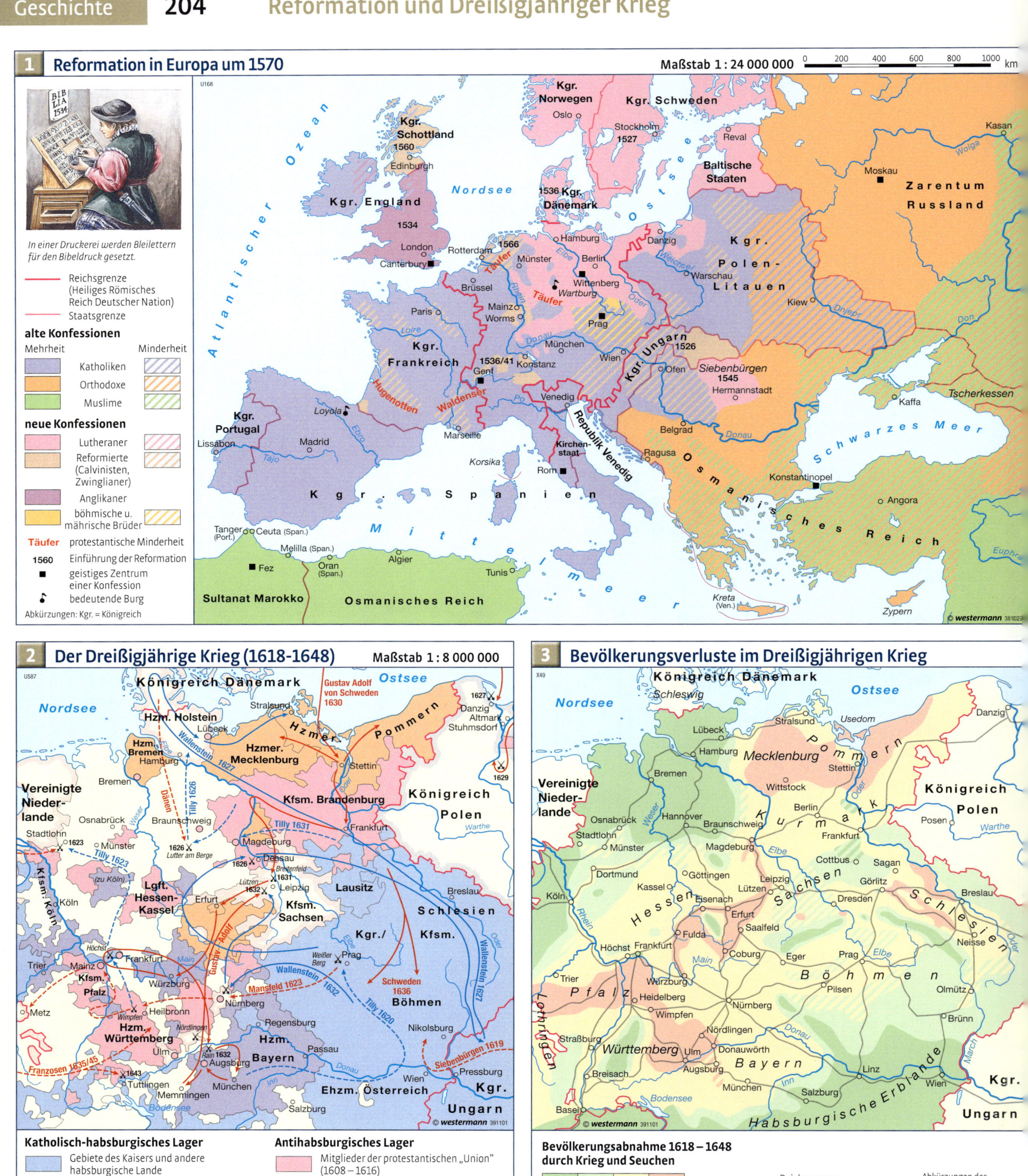

1 Reformation in Europa um 1570

Maßstab 1 : 24 000 000

0 200 400 600 800 1000 km

In einer Druckerei werden Bleilettern für den Bibeldruck gesetzt.

— Reichsgrenze (Heiliges Römisches Reich Deutscher Nation)
— Staatsgrenze

alte Konfessionen

	Mehrheit	Minderheit
Katholiken		
Orthodoxe		
Muslime		

neue Konfessionen

Lutheraner
Reformierte (Calvinisten, Zwinglianer)
Anglikaner
böhmische u. mährische Brüder

Täufer protestantische Minderheit

1560 Einführung der Reformation
■ geistiges Zentrum einer Konfession
♪ bedeutende Burg

Abkürzungen: Kgr. = Königreich

Kgr. Norwegen · Oslo
Kgr. Schweden · Stockholm 1527
Reval
Baltische Staaten
Moskau
Zarentum Russland
Kasan
Wolga
Kgr. Schottland 1560 · Edinburgh
Nordsee
Kgr. England 1534 · London · Canterbury
1536 Kgr. Dänemark
Hamburg · Danzig
Kgr. Polen-Litauen
Warschau · Kiew
Dnjepr
Rotterdam 1566
Brüssel
Täufer Münster
Berlin
Wittenberg ♪ Wartburg
Oder · Weichsel
Prag
Täufer
Mainz · Worms · Rhein
München
Wien
Kgr. Ungarn 1526
Ofen · Siebenbürgen 1545 · Hermannstadt
Kaffa
Tscherkessen
Paris
Kgr. Frankreich
Loire
1536/41 Genf · Konstanz
Hugenotten · Waldenser
Po · Venedig
Republik Venedig
Belgrad · Donau
Ragusa
Schwarzes Meer
Konstantinopel
Angora
Kgr. Portugal
Lissabon · Madrid
Loyola ■
Ebro · Tajo
Marseille
Korsika
Kirchen-staat
Rom ■
Osmanisches Reich
Euphrat
Kgr. Spanien
Mittelmeer
Tanger (Port.) · Ceuta (Span.) · Melilla (Span.) · Oran (Span.) · Algier · Tunis
Fez ■
Sultanat Marokko
Osmanisches Reich
Kreta (Ven.)
Zypern
© westermann 381023

Atlantischer Ozean

2 Der Dreißigjährige Krieg (1618-1648)

Maßstab 1 : 8 000 000

Nordsee · Ostsee
Königreich Dänemark
Gustav Adolf von Schweden 1630
Hzm. Holstein · Stralsund · 1627 ✗
Lübeck
Hzm. Bremen · Hamburg
Danzig · Altmark · Stuhmsdorf
Pommern
Dänen
Hzmer. Mecklenburg
Wallenstein 1627
Bremen
Tilly 1626
Stettin · 1629 ✗
Kfsm. Brandenburg
Königreich Polen
Vereinigte Niederlande
Osnabrück
Braunschweig
Weser
1626 Tilly 1623
Stadtlohn 1623 ✗
Münster (zu Köln)
Magdeburg · Dessau 1626 · Breitenfeld 1631
Frankfurt
Warthe
Kfsm. Köln
Köln
Lgft. Hessen-Kassel
Erfurt
Lützen 1632 ✗ · Leipzig
Kfsm. Sachsen
Lausitz
Breslau
Schlesien
Höchst · Frankfurt
Trier · Mainz
Gustav Adolf
Kfsm. Pfalz
Würzburg
Heilbronn
Wimpfen ✗
Mansfeld 1623
Nürnberg
Weißer Berg ✗ Prag
Kgr. / Kfsm.
Wallenstein 1627
Schweden 1636
Böhmen
Tilly 1620
Franzosen 1635/45
Hzm. Württemberg
Nördlingen ✗
Ulm
Regensburg
Nikolsburg
Metz
1643 ✗
Tuttlingen
Memmingen
Rain 1632 ✗ Augsburg
München
Bodensee · Inn
Passau
Hzm. Bayern
Donau
Ehzm. Österreich
Siebenbürgen 1619
Wien · Pressburg
Kgr. Ungarn
Salzburg
© westermann 391101

Katholisch-habsburgisches Lager
Gebiete des Kaisers und andere habsburgische Lande
Mitglieder der „Liga" (1609 – 1635)
Verbündete
1623 ✗ Feldzug, Schlacht

Antihabsburgisches Lager
Mitglieder der protestantischen „Union" (1608 – 1616)
1632 – 1635 von Schweden abhängig
○ Verbündete
1623 ✗ Feldzug, Schlacht

3 Bevölkerungsverluste im Dreißigjährigen Krieg

Königreich Dänemark
Schleswig
Nordsee · Ostsee
Usedom · Danzig
Stralsund
Lübeck · Hamburg
Pommern
Wittstock
Mecklenburg
Stettin
Vereinigte Niederlande
Bremen
Osnabrück · Hannover · Braunschweig
Berlin
Kurmark
Frankfurt · Posen
Königreich Polen
Stadtlohn
Münster
Weser
Magdeburg
Elbe
Warthe
Köln
Dortmund
Kassel · Göttingen
Cottbus · Sagan
Hessen
Eisenach · Erfurt · Saalfeld
Leipzig · Lützen
Dresden · Görlitz
Sachsen
Breslau · Neisse
Schlesien
Rhein
Höchst · Frankfurt
Fulda
Coburg
Eger · Prag · Pilsen
Olmütz
Trier
Pfalz
Würzburg
Nürnberg
Böhmen
Brünn
March
Lothringen
Heidelberg
Wimpfen
Nördlingen
Donauwörth
Donau
Straßburg
Württemberg
Ulm · Augsburg
Linz · Wien
Kgr. Ungarn
Breisach
Basel
München
Salzburg
Inn
Bodensee
Habsburgische Erblande
© westermann 391101

Bevölkerungsabnahme 1618 – 1648 durch Krieg und Seuchen

0 15 33 66 %

— Reichsgrenze
— wichtige Straße im Reich

Abkürzungen der Staatsformen in den Karten 2 und 3 siehe Seite 193

31.10. Thesen Martin Luthers gegen den Ablasshandel
Der Große Bauernkrieg
Sachsen gibt sich eine Landeskirche, unabhängig von Rom
Augsburger Religionsfriede
Einführung des päpstlichen Verzeichnisses aller verbotenen Bücher (Index)
Bartholomäusnacht: Ermordung von protestantischen Hugenotten
Edikt von Nantes: Religionsfreiheit für Hugenotten

1500 · 1517 · 1524/25 · 1535 · 1550 · 1555 · 1559 · 1572 · 1598

4 Heiliges Römisches Reich um 1648

Maßstab 1 : 6 000 000

0 50 100 150 200 250 km

Zeitgenössische Darstellung der Verkündung des Westfälischen Friedens 1648 durch einen Postillion

— Reichsgrenze
— Staatsgrenze

Besitzungen der:
- Habsburger
- Hohenzollern
- Wittelsbacher
- Wettiner
- Oldenburger
- Freie Reichsstadt
- Geistliches Gebiet
- Gebiet mit geteiltem Hoheitsrecht
- nicht mehr darstellbare Gebiete mit zahlreichen kleinen, jedoch selbstständigen Grafschaften, Fürstentümern sowie geistlichen Gebieten

Abkürzungen der Staatsformen siehe Seite 193

© westermann 380206

Prager Fenstersturz	Der böhmisch-pfälzische Krieg	Der dänische Krieg	Der schwedische Krieg	Der französische Krieg	Westfälischer Friede (Fürstensouveränität und Gebietsverluste)	Befreiung des von den Osmanen belagerten Wiens
	1618–23	1625–29	1630–35	1635–48	1648 1650	1683 1700

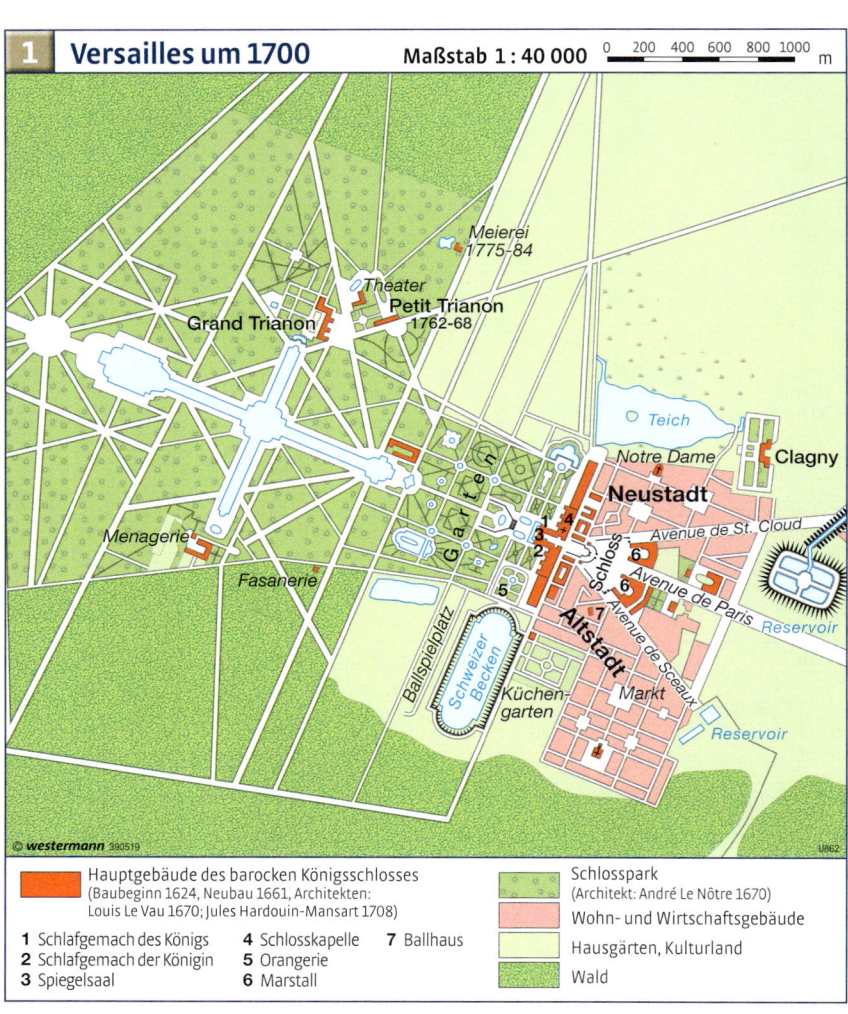

1 Versailles um 1700 — Maßstab 1 : 40 000

0 200 400 600 800 1000 m

Meierei 1775-84
Theater
Grand Trianon
Petit Trianon 1762-68
Teich
Menagerie
Fasanerie
Garten
Notre Dame
Neustadt
Clagny
Avenue de St. Cloud
Avenue de Paris
Avenue de Sceaux
Schloss
Altstadt
Ballspielplatz
Schweizer Becken
Küchen-garten
Markt
Reservoir
Reservoir

Legende:
- Hauptgebäude des barocken Königsschlosses (Baubeginn 1624, Neubau 1661, Architekten: Louis Le Vau 1670; Jules Hardouin-Mansart 1708)
- Schlosspark (Architekt: André Le Nôtre 1670)
- Wohn- und Wirtschaftsgebäude
- Hausgärten, Kulturland
- Wald

1 Schlafgemach des Königs
2 Schlafgemach der Königin
3 Spiegelsaal
4 Schlosskapelle
5 Orangerie
6 Marstall
7 Ballhaus

© westermann 390519

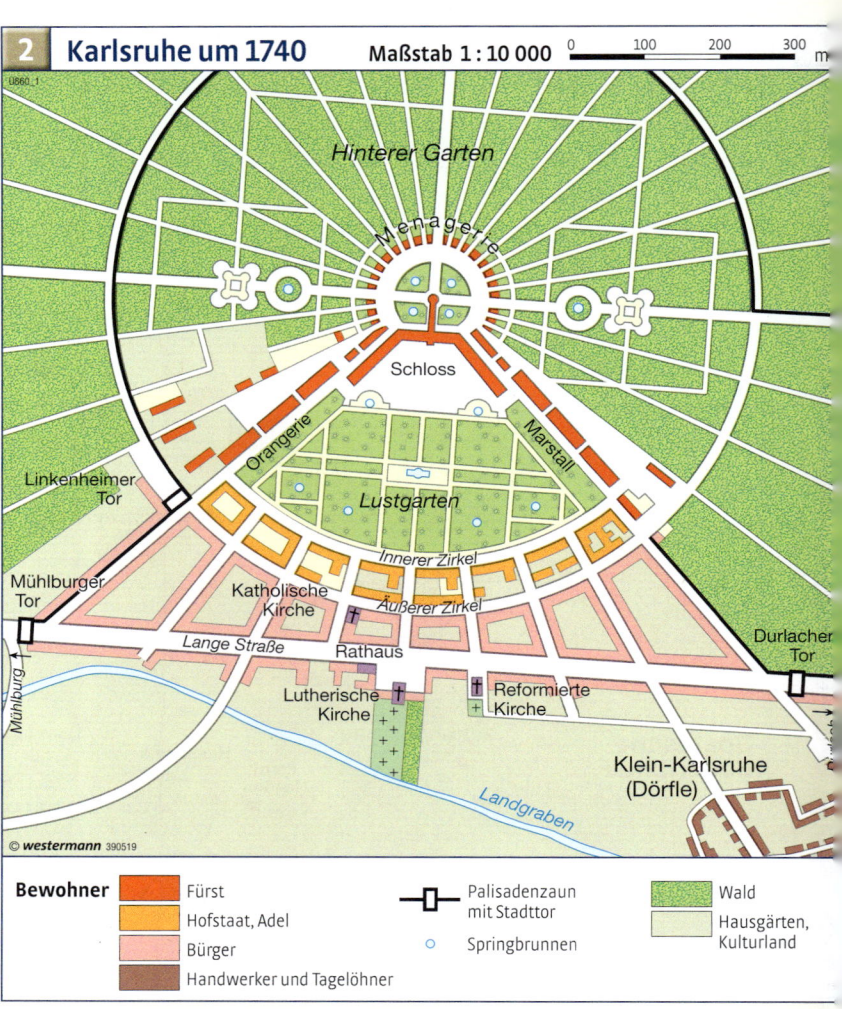

2 Karlsruhe um 1740 — Maßstab 1 : 10 000

0 100 200 300 m

Hinterer Garten
Menagerie
Schloss
Orangerie
Marstall
Linkenheimer Tor
Lustgarten
Mühlburger Tor
Innerer Zirkel
Äußerer Zirkel
Mühlburg
Katholische Kirche
Lange Straße
Rathaus
Durlacher Tor
Lutherische Kirche
Reformierte Kirche
Landgraben
Klein-Karlsruhe (Dörfle)

Bewohner:
- Fürst
- Hofstaat, Adel
- Bürger
- Handwerker und Tagelöhner
- Palisadenzaun mit Stadttor
- Springbrunnen
- Wald
- Hausgärten, Kulturland

© westermann 390519

3 Absolutismus in Europa — Maßstab 1 : 24 000 000

0 200 400 600 800 1000 km

Das Sinnbild Ludwig XIV. (1638-1715) als „Sonnenkönig" ist die Sonne, hier dargestellt als Verzierung des Eingangstores zum Schloss Versailles.

Legende:
- barocke Schlossbauten nach dem Vorbild von Versailles
- absolutistische Staaten in Flächenfarbe
- Kgr. Brandenburg-Preußen
- Kfsm. Bayern
- Kfsm. Sachsen
- Kaisertum Österreich (Habsburgische Gebiete)
- Gebiete absolutistischer Klein- und Mittelstaaten
- Reichsgrenze (Heiliges Römisches Reich Deutscher Nation)
- Staatsgrenze

Kfsm. = Kurfürstentum
Kgr. = Königreich
Rep. = Republik

Beschriftungen der Karte:
Shetland-In.
Kgr. Norwegen
Kgr. Schweden
Kristiania
Uppsala
St. Petersburg
Stockholm
Reval
Kasar
Moskau
Wolga
Kaiserreich Russland
Edinburgh
Nordsee
Ostsee
Kgr. Irland
Kgr. Man
Kgr. Großbritannien
Kgr. Dänemark
Woodstock
London
Nieder-lande
Hannover
Berlin
Potsdam
Warschau
Kgr. Polen
Brühl
Beloeil
Bonn
Kassel
Koblenz
Bayreuth
Dresden
Kiew
Würzburg
Prag
Versailles
Paris
Karlsruhe
Atlantischer Ozean
München
Wien
Loire
Schönbrunn
Dnjepr
Kgr. Frankreich
Schweiz
Ofen
Don
Mailand
Kgr. Ungarn
Kaffa
Venedig
Donau
Parma
Belgrad
Schwarzes Meer
Florenz
Rep. Venedig
Montenegro
Kirchen-staat
Kgr. Portugal
Madrid
Konstantinopel
Lissabon
Osmanisches Reich
Angora
Kgr. Spanien
Menorca (G.-B.)
Korsika
Neapel
Ionische Inseln (Ven.)
Kgr. Sardinien
Kgr. beider Sizilien
Euphrat
Tajo
Ebro
Gibraltar (G.-B.)
Tanger (Port.)
Ceuta (Span.)
Melilla (Span.)
Mittelmeer
Malta (Malteserorden)
Kreta (Ven.)
Zypern
Fez
Algier
Tunis
zum Osman. Reich
Sultanat Marokko
Algerien
Oran (Span.)

© westermann 371029

Zeitleiste:

Hinrichtung Karls I. von England, Abschaffung der Monarchie durch Cromwell

Flucht der Hugenotten aus Frankreich

August der Starke von Sachsen wird König von Polen

Kurfürst Friedrich III. von Brandenburg wird König in Preußen

Russisches Kaisertum unter Peter dem Großen

1649 1650 — 1660 — 1670 — 1680 1685 — 1690 — 1697 1700 1701 — 1710 — 1720 1721 — 1730

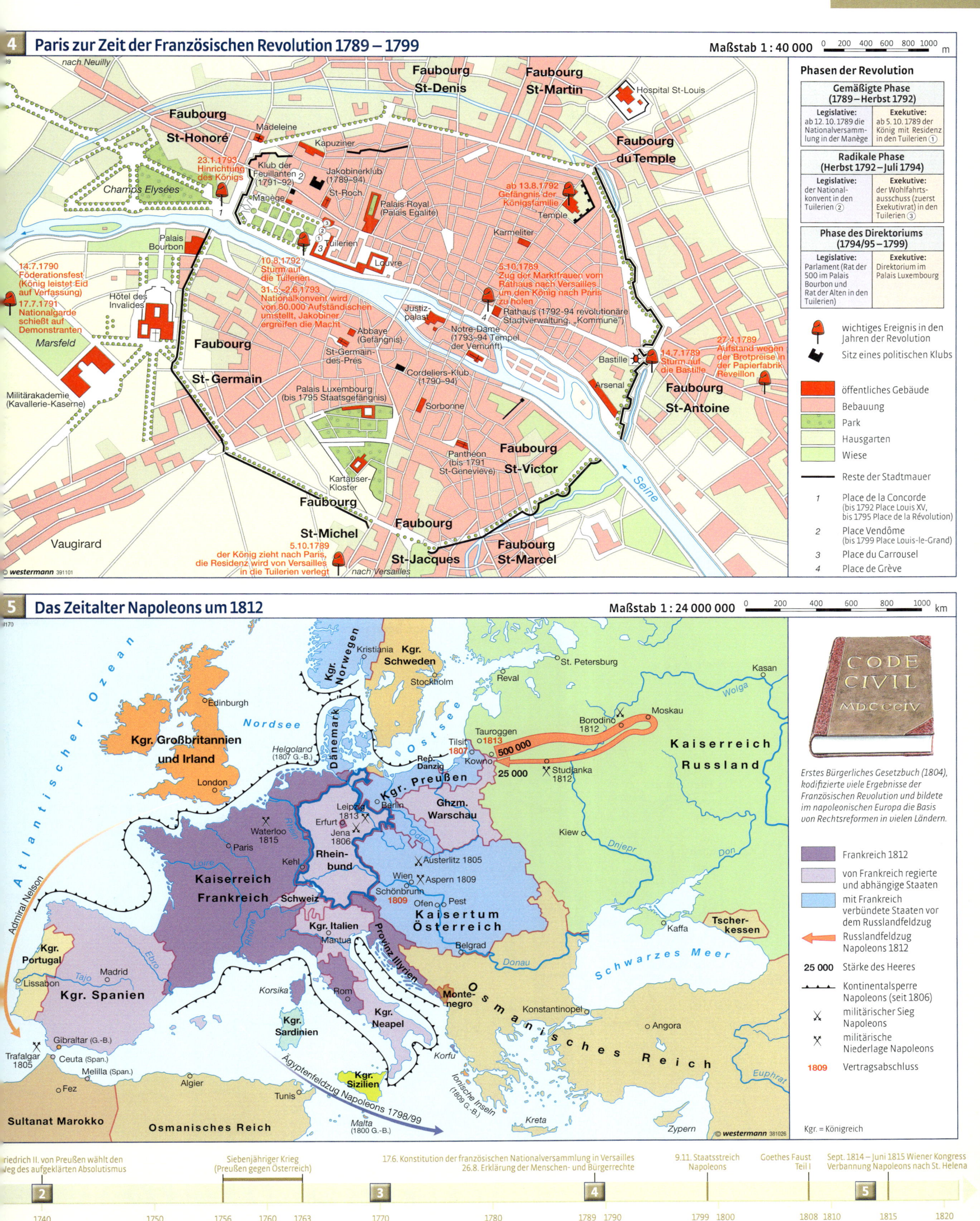

4 Paris zur Zeit der Französischen Revolution 1789 – 1799

Maßstab 1 : 40 000

Phasen der Revolution

Gemäßigte Phase (1789 – Herbst 1792)	
Legislative: ab 12. 10. 1789 die Nationalversammlung in der Manège	Exekutive: ab 5. 10. 1789 der König mit Residenz in den Tuilerien ①

Radikale Phase (Herbst 1792 – Juli 1794)	
Legislative: der National-konvent in den Tuilerien ②	Exekutive: der Wohlfahrts-ausschuss (zuerst Exekutivrat in den Tuilerien ③)

Phase des Direktoriums (1794/95 – 1799)	
Legislative: Parlament (Rat der 500 im Palais Bourbon und Rat der Alten in den Tuilerien)	Exekutive: Direktorium im Palais Luxembourg

🔺 wichtiges Ereignis in den Jahren der Revolution

⚑ Sitz eines politischen Klubs

▮ öffentliches Gebäude
▮ Bebauung
▮ Park
▮ Hausgarten
▮ Wiese
— Reste der Stadtmauer

1 Place de la Concorde (bis 1792 Place Louis XV, bis 1795 Place de la Révolution)
2 Place Vendôme (bis 1799 Place Louis-le-Grand)
3 Place du Carrousel
4 Place de Grève

Kartenbeschriftungen (Karte 4):

nach Neuilly · Faubourg St-Denis · Faubourg St-Martin · Hospital St-Louis · Faubourg St-Honoré · Madeleine · Kapuziner · Faubourg du Temple · 23.1.1793 Hinrichtung des Königs · Klub der Feuillanten (1791–92) · Jakobinerklub (1789–94) · Manège · St-Roch · Champs Elysées · ab 13.8.1792 Gefängnis der Königsfamilie · Temple · Palais Royal (Palais Egalité) · Karmeliter · Palais Bourbon · Tuilerien · Louvre · 14.7.1790 Föderationsfest (König leistet Eid auf Verfassung) · 17.7.1791 Nationalgarde schießt auf Demonstranten · Marsfeld · Hôtel des Invalides · 10.8.1792 Sturm auf die Tuilerien · 31.5.–2.6.1793 Nationalkonvent wird von 80.000 Aufständischen umstellt, Jakobiner ergreifen die Macht · 5.10.1789 Zug der Marktfrauen vom Rathaus nach Versailles, um den König nach Paris zu holen · Justiz-palast · Rathaus (1792–94 revolutionäre Stadtverwaltung, „Kommune") · 14.7.1789 Sturm auf die Bastille · 27.4.1789 Aufstand wegen der Brotpreise in der Papierfabrik Reveillon · Militärakademie (Kavallerie-Kaserne) · Faubourg St-Germain · Abbaye (Gefängnis) · St-Germain-des-Prés · Notre-Dame (1793–94 Tempel der Vernunft) · Bastille · Arsenal · Faubourg St-Antoine · Cordeliers-Klub (1790–94) · Palais Luxembourg (bis 1795 Staatsgefängnis) · Sorbonne · Pantheon (bis 1791 St-Geneviève) · Faubourg St-Victor · Kartäuser-Kloster · Seine · Faubourg St-Michel · 5.10.1789 der König zieht nach Paris, die Residenz wird von Versailles in die Tuilerien verlegt · nach Versailles · Faubourg St-Jacques · Faubourg St-Marcel · Vaugirard

© westermann 391101

5 Das Zeitalter Napoleons um 1812

Maßstab 1 : 24 000 000

CODE CIVIL MDCCCIV

Erstes Bürgerliches Gesetzbuch (1804), kodifizierte viele Ergebnisse der Französischen Revolution und bildete im napoleonischen Europa die Basis von Rechtsreformen in vielen Ländern.

▮ Frankreich 1812
▮ von Frankreich regierte und abhängige Staaten
▮ mit Frankreich verbündete Staaten vor dem Russlandfeldzug
⬅ Russlandfeldzug Napoleons 1812
25 000 Stärke des Heeres
⚔ Kontinentalsperre Napoleons (seit 1806)
✕ militärischer Sieg Napoleons
✕ militärische Niederlage Napoleons
1809 Vertragsabschluss

Kgr. = Königreich

Kartenbeschriftungen (Karte 5):

Atlantischer Ozean · Kgr. Norwegen · Kgr. Schweden · Kristiania · Stockholm · St. Petersburg · Kasan · Edinburgh · Nordsee · Dänemark · Helgoland (1807 G.-B.) · Ostsee · Reval · Wolga · Kaiserreich Russland · Kgr. Großbritannien und Irland · London · Rep. Danzig · Tilsit 1807 · o1813 · Tauroggen · Kowno · 500 000 · 25 000 · Studianka 1812 · Borodino 1812 · Moskau · Kgr. Preußen · Berlin · Ghzm. Warschau · Kiew · Dnjepr · Don · Leipzig 1813 · Erfurt · Jena 1806 · Oder · Waterloo 1815 · Paris · Kehl · Rhein-bund · Austerlitz 1805 · Wien · Aspern 1809 · Schönbrunn 1809 · Ofen · Pest · Kaisertum Österreich · Loire · Kaiserreich Frankreich · Schweiz · Kgr. Italien · Mantua · Provinz Illyrien · Belgrad · Donau · Montenegro · Tscherkessen · Kaffa · Schwarzes Meer · Kgr. Portugal · Madrid · Lissabon · Tajo · Ebro · Rhône · Rom · Korsika · Kgr. Sardinien · Kgr. Neapel · Korfu · Konstantinopel · Angora · Osmanisches Reich · Gibraltar (G.-B.) · Ceuta (Span.) · Melilla (Span.) · Trafalgar 1805 · Fez · Algier · Tunis · Kgr. Sizilien · Ägyptenfeldzug Napoleons 1798/99 · Ionische Inseln (1809 G.-B.) · Malta (1800 G.-B.) · Kreta · Zypern · Euphrat · Sultanat Marokko · Osmanisches Reich · Admiral Nelson

© westermann 381026

Zeitleiste:

Friedrich II. von Preußen wählt den Weg des aufgeklärten Absolutismus · Siebenjähriger Krieg (Preußen gegen Österreich) · 17.6. Konstitution der französischen Nationalversammlung in Versailles · 26.8. Erklärung der Menschen- und Bürgerrechte · 9.11. Staatsstreich Napoleons · Goethes Faust Teil I · Sept. 1814 – Juni 1815 Wiener Kongress · Verbannung Napoleons nach St. Helena

2 1740 · 1750 · 1756 1760 1763 · 1770 · 1780 · **3** 1789 1790 · 1799 1800 · **4** 1808 1810 · **5** 1815 · 1820

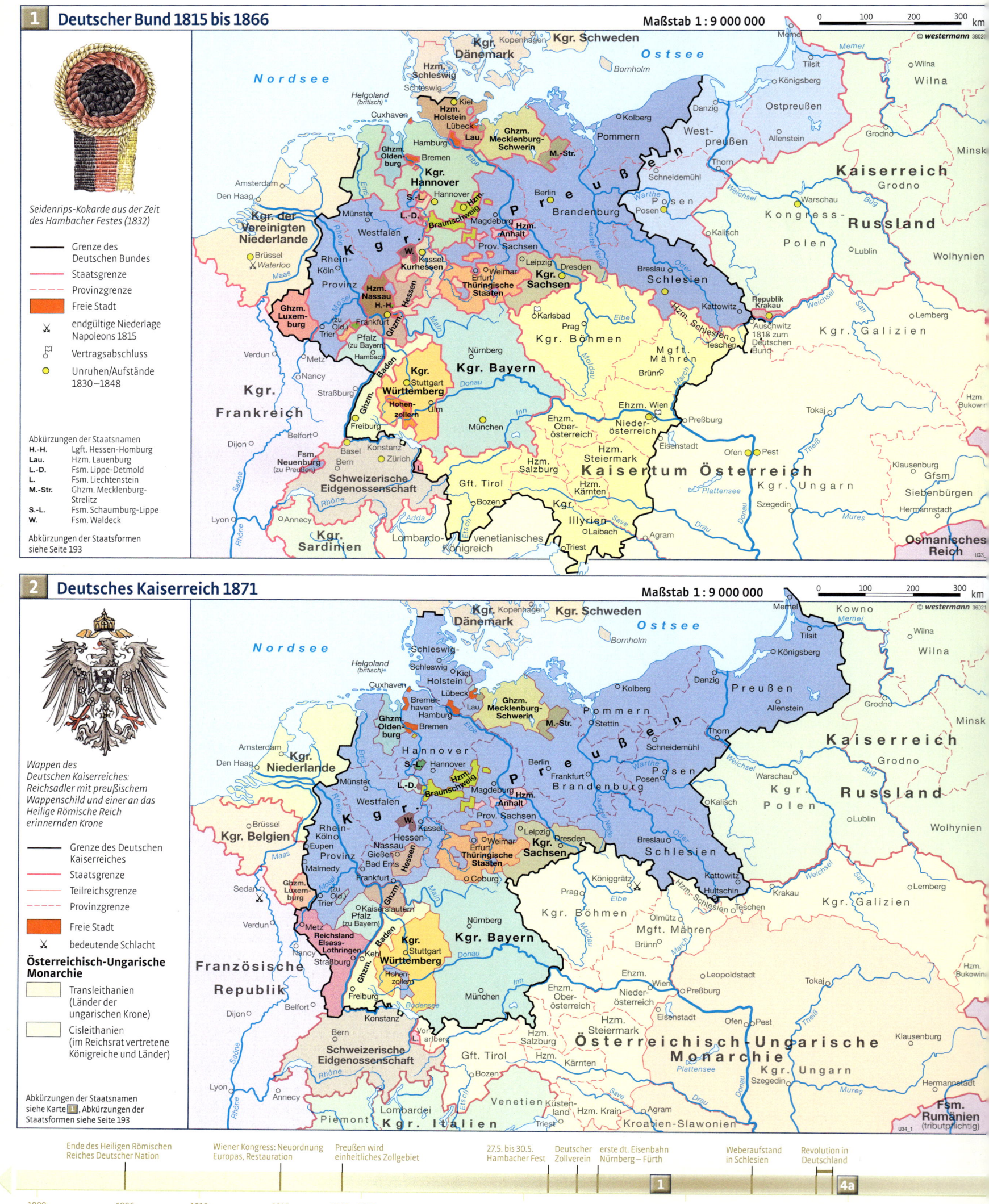

1 Deutscher Bund 1815 bis 1866

Maßstab 1 : 9 000 000

Seidenrips-Kokarde aus der Zeit des Hambacher Festes (1832)

— Grenze des Deutschen Bundes
— Staatsgrenze
--- Provinzgrenze
▮ Freie Stadt
✕ endgültige Niederlage Napoleons 1815
⚑ Vertragsabschluss
● Unruhen/Aufstände 1830–1848

Abkürzungen der Staatsnamen
H.-H. Lgft. Hessen-Homburg
Lau. Hzm. Lauenburg
L.-D. Fsm. Lippe-Detmold
L. Fsm. Liechtenstein
M.-Str. Ghzm. Mecklenburg-Strelitz
S.-L. Fsm. Schaumburg-Lippe
W. Fsm. Waldeck

Abkürzungen der Staatsformen siehe Seite 193

2 Deutsches Kaiserreich 1871

Maßstab 1 : 9 000 000

Wappen des Deutschen Kaiserreiches: Reichsadler mit preußischem Wappenschild und einer an das Heilige Römische Reich erinnernden Krone

— Grenze des Deutschen Kaiserreiches
— Staatsgrenze
— Teilreichsgrenze
--- Provinzgrenze
▮ Freie Stadt
✕ bedeutende Schlacht

Österreichisch-Ungarische Monarchie
▢ Transleithanien (Länder der ungarischen Krone)
▢ Cisleithanien (im Reichsrat vertretene Königreiche und Länder)

Abkürzungen der Staatsnamen siehe Karte 1, Abkürzungen der Staatsformen siehe Seite 193

Ende des Heiligen Römischen Reiches Deutscher Nation · Wiener Kongress: Neuordnung Europas, Restauration · Preußen wird einheitliches Zollgebiet · 27.5. bis 30.5. Hambacher Fest · Deutscher Zollverein · erste dt. Eisenbahn Nürnberg – Fürth · Weberaufstand in Schlesien · Revolution in Deutschland

1800 1806 1810 1815 1818 1820 1830 1832 1834 1835 1840 1844 1848 1850

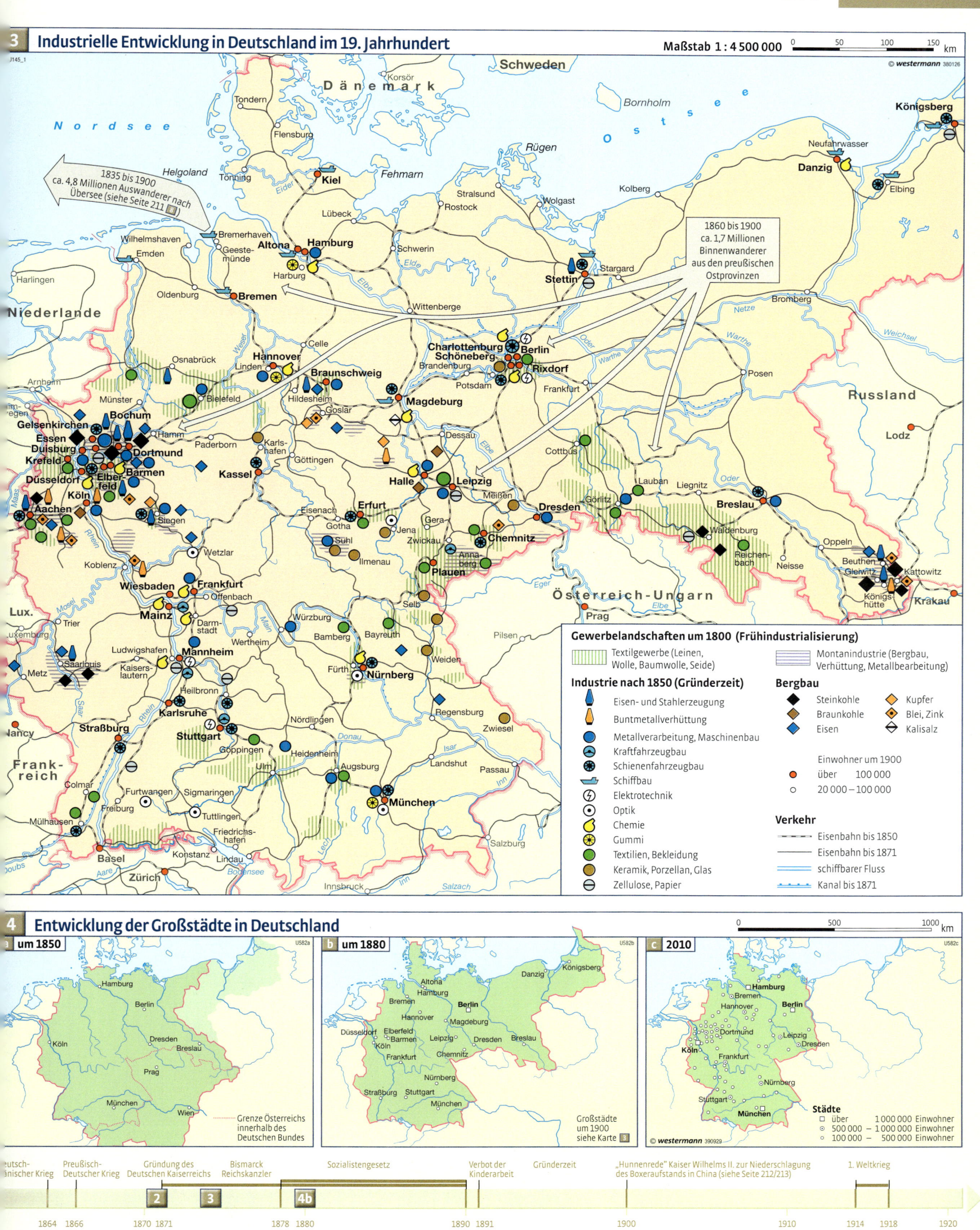

3 Industrielle Entwicklung in Deutschland im 19. Jahrhundert

Maßstab 1 : 4 500 000

© westermann 380126

1835 bis 1900 ca. 4,8 Millionen Auswanderer nach Übersee (siehe Seite 211)

1860 bis 1900 ca. 1,7 Millionen Binnenwanderer aus den preußischen Ostprovinzen

Gewerbelandschaften um 1800 (Frühindustrialisierung)

| | Textilgewerbe (Leinen, Wolle, Baumwolle, Seide) | | Montanindustrie (Bergbau, Verhüttung, Metallbearbeitung) |

Industrie nach 1850 (Gründerzeit)

- Eisen- und Stahlerzeugung
- Buntmetallverhüttung
- Metallverarbeitung, Maschinenbau
- Kraftfahrzeugbau
- Schienenfahrzeugbau
- Schiffbau
- Elektrotechnik
- Optik
- Chemie
- Gummi
- Textilien, Bekleidung
- Keramik, Porzellan, Glas
- Zellulose, Papier

Bergbau

- Steinkohle
- Braunkohle
- Eisen
- Kupfer
- Blei, Zink
- Kalisalz

Einwohner um 1900

- über 100 000
- 20 000 – 100 000

Verkehr

- Eisenbahn bis 1850
- Eisenbahn bis 1871
- schiffbarer Fluss
- Kanal bis 1871

4 Entwicklung der Großstädte in Deutschland

a um 1850

b um 1880

Großstädte um 1900 siehe Karte 3

c 2010

© westermann 390929

Städte

- über 1 000 000 Einwohner
- 500 000 – 1 000 000 Einwohner
- 100 000 – 500 000 Einwohner

Grenze Österreichs innerhalb des Deutschen Bundes

Deutsch-nischer Krieg | Preußisch-Deutscher Krieg | Gründung des Deutschen Kaiserreichs | Bismarck Reichskanzler | Sozialistengesetz | Verbot der Kinderarbeit | Gründerzeit | „Hunnenrede" Kaiser Wilhelms II. zur Niederschlagung des Boxeraufstands in China (siehe Seite 212/213) | 1. Weltkrieg

1864 1866 1870 1871 1878 1880 1890 1891 1900 1910 1914 1918 1920

1 Die Erschließung des Westens 1840 — Maßstab 1 : 40 000 000

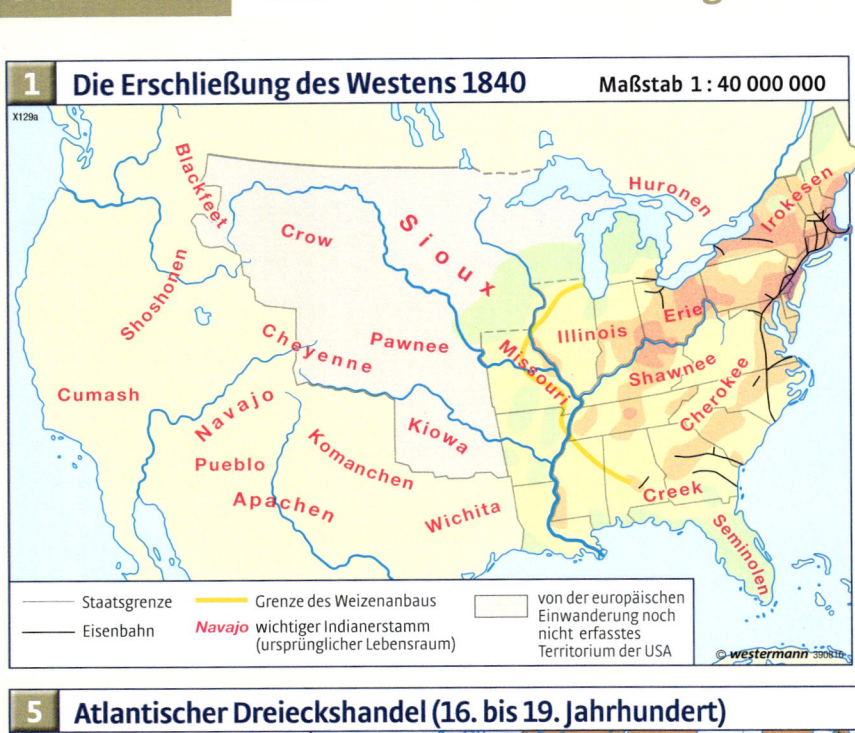

Staatsgrenze — Grenze des Weizenanbaus — von der europäischen Einwanderung noch nicht erfasstes Territorium der USA
Eisenbahn — *Navajo* wichtiger Indianerstamm (ursprünglicher Lebensraum)

2 Die Erschließung des Westens 1860 — Maßstab 1 : 40 000 000

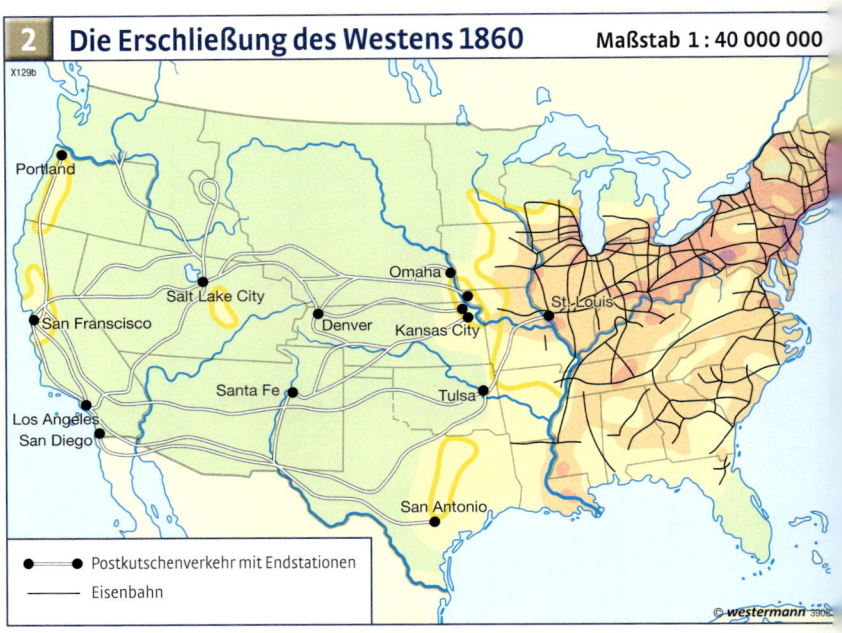

● Postkutschenverkehr mit Endstationen
Eisenbahn

5 Atlantischer Dreieckshandel (16. bis 19. Jahrhundert) — Maßstab 1 : 80 000 000

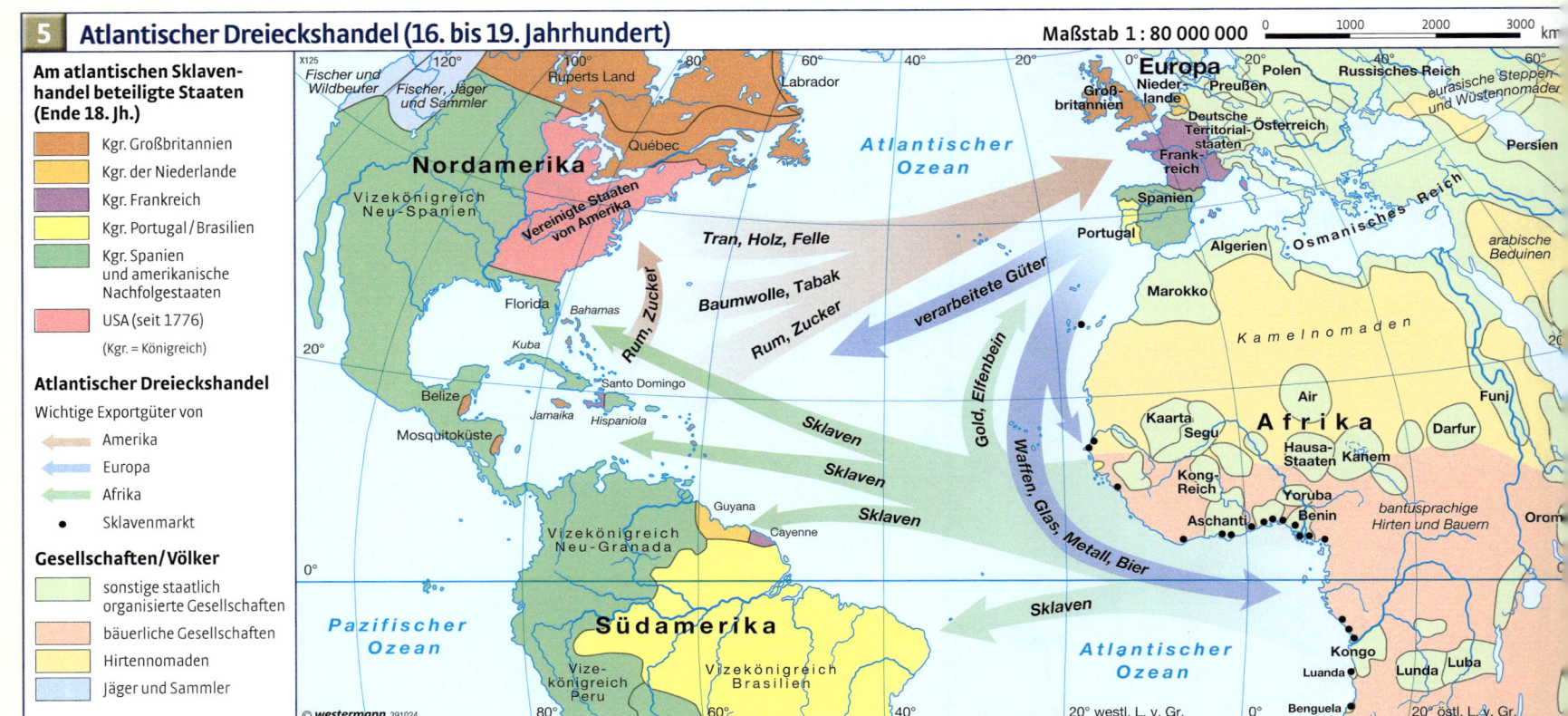

Am atlantischen Sklavenhandel beteiligte Staaten (Ende 18. Jh.)
- Kgr. Großbritannien
- Kgr. der Niederlande
- Kgr. Frankreich
- Kgr. Portugal / Brasilien
- Kgr. Spanien und amerikanische Nachfolgestaaten
- USA (seit 1776)

(Kgr. = Königreich)

Atlantischer Dreieckshandel
Wichtige Exportgüter von
- Amerika
- Europa
- Afrika
- Sklavenmarkt

Gesellschaften/Völker
- sonstige staatlich organisierte Gesellschaften
- bäuerliche Gesellschaften
- Hirtennomaden
- Jäger und Sammler

6 Verschiffung afrikanischer Sklaven 1500 – 1865

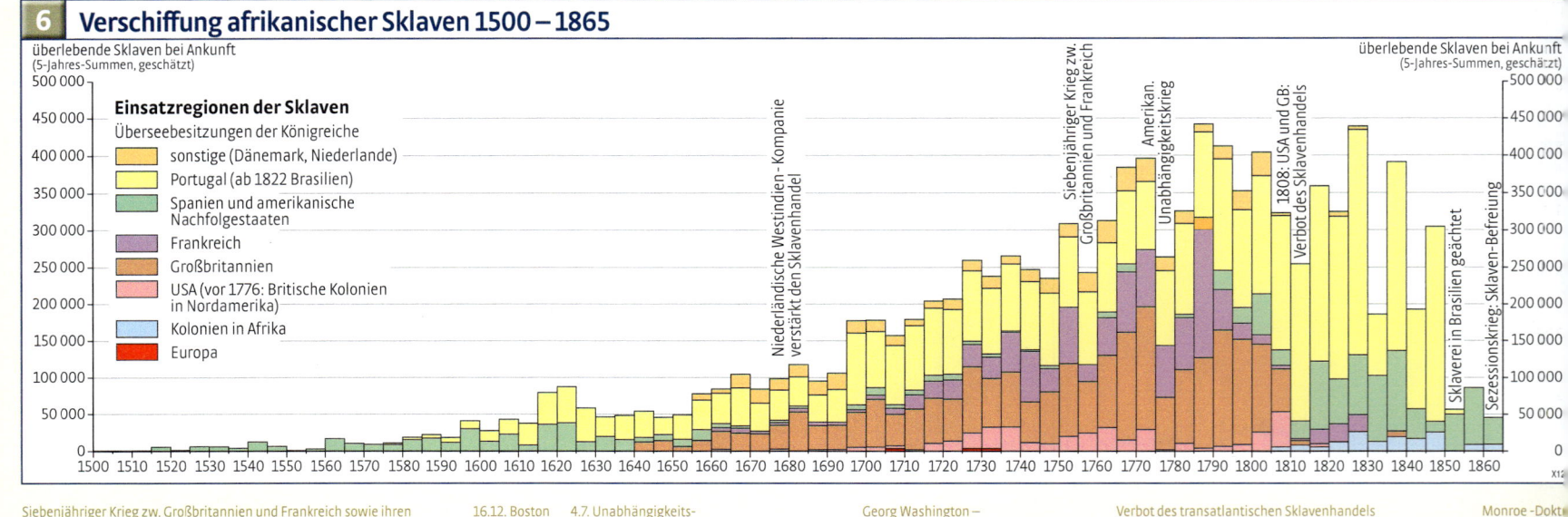

Einsatzregionen der Sklaven
Überseebesitzungen der Königreiche
- sonstige (Dänemark, Niederlande)
- Portugal (ab 1822 Brasilien)
- Spanien und amerikanische Nachfolgestaaten
- Frankreich
- Großbritannien
- USA (vor 1776: Britische Kolonien in Nordamerika)
- Kolonien in Afrika
- Europa

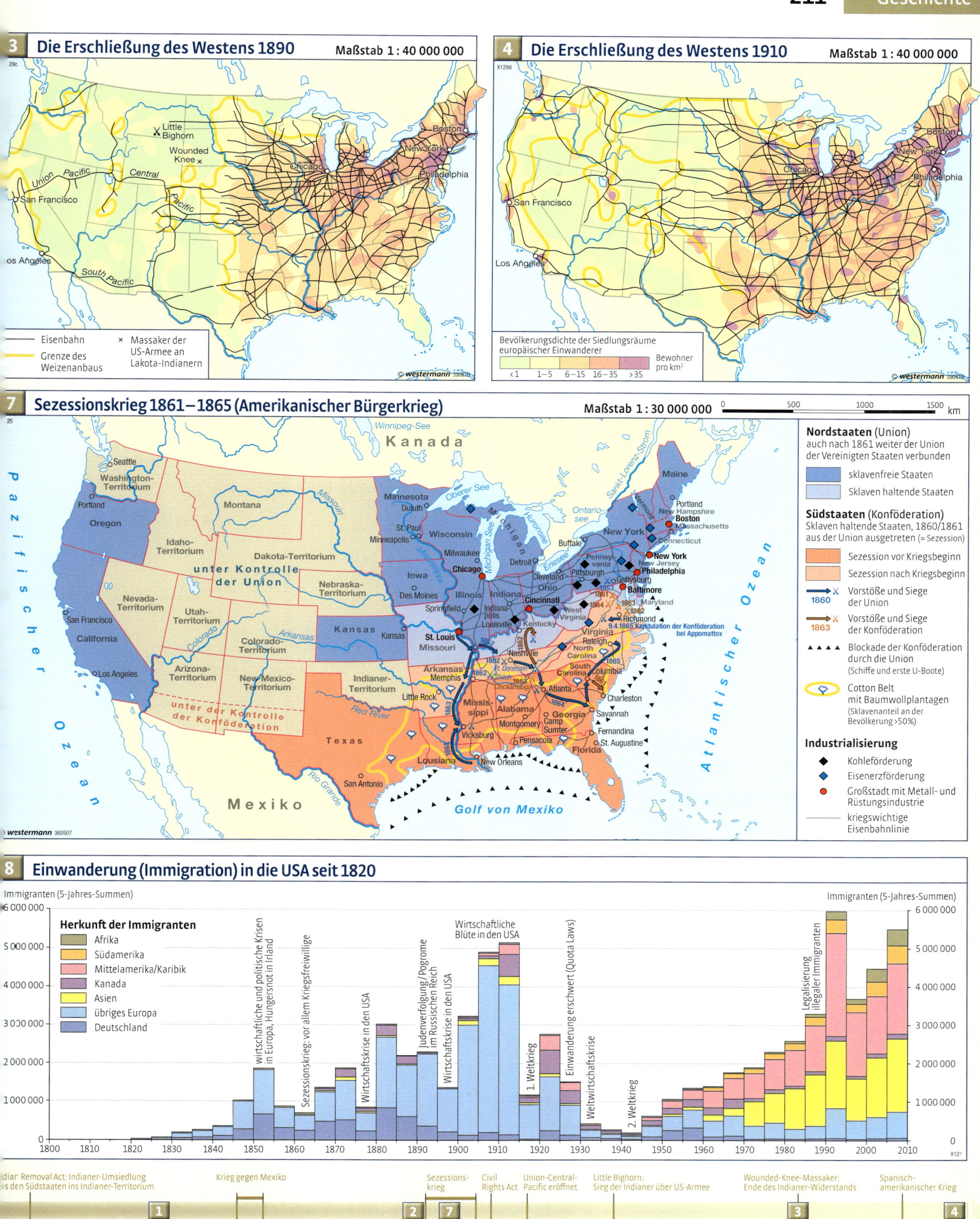

3 Die Erschließung des Westens 1890 — Maßstab 1 : 40 000 000

29c

Little Bighorn
Wounded Knee ×

Union Pacific
Central Pacific
San Francisco
os Angeles
South Pacific

Boston
New York
Philadelphia
Chicago

— Eisenbahn
— Grenze des Weizenanbaus
× Massaker der US-Armee an Lakota-Indianern

© westermann 39081b

4 Die Erschließung des Westens 1910 — Maßstab 1 : 40 000 000

X129d

San Francisco
Los Angeles

Chicago
Boston
New York
Philadelphia

Bevölkerungsdichte der Siedlungsräume europäischer Einwanderer

Bewohner pro km²
< 1 | 1–5 | 6–15 | 16–35 | > 35

© westermann 39081b

7 Sezessionskrieg 1861–1865 (Amerikanischer Bürgerkrieg) — Maßstab 1 : 30 000 000

0   500   1000   1500 km

25

Kanada
Winnipeg-See
Pazifischer Ozean
Atlantischer Ozean
Mexiko
Golf von Mexiko

Seattle
Washington-Territorium
Portland
Oregon
Montana
Idaho-Territorium
Dakota-Territorium
unter Kontrolle der Union
Nevada-Territorium
Utah-Territorium
San Francisco
California
Los Angeles
Arizona-Territorium
New-Mexico-Territorium
unter der Kontrolle der Konföderation
Nebraska-Territorium
Colorado-Territorium
Kansas
Kansas
Indianer-Territorium
Texas
San Antonio
Rio Grande
Red River
Lousiana
New Orleans
Vicksburg

Minnesota
Duluth
St. Paul
Minneapolis
Wisconsin
Iowa
Des Moines
Milwaukee
Chicago
Illinois
Springfield
St. Louis
Missouri
Indiana
Indiana-polis
Louisville
Kentucky
Nashville
Memphis
Arkansas
Little Rock
Mississippi
Alabama
Montgomery
Pensacola
Georgia
Camp Sumter
Florida
St. Augustine
Fernandina

Oberer See
Michigan See
Huronsee
Eriesee
Ontario-see
Sankt-Lorenz-Strom
Maine
Portland
New Hampshire
Vermont
Boston
Massachusetts
Connecticut
New York
New Jersey
Philadelphia
Baltimore
Maryland
Buffalo
Detroit
Cleveland
Ohio
Pittsburgh
Pennsylvania
West Virginia
Cincinnati
Richmond
Virginia
Raleigh
North Carolina
South Carolina
Columbia
Charleston
Savannah
Atlanta
Chickamauga
Gettysburg
9.4.1865 Kapitulation der Konföderation bei Appomattox

Nordstaaten (Union) auch nach 1861 weiter der Union der Vereinigten Staaten verbunden
- sklavenfreie Staaten
- Sklaven haltende Staaten

Südstaaten (Konföderation) Sklaven haltende Staaten, 1860/1861 aus der Union ausgetreten (= Sezession)
- Sezession vor Kriegsbeginn
- Sezession nach Kriegsbeginn
- Vorstöße und Siege der Union
- Vorstöße und Siege der Konföderation
- Blockade der Konföderation durch die Union (Schiffe und erste U-Boote)
- Cotton Belt mit Baumwollplantagen (Sklavenanteil an der Bevölkerung >50%)

Industrialisierung
- ◆ Kohleförderung
- ◆ Eisenerzförderung
- ● Großstadt mit Metall- und Rüstungsindustrie
- — kriegswichtige Eisenbahnlinie

© westermann 360507

8 Einwanderung (Immigration) in die USA seit 1820

Immigranten (5-Jahres-Summen)

Herkunft der Immigranten
- Afrika
- Südamerika
- Mittelamerika/Karibik
- Kanada
- Asien
- übriges Europa
- Deutschland

wirtschaftliche und politische Krisen in Europa, Hungersnot in Irland
Sezessionskrieg: vor allem Kriegsfreiwillige
Wirtschaftskrise in den USA
Judenverfolgung/Pogrome im Russischen Reich
Wirtschaftskrise in den USA
Wirtschaftliche Blüte in den USA
1. Weltkrieg
Einwanderung erschwert (Quota Laws)
Weltwirtschaftskrise
2. Weltkrieg
Legalisierung illegaler Immigranten

1800 1810 1820 1830 1840 1850 1860 1870 1880 1890 1900 1910 1920 1930 1940 1950 1960 1970 1980 1990 2000 2010

X12?

Indian Removal Act: Indianer-Umsiedlung aus den Südstaaten ins Indianer-Territorium
Krieg gegen Mexiko
Sezessionskrieg
Civil Rights Act
Union-Central-Pacific eröffnet
Little Bighorn: Sieg der Indianer über US-Armee
Wounded-Knee-Massaker: Ende des Indianer-Widerstands
Spanisch-amerikanischer Krieg

[1] [2] [7] [3] [4]

1830 1840 1846–48 1850 1861–65 1866 1869 1876 1880 1890 1898 1900

1 Die Welt um 1914

Selbstständige Staaten, ihre Besitztümer (Kolonien) und abhängige Gebiete

- Großbritannien (British Empire)
- Frankreich
- Deutsches Reich
- Belgien
- Dänemark
- Italien
- Niederlande
- Portugal
- Spanien
- USA
- Japanisches Reich
- Russisches Reich

- selbstständige Staaten (sonstige)

Interessengebiete

- britisch
- französisch
- deutsch
- US-amerikanisch
- japanisch
- russisch

Afrika – 1914/1918
siehe auch Seite 125 **2**

U225_1

2 Handelsgüter der Kolonien und imperialistischer Interessensgebiete (um 1914)

Maßstab 1 : 180 000 000

© westermann

Agrarische Rohstoffe

- Getreide (einschl. Reis)
- Zucker
- Bananen
- Kaffee
- Kakao
- Tee
- Tabak
- Gewürze
- Palmöl
- Wolle
- Fleisch
- Fisch
- Baumwolle
- Jute
- Seide
- Kautschuk
- Holz

Mineralische Rohstoffe

- Düngemittel
- Salpeter
- Gold
- Silber
- Edelsteine
- Kupfer
- Eisenerz
- Zinn
- Blei
- Erdöl

Staats- und Gebietsnamen siehe Karte **1**

U226

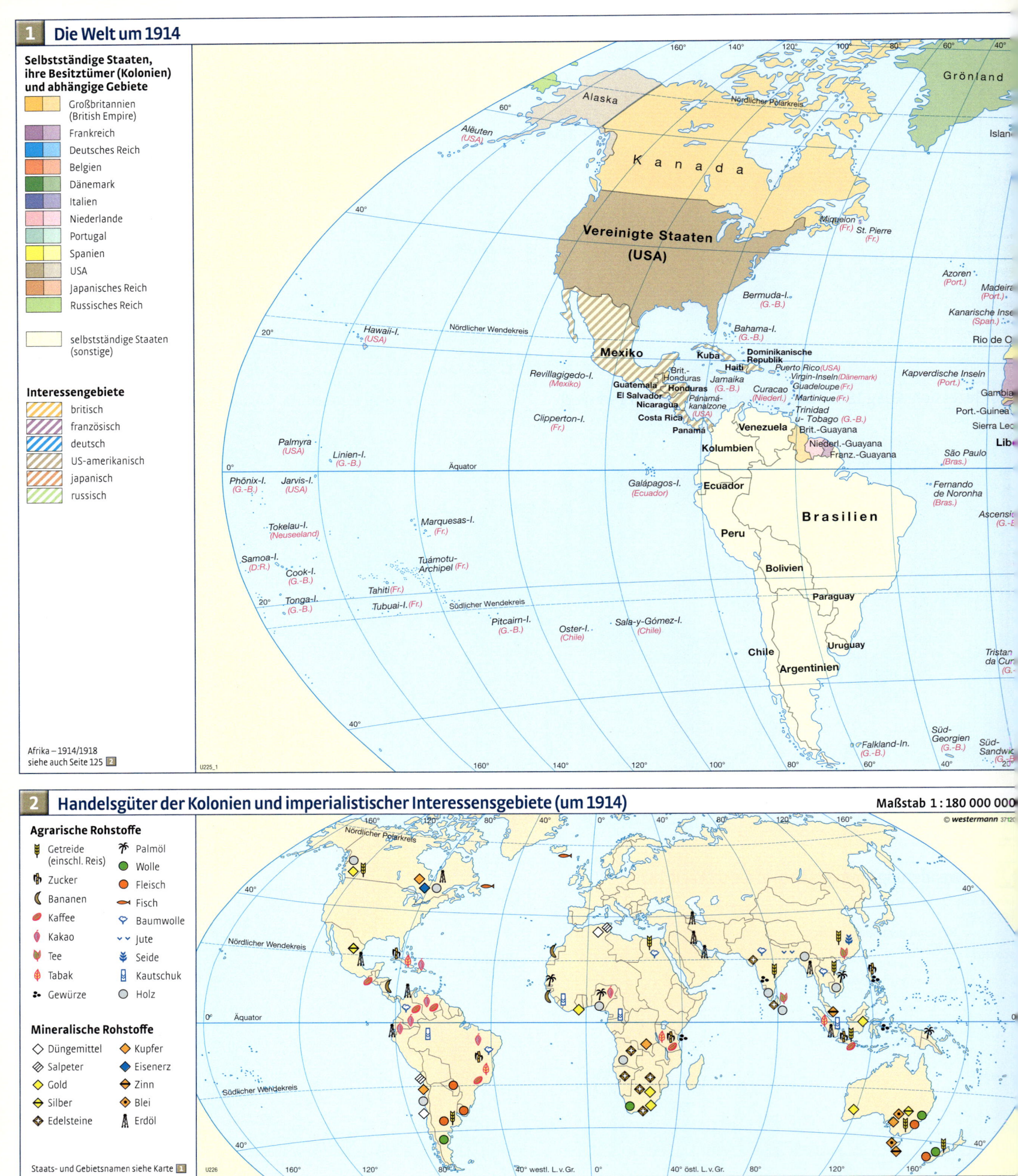

Krim-Krieg: Großbritannien und Frankreich treten der russischen Expansion auf osmanischem Territorium entgegen

Eröffnung des von den Franzosen gebauten Suezkanals

Starke Absenkung der Preise für Getreide und Hauptnahrungsmittel in Folge des Welthandels

- Dreibund (Deutschland, Österreich, Italien)
- Großbritannien besetzt Ägypten

1850   1854   1856   1860   1869   ab 1870   1880   1882

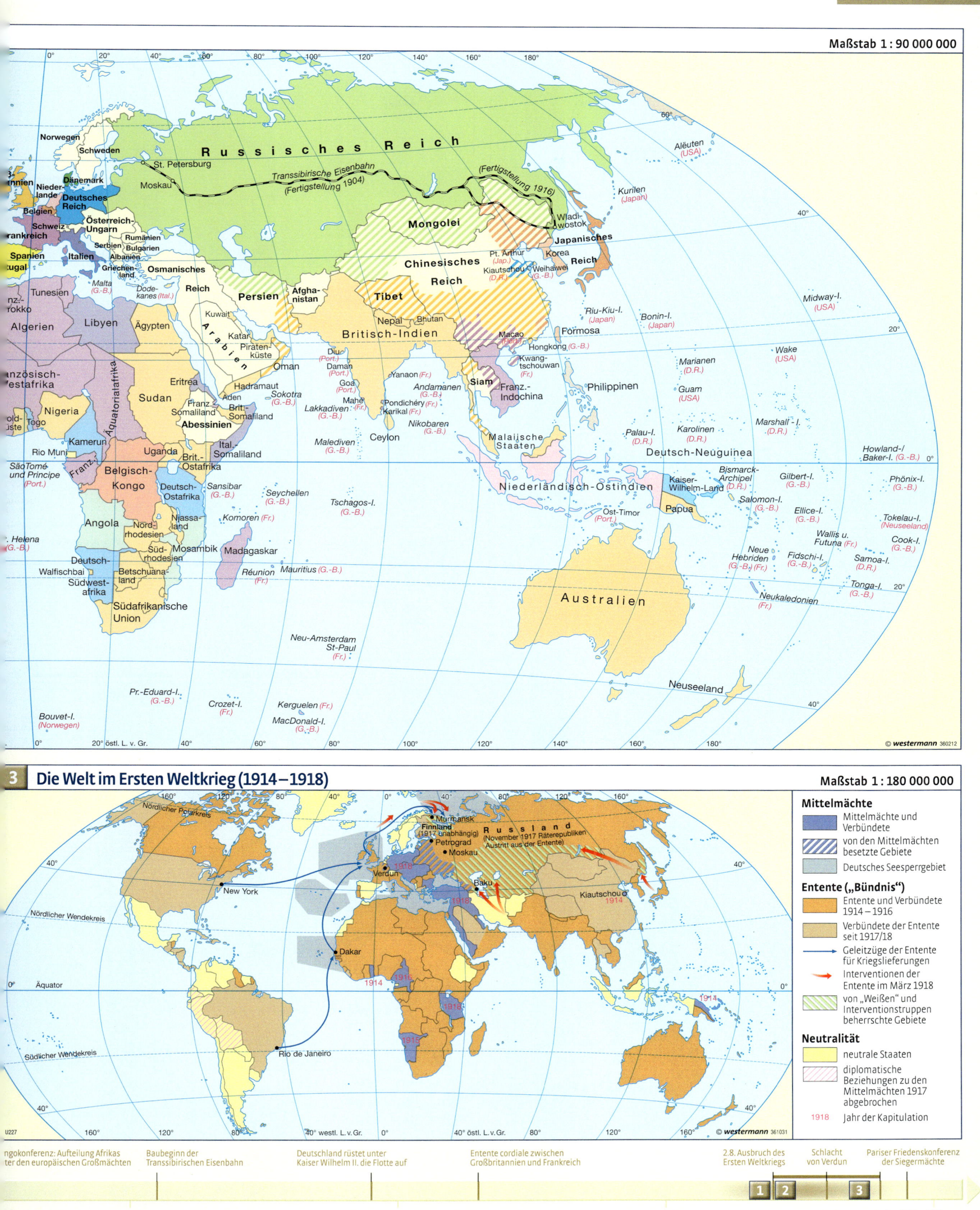

Maßstab 1 : 90 000 000

Norwegen
Schweden
St. Petersburg
Moskau

R u s s i s c h e s   R e i c h

Aleuten (USA)

Transsibirische Eisenbahn (Fertigstellung 1904)
(Fertigstellung 1916)

Kurilen (Japan)

...innien
Niederlande
Dänemark
Deutsches Reich
Belgien
Schweiz
...rankreich
Österreich-Ungarn
Rumänien
Serbien
Bulgarien
Italien
Spanien
Albanien
Griechenland
...ugal
Malta (G.-B.)
Dodekanes (Ital.)
Osmanisches Reich

Mongolei

Wladiwostok
Pt. Arthur (Jap.)
Kiautschou (D.R.)
Korea
Weihaiwei (G.-B.)
Japanisches Reich

Chinesisches Reich

Persien
Afghanistan
Tibet
Nepal
Bhutan

Formosa
Macao (Port.)
Hongkong (G.-B.)
Kwang-tschouwan (Fr.)

Riu-Kiu-I. (Japan)
Bonin-I. (Japan)

Midway-I. (USA)

Tunesien
...rokko
Algerien
Libyen
Ägypten
A r a b i e n
Kuwait
Katar
Piratenküste
Oman
Hadramaut
Aden
Brit.-Somaliland
Franz.-Somaliland

Diu (Port.)
Daman (Port.)
Goa (Port.)
Yanaon (Fr.)
Mahé (Fr.)
Pondichéry Karikal (Fr.)
Lakkadiven (G.-B.)
Andamanen (Fr.)
Nikobaren (G.-B.)

Britisch-Indien
Ceylon
Malediven (G.-B.)

Siam
Franz.-Indochina
Philippinen

Marianen (D.R.)
Guam (USA)
Wake (USA)

...nzösisch-...estafrika
Nigeria
...old-...üste
Togo
Kamerun
Rio Muni
São Tomé und Principe (Port.)
Eritrea
Sudan
Franz.-Äquatorialafrika
Abessinien
Uganda
Brit.-Ostafrika

Ital.-Somaliland
Sansibar (G.-B.)
Seychellen (G.-B.)

Malaiische Staaten

Niederländisch-Ostindien
Deutsch-Neuguinea

Palau-I. (D.R.)
Karolinen (D.R.)
Marshall-I. (D.R.)

Howland-/Baker-I. (G.-B.)

Belgisch-Kongo
Deutsch-Ostafrika
Njassaland
Komoren (Fr.)
Tschagos-I. (G.-B.)

Kaiser-Wilhelm-Land (D.R.)
Papua
Bismarck-Archipel (D.R.)
Ost-Timor (Port.)
Salomon-I. (G.-B.)
Gilbert-I. (G.-B.)
Ellice-I. (G.-B.)
Phönix-I. (G.-B.)
Tokelau-I. (Neuseeland)

Angola
Nordrhodesien
Südrhodesien
Mosambik
Madagaskar
Réunion (Fr.)
Mauritius (G.-B.)

Neue Hebriden (G.-B.)
Fidschi-I. (Fr.)
Wallis u. Futuna (Fr.)
Samoa-I. (D.R.)
Cook-I. (G.-B.)

Helena (G.-B.)
Deutsch-Südwestafrika
Walfischbai
Betschuanaland
Südrhodesien

A u s t r a l i e n

Neukaledonien (Fr.)
Tonga-I. (G.-B.)

Südafrikanische Union

Neu-Amsterdam St-Paul (Fr.)

Neuseeland

Pr.-Eduard-I. (G.-B.)
Bouvet-I. (Norwegen)
Crozet-I. (Fr.)
Kerguelen (Fr.)
MacDonald-I. (G.-B.)

© westermann 360212

---

3 | **Die Welt im Ersten Weltkrieg (1914–1918)**   **Maßstab 1 : 180 000 000**

Nördlicher Polarkreis
Nördlicher Wendekreis
Äquator
Südlicher Wendekreis

New York
Verdun
Murmansk
Finnland (1917 unabhängig)
Petrograd
Moskau
R u s s l a n d (November 1917 Räterepubliken Austritt aus der Entente)
Baku
Kiautschou 1914
Dakar
1914
1915
1918
Rio de Janeiro
1914

Mittelmächte
- Mittelmächte und Verbündete
- von den Mittelmächten besetzte Gebiete
- Deutsches Seesperrgebiet

Entente („Bündnis")
- Entente und Verbündete 1914–1916
- Verbündete der Entente seit 1917/18
- Geleitzüge der Entente für Kriegslieferungen
- Interventionen der Entente im März 1918
- von „Weißen" und Interventionstruppen beherrschte Gebiete

Neutralität
- neutrale Staaten
- diplomatische Beziehungen zu den Mittelmächten 1917 abgebrochen
- 1918 Jahr der Kapitulation

© westermann 361031

...ngokonferenz: Aufteilung Afrikas ...ter den europäischen Großmächten

Baubeginn der Transsibirischen Eisenbahn

Deutschland rüstet unter Kaiser Wilhelm II. die Flotte auf

Entente cordiale zwischen Großbritannien und Frankreich

2.8. Ausbruch des Ersten Weltkriegs

Schlacht von Verdun

Pariser Friedenskonferenz der Siegermächte

1890 1891   1897 1900   1904   1910   1914   1916   1918 1919 1920

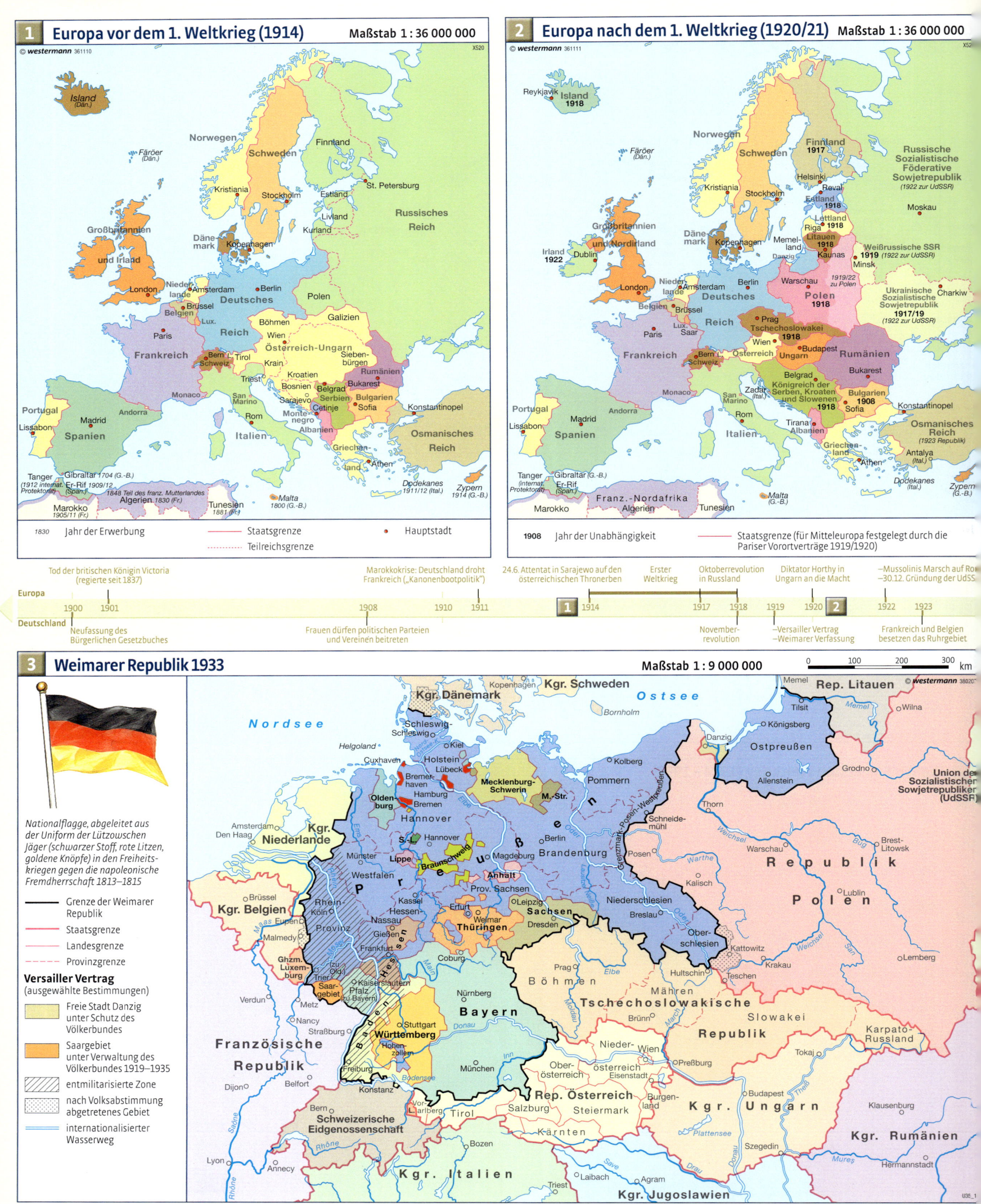

1 Europa vor dem 1. Weltkrieg (1914) Maßstab 1 : 36 000 000

© westermann 361110

1830 Jahr der Erwerbung
— Staatsgrenze
- - - - Teilreichsgrenze
● Hauptstadt

2 Europa nach dem 1. Weltkrieg (1920/21) Maßstab 1 : 36 000 000

© westermann 361111

1908 Jahr der Unabhängigkeit
— Staatsgrenze (für Mitteleuropa festgelegt durch die Pariser Vorortverträge 1919/1920)

Europa

Tod der britischen Königin Victoria (regierte seit 1837)

Marokkokrise: Deutschland droht Frankreich („Kanonenbootpolitik")

24.6. Attentat in Sarajewo auf den österreichischen Thronerben | Erster Weltkrieg | Oktoberrevolution in Russland | Diktator Horthy in Ungarn an die Macht | Mussolinis Marsch auf Rom – 30.12. Gründung der UdSSR

1900 1901 ... 1908 1910 1911 **1** 1914 1917 1918 1919 1920 **2** 1922 1923

Deutschland

Neufassung des Bürgerlichen Gesetzbuches

Frauen dürfen politischen Parteien und Vereinen beitreten

November-revolution | – Versailler Vertrag – Weimarer Verfassung | Frankreich und Belgien besetzen das Ruhrgebiet

3 Weimarer Republik 1933 Maßstab 1 : 9 000 000

0 100 200 300 km

© westermann 380207

Nationalflagge, abgeleitet aus der Uniform der Lützowschen Jäger (schwarzer Stoff, rote Litzen, goldene Knöpfe) in den Freiheitskriegen gegen die napoleonische Fremdherrschaft 1813–1815

— Grenze der Weimarer Republik
— Staatsgrenze
— Landesgrenze
- - - Provinzgrenze

Versailler Vertrag
(ausgewählte Bestimmungen)

Freie Stadt Danzig unter Schutz des Völkerbundes

Saargebiet unter Verwaltung des Völkerbundes 1919–1935

entmilitarisierte Zone

nach Volksabstimmung abgetretenes Gebiet

internationalisierter Wasserweg

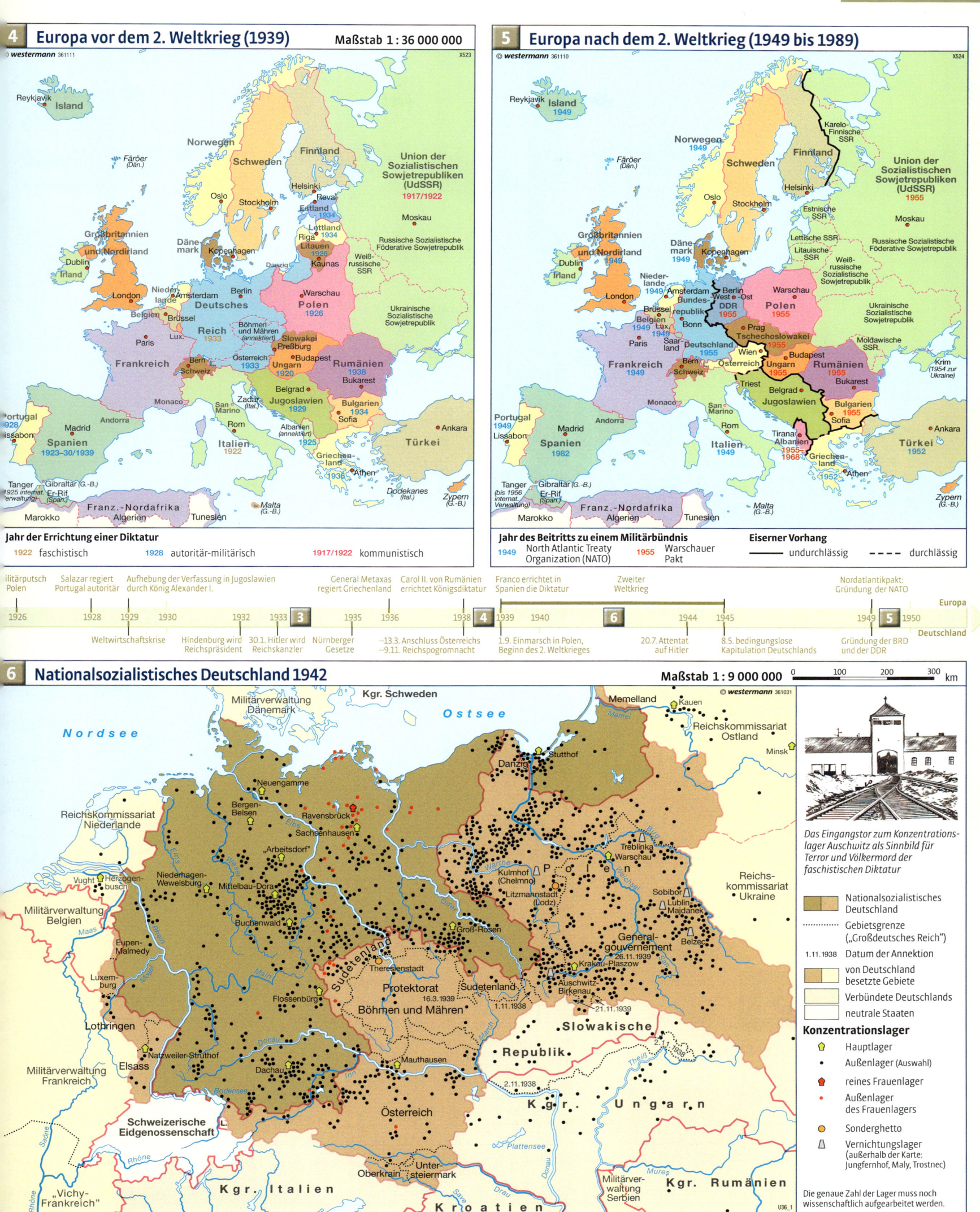

4 Europa vor dem 2. Weltkrieg (1939)   Maßstab 1 : 36 000 000

Reykjavik
Island
Norwegen
Schweden
Finnland
Union der Sozialistischen Sowjetrepubliken (UdSSR) 1917/1922
Oslo
Stockholm
Helsinki
Reval
Estland 1934
Riga
Lettland 1934
Litauen 1926
Kaunas
Moskau
Russische Sozialistische Föderative Sowjetrepublik
Färöer (Dän.)
Großbritannien und Nordirland
Däne-mark
Kopenhagen
Danzig
Weiß-russische SSR
Dublin
Irland
London
Berlin
Warschau
Polen 1926
Ukrainische Sozialistische Sowjetrepublik
Nieder-lande
Amsterdam
Deutsches Reich 1933
Belgien
Brüssel
Lux.
Böhmen und Mähren (annektiert)
Slowakei Preßburg
Budapest
Paris
Bern Schweiz
Österreich 1933
Ungarn 1920
Rumänien 1938
Bukarest
Frankreich
Monaco
Zadar (Ital.)
Belgrad
Jugoslawien 1929
Bulgarien 1934
Sofia
Portugal 1928
Lissabon
Madrid
San Marino
Rom
Albanien (annektiert) 1925
Ankara
Spanien 1923-30/1939
Andorra
Italien 1922
Griechen-land 1936
Athen
Türkei
Dodekanes (Ital.)
Zypern (G.-B.)
Tanger 1925 internat. verwaltung
Gibraltar (G.-B.)
Er-Rif (Span.)
Franz.-Nordafrika
Malta (G.-B.)
Marokko
Algerien
Tunesien

Jahr der Errichtung einer Diktatur
1922 faschistisch   1928 autoritär-militärisch   1917/1922 kommunistisch

5 Europa nach dem 2. Weltkrieg (1949 bis 1989)

Reykjavik
Island 1949
Norwegen 1949
Schweden
Finnland
Karelo-Finnische SSR
Union der Sozialistischen Sowjetrepubliken (UdSSR) 1955
Oslo
Stockholm
Helsinki
Estnische SSR
Lettische SSR
Litauische SSR
Weiß-russische Sozialistische Sowjetrepublik
Moskau
Russische Sozialistische Föderative Sowjetrepublik
Färöer (Dän.)
Großbritannien und Nordirland
Däne-mark 1949
Kopenhagen
Dublin
Irland
London
Nieder-lande 1949
Amsterdam
West Berlin Ost
Bundes-republik
Bonn
DDR 1955
Warschau
Polen 1955
Ukrainische Sozialistische Sowjetrepublik
Belgien 1949
Brüssel
Lux. 1949
Saar-land
Deutschland
Prag
Tschechoslowakei 1955
Moldawische SSR
Paris
Bern Schweiz
Wien
Österreich
Ungarn 1955
Rumänien 1955
Bukarest
Frankreich 1949
Monaco
Triest
Belgrad
Budapest
Krim (1954 zur Ukraine)
Portugal 1949
Lissabon
Madrid
San Marino
Rom
Jugoslawien
Tirana
Albanien 1955-1968
Bulgarien 1955
Sofia
Ankara
Spanien 1982
Andorra
Italien 1949
Griechen-land 1952
Athen
Türkei 1952
Zypern (G.-B.)
Tanger (bis 1956 internat. Verwaltung)
Gibraltar (G.-B.)
Er-Rif (Span.)
Franz.-Nordafrika
Malta (G.-B.)
Marokko
Algerien
Tunesien

Jahr des Beitritts zu einem Militärbündnis
1949 North Atlantic Treaty Organization (NATO)   1955 Warschauer Pakt
Eiserner Vorhang
—— undurchlässig   - - - - durchlässig

Zeitleiste

Europa:
Militärputsch Polen — 1926
Salazar regiert Portugal autoritär — 1928
Aufhebung der Verfassung in Jugoslawien durch König Alexander I. — 1929 / 1930
1932
General Metaxas regiert Griechenland — 1935
Carol II. von Rumänien errichtet Königsdiktatur — 1936
Franco errichtet in Spanien die Diktatur — 1938
Zweiter Weltkrieg — 1939 / 1940 / 1944 / 1945
Nordatlantikpakt: Gründung der NATO — 1949 / 1950

Deutschland:
Weltwirtschaftskrise — 1928
Hindenburg wird Reichspräsident — 1932
30.1. Hitler wird Reichskanzler — 1933
Nürnberger Gesetze — 1935
-13.3. Anschluss Österreichs -9.11. Reichspogromnacht — 1938
1.9. Einmarsch in Polen, Beginn des 2. Weltkrieges
20.7. Attentat auf Hitler — 1944
8.5. bedingungslose Kapitulation Deutschlands — 1945
Gründung der BRD und der DDR — 1949

6 Nationalsozialistisches Deutschland 1942   Maßstab 1 : 9 000 000

Nordsee
Ostsee
Kgr. Schweden
Militärverwaltung Dänemark
Memelland
Kauen
Reichskommissariat Ostland
Minsk
Stutthof
Danzig
Reichskommissariat Niederlande
Neuengamme
Bergen-Belsen
Ravensbrück
Sachsenhausen
Arbeitsdorf
Treblinka
Warschau
Vught
Herzogen-busch
Niederhagen-Wewelsburg
Mittelbau-Dora
Kulmhof (Chelmno)
Litzmannstadt (Lodz)
Sobibor
Lublin Majdanek
Reichs-kommissariat Ukraine
Militärverwaltung Belgien
Eupen-Malmedy
Buchenwald
Groß-Rosen
General-gouvernement 26.11.1939
Belzec
Luxem-burg
Sudetenland
Theresienstadt
Krakau-Plaszow
Auschwitz-Birkenau
Lothringen
Flossenbürg
16.3.1939
Sudetenland 1.11.1938
21.11.1939
Slowakische Republik
Militärverwaltung Frankreich
Elsass
Natzweiler-Struthof
Protektorat Böhmen und Mähren
Mauthausen
2.11.1938
Dachau
Schweizerische Eidgenossenschaft
Österreich
Kgr. Ungarn
"Vichy-Frankreich"
Oberkrain
Unter-steiermark
Militärverwaltung Serbien
Kgr. Italien
Kroatien
Kgr. Rumänien

Das Eingangstor zum Konzentrations-lager Auschwitz als Sinnbild für Terror und Völkermord der faschistischen Diktatur

Legende:
Nationalsozialistisches Deutschland
Gebietsgrenze ("Großdeutsches Reich")
1.11.1938 Datum der Annektion
von Deutschland besetzte Gebiete
Verbündete Deutschlands
neutrale Staaten

Konzentrationslager
Hauptlager
Außenlager (Auswahl)
reines Frauenlager
Außenlager des Frauenlagers
Sonderghetto
Vernichtungslager (außerhalb der Karte: Jungfernhof, Maly, Trostnec)

Die genaue Zahl der Lager muss noch wissenschaftlich aufgearbeitet werden.

0 100 200 300 km

1 Deutschland im Europa des Zweiten Weltkrieges (1.9.1939 – 8.5.1945)

Maßstab 1 : 24 000 000

Gefallene Soldaten im Zweiten Weltkrieg

Sowjetunion	13 600 000
Republik China	3 500 000
Deutschland	3 250 000
Japan	1 700 000
Großbritannien und Nordirland	370 000
Italien	330 000
Jugoslawien	300 000
Frankreich	250 000
Österreich	230 000
USA	220 000
Rumänien	200 000
Polen	120 000
Ungarn	120 000

Luxemburger Briefmarken von 1945 mit Dank an die Alliierten

Achsenmächte
Kriegseintritt
1939
1940
1941

Deutsche Seeoperationsgebiete

1942 von Deutschland besetzte Gebiete (Jahr der Besetzung)

weitestes Vordringen der Achsenmächte November 1942

Deutscher Machtbereich zum Zeitpunkt der bedingungslosen Kapitulation im Mai 1945

Alliierte Mächte
Kriegseintritt
1939
1940
1941
nach 7.12.1941

Alliierte Vorstöße

neutrale Staaten

Grenzen
Deutsches Reich 1937
„Großdeutsches Reich" 1942
Staatsgrenzen nach 1940
Binnengrenzen und Erwerbungen

1935 Wiedereinführung der allgemeinen Wehrpflicht
1936 7.3. deutsche Besetzung des entmilitarisierten Rheinlandes
1937 13.3. Anschluss Österreichs
1938 29.9. Münchner Abkommen
1939 „Stahlpakt" der Achsenmächte und „Hitler-Stalin-Pakt" / 1.9. Angriff auf Polen, Beginn des 2. Weltkrieges
1940 22.6. deutscher Angriff auf die Sowjetunion
1941
1942 7.12. Überfall Japans auf Pearl Harbor, Kriegseintritt der USA

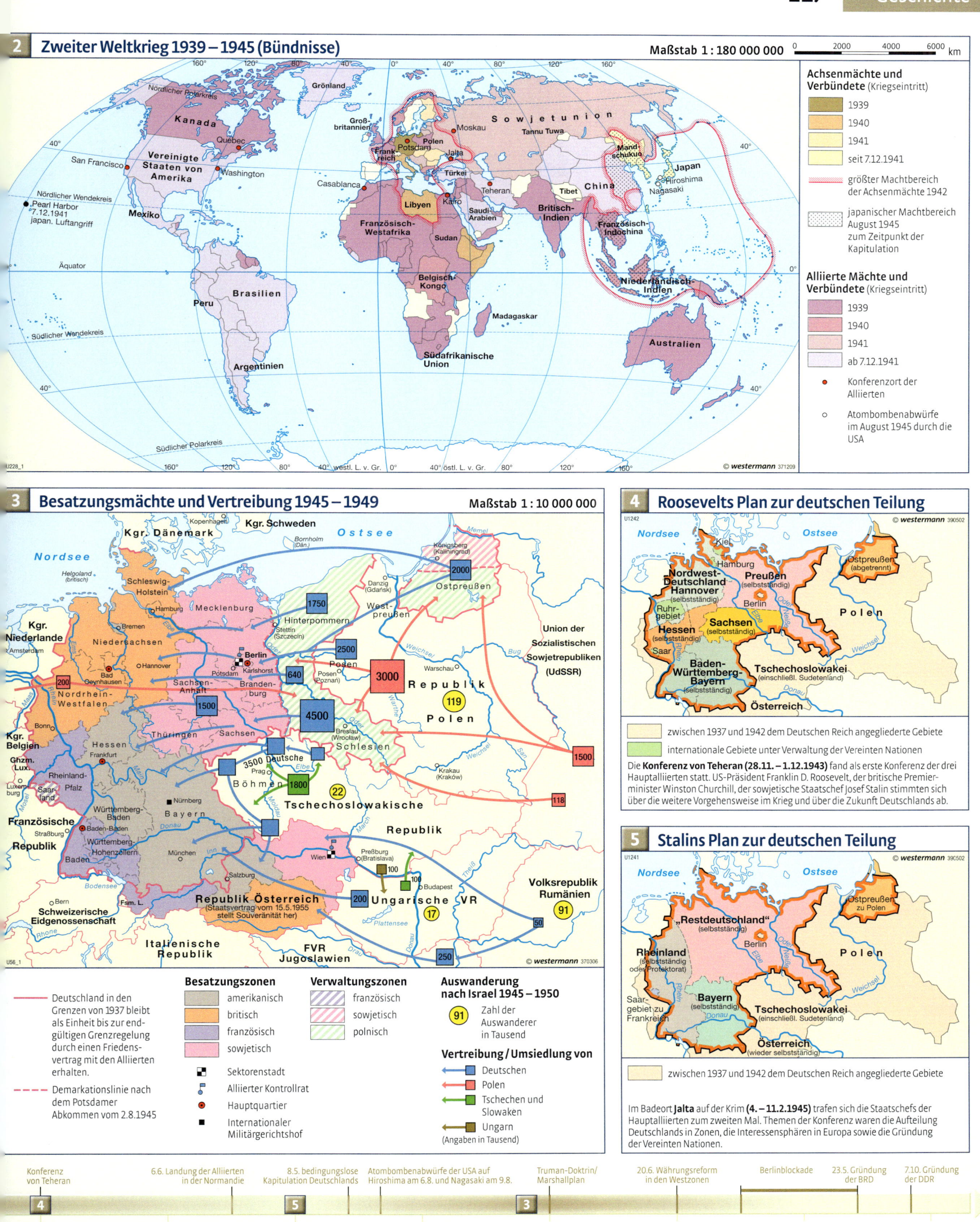

2 Zweiter Weltkrieg 1939 – 1945 (Bündnisse)

Maßstab 1 : 180 000 000

Achsenmächte und Verbündete (Kriegseintritt)
- 1939
- 1940
- 1941
- seit 7.12.1941
- größter Machtbereich der Achsenmächte 1942
- japanischer Machtbereich August 1945 zum Zeitpunkt der Kapitulation

Alliierte Mächte und Verbündete (Kriegseintritt)
- 1939
- 1940
- 1941
- ab 7.12.1941
- Konferenzort der Alliierten
- Atombombenabwürfe im August 1945 durch die USA

3 Besatzungsmächte und Vertreibung 1945 – 1949

Maßstab 1 : 10 000 000

- Deutschland in den Grenzen von 1937 bleibt als Einheit bis zur endgültigen Grenzregelung durch einen Friedensvertrag mit den Alliierten erhalten.
- Demarkationslinie nach dem Potsdamer Abkommen vom 2.8.1945

Besatzungszonen
- amerikanisch
- britisch
- französisch
- sowjetisch

Verwaltungszonen
- französisch
- sowjetisch
- polnisch

- Sektorenstadt
- Alliierter Kontrollrat
- Hauptquartier
- Internationaler Militärgerichtshof

Auswanderung nach Israel 1945 – 1950
- 91 Zahl der Auswanderer in Tausend

Vertreibung / Umsiedlung von
- Deutschen
- Polen
- Tschechen und Slowaken
- Ungarn
(Angaben in Tausend)

4 Roosevelts Plan zur deutschen Teilung

- zwischen 1937 und 1942 dem Deutschen Reich angegliederte Gebiete
- internationale Gebiete unter Verwaltung der Vereinten Nationen

Die **Konferenz von Teheran** (28.11. – 1.12.1943) fand als erste Konferenz der drei Hauptalliierten statt. US-Präsident Franklin D. Roosevelt, der britische Premierminister Winston Churchill, der sowjetische Staatschef Josef Stalin stimmten sich über die weitere Vorgehensweise im Krieg und über die Zukunft Deutschlands ab.

5 Stalins Plan zur deutschen Teilung

- zwischen 1937 und 1942 dem Deutschen Reich angegliederte Gebiete

Im Badeort **Jalta** auf der Krim (4. – 11.2.1945) trafen sich die Staatschefs der Hauptalliierten zum zweiten Mal. Themen der Konferenz waren die Aufteilung Deutschlands in Zonen, die Interessensphären in Europa sowie die Gründung der Vereinten Nationen.

Konferenz von Teheran	6.6. Landung der Alliierten in der Normandie	8.5. bedingungslose Kapitulation Deutschlands	Atombombenabwürfe der USA auf Hiroshima am 6.8. und Nagasaki am 9.8.	Truman-Doktrin/Marshallplan	20.6. Währungsreform in den Westzonen	Berlinblockade 23.5. Gründung der BRD	7.10. Gründung der DDR
4		**5**	**3**				
1943	1944	1945	1946	1947	1948	1949	1950

1 Das Zeitalter des Kalten Krieges (1949 – 1989)

Pazifischer Ozean

Midway-Inseln
Johnston (USA)
Hawaii-Inseln
Pearl Harbor
Kiritimati-Maiden (G.-B.)
Mururoa (Frankreich)
3. US-Flotte
Bangor
San Francisco
San Diego
Great Falls
Minot
Grand Forks
Omaha
Nevada (USA)
Wichita
Rome
Norfolk
Guatemala
Nicaragua
Bahamas
Kuba
Guantanamo
3. US-Flotte
2. US-Flotte
Azoren
Kap Verde
2. US-Flotte
Falkland-Inseln
Südpol
Äquator

Atlantischer Ozean

Claer
Nordpol
Thule
Holy Loch
Brest
Torreón
Toulon
Rota
6. US-Flotte
Neapel
Eskadra Mittelmeer
Suez

Anadyr
Fernostflotte
Tiksi
Komsomolsk
Wladiwostok
Angarsk
Nowaja Semlja (UdSSR)
Workuta
Petschora
Nordmeerflotte
Poljarnyi
Seweromorsk
Archangelsk
Leningrad
Moskau
Yoskar-Ola
Semipalatinsk (UdSSR)
Lob Nu (China)
Baltische Rotbannerflotte
Kiew
Odessa
Sewastopol
Schwarzmeer-flotte
Mostok
Afghanistan
Jemen
Soko
Dahlak
Asmara
Angola
Mosambik

U229

Konflikte im Zeichen des Kalten Krieges

- ☆ Bürgerkriege
- ☆ internationale Krisen und Kriege
- ★ zwischen 1945 und 1960
- ★ zwischen 1961 und 1975
- ★ zwischen 1976 und 1990

Bündnis- und Paktsysteme (80er Jahre)

- **NATO** (North Atlantic Treaty Organization)
- militärisch nicht in der NATO integriert
- **ANZUS** (Australia-New Zealand-United States 1951 – 1986, danach ausgesetzt)
- **OAS** (Organization of American States seit 1948)
- **Warschauer Pakt**

Beistandsabkommen oder Militärkooperationen außerhalb von Bündnissen (80er Jahre)

- USA
- UdSSR
- — geostrategisch wichtige Engstellen
- ♆ nukleares Testgebiet

Nukleare Militärpotenziale

Marinebasen

- ● USA
- ● Frankreich
- ● Großbritannien
- ● UdSSR

Bomberstützpunkte

- ■ USA
- ■ UdSSR

Interkontinentalraketen (Reichweite 10 000 – 12 000 km)

- USA
- UdSSR

Radarfrühwarnsysteme (Reichweite 4 000 – 6 000 km)

- USA
- UdSSR

Radarketten zur Luftverteidigung

- USA
- UdSSR

Ortungs- und Überwachungssysteme

- USA (Unterwasserabhöranlagen)
- UdSSR (Datensammelschiffe)

Operationsräume von Flottenverbänden

- USA
- UdSSR

Operationsräume von Atom-U-Booten

- USA
- Großbritannien
- Frankreich
- UdSSR

2 Der Koreakrieg (1950 – 1953) – ein Stellvertreterkrieg

ⓐ Ausgangslage

China (1949 Volksrepublik)

UdSSR

Proklamation der **Volksrepublik Korea** Sept. 1948

Pjöngjang

sowjetisch besetzt

38° Nord

Teilungslinie 1945 – 1953

Seoul

amerikanisch besetzt

freie Wahlen unter UN-Aufsicht, **Republik Korea** Aug. 1948

© westermann 390506

ⓑ 25. Juni 1950 – 14. Sept. 1950

Angriff der Volksrepublik Korea auf die Republik Korea

UdSSR

China

Pjöngjang

27. Juni
Seoul

38° Nord

Teilungslinie 1945 – 1953

Daegu
Brückenkopf
Busan

Gebiete unter Kontrolle der Truppen von

- Nordkorea, unterstützt durch die UdSSR und China
- Südkorea, unterstützt durch die UN, vor allem die USA

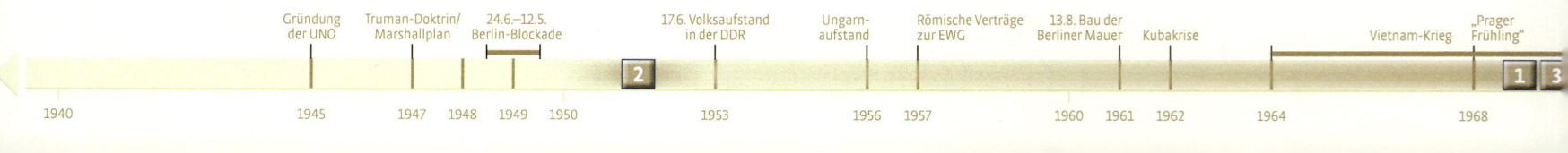

Gründung der UNO | Truman-Doktrin/ Marshallplan | 24.6.–12.5. Berlin-Blockade | 17.6. Volksaufstand in der DDR | Ungarn-aufstand | Römische Verträge zur EWG | 13.8. Bau der Berliner Mauer | Kubakrise | Vietnam-Krieg | „Prager Frühling"

1940 1945 1947 1948 1949 1950 1953 1956 1957 1960 1961 1962 1964 1968

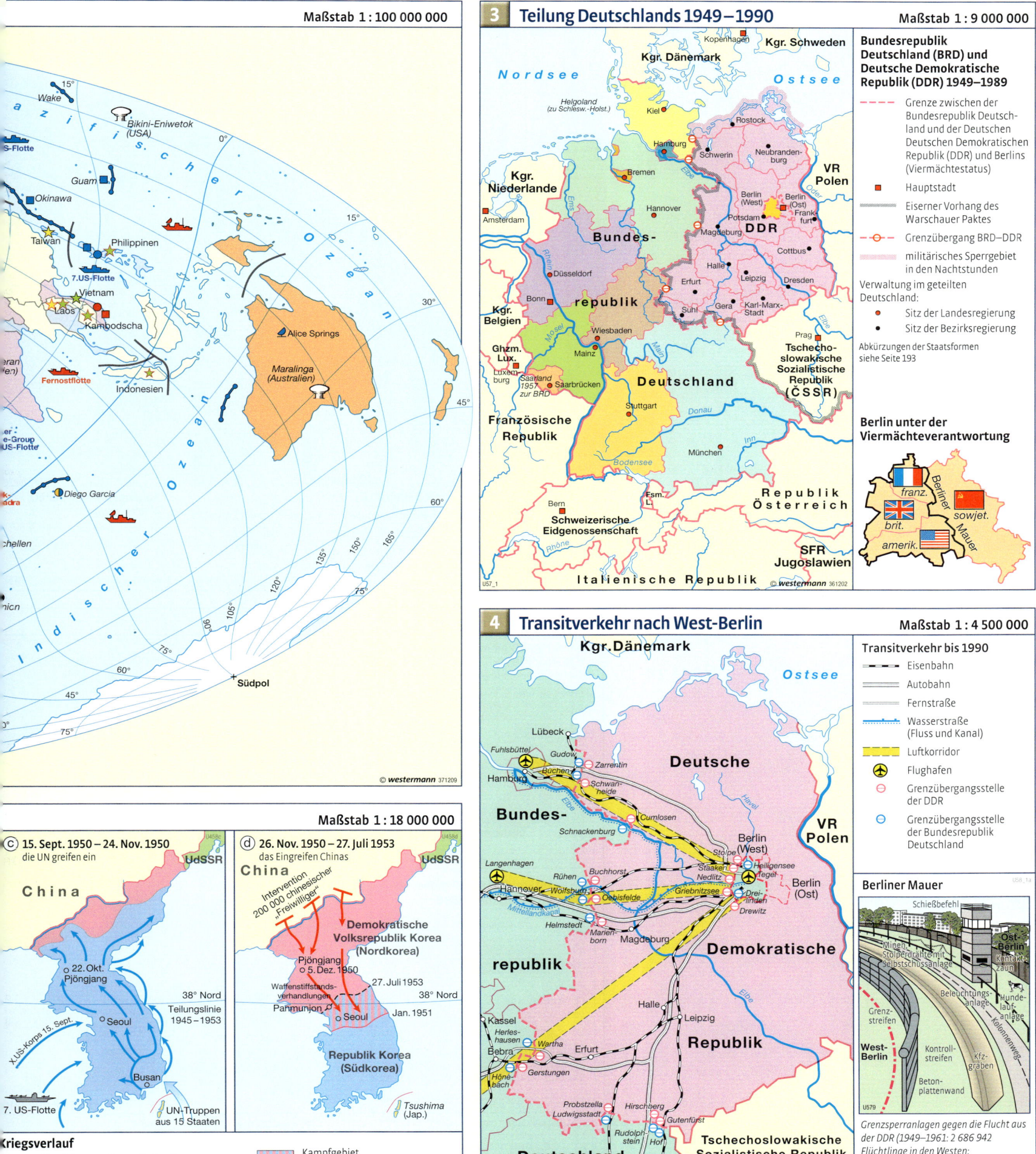

Maßstab 1 : 100 000 000

3 Teilung Deutschlands 1949–1990
Maßstab 1 : 9 000 000

Bundesrepublik Deutschland (BRD) und Deutsche Demokratische Republik (DDR) 1949–1989

- Grenze zwischen der Bundesrepublik Deutschland und der Deutschen Demokratischen Republik (DDR) und Berlins (Viermächtestatus)
- Hauptstadt
- Eiserner Vorhang des Warschauer Paktes
- Grenzübergang BRD–DDR
- militärisches Sperrgebiet in den Nachtstunden

Verwaltung im geteilten Deutschland:
- Sitz der Landesregierung
- Sitz der Bezirksregierung

Abkürzungen der Staatsformen siehe Seite 193

Berlin unter der Viermächteverantwortung

franz. / brit. / sowjet. / amerik. — Berliner Mauer

4 Transitverkehr nach West-Berlin
Maßstab 1 : 4 500 000

Transitverkehr bis 1990
- Eisenbahn
- Autobahn
- Fernstraße
- Wasserstraße (Fluss und Kanal)
- Luftkorridor
- Flughafen
- Grenzübergangsstelle der DDR
- Grenzübergangsstelle der Bundesrepublik Deutschland

Berliner Mauer

Schießbefehl, Ost-Berlin, Minen, Stolperdrähte mit Selbstschussanlage, Kontaktzaun, Beleuchtungsanlage, Hundelaufanlage, Grenzstreifen, West-Berlin, Kontrollstreifen, Kontrollweg, Kfz-gräben, Betonplattenwand

Grenzsperranlagen gegen die Flucht aus der DDR (1949–1961: 2 686 942 Flüchtlinge in den Westen; 1961–1989: 110 000 Verfahren wegen „versuchter Republikflucht"; mehr als 200 Mauertote)

© westermann 371209

Maßstab 1 : 18 000 000

c 15. Sept. 1950 – 24. Nov. 1950
die UN greifen ein

China / UdSSR

22. Okt. Pjöngjang
X. US-Korps 15. Sept.
Seoul
Busan
7. US-Flotte

38° Nord
Teilungslinie 1945–1953

d 26. Nov. 1950 – 27. Juli 1953
das Eingreifen Chinas

China / UdSSR
Intervention 200 000 chinesischer „Freiwilliger"

Demokratische Volksrepublik Korea (Nordkorea)
Pjöngjang 5. Dez. 1950
Waffenstillstandsverhandlungen
Panmunjon
27. Juli 1953
Jan. 1951
Seoul
38° Nord

Republik Korea (Südkorea)

Tsushima (Jap.)
UN-Truppen aus 15 Staaten

Kriegsverlauf
- Vorrücken nordkoreanischer Truppen und ihrer Verbündeten
- Vorrücken südkoreanischer Truppen und ihrer Verbündeten
- Kampfgebiet (Jan. 1951 – Juli 1953)
- Waffenstillstandslinie 27. Juli 1953, heutige Demilitarisierte Zone

© westermann 380208

Grundlagenvertrag zw. BRD und DDR | Konferenz für Sicherheit und Zusammenarbeit in Europa (KSZE) | 12.12. NATO-Doppelbeschluss | Sowjetische Truppen in Afghanistan | Gorbatschow leitet Reformen im Ostblock ein | 9.11. Öffnung der Berliner Mauer | Zerfall der Sowjetunion | START I-Abkommen: Verringerung der Nuklearwaffenarsenale in den USA und Russland

1972 1973 1975 1979 1980 1985 1989 1990 1991 1994 2000

1 Europa – Auflösung des Ostblocks 1989   Maßstab 1 : 24 000 000

1988: Sowjetischer Generalsekretär Michail Gorbatschow beendet „Breschnew-Doktrin", Länder des Warschauer Paktes sollen ihre Staatsform selbst wählen.

Blutige Niederschlagung der Unruhen

Militärische Bündnisse
- Staaten der NATO (Westbündnis)
- Staaten des Warschauer Paktes (Ostbündnis)
- Eiserner Vorhang

Gewaltfreier Widerstand
- Großdemonstration
- Runder Tisch (Bürgerrechtsbewegung)
- Prag   Besetzung der bundes-deutschen Botschaften
- Massenflucht aus der DDR
- Menschenkette

2 Europäische Bündnisentwicklung   Maßstab 1 : 24 000 000

Nordatlantik-Pakt (NATO)
- Gründungsstaaten 1949
- 1955 Neumitglieder (Beitrittsjahr)
- Beitrittskandidat
- NATO-Partnerschaft für den Frieden
- Sitz des NATO-Rates
- 1991 Jahr der Unabhängigkeit

Schengen-Raum der EU (Wegfall der Personenkontrollen)
- Außengrenze bis 2000
- Außengrenze heute

(Europäische Zusammenschlüsse siehe Seite 59 **3**)

3 Der Weg zur Deutschen Einheit durch Wahlen

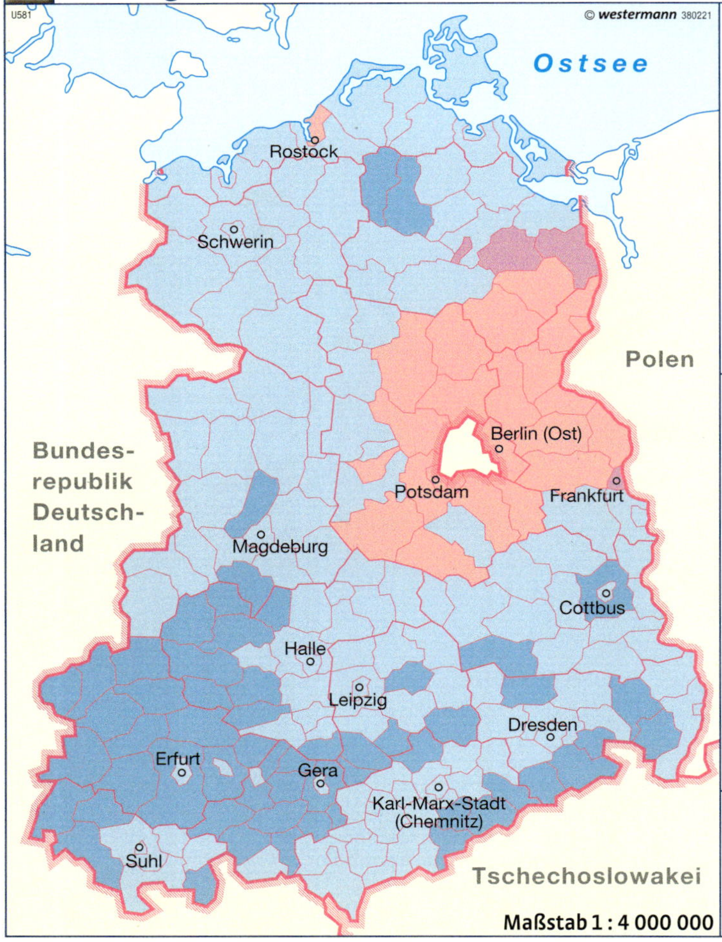

Wahl zur Volkskammer der DDR am 18. März 1990
(erste freie, gleiche und geheime Wahl)

Mehrheit nach Wahlkreisen

	relative	absolute
CDU		
SPD		
PDS		

Stimmenanteil der Parteien (in %)

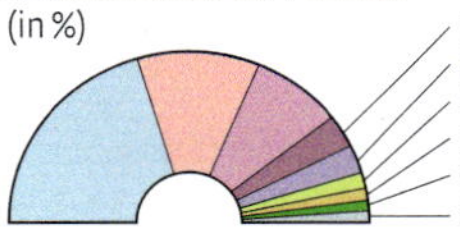

DSU	6,3
BFD	5,3
Bündnis 90	2,9
DBD	2,2
Grüne/UFV	2,0
Sonstige	2,2

Wahlberechtigte: 12,4 Mio.   Wahlbeteiligung: 93,4%

Erste gesamtdeutsche Bundestagswahl am 2. Dezember 1990

Mehrheit nach Wahlkreisen

relative / absolute
CDU   CSU   SPD   FDP

Stimmenanteil der Parteien (in %)

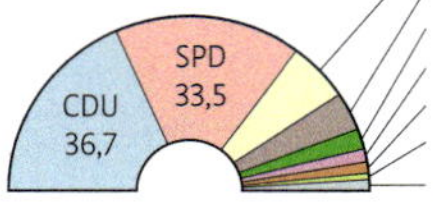

CDU	36,7
SPD	33,5
FDP	11,0
CSU	7,1
Grüne	3,8
PDS	2,4
REP	2,1
Bündnis 90	1,2
Sonstige	2,0

Wahlberechtigte: 60,4 Mio.   Wahlbeteiligung: 77,8%

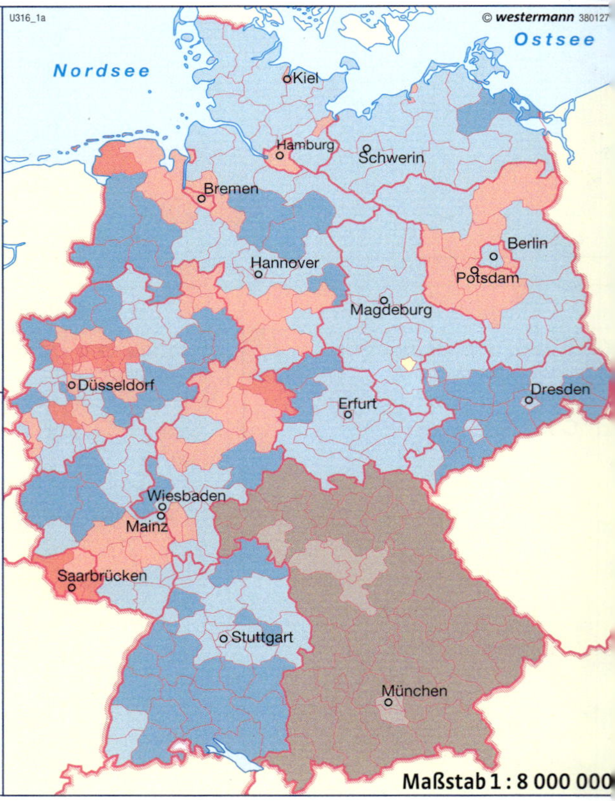

Maßstab 1 : 4 000 000

Maßstab 1 : 8 000 000

Gruppierungen am 18.3.1990:
DSU	Deutsche Soziale Union
BFD	Bund Freier Demokraten (Listenverbindung)
Bündnis 90	Neues Forum, „Demokratie jetzt" u.a. (Listenverbindung)
DBD	Demokratische Bauernpartei Deutschlands
Grüne/UFV	Grüne Partei, Unabhängiger Frauenverband (Listenverbindung)

Parteien Deutschlands 1990
CDU	Christlich-Demokratische Union Deutschlands
SPD	Sozialdemokratische Partei Deutschlands
FDP	Freie Demokratische Partei
CSU	Christl.-Soziale Union in Bayern
GRÜNE	Die Grünen
PDS	Partei d. Demokrat. Sozialismus (bis Dez. 1989: Sozialistische Einheitspartei Deutschlands)
REP	Die Republikaner
B90/Gr	Bündnis 90/Die Grünen

„Glasnost" und „Perestroika" unter Gorbatschow mit dem Ziel der Öffnung und Demokratisierung der UdSSR

Botschaften der BRD wegen Überfüllung mit DDR-Flüchtlingen geschlossen

–11.9. Grenzöffnung Ungarns
–Montagsdemonstrationen in Leipzig

3.10. Deutsche Einheit

Beginn der Jugoslawienkriege

21.12. Auflösung der UdSSR

1985   1986   1987   1988   1989   1990   1991   1992

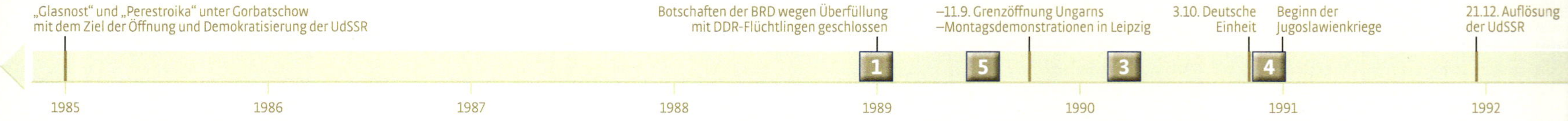

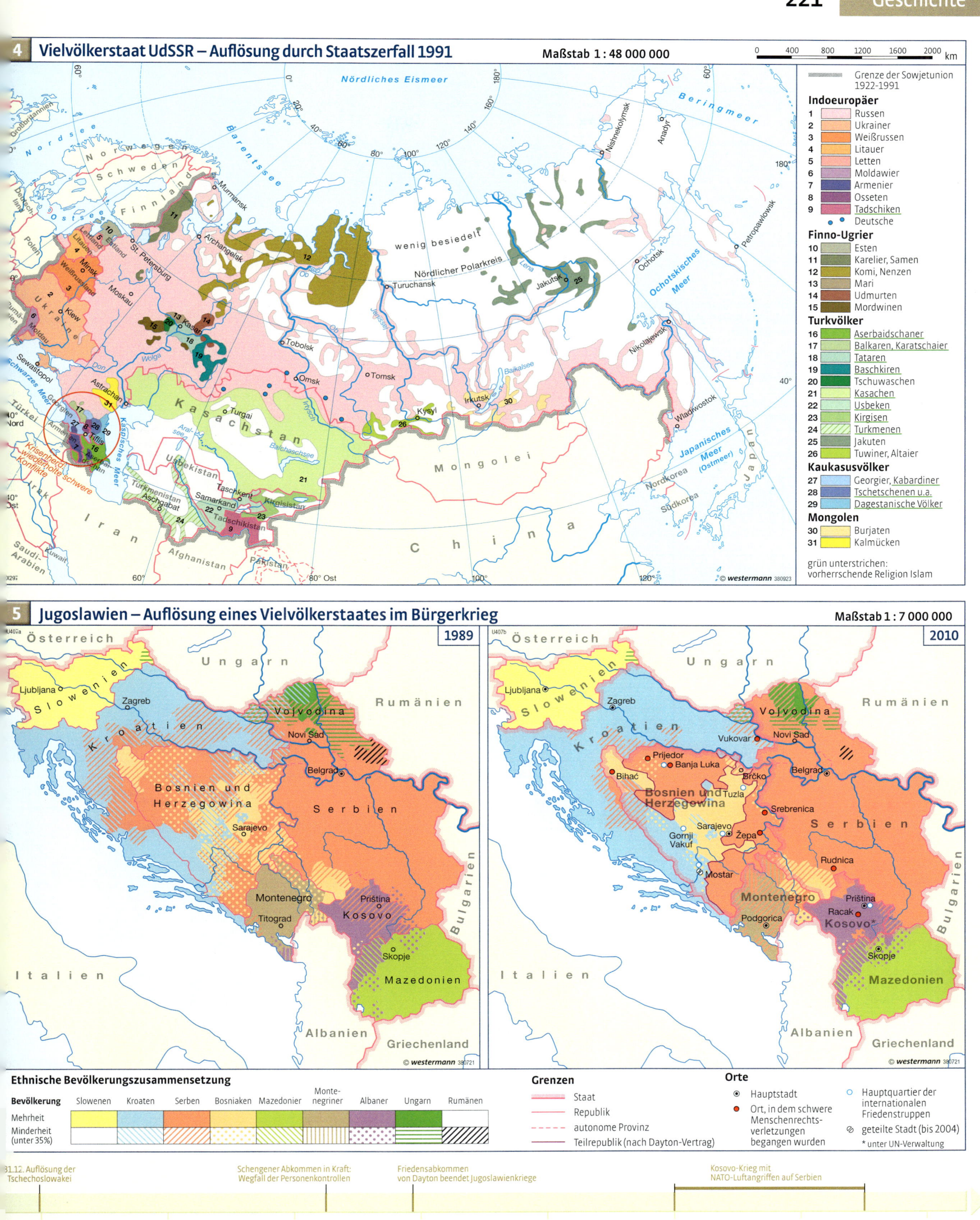

4 Vielvölkerstaat UdSSR – Auflösung durch Staatszerfall 1991

Maßstab 1 : 48 000 000

0 400 800 1200 1600 2000 km

Grenze der Sowjetunion 1922–1991

Indoeuropäer
1 Russen
2 Ukrainer
3 Weißrussen
4 Litauer
5 Letten
6 Moldawier
7 Armenier
8 Osseten
9 Tadschiken
● Deutsche

Finno-Ugrier
10 Esten
11 Karelier, Samen
12 Komi, Nenzen
13 Mari
14 Udmurten
15 Mordwinen

Turkvölker
16 Aserbaidschaner
17 Balkaren, Karatschaier
18 Tataren
19 Baschkiren
20 Tschuwaschen
21 Kasachen
22 Usbeken
23 Kirgisen
24 Turkmenen
25 Jakuten
26 Tuwiner, Altaier

Kaukasusvölker
27 Georgier, Kabardiner
28 Tschetschenen u.a.
29 Dagestanische Völker

Mongolen
30 Burjaten
31 Kalmücken

grün unterstrichen: vorherrschende Religion Islam

5 Jugoslawien – Auflösung eines Vielvölkerstaates im Bürgerkrieg

Maßstab 1 : 7 000 000

1989 / 2010

Ethnische Bevölkerungszusammensetzung

Bevölkerung: Slowenen, Kroaten, Serben, Bosniaken, Mazedonier, Montenegriner, Albaner, Ungarn, Rumänen
Mehrheit / Minderheit (unter 35%)

Grenzen
Staat
Republik
autonome Provinz
Teilrepublik (nach Dayton-Vertrag)

Orte
⊙ Hauptstadt
● Ort, in dem schwere Menschenrechtsverletzungen begangen wurden
○ Hauptquartier der internationalen Friedenstruppen
⊘ geteilte Stadt (bis 2004)
* unter UN-Verwaltung

31.12. Auflösung der Tschechoslowakei | Schengener Abkommen in Kraft: Wegfall der Personenkontrollen | Friedensabkommen von Dayton beendet Jugoslawienkriege | Kosovo-Krieg mit NATO-Luftangriffen auf Serbien

1993 1994 1995 1996 1997 1998 1999 2000

1 Konflikte und Flüchtlinge

Konflikte
(nach Heidelberger Institut für internationale Konfliktforschung 2012)

★ Bürgerkrieg oder internationaler Konflikt

☆ ernste Krise

Flucht
(nach UNHCR 2012)

↺ Binnenflüchtlinge (mehr als 100 000)

Auslandsflüchtlinge

→ in die Nachbarstaaten

→ in die Europäische Union

→ 5 000 – 10 000

→ 10 000 – 100 000

→ über 100 000

Aufnahmeländer
(nach UNHCR 2012)

Anzahl der erfassten Auslandsflüchtlinge je 1 000 Einwohner

	bis 1
	1 – 10
	10 – 25
	über 25
	keine Angaben

Hoher Flüchtlingskommissar der Vereinten Nationen (United Nations High Commissioner for Refugees – UNHCR)

Logo des UNHCR

Der UNHCR schützt und unterstützt Flüchtlinge, die meist wegen Konflikten ihre Heimat verlassen. Grundlage dafür ist die Genfer Flüchtlingskonvention, der fast 150 Staaten angehören. Schätzungsweise 28,2 Mio. Menschen waren 2012 ins Ausland geflohen oder in ihrem Land auf der Flucht. Diese Binnenflüchtlinge unterstützt der UNHCR ebenfalls, wenn er dafür den Auftrag erhält.
Aber nicht jeder Konflikt zieht Flüchtlinge nach sich und nicht jeder Flüchtlingsstrom beruht auf einem Konflikt.

vom UNHCR anerkannte und unterstützte Flüchtlinge (2012)

- Staatenlose und andere 4,7 Mio.
- Binnenflüchtlinge 17,6 Mio.
- Flüchtlinge 10,5 Mio.
- Rückkehrer in das Heimatland 2,0 Mio.
- Asylsuchende 0,9 Mio.

Entwicklung der Flüchtlingsbewegung

	Flüchtlinge auf der Erde gesamt	Hilfe des UNHCR
1990	15 Mio.	544 Mio. $
1995	27,4 Mio.	1300 Mio. $
2000	22,3 Mio.	915 Mio. $
2012	35,8 Mio.	1600 Mio. $

Länderkürzel:

A	Österreich	RU	Burundi
ARM	Armenien	RWA	Ruanda
AZ	Aserbaidschan	SRB	Serbien
B	Belgien	SYR	Syrien
BIH	Bosnien und Herzegowina		
CH	Schweiz		
DJI	Dschibuti		
DK	Dänemark		
GE	Georgien		
GR	Griechenland		
K	Kambodscha		
NL	Niederlande		
RL	Libanon		
RO	Rumänien		
RT	Togo		

2 Menschenrechte

Maßstab 1 : 180 000 000

© westermann 351125

Die Vereinten Nationen formulierten 1948 die „Allgemeine Erklärung der Menschenrechte".

Politische Rechte und bürgerliche Freiheiten
(nach Freedom House, 2013)

	geschützt
	teilweise geschützt
	nicht geschützt
	keine Angaben

Recht auf Leben
(nach Amnesty International, 2013)

⬚ Todesstrafe

◇ Todesstrafe zur Zeit ausgesetzt

Freiheitsstatus	Staatenverteilung	Bevölkerung (in Mrd.)
geschützt	90 (46%)	3,05 (46%)
teilweise geschützt	58 (30%)	1,59 (23%)
nicht geschützt	47 (24%)	2,39 (34%)
Gesamt	**195 Staaten**	**7,02 Mrd.**

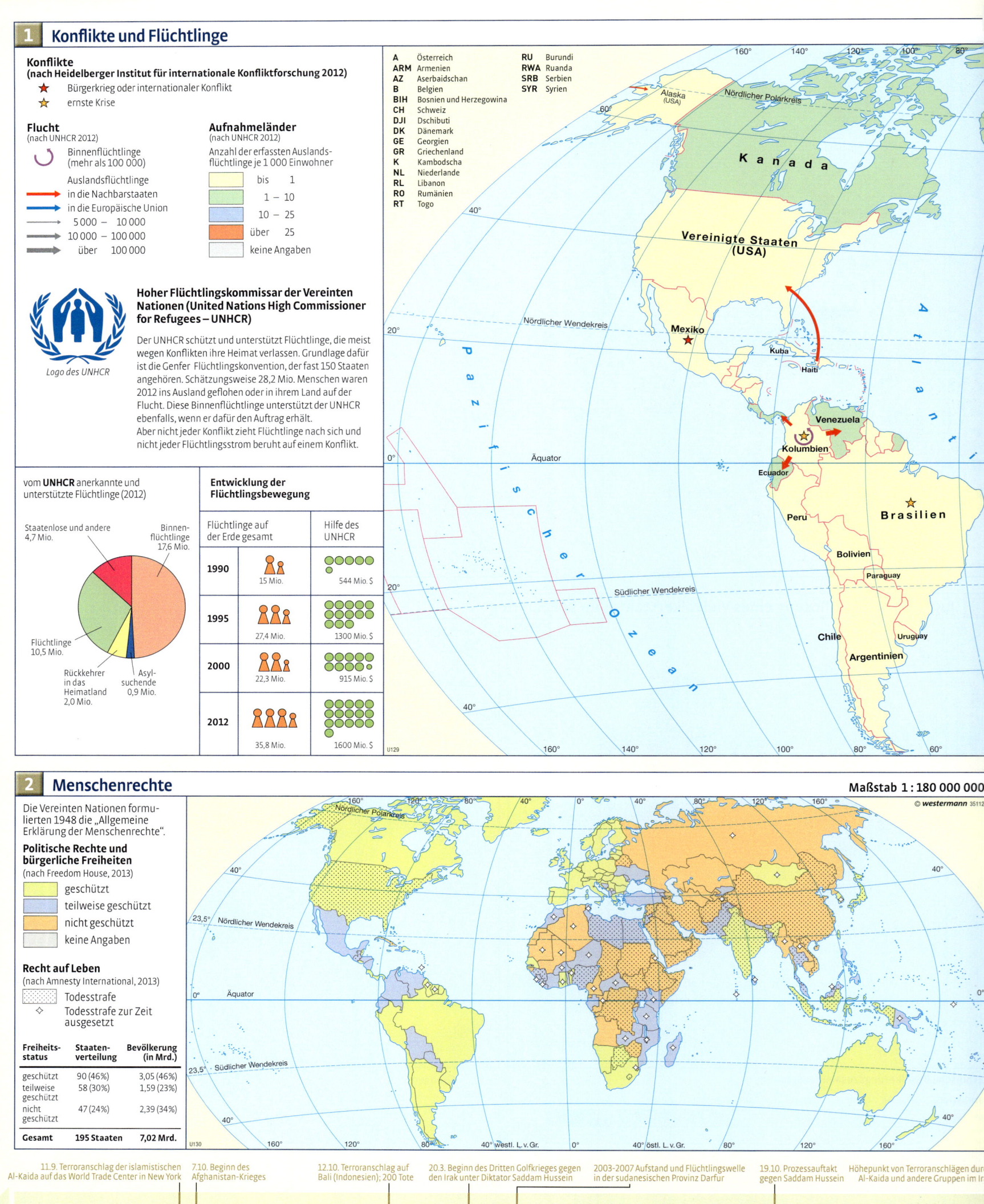

Zeitleiste:

- 11.9. Terroranschlag der islamistischen Al-Kaida auf das World Trade Center in New York
- 7.10. Beginn des Afghanistan-Krieges
- 12.10. Terroranschlag auf Bali (Indonesien); 200 Tote
- 20.3. Beginn des Dritten Golfkrieges gegen den Irak unter Diktator Saddam Hussein
- 2003-2007 Aufstand und Flüchtlingswelle in der sudanesischen Provinz Darfur
- 19.10. Prozessauftakt gegen Saddam Hussein
- Höhepunkt von Terroranschlägen durch Al-Kaida und andere Gruppen im Irak

2001 2002 2003 2004 2005 200

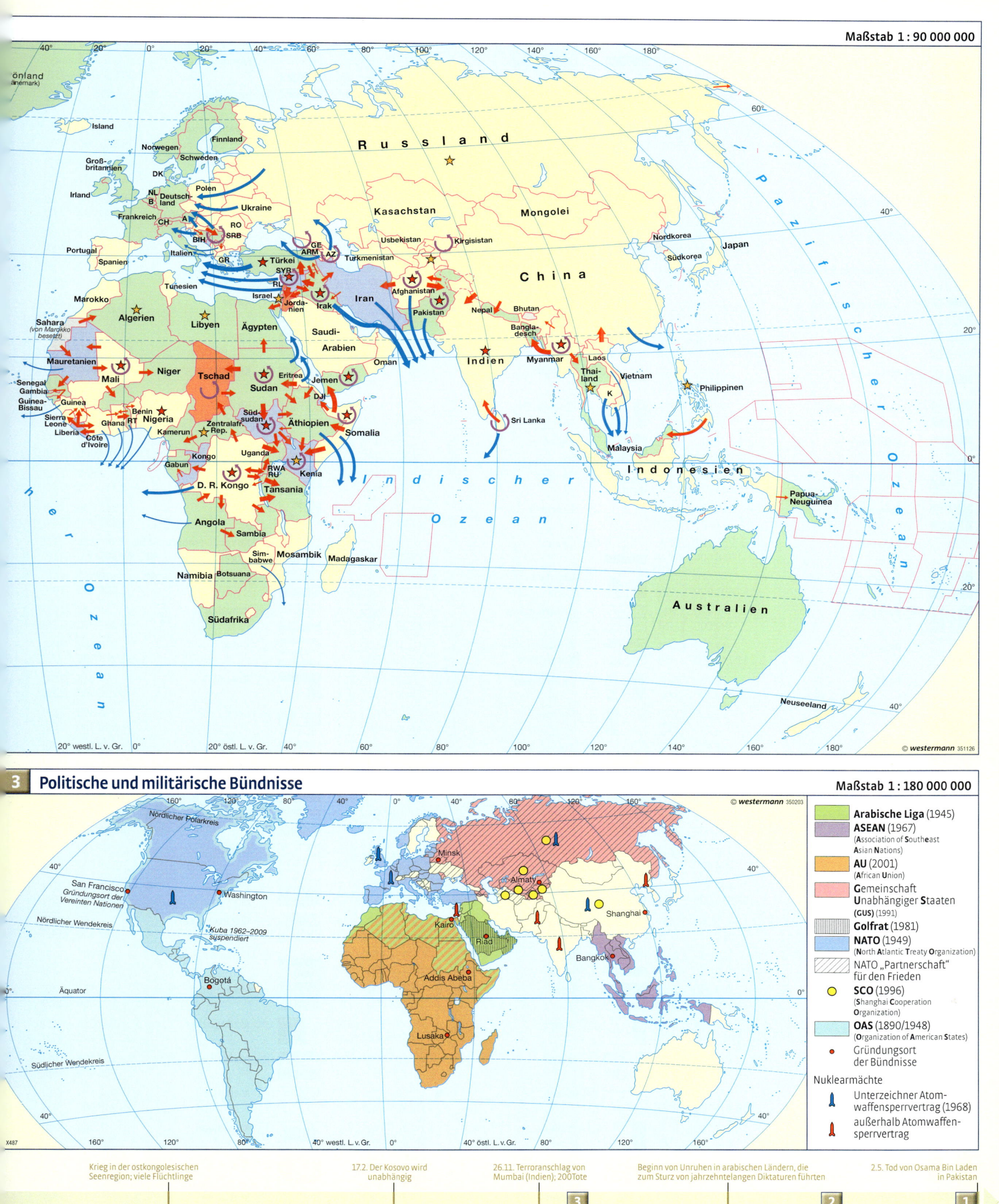

Maßstab 1 : 90 000 000

© westermann 351126

3 Politische und militärische Bündnisse

Maßstab 1 : 180 000 000

© westermann 350203

Arabische Liga (1945)

ASEAN (1967)
(**A**ssociation of **S**outheast **A**sian **N**ations)

AU (2001)
(**A**frican **U**nion)

Gemeinschaft **U**nabhängiger **S**taaten
(**GUS**) (1991)

Golfrat (1981)

NATO (1949)
(**N**orth **A**tlantic **T**reaty **O**rganization)

NATO „Partnerschaft"
für den Frieden

SCO (1996)
(**S**hanghai **C**ooperation **O**rganization)

OAS (1890/1948)
(**O**rganization of **A**merican **S**tates)

● Gründungsort
der Bündnisse

Nuklearmächte

Unterzeichner Atom-
waffensperrvertrag (1968)

außerhalb Atomwaffen-
sperrvertrag

Krieg in der ostkongolesischen Seenregion; viele Flüchtlinge

17.2. Der Kosovo wird unabhängig

26.11. Terroranschlag von Mumbai (Indien); 200 Tote

Beginn von Unruhen in arabischen Ländern, die zum Sturz von jahrzehntelangen Diktaturen führten

2.5. Tod von Osama Bin Laden in Pakistan

2007   2008   **3** 2009   **2** 2010   **1** 2011

Staat	Fläche in km² (Rang)	Einwohner (Rang)
(AFG) Afghanistan	652 225 (40)	29 825 000 (42)
(ET) Ägypten	1 002 000 (29)	80 722 000 (15)
(AL) Albanien	28 748 (141)	3 162 000 (134)
(DZ) Algerien	2 381 741 (10)	38 482 000 (35)
(AND) Andorra	468 (182)	78 000 (187)
(ANG) Angola	1 246 700 (22)	20 821 000 (57)
(AG) Antigua und Barbuda	442 (184)	89 000 (186)
(GQ) Äquatorialguinea	28 051 (142)	736 000 (161)
(RA) Argentinien	2 780 403 (8)	41 803 000 (32)
(ARM) Armenien	29 743 (140)	2 969 000 (136)
(AZ) Aserbaidschan	86 600 (112)	9 298 000 (93)
(ETH) Äthiopien	1 133 380 (26)	91 729 000 (14)
(AUS) Australien	7 692 030 (6)	22 684 000 (52)
(BS) Bahamas	13 939 (157)	372 000 (171)
(BRN) Bahrain	716 (177)	1 318 000 (152)
(BD) Bangladesch	147 570 (93)	154 695 000 (8)
(BDS) Barbados	430 (185)	283 000 (175)
(B) Belgien	32 545 (138)	11 142 000 (79)
(BZ) Belize	22 965 (149)	324 000 (173)
(BJ) Benin	112 622 (101)	10 051 000 (87)
(BHT) Bhutan	38 394 (134)	742 000 (160)
(BOL) Bolivien	1 098 581 (27)	10 496 000 (84)
(BIH) Bosnien und Herzegowina	51 129 (126)	3 834 000 (130)
(RB) Botsuana	581 730 (47)	2 004 000 (145)
(BR) Brasilien	8 547 404 (5)	198 656 000 (5)
(BRU) Brunei	5 765 (165)	412 000 (170)
(BG) Bulgarien	110 994 (103)	7 305 000 (100)
(BF) Burkina Faso	274 000 (73)	16 460 000 (64)
(RU) Burundi	27 834 (143)	9 850 000 (89)
(RCH) Chile	756 096 (37)	17 465 000 (61)
(PRC) China	9 572 419 (4)	1 358 406 000 (1)
(CR) Costa Rica	51 100 (127)	4 805 000 (118)
(CI) Côte d'Ivoire (Elfenbeinküste)	322 462 (68)	19 840 000 (59)
(DK) Dänemark	43 098 (131)	5 640 000 (111)
(D) Deutschland	357 121 (62)	80 220 000 (16)
(WD) Dominica	751 (175)	72 000 (188)
(DOM) Dominikanische Republik	48 671 (129)	10 277 000 (85)
(DJI) Dschibuti	23 200 (148)	860 000 (158)
(EC) Ecuador	256 370 (76)	15 983 000 (65)
(ES) El Salvador	21 041 (150)	6 297 000 (106)
(ER) Eritrea	121 144 (98)	6 131 000 (110)
(EST) Estland	45 227 (130)	1 339 000 (150)
(FJI) Fidschi	18 376 (153)	887 000 (157)
(FIN) Finnland	338 144 (64)	5 443 000 (115)
(F) Frankreich	543 965 (48)	65 697 000 (21)
(G) Gabun	267 667 (75)	1 633 000 (149)
(WAG) Gambia	11 295 (161)	1 791 000 (147)
(GE) Georgien	69 700 (120)	4 512 000 (122)
(GH) Ghana	238 537 (81)	25 366 000 (48)
(WG) Grenada	345 (187)	105 000 (182)
(GR) Griechenland	131 957 (96)	11 280 000 (77)
(GB) Großbritannien und Nordirland	242 910 (79)	63 228 000 (22)
(GCA) Guatemala	108 889 (105)	15 083 000 (68)
(RG) Guinea	245 857 (78)	12 044 000 (75)
(GUB) Guinea-Bissau	36 125 (135)	1 664 000 (148)
(GUY) Guyana	214 969 (84)	795 000 (159)
(RH) Haiti	27 750 (144)	10 174 000 (86)
(HN) Honduras	112 492 (102)	8 261 000 (95)
(IND) Indien	3 287 263 (7)	1 236 687 000 (2)
(RI) Indonesien	1 912 988 (14)	246 864 000 (4)
(IRQ) Irak	438 317 (58)	32 578 000 (39)
(IR) Iran	1 648 000 (17)	76 424 000 (17)
(IRL) Irland	70 273 (119)	4 589 000 (120)
(IS) Island	103 000 (106)	320 000 (174)
(IL) Israel	20 991 (151)	7 908 000 (98)
(I) Italien	301 336 (71)	60 918 000 (23)
(JA) Jamaika	10 991 (162)	2 712 000 (138)
(J) Japan	377 837 (61)	127 000 000 (10)
(YAR) Jemen	536 869 (49)	23 852 000 (50)
(JOR) Jordanien	89 342 (111)	6 318 000 (105)
(K) Kambodscha	181 035 (89)	14 865 000 (70)
(CAM) Kamerun	475 442 (53)	21 700 000 (55)
(CDN) Kanada	9 984 670 (2)	34 880 000 (37)
(CV) Kap Verde	4 036 (168)	494 000 (168)
(KZ) Kasachstan	2 724 900 (9)	16 797 000 (63)
(Q) Katar	11 437 (160)	2 051 000 (143)
(EAK) Kenia	582 646 (46)	43 178 000 (31)
(KS) Kirgisistan	199 900 (86)	5 625 000 (112)
(KIR) Kiribati	811 (174)	101 000 (184)
(CO) Kolumbien	1 141 748 (25)	47 704 000 (28)
(COM) Komoren	1 862 (172)	718 000 (162)
(RCB) Kongo	342 000 (63)	4 337 000 (124)
(CGO) Kongo, Demokratische Republik	2 344 885 (11)	69 360 000 (19)
(KOS) Kosovo	10 887 (163)	1 806 000 (146)
(HR) Kroatien	56 542 (125)	4 267 000 (125)
(C) Kuba	110 860 (104)	11 271 000 (78)
(KWT) Kuwait	17 818 (154)	3 250 000 (133)
(LAO) Laos	236 800 (83)	6 646 000 (104)
(LS) Lesotho	30 355 (139)	2 052 000 (142)
(LV) Lettland	64 589 (123)	2 025 000 (144)
(RL) Libanon	10 452 (164)	4 425 000 (123)
(LB) Liberia	97 754 (108)	4 190 000 (126)
(LAR) Libyen	1 775 500 (16)	6 253 000 (107)
(FL) Liechtenstein	160 (192)	37 000 (192)
(LT) Litauen	65 301 (122)	2 986 000 (135)
(L) Luxemburg	2 586 (170)	531 000 (167)
(RM) Madagaskar	587 041 (45)	22 294 000 (53)
(MW) Malawi	118 484 (100)	15 906 000 (66)
(MAL) Malaysia	329 733 (66)	29 240 000 (45)
(MV) Malediven	298 (189)	352 000 (172)
(RMM) Mali	1 240 192 (23)	15 768 000 (67)
(M) Malta	316 (188)	430 000 (169)

Staat	Fläche in km² (Rang)	Einwohner (Rang)
Marokko (MA)	458 730 (55)	33 493 000 (38)
Marshall-Inseln (MH)	181 (191)	53 000 (190)
Mauretanien (RIM)	1 030 700 (28)	3 984 000 (127)
Mauritius (MS)	2 040 (171)	1 249 000 (154)
Mazedonien (MK)	25 713 (147)	2 108 000 (140)
Mexiko (MEX)	1 953 162 (13)	123 799 000 (11)
Mikronesien (FSM)	700 (179)	104 000 (183)
Moldau (MD)	33 800 (137)	3 461 000 (131)
Monaco (MC)	2 (196)	38 000 (191)
Mongolei (MGL)	1 564 100 (18)	2 881 000 (137)
Montenegro (MNE)	13 812 (158)	622 000 (163)
Mosambik (MOC)	799 380 (34)	26 473 000 (47)
Myanmar (MYA)	676 552 (39)	53 719 000 (24)
Namibia (NAM)	824 292 (33)	2 348 000 (139)
Nauru (NAU)	21 (195)	10 000 (195)
Nepal (NEP)	147 181 (94)	28 121 000 (46)
Neuseeland (NZ)	270 534 (74)	4 551 000 (121)
Nicaragua (NIC)	120 254 (99)	6 169 000 (109)
Niederlande (NL)	41 526 (132)	16 802 000 (62)
Niger (RN)	1 267 000 (21)	18 535 000 (60)
Nigeria (NGR)	923 768 (31)	178 517 000 (7)
Nordkorea (KP)	122 762 (97)	25 027 000 (49)
Norwegen (N)	323 759 (67)	5 092 000 (117)
Oman (OM)	309 500 (70)	3 926 000 (128)
Österreich (A)	83 879 (113)	8 526 000 (94)
Osttimor (TL)	14 604 (156)	1 152 000 (156)
Pakistan (PK) 🔹	796 095 (35)	185 133 000 (6)
Palau (PAL)	508 (181)	21 000 (194)
Panama (PA)	75 517 (117)	3 926 000 (129)
Papua-Neuguinea (PNG)	462 840 (54)	7 476 000 (99)
Paraguay (PY)	406 752 (59)	6 918 000 (103)
Peru (PE)	1 285 216 (19)	30 769 000 (41)
Philippinen (RP)	300 000 (72)	100 096 000 (12)
Polen (PL)	312 685 (69)	38 221 000 (36)
Portugal (P)	92 345 (110)	10 610 000 (83)
Ruanda (RWA)	26 338 (146)	12 100 000 (74)
Rumänien (RO)	238 391 (82)	21 640 000 (56)
Russland (RUS)	17 075 400 (1)	142 468 000 (9)
Sahara (SH) (von Marokko besetzt) 🔹	252 120 (77)	567 000 (165)
Salomonen (SOL)	27 556 (145)	573 000 (164)
Sambia (Z)	752 614 (38)	15 021 000 (69)
Samoa (WS)	2 831 (169)	192 000 (178)
San Marino (RSM)	61 (193)	32 000 (193)
São Tomé und Príncipe (STP)	1 001 (173)	198 000 (177)
Saudi-Arabien (KSA)	2 240 000 (12)	29 369 000 (43)
Schweden (S)	449 964 (56)	9 631 000 (90)
Schweiz (CH)	41 285 (133)	8 158 000 (96)
Senegal (SN)	196 722 (87)	14 548 000 (71)
Serbien (SRB)	77 474 (116)	7 224 000 (101)
Seychellen (SY)	454 (183)	93 000 (185)
Sierra Leone (WAL)	71 740 (118)	6 205 000 (108)
Simbabwe (ZW)	390 757 (60)	13 724 000 (72)
Singapur (SGP)	710 (178)	5 517 000 (113)
Slowakei (SK)	49 034 (128)	5 454 000 (114)
Slowenien (SLO)	20 253 (152)	2 058 000 (141)
Somalia (SO)	637 657 (41)	10 806 000 (81)
Spanien (E)	504 645 (51)	47 066 000 (29)
Sri Lanka (CL)	65 610 (121)	20 547 000 (58)
St. Kitts und Nevis (KNA)	269 (190)	55 000 (189)
St. Lucia (WL)	616 (180)	184 000 (179)
St. Vincent und die Grenadinen (WV)	389 (186)	109 000 (180)
Südafrika (ZA)	1 220 813 (24)	53 140 000 (25)
Sudan (SUD) 🔹	1 840 687 (15)	38 764 000 (34)
Südkorea (ROK)	99 313 (107)	49 512 000 (27)
Südsudan (SSD) 🔹	619 745 (43)	11 739 000 (76)
Suriname (SME)	163 265 (92)	535 000 (166)
Swasiland (SD)	17 363 (155)	1 268 000 (153)
Syrien (SYR) 🔹	185 180 (88)	21 987 000 (54)
Tadschikistan (TJ)	143 100 (95)	8 104 000 (97)
Taiwan (RC)	36 006 (136)	23 367 000 (51)
Tansania (EAT)	945 087 (30)	50 757 000 (26)
Thailand (T)	513 115 (50)	67 223 000 (20)
Togo (RT)	56 785 (124)	6 993 000 (102)
Tonga (TON)	748 (176)	106 000 (181)
Trinidad und Tobago (TT)	5 128 (167)	1 337 000 (151)
Tschad (TD)	1 284 000 (20)	13 211 000 (73)
Tschechische Republik (CZ)	78 866 (114)	10 740 000 (82)
Tunesien (TN)	163 610 (91)	11 117 000 (80)
Türkei (TR)	779 452 (36)	75 837 000 (18)
Turkmenistan (TM)	488 100 (52)	5 307 000 (116)
Tuvalu (TUV)	26 (194)	10 000 (196)
Uganda (EAU)	241 548 (80)	38 845 000 (33)
Ukraine (UA)	603 700 (44)	44 941 000 (30)
Ungarn (H)	93 030 (109)	9 933 000 (88)
Uruguay (ROU)	176 215 (90)	3 395 000 (132)
Usbekistan (UZ)	447 400 (57)	29 325 000 (44)
Vanuatu (VU)	12 190 (159)	258 000 (176)
Vatikanstadt (V)	0,4 (197)	800 (197)
Venezuela (YV)	912 050 (32)	30 851 000 (40)
Vereinigte Arabische Emirate (UAE)	77 700 (115)	9 446 000 (91)
Vereinigte Staaten von Amerika (USA)	9 809 155 (3)	313 914 000 (3)
Vietnam (VN)	331 114 (65)	92 548 000 (13)
Weißrussland (BY)	207 595 (85)	9 308 000 (92)
Zentralafrikanische Republik (RCA) 🔹	622 436 (42)	4 709 000 (119)
Zypern (CY) 🔹	5 364 (166)	1 153 000 (155)

Im Staatenverbund der **Europäischen Union** (EU) sind 28 Staaten zusammengeschlossen. Damit repräsentiert die EU ca. 509 Millionen Europäer. Die Fläche aller EU-Staaten beträgt 4 376 886 km².

Die **UNO** repräsentiert fast die gesamte Weltbevölkerung von 7,094 Milliarden Menschen (2013). Außer der Vatikanstadt sind dort alle Staaten Mitglied. Kosovo, Taiwan und Sahara sind von der UNO nicht anerkannt.

🔹 Einsatz durch UN-Friedenstruppen oder UN-Beobachter (UNO-Mission)

Das Orientierungssystem besteht aus
- Seitenzahlen für die Kartenseiten
- arabischen Ziffern für Teilkarten
- Suchangaben aus roten Buchstaben im oberen und unteren und aus roten Zahlen im rechten und linken Kartenrand.

In dieser Reihenfolge ist die Lage der Namen nach Atlasseite, Teilkarte und Gradfeld im Register ausgewiesen,
z. B. Münster 34, C 4.

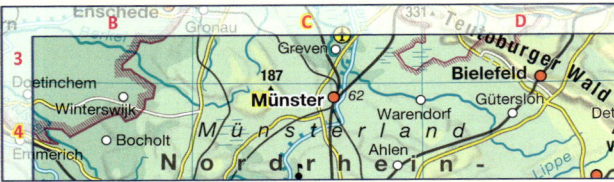

Hinweise zum Gebrauch des Registers finden sich auch auf Seite 5 M1.

Bei Flüssen ist in der Regel die Lage des quellnächsten Namens angegeben.
Liegen Wortanfang und dazu gehörige Signatur (z.B. Orte, Berge, Pässe und andere Einzelobjekte) in verschiedenen Gradfeldern, werden im Register beide Gradfelder genannt,
z. B. Kopenhagen 75, C/D 6.

Für weit gespannte Namenszüge (z. B. Namen von Landschaften, Gebirgen oder Meeren) werden mehrere Suchfelder genannt,
z. B. Nördlicher Landrücken 30, C 1 – E 2.

Gleich lautenden Begriffen ist eine unterscheidende Lage- oder Objektbezeichnung beigefügt, z. B. Valencia (Spanien), Valencia (Venezuela) oder Nauru (Insel), Nauru (Staat). Ortsnamen tragen keine Objektbezeichnung.

Sämtliche Namen sind alphabetisch geordnet. Die Umlaute ä, ö, ü sind wie die Selbstlaute a, o, u behandelt, Buchstaben mit besonderen Zeichen aus fremden Schriften wie einfache lateinische Buchstaben.

Namenteile wie etwa Aïn, Bad, Djebel, Golf, Groß, Kap, Klein, Mount, Oase, Pass, Puerto, Punta, Rio, Saint, Wadi bleiben in ihrer Stellung erhalten und sind bei der Alphabetisierung berücksichtigt.

Ortsnamen sind in ihrer gebräuchlichen Schreibweise eingetragen. Der landesübliche Name ist in Klammern dazugesetzt, z. B.: Mailand (Milano). Zusätzlich ist an entsprechender Stelle der landesübliche Name mit Verweis auf den deutschen Namen aufgenommen, z. B.: Milano = Mailand.

Verzeichnis der Abkürzungen:
Das Verzeichnis enthält Abkürzungen, die nicht in den Legenden erläutert sind. Es fehlen jene Abkürzungen im Verzeichnis, die allgemein verständlich sind. Dazu gehören Adjektive und Adverbien mit der abgekürzten Endsilbe -lich und -isch (zum Beispiel nördl. statt nördlich).

Austr.	Australien
Bras.	Brasilien
Fr.	Frankreich
Ind.	Indien
Jap.	Japan
Mex.	Mexiko
Norw.	Norwegen
Port.	Portugal
Span.	Spanien
USA	Vereinigte Staaten von Amerika

A

A Coruña = La Coruña 88, A 3
Aabenraa = Apenrade 34, E 0/1
Aachen 34, B 5
Aalborg 75, C 5
Aalen 16, B 2
Aalst 80, D 4
Aarhus 75, C 5
Aba as-Suud = Najran 119, 3 C 4
Abadan 119, 3 C 2
Abadla 132, C 1
Abagnar Qi 111, G 2
Abakan 94, K 4
Abancay 162, B 4
Abayasee 133, G 4
Abbeville 80, A 4
Abéché 133, F 3
Abenberg 14, D 4
Abensberg 16, E 2
Aberdeen 76, C 2
Abha 119, 3 C 4
Abidjan 124, 1 C/D 5
Abilene 154, D/E 3
Abisko 74, E 2
Åbo = Turku 74, F 4
Aborigen 95, P 3
Abruzzen 89, G 3
Absberg 14, D 4
Abtenau 17, H 4
Abtsgmünd 14, B/C 5
Abu Dhabi 102, 1 D 3
Abu Hamed 133, G 3
Abu Kamal 91, H 5
Abu Simbel 133, F/G 2
Abuja 124, 1 D 5
Abydos (historischer Ort) 197, 2 E 3
Acapulco 154, D 4
Accra 124, 1 C/D 5
Ach 17, H 3
Achenkirch 16, E 4
Achenpass 16, E 4
Achensee 16, E 5
Achental 16, E 4
Achern 85, D 7
Achim 34, E 2
Achslach 15, H 5
Aconcagua 143, M 13
Acre 145, 1 J 9
Adamaoua 123, 3 G 6
Adana 91, F 4
Adapazarı 90, E 3
Ad-Dakhla 132, B 2
Ad-Damazin 133, G 3
Ad-Damir 133, G 3
Ad-Dammam 119, 3 C/D 3
Ad-Dawadimi 119, 3 C 3
Ad-Dawah = Doha 119, 3 D 3
Adelaide 138, C 3
Adelaide-Insel 167, 2 P 2
Adélieland 167, 2 G 2
Adelschlag 14, E 5
Adelsdorf 14, D 3
Adelsheim 14, A 4
Adelzhausen 16, D 3
Aden 119, 3 C 4
Adenberg 17, G 3
Adige = Etsch 84, G 4
Adiyaman 91, G 4
Adler 91, G 3
Admiralitäts-Inseln 115, G 4
Admont (Kloster) 201, 3 D 3
Adorf 15, G 2
Adour 77, C 6
Adrar 132, C 2
Adrar des Iforas 123, 3 F 4/5
Adria 85, J 5
Adriatisches Meer 89, G 2
Ærø 34, F 1
Afghanistan 102, 1 E 3
Afif 119, 3 C 3
Afrika vorderer Buchinnendeckel, J – L 5
Afyon 90, E 4
Agadez 132, D 3
Agadir 132, B/C 1
Ägäische Inseln 89, F/G 4
Ägäisches Meer 90, D 4
Agalega-Inseln 123, 3 L 8
Agartala 110, E 4
Agepsta 91, H 3
Agorro = Kinyeti 133, G 4
Agra 110, C 4
Agram (hist. Zagreb) 201, 3 E 3
Ağrı 91, J 3
Agrigento 89, G 4
Agrinion 90, C 4
Agua-Negra-Pass 163, C 6
Aguascalientes 154, D 4
Agulhas Negras 163, E 5
Ägypten 124, 1 F/G 3
Ahaggar 123, 3 F 4
Aham 17, F 2
Ahlen 34, C 4
Ahmadabad 110, C 4
Aholming 17, G 2
Ahorn 14, B 3/4
Ahorntal 15, E 3
Ahr 34, C 5
Ahvaz 119, 3 C 2
Aicha vorm Wald 17, H 2
Aichach 16, D 3
Aichen 16, B/C 3
Ain 84, B 4
Aïn Oussera 88, D 5
Ainring 17, G 4
Aiquile 163, C 4
Aïr 123, 3 F 5
Aire 80, B 4
Airolo 84, E 4
Aisch 14, C/D 3

Aisne 80, D 5
Aiterhofen 17, G 2
Aitrach 16, B 4
Aitrang 16, C 4
Aix-en-Provence 77, E 6
Aix-les-Bains 84, B/C 5
Aizawl 110, E 4
Ajaccio 89, F 3
Ajagus 94, H/J 5
Ajan 95, O 4
Ajdabiya 132, E/F 1
Ajka 85, O 3
Ajmer 110, C 4
Ak dağ 91, F 4
Akaba (Al-'Aqabah) 119, 3 B 3
Akita 111, J/K 3
Akjoujt 132, B 3
Akmola = Astana 94, H 4
Akobo 133, G 4
Akobo (Fluss) 133, G 4
Aksai Chin 110, C 3
Aksaray 91, F 4
Aksaut 91, J 3
Aksu 110, D 2
Aksum 133, G 3
Aktjubinsk = Aqtöbe 94, F 4
Akureyri 74, C 1
Akyab (Sittwe) 110, E 4
Al Djazâir = Algier 88, D 4
Al Junaynah = El-Geneina 133, F 3
Al Laziqiya = Latakia 91, F 5
Al Mina (historischer Ort) 197, 2 F 3
Al Ubayyid = El-Obeid 133, F 4
Alabama 144, 1 H 5
Alacant = Alicante 88, C 4
Aladağ 91, F 4
Alagoas 145, 1 N 9
Alagoinhas 163, E 4
Alalia (hist. Aléria) 197, 2 C 2
Åland-Inseln 74, E 4 – F 4
Alanya 91, E/F 4
Al-'Aqabah = Akaba 119, 3 B 3
Alasani 91, J 3
Alaska (Bundesstaat) 144, 1 A/B 2
Alaska (Landschaft) 142, C/D 3
Alaska-Halbinsel 152, D/E 4
Alaskakette 142, C/D 3
Alassio 84, E 4
Alatau 94, H/J 5
Al-Ayn 119, 3 D 3
Alba 84, E 6
Al-Bab 91, G 4
Albacete 88, C 4
Al-Bahah 119, 3 C 4
Al-Bahariya 133, F 2
Albaner Berge 89, G 3
Albanien 58, 1 G/H 4
Albany (Australien) 138, A 4
Albany (Fluss) 142, K 4
Albany (USA) 155, G 2
Al-Basrah = Basra 119, 3 C 2
Al-Beida 133, F 1
Alberga Creek 138, C 3
Albert 80, B 4
Alberta 144, 1 E 3
Albert-Kanal 80, D 4
Albertsee (Mobuto-Sese-Seko-See) 135, D 2
Albertville 84, C 5
Albuquerque 154, D 3
Albury 138, D 4
Alcázar de San Juan 88, C 4
Aldabra 23, 3 K 7
Aldabragruppe 135, F 3
Aldan 95, N 4
Aldan (Fluss) 95, O 4
Aldersbach 17, H 2
Alentejo 88, A/B 4
Aleppo (Halab) 91, G 4
Alerheim 14, D 5
Alert 153, O 1
Alessandria 84, E 6
Ålesund 74, B 4
Aléuten 137, M 2
Aléutenkette 152, D/E 4
Alexander-Archipel 152, G 4
Alexander-Insel 167, 2 P 2
Alexander-Selkirk-Insel 163, A 6
Alexandria 84, E 6
Alexandrowsk-Sachalinskij 95, P 4
Al-Fallujah 91, H 5
Alfdorf 16, A 2
Alfeld 15, F 4
Algarve 88, A/B 4
Algeciras 88, B 4
Algerien 124, 1 D 3
Algier (Al-Djazaïr) 124, 1 D 2
Al-Hamadah al-Hamra 132, E 2
Al-Harujal-Aswad 132, E 2
Al-Hufuf 119, 3 C 3
Aliakmon 90, C 4
Alicante 88, C 4
Aligarh 110, C 4
Aling Gangri 110, D 3
Aliskerowo 95, R 3
Al-Jawf (Landschaft) 132, C 2
Al-Jawf (Libyen) 133, F 2
Al-Jawf (Saudi-Arabien) 119, 3 B 3
Al-Jubayl 119, 3 C 3
Al-Kharj 119, 3 C 3
Al-Khartum = Khartum 133, G 3
Al-Khums 132, E 1
Alkmaar 80, D 2
Allahabad 110, D 4
Allenstein (Olsztyn) 83, G 2
Aller 34, G 3
Allersberg 14, E 4
Allgäu 16, A/B 4
Allgäuer Alpen 16, B 5
Allmendingen 16, A 3
Alma-Ata = Almaty 94, H 5
Almaty (Alma-Ata) 94, H 5
Al-Mawsil = Mosul 91, H 4
Almbach 17, H 4

Almelo 80, F 2
Almere 80, E 2
Almería 88, C 4
Al-Milh-See 91, H 5
Al-Mukalla 119, 3 C 4
Alofi 139, H/J 2
Alor 114, E 4
Alor Setar 114, B/C 3
Alpbach 17, E 5
Alpe-d'Huez 84, C 5
Alpen 56/57, 2 E/F 3
Alpenvorland 16/17, B 3 – E 3
Alphonsegruppe 135, G 3
Alpsee 16, B 4
Al-Qahira = Kairo 124, 1 F 2 – G 3
Al-Qamishli 91, H 4
Alsen 34, E/F 1
Alsfeld 34, E 5
Alt Zedlisch (Stare Sedliště) 15, H 3
Alta 74, F 2
Altai 110, E 2
Altai (Gebirge) 100, 1 F 3
Altamira 163, D 3
Altay 110, D 2
Altdorf (Kreis Landshut) 17, F 2
Altdorf (Schweiz) 84, E 4
Altdorf bei Nürnberg 14, E 4
Alte IJssel 80, F 3
Alteglofsheim 15, G 5
Altenberg 14, D/E 3
Altenburg 34, H 5
Altendorf 15, G 4
Altenkunstadt 14, E 2
Altenmünster 16, C 3
Altenstadt (Kreis Neu-Ulm) 16, B 3
Altenstadt (Kreis Weilheim-Schongau) 16, C 4
Altenthann 15, G 4
Altes Land 34, E 2
Altfraunhofen 17, F 3
Althegnenberg 16, C/D 3
Altheim 16, B 2
Althütte 16, A 2
Altiplano 163, C 4/5
Altkastilien 88, B 3
Altmannstein 15, F 5
Altmark 30, 1 D 2
Altmühl 14, D 4
Altmühlsee 14, D 4
Altomünster 16, D 3
Altötting 17, G 3
Altun Shan 110, D/E 3
Altusried 16, B 4
Al-Wajh 119, 3 B 3
Alz 17, G 3
Alzenau 14, A 2
Alzey 35, D 6
Am Timan 133, F 3
Amadeussee 138, B/C 3
Amami-Inseln 111, H 4
Amapá 145, 1 L 8
Amarillo 154, D 3
Amasya 91, F 3
Amazonas (Bundesstaat) 145, 1 K 9
Amazonas (Fluss) 143, M 10
Amazonasdelta 163, E 2
Ambato 162, B 3
Ambatondrazaka 135, F 4
Amberg 15, F 4
Ambon 114, E 4
Ambon (Insel) 114, E 4
Ambositra 135, F 5
Amderma 94, G 3
Ameland 80, E 1
Amerang 17, F 3
Amerikanisches Hochland 167, 2 D/E 2
Amerikanisch-Samoa 243, T 6
Amersfoort 80, E 2
Amery-Schelfeis 167, 2 D 2
Amga 95, N 4
Amgun 95, O 4
Amhara 133, G 3
Amiens 80, B 5
Amiranten 123, 3 K/L 7
Amman 102, 1 C/D 3
Ammassalik = Tasiilaq 153, R 3
Ammer 16, D 4
Ammersee 16, D 3/4
Ammochostos/Gazi Magusa = Famagusta 91, F 5
Amorbach 14, A 3
Ampato 162, B 4
Amper 16, E 3
Ampfing 17, F 3
Ampurimac 162, B 4
Amravati 110, C 4
Amritsar 110, C 3
Amrum 34, D 1
Amsterdam 58, 1 F 3
Amstetten (Deutschland) 16, A 2
Amstetten (Österreich) 85, L 2
Amtzell 16, A 4
Amudarja 100, 1 E 4
Amundsen-Golf 152, H 2
Amundsensee 167, 2 N 2
Amuntai 114, D 4
Amur 101, 1 H 3
Anabar 95, M 2
Anaco 162, C 2
Anadyr 95, S 3
Anadyr (Fluss) 95, S 3
Anadyrgolf 101, 1 L 2
Anai Mudi 110, C 5/6
Analalava 135, F 4
Anamur 91, F 4
Anatolien 57, 2 G/H 4
Anchorage 152, E 3
Ancona 85, K 7
Andalusien 88, B 4
Andamanen 100, 1 F 5
Andamanisches Meer 114, B 2
Andechs 16, D 4
Andelsbuch 16, A 5

Das Sachwortregister enthält Begriffe aus dem Fachgebiet der Geographie, Geschichte und angrenzenden Fachbereichen. Die Begriffe helfen den Atlas selbstständig thematisch zu erschließen. Durch die Nennung mehrerer Kartenbeispiele zu einem Stichwort werden neben der Vielfalt des Themas auch weltweite Zusammenhänge deutlich. Stichworte, die sich aus dem Kartentyp ergeben, sind hier in der Regel nicht aufgenommen. Dazu gehören die Inhalte von physischen Karten und Wirtschaftskarten. Die jeweiligen Verweise beziehen sich auf die Seitenzahl, anschließend folgt die Nummer der Einzelkarte (z. B.: 105.5 = Seite 105, Karte 5).

Bildquellenverzeichnis
action press, Hamburg: 68.3.
akg-images GmbH, Berlin: 28.1;
196.4.
Alamy Stock Photo,
Abingdon/Oxfordshire: Titel;
Aerial Archives 160.3;
Levy, Yadid 165.2.
Alamy Stock Photo (RMB),
Abingdon/Oxfordshire: 18.2;
Tack, Jochen 65.9.
Astrofoto, Sörth: 180.1, 190.2, 190.1.
bpk-Bildagentur, Berlin: 200.2.
Busching, Ulrike, Maxdorf: 64.3.
Bütow, Heike Dr., Kemnitz
(bei Greifswald): 158.2.
DB Museum Fotosammlung,
Nürnberg: 28.3, 29.1.
ddp images GmbH, Hamburg: 118.2.
dreamstime.com, Brentwood: 196.5.
Eck, Thomas, Berlin: 37.2.
Elmos Semiconductor SE, Dortmund:
Elmos Semiconductor SE,
Dortmund, Erstellungsdatum des
Bildes 2010 29.2.
eoVision, Salzburg: 49.2, 49.1, 165.4.
Falk Verlag, Ostfildern (Kemnat): 9.4.
Falk, Dietmar, Berlin: 37.1.
Focus Photo- u. Presseagentur
GmbH, Hamburg: 64.5, 65.3, 160.2.
fotolia.com, New York: 18.1; 52.4, 53.1;
ARochau 18.4; artpost 53.4;
Borchardt, Marco 18.3;
Cornelia Pithart 64.4;
fhmedien.de 53.6; ted007 65.2;
tobago77 68.1; Tom Bayer 53.3;
von Rabenstein, Edler 29.3;
VRD 37.4.
Gehring, Wiebke, Hannover: 37.6.
Getty Images, München: 116.1;
George Steinmetz 64.2;
zefa/Damm 64.6.
Getty Images (RF), München: Titel.
Helga Lade Fotoagenturen GmbH,
Frankfurt/M.: 86.1, 160.1; 180.2;
R.Feldrapp 51.2.
Herzig, Reinhard, Wiesenburg: 64.5.
Historisches Archiv MAN, Augsburg:
28.2.
iStockphoto.com, Calgary:
86.3, 86.2, 121.4;
atosan 121.3;
Fabian Guignard 165.1;
ilbusca 196.3; kilhan 68.2;
luoman 165.3; Nikada 121.2;
samxmeg 107.1; xxz114 65.7;
zxcynosure 158.1.
Kesper, Ingrid, Salzkotten: 0.4.
Kreuzberger, Norma, Lohmar: 51.4.
laif, Köln: 102.1.
Landesamt für Digitalisierung,
Breitband und Vermessung,
München: 6.2, 6.1, 7.3, 8.2, 8.1.
Laumer, A., Weiden: 7.2.
Lookphotos, München: 78.2.
mauritius images GmbH, Mittenwald:
180.3; age 180.4;
imageBROKER / Josef Beck 37.5.
Mittenzwei, K., Berlin: 53.5.
NASA, Washington: 190.4 o.re., 190.4.
NASA/GSFC, Houston/Texas: 128.2,
164.2, 164.1.
National Informatics Centre
(NIC) & District Administration,
Anantapur-51001 (AP), India: 116.2.
NOAA - National Oceanic &
Atmospheric Administration,
Washington: 147.1.
Picture-Alliance GmbH, Frankfurt/M.:
37.3, 52.2, 52.1, 65.4, 65.1, 65.5,
68.4, 79.2, 98.3, 107.2, 161.3; 196.6;
dpa/Axel Kräuse 196.2;
Monheim, Florian/von Götz, Roman
78.1.
Rieke, Michael, Hannover: 64.1.
Ruth, Michael, Teligent Inc.:
Die mit einem geographischen
Informationssystem simulierte
Bildperspektive wurde erstellt unter
Verwendung von angepassten
digitalen Geländedaten der Firma
3D-Metric Inc. 159.1.
Shutterstock.com, New York: 0;
Karapancev, Zoran 79.1;
saiko3p 103.1.
stock.adobe.com, Dublin:
fotogestoeber 161.2;
FSEID 53.2; industrieblick 65.6;
Kota Onodera 196.1; pit24 68.5;
© UsedomCards.de 51.1.
Strohbach, Dietrich, Berlin: 161.1.
Sutor, Karlsruhe: 51.3.

Tourismuszentrale Fränkische
Schweiz, Ebermannstadt: 11.2,
11.3, 11.1.
ullstein bild, Berlin: 52.3, 98.2,
98.1, 121.1.
UNHCR Germany, Berlin: 222.1.

Wir arbeiten sehr sorgfältig daran,
für alle verwendeten Abbildungen die
Rechteinhaberinnen und Rechtein-
haber zu ermitteln. Sollte uns dies im
Einzelfall nicht vollständig gelungen
sein, werden berechtigte Ansprüche
selbstverständlich im Rahmen der
üblichen Vereinbarungen abgegolten.

Quellenverzeichnis
Bayerisches Landesamt für Statistik
und Datenverarbeitung, München:
19.4, 25.3
Bundesamt für Bau-, Stadt- und
Raumforschung (BBSR), Bonn: 55
Bundesamt für Kartographie und
Geodäsie, Frankfurt/M.: 54
Deutscher Wetterdienst, Offenbach:
div. Karten
H. Floeting, Berlin: 20.2
Flughafen München GmbH: 22.2
Garmisch-Partenkirchen Tourismus,
Garmisch-Partenkirchen: 51.3
D. Hack, Lämmerhof Panten: 41.2
Dr. Thomas Hennig, Marburg: 116.2
Lake Victoria Fisheries Organization,
Jinja (Uganda): 181.4
Landeshauptstadt München, Referat
für Arbeit und Wirtschaft: 20.2,
24.2
molkerei industrie, Bad Breisig: 19.4
B. v. Quistorp, Geerhof Sonsbeck:
41.3
Schlossgut Hohenkammer: 22.1
Prof. Dr. A. Schulz, Bonn: 190/191
Prof. Dr. Alexander Siegmund,
Heidelberg: 38.4; 61.4; 176/177.4
Statistisches Bundesamt, Wiesbaden:
55
H. Steber, Eichethof, Hohenkammer:
22.1
Sylt Tourismus, Sylt: 51.2
Tourist-Information Zugspitzdorf
Grainau: 51.3
USGS Minerals Information,
Washington D. C.: div. Karten
L. Vankan, Grave (Niederlande):
81.2/3
D. Volz, Heidelberg: 38.4; 61.4;
176/177.4
Prof. Dr. G. Waldherr, Regensburg:
26/27
M. Zaretzki, Asperg: 28/29
Zweckverband Abfallbehandlung
Kahlenberg, Ringsheim: 47.3

Kartographische Mitarbeit
Manuela Franke
Christian Haack
Stefan Hochmuth
Harald Iden
Florian Kronfeldt
Sarina-Marie Lion
Michael Perkovic
Arndt Russ
Henrik Selle
Heiko Strothmann
Sascha Vahlberg
Lars Vonau

A = Österreich
AL = Albanien
B = Belgien
BG = Bulgarien
BIH = Bosnien und Herzegowina
CH = Schweiz
CZ = Tschechische Republik
D = Deutschland

DK = Dänemark
EST = Estland
GR = Griechenland
H = Ungarn
HR = Kroatien
KSV = Kosovo
L = Luxemburg
LT = Litauen
LV = Lettland
MD = Moldau

MK = Mazedonien
MNE = Montenegro
NL = Niederlande
RO = Rumänien
SRB = Serbien
SK = Slowakei
SLO = Slowenien
UAE = Vereinigte Arabische Emirate

Grönland
(mit Dänemark assoziiert)

Jan Mayen (Norw.)

Island
Reykjavik

Färöer (Dänemark)

Nordpol

Nor...

Nördlicher Polarkreis
66,5°

Alaska (USA)

60°

Kanada

Großbritannien und Nordirland

Irland
Dublin
London
Amsterd
NL
B
Brüssel
Paris
Frankreich

40°

Vereinigte Staaten von Amerika (USA)

Ottawa

St-Pierre und Miquelon (Fr.)

Portugal
Lissabon
Madrid
Spanien

Washington

Azoren (Port.)

Algier
Tunes

Rabat
Marokko

Bermuda-Inseln (G.-B.)

Atlantischer

Madeira (Port.)

Kanarische Inseln (Span.)
El Aaiun

Algerien

23,5° Nördlicher Wendekreis
20°

Guadalupe (Mex.)

Hawaii (USA)

Midway-Inseln (USA)

Sahara (von Marokko besetzt)

Havanna
Kuba
Cayman-In. (G.-B.)

Bahamas
Turks- und Caicos-In. (G.-B.)
Dominikanische Rep.

Mauretanien
Nouakchott

Johnston-I. (USA)

Revillagigedo-In. (Mex.)
Mexiko
Mexiko-Stadt

Haiti
Pt-au-Prince
Jamaika

Santo Domingo
Pt-au-Prince
Puerto Rico (USA)
Antigua und Barbuda

Mali

Senegal
Dakar
Bamako
Kap Verde
Ouaga-dougou
Nig
Niame

Guatemala
Guatemala-Stadt
Belize
Tegucigalpa
Honduras
San Salvador
El Salvador
Nicaragua
Managua

St. Kitts und Nevis
Guadeloupe (Fr.)
Dominica
Martinique (Fr.)
St. Lucia
Barbados
Grenada
St. Vincent und die Grenadinen

Gambia
Guinea-Bissau
Bissau
Guinea
Conakry
Burkina Faso
Yamous-soukro
Benin
Togo
Porto

Pazifischer

Clipperton-I. (Fr.)

Costa Rica
San José
Panama
Panama-Stadt

Caracas
Venezuela
Trinidad und Tobago

Sierra Leone
Freetown
Côte d'Ivoire (Elfenbein-küste)
Ghana
Accra
Äquatori
guir

Palmyra (USA)

Kokos-I. (Costa Rica)
Malpelo (Kolumbien)
Bogotá
Kolumbien

Guyana
Georgetown
Suriname
Paramaribo
Franz.-Guayana

Liberia
Monrovia

São Tomé und Príncipe

Jarvis-I. (USA)
Line-Inseln

Äquator

Quito
Ecuador

São Paulo (Bras.)

Kiribati
Phönix-Inseln

Galápagos-Inseln (Ecuador)

Fernando de Noronha (Bras.)

Tokelau-In. (Neuseel.)

Marquesas-Inseln

Peru
Lima

Brasilien

Ascension (G.-B.)

Samoa
Amerik.-Samoa
Apia

Gesellschafts-Inseln
Tahiti
Französisch-
Tuamotu-Archipel

Brasília

Sankt Helena (G.-B.)

20°
Niue (Neuseel.)

Cook-Inseln (Neuseel.)

Tubuai-In.

Bolivien
Sucre

Tonga

Mururoa-Atoll

Trindade (Bras.)

23,5° Südlicher Wendekreis

Polynesien

Pitcairn (G.-B.)
Rapa

Paraguay
Asunción

Oster-I. (Chile)
Sala y Gómez (Chile)
San Félix (Chile)
San Ambrosio (Chile)

Ozean

Chile

Ozean

40°

Juan-Fernández-Inseln (Chile)

Buenos Aires
Santiago
Montevideo
Uruguay
Argentinien

Tristan da Cunha (G.-B.)

Chatham-Inseln (Neuseel.)

Gough-I. (G.-B.)

8

Falkland-Inseln (G.-B.) (Malwinen)

Südgeorgien (G.-B.)

Bouvet-Ins

60°

66,5° Südlicher Polarkreis

Neuseeland (Ross Dependency)

9

Britisches Antarktis-Territorium

von Argentinien beansprucht

von Chile beansprucht

Norwegisc
(Biland
Kön

180° A
80°
160° B
140° C
120° D
100°
80° F
60° G
40° H
20° West J

Ant

Anta

• Hauptstadt

Die Grenzen in der Antarktis markieren Hoheitsansprüche der benannten Staaten.

Staatsgrenzen im Meer sind Orientierungshilfen; sie entsprechen nicht dem rechtlich verbindlichen Verlauf.